감정구조와 한국 사회

상생과 통합의 정치를 찾아서

감정구조와
한국 사회

홍성민 지음

상생과 통합의 정치를 찾아서

Structures of Feeling with Korean Politics

한울
아카데미

저자의 말

나는 지금 저기 역사의 계곡 아래 무참하게 내던져진 수많은 투쟁의 상흔을 바라보고 있다. 그들은 무엇을 위해서 자신을 희생했던 것일까? 광활한 만주 벌판에서 우리 선열들은 백마 타고 올 초인을 위해서 생명을 바쳤고, 동강난 반도 위에서 서로의 심장을 향해 총구를 겨누었던 사람들은 이념을 위해 목숨을 버렸고, 차가운 아스팔트 위에 독재 타도를 외쳤던 청년들은 민주주의를 위해서 쓰러져 갔고, 인간이 기계가 아님을 증명해야 했던 젊은이는 노동자의 권리를 위해서 몸을 불살랐다. 그렇다면 그들은 자유로운 국가, 정의로운 사회, 착취 없는 세상을 위해 사반의 십자가에서 순교했단 말인가?

얼마 전부터 나는 사회정의에 대해 다시 생각하고 있다. 내가 옳다고 생각한 것이 남들과 다르다면 어떻게 할까? 한국의 현대사에서 정의의 이름으로 저질러진 국가 폭력은 수를 헤아리기 어렵다. 지금 당장 한국의 정치권에서 벌어지는 난장판도 자신이 옳다는 확신 때문에 생긴 것이다. 또 국가에 대한 생각도 바뀌고 있다. 자본가라면 자유방임주의 국가를 원할 것이고, 노동자라면 복지국가를 지지할 텐데, 두 계급의 생각은 조화될 수 없을까? 나아가 남북한의 이념 대결도 사회주의와 자본주의의 사상적 충돌이라고 한다면 이것을 넘어서는 제3의 길을 찾을 수는 없을까?

이런 질문들에 대한 결과물이 바로 이 책이다. 나는 정의로운 사회를 목표로 했던 투쟁을 '이성정치'라고 이름 붙이고 싶다. 정의라는 보편적인 기준을 세우고, 그를 충족하지 못한 일상을 규범적으로 잘못되었다고 처단한다. 여기서부터 이성정치의 폭력성이 시작된다. 특수성은 옳음으로 판단할 수 없는 다름인데도, 이성의 정치는 이것을 받아들이지 못했다. 결국 전체주의란 나와 다른 것을 인정하지 않은 사상의 획일성이다. 이런 맥락에서 자유주의와 사회주의는 동전의 앞·뒷면이라 할 수 있다. 두 입장이 모두 자유와 평등을 절대적인 진리라고 생각하고 타협하지 않았기 때문이다. 내가 보기에 한국 사회에서 진보와 보수의 대결이 이러한 구도에서 크게 벗어나지 않는다.

그렇다면 이성정치의 반대편은 무언가? 나는 그것이 돌봄의 정치라고 생각한다. 여기에는 종교적 배려가 짙게 배어 있다. 남을 돌본다는 것은 옳은 일이어서가 아니라, 그렇게 하고 싶은 배려의 감정에서 저절로 생겨나는 것이다. 구세군의 자선냄비에 돈을 넣는 것은 보편적인 입법 준칙에 따른 행동이 아니다. 그냥 훈훈한 감정에서 시작된 즉흥적인 행동일 수 있다. 그러나 분명 덕스러운 행동이다. 이러한 행동이 반복되고, 이러한 행동을 하는 사람이 많아지면, 세상은 더 살기 좋아질 것이다.

정의로운 사회와 돌봄의 사회는 정치가 이루어야 할 하나의 목표다. 이 책에서 나는 그것을 실현하는 방법을 감정(공감)의 정치라고 불렀다. 이것은 차가운 이성과 따스한 배려의 중간을 지향한다. 물론 그 경계가 애매하다. 그래서 분명하지 않은 영역을 탐색하고, 새로운 대안을 제시하는 것이 무척 조심스럽다. 그럼에도 불구하고 이 작업이 필요하다고 생각했던 이유는 그동안 우리가 정의로운 사회를 이루는 일에 몰두해 돌봄이 넘치는 사회를 이루는 방도에 소홀했기 때문이다. 또 돌봄은 종교적 관용이라고 치부됐기에 그 대상을 정치의 영역으로 끌어들이는 방책에 무관심했기 때문이다. 이성의 정치와 돌봄의 정치는 통합되어야 한다. 우선 이론적 통합이 시급하고, 곧바로 실천적인 정책이 뒤따라야 한다. 그 상생을 통해서 대한민국이 비로소 살맛 나는 세상이 될 수 있을 것이라고 믿는다. 이 책은 더불어 살아가는 한국을 꿈꾸며, 그 길을 모색하는 고민 끝에 나온 것이다.

나는 서른에 한쪽 다리를 잃고 졸지에 장애인이 되었다. 그리고 30년 가까운 세월이 흘렀다. 몸을 다치면 마음과 영혼에도 상처가 생긴다는 사실을 알게 되었다. 몸과 마음은 하나라는 모리스 메를로퐁티(Maurice Merleau-Ponty)의 사상을 뼈저리게 체험했던 시간이었다. 시인 이상이 그랬던 것처럼, 매일 밤

눈을 감으면 내 겨드랑이에서 날개가 생겨 온 우주를 날아다니다가, 아침이 되어 눈을 뜨면, 나락으로 추락하는 꿈을 꾸고 살아왔다. 이 시지푸스의 형벌을 끝내는 것은 분명 죽음뿐일 것이다. 그것도 그리 나쁘지는 않다. 다만 기다리는 게 너무 지루할 뿐(^-^). 나는 뭔가 해야만 했다. 일상에서 덤불숲처럼 나를 옭아매는 감정의 찌꺼기들(분노, 억울, 좌절 등등)로부터 도망칠 탈출구를 찾아야만 했다. 그래서 공부를 할 수밖에 없었다. 꼿꼿이 서 있기도 힘든데, 머리 위에 책을 얹고 걸었던 것은 삶의 작은 알리바이가 필요했기 때문이었다. 또 내가 젊은 시절에 했던 약속을 지켜야 했기 때문이었다. 공부를 할 수 있다면 어떤 희생이라도 흔쾌히 받아들이겠다는 젊은 날의 약속. 나야말로 감정과 이성의 평균대 위에서 안간힘으로 지금까지 버텨왔다.

이제 그만 공부에 대한 약속과 책임감을 내려놓으려 한다. 그리고 이제부터는 상처받은 영혼과 마음을 돌보아야겠다. 다만 독자들에게 미안할 뿐이다. 아둔한 사람의 넋두리가 얼마나 공감을 얻을 수 있을지 조심스럽다. 그럼에도 내 책이 아궁이의 불쏘시개처럼 불을 지피는 데 사용되었으면 좋겠다. 그렇게 대한민국 학계의 어두운 곳을 밝힐 수 있기를 희망한다. 그러다가 회한 깊은 내 인생도, 어설펐던 내 학문도, 연기처럼 흔적도 없이 사라져 버렸으면 좋겠다.

그리고 보면 나를 학자로 인정해 주는 아들이 있어, 지금까지 넘어지지 않고 지탱해 올 수 있었다. 오늘은 지우에게 이 책을 들고 가 애비가 꿈꾸던 세상이 어떤 모습이었는지 설명해 주어야겠다. 그렇게라도 힘겨웠던 애비의 마음을 위로받아야겠다.

이 땅에서 마음과 영혼의 상처를 받고 살아가는 모든 분들께 이 책을 바친다.

2022년 3월
홍 성 민

차 례

저자의 말 / 5

서론: 감정정치학을 향하여 / 11

  1. 고대와 근대 정치사상사에서 감정정치학의 이론적 기초 ·················· 13

  2. 현대정치사상사에서 감정정치학의 이론적 기반 ····················· 22

  3. 감정구조와 한국 사회 분석 ································· 36

  4. 나가며: 감정구조와 중도정치 ······························ 47

  부록: 설문조사 문항 ···································· 50

1부 이론

제1장 의미 발견과 타자 윤리: 감정구조와 새로운 주체성의 기반 / 73

  1. 문제 제기: 하버마스의 소통행위론 비판 ························ 73

  2. 의미 발견의 사상적 기초 ······························· 78

  3. 정치윤리와 민주시민의 양성 ···························· 95

  4. 나가며 ······································· 102

제2장 공감 영역과 타자 윤리: 인정과 환대의 사이에서 / 107

  1. 들어가며 ······································ 107

  2. 인정의 정치: 하버마스 ······························ 109

  3. 환대의 정치: 레비나스 ······························ 117

  4. 공감의 정치: 메를로퐁티 ····························· 130

  5. 감수성의 영역과 공론 영역의 종합 ······················ 139

  6. 소통 개념의 확장 ································· 144

  7. 나가며: 공감과 정치교육의 문제 ······················· 151

제3장 감정구조와 사회계약론: 루소와 스피노자 / 160

  1. 문제 제기: 자유주의 정치사상의 한계 ···················· 160

  2. 루소에서 감정의 문제 ······························ 167

  3. 스피노자의 감정구조 ······························· 180

4. 스피노자의 현재성 ·· 195

5. 남은 문제들 ··· 203

제4장 　사회적 공감과 담론국가: 루소와 스피노자 / 212

1. 들어가며 ··· 212

2. 경제국가와 개인통치의 이론적 내용과 한계 ························· 217

3. 담론국가: 이론적 기초 ··· 228

4. 새로운 해석들 ·· 246

5. 나가며 ··· 264

제5장 　정치적 공감과 국제정치: 박세일의 '창조적 세계화론'에 대한 비판 / 276

1. 언어와 정치 ··· 276

2. 박세일의 담론 구조 분석 1: 국제정치와 국내정치 ··············· 279

3. 박세일의 담론 구조 분석 2: 시민사회/개인 수준 ················· 286

4. 세계화와 정치적 공감 담론 ··· 290

5. 진보 담론의 문제점과 제안 ··· 293

부록: 시대별 베스트셀러 목록 ··· 298

2부 분석

제6장 　개인적 감정구조와 대중정치학: 박정희 향수에 대한 문화 이론적 접근 / 307

1. 박정희 향수: 집단 최면과 대중 독재의 사이에서 ················· 307

2. 군중심리론 ·· 312

3. 감정정치학 ·· 316

4. 한국 대중정치학의 이론화를 위하여 ··································· 319

5. 나가며: 새로운 시민성을 향하여 ·· 334

제7장 　사회적 감정구조와 촛불혁명: 2008년과 2016년의 비교 / 342

1. 들어가며 ·· 342

2. 예비적 고찰: 1980년대 민주화 이행의 분석 틀 ·················· 344

3. 2008년의 광우병파동과 집합행동 모델 ······················· 361

4. 나가며 ··· 384

제8장 정치적 감정구조와 이야기 정체성: 안보 담론과 한국의 정치적 상상력 / 389

1. 문제 제기 ··· 389

2. 이야기와 상징적 권력: 리쾨르와 부르디외 ··················· 390

3. 분석 사례: 안보 담론의 경우 ······························ 403

4. 나가며 ··· 419

제9장 생활양식의 감정구조와 한국 사회 / 425

1. 보수화에 대한 두 시각: 문화정치학의 필요성? ··············· 425

2. 생활양식: 취향과 언어화 ································· 429

3. 실증 사례분석: 부산 시민의 문화적 취향, 언어화, 정치의식의 상관관계 ······ 437

4. 나가며 ··· 449

부록: 설문조사 문항 ·· 456

제10장 문화적 감정구조와 북한 사회 / 461

1. 권력과 일상 ··· 461

2. 일상개념의 한계 ··· 463

3. 권력의 주체화: 담론, 육체, 상징 ···························· 466

4. 주체화와 계급: 실증 연구를 위하여 ························ 477

5. 몇 가지 제언 ··· 481

결론: 상생의 정치를 위하여 / 487

1. 들어가며 ··· 491

2. 중도정치의 역사 ··· 493

3. 프랑스 중도정치의 사상적 배경 ···························· 517

4. 중도정책의 사례들 ··· 539

5. 나가며: 공감적 리더십을 향하여 ··························· 570

감정정치학을 향하여

1. 고대와 근대 정치사상사에서 감정정치학의 이론적 기초

이 책에서 필자가 사용하는 '감정정치'라는 용어는 학문의 문제의식과 방법론을 두고 볼 때 프리드리히 헤겔(Friedrich Hegel)의 '인륜성' 개념과 매우 유사한 것이다. 그런데 필자는 감정정치라는 용어를 고집하고 싶었다. 왜인지그 이유를 아래서 소상히 설명해 본다.

정치사상사에서 정치 통합(윤리)의 문제는 인간을 어떻게 이해할 것인가라는 주제와 밀접히 연관되어 있다. 예컨대 인간이 덕스러운 존재라고 생각한다면, 일상적인 수준에서는 인간이 좋은 습관을 갖도록 반복적인 훈련을 강조할 것이며, 정치적인 수준에서는 탁월한 덕성을 갖춘 인물이 정치를 하도록함으로써 정치 통합이라는 목표를 실현하고자 할 것이다. 반면 인간이 이성적인 존재라고 파악한다면, 일상적인 수준에서는 인간의 자율적 의지를 함양시키는 교육을 통해 보편적 입법 준칙을 실천할 수 있는 도덕적 인간을 만들고, 정치적인 수준에서는 공동체가 합의할 수 있는 합리적인 제도를 만들어냄으로써 정치 통합이라는 목표를 실현하고자 할 것이다. 전자를 대표하는 사람이 아리스토텔레스(Aristoteles)라고 한다면, 후자를 대표하는 사람이 이마누엘 칸트(Immanuel Kant)다.

그런데 상식적으로 다음과 같은 의문이 생긴다. 덕스러운 인간이 정치를하면 살기 좋은 공동체를 만들 수 있다고 하는데, 과연 덕은 뭐고 선한 삶은무언가? 사람마다, 시대마다 덕을 갖춘 인간과 선한 삶을 규정하는 방식이 달라질 것인 뻔한데, 과연 우리는 무엇을 기준으로 정치 통합을 실현할 수 있을까? 반면 자율적 이성을 갖춘 인간들이 합리적인 제도와 법을 만들면 정의로운 공동체가 가능하다고 주장하는데, 자율적 의지는 어떻게 가능하며, 합의는정말 가능할까? 이러한 질문들은 서양정치사상사에서 수천 년 동안 해결되지못한 채 지속되어 온 논쟁거리다. 그런데 최근에 와서 이러한 문제들이 다시논쟁이 되기 시작했고 각각의 단점을 극복하자는 문제의식이 생겨나기 시작했다. 이러한 흐름 속에서 필자의 이번 연구도 출발한 것이다.

여기에 단초가 된 좋은 글이 하나 있다. 악셀 호네트(Axel Honneth)는 「아리스토텔레스와 칸트 사이에서(Between Aristotle and Kant)」라는 논문에서 현대 사회에 필요한 정치 통합(윤리)을 새롭게 정립할 필요가 있다는 점을 강조한 바 있다(Honneth, 2009). 필자가 이 책을 집필하면서 내내 떠나지 않았던 고민이 바로 개인의 내적 자율성과 인간의 감수성을 어떻게 종합할 수 있을 것인가와 깊숙이 관련되어 있었던 만큼, 이 논문은 감정정치학의 필요성과 그 내용을 간략히 정리하는 데 큰 도움이 되었다.

호네트는 우선 아리스토텔레스를 비판하면서 '좋은 삶'이라는 정치적 이상이 어떻게 가능한가에 대해 객관적인 기준을 제시하지 못했다고 지적한다. 그리고 칸트에 대해서는 우리가 일상에서 행동하는 실천 속에 개인적인 애착 관계(분노, 절망, 애욕 등)가 중심적인 역할을 하는 것이 분명한데, 칸트는 개별적 행위의 불편부당한 원리만을 추적한 까닭에 생활 속의 비이성적인 요인들을 무시하는 오류를 범했다고 꼬집었다. 결국 그는 이러한 양자의 한계를 극복하는 돌파구로서 헤겔의 인정투쟁 개념을 제시한다.

필자는 호네트가 제기한 비판과 대안에 대해 상당 부분 공감한다. 그런데 이러한 호네트의 비판 의식에 필자는 한 가지 더 추가하고자 하는 요인이 있다. 그것은 바로 정치 통합의 목표를 해결하는 데, 사회적(문화적) 요인에 대한 효과를 고려해야 한다는 것이다. 왜냐하면 인간이 살아가는 삶 자체가 일정한 권력관계와 역사성을 바탕으로 이루어지는 만큼, 정치 통합(윤리)의 목표는 결국 역사 속에서 작동하는 권력의 효과를 반영해야 한다고 믿기 때문이다. 즉 아리스토텔레스와 칸트가 인간의 속성을 강조했다면, 필자는 여기에 더해 권력의 효과를 강조하고자 하는 것이다. 그렇다면 정치 통합의 목표는 세 가지 길을 통해 가능해진다. 인간의 덕스러운 속성과 이성적인 속성, 그리고 권력의 효과. 세 가지 요인들을 면밀히 검토해 보자.

아리스토텔레스는 『니코마스 윤리학(Nicomachean Ethics)』 2권에서 인간의 덕을 두 가지로 구분하는데, 하나는 지적인 것이고 둘째는 도덕적인 것이다. 이 둘 중에서 그는 도덕적인 덕을 강조하며 습관[에티케(ethike)와 에토스(ethos)] 이라고 명명한다. 그런데 도덕적인 덕은 본성적으로 생겨나는 것이 아니라, 습관에 의해 완전하게 된다고 설명한다(아리스토텔레스, 1994).

다시 말해 덕은 실천에 의해서 비로소 얻게 되는데, 예를 들어 집을 지음으로써 건축가가 되고, 거문고를 탐으로써 거문고 타는 악사가 된다. 또 옳은 행위로써 옳게 되고, 절제 있는 행위로써 절제 있게 되며, 용감한 행위로써 용감하게 되는 것이다. 그래서 입법자(정치인)의 임무는 국민들로 하여금 좋은 습관을 가지게끔 함으로써 좋은 국민을 만드는 것이다(아리스토텔레스, 1994). 이러한 아리스토텔레스의 인간관을 한마디로 정리하면, 덕스러운 행동을 함으로써 기쁨을 느끼는 것이 유덕한 심적 경향의 습득된 표시라는 것이다. 즉, 도덕적인 덕이 쾌락과 연결되어 있다고 본다. 그래서 그는 이어지는 논술(3권과 4권)에서 용기와 절제를 강조하면서 그와 관련된 공포, 수치심, 비겁함, 무모함을 논의하고, 그것이 고통과 쾌락에 어떻게 연결되는가를 설명한다. 또 일상에서 느껴지는 감정의 변화들을 나누어 설명한다.

흥미롭게도 8권에서는 친애를 설명하면서 인간 상호 간의 관계뿐만 아니라, 국가체제와도 연결 지어 설명하는 대목이 나온다. 즉 "국가체제는 각기 정의를 내포하는 만큼 바로 그만큼의 친애를 내포하고 있는 것으로 보인다" 라고 주장한다(아리스토텔레스, 1994). 그리고 9권에서 친애를 비례적 정의와 연결 지어 설명하기도 한다. "서로 비슷한 데가 없는 사람들 사이의 모든 친애에 있어서 서로를 균등하게 하여 친애를 유지해 주는 것은, 앞에서 말한 바와 같이, 다름 아닌 비례다(아리스토텔레스, 1994)." 비례적 정의를 친애와 연결 지은 것은 사회적 제도의 근간에 인간의 덕목이 존재하고 있음을 강조한 것이라고 하겠다.

더구나 아리스토텔레스는 『정치학(Politics)』에서 권력 형태와 인간성의 상호 관계를 매우 중요하게 서술했다. 그는 『정치학』의 전반부에서 어떤 정치체제가 공동체의 구성원을 행복하게 만드는 데 적절한지를 깊이 연구한 후, 후반부에 가서는 정치체제에 걸맞은 인간형을 교육하는 방법론을 제안한다. 아리스토텔레스는 군주정(참주정)-귀족정(과두정)-민주정(우민정치)의 세 가지 분류를 검토하면서 각각의 정치체제가 장점과 단점으로 작동할 때가 있음을 간파했다. 정치체제만으로는 바람직한 제도를 확정할 수 없다는 뜻이다.

그래서 그는 책의 말미에서 청소년의 교육과 시민교육을 나누어 설명하면서 정치 참여자를 훈련시키는 것이 최선의 정치제도를 선택하는 것과 맞물려 있음을 강조했다. 결국 정치제도는 정치 주체의 수준에 따라서 운영의 효과가 달라질 수 있음을 지적한 것이다. 이것은 어떤 인간형을 사회가 요구하는가에 따라서, 또 어떻게 교육하는가에 따라서, 정치체제의 성공 여부가 결정된다는 뜻이다. 교육이 바로 민주화의 요체인 것이다. 그의 교육관을 잠시 살펴보자.

> 국가의 시민들은 항상 그들 국가의 정치 질서에 알맞은 교육을 받아야 한다. 어떠한 정치 질서에 알맞은 시민의 성격 형태는 애초에 그 정치 질서를 창출해 낸 힘이며 동시에 그것을 유지시켜 주는 동력이다. 즉 민주적 성격 형태는 민주정치를 유지시키며, 과두제적 형태는 과두정치를 만들고 유지시킨다. …… 따라서 국가의 구성원으로서 선을 행하려면 그 이전에 적절한 훈련을 쌓고 올바른 습관을 들여야 한다(아리스토텔레스, 1999).

이러한 아리스토텔레스의 입장에 정면으로 반기를 든 사상가가 바로 칸트다. 칸트가 보기에 아리스토텔레스의 덕에는 준칙의 입법성 혹은 보편성이 결여되어 있다. 그 이유는 덕을 가능하게 하는 습관화 과정이 법칙의 표상을 통해 자기를 규정한다는 점을 포함하고 있지 않기 때문이다(김종국, 2013: 91). 연습을 통해 획득된 오래된 습관이라는 것은 새로운 유혹이 야기할 수 있는 변화에 대해서 안전하지 않다. 칸트가 생각하기에 도덕법칙은 절대적 필연성을 가져야 한다. 그래서 칸트는 그것을 오로지 순수이성의 개념 안에서 선험적으로 찾아야 한다고 강조한다(Kant, 2005: 68). 그렇기 때문에 윤리형이상학이 필요한 것이다. 이것은 이성 안에 놓인 실천의 원칙을 탐구하는 학문체계다. 왜냐하면 윤리형이상학은 인간의 의욕 일반의 작용들과 조건들을 연구하는 것이 아니라, 인간의 가능한 순수의지의 이념과 원리를 연구해야 하기 때문이다. 인간의 의욕 일반이라 지칭한 것이 필자의 눈에는 적어도 아리스토텔레스의 덕을 겨냥한 것으로 보인다. 그래서 칸트는 인간이 감성의 욕구들과 경향성들에 노출되어 있는 것으로 보일지라도, 인간 오성의 법칙에 의해, 즉 개인 의지의 자율에 복종하는 것으로 인식하며 그에 따르는 것이 진정한 자유라고 생각했다(Kant, 2005: 195). 나의 모든 행위들은 의지의 자율에 알맞아야만 한다.

그러므로 도덕법칙들은 그 원리들과 함께 모든 실천 인식 중에서, 그 안에 어떤 것이든 경험적인 것이 들어 있는 여타 모든 것과 본질적으로 구별될 뿐만 아니라, 모든 도덕철학은 전적으로 그것들의 순수한 부분에 의거하고, 인간에게 적용될 때도, 도덕철학은 인간에 대한 지식(즉, 인간학)에서 조금도 빌려오지 않으며, 오히려 이성적인 존재자인 인간에게 선험적 법칙들을 수립한다(Kant, 2005: 69).

이로써 그는 그러므로, 그가 감성의 충돌로부터 자유로운 의지를 가지고서 사유속에서는, 감성 분야에서의 그의 욕구들의 질서와는 전혀 다른 사물들의 질서로 옮겨간다는 것을 증명한다. 왜냐하면 그는 저런 소망으로부터는 욕구의 아무런 쾌락도, 그러니까 그의 실제적인, 혹은 상상적인 의욕, 둘의 중 어느 하나라도 만족시키는 상태조차 기대할 수 없고, 오직 그의 인격의 증대되는 내적 가치를 기대할 수 있을 따름이니 말이다. 자유의 이념, 다시 말해 감성의 세계의 규정하는 원인들로부터 독립함의 이념이 그에게 억지로 강요하는 오성세계의 성원의 입장으로 그가 옮겨간다면, 그는 보다 좋은 인격일 것으로 믿는다(Kant, 2005: 196).

아리스토텔레스의 덕과 칸트의 이성은 어떻게 조화될 수 있을까? 이와 같이 대립되는 두 가지 사상을 조화시키려 한 사람이 바로 헤겔이다. 우선 젊은 시절의 헤겔은 기독교의 사랑을 통해서 반성적 합리성의 폐단을 극복하자는 대안을 제시한다.

프리드리히 헤겔이 신학대학 시절 집필했던『기독교 정신과 그 운명(Der Geist des Christentums und sein Schicksal)』에는 두 가지 사조에 대한 비판이 등장한다. 첫째가 외면적인 법에 복종하도록 강요하는 유대교의 전통과 내면적인 절차성에 매몰된 칸트의 사상에 대한 비판이다. 이때 문제의 핵심은 사고하는 자아와 구체적인 인간이 분리되었고, 이성과 감정의 조화가 이루어지지 못했다는 점이다. 그러면서 예수의 산상수훈에서 나타난 사랑이야말로 주객의 통합(이성과 감성의 통합)을 이룰 수 있는 유일한 길이라고 강조한다. 왜냐하면 인간의 덕을 실천하는 것은 예수에 대한 복종이 아니라 개인의 마음속에 사랑을 불러일으키고 그를 따르겠다는 자발적인 욕구이기 때문이다. 이렇게 보면 헤겔이 강조하는 사랑이란 다른 사람과의 관계를 규정하는 화합을 의미한다. 아마도 초기 헤겔의 사상에 나타난 사랑의 개념은 아리스토텔레스가 강조한 덕과 칸트가 강조한 자율성을 동시에 통합한다는 정치윤리의 목표를 이룬 것처럼 보인다.

그러나 시민사회에 대한 고민이 깊어지면서 예나 시기에 작성한『예나 체계기획 3(Jenaer Systementwurfe 3)』에는 사랑 대신 인정투쟁의 개념이 강조된다. 적어도 사회 속의 인간관계라는 노동을 매개로 하며, 소유권에 대한 갈등이 등장한다는 현실을 직시한 것이다. 인식론적으로 보면 초기 헤겔 사상에 큰 영향을 주었던 요한 고틀리프 피히테(Johann Gottlieb Fichte)의 자기동일성의 원리를 넘어선다. 그래서 객관적인 노동관계에 주목하면서 자아와 타자의 관계 설정은 상호주관성의 개념으로 대치된다. 이것이 바로 인정투쟁의 개념이다. 사랑에서 인정투쟁으로 사고의 범위가 확대되면서, 이성과 감성의 통합이라는 초기의 사상은 소유권을 둘러싼 자본과 노동의 갈등 관계를 해결하는 문제로 변형된다. 그런데 헤겔은 인정투쟁을 타자에 대한 인식과 관련된 지적 활동으로 규정한다. 독일어 'Anerkennen'은 'Erkennen'이라는 단어에서 유래하는 것인데, 후자는 '인식하다'라는 지적 활동이다. 헤겔의 사랑과 앎의 과정에 대해서 인용해 보자.

> 충동은 자기 자신을 직관하게 된다. 충동은 앞서 말했듯이 충족됨으로써 자체 내로 되돌아가며, 동시에 충동이 무엇인가에 대한 앎이 되어버린다. 자기 내로의 단순한 복귀, 즉 앎은 동시에 분리 과정에서 (추리의) 매개항이다. 여기서 충동은 자신 밖에, 또 다른 단순한 자아 속에서 존재하며, 이 자아를 자립적인 항으로 알게 된다. 동시에 앎도 자신의 본질을 타자 속에서 안다. …… 각자는 타자 속에서 자신을 알게 됨으로써, 각자는 자기 자신에 대해 부정을 행한다. 이것이 사랑이다(헤겔, 2012: 291).

이렇게 두고 보면 헤겔 사상은 중기로 진입하면서 감정적인 요인이 급격히 축소된다. 그리고 인간의 내면적인 의지의 활동 안에서 전개되는 투쟁의 결과물들, 예컨대 계약관계가 어떻게 가능한지를 고민한다. 이것은 인간이 사회관계 속에서 법적인 주체가 되었음을 의미한다. 물론 후기 사상이라고 할 수 있는 『법철학(Philosophie des rechts)』에서 헤겔은 인륜성(sittlichkeit)을 개념 정의하면서, 좋은 삶을 규정하는 개인의 자유와 이념에 대한 체계라고 말한다. 여기에는 사회정치적 조건과 개인의 내적 욕망 문제가 동시에 내재되어 있다. 즉 사랑의 요인(주관적 인정)과 법적인 권리(객관적 인정)에 대한 철학적 숙고가 담겨 있다. 노동하는 인간과 감성적인 내면을 가진 인간의 문제를 모두 포괄하는 것이다.

그러나 필자가 보기에 인정투쟁이라는 개념으로부터 인륜성이라는 개념으로 발전하는 과정에서 정서적인 요인은 분명 축소되고 있다. 아마도 이러한 한계를 극복하자는 의미로 호네트는 저서『인정투쟁(Kampf um anerkennung)』에서 헤겔의 인정투쟁 이념을 현대적으로 적용하기 위해서는 가족-시민사회-국가라는 차원으로 층위를 구분하고, 각각의 수준에 대응하는 핵심 요인을 사랑-권리-연대라고 분리해 설명한 것으로 보인다(호네트, 2011: 5장). 즉 사랑은 가족관계, 권리 형식은 시민사회, 연대 의식은 국가 차원에서 작동하는 것으로 분리함으로써, 감성과 이성을 조화시키려는 듯 보인다.

필자는 인륜성을 통해서 이성과 덕성을 통합하고자 했던 헤겔의 사유에는 크게 두 가지 문제가 있다고 판단한다.

첫째는 가족관계에서 강조한 사랑이 인간의 덕성을 표현하는 여러 가지 감정 중에서 지나치게 이상적이며 종교적이라는 점이다. 일상에서 등장하는 인간의 감정 변화는 욕망의 다양한 표현과 깊숙이 맞물려 있으며, 감정의 변화도 가족 안에서뿐만 아니라 시민사회 내에서도 변형되고 증폭되는 경우가 많다. 예컨대 바뤼흐 스피노자(Baruch Spinoza)가『에티카(Ethica)』에서 잘 설명했듯이, 인간의 기본적인 감정은 기쁨, 슬픔, 욕망이지만(스피노자, 2014: 171) 이것이 시민사회 속에서 능동적인 감정과 수동적인 감정으로 변이되고 확장되어 간다.

즉, 사랑이란 외적 원인의 관념을 수반하는 기쁨이며, 증오란 외적 원인의 관념을 수반하는 슬픔에 지나지 않는다(스피노자, 2014: 173) 이것이 개인적인 삶의 감정적 토대다. 그런데 개인의 삶이 시민사회에 전개되면서 사랑과 증오의 감정은 공감과 반감으로 변형되어 가며, 마음의 동요에 따라서 희망, 환희, 안도와 공포, 절망, 낙담 등으로 확대되어 가는 것이다. 분명 이러한 감정 변화에 대한 설명은 헤겔에게는 보이지 않는다.

둘째로 헤겔과 호네트는 시민사회에서 인정투쟁의 결과를 법적인 결과물로 한정했고, 이것은 상호주관성을 통한 개인의 자기정립 과정이라고 해석했다. 그러나 필자가 보기에 시민사회에서 인정투쟁의 결과를 법적 주체의 완성이라고 한정하는 것은 이성적인 사유체계에 매몰된 것이다. 필자는 시민사회 역시 비대칭적인 권력관계가 작동 중이며, 그 결과물 역시 감정적인 요인들과 밀접히 연결되어 있음을 강조하고 싶다.

예를 들어 독일의 역사학자 노르베르트 엘리아스(Norbert Elias)는 그의 저서 『문명화과정(Uber den Prozeβ der Zivilisation)』에서 인간이 자의식을 획득하고 성장하는 과정이 몸을 관리하는 기술(예의범절, 몸가짐)과 관련되어 있으며, 이것은 국가권력의 행사 방식과 밀접하게 연결되어 있다고 설명한다(엘리아스, 1996). 중세에서 근대를 지나 현대로 진행하면서 유럽 문명은 인간에게 수치심이 무엇인지를 일깨워 주었다. 즉 식사를 하고, 잠을 자고, 성생활을 하며, 인간관계를 맺는 방식에서 유럽의 문명은 개인행동 방식을 일정한 형식으로 규정하였으며, 이와 맞물려 사람들은 방종하게 행동하는 것이 수치스러운 것이라는 자의식을 갖게 되었다.

이를테면 옷을 벗고 잠을 자다가 다른 사람에게 몸을 보이는 것이나, 대로변에서 용변을 보다가 다른 사람에게 들키는 행위들이 중세에는 전혀 문제가 되지 않았지만, 근대로 진입하면서 점차 이러한 행위들이 잘못된 것이며 수치스러운 것이고, 성숙하지 못한 것이라는 자의식을 갖게 된다. 그런데 이러한 자의식과 일정하게 규율된 몸의 관리는 왕-귀족-평민들의 계급문화를 구분 짓는 중요한 행동 방식, 다시 말해 사회적 신분 관계를 질서 짓는 기반이 되었다. 그리하여 시민혁명에 의해 신분 질서가 사라진 민주주의 시대에도 몸의 사용 방식에 따라 계급 질서가 존재한다는 것이 엘리아스의 주장이다.

그리고 이러한 엘리아스의 논리를 국가 간의 관계에 적용해 보면 서유럽 문화가 제3세계의 국민들과 감정을 지배하는 방식을 충분히 유추해 볼 수 있다. 그리고 후기 식민성(postcolonialism)이 바로 국가 간 관계에서 드러나는 문화적 권력의 효과를 추적하는 개념일 것이다. 이러한 엘리아스의 설명 방식을 헤겔과 호네트의 시민사회론이나 국가론에 적용해 보면 시민사회에서 인간의 감정을 관리하는 국가권력과 국제적인 수준에서 작동하는 문화적 권력의 효과를 전혀 고려하지 않았다.

전술한 두 가지 이유로 필자는 감정정치라는 용어를 고집했고, 이 책의 내용을 헤겔과 다른 방식으로 서술하고자 했던 것이다. 물론 헤겔이 제시한 가족-시민사회-국가-국제정치라는 층위는 그대로 유지하면서, 현대 정치철학의 연구 성과들을 섭렵하면서, 헤겔이 놓친 부분들을 재구성해 보고 싶었다. 이런 맥락으로 보면 이 책에서 사용하는 감정정치라는 말은 이성의 대척점에 있는 것이라기보다는, 이성과 감정을 포함하는 개념이라고 할 수 있겠다.

2. 현대정치사상사에서 감정정치학의 이론적 기반

헤겔의 문제의식과 방법론을 그대로 유지하며 헤겔이 놓친 이론적 결함을 채워가려는 노력을 이 책의 제1부에서 진행했다. 대체로 개인-시민사회-국가-국제정치라는 분석 수준을 유지하면서, 현대철학의 이론적 강점들을 도출해 헤겔의 한계점을 보충하려 한 것이다. 그런데 개인 수준에서 전개된 인륜성의 한계는 현대 정치철학에서 두 가지 방향에서 보완되고 있다. 첫째가 언어철학 분야이고 둘째가 육체의 철학 분야다. 그리고 개인 수준과 시민사회 수준에서 전개된 현대철학의 이론적 내용을 확인하기 위해서 경험적인 설문조사를 실시했다. 즉 이론과 실제를 동시에 추구하려 한 것이다. 이것이야말로 이성과 감정을 통합하려는 헤겔의 문제의식을 그대로 수용한 것이며, 필자의 학문적 관심사를 성취하는 효과적인 방법이다. 이를 통해서 추상적인 이론과 구체적인 경험적 결과를 동시에 확인하는 학문적 성과를 얻을 수 있었다.

1) 하이데거와 리쾨르: 언어철학의 분야

현대 정치철학사에서, 헤겔을 이어받으면서 칸트의 이성주의를 비판한 사상가라면, 당연히 마르틴 하이데거(Martin Heidegger)를 꼽을 수밖에 없다. 우선 하이데거가 헤겔의 사상을 이어받았다고 말할 수 있는 것은 그의 학문적 주제가 '나와 타자의 관계'를 설명하는 것에 있기 때문이다. 즉 그는 의식의 내면이 아니라, 존재의 조건을 따져보려 했다는 점에서 헤겔과 동일한 인식의 지평을 공유한다. 그리고 존재론의 기반에서 칸트의 이성을 비판했다는 점에서도 헤겔과 유사하다. 그런데 하이데거의 존재론은 퇴락한 현존재를 분석했다는 점에서 인정투쟁에 나타난 자아 정립과는 사뭇 결이 다르다. 적어도 하이데거가 주목한 것은 불안한 일상에 던져진 '나'가 어떻게 자신의 본질을 직시하면서 일상에 던져진 존재로부터 빠져나와 새로운 탈자태의 모습으로 새로운 삶을 개시하는가에 대한 것이다. 어쨌든 여기서 하이데거는 인간의 현존재의 모습을 불안과 염려로 묘사한다. 헤겔이 지녔던 사랑이라는 희망적인 감정이 하이데거에 오면 이처럼 어두운 색채로 바뀌고 만다. 더구나 타자는 익명의 세인으로 묘사되며, 현존재의 자신이 타인들에 의해서 존재를 빼앗겨 버렸다고 말한다. 타인들이 임의로 일상적인 존재 가능성을 좌우한다(하이데거, 2015: 176).[1] 이 정도 되면 자기와 타자 사이에는 상호주관성의 성립 자체

---

1) 하이데거가 살았던 시대는 제1차 세계대전을 전후로 하여 퇴락에 빠진 바이마르 공화국과 히틀러 시기다. 눈앞에 펼쳐진 현실이 인간의 생사를 넘나드는 한계상황이었음을 가늠해 보면, 하이데거의 사상이 이처럼 어두운 색채를 띠게 되는 이유를 어렵지 않게 짐작할 수 있다. 반면 헤겔은 근대국가의 완성을 눈앞에 두면서, 새로운 시대를 맞이할 준비를 할 사상을 완성하고자 했으니, 당연히 희망에 가득한 철학을 펼칠 수 있었을 것이다. 이처럼 정치사상이란 사상가가 살아가는 시대의 모습을 그대로 반영한다. 따라서 철학적 기반을 선택하는 문제는 논리적 일관성 못지않게 시대의 모습과 밀접하게 연결된 것이다. 그렇다면 오늘날 우리가 살아가는 한국 사회는 과연 어떤 쪽인가? 어쩌면 하이데거 쪽이 아닌가?

가 불가능하다. 그저 매일매일의 삶이 새로운 탈자태로 향하는 끊임없는 염려와 개시의 반복일 뿐이다. 그러니 타자와의 화해를 기반으로 하는 정치 통합(윤리)을 논할 수 있는 여지도 없다.

이렇게 꽉 막힌 막다른 존재의 골목에서 현존재의 탈자태를 타자와의 관계 속에서 새롭게 모색한 사상가 바로 폴 리쾨르(Paul Ricoeur)다. 한나 아렌트(Hannah Arendt)에 따르면 인간이 세계와 마주하는 방법은 노동과 언어 행위로 이루어진다(아렌트, 2019). 전자가 생계를 유지하는 기계적인 작업이라고 한다면, 후자는 인간의 창조적 삶을 이루어가는 유일한 방법이다. 전자가 동물로서의 목숨을 부지하는 지루한 행위의 반복이라고 한다면, 후자는 자신의 창의성을 발휘하고 타자와 교감하는 공적인 공간이다. 아리스토텔레스도 목소리와 언어를 구분한 바 있는데, 전자가 노동으로 후자가 언어 행위로 대응될 것이다(김애령, 2020: 1장). 목소리가 있는 세상, 언어로 자신의 삶을 타자와 이어가는 세상을 만들자는 발상이 여기서부터 가능해지는데, 이것이 바로 리쾨르가 찾아낸 길이다.

물론 헤겔도 사랑을 설명하면서 표상과 상징을 통한 상호주관성에 대해 언급한 바 있고, 하이데거도 언어를 통해 존재가 염려로부터 탈출할 수 있는 가능성에 대해 설명한 바 있다. 특히 후기 저작 『언어로의 도상에서(Unterwegs zur Sprache)』에서 하이데거는 시적 언어가 가진 새로운 가능성에 대해 깊이 고민했다. 그러나 역시 타자와 함께 하는 사유체계로까지 발전하지는 못했다. 그런데 리쾨르는 헤겔이 암시만 하고 떠난 자리, 하이데거가 미처 깊이 파헤치지 못한 그 자리에서, 새로운 존재의 해석학을 마련해 낸다. 즉 언어와 가치 있는 삶을 연결한 것이다. 이것이 바로 헤겔이 개념화했던 인륜성을 존재론의 차원에서 확대·발전시킨 것이라고 볼 수 있다. 이 점에 대해 좀 더 자세히 살펴보자.

우리가 자아를 정립할 수 있는 근거는 무엇일까? 헤겔은 인정투쟁이라고 말했는데, 그 내용을 면밀히 살펴보면 거기에는 타자와 상징이 있다.[2] 그런데 리쾨르는 여기에 역사성을 덧붙인다. 그래서 서사적 정체성이라는 개념을 만들어냈다. 서사(narrative)라는 단어는 타자와 나눈 대화이며, 역사 속에서 변화해 가는 미래를 향한 담론이다. 여기서 개인의 정체성은 타인에 의해서 규정되는 것도 아니며(현존재), 고정불변의 자기성(idem)도 아니다. 오히려 타인과 마주해, 이야기를 듣고, 해석하며, 낡은 규범에 맞서 새로운 일상을 만드는 자체성(ipse)이다. 이처럼 이야기를 통해 새로운 해석을 찾아내는 것을 감각적 능력, 즉 아이스테시스(Aisthesis)라고 부르는데, 이것은 하이데거가 존재의 열림이라고 말한 것과 유사하다. 그리고 필자는 여기서 새로운 정치 통합의 가능성을 본다. 우선 아이스테시스는 이성적인 사유와 감성적 존재론의 만남이다. 현실 속에 있는 '나'가 과거와 대화를 하며, 열린 미래로의 가능성을 타인과 공유하는 과정이다.[3] 자체성이라는 개념 자체가 타인과의 대화를 전제로 가능하기 때문이다. 그리고 이러한 타자와 나누는 대화는 이성적 절차라기보다는 좋은 삶을 추구하는 '인륜적(?)' 과정이다.

여기서 리쾨르는 이야기 정체성을 통해 형성된 주체를 자유주의 사회에서 필요한 시민성과 연결 짓는다. 새로운 합리성을 내장한 주체를 만들어냄으로써 자유주의 정치제도가 완성된다고 본 것이다. 결국 필자는 이것을 다음과 같이 의역했다. 즉, 이야기 정체성을 통해 탄생한 사람들이 정치에 대한 신뢰도가 높고 정치참여에 대한 의욕도 강해 민주주의를 강고하게 유지하는 역할을 한다고 생각한 것이다. 정말 그런지를 확인하기 위해서 필자는 리쾨르의 이야

---

2) 위르겐 하버마스(Jürgen Habermas)는 바로 헤겔의 상호주관성에서 상징적 작용에 대해 주목하며 훗날 의사소통행위 이론을 만든다. 그러나 의사소통행위 이론에는 헤겔적인 감성보다는 칸트적인 이성의 논리가 더 강하게 배어 있다.

3) 윌리엄 레디(William Reddy)는 이모티브(Emotive)라는 개념을 고안했다. 그에 따르면 감정은 사회적 상호작용, 특히 언어적 소통의 맥락에서 분석될 수 있는 개념이며, 감정과 감정적인 표현들은 사회에서 역동적인 방식으로 상호 작용한다는 것이 근본 전제다. 이때 Emotive는 표현된 행위가 실행됨을 뜻하는 심리학의 수행적 행위(performative)에서 변용된 개념이다. 자세한 것은 문수현(2008) 참조.

기 정체성을 '의미 발견의 모델'이라고 명명했고, 그에 대한 실증적인 조사도 해보았다. 필자가 이렇게 경험적인 작업을 굳이 실시했던 이유는 극단적인 철학적 연구와 그와 정반대에 있는 경험적인 연구를 겸비하는 것이 진정한 의미에서 인륜성을 실천하는 학문 자세이며, 이성과 감성을 동시에 포착하려는 감정정치의 기본적인 태도이기 때문이다. 설문지와 그에 대한 설명은 이 글의 말미에 있다.[4] 조사의 내용을 아주 간략하게 요약하면 다음과 같다.

(1) 의미 발견과 정치 관심[5]

의미 발견과 정치 관심의 관계는 회귀분석 결과 매우 유의미하게 나타났다($p < .001$). 예를 들면, 새로운 가치를 추구하는 것이 돈을 버는 일보다 더 중요하다고 응답한 사람일수록 평소 뉴스나 신문의 정치 기사를 읽으며, 정치문제에도 관심이 높은 것으로 나타났다.

표 1 의미 발견과 정치 관심 회귀분석

모형	비표준화 계수		표준화 계수	t	유의확률
	B	표준오차	베타		
(상수)	1.947	.250	-	7.785	.000
의미 발견	.358	.088	.240	4.078	.000

* $R^2 = .058$

---

4) 설문조사지를 구성하고 코딩 작업을 도와준 동아대학교 나금실 박사에게 감사를 표한다.
5) 회귀분석에서는 의미 발견과 정치 성향의 관계에서 값을 보고 유의미한 판단을 한다. 이때 유의확률(***), 별표의 개수가 많을수록 유의미하다고 분석한다.
   *$p < .05 \rightarrow .05$ 수준에서 유의미함(유의함).
   **$p < .01 \rightarrow .01$ 수준에서 유의미함(더 유의함).
   ***$p < .001 \rightarrow .001$ 수준에서 유의미함(매우 유의함).
   〈표 1〉, 〈표 2〉에서는 유의확률이 표시되어 있기 때문에 별표 표시를 하지 않았다.

(2) 의미 발견과 정치 효능

의미 발견과 정치 효능도 정치 관심보다는 그 선형관계가 약하지만 유의미한 영향력이 있는 것으로 나타났다(p<.01). 정치 관심과 마찬가지로 의미 발견이 더 중요하다고 생각하는 응답자일수록 정치효능감이 높게 나타났다.

표 2 의미 발견과 정치 효능 회귀분석

모형	비표준화 계수		표준화 계수	t	유의확률
	B	표준오차	베타		
(상수)	1.986	.219	-	9.061	.000
의미 발견	.187	.077	.146	2.431	**.016**

* R2= .021

2) 공감 영역: 인정과 환대 사이에서

인식의 활동을 어떻게 정의 내릴 수 있을까? 고대와 근대정치철학사에서 이 질문에 대한 대답은 크게 두 가지로 나뉜다. 하나는 실재론으로 사물의 존재를 기본적인 전제로 인정한 후, 인간의 범주적 표상이 대상에 다가갈 수 있는 형상을 결정한다고 보는 방식이다. 또 다른 하나는 추론 역할을 강조하는 것인데, 외부 대상이 아니라 인식의 사유활동이 실재를 결정한다고 보는 방식이다. 전자의 대표적인 사상가가 아리스토텔레스라고 한다면, 후자의 대표적인 인물이 데카르트와 칸트다. 특히 후자의 사고방식은 인간의 이성 능력이

평균 분석과 달리 표 아래 R^2값으로 관계를 분석한다. R^2값은 두 변수(의미 발견과 정치 관심) 간을 잘 표현하고 있는가를 설명해 주는 값이다. 1에 가까울수록 의미 발견과 정치 관심 간의 관계를 잘 표현한다고 본다. 다만, 〈표 1〉과 〈표 2〉의 표들을 보면 R^2가 매우 낮아 두 변수 간의 관계를 설명하기에는 부족하다. 보통 .700 이상으로 보는 경향이 있지만, 반드시 그렇지는 않다.

야말로 인식과 지각에 가장 중요한 요인이며, 감정적인 요인들은 오히려 방해가 된다고 간주한다. 바로 이렇게 근대정치사상사에서 이성과 감정이 분리되기 시작했고, 감정이 정치 분석에서 배제되었다. 한편 이성에 대한 근대정치철학의 믿음은 간단하게 몇 가지로 요약할 수 있다. 첫째는 인간의 이성이 초월적이며, 그것을 사용하는 것은 마음의 능력이다. 둘째, 인간 이성은 두뇌나 신체로부터 독립된 것이다. 셋째, 인간이란 마음과 몸이 분리된 실체이고, 대상에 대한 범주화는 인간의 이성과 지적 능력으로부터 유래한다(레이코프, 1999: 52~52).

이처럼 인간의 이성과 감성의 분리가 가능했던 이유는 마음과 몸을 분리할 수 있다고 생각했기 때문이다. 이것이 근대 인식론의 시작이며, 한계다. 하지만 현대 정치철학의 연구 성과들은 이러한 분리를 인정하지 않으려 한다. 인간의 인지능력은 몸과 마음의 상호작용이라는 사실을 발견했기 때문이다. 그래서 마음의 인지과학이 아니라 신체화된 인지과학을 강조하게 되었다. 그 주장의 핵심은 다음과 같다. 첫째, 정신적 구조들은 본질적으로 우리의 몸과 신체화된 경험과의 연결에 의해 유의미한 것이 된다. 둘째, 근본적인 형태의 추론이 감각 운동 및 몸에 근거한 다른 형태의 추론으로부터 발생함으로서 이성은 신체화되어 있다. 셋째, 신체적 추론 형태는 은유에 의해 추상적 추론 방식에 사상되므로 이성은 상상적이다(레이코프, 1999: 129). 신체화된 마음이라는 개념은 우선 칸트적인 선험철학을 반대한다. 순수의식이란 존재하지 않기 때문이다. 그렇다고 아리스토텔레스적인 실재론을 찬성하는 것도 아니다. 왜냐하면 범주화된 지각 도식이 없이는 실재를 인식할 수 없는데, 범주화의 기능은 신체화된 도식을 통해서 가능하기 때문이다. 이렇게 해서 이성과 감성은 인식론의 수준에서 인간의 신체라는 매개를 통해서 통합된다. 보다 구체적으로 말하자면 신경 층위에 해당하는 수준-현상학적 수준-인지적 무의식의 수준으로 지각의 범주화가 가능해진다.

그렇다면 우리가 줄곧 관심을 가진 정치 통합(윤리)의 문제는 어떻게 되는가? 일단 순수한 도덕이란 것은 존재하지 않는다. 왜냐하면 도덕이라는 개념 또한 지각의 범주화를 통해서 가능하기 때문에 선험적 지각이 가능하지 않다면 당연히 선험적 도덕 원칙 또한 불가능하기 때문이다. 그리고 도덕 원칙의 분류도 가능하지 않다. 예를 들어 칸트는 정언명법을 거론하면서 도덕의 범주화를 강조했는데, 이것은 인간 행위를 인간의 이성 능력처럼 분류할 수 있다는 전제가 가능해야만 통할 수 있는 논리다. 적어도 현대 정치철학이 밝혀낸 마음의 철학에서 보면 불가능한 전제다.

따라서 정치윤리의 가능성은 칸막이처럼 나눠지는 것이 아니다. 철학적이며, 정치적이며, 미학적이며, 문화적인 것이 융합되어 나타날 수밖에 없다. 다시 말해 옳음이라는 원칙(칸트)과 좋음이란 기준(아리스토텔레스)이 서로 경계를 넘나들며 시대와 상황에 따라 변형되는 것이다. 이것이 마음의 정치철학이 주장하는 정치윤리의 방식이다. 그런데 이러한 사고의 단초를 제공한 사람이 바로 메를로퐁티다. 필자는 메를로퐁티의 철학을 인정(헤겔적 전통)과 환대(기독교적 전통)라는 개념 사이에 놓인 것으로 파악하고 그 의미를 깊숙이 파헤쳤다.

그리고 이러한 정치철학적 논의들을 역시 경험적인 방식으로 다시 한번 증명하고자 했다. 의미 발견의 모델과 건전한 시민성과 연결 지어 상호 관계를 입증했던 것처럼, 일단 의미 발견과 공감 능력의 상호 관계를 검증한 후, 공감 능력과 정치의식의 상관관계를 통계적으로 입증해 보고자 했다.

(1) 의미 발견과 공감 능력 관계

설문 문항은 4점 척도로, '1점, 전혀 그렇지 않다', '2점, 그렇지 않다', '3점, 그렇다', '4점, 매우 그렇다'로 측정했으며, 여섯 문항의 신뢰도 분석 결과 Cronbach α 계수는 .786로 나타났다.

먼저 '의미 발견'과 '공감 능력'의 회귀분석 결과 '의미 발견'과 '공감 능력'의 관계는 매우 유의미하게 나타났다(t=6.458, p〉.001). 구체적으로 살펴보면, '의미 발견'의 점수가 높을수록 '공감 능력'도 높게 나타났다.

표 3 의미 발견과 공감 능력 회귀분석

	비표준화 계수		표준화 계수	t	유의확률
	B	표준오차	베타		
(상수)	1,944	.173		11.249	.000
의미 발견	.426	.060	.394	7.077	**.000**

　　의미 발견과 공감 능력의 관계는 매우 유의미하게 나타났다. 즉, 의미 발견에 높은 점수를 받은 응답자가 공감 능력에도 높게 나타났음을 알 수 있다. 의미 발견의 여섯 문항 중에서 어떤 항목이 가장 의미가 있는지 의미 발견 문항들과 공감 능력을 회귀분석한 결과는 위의 표와 같다. 의미 발견 문항들 중 공감 능력에 유의미한 영향을 미친 항목은 '다른 사람을 진정으로 사랑하는 것이 매우 중요한 일이다'($p < .01$), '내 인생에서 다른 사람을 위해 봉사하는 삶이 중요하다'($p < 0.1$)로, 항목에서 유의미하게 나타났다. 특히 '성공한 인생이란 지금 현재의 나를 인정하고 사랑할 수 있는 삶이다($p < .001$)'라는 항목이 공감 능력에 가장 영향을 미친 항목으로 나타났다.

(2) 공감 능력과 정치의식 관계

　　정치의식의 설문조사 문항은 '① 미국과의 동맹보다 북한과의 관계가 더 중요하다', '② 경제성장보다 분배와 복지가 더 중요하다'다. 정치 관심, 정치 효능감도 조사하였으나, 공감 능력과 회귀분석 관계에서 정치의식 외의 변수는 영향력이 나타나지 않았다.

　　따라서 공감 능력과 정치의식 간의 회귀분석을 실시했으며, 공감 능력과 정치의식 간에는 매우 유의미한 영향을 미친 것으로 나타났다($p < .001$). 즉, 공감 능력이 높을수록 미국과의 동맹보다 북한과의 관계가 더 중요하다고 생각했고, 경제성장보다 분배와 복지가 더 중요하다는 응답이 높은 것으로 나타났다.

표 4 공감 능력과 정치의식 회귀분석

	비표준화 계수		표준화 계수	t	유의확률
	B	표준오차	베타		
(상수)	1.359	.237		5.729	.000
공감 능력	.346	.074	.273	4.654	.000

3) 감정구조와 사회계약론

자연 상태에서 사회계약을 맺고 시민사회로 진행하는 과정은 크게 두 가지로 나뉜다. 첫째는 토마스 홉스(Thomas Hobbes)적인 방식이다. 홉스에 따르면 인간은 자연 상태의 위험성을 인지하고, 그 위험에 대한 비용과 국가에 복종함으로써 얻게 되는 효용(생명의 보호)을 비교한 후에 효용이 비용보다 높다는 것을 알기 때문에 사회계약에 동의한다. 여기에는 비용과 효용을 계산할 수 있는 도구적인 이성이 작동한다. 두 번째는 장자크 루소(Jean-Jacques Rousseau)의 방식이다. 루소에게 자연 상태는 인간 본성에 적합한 상태였다. 자신의 생명을 보존하는 것과 타인과 공존하는 것이 조화된 평화로운 상태였다. 그런데 그 균형이 깨진 근본적인 이유는 문명과 기술 때문이다. 타락한 사회에서 살아가는 인간은 자신의 본성을 잃고 말았다. 즉 아무르 드 수아(amour de soi, 자기애)와 피티에(pitie, 연민)를 함께 지녔던 인간의 심성이 아무르 프로프르(amour propre, 자만심 혹은 이기심)로 타락한 것이 전쟁 상태의 진짜 이유다. 그래서 사회계약을 맺어 공화국으로 탈출해야 한다. 이때 전쟁 상태에서 시민사회로 이행하는 계기는 계산할 수 있는 능력이 아니라 타인과 공존할 수 있는 본성을 되찾는 것이다. 이성적인 능력을 넘어서 타자를 인정할 수 있는 피티에를 복원하는 것이 관건이다.

사회계약을 추동하는 이성과 감성의 대립은 헤겔에 이르러 인정투쟁으로 통합되는 듯 했다. 적어도 인정투쟁의 개념 안에는 자신의 생존뿐만 아니라 타자의 존재를 인정할 수 있는 방안이 마련되어 있었기 때문이다. 그런데 시민사회가 성립된 후에는 감정의 변화가 없는가? 인간의 타락은 사회계약 이후에는 더이상 나타나지 않는 것일까? 더구나 시민사회에서 소유권의 대립은 물질적인것을 넘어서 감정적인 대립으로 확대될 수 있는 점을 헤겔은 포착하지 못한 것이 아닌가? 바로 이것이 시민사회 안에서 작동하는 문화적 권력의 문제이며, 프랑스의 포스트모더니즘의 사상가들이 고민한 문제다. 예컨대 미셸 푸코(Michel Foucault), 질 들뢰즈(Gilles Deleuze), 안토니오 네그리(Antonio Negri)는 시민사회에서 작동하는 미시적인 권력의 효과를 간파했고, 그 해결 방안을 모색하고자 했다. 이때 그들의 사상적 자양분이 되었던 사상가가 바로 스피노자다.

스피노자에게 사회적 토대가 되는 감정은 야심이다. 이것은 타자로부터 사랑(인정)받고 싶은 욕망이다. 야심이란, 홉스에게는 주인-노인의 지배관계를 영속화하는 요인지만, 스피노자에게는 인간의 공동체를 결합시켜 주는 접합제가 될 수도 있다. 야심을 통해서 사람들이 서로 가까워지고, 정치사회의 비중이 높아질 수 있기 때문이다. 그런데 나의 야심과 타인의 야심이 부딪치면어떻게 되는가? 공동체가 균형을 이루기 위해서는 개인의 가치체계를 타인에게 강요해서는 안 된다. 만일 강요하게 되면 명예를 위한 야망이 지배의 야망으로 변질되며, 이로 인해 시민사회가 정치적 지배의 상태로 타락하게 되는것이다. 이럴 경우 사회계약이 확립된 후에라도 시민사회는 여전히 투쟁 상태를 벗어나지 못하게 된다. 결국 서로 다른 가치관을 수렴하고, 서로 간의 야심을 절제할 수 있는 능력이 정치의 본질이다. 이것은 이성적 토론만으로 해결되지 않는다. 또 소유물에 대한 법적 권리를 명시하는 헤겔적인 방법으로도해결되지 않는다. 사회적 감정을 조화하고, 수동적 감정을 능동적 감정으로고양시키는 방법을 찾아야 한다. 그래서 스피노자는 정치공동체가 생성-유지-퇴락하는 사이클을 설명하면서 감정의 변화 과정을 중요하게 생각한 것이다.

특히 스피노자 해석가로 유명한 프랑스의 사상가 알렉상드르 마트롱(Alexandre Matheron)은 이 대목에서 증여론을 강조하며 사회적 연대가 이루어지는 방식을 제시한다(마트롱, 2012: 5장). 이것은 사회문화적 습속과 관련된 관행이다. 내가 타인에게 받은 선물에 대해서 보답을 해야 한다는 논리는 원시부족사회에서 평화를 유지하는 중요한 절차였다. 이러한 문화적 관행이 사람들 사이의 야심을 능동적인 것으로 유지시키는 것이라면, 시민사회의 균형을 유지하는 것은 법적인 제도만으로는 충분하지 못하다. 법을 넘어서 적절하지 못한 감정(수동적 감정)을 적절한 감정으로 변용할 수 있는 능력(변용 능력)이 필요하다. 그런데 이것은 개인의 감정과 신체가 만나서 이루어진다. 예를 들어 기쁨의 감정은 나의 신체와 타인의 신체가 만나서 이루어지는 감정이다. 신체들에게 유익한 것이 무엇인지를 자각하도록 해주기 때문에 자신의 능력을 통해서 감정의 예속 상태를 벗어나게 해주는 것이다. 그리고 이것이 정치의 목표다.

한편 변용 능력(pouvoir d'etre affecte)을 추동하는 증여론의 습속을 현대사회에서 재해석해 본다면, 다시 말해 타인에게 인정을 받으려는 능동적 야심을 유지시키는 문화적 기제는 결국 언론매체라고 할 수 있겠다. 독일의 감정사 연구 중에서 사회적 감정과 매체의 관련성을 연구한 업적이 있다. 저서의 제목이 『대중이 움직인다(Die Massen bewegen)』이다. 이에 따르면 매체가 어떻게 감정을 양산해 내는지, 구체적인 역사 맥락과 사건들에 어떤 결과를 낳는지를 밝혀내려고 했다. 예를 들어 르완다 내전 시기에 라디오 방송이 투치족에 대한 대량학살에 어떻게 기여했는지, 군대의 영화가 독일 군대와 전쟁을 다루는 방식을 어떻게 변화시켜 왔는지를 살피면서 구체적인 사회적 사건과 사회적 감정의 관계를 추적한 것이다(문수현, 2008: 277). 이러한 맥락에서 필자는 오늘날 한국 사회에서 정치적 참여의식과 대표적인 대중매체로서 영화의 상관관계를 실증적으로 조사해 보았다. 그 결과는 아래와 같다.

(1) 의미 발견과 영화감독 인지 관계
의미 발견이 공감 능력에 미치는 영향에서 문화라는 것이 매개되는 것인가

표 5 의미 발견과 영화감독 인지 회귀분석

	비표준화 계수		표준화 계수	t	유의확률
	B	표준오차	베타		
(상수)	1.911	.221		8.650	.000
의미 발견	.179	.077	.140	2.329	.021

에 관해 분석하기 위해 먼저, 의미 발견과 영화감독 인지에 관한 회귀분석을 실시했다. 문화에 대한 설문 문항으로는 '영화감독을 얼마나 알고 있는지'[김기덕, 이창동, 강우석, 제임스 캐머런(James Cameron), 스티븐 스필버그(Steven Spielberg), 마이클 무어(Michael Moore)]를 조사했다. 각 문항은 4점 척도로 구성했다. '전혀 모른다(1점)', '모른다(2점)', '안다(3점)', '매우 잘 안다(4점)'로 측정했다. 각 문항 간의 신뢰도 분석 결과 크론바흐 알파(Cronbach α) 계수는 .774다.

(2) 공감 능력과 정치의식, 그리고 영화감독 인지 매개효과

앞서 매개효과를 분석하기 위해 회귀분석을 3단계에 걸쳐 실시하였다. 공감 능력과 정치의식과의 관계에서 영화감독 인지의 매개효과를 〈표 6〉에서 살펴보면, 2단계에서의 독립변수 공감 능력의 베타값이 3단계 공감 능력의 베타값보다 더 높게 나타났다. 따라서 공감 능력과 정치의식 간의 관계에서

표 6 공감 능력과 정치의식 관계에서 영화감독 인지 매개효과

매개효과 검증단계	독립변수	종속변수	표준화계수 (β)	t값	p값	R^2
1단계	공감 능력	영화감독 인지	.157	2.630	.009	.025
2단계	공감 능력	정치의식	.273	4.654	.000	.074
3단계 (독립)	공감 능력	정치의식	.245	4.193	.000	.105
3단계 (종속)	영화감독 인지		.179	3.058	.002	

영화감독 인지는 매개효과가 나타났음을 알 수 있다.

4) 사회적 공감과 담론국가

　헤겔에 따르면 국가란 인륜적 실태의 최고 수준이다. 국가를 통해서 시민
사회의 혼란이 종식되기 때문에, 소유권을 둘러싼 노동과 자본의 대립은 국가
라는 실체가 없이는 해결되지 않는다. 이것이 공화주의 이념에 매료된 헤겔
의 국가론이다. 그만큼 국가는 새로운 시대를 열어가는 절대정신이다. 그러
나 한국 사회에서 국가는 탄생부터가 취약 국가였는지도 모른다(이택선, 2020).
이런 상황에 우리는 어떻게 국가를 개념 정의할 수 있을까? 1980년대를 전후
해 우리는 민주화의 열망에 부풀었고, 그에 걸맞은 국가론에 대한 논쟁이 있
었다. 그런데 당대의 논점은 주로 경제적인 요인과 대통령의 리더십의 양자에
분산되어 있었다. 방법론적으로 평가하자면, 구조와 주체의 양쪽으로 나뉜 것
이다. 이 둘을 종합할 방법은 없을까? 필자는 헤겔이 고안했던 변증법이라는
철학방법론이 한국이라는 국가를 설명하는 데도 일부분 수용될 수 있을 것이
라고 생각한다. 특히 구성주의 방법론을 채용했으며, 거기서 강조하는 문화적
요인을 초점으로 해방 이후 이승만과 박정희 정권의 성격에 대해서 논의했다.

그림 1 사회적 공감과 담론국가

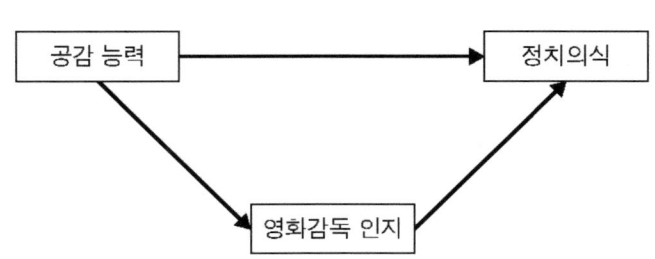

5) 정치적 공감과 국제정치

헤겔의 인정 이론을 국제정치로 확장해 볼 수 있을까? 타자가 개인이 아니라 국가라고 한다면, 인정투쟁은 어떻게 변용될까? 개인 간의 인정투쟁이 평화적으로 정착되기 위해서는 자발적인 동기(의지)와 정서적 감정이 융합되어 타자를 포용할 수 있어야 한다. 외부적 상호성이라는 관점에서 보면 타자는 타국과 동일 선상에 있다. 그런데 내가 상대를 인식하는 수준은 어떻게 달라질까? 결국 개별적인 인식 수준과 집단적인 인식의 수준이 달라진다. 인정 이론이 말하고자 하는 바가 인식을 매개로 한 자아 대 타자의 대립과 보편성의 과정이라고 한다면, 상대국가에 대한 인식과 이해 또한 인식 대립과 보편성의 과정으로 요약할 수 있을 것이다(김동하, 2016). 그렇다면 특정 국가에 대한 지식 체계가 관건이 된다. 대한민국이 가지고 있는 미국, 중국, 북한, 일본에 대한 표상 체계와 지식 체계가 국가 간의 인정투쟁의 핵심이다. 그런데 한국에 유통되는 지식이란 대체로 미국에서 수입된 것이어서 한국의 국가정체성은 물론, 타국에 대한 정체성을 형성하는 과정에 많은 왜곡이 있다. 이런 점을 극복하는 것이 우리 시대 국제정치의 과제다.

3. 감정구조와 한국 사회 분석

현대 정치사상을 바탕으로 감정정치(구조)에 대한 이론적 기반을 탐색했으니, 이제는 그 이론적 모델들을 한국 사회에 적용하려 한다. 이론은 반드시 현실에 적용되어야 그 의미가 검증될 수 있기 때문이다. 여기에서도 헤겔적인 분석의 수준을 유지하려고 애를 썼다. 즉 개인-시민사회-국가-국제정치의 수준에서 한국 정치의 핵심 쟁점들을 분석해 보려했다. 그리고 주체와 객체를 통합하려는 헤겔의 방법론을 정치사회학적으로 계승하려고 노력했다. 그것이 바로 구성주의 방법론이다.

1) 개인적 감정구조와 대중정치학

박정희 향수에 대한 사회적 현상을 어떻게 설명할 수 있을까? 특히 박근혜의 대통령 당선은 한국 사회에서 보수 정치의 특징을 새롭게 설명해야 하는 학문적 숙제를 남겼다. 정치사에서 국민들이 카리스마적인 지도자에게 지지를 보내는 것은 언제나 중요한 연구의 대상이었다. 정치 이론에서는 이것을 리더십 연구라는 분야에서 주로 담당해 왔으며, 그 분석의 방법론도 개인의 인물론이나 심리 분석에 맞추어져 있었다. 그렇지만 개인 중심적인 접근 방법으로는 국민적 동의가 생겨나는 원리를 근원적으로 밝혀낼 수 없다. 개인의 내적인 요인과 사회의 구조적인 요인이 동시에 포착되어야만 리더십 연구의 본질을 포착할 수 있기 때문이다. 바로 이러한 문제의식에서 감정정치의 연구가 필요하게 된다.

서유럽에서는 루이 보나파르트(Louis Bonaparte)의 대통령 당선이 감정정치의 시작이라고 할 수 있다. 1851년 대통령 선거는 프랑스에서 처음으로 보수와 진보가 이념 대결을 통해서 새로운 공화정치를 시작할 수 있었던 시기였다. 그런데 여기에 나폴레옹 보나파르트(Napoleon Bonaparte)의 조카 루이 보나파르트가 갑자기 나타나서 이성의 정치를 뒤집어버리고 감성의 정치로 선거에서 승리하게 된다. 이때 루이 보나파르트를 지지했던 세력은 농민들이었다. 그들이 루이 보나파르트를 지지했던 이유는 무엇이었나? 어떤 감정이 배후에 도사리고 있었던 것일까? 그것은 바로 과거에 대한 기억(향수)이다. 1850년대 프랑스는 경제적인 공황에 시달리고 있었고, 대외적으로는 열강의 견제를 받았던 시기였다. 불안이 시대적 분위기가 되었던 당시의 사람들은 과거의 영광스러운 시기를 떠올리며, 자신들을 더욱 초라하게 느꼈을 것이다. 그래서 경제적 궁핍과 정책적 불안의 한가운데서 동요하던 프랑스의 농민들은 '잘 나가던 프랑스'를 그리워하게 되었고, 그 구원의 실마리를 루이 보나파르트에게서 찾은 것이다.

이 현상을 분석했던 카를 마르크스(Karl Marx)는 『루이 보나파르트 브뤼메르 18일(Achtzehnte Brumaire des Louis Bonaparte)』에서 농민들의 왜곡된 투표 행위를 '허위의식'이라고 불렀다(마르크스, 2017b). 이 말은 역시 진정한 의식이 계급의식의 밑바탕이 되어야 하는데, 왜곡된 의식을 갖고 투표 행위를 했던 농민들을 비난한 것이라고 볼 수 있다. 이러한 맥락에서 마르크스는 전형적인 이성주의 정치관을 가진 사상가였다. 반면 동시대를 살았던 알렉시스 토크빌(Alexis Tocqueville)은 농민들의 정치 태도를 타락한 습속이라고 불렀다(토크빌, 1989). 루이 보나파르트를 지지했던 농민들의 감정적인 행동은, 토크빌의 역사의식에서 보면, 보편적인 문화의식이었다. 이것은 한 시대를 관통하는 관습이며, 개인이나 특정 계급을 넘어서 프랑스 사회를 규정지었다. 문화적 분위기라고 할 수 있다. 어쩌면 헤겔이 말하는 인륜성이 바로 이런 것일 수도 있다. 다만 헤겔의 인륜성은 자유와 이념의 표상이고 선한 공동체를 추구하는 목표를 담은 개념이라면, 토크빌의 타락한 습속이란 일상에 퍼진 왜곡된 가치관을 가리킨다. 그래서 토크빌의 눈에는 당시의 농민들뿐만 아니라 대다수의 사람들이 무기력과 이기주의에 빠져 있고, 정치에 대한 공적 의식은 사라진 상태에 살고 있다. 1851년 프랑스의 민주주의가 다시 독재의 나락으로 빠져든 가장 큰 이유는 경제나 정치의 실패가 아니라 국민들의 타락한 마음 때문이다. 이런 의미에서 토크빌은 '마음의 체제'를 거론한 최초의 사상가라고 할 수 있다. 그리고 필자는 계급의식보다는 타락한 문명과 왜곡된 습속이라는 개념이 현대 정치에서 감정의 정치학을 논의하기에 보다 유용하다고 판단한다. 실제로 토크빌의 날카로운 문제의식은 에밀 뒤르켐(Emile Durkheim)과 모리스 알박스(Maurice Halbwachs)로 이어지면서, 집단감정과 집단기억의 개념으로 확장된다.

한편, 1930년대의 아돌프 히틀러(Adolf Hitler) 독재정치와 이에 조응하던 독일 중산층의 감정 구조를 분석하면, 그 안에 상징과 의례, 육체, 언어에 대한 정치적 조작이 작용했음을 알 수 있다. 예를 들어 국가적 의례와 집단체조를 강조했고, 학교나 군대에서 훈육기제를 반복적으로 강조함으로써 군사적 인간을 만들었으며, 아리안 민족의 우수성을 강조하는 과학 담론과 미래에 대한 발전 담론을 만들었다.

루이 보나파르트와 히틀러에 대한 정치적 분석은 감정정치학의 원형이다. 그리고 이때 분석 대상이 되었던 기억, 상징과 의례, 훈육적 아비투스, 언어라는 네 가지 요인은 박정희 시대를 관통하는 감정구조를 분석하는 데 매우 유용한 도구들이다. 간략하게 요약하자면 박정희 시대의 습속은 바로 위의 네 가지 요인에 의해서 형성되었고, 이것은 국민들의 정체성을 구성하는 데 결정적인 역할을 했다. 그런데 이렇게 만들어진 국민 정체성과 습속은 정권이 바뀌고 민주화 시대가 되어도 쉽게 변화하지 않는다. 다시 말해 박정희 시대의 문화적 습속은 세월이 흐른 뒤에도 여전히 작동해 박근혜의 대통령 당선을 가능하게 한 것이다. 이렇게 두고 보면 민주화란 정치 절차를 바꾸는 형식적 민주화를 시작으로, 시민사회의 경제적 구조를 바꾸는 실질적 민주화를 거쳐, 일상의 개인적인 습속을 바꾸는 문화적 민주화의 세 단계가 있다고 하겠다. 이러한 민주화 논의를 처음으로 제기한 사람이 레이먼드 윌리엄스(Raymond Williams)다(윌리엄스, 2007).

2) 사회적 감정구조와 촛불혁명

감정에 대한 논의가 가장 활발한 분야가 바로 사회학이다. 사회학은 특히 집단행동에 대해서 오랫동안 관심을 기울였던 만큼, 이성적 집단행동 이론에 감정이라는 요인을 보충함으로써 사회운동에 대한 설명력을 높이려 한다. 그동안 집단행동을 설명해 온 사회학의 이론적 태도는 크게 보아 두 가지 나뉜다. 하나는 개인의 심리적인 요인에 주목하는 시각이고, 다른 하나는 사회적 자원에 대해 주목하는 시각이다. 전자의 대표적인 예가 귀스타브 르봉(Gustave Le Bon)의 『군중심리(Psychologie des foules)』다. 혼자 있을 때와 사람이 모여 있을 때 개인의 행동이 다른 이유는 무엇일까? 르봉의 대답은 암시와 전파였다(르봉, 2013). 특히 여러 사람이 모인 무리에서 카리스마적인 지도자가 나타난 경우, 사람들에게 큰 영향을 준다. 한편 이에 대해서 반론을 제기한 사람이 가브리엘 타르드(Gabriel Tarde)와 지그문트 프로이트(Sigmund Freud)다(타르드, 2015; 프로이트, 2020). 전자는 사람들의 행동이 규범적이지 않고 즉흥적이라는 르봉의 입장을 비판하면서 소통 모델을 제시했고, 후자는 인간의 리비도(libido)가 집단적 이미지에 조응하면서 집단행동 이론으로 상승작용을 유발한다는 정신분석학 이론을 제시했다. 그러나 세 명의 논리는 결국 인간의 내면적인 요인으로부터 집단행위의 원인을 찾으려 했다는 점에서 공통된 인식의 기반을 가진다. 즉 무의식 이론이다.

한편 사회적 자원에 대한 논의는 교육이나 소득수준이 높은 사람들이 정치 행동에 참여할 가능성이 높으며, 사회적 네크워크가 넓은 사람들이 정치적 기대와 효능감이 높다는 전제에서 출발한다. 이러한 설명 방식은 인간의 인식과 행동을 원인과 결과로 상정한다는 점에서 집단행동에 대한 이성적인 접근이라고 할 수 있다. 왜냐하면 집단행동에서 감정적인 요인들을 비합리적이라고 간주했기 때문이다. 그러나 1970년대 이후로 현실에서 일어나는 민중봉기나 저항운동은 교육수준이 높거나 네트워크가 많은 사람들보다는 '상대적 박탈감'을 경험한 사람들이 참여하는 경우가 많았다(도오루, 2015: 197). 결국 박탈감이라는 단어가 의미하듯 집단행동의 원천은 반드시 이성적인 요인에서 유발되는 것이 아니다. 이런 문제의식에서 감정에 대해 사회학이 주목받게 되었다.

같은 맥락에서 집단행동에 대한 감정적 접근은 무의식과 같은 내면적인 요인이나 이성적 자원의 양자를 넘어서야 한다. 또 개인적인 수준의 감정과 거시적인 수준의 감정 요인들이 통합되어야 한다(엄묘섭, 2009). 이러한 점에서 필자는 감정구조에 대한 연구는 토크빌의 습속이나 뒤르켐의 집단감정과 같은 문화적 연구와 맥을 같이 한다고 본다. 다시 말해 거시적인 감정의 구조를 찾는 것이 집단행동의 중요한 연구 대상이라는 것이다. 그런데 최근 미국의 정치학은 뇌과학에 영향을 받아 정치적 행동과 인간 뇌의 상호작용을 규명하는 쪽으로 연구가 진행되고 있다(Groenendyk, 2001; Johbston, 2015; Marcus, 2008). 그런데 이런 식의 감정 연구는 필자가 이 책에서 전개하는 방향과는 질적으로 다르다. 또 일정 부분 학문적 공헌이 있음에도 불구하고 매우 염려스러운 점도 있다.

뇌과학에 영향을 받은 감정 연구도 분노, 수치심, 좌절과 같은 감정적인 요인들에 대해 관심을 가지며, 이것을 경험적 연구 모델로서 구성하려 한다. 그렇지만 적용 방식에 문제가 있어 보인다. 예를 들어 분노한 사람과 정치적 행동의 상관관계를 설명하는 경우, 감정지성 이론(Affective Intelligence: AI)을 도입한다. 즉 감정의 효과를 설명할 때 감정의 하위시스템으로 손꼽히는 처리시스템과 감시시스템을 분리하고, 전자는 어떠한 일이 합당한 진정을 보일 때 열정적 감정을 일반화하고 주의를 기울이지 않으려 하는 것으로 간주한다. 한편 후자는 두려움을 느끼는 자극에 대한 감각 반응을 관찰하는 과정이다. 이러한 설명 방식은 결국 인간의 행동을 긍정적인 감정을 낳은 목표지향적 행동과 부정적인 일이 발생하지 않도록 보호하는 행동으로 구분하게끔 귀착한다(민희·윤성이, 2016: 275). 필자가 보기에 이렇듯 분노라는 감정적인 용어를 사용하는 것은, 여전히 인지주의적 모델(이성적 모델)을 벗어나지 못한 것으로 여겨진다. 왜냐하면 감정의 행동반경을 일정한 유형으로 규정하고, 그것을 지수화할 수 있다는 발상 자체가 이성 중심적 발상이기 때문이다.[6]

---

6) 필자가 여기서 이성 중심적 발상이라고 말할 때, 사상적 근원은 홉스적 인간관을 가리킨다. 그런 의미에서 차라리 생물학적 발상이라고 말을 바꾸는 것이 적절할 것이다. 홉스는 『리바이어던(Leviathan)』의 서문에서 인간을 기계 부품으로 비교하고, 국가 역시 기계적인 에너지를 제어하기 위한 계약-처벌의 구조물이라고 바라보았다. 여기에서 인간의 이성이란 배고픔을 채우기 위해 식량을 구하는 동물의 본능과 다를 바 없

노먼 덴진(Norman Denzin)은 감정에 대한 자연주의적 접근은 지양되어야 한다고 주장한다. 그에 따르면 감정은 인과적으로 설명할 수 없으며 기술적인이며 이해적인 방법을 동원해야 한다고 말한다(Denzin, 2009; 김왕배, 2019: 85). 내가 주체와 구조의 통합적인 방법이 필요하다고 주장한 바 있는데, 이것은 덴진의 생각과 매우 근접한 것이다. 그래서 필자는 집단행동에 대한 감정구조를 설명하기 위해 사회적 관심 공간, 접합, 상황적 돌출의 역할, 배후 감정, 대행자 의식, 1차 감정과 2차 감정 같은 새로운 개념을 채용했고, 이것을 기반으로 2008년과 2016년의 촛불시위를 비교·분석했다.

3) 정치적 감정구조와 이야기 정체성

앞서 필자는 현대사회에 등장하는 감정의 특성을 개인 수준과 시민사회 수준에서 분석해 보았다. 개인 수준에서는 불안이었고, 시민사회 수준에서는 분노였다. 그렇다면 국가 수준에서는 무엇이 대표적인 감정일까? 필자는 공포를 꼽고 싶다. 그렇지만 이러한 불안-분노-공포는 인간 감정의 원초적 형태에서 발원한 것이다. 다만 현대사회가 맞이한 고독한 개인, 경제적 박탈감, 그리고 국가적 위기감이라는 세 가지 유형으로 형태를 달리해 나타난 것이라고 볼 수 있겠다. 특히 정치적으로 보면 통치 리더십은 언제나 국민들을 상대로

다. 즉 자극과 반응의 모델에 입각해 있는 것이다. 이것을 확장한 것이 사회계약론의 기반이 된다. 홉스의 설명에 따르면 인간의 정치적 선택은 자신의 생명을 보호하기 위한 행동이며, 쾌락을 극대화하기 위한 도구적 이성의 작용이다. 이렇게 보면 감정 지성 이론이라는 것은 감정을 매개변수로 채택하고 있으나, 행동의 유형을 여전히 효용성에 의해서 구분한다는 점에서 홉스적인 (생물학적)인간관을 벗어나지 못한 것이다. 왜냐하면 감정지성 이론은 긍정적 감정을 보상 추구의 행동으로, 부정의 감정은 위험 회피 행동으로 분류하는데, 이것은 결국 쾌락 혹은 불쾌라는 생물학적 기준으로 인간의 행동을 설명하는 것에 불과하기 때문이다. 이것은 분명 필자가 이 책에서 주장하는, 문화적 구조를 기반으로 한 감정정치의 연구와는 차원이 다르다.

공포를 조장해 왔고, 이것을 통해서 정치적 지지를 획득하고자 했다. 대표적인 사례가 1930년대 히틀러 정권이 유대인에 대해 공포를 조장한 것과 1960년대 미국의 국회에서 조지프 매카시(Joseph McCarthy)가 공산주의에 대한 공포를 조장한 것이다. 그런데 이 두 가지 사건 모두 경제적 위협이라는 배후 감정이 존재했고, 정권의 실패를 국민들에게 은폐하고자 하는 전략적 의도가 숨겨져 있었다.

예를 들어 나치즘의 경우에는 당대의 경제적 빈곤과 그에 대한 정책 실패를 정권이 감당할 수준이 아니었다. 따라서 이 문제를 회피하는 전략으로 유태인을 희생양으로 삼았고, 이들에 대한 혐오를 조직화함으로써 국민들의 비판 감정을 무마시키고 정권을 유지하고자 한 것이다. 물론 혐오라는 시민사회의 감정은 공산 세력과 자유주의 세력 모두에 대한 공포 감정으로 극대화되어 궁극적으로는 전쟁으로까지 치닫게 되었다. 이러한 불안-혐오-공포라는 상승작용에는 계급 갈등의 요인이 깊숙이 자리 잡고 있었다. 즉 급속하게 부유해진 하층계급에 대한 중산층의 위기감이 이러한 확대재생산을 촉발시킨 본질적 요인이라는 것이다.

매카시즘(McCarthyism)의 경우도 비슷하다. 미국 의회와 공무원 사회를 공산주의의 온상이라고 지목했던 매카시 의원의 발언은 사람들 사이에 불안을 만들었고, 이것은 사회적 혐오를 거쳐 국가적 공포의 대상으로 발전한다. 이렇게 미국과 소련이 대립하는 냉전 구도가 형성된 것이다. 즉 공산주의를 대표하는 소련에 대한 공포의 감정은 미국이 자유주의를 대표하는 국가가 되어야 한다는 당위성을 전 세계에 심어주는 효과를 만들었다. 그런데 매카시 의원이 진짜로 두려워한 것은 경제개발과 우주개발에서 미국이 소련에 뒤처졌다는 것이었고, 이것을 국민들에 은폐해야 한다는 불안감이었다. 이와 같은 공포 조작은 1980년대 이후 공화당 정권이 들어설 때마다 반복되었다. 특히 로널드 레이건(Ronald Reagan)과 조지 부시(George Bush) 정권에서 악의 축이라는 개념을 사용함으로써 공포를 통한 세계정치를 수행한 바 있다.

그런데 국가적 수준의 공포 감정은 어떻게 만들어지는가? 그 대답은 바로 언어(프레임)다. 히틀러의 수사는 종교를 세속화하는 반면 정치를 신성화하는 전략으로 가득 차 있었다. 이를 통해서 청중의 감정을 조절하는 파토스적 언어 배치를 적절하게 구사했다(김종영, 2010). 한편 1980년대 공화당 정권이 사용하는 정치 언어를 분석한 조지 레이코프(George Lakoff)는 정치적 수사와 대중매체의 상관관계를 분석했고, 여기서 그는 '엄격한 아버지'의 언어 이미지가 공화당의 정치에 스며 있는 감정이라는 사실을 밝혀냈다. 이것이 세금 문제, 복지정책, 국제 정세 등에 적용된다고 주장한 바 있다(레이코프, 2015).

한편 한국의 국가 수준에서 작동하는 공포감은 어디서 올까? 필자는 그것이 안보 담론이라고 생각했다. 그리고 이것을 분석하기 위해서는 개인의 발화적 수준(히틀러의 수사학)과 사회적 유통(레이코프)을 종합할 수 있는 구성주의적 시각이 필요하다고 판단했다. 그리하여 리쾨르의 미메시스 이론과 피에르 부르디외(Pierre Bourdieu)의 상징적권력 이론을 사용해 보았다. 리쾨르의 철학적 이론은 개인의 창의적 발화와 정치 언어의 변화 가능성을 담보하며(주체중심주의), 부르디외 사회언어 이론은 국가 수준의 담론을 생산하는 여러 가지 장들의 연결 관계, 즉 상동성의 관계를 밝혀준다(구조중심주의). 그리하여 작가(정치인)가 발언한 정치적 수사가 국가의 장과 문학의 장 그리고 학문의 장 들 간의 유통망을 통과하면서 국가 수준에서 일정한 공포의 감정을 만들고, 일정한 방향으로 국민들의 마음을 움직인다는 점을 밝혔다. 필자는 국내에서 처음으로 한국에서 발생하는 안보 담론의 발생과 유통 그리고 정치적 효과를 언어의 구성주의적 관점에서 분석해 본 것이다.

4) 생활양식의 감정구조와 한국 사회, 문화적 감정구조와 북한 사회

개인의 감정은 사회관계 속에서 타자와 관계를 맺는 방식을 결정한다. 그것을 생활양식이라고 말한다. 사람들을 만날 때 나누는 인사나 표정, 옷을 입는 방법, 음식을 먹는 스타일과 같이 일상의 사소한 행동들이 바로 생활양식이다. 그런데 이러한 생활양식에 일정한 가치관이 내재되어 있어서, 당연한 것과 어색한 것을 구분한다. 예컨대 서양에서는 친한 친구 사이에 인사를 하면서 볼에 입맞춤을 하는 것이 당연한 것이지만, 한국의 정서에서는 이러한 인사법은 매우 어색하다. 이렇게 놓고 보면 감정이란 몸을 통해서 표현된다. 즉 몸을 사용하는 사회적 방식이 감정을 기반으로 이루어지며, 이것은 한 사회의 독특한 특성으로 자리 잡는다. 우리가 해외에 여행을 나가보면 금방 우리와 다른 문화를 느끼게 되는 이유가 바로 여기에 있다. 그들과 우리의 생활양식이 다르기 때문이다. 따라서 감정과 몸 그리고 생활양식은 하나의 흐름이고, 여기에는 역사와 문화가 내장되어 있다. 여기서 한발 더 나아가 계급이라는 변수를 추가하면 감정 아비투스라는 개념이 성립된다. 이 단어는 부르디외가 사용한 아비투스라는 개념에 감정을 추가한 것인데, 생활양식의 패턴이 계급별로 달라진다는 점을 보인 것이다. 이렇게 되면 감정이란 인간 내면의 추상적 그 무엇이 아니라, 사회적 상호 관계 속에서 형성되는 것이며, 여기에는 계급적 차별과 일정한 가치관을 주입하는 권력의 효과가 작동한다.

여기서 중요한 추론이 가능해진다. 감정이 사회성과 권력에 기반한다면, 타자와 타국에 대한 이해도 일정하게 조작이 가능한 것은 아닐까? 우리가 주변에서 바라보는 남자와 여자, 내국인과 외국인, 한국 사람과 북한 사람이라는 이분법적 대립은 법적인 주체라기보다는 감정 아비투스를 기반으로 한 타자의 이미지일 수 있다는 것이다. 왜냐하면 타자를 이해한다는 것은 자신의 감정을 타자에 이입시키는 과정이기 때문이다. 이해란 적어도 정보의 수집과 합리적 판단으로 끝나는 것이 아니고, 분명 감정이입이라는 절차가 개입될 수밖에 없다.

이렇게 놓고 보면 한국과 북한의 대립은 체제와 이념을 넘어서 생활양식의 대립이라고 볼 수 있다. 지난 70년간 남과 북에서는 서로 다른 감정구조가 만들어지고 조작되었으며, 이것은 서로를 적대적인 타자로 형상화시켰다. 과거 남한에서 초등학교 어린아이가 북한 사람들을 뿔이 달린 괴물이라고 생각했던 것이나, 북한 주민들이 한국과 미국을 잔인한 전쟁광으로 묘사한 것이나, 정치 권력에 의해 국민들의 감정이 조작당한 것은 동일하다. 따라서 남과 북의 대립 구도를 넘어서 화해를 시도하려면, 감정구조가 만들어지는 내면을 면밀히 살펴볼 필요가 있다. 지금까지는 막연히 사회주의 체제에 조응하는 인간형과 자본주의 인간형이 대립하는 것이라고 추측했지만, 보다 구체적으로 감정구조가 형성되는 과정을 추적할 필요가 있는 것이다. 한국에서는 주로 자본주의적 소비 양식과 정치 언어화 과정을 통해서 감정 아비투스가 만들어지고 있음을 확인했고(이 책의 9장), 북한 사회에서는 주로 당 기관지나 체조와 같은 집단행동을 통해서 감정 아비투스가 만들어지는 것으로 추정된다(한모니까, 2018). 그런데 최근 북한에서는 한국 문화(드라마, 영화, 대중가요)에 대한 인민들의 관심이 증가하고 있으며, 이것이 국가권력이 조장하는 사회주의적 감정구조와 대립해 새로운 인민의 정체성을 형성하는 데 기여하고 있다(이 책의 10장).

이것은 남과 북이 새로운 상생의 길을 모색하는 데 중요한 실마리를 줄 수 있다. 지금까지 남북 화합의 방법이 군사적 화해, 경제적 협력을 통해서 이루어진다고 생각했는데, 앞으로는 문화적 통합을 통해서 그 목표가 가능해질 수 있기 때문이다. 이러한 목표를 위해서 한국 사회의 계급적 취향을 정기적으로 조사해 감정구조의 특성과 변화를 축적하는 작업이 매우 중요하다. 또 북한 탈주민을 상대로 취향 조사를 실시해, 간접적으로나마 북한 주민들의 감정구조도 조사하고 축적해야 한다. 그래야 남북간의 군사적 대치가 사라지고, 경제적 협력이 이루어지면서, 문화적 통합이 가능해지기 때문이다.

헤겔에 따르면 국가는 다른 국가에 대해 독립된 주권을 가지고 대치한다. 그러나 다른 한편으로 타국으로부터 인정을 받음으로써 완벽하게 된다. 이렇게 서로 인정을 하고 받기 위해서는 상대국의 내부에서 어떤 일이 일어나는지 무관심할 수만은 없는 것이다(헤겔, 2015: 572~573). 필자가 이 책에서 남과 북의 감정구조를 비교한 이유가 바로 이것이다.

4. 나가며: 감정구조와 중도정치

　헤겔의 학문적 공헌은 서로 다른 이념과 모순된 사회적 제도들을 통합할 수 있는 방법을 제시한 것이다. 즉 그리스도 정신과 공화주의 이념을 통합하려는 지적인 기획으로 사랑을 제시했고, 주객의 분리(자본가와 노동자의 대립)를 극복하자는 뜻으로 인정투쟁을 제안했으며, 이를 해결하는 제도적 완성태, 즉 인륜적 완성태로 국가를 개념 정의한 것이다. 필자는 헤겔의 문제의식에 공감하면서 한국의 이념적 대립과 모순을 극복해 보고자 했다. 한국의 현대사는 결국 자유주의와 사회민주주의 대립이었다. 이것은 자본가(부유층)와 노동자(빈민층)의 대립으로 요약된다. 필자는 이념적 대립을 지양하는 제도적 이념을 중도정치라고 명명했고, 그에 대한 사상적 기원을 프랑스 연대주의에서 찾으려 했다. 1850년대 프랑스의 사회는 이념적으로 자유주의와 사회주의라는 양극단의 논리가 팽배해 사회가 완전히 분열된 상태였다. 분열의 극단을 보여준 사건이 바로 드레퓌스 사건(Affaire Dreyfus)[7]이었다. 이와 같은 상황에서 레옹 부르주아(Leon Bourgeois)가 이끄는 중도정당(급진당)이 탄생했고, 이를 통해서 자본가와 노동자의 극한 대결을 종식시키고 새로운 복지국가를 완성할 수 있었다. 이러한 중도정치의 이념과 정책들은 한국 사회에서 네 가지 정도의 함의를 갖는다. 첫째는 교육 문제(개인 수준), 둘째는 시장 운영(시민사회의 수준), 셋째는 정부 구성에서(국가의 수준), 넷째는 국제관계에서 중도정책을 제안해 보았다.

　유럽에서 후진국이었던 독일이 맞이한 상황이 오늘날 한국의 맞이한 현실 정치와 매우 유사해 보인다. 새로운 근대국가를 조속히 이루고, 시민사회의 분열을 봉합하는 방법으로 헤겔은 오성국가의 기능을 강조했다면, 필자는 남북

---

[7]　19세기 후반 간첩 협의로 무기징역형이 선고된 알프레드 드레퓌스(Alfred Dreyfus)의 유무죄를 놓고 정치계가 둘로 나뉘어 갈등했던, 국가 권력에 의해 인권 유린이 자행된 간첩 조작 사건이다.

대립을 극복해 새로운 민족공동체를 실현하고, 노사간의 이념 대립을 넘어서고, 부유층과 빈곤층의 양극화를 극복하는 방법으로 중도정치를 제안한다.

참고문헌

굿윈, 제프·제임스 재스퍼·프란체스카 폴레타(Jeff Goodwin·James Jasper·Francesca Polletta). 2013. 『열정적 정치: 감정과 사회운동(Passionate politics: emotions and social movements)』. 박형신·이진희 옮김. 한울엠플러스.

김동하. 2016. 「국제정치이론으로서 헤겔의 인정이론: 국가정체성과 국제협력의 규범적 체계」. ≪세계정치≫, 제28호.

김애령. 2020. 『듣기의 윤리』. 봄날의 박씨

김왕배. 2019. 『감정과 사회』. 한울엠플러스.

김종국. 2013. 「아리스토텔레스의 습관에 대한 칸트의 비판은 정당한가?」. ≪철학≫, 제117호.

김종영. 2010. 『히틀러의 수사학』. 커뮤니케이션북스.

레이코프, 조지(George Lakoff). 2015. 『코끼리는 생각하지마(The All New Don't Think of an Elephant)』. 유나영 옮김. 와이즈베리.

레이코프, 조지·마크 존슨(George Lakoff·Mark Johnson). 1999. 『몸의 철학(Philosophy in the Flesh)』. 임지룡 외 옮김. 박이정출판사.

르봉, 귀스타브(Gustave Le Bon). 2013. 『군중심리(Psychologie des Foules)』. 이재형 옮김. 문예출판사.

마르크스, 카를(Karl Marx). 2017a. 『프랑스 혁명사 3부작: 1848년에서 1850년까지 프랑스에서의 계급투쟁(Les Luttes de classes en France)』. 이종훈 옮김. 소나무.

_____. 2017b. 『프랑스 혁명사 3부작: 루이 보나파르트의 브뤼메르 18일(Der 18te Brumaire des Louis Napoleon)』. 이재형 옮김. 소나무.

_____. 2017c. 『프랑스 혁명사 3부작: 프랑스 내전(La Guerre civile en France)』. 이재형 옮김. 소나무.

마트롱, 알렉상드르(Alexandre Matheron). 2012. 『스피노자 철학에서 개인과 공동체(Individu et communaute chez Spinoza)』. 김문수·김은주 옮김. 그린비.

문수현. 2008. 「감정으로의 전환: 감정사 연구성과와 전망」. ≪서양사론≫, 제96호.

민희·윤성이. 2016. 「감정과 정치참여」. ≪한국정치학회보≫ 제50집 1호.

박형신·정수남. 2015. 『감정은 사회를 어떻게 움직이는가?』. 한울엠플러스.

스피노자, 바뤼흐(Baruch Spinoza). 2014. 『에티카(Ethica)』. 황태연 옮김. 비홍출판사.

아렌트, 한나(Hannah Arendt). 2019. 『인간의 조건(The Human Condition)』. 이진우 옮김. 한길사.

아리스토텔레스(Aristoteles). 1994. 『니코마스 윤리학(Nicomachean Ethics)』. 최명관 옮김. 을유문화사.

_____. 1999. 『정치학(Politics)』. 나종일 외 옮김. 삼성출판사.

엄묘섭. 2009. 「감정의 시대: 문화와 집합행동」. ≪문화와 사회≫, 제6권.

엘리아스, 노르베르트(Norbert Elias). 1996. 『문명화 과정(Uber den Prozeβ der Zivilisation)』. 박미애 옮김. 한길사.

요시다 도오루(吉田徹). 2015. 『정치는 감정에 따라 움직인다(感情の政治學)』. 김상운 옮김. 바다출판사

윌리엄스, 레이먼드(Raymond Williams). 2007. 『기나긴 혁명(Long Revolution)』. 성은애 옮김. 문학동네.

이택선. 2020. 『취약국가 대한민국의 탄생』. 미지북스.

타르드, 가브리엘(Gabriel Tarde). 2015. 『여론과 군중(L'opinion et la foule)』. 이상률 옮김. 이책.

토크빌, 알렉시스(Alexis Tocqueville). 1989. 『구체제와 프랑스 혁명(L'Ancien Regime et la Revolution)』. 이용재 옮김. 일월서각.

프로이트, 지그문트(Sigmund Freud). 2020. 「집단심리와 자아정체성(Massenpsychologie und Ich-Analyse)」. 『문명속의 불만(Sigmund Freud Gesammelte Werke)』. 김석희 옮김. 열린책들.

하이데거, 마르틴(Martin Heidegger). 2015. 『존재와 시간(Sein und Zeit)』. 이기상 옮김. 까치

한모니까. 2018. 「북한의 인민 만들기와 감정정치」. ≪한국문화연구≫, 제35호.

헤겔, 프리드리히(Friedrich Hegel). 2012. 『예나 체계기획 3(Jenaer Systementwurfe 3)』. 서정혁 옮김. 아카넷.

_____. 2015. 『기독교 정신과 그 운명(Der Geist des Christentums und sein Schicksal)』. 조홍길 옮김. 지만지.

_____. 2018. 『법철학(Philosophie des rechts)』. 임석진 옮김. 한길사.

호네트, 악셀(Axel Honneth). 2009. 『정의의 타자(Das Andere der Gerechtigkeit)』. 문성훈 옮김. 나남출판사.

_____. 2011. 『인정투쟁(Kampf um anerkennung)』. 문성훈·이현재 옮김. 사월의책.

Denzin, Norman. 2009. *On understanding Emotion.* Piscataway, NJ: Transaction Publisher.

Groenendyk, Eric. 2011. "Current Emotion Research in Political Science: How emotions help democracy overcome its collective action problem." *Emotion Review*, Vol.3, No.4.

Johnston, Christopher and Howard Lavine, Benjamin Woodson. 2015. "Emotion and Political judgment: Expectancy violation."

Marcus, George E. 2008. *The Affect Effect: Dynamics of emotion in political thinking and behavior.* Chicago, IL: University of Chicago Press.

* 다음 각 문항을 읽고 귀하의 생각과 가장 가까운 한 곳에 ✓ 표시해 주십시오.

1. 귀하께서는 대학에 입학하여 가장 영향을 받은 계기는 다음 중 어느 것 입니까?

　　① 강의　② 친구　③ 동아리　④ 독서　⑤ 신문/뉴스　⑥ 연예/오락　⑦ 기타

2. 귀하께서 평소에 가장 많은 시간을 할애하는 분야는 다음 중 어느 것 입니까?

　　① 강의　② 친구　③ 동아리　④ 독서　⑤ 신문/뉴스　⑥ 연예/오락　⑦ 기타

3. 다음은 삶의 의미에 관한 질문들입니다. 귀하의 생각과 가장 가까운 1곳에 ✓ 표시해 주십시오.

　　① 전혀 아니다　② 아니다　③ 그렇다　④ 매우 그렇다

문항	①	②	③	④
1. 나는 새로운 가치를 추구하는 것이 돈을 버는 일보다 중요하다.				
2. 나에게 주어진 소명이 있다고 생각한다.				
3. 다른 사람을 진정으로 사랑하는 것이 매우 중요한 일이다.				
4. 내 인생에서 다른 사람을 위해 봉사하는 삶이 중요하다.				
5. 여러 사람으로부터 신뢰와 존경을 받는 삶이 중요하다.				
6. 시련을 겪는 인생이 순탄한 인생보다 때로는 참된 것이다.				
7. 성공한 인생이란 지금 현재의 나를 인정하고 사랑할 수 있는 삶이다.				

4. 다음은 '공감'에 관한 질문입니다. 귀하의 생각에 가장 가까운 1곳에 ✓ 표시해 주십시오.

① 전혀 아니다 ② 아니다 ③ 그렇다 ④ 매우 그렇다

문항	①	②	③	④
1. 나는 고통스러워하는 동물을 보면 매우 마음이 아프다.				
2. 내가 만난 대부분의 외국인들은 냉정하고 감정이 없는 사람처럼 보인다.				
3. 나는 다른 사람이 부당하게 대우받는 것을 보면 정말 화가 난다.				
4. 나는 나보다 불행한 사람을 보면 연민의 정과 함께 걱정하는 마음이 생긴다.				
5. 나는 영화를 볼 때 그 영화에 깊이 빠져드는 경향이 있다.				
6. 나는 사람들이 선물을 열어보는 것을 지켜보면 기분이 좋다.				
7. 나는 소설 속 주인공이 느끼는 감정에 깊이 몰입하고는 한다.				

5. 귀하께서는 다음 각 영화 장르를 얼마나 좋아하십니까? 해당하는 빈 칸에 ✓ 표시해 주십시오.

① 드라마/멜로 ② 독립영화 ③ 다큐멘터리 ④ 액션/어드벤처/SF/판타지/무협 영화 ⑤ 애니메이션 ⑥ 기타

6. 귀하께서는 다음 영화감독을 얼마나 알고 계십니까? 해당 되는 빈 칸에 ✓ 표시해 주십시오.

① 전혀 아니다 ② 아니다 ③ 그렇다 ④ 매우 그렇다

문항	①	②	③	④
1. 김기덕				
2. 이창동				
3. 강우석				
4. 제임스 캐머런				
5. 스티븐 스필버그				
6. 마이클 무어				

7. 귀하께서는 관람할 영화를 선택할 때, 다음의 각 요인을 어느 정도 고려하십니까?

  ① 영화 장르 ② 흥행 성적 및 순위 ③ 출연배 ④ 동행인의 취향 ⑤ 감독

  ⑥ 영화제 출품 및 수상 ⑦ 전문가 평가 ⑧ 원작의 화제성

8. 귀하께서는 다음 중 주로 즐겨듣는 음악 장르는 다음 중 어느 것입니까?

  ① 클래식 ② 랩/힙합/댄스 ③ 재즈/락/메탈/인디 ④ 민속음악(판소리, 민요 등)

  ⑤ 종교음악 ⑥ 트로트/뽕짝 ⑦ 발라드/포크 ⑧ OST(영화/드라마 배경 음악)/

  광고음악

9. 다음 각 문항을 읽고 귀하께서 생각하시는 빈 칸에 ✓ 표시해 주십시오.

  ① 전혀 아니다 ② 아니다 ③ 그렇다 ④ 매우 그렇다

문항	①	②	③	④
1. 클래식 음악회 관람				
2. 오페라 공연 관람				

10. 다음 각 문항을 읽고 귀하께서 생각하시는 빈 칸에 ✓ 표시해 주십시오.

  ① 전혀 아니다 ② 아니다 ③ 그렇다 ④ 매우 그렇다

문항	①	②	③	④
1. 클래식 악기 연주				
2. 밴드 관련 악기 연주				

11. 다음은 '정치 관심'에 관한 질문입니다. 각 문항을 읽고 귀하의 생각을 잘 나타내주는 난에 ✓ 표시해 주십시오.

① 전혀 아니다 ② 아니다 ③ 그렇다 ④ 매우 그렇다

문항	①	②	③	④
1. 평소 뉴스 혹은 신문의 정치기사를 읽는다				
2. 평소 정치문제에 관심이 많다				

12. 다음 정당 중 귀하께서 가장 선호하는 정당은 어느 정당입니까? 1개의 정당에만 표시해 주십시오.

① 새누리당 ② 더불어민주당 ③ 국민의당 ④ 정의당 ⑤ 기타

13. 귀하께서는 2017년 12월에 있을 '제19대 대통령 선거'에서 다음 중 어느 후보자에게 투표할 의향이 있으십니까?

(※ 2016. 10. 3 리얼미터 전국 성인 2,525명 조사 결과, 차기 대선 주자 지지도 집계순서)

① 반기문 ② 문재인 ③ 안철수 ④ 박원순 ⑤ 안희정 ⑥ 오세훈 ⑦ 김무성
⑧ 이재명 ⑨ 손학규 ⑩ 유승민 ⑪ 기타

14. 귀하의 정치 성향은 다음 중 어디에 해당하십니까?

① 매우 보수적 ② 보수적 ③ 중도적 ④ 진보적 ⑤ 매우 진보적

15. 다음은 '정치효율성'에 관한 질문입니다. 각 문항을 읽고 귀하께서 생각하시는 빈 칸에 ✓ 표시해 주십시오.

① 전혀 아니다 ② 아니다 ③ 그렇다 ④ 매우 그렇다

문항	①	②	③	④
1. 나는 내가 정치에 참여할 수 있는 좋은 자질을 갖추었다고 생각한다				
2. 나는 우리나라가 직면한 중요한 정치적 사안들에 대해서 잘 이해하고 있다고 느낀다				

16. 다음은 '정치의견'에 관한 질문입니다. 각 문항을 읽고 귀하께서 생각하시는 빈 칸에 ✓ 표시해 주십시오.

① 전혀 아니다 ② 아니다 ③ 그렇다 ④ 매우 그렇다

문항	①	②	③	④
1. 미국과의 동맹보다 북한과의 관계가 더 중요하다				
2. 경제성장보다 분배와 복지가 더 중요하다				

17. 귀하의 성별은 무엇입니까?

① 남 ② 여

18. 귀하의 나이는 몇 세입니까?

만 (　　)세

19. 귀하의 학과는 어디입니까?

(　　　　)학과 (　　)학년

20. 귀하 가구의 월 평균 수입은 다음 중 어디에 해당하십니까?

(본인 포함 가족 전체 월소득)

① 200만 원 이하 ② 201~300만 원 이하 ③ 301~400만 원 이하

④ 401~500만 원 이하 ⑤ 501~600만 원 이하 ⑥ 601만 원 이상

21. 귀하의 부친(父) 직업은 다음 중 어디에 해당하십니까?

① 공무원 ② 사무직 ③ 서비스직 ④ 자영업 ⑤ 전문직 ⑥ 기술직

⑦ 농업·임업·어업 ⑧ 무직 ⑨ 전업주부 ⑩ 기타

22. 귀하의 부친 학력은 다음 중 어디에 해당하십니까?

① 중졸 ② 고졸 ③ 전문대졸 ④ 4년제졸 ⑤ 대학원 이상 ⓞ 무학

23. 귀하의 거주지는 다음 중 어디입니까?

① 부산 ② 울산 ③ 대구 ④ 광주(전라도) ⑤ 서울 ⑥ 경기 ⑦ 강원 ⑧ 충청

⑨ 전라 ⑩ 경상 ⑪ 제주 ⑫ 기타

2016년 생활태도와 정치 성향 설문조사 빈도분석 결과

v1. 귀하께서는 대학에 입학하여 가장 영향을 받은 계기는 다음 중 어느 것입니까?

	빈도	유효 퍼센트
강의	46	16.8
친구	106	38.8
동아리	34	12.5
독서	7	2.6
신문/뉴스	48	17.6
연예/오락	8	2.9
기타	24	8.8
합계	273	100.0

v2. 귀하께서 평소에 가장 많은 시간을 할애하는 분야는 다음 중 어느 것입니까?

	빈도	유효 퍼센트
강의	59	21.6
친구	93	34.1
동아리	18	6.6
독서	10	3.7
신문/뉴스	21	7.7
연예/오락	41	15.0
기타	31	11.4
합계	273	100.0

v3-1. 나는 새로운 가치를 추구하는 것이 돈을 버는 일보다 중요하다.

	빈도	유효 퍼센트
전혀 아니다.	22	8.0
아니다.	106	38.7
그렇다.	119	43.4
매우 그렇다.	27	9.9
합계	274	100.0

v3-2. 나에게 주어진 소명이 있다고 생각한다.

	빈도	유효 퍼센트
전혀 아니다.	19	6.9
아니다.	73	26.6
그렇다.	145	52.9
매우 그렇다.	37	13.5
합계	274	100.0

v3-3. 다른 사람을 진정으로 사랑하는 것이 매우 중요한 일이다.

	빈도	유효 퍼센트
전혀 아니다	5	1.8
아니다	21	7.7
그렇다	148	54.0
매우 그렇다	100	36.5
합계	274	100.0

v3-4. 내 인생에서 다른 사람을 위해 봉사하는 삶이 중요하다.

	빈도	유효 퍼센트
전혀 아니다.	19	6.9
아니다.	93	33.9
그렇다.	140	51.1
매우 그렇다.	22	8.0
합계	274	100.0

v3-5. 여러 사람으로부터 신뢰와 존경을 받는 삶이 중요하다.

	빈도	유효 퍼센트
전혀 아니다.	9	3.3
아니다.	30	10.9
그렇다.	174	63.5
매우 그렇다.	61	22.3
합계	274	100.0

v3-6. 시련을 겪는 인생이 순탄한 인생보다 때로는 참된 것이다.

	빈도	유효 퍼센트
전혀 아니다.	38	13.9
아니다.	90	32.8
그렇다.	114	41.6
매우 그렇다.	32	11.7
합계	274	100.0

v3-7. 성공한 인생이란 지금 현재의 나를 인정하고 사랑할 수 있는 삶이다.

	빈도	유효 퍼센트
전혀 아니다.	9	3.3
아니다.	29	10.6
그렇다.	142	51.8
매우 그렇다.	93	33.9
합계	274	100.0

v4-1. 나는 고통스러워하는 동물을 보면 매우 마음이 아프다.

	빈도	유효 퍼센트
전혀 아니다.	5	1.8
아니다.	14	5.1
그렇다.	138	50.4
매우 그렇다.	117	42.7
합계	274	100.0

v4-2. 내가 만난 대부분의 외국인들은 냉정하고 감정이 없는 사람처럼 보인다.

	빈도	유효 퍼센트
전혀 아니다	0	0
아니다.	9	3.3
그렇다.	127	46.4
매우 그렇다.	138	50.4
합계	274	100.0

v4-3. 나는 다른 사람이 부당하게 대우받는 것을 보면 정말 화가 난다.

	빈도	유효 퍼센트
전혀 아니다.	4	1.5
아니다.	15	5.5
그렇다.	177	64.6
매우 그렇다.	78	28.5
합계	274	100.0

v4-4. 나는 나보다 불행한 사람을 보면 연민의 정과 함께 걱정하는 마음이 생긴다.

	빈도	유효 퍼센트
전혀 아니다.	6	2.2
아니다.	31	11.3
그렇다.	176	64.2
매우 그렇다.	61	22.3
합계	274	100.0

v4-5. 나는 영화를 볼 때 그 영화에 깊이 빠져드는 경향이 있다.

	빈도	유효 퍼센트
전혀 아니다.	8	2.9
아니다.	37	13.5
그렇다.	146	53.3
매우 그렇다.	83	30.3
합계	274	100.0

v4-6. 나는 사람들이 선물을 열어보는 것을 지켜보면 기분이 좋다.

	빈도	유효 퍼센트
전혀 아니다.	9	3.3
아니다.	22	8.0
그렇다.	151	55.1
매우 그렇다.	92	33.6
합계	274	100.0

v4-7. 나는 소설 속 주인공이 느끼는 감정에 깊이 몰입하고는 한다.

	빈도	유효 퍼센트
전혀 아니다.	14	5.1
아니다.	40	14.6
그렇다.	149	54.4
매우 그렇다.	71	25.9
합계	274	100.0

v5. 귀하께서는 다음 각 영화 장르를 얼마나 좋아하십니까?

	빈도	유효 퍼센트
드라마/멜로	88	32.2
독립영화	15	5.5
다큐멘터리	22	8.1
액션/어드벤처/SF/판타지/무협 영화	123	45.1
애니메이션	14	5.1
기타	11	4.0
합계	273	100.0

v6-1. 김기덕

	빈도	유효 퍼센트
전혀 모른다.	46	16.8
모른다.	28	10.2
안다.	183	66.8
매우 잘 안다.	17	6.2
합계	274	100.0

v6-2. 이창동

	빈도	유효 퍼센트
전혀 모른다.	98	35.9
모른다.	111	40.7
안다.	58	21.2

| 매우 잘 안다. | 6 | 2.2 |
| 합계 | 273 | 100.0 |

v6-3. 강우석

	빈도	유효 퍼센트
전혀 모른다.	87	31.9
모른다.	98	35.9
안다.	84	30.8
매우 잘 안다.	4	1.5
합계	273	100.0

v6-4. 제임스 캐머런

	빈도	유효 퍼센트
전혀 모른다.	44	16.1
모른다.	66	24.2
안다.	127	46.5
매우 잘 안다.	36	13.2
합계	273	100.0

v6-5. 스티븐 스필버그

	빈도	유효 퍼센트
전혀 모른다.	13	4.8
모른다.	13	4.8
안다.	167	61.2
매우 잘 안다.	80	29.3
합계	273	100.0

v6-6. 마이클 무어

	빈도	유효 퍼센트
전혀 모른다.	67	24.5
모른다.	87	31.8
안다.	104	38.0

매우 잘 안다.	16	5.8
합계	274	100.0

v7. 귀하께서는 관람할 영화를 선택할 때, 다음의 각 요인을 어느 정도 고려하십니까?

	빈도	유효 퍼센트
영화 장르	126	46.5
흥행 성적 및 순위	64	23.6
출연 배우	45	16.6
동행인의 취향	15	5.5
감독	5	1.8
영화제 출품 및 수상	1	0.4
전문가 평가	7	2.6
원작의 화제성	8	3.0
합계	271	100.0

v8. 귀하께서는 다음 중 주로 즐겨듣는 음악 장르는 다음 중 어느 것입니까?

	빈도	유효 퍼센트
클래식	15	5.5
랩/힙합/댄스	100	36.8
재즈/락/메탈/인디	42	15.4
민속음악(판소리/민요 등)	3	1.1
종교음악	1	0.4
트로트/뽕짝	2	0.7
발라드/포크	69	25.4
OST(영화/드라마배경음악)/광고음악	40	14.7
합계	272	100.0

v9-1. 클래식 음악회 관람

	빈도	유효 퍼센트
전혀 안 간다.	100	36.5
안 간다.	94	34.3
간다.	74	27.0

| 매우 자주 간다. | 6 | 2.2 |
| 합계 | 274 | 100.0 |

v10-1. 클래식 악기 연주

	빈도	유효 퍼센트
전혀 못 한다.	109	39.9
못 한다.	57	20.9
조금 할 줄 안다.	99	36.3
매우 잘 한다.	8	2.9
합계	273	100.0

v10-2. 밴드 관련 악기 연주

	빈도	유효 퍼센트
전혀 못 한다.	109	39.9
못 한다.	93	34.1
조금 할 줄 안다.	67	24.5
매우 잘 한다.	4	1.5
합계	273	100.0

v11-1. 평소 뉴스 혹은 신문의 정치기사를 읽는다.

	빈도	유효 퍼센트
전혀 그렇지 않다.	13	4.8
그렇지 않다.	34	12.5
그렇다.	155	56.8
매우 그렇다.	71	26.0
합계	273	100.0

v11-2. 평소 정치문제에 관심이 많다

	빈도	유효 퍼센트
전혀 그렇지 않다.	16	5.9
그렇지 않다.	67	24.5
그렇다.	128	46.9

	빈도	유효 퍼센트
매우 그렇다.	62	22.7
합계	273	100.0

v12. 다음 정당 중 귀하께서 가장 선호하는 정당은 어느 정당입니까?

	빈도	유효 퍼센트
새누리당	23	8.6
더불어민주당	88	32.7
국민의당	47	17.5
정의당	23	8.6
기타	88	32.7
합계	269	100.0

v12-1. 기타

	빈도	유효 퍼센트
전체	603	91.6
노동당	6	0.9
녹색당	3	0.5
없다	13	2.0
없음	32	4.9
정책을 중시	1	0.2
합계	658	100.0

v13. 귀하께서는 2017년 12월에 있을 '제19대 대통령 선거'에서 다음 중 어느 후보자에게 투표할 의향이 있으십니까?

	빈도	유효 퍼센트
반기문	26	9.7
문재인	75	28.1
안철수	32	12.0
박원순	13	4.9
안희정	10	3.7
오세훈	6	2.2
김무성	1	0.4
이재명	47	17.6

손학규	2	0.7
유승민	12	4.5
기타	43	16.1
합계	267	100.0

v13-1. 기타

	빈도	유효 퍼센트
전체	631	95.9
공약중시	1	0.2
기권	2	0.3
김종인	1	0.2
모름	1	0.2
무효표	2	0.3
미정	1	0.2
비공개	1	0.2
없다	4	0.6
없음	12	1.8
투표 의향 없음	1	0.2
허경영	1	0.2
합계	658	100.0

v14. 귀하의 정치 성향은 다음 중 어디에 해당하십니까?

	빈도	유효 퍼센트
매우 보수적	5	1.9
보수적	35	13.1
중도적	135	50.4
진보적	81	30.2
매우 진보적	12	4.5
합계	268	100.0

v15-1. 나는 내가 정치에 참여할 수 있는 좋은 자질을 갖추었다고 생각한다.

	빈도	유효 퍼센트
전혀 그렇지 않다	27	9.9
그렇지 않다	136	50.0
그렇다	93	34.2
매우 그렇다	16	5.9
합계	272	100.0

v15-2. 나는 우리나라가 직면한 중요한 정치적 사안들에 대해서 잘 이해하고 있다고 느낀다.

	빈도	유효 퍼센트
전혀 그렇지 않다	14	5.1
그렇지 않다	87	31.9
그렇다	150	54.9
매우 그렇다	22	8.1
합계	273	100.0

v16-1. 미국과의 동맹보다 북한과의 관계가 더 중요하다.

	빈도	유효 퍼센트
전혀 동의하지 않음	60	22.1
동의하지 않음	131	48.3
동의함	73	26.9
매우 동의함	7	2.6
합계	271	100.0

v16-2. 경제성장보다 분배와 복지가 더 중요하다.

	빈도	유효 퍼센트
전혀 동의하지 않음	13	4.8
동의하지 않음	66	24.4
동의함	153	56.5
매우 동의함	39	14.4
합계	271	100.0

v17. 귀하의 성별은 무엇입니까?

	빈도	유효 퍼센트
남	132	48.5
여	140	51.5
합계	272	100.0

v18. 귀하의 나이는 몇 세입니까?

	빈도	유효 퍼센트
18	11	4.0
19	31	11.4
20	42	15.4
21	38	14.0
22	32	11.8
23	47	17.3
24	33	12.1
25	21	7.7
26	7	2.6
27	3	1.1
28	1	0.4
29	1	0.4
32	1	0.4
42	1	0.4
50	1	0.4
52	1	0.4
55	1	0.4
합계	272	100.0

v19. 귀하의 학과는 어디입니까?

	빈도	유효 퍼센트
전체	386	58.7
정치외교학과	140	21.3
수학과	49	7.4
컴퓨터공학과	39	5.9
프랑스문화학과	44	6.7
합계	658	100.0

v19-1. 학년

	빈도	유효 퍼센트
1	50	18.5
2	76	28.0
3	93	34.3
4	52	19.2
합계	271	100.0

v20. 귀하 가구의 월 평균 수입은 다음 중 어디에 해당하십니까?

	빈도	유효 퍼센트
200만 원 이하	12	4.6
201-300만 원 이하	28	10.7
301-400만 원 이하	50	19.1
401-500만 원 이하	48	18.3
501-600만 원 이하	38	14.5
601만 원 이상	86	32.8
합계	262	100.0

v21. 귀하의 부친 직업은 다음 중 어디에 해당하십니까?

	빈도	유효 퍼센트
공무원	32	11.8
사무직	54	19.9
서비스직	9	3.3
자영업	76	28.0
전문직	29	10.7
기술직	49	18.1
농업·임업·어업	1	0.4
단순노무직	5	1.8
전업주부	16	5.9
합계	271	100.0

v22. 귀하의 부친 학력은 다음 중 어디에 해당하십니까?

	빈도	유효 퍼센트
중졸	11	4.1
고졸	103	38.4
전문대졸	24	9.0
4년제졸	108	40.3
대학원 이상	21	7.8
무학	1	0.4
합계	268	100.0

v23. 귀하의 거주지는 다음 중 어디입니까?

	빈도	유효 퍼센트
부산	196	72.1
울산	10	3.7
대구	5	1.8
서울	4	1.5
경기	2	0.7
충청	1	0.4
전라	3	1.1
경상	48	17.6
제주	1	0.4
기타	2	0.7
합계	272	100.0

제1장

의미 발견과 타자 윤리*

감정구조와 새로운 주체성의 기반

1. 문제 제기: 하버마스의 소통행위론 비판

한국 사회에서 사회통합의 논의가 활발하다. 과거에는 지역 간의 통합이나 이념의 통합이 중요한 화두였으나, 시대가 바뀌어가면서 갈등의 양상이 변형되고 확산되어 가는 추세다. 그에 따라서 세대 통합, 남북관계의 통합, 이주 노동자의 사회통합이 새로운 시대적 과제로 등장했다(한국정치학회 및 한국사회학회, 2007). 이제 통합의 문제는 한국 사회 전체를 가로지르는 핵심 사안이며, 향후 이 문제를 해결하는 방식 자체가 한국 사회의 미래를 결정하게 될 것이다. 그런데 그동안 사회통합의 이론적 기반은 주로 소통 이론이었다(한국정치학회 및 한국사회학회, 2011). 즉 정치권이나 언론에서 소통 위기를 한국 사회의 가장 큰 위기로 간주했고, 소통과 공공성을 복원시키는 것이 사회통합을 위한 가장 중요한 수단이라고 간주해 왔다. 따라서 정치권에서는 제도적 합리성과 언론의 공공성을 확보하려 노력했고, 시민사회에서는 대화의 정치를 실현하려고 노력했다. 예를 들어 송호근은 "왜 우리사회가 불통사회인가"라고 질문하면서, 그 원인이 첫째는 한국 사회에서 공론장이 제대로 구성되지 않았

---

* 1장은 홍성민, 2017, 「의미발견과 타자윤리: 새로운 사회통합의 논리를 찾아서」, ≪한국프랑스학논집≫, 98집을 기초로 보완·발전시킨 글이다.

으며, 둘째는 교양 있는 중산층이 형성되지 않아서라고 밝힌다. 전자는 제도적 민주화가 부재했다는 점을, 후자는 생활세계의 민주 주체가 부재했다는 점을 지적한 것이다(송호근, 2011). 그런데 이는 위르겐 하버마스(Jürgen Habermas)가 『공론장의 구조변동(Die Struktur Wandel der Offentlichkeit)』에서 18세기 부르주아 사회의 공론장과 생활세계의 교양인 탄생이 서유럽 민주주의 기초였다고 주장한 논리와 그대로 일치한다. 그런데 공론장의 제도적 완비와 교양층이 존재하면 과연 소통의 위기를 극복할 수 있을까? 지난 30년 동안 한국 사회에서 수많은 언론매체와 시민 단체가 출몰했고, 더욱 풍부해진 인터넷 매체를 통해서 자율적인 소통의 주체가 등장했지만, 역으로 소통의 위기는 심화되는 것으로 보인다. 오히려 현실 정치와 시민사회는 불통이 깊어지고 있으며, 국민 개개인은 공공성에 더욱 둔감해지고 무관심해져 간다. 또 토론이나 숙의가 오히려 참가자들의 태도를 강고하게 만들고, 이로 인해서 의견의 차이가 좁혀지기보다는 오히려 편협해지는 경우가 있음을 지적한 연구 성과도 있다(도오루, 2015: 123).

　도대체 뭐가 문제인가? 필자의 판단에 따르면, 소통의 정치가 내세우는 사상적 기반에 문제가 있다. 대체로 소통의 정치는 하버마스의 소통적 행위 이론에서 출발한다(하버마스, 1997). 그리고 하버마스의 사상적 기원은 칸트와 로렌스 콜버그(Lawrence Kohlberg)다. 칸트는 보편적인 이성을 신봉했던 계몽주의 철학자이며, 콜버그는 칸트의 사상을 교육학 이론에 적용해 인간의 발달 단계를 제안한 교육학자다. 두 학자에게 영향을 받은 하버마스는 인간의 이성 능력이 발휘될 수 있는 제도적 조건이 갖추어진다면, 이성 능력이 소통 행위 능력으로 확장되어 사회적 합의에 도달할 것이라고 주장했다. 이것이 오늘날 한국 사회에서 유통되는 소통 이론의 근간이다.

　하버마스는 보편적 화용 이론을 통해서 콜버그 발달 단계의 마지막 수준을 일부 수정하는 것으로 도덕성의 논리를 수용한다. 하버마스가 정리한 바에 따르면(하버마스, 1997: 4장) 콜버그의 도덕 발달 이론은 인지주의, 보편주의,

형식주의라는 세 가지 특징을 갖는다. 이때 인지주의란 도덕 발달이 감정이나 선호 따위를 배제한 인식능력에 의해서 결정된다는 것을 의미하며, 보편주의는 누구나가 객관적으로 정할 수 있는 도덕 기준이 존재한다는 것을 의미하고, 형식주의란 정의로운 삶을 논증할 수 있는 규칙을 결정할 수 있다는 것을 의미한다.[1] 콜버그는 이러한 세 가지 기준을 충족시키면서 단계의 이행을 설명하기 위해 학습이라는 변수를 강조한다. 즉 자아의 도덕 발전을 학습 과정으로 이해하는 것이다. 그런데 하버마스는 이것을 타자와의 소통으로 확대시킨다. 그래서 의사소통, 사회, 자아라는 요소를 도입한다. 그리고 콜버그가 관습 이전, 관습, 관습 이후의 단계로 구분한 발달 단계를 의사소통 능력의 수준으로 바꾸어 놓은 것이다. 즉 불완전한 상호작용, 완전한 상호작용, 의사소통 행위의 수준이다(콜버그 외, 2000: 246). 다시 말해 콜버그의 학습 능력에 따라 분류했던 단계를 의사소통 능력과 자아정체성의 관계로 확대·발전시켰고, 개인적인 수준을 넘어서는 사회적 인지 요인과 소통 능력을 강조한 것이 하버마스 사상의 골자다. 그런데 하버마스는 자아발달의 마지막 수준에서는 반드시 타자에 대한 의지가 작동한다고 강조한다.

---

1)   콜버그의 도덕 발달 이론은 존 듀이(John Dewey)의 교육 이론에 영향을 받은 바 있다. 그런데 듀이는 아리스토텔레스의 습관 형성에 대한 교육학적 의미를 경시했던 인물이다. 이로 인해 콜버그는 덕성이나 인격에 대한 교육학적 의미를 경험적인 연구에서 배제한 것으로 보인다. 덕목이라는 가치는 애매한 것이며, 차라리 추론 형식을 통해서 누군가가 확인할 수 있는 객관적 지표를 제시하는 것이 자신의 역할이라고 확신했다. 이것이 미국의 도덕심리학이 경험 연구를 강조하는 이유라고 하겠다. 그러나 이처럼 경험적 지표를 강조하기 때문에, 인간 행위의 심층을 제대로 이해하지 못하고, 도덕 기준을 표준화하는 오류를 범했다고 필자는 판단한다. 한편 이러한 경향은 정치철학에서 존 롤스(John Rawls)의 사회정의론에서도 유사하게 드러난다. 결국 롤스도 보편타당한 규칙과 객관적 기준에 의해서 결정할 수 있는 정의의 조건을 추적한 것이다. 아마도 객관성을 강조하는 미국 학문의 치명적인 약점이 여기에 있다고 하겠으며, 이것은 한국에서도 심각하게 반성해야 할 점이다. 한편 콜버그와 롤스의 유사점에 대해서는 폴 크리텐든(Paul Crittenden)의 논문을 참조하라(크리텐든, 2001: 169~183).

이러한 발달론의 한계는 두 가지 차원에서 드러난다. 최근 직관주의 모델이 등장해 발달 단계에 대한 콜버그의 주장을 비판한다. 직관주의 모델은 문화인류학이나 인지심리학, 사회심리학에 기초해 인간의 도덕 판단이 반드시 이성적 학습과 숙고에 의해서 결정되는 것이 아니라, 사회적 요인이나 감정적 판단에 의해서 좌우된다는 점을 대안으로 제시했다. 이것은 한마디로 합리주의에 대한 도전이라고 할 수 있다. 특히 콜버그의 형식주의에 대한 비판이 주목을 끄는데, 이것은 결국 칸트 철학의 윤리적 특징을 겨냥한 것이나 다를 바가 없다. 왜냐하면 콜버그의 형식주의 사고란 반성적 성찰과 정당화가 인간의 도덕의식 단계를 결정한다고 믿었던 칸트 철학의 윤리적 특성으로부터 유래하기 때문이다(손경원, 2011).

　　다음에는 하버마스의 경우를 살펴보자. 하버마스의 소통행위론의 전제는 특정 대상에 대한 개인-타자 간에 이루어지는 합의 모델이다. 즉 의견이 일치되면 합의가 이루어진 것으로 간주한다. 그런데 합리성 차원에서 이루어진 의견 일치가 물질적 근거를 두고 투쟁을 벌이는 일상생활에서 실제로 적용될 수 있을까(정병화, 2015: 33~53)? 합리적인 것과 실천적인 것이 반드시 일치하지 않을 수도 있다는 의문이 생기지 않을 수 없다. 일상 세계란 물질적 불평등과 권력이 난무하는 공간이기에, 이러한 공간에서 체험된 기억과 습관을 무시한 합리적 의사소통이란 애초부터 현실을 무시한 이상주의에 불과하기 때문이다. 그 때문에 필자가 생각하기로 하버마스의 합리적 소통 능력이란 순진한 이상주의에 불과하다. 그리고 이러한 문제의 시작은 의식과 신체의 양자 중 의식을 우선시 했던 하버마스의 철학적 입장에서 유래한다. 즉 콜버그와 하버마스 모두가 칸트의 이성중심주의를 벗어나지 못했다. 이러한 이성중심주의 철학은 지난 30년 한국 학계에서도 다양한 형태로 많은 비판을 받아왔다.[2] 따라서 이제는 새로운 통합의 이론적 기초를 찾아야 한다.

---

2)　조너선 하이트(Jonathan Haidt)는 칸트나 콜버그의 심리 발달 단계를 이성주의라고

필자는 이러한 사상적 기초를 하이데거와 리쾨르에서 찾을 수 있다고 판단한다. 하이데거는 칸트의 이성주의 철학을 심도 깊게 비판하고 새로운 존재의 의미를 제안한 독일 사상가이며, 리쾨르는 하이데거의 사상을 언어적 해석학으로 발전시킨 프랑스의 사상가다. 이 두 사람은 모두 극단적인 이성중심주의를 비판하면서, 새로운 인간존재론을 제안한 학자들이다. 한편 빅토르 프랑클(Viktor Frankle)은 하이데거의 영향을 받고 상담심리학을 개척한 치료사로서, 인간을 치유하고 타자와 공존할 수 있는 실천적 방법[로고테라피(logotherapy)]을 제안한 바 있다. 필자의 판단으로 프랑클을 통해서 하이데거와 리쾨르의 철학적 사유를 정책 연구에 적용할 수 있는 가능성을 발견할 수 있다. 왜냐하면 프랑클의 방법론을 응용해 교육학이나 상담심리학에서 인간을 치유하고 타자와 공감할 수 있는 능력을 고양시키는 경험 연구(박선영, 2013)와 실천 기법 등이 활발하게 연구되고 있기 때문이다. 따라서 이 같은 사상적 흐름을 점검한 후 한국 사회에서 요구하는 새로운 통합의 철학적 기반을 찾아보도록 하겠다. 이 글은 새로운 통합 논리에 대한 인식론적 기초에 해당한다. 아마도 이러한 인식의 기초를 토대로 향후 구체적인 정책개발이 가능해질 것이다.

비판한다. 그는 인간의 감성이 정체성과 정의관 형성에 큰 역할을 하고 있는 사실을 강조한다(하이트, 2014). 칸트, 콜버그, 하버마스가 현대정치철학에서 소통민주주의를 내세우는 대표적인 이론가들이라고 한다면, 하이트는 새로운 인식을 근거로 민주정치 이론과 정의론을 제안했다. 새로운 통합의 논리를 필요로 하는 한국 정치의 현실에서 하이트의 주장은 분명 경청할 만한 가치가 있다.

2. 의미 발견의 사상적 기초

1) 하이데거의 경우

칸트를 비판하는 하이데거의 입장을 정리해 보자. 필자는 『존재와 시간 (Sein und Zeit)』 2편 3장 64절에 주목하고자 한다. 이 절의 제목은 "염려와 자기성(Sorge und Selbstheit)"인데, 이것이 기존 의식철학과 하이데거의 존재철학을 핵심적으로 정리한 개념이기 때문이다. 하이데거에 따르면, 칸트의 '나'는 사유하는 사물이다. 그리고 사유의 주체는 논리적 주체이면서 동시에 실천적 인격이다. 다시 말해 사유하는 주체, 논리적 주체, 행동하는 주체는 하나의 결합체다. 그래서 칸트의 주체는 동일함과 지속성을 바탕으로 하는 것이다.

그런데 하이데거는 이러한 칸트의 주체에 큰 결함이 있다고 비판한다. 가장 중요한 결함은 칸트가 사유하는 것에 대한 존재론적인 전제가 있다는 사실을 파악하지 못한 점이다. 하이데거에게는 사유한다는 주체의 활동은 일정한 세계가 전제되어야만 가능한 것인데, 칸트는 이 점에 대해서 아무런 설명이 없다. 즉 하이데거에 따르면 '나'는 하나의 세계 안에 있다(하이데거, 1998: 426). 따라서 사유, 논리, 행동의 대전제는 내가 어떤 세계 안에 처해 있음이다. 그리고 나라고 말함은 자신을 세계-내-존재로서 밖으로 말하는 것이다. "나를 존재론적으로 주체로서 규정함은 나를 일종의 언제나 눈앞에 있는 것으로 단초 지음을 말하는 것이다. 나의 존재는 사유하는 사물의 실재성으로 이해된다(하이데거, 1998: 425)." 물론 여기서 하이데거는 일상적 현존재와 '나'라고 말하는 현존재를 구분한다. 이것을 필자의 해석에 따라 구분해 보면, 현존재의 처해 있음은 일종의 퇴락이며, 나라고 말하는 현존재는 그것으로부터의 탈피(탈자태)를 의미한다. 그런데 여기서 중요한 사실은 퇴락에서 탈자태로 탈피하는 과정에서 존재자의 텅 빈 모습이 개입하는데, 이것을 하이데거는 염려라고 규정한다. 이것이 존재자로서 현존재의 본질이며, 이것이 처해 있음, 퇴락, 불안의 일상에서 역사의 생기, 현존재의 개시로 이동하게 만드는 가장 고유한 본질이다.

사실 이러한 이분법 구조를 하이데거 스스로가 분명하게 말하고 있지는 않다. 따라서 필자의 해석이 어쩌면 매우 위험스러운 시도가 될 수도 있을 것이다. 그러나 필자는 이러한 이분법을 통해 하이데거 철학의 핵심과 한계를 가장 잘 드러내 보일 수 있다고 판단한다. 따라서 이분법 구조를 좀 더 상세히 살펴보도록 하자.

일단 존재자의 처해 있음에 대해 살펴보자. 『존재와 시간』 1편 5장에 보면 존재자의 실존적 구조를 '거기에' 처해 있음이라고 표현하고, 불안이라는 기분에 쌓여 있는 것이 현존재의 기본 성격이라고 설명한다. 이러한 불안은 현존재에게 자신의 존재가 아무런 근거도 없이 짊어져야 할 짐으로 주어졌다는 사실을 의미하며, 이는 일상이 가장 순조롭게 진행될 경우에도 느끼는 기분이다(박찬국, 2013: 70). 따라서 불안은 현존재가 처한 현사실성이다. 여기에 세인들의 말이나 호기심 등이 현존재의 퇴락을 더욱 가속화한다. 자신의 본질을 제대로 직시하지 못한 현존재는 세인들의 평균적인 말과 애매한 호기심에 쌓여 일상에 처하게 되는데 이것을 극복하지 못한 상태가 바로 소외다. 그렇다고 소외가 인간 본질의 타락을 말하는 것은 아니다. 왜냐하면 적어도 하이데거 철학에서 존재자에 대한 해석은 타락/비타락이라는 구분 앞에서 진행되는 것이기 때문이다. 이렇게 놓고 보면 빈말, 호기심, 애매성 등이 '빠져 있음'(= 처해 있음 = 거기에 있음 = 퇴락)의 특수한 존재 양식이라고 할 수 있다.

이러한 퇴락에 대응하는 구조가 이해다. 하이데거에 따르면 현존재가 삶의 이상적인 모습을 향해 기투하는 것을 이해라고 개념 정의한다.[3] 이것은 인간

---

3) 이해가 그 안에서 열어 밝혀질 수 있는 것의 모든 본질적인 차원을 고려해 볼 때 언제나 가능성 안으로 밀치고 들어가는 것은 무슨 까닭일까? 이해가 그 자체 안에 우리가 기획투사라는 이름으로 그런 실존론적인 구조를 가지고 있기 때문이다. 이해는 현존재의 존재를 그의 그때마다의 세계의 세계성인 유의미성과 마찬가지로, 근원적으로

이란 본능에 따르기보다는 이상적인 삶과 세계에 대한 자신의 이해를 구현하는 방식으로 살려 한다는 것을 의미한다. 같은 맥락에서 그것을 근본 신념이라고 부를 만하다(박찬국, 2013: 80). 이것은 결국 퇴락의 반대편에 위치하면서 일상성의 '빠져 있음'에서 탈출한 현존재의 또 다른 모습(탈자태)이라고 할 수 있다. 그렇다면 어떻게 근본 신념이 발생하는가? 어떤 근본 신념이 옳은 것인가? 이 점에 대한 대답이 바로 현존재 연구의 핵심이라고 하겠다.

그런데 하이데거는 이해(근본 신념)는 염려에서 출발한다고 설명한다. 염려는 불안에서 파생하는 현존재의 실존이다. 이것은 자기를 앞질러 이미 하나의 세계 안에 있음을 말한다(하이데거, 1998: 262). 이것이 무슨 말인가? 하이데거 전문가의 설명을 들어보자.

현존재의 본래적인 자기 존재는 퇴락에서는 은폐되어 있고 배제되어 있다. 그러나 이 은폐는 개시성의 결여태일뿐이다. 이러한 결여태는 현존재의 도피가 본래적인 자기 자신 앞에서의 도피라는 사실에서 드러난다. 그런데 현존재가 존재론적으로 자기에 속하는 본래적인 개시성에 의해서 이미 본래적인 자기 자신과 직면하고 있는 한에서만, 현존재는 본래적인 자기 앞에서 도피할 수 있다. 현존재가 이렇게 자기 자신에 직면해서 자신으로부터 도피할 때, 그러한 자기는 도피하는 현존재 뒤에 따라 붙는다. 현존재가 이렇게 자기 자신으로부터 등을 돌리는 가운데 그러한 자기는 이미 개시되어 있는 것이다(박찬국, 2013: 96).

그러니까 '염려'는 현존재가 처해 있음에서 느끼는 불안으로부터 탈출하려는 본질적 움직이다. 그래서 본질을 깨닫게 되는 순간 새로운 존재자의 삶이 시작되는 것이 '개시'이다. 그런데 이러한 개시는 미래에 대한 기투를 바탕으

그의 '그 때문에'에 기획·투사한다(하이데거, 1998: 201).

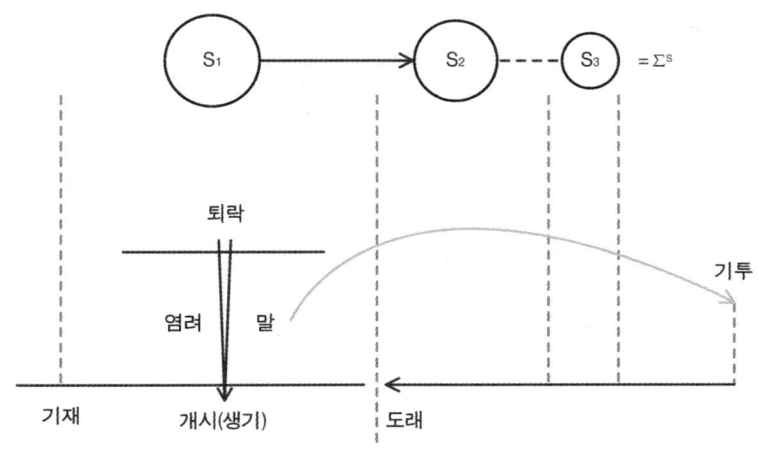

그림 1-1 현존재의 정적 모델

로 이루어지며, 미래에 대한 희망과 세계에 대한 신념과 관련되어 있다. 그래서 현존재가 개시된 순간의 현재는 미래에서 시작된 도래다. 한편 현존재가 획득하는 세계관은 역사로부터 개시되어 있기에 현존재의 속성은 역사적 생기를 띤다. 그런데 염려가 역사 속에서 개시되어 이상적인 삶을 이해하는 순간, 가장 큰 역할을 하는 것이 바로 언어다. 퇴락에 빠져 있는 존재는 미래에 대한 기투를 통해서 현재에 생기를 얻게 되며, 이러한 생기가 시작되는 계기는 염려라는 현존재의 본질에서 기인한다. 그리고 이러한 개시가 가능하게 된 구체적인 매개체가 언어인 것이다. 지금까지의 설명을 그림으로 나타내면 〈그림 1-1〉과 같다.

그런데 여기서 두 가지 의문이 생긴다.

첫째, 현존재의 구성이 정적 모델이 아닌가라는 의문이 든다. 하이데거 사유를 구조적으로 분석해 보면, 현존재의 분석이 S1에서 Sn으로 무한대로 반복될 수밖에 없다. 왜냐하면 현존재가 염려와 미래에 대한 기투를 통해서 자신의 존재 구성을 파악하게 되었다 할지라도, 그러한 염려와 기투는 한 번만의 시도로 완성될 수 없기 때문이다. 매순간 현존재는 자신의 존재 불안을 느끼고 극복하게 되며, 이러한 불안과 극복은 무한 반복을 멈출 수 없다.[4] 그런데 필자의 판단으로는 이러한 반복은 모든 기투의 시초가 현존재의 현재성에 맞추어져 있기 때문에 발생하는 것이다. 즉 하이데거의 기투 자체가 현존재의 발견과 유지를 궁극적 목표로 하기 때문이다. 바로 이러한 문제를 해결할 수 있는 사상가가 바로 리쾨르라고 생각한다. 왜냐하면 리쾨르의 주체는 현존재 분석을 통해서 미래로 변화해 가는 자체성(ipse)에 초점이 맞추어져 있기 때문이다. 그리고 미래로 향한 존재는 타자와 마주하는 모습으로 윤리의 지평을 확보하게 된다. 예를 들어 하이데거는 염려를 현존재의 근본 속성으로 지시하고, 이것이 타자와 함께 있음, 공동체와 함께 있음으로 확장해 가는 과정을 염려(Sorge)-배려(Besorge)-심려(Fursorge)로 설명했지만, 이러한 현존재의 확장이 어떻게 윤리적 지평을 확보하는가에 대해서는 입장이 모호하다. 리쾨르를 통해서는 이 부분이 보다 선명하게 부각될 것이다.

둘째, 이해와 말의 관계가 분명하지 않다. 하이데거는 언어를 논리성이나 지성에서 파악해 왔던 전통 철학을 비판했다. 즉, 언어를 이해 전달이나 표현의 수단으로 생각하는 방식을 벗어나서 존재자를 규정하는 역할로 파악한다. 그래서 그는 언어가 처음으로 존재자를 부른다고 하거나, 언어를 통해서 존재자가 개시된다고 말한다. 존재의 열림이라는 표현이 하이데거의 철학에서 자주 등장하는데, 이것은 결국 이성이나 논리의 기반으로서 언어를 파악해서는 이해와 말을 제대로 개념 규정할 수 없음을 강조하는 것이다. 그렇다면 존재의 열림에서 말은 어떤 작용을 하는가? 박서현(2015: 51~60)의 분류에 따르면 말과 이해의 관계를 연구해 온 성과는 크게 보아 네 가지로 분류될 수 있다.

---

4) 하이데거 철학을 불교철학과 비교하는 연구가 많다. 불교철학에서는 깨달음은 일상에서 지속된다고 가르치는데, 이것이 바로 하이데거의 현존재 각성에도 그대로 적용될 만하다. 한편, 하이데거와 불교의 관계를 연구한 책으로는 김진(2004)과 권순홍(2008), 박찬국(2010)이 유용하다.

첫째는 말의 분절 작용을 강조하는 흐름, 둘째는 말과 언어를 명확히 구분한 후 언어의 역할을 강조하는 흐름, 셋째는 이해의 근원성을 강조하는 흐름, 넷째는 말과 이해의 동근원성을 강조하는 흐름이다. 이러한 흐름 중에서도 네 번째가 가장 타당하다고 평가한다. 왜냐하면 이해 가능성은 이미 해석에 앞서 있으며, 말은 이해 가능성을 분절시키는 역할을 하기 때문이다. 『존재와 시간』에서 이해 가능성은 의미 현상과 관련되어 있으며, 이것은 현존재를 이해하는 것을 목표로 한다.[5]

그러나 이러한 관계 설정이 필자의 눈에는 분명해 보이지 않는다. 『존재와 시간』에만 국한해 보더라도 이해와 말의 관계는 두 가지 상반된 입장이 나타난다. 예를 들어 『존재와 시간』 1편 5장 32절의 이해와 해석에서는 로고스(logos)를 넘어서 새로운 언어철학의 지평을 연구하려는 하이데거의 의욕이 잘 나타나 있고, 이것은 분명 현존재에 대한 이해 가능성의 기초가 여전히 말과 언어에서 비롯되는 것으로 등장한다. 그래서 1편 6장 44절에서는 배려에 대한 개념이 등장하면서도 여전히 언어 철학의 논지가 살아 있다.[6] 그 때문에 현존재와 말의 관계를 설정할 때도 발언이 중요한 역할을 한다. 예를 들어 "현존재

---

5) 물론 후기 하이데거에게 말의 역할은 현존재가 아니라 존재 그 자체에 대한 이해를 목표로 하게 된다. 전기와 후기 사유체계의 차이점을 보기 쉽게 정리한 책으로 배상식(2007)이 있다.

6) 이와 관련해 하이데거의 텍스트 두 곳을 확인해 보자.
"입증되어야 하는 것은 인식함과 대상의 일치도 아니고, 더더욱 심리적인 것과 물리적인 것의 일치도 아니며 또한 '의식대상' 상호 간의 일치도 아니다. 입증되어야 하는 것은 오로지 존재자 자체의 발견되어 있음, 존재자의 발견되어 있음의 방식(어떻게)에서의 존재자 자체이다. 그러한 발견되어 있음은 발언된 것(이것은 존재자 자체이다)이 스스로 동일한 것으로 내보이는 데에서 확증된다"(하이데거, 1998: 294).
"세계 내부적인 존재가 곁에 있음, 즉 배려함은 발견하면서 있다. 그런데 현존재의 열어 밝혀져 있음에는 본질적으로 말이 속한다. 현존재는 자기를 밖으로 말한다. 즉 존재자에 대해서 발견하면서 존재함으로서의 자기를 밖으로 말한다"(하이데거, 1998: 301).

는 이야기되는 존재자 자체에 대한 존재 안으로 온다"라고 서술하거나(하이데거, 1998: 302) "말해진 것에 몰입함은 '그들'의 존재 양식에 속한다"라고 설명한다(하이데거, 1998: 302). 그러나 2편 2장 56절에서부터는 언어와 말의 역할이 축소되고 현존재 개시가 양심의 부름에서 이루어지며, 이것은 타인에 대한 배려에서 시작된다고 설명한다.[7] 다시 말해 현존재가 양심의 부름에 응하는 것이 이해다. 자신의 실존가능성에 따르는 것이 이해라는 것이다. 이러한 맥락에서 보면 양심의 불러냄을 이해한다는 것은 양심을 가지려는 의지를 의미한다(박찬국, 2015: 373). 이렇게 두고 보면 양심의 부름은 의지의 철학으로 환원되는 것이다.

필자는 이러한 두 가지 흐름이 하이데거의 철학이 애매하게 움켜쥐고 있는 철학적 자원이며, 두 가지 경향을 각각 후대의 철학가들이 계승·발전시켜 왔다고 판단한다. 언어철학의 흐름을 이어간 대표적인 사람으로 리쾨르와 프랑클을 꼽을 수 있으며, 공감의 철학을 계승·발전시킨 사람이 메를로퐁티와 들뢰즈라고 할 수 있겠다. 그런데 필자는 이 논문에서 새로운 윤리 기반을 추적하기 위해서 언어 모델에 천착하고자 한다. 그래서 의미 발견이라는 주제와 관련해 이 논문은 리쾨르와 프랑클이 어떻게 하이데거의 언어철학의 흐름을 계승·발전시켰는지를 추적해 볼 것이다.[8]

---

7) 이와 관련해 하이데거의 텍스트 두 곳을 살펴보자.
    "불러냄을 올바로 듣는다는 것은 곧 자신의 가장 고유한 존재 가능에서 자신을 이해한다는 것이다. 다시 말해서 가장 고유한 본래적인 탓이 있게 될 수 있음에로 자신을 기획 투사한다는 것과 같을 것이다. 이해하며 자신을 이러한 가능성에로 불러내도록 놔둠은 그 자체 안에 부름에 대해서 현존재가 자유롭게 됨을, 즉 불러내어질 수 있음에 대한 준비태세를 포함하고 있다. 현존재는 부름을 이해하며 자신의 가장 고유한 실존가능성에 귀를 기울이고 있는 것이다"(하이데거, 1998: 384).
    "결단한 현존재는 타인의 양심이 될 수 있다. 결단성의 본래적인 자기 존재에서부터 비로소 처음으로 본래적인 서로 함께 발원되는 것이지, 그들(세인)속에서 애매하고 질투심 섞인 약속들과 수다스러운 친교 그리고 사람들이 도모하려고 드는 일에서부터 생기는 것이다"(하이데거, 1998: 397).

2) 리쾨르의 경우

리쾨르는『존재와 시간』에서 하이데거는 언어나 이해라는 개념에 대해 관심이 없었다고 비판한다(리쾨르, 2001: 13). 즉, 하이데거는 다만 역사 인식을 존재 이해로 바꾸고자 했다는 것이다. 인식비판을 대신해 존재 이해를 내세웠지만 존재가 어떻게 이해나 언어를 통해서 구체화되는가에 대해서는 자세히 설명하지 않았다는 것이다. 물론 언어에 대한 서술이 부족한 것은 아니다. 그러나『존재와 시간』에서 드러난 현존재-염려-언어는 거의 동일한 가치를 가지며, 궁극적으로 참다운 주체가 발현하는 계기를 죽음에 대한 자유라고 간주했는데, 이것이 후기 저작『언어로의 도상(Unterwegs zur Sprach)』에서 시인의 언어로 자리를 바꿀 뿐이다. 이에 리쾨르는 존재 이해를 참다운 주체로 정립하도록 만들기 위해서 언어학의 길(해석학)을 의도적으로 둘러가겠노라고 천명했다.[9]

사실 리쾨르가 써온 대부분의 저작은 언어를 통한 주체 구성 문제에 집중되어 있다. 물론 그의 저작은 시대 흐름에 따라서 언어, 상징, 담론, 텍스트로 발전해 간다. 그러나 그 모든 언어적 형태 변화는 주체의 모습을 설명하려는 시도다. 리쾨르에 따르면, 인간의 미래에 대한 기투는 자신이 의지대로 할 수 없는 현상들 앞에 놓여 있다. 예를 들어 신체, 상징, 무의식, 타자와 같은 요인

---

8) 공감의 철학은 이 책의 2장 "공감 영역과 타자윤리"를 통해서 탐구하게 될 것이다.

9) 리쾨르의 입장을 들어보자.
"이해를 인식론의 차원에서 존재론의 차원으로 뒤집는 것이 가능하려면 현존재의 존재를 직접, 아무런 인식론적 전제 없이 서술할 수 있어 마치 그것이 스스로 있는 것처럼 되어야 하며, 그리고 나서 이해가 존재하는 형태 가운데 하나임을 밝혀야 한다. 그러나 인식꼴로서의 이해에서 존재꼴로서의 이해로 가는 데 어려움은 이것이다. 곧 현존재분석에서 나온 이해는 그것을 통해 또 그것 안에서 현존재가 존재하는 것으로 이해된다는 점이다. 그러나 이해가 존재의 꼴임을 밝히기 위해서도 다시 한번『언어로의 도상』을 들여다봐야 하지 않을까?"(리쾨르, 2001: 14).

들에 영향을 받을 수밖에 없다. 바로 이와 같은 이유에서 그는 『의지의 철학 1(Philosopie de la Volonte 1)』에서 신체적 욕망의 문제를 다루고, 『의지의 철학 2(Philsophie de la Volonte 2)』에서 상징과 성서해석학의 문제를 다루었으며, 『해석에 관한 시론(Essais sur les interpretations)』에서 프로이트 정신분석학을 언어적 관점에서 다루었고, 『시간과 이야기(Temps et Recit)』 세 권의 책에서는 텍스트의 형성과 독해가 주체 형성에 미치는 영향을 다루었으며, 『타자로서의 자기 자신(Soi-Meme comme un autre)』에서는 텍스트로 구성된 주체가 타자와 마주하는 지점에서 윤리의 문제를 다루었다. 이러한 언어적 입장은 현존재를 깊게 이해하기 위해 현존재가 마주치는 일상 현상을 더욱 깊이 파악해야 하는데, 이러한 작업에서 하이데거가 상대적으로 소홀했다는 점을 비판하는 것이기도 하다. 리쾨르에 따르면, 철학적 인간학의 과제는 어떤 존재 구조 속에서 언어가 출현하는지를 밝혀내는 것이다.

따라서 존재와 언어의 관계를 파악하기 위해서 리쾨르는 정신분석과 구조주의 언어학을 비판적으로 검토한 후, 주체의 형성에 작용하는 언어 역할을 강조한다. 정신분석학은 인간의 존재 근원을 생물학적 에너지로 환원시켰다는 한계를 가지며, 페르디낭 드 소쉬르(Ferdinand de Saussure)가 시작한 구조주의 언어학은 랑그(langue)의 차별성에 매몰되어 주체의 의미를 배제하고 말았다. 여기서 리쾨르는 말과 담론을 대안으로 제시한다. 일단 말이란 주체의 의미가 살아나는 방식이고, 현실을 담지하는 지시 관계가 드러나는 매개체이기 때문이다. 이처럼 말을 통해서 주체가 현실에 끼어든 방식을 주체의 환원이라고 정의한다(리쾨르, 2001: 279). 그리고 주체가 드러나는 과정을 분석하는 것이 바로 주체의 해석학이며, 이것은 다음과 같은 순환구조를 가진다.

먼저 세계-내-존재가 있고, 그 다음에 그것을 이해하는 것이 있으며, 그 다음에 그것을 해석하고, 그 다음에 그것을 말한다. 이 궤도는 순환하지만 그렇다고 우리 발목을 붙잡는 것은 아니다. 언어 안에서 그 모든 것을 말한다. 그러나 언어는 언어가 나온 실존의 바탕을 가리키고, 언어가 말하는 존재 양식으로 스스로를 인식할 수 있게 되어 있다. '나는 말한다'와 '나는 존재한다'의 순환 때문에 상징 기능과 그 뿌리인 충동이나 존재 문제가 서로 더 중요한 것으로 떠오른다. 그것은 낡은 순환이 아니다. 표현과 표현된 존재의 살아 있는 순환이다. 그러므로 해석학은 의미 효과나 이중 의미 속에 틀어 박혀서는 안 된다. '나는 존재한다'의 해석학이 되어야 한다(리쾨르, 2001: 285).

이러한 주체(존재)의 해석학은 『악의 상징(La symbolique de Mal)』, 『해석에 관한 시론(De l'interpretation)』, 『살아 있는 은유(Metaphore vive)』에서 말과 담론분석에 집중하다가, 『시간과 이야기』와 『타자로서의 자기 자신』에 이르면 텍스트의 개념을 강조한다. 텍스트란 말하는 사람의 상황을 넘어서 독자를 상대로 의미가 확장되며, 역사 속에서 읽혀진다는 의미에서 언어의 사회성이 강조되는 개념이다. 물론 담론이라는 개념에서도 이미 화자와 청자의 이중구조를 전제로 하고 있다는 점에서 언어의 사회성은 인정되고 있었다. 그러나 『시간과 이야기』라는 제목에서 암시하듯이 텍스트라는 개념에는 시간의 변화에 따른 주체의 변화를 설명하려는 리쾨르의 철학적 목적이 스며 있다. 그리고 이것이 후기 저작이라고 할 수 있는 『타자로서의 자기 자신』에 이르면 타자와 마주하는 주체의 윤리적 책임의 문제를 거론하는 단계로 나아간다. 여기서 우리는 리쾨르가 새롭게 제시하는 윤리적 기반과 마주하게 되는데, 이것이 정치 통합의 논리를 찾으려는 본 논문의 핵심 주제라고 하겠다.

일단 『시간과 이야기』에 등장하는 텍스트의 기능을 간략하게 살펴본 후, 『타자로서의 자기 자신』에서 논의되는 주체 형성, 이야기 정체성, 윤리적 책임의 개념들을 순서대로 검토해 보기로 하자.

『시간과 이야기』 1권에서 주목할 부분은 3장 「시간과 이야기(Temps et récit)」이다. 이 장의 부제목은 '삼중의 미메시스(la triple mimésis)'다. 미메시스(mimesis)란 아리스토텔레스 『시학(Poética)』에 등장하는 연극 이론인데, 좋은 연극이란 삶의 모방에 있다고 주장한 아리스토텔레스의 주장을 리쾨르가 여기서 현대적으로 재해석한다. 리쾨르는 미메시스라는 개념을 행동의 모방이라는 개념으로 확장시킨다. 즉 『시학』에서 아리스토텔레스가 줄거리의 흐름을 뮈토스(muthos)라고 이름 짓고, 일상의 줄거리를 가장 잘 모방하는 것이 미메시스라고 했다. 그런데 「시간과 이야기」에서 리쾨르는 줄거리를 이해하는 것은 구조적 이해와 실천적 이해가 있다고 구분하고, 이때 실천적 이해란 줄거리를 이해하는 주체가 누구, 왜, 무엇을 이해했는가를 전제하며, '누구와 맞서', '누구와 함께'라는 질문에 대답함으로써 가능해지는 이해라고 설명한다(리쾨르, 2004: 131). 그리하여 실천적 이해는 궁극적으로 다른 사람들과 더불어 행동하게 만든다. 다시 말해 리쾨르에게 이야기는 주체의 행동과 관련되는 것이다. 이처럼 행동을 강조하는 리쾨르의 사상적 입장은 하이데거의 언어철학과 비교해 어떤 의미가 있는가?

리쾨르는 『존재와 시간』에 등장하는 시간성의 문제가 마음씀과 관련되어 있다고 강조한다. 리쾨르가 보기에, 하이데거의 시간성은 구조적 전체의 문제이며, "마음씀"은 자기 자신보다 앞서 나간다는 성격에서 고유한 완결성의 비밀을 찾을 수밖에 없다고 단언한다(리쾨르, 2004: 128). 이렇게 되면 현존재의 존재 능력은 여전히 유예되어 있을 뿐 새로운 존재로 거듭나는 것이 불가능하다. 여기서 리쾨르는 존재 분석의 방법에는 두 가지 길이 있다고 설명하면서 자신의 분석방법을 하이데거의 방법론과 차별화한다. 즉 '실존적인(existentiel)' 방법과 '실존론적인(existential)' 방법이 존재한다. 전자가 세계-내에 존재하는 예외적인 인격체들, 교회 또는 다른 공동체들, 문화 전체가 받아들이는 윤리적 약속의 성격을 규정한다. 반면에 후자는 현존재를 다른 모든 존재들과 구분하여 존재자의 의미에 대한 물음을 통해서 존재구조를 해명하려는 시도다(리쾨르, 2004: 130). 적어도 필자가 판단하기에 후자의 방법이 하이데거가 선택한 길이라면, 전자의 방법이 리쾨르가 선택한 길이다. 즉 리쾨르는 현존재가 다른 사람, 문화 전체에 맺는 관계 속에서 실존의 변화를 모색한 것이다.

　같은 맥락에서 독서 행위에 대한 리쾨르의 입장을 보다 손쉽게 이해할 수 있다. 줄거리를 읽고 실천적으로 이해한다는 행위는 어떤 시점을 선택하는 것이다. 즉 저자가 선택한 시점과는 다른 독자만의 시점을 선택하게 되며, 나아가 이것은 사회문화의 전통 속에 독자 스스로가 새로운 형태의 줄거리를 만든 것임을 의미한다. 이러한 점에서 텍스트는 담론이나 발화와는 다르다. 담론이나 발화에서는 현장성이 강조되고, 발화자의 내용이 우선권을 가진다. 그러나 텍스트는 쓰인 후 저자의 의도를 벗어나 시간 속에서, 상황 속에서 잠재적 독자에게 해석의 특권이 넘어가게 된다. 이것을 두고 리쾨르는 내포된 독자라고 부른다(리쾨르, 2004: 324). 이 부분에서 리쾨르는 독서 행위와 관련해 수용미학의 이론을 자세히 검토한다. 그 내용의 핵심은 독서 행위가 역사적 지평을 유지하면서 이루어질 때, 현재 상황에서 필요한 문제를 인식하고 그에 대한 답변을 찾을 때, 텍스트는 현존재가 행동할 수 있는 역사적 중개 역할을 한다는 것이다. 한스게오르크 가다머(Hans-Georg Gadamer)가 사용한 역사의 '기대 지평(expectation horizon)'을 강조하면서, 시적 언어와 실천적 언어의 종합, 상상의 세계와 사회적 현실이 통합될 수 있음을 강조한다. 이렇게 놓고 보면 독서 행위에서 비롯되는 카타르시스(katharsis)는 미학적이라기보다는 도덕적이다. 왜냐하면 텍스트를 통해서 독자는 관습에 맞서 새로운 규범을 제안하고 실천하기 때문이다. 따라서 아이스테시스(aisthésis, 감각적 능력)는 독자를 일상에서 해방시키고, 카타르시스는 현실에 대한 새로운 평가를 위해 독자를 자유롭게 한다(리쾨르, 2004: 345). 이것이 바로 하이데거 언어철학이 다루지 못한 부분이다.

　이와 같은 언어를 통한 주체의 복귀는 어떤 의미를 갖는가? 이 점을 이해하기 위해서는 『타자로서의 자기 자신』을 살펴보아야 한다. 이 책에서 리쾨르는 하이데거 존재 분석이 소홀히 했던 주체의 복원을 시도하고, 이것이 궁극적으로 윤리의 문제에 어떤 의미를 주는지 분석한다. 우선 1장부터 4장까지는 주체의 문제를 언어철학의 수준에서 다루고, 5장과 6장은 동일성과 자기성의 차이를 분류하고 자기성의 기반이 되는 이야기 정체성에 대해서 설명한 후, 7장부터 10장까지 새로운 윤리의 지평을 논의한다.[10]

우선 언어철학을 통해서 복원된 주체의 위상에 대해서 알아보자. 1장에서 리쾨르는 피터 스트로슨(Peter Strawson)의 『개인들(Individuals)』이라는 저작에 설명된 인격 개념을 비판한다. 스트로슨은 칸트의 주체가 자기반성적 인식을 우선하는 초월성에 경도되었다고 비판했다. 그러면서 자기의식의 통일성은 관념의 내부가 아니라 경험적으로 부딪힐 수 있는 공간에서 주체의 의미를 찾아야 한다고 주장했고, 이를 위해서 신체의 개념을 제안했다. 그런데 리쾨르는 이러한 신체 개념이 말해진 사물에 가깝다고 비판한다. 스트로슨의 인격 개념은 3인칭 공적 실재라는 것이다. 다시 말해 두 사람의 인간이 존재할 때 한 사람을 다른 사람의 신체로 교환해도 인간에 대한 분석은 별반 달라지지 않는다. 이것은 주체에 대한 분석이라기보다는 차라리 사물에 대한 분석에 가깝다. 리쾨르에 따르면 주체의 분석은 반드시 '누구'라는 개별자에 대한 서술이 등장해야 하며, 이를 위해서 '말하는 주체'라는 언어적 전환이 반드시 필요하다. 인간은 객관적 사물처럼 분석할 수 없기 때문이다. 이것이 바로 리쾨르가 지속적으로 강조해 왔던 주체의 해석학이다. 한편 2장에서는 영미철학에서 발전된 주체분석의 언어적 기반을 검토하고 비판한다. 대표적인 사례가 화용론이다. 주로 루트비히 비트겐슈타인(Ludwig Wittgenstein), 존 설(John Searle), 존 랭쇼 오스틴(John Langshaw Austin)의 화용론을 검토하는데, 여기서는 언어와 행위의 관계에 주목한다. 화용론이 주목한 언어-행동의 관계는 상황적 맥락에서 언어가 수행적 성격을 띤다는 점이다. 리쾨르가 보기에 이러한 관계는 대화 상황에서 너와 나의 관계다. 따라서 발화자의 의도가

---

10) 『타자로서의 자기 자신』의 철학사적 의미에서 대해서는 윤성우(2004)가 잘 설명하고 있다.

이해되어야 한다. 그렇지 않다면 해당 상황에 있지 않은 사람들은 이러한 언어의 수행성을 납득할 수 없게 된다. 결국 리쾨르의 주장은 발화 주체의 의도와 제3자의 객관적 상황이 모두 충족되어야만 언어를 통한 주체가 복원될 수 있다는 것이다. 그런데 화용론은 상황적 맥락만을 강조한 약점을 벗어나지 못했다. 결국 랑그와 파롤(parole)의 종합, 혹은 지식적 상황과 대화적 상황이 종합되어야 한다는 것이다. 왜냐하면 화용론에서 주장하는 반성성은 자기성이 배제된 것이기 때문이다. 자기성이란 역사성에 근거한 주체의 정체성이다(김선하, 2007: 108). 이러한 논리는 행위 주체에 대한 비판에서도 계속된다. 3장에서는 영미 분석철학에서 유행했던 엘리자베스 앤스콤(Elizabeth Anscombe)과 도널드 데이비드슨(Donald Davidson)의 행위론을 비판하는데, 그 내용을 간략히 말하면 다음과 같다. 인간 행위의 인과관계를 설명하는 두 사람은, 인간 행동에 대해 마치 사물을 설명하는 방식으로 분석하고 있다는 것이다. 이를 두고 리쾨르는 행위 주체 없는 행위 이론이라고 부른다. 인간의 행동을 설명하기 위해서는 반드시 '왜', '무엇'이라는 질문과 함께 '누가'라는 귀속의 속성이 제기되고 설명되어야 한다. 그런데 앤스콤과 데이비드슨은 '왜'와 '무엇'을 설명할 뿐 '누가'라는 질문에는 대답하지 못했다는 것이다. 이러한 비판은 영미 언어철학에서 등장했던 것과 유사하다.

그렇다면 영미의 언어철학과 행동철학을 동시에 넘어설 수 있는 방법은 무엇인가? 그것이 바로 이야기 정체성이다. 이것은 『시간과 이야기』에서 제기된 미메시스 이론의 확장된 형태인데, 5장과 6장에서 보다 세련되게 정리되고 있다. 또 이를 통해서 하이데거 존재론에 대한 비판이 동시에 진행되며, 궁극적으로 하이데거 철학이 제시하지 못한 윤리의 지평을 마련하게 된다. 필자가 판단하기에 리쾨르 사상의 핵심이 여기에 있다.

5장의 도입부는 『시간과 이야기』에서 거론했던 시간의 구성과 서술 이론에 대한 관계를 언급하며, 이것이 자기 구성에 어떤 역할을 하는지를 탐구하는 것이 목표다. 그러니까 이 부분은 『시간과 이야기』의 확대판이자 주체 구성의 핵심 장이라고 할 수 있다.11) 우선 결론부터 말하자면 현존재의 구성은 바로 이야기적 정체성이다. 그런데 이러한 이야기적 이론이 인간의 행동과 윤리를 연결하는 매개가 된다. 이러한 명제를 이해하기 위해서는 우선 동일성(idem)과 자기성(ipse)의 차이를 알아야 한다. 전자는 유일성을 의미한다. 즉 변화하지 않는 성격, 특징을 말한다. 반면 후자는 관계들의 개념이고 시간에 따라서 변화하는 습관 등을 가리킨다. 동일성은 근대철학에서 주체 구성을 확보하는 중요한 단서였다. 예를 들어 존 로크(John Locke)가 강조했던 기억이나 데이비드 흄(David Hume)이 강조했던 상상력과 믿음, 칸트가 순수이성비판에서 강조했던 변화하지 않는 기층 등이 동일성을 이루는 기반이다. 또 하이데거가 죽음에 맞서 '전진하는 결의'라고 표현한 부분도 어쩌면 동일성을 유지하는 범주에 속한다. 이렇게 놓고 보면 근대사상에서 주체철학의 기반은 바로 동일성이었다. 그런데 여기서 리쾨르가 던지는 문제는 시간의 흐름 속에서 내가 변화하는 동안에도(견해, 욕망, 성향), 내가 약속을 지킬 것이라는 윤리적 정당성을 확보할 수 있는 길이 무엇인지 묻는다(리쾨르, 2006: 171). 시간변화에 따라 내가 변화하는 것을 인정하면서도 약속을 지킬 수 있다는 것은 동일성의 문제와는 차원이 다른 것이다. 논리를 단순화하면, 시간변화와 상관없이 항상성으로 유지되는 것을 자기성이라 하고, 시간변화에 따라 달라지

---

11) 5장 주석 1에서 리쾨르가 길게 부연 설명하는 부분을 읽어 보면 서사와 이야기 정체성의 관계를 쉽게 알 수 있다. "『시간과 이야기』 3권에 도입된 이야기적 동일성의 개념은 또 다른 하나의 문제 틀에 대답했다. …… 나는 개인이든 공동체이든 이야기적 동일성이 이야기와 픽션에서 탐구되는 이와 같은 교착 지점이라는 가정을 만들었다. …… 우리는 인간의 삶들이 그것들에 대해 사람들이 하는 이야기들에 따라 해석될 때 보다 잘 읽혀진다고 생각하지 않는가? 그런 만큼 차례로 이와 같은 삶 이야기들은 그것들에 엄밀하게 말해 이야기, 즉 픽션(연극이나 소설)에서 빌린 이야기적 모델들-줄거리들이 적용될 때, 보다 잘 이해될 수 있지 않은가? 따라서 다음과 같은 연쇄적 단언들이 가치 있다고 생각하는 것은 수긍할 만하다고 보인다. 자기의 이해는 하나의 해석이다"(리쾨르, 2006: 158).

는 나의 속성을 자체성이라고 하자. 그렇다면 이러한 자기성과 자체성의 중간 매개물이 바로 이야기 정체성이라고 리쾨르는 말한다. 중간이란 무엇을 의미하는가?

이 문제는 6장에서 자세히 다루어진다. 일단 아리스토텔레스 『시학』에서 리쾨르가 끌어온 '사건의 배열'이라는 개념부터 살펴보자. 연극의 줄거리 속에서 인물이 등장하고, 에피소드가 이어지면서 일정한 사건이 나타난다. 이러한 사건은 이야기를 기반으로 한 형상에 해당한다. 이 형상이 바로 이야기 정체성을 구성한다. 다시 말해 이야기는 줄거리를 읽는 사람에게 일정한 정체성 변화를 일으키고 도덕적으로 올바른 행동으로 이끌어간다는 것이다. 자기성(idem)을 하나의 극단으로 자리매김하고 자체성(ipse)을 또 다른 극단으로 위치 지울 때, 그 중간에 이야기 정체성이 자리를 잡는다. 그리고 이러한 정체성은 바로 사건의 배열에서 등장하는 인물의 모습으로 나타난다. 문학적 픽션들은 상상적 변이들을 만들고 이것이 자체성에 영향을 주기 때문이다(리쾨르, 2006: 203). 이것을 언어철학의 지평에서 설명해 보자. 자기성을 '묘사하다'로 서술하고, 자체성을 '규정하다'라는 도덕적 언어로 서술할 때, 그 중간의 매개물이 바로 '이야기하다'로 자리 잡는다. 이 경우 이야기 정체성은 분석철학의 행동론과 언어철학의 화용론을 넘어서는 리쾨르의 독창적인 언어-행동철학이며, 이를 통해서 현존재의 구체성을 확보할 수 있게 되었다. 결국 이야기 속에 등장하는 주인공과 동일화됨으로써 성격의 변화가 나타나고 이것이 자기성에서 자체성으로 변화하게 된다는 것이다. 이런 맥락에서 보면 하이데거의 현존재 모델이 정적 모델이었다면, 리쾨르의 언어 모델은 동적 모델이라고 할 수 있다.

그런데 자체성을 강조하는 모델은 타자와의 대화에 주목하게 된다. 자기의 유지라는 목표가 불변하는 진리와 도덕을 추구했다면(칸트), 자체성의 유지라는 목표는 타인 앞에서 신뢰할 수 있도록 행동하는 것이 목표가 되기 때문이다. 리쾨르는 앨러스터 매킨타이어(Alasdair MacIntyre)의 '진정한 삶의 목표'

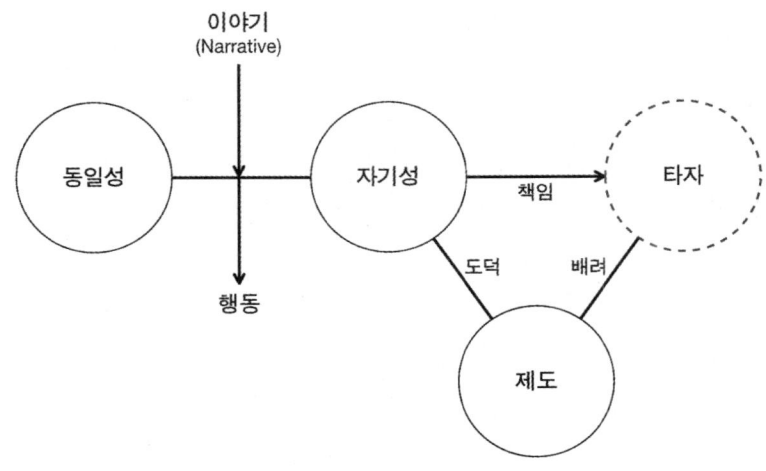

그림 1-2 현존재의 동적 모델

개념을 차용하면서, 이야기 속에서 자신이 존경하는 인물을 받아들이고 동일화하려는 의도가 충만하게 된다고 강조한다. 그렇다면 자체성과 윤리는 어떻게 연결되는가? 이것이 6장부터 10장까지의 중심 주제다. 간략하게 정리하면, 윤리는 좋은 삶을 추구하는 것이라면, 도덕은 제도적 강제라고 말할 수 있다. 칸트의 전통에서 강조하는 것이 도덕이라면, 리쾨르가 강조하는 것은 윤리다. 그런데 좋은 삶이란 타자의 존재를 인정하고 함께 협력하는 과정에서 달성할 수 있는 목표다. 고정된 보편성이 아니라는 것이다. 그렇다고 좋은 삶이 인간의 의지에 의해서 달성되는 것도 아니다. 그래서 리쾨르는 장폴 사르트르(Jean-Paul Sartre)를 비판한다. 사르트르가 강조하는 의지의 기획은 아직도 독자적이고 의지적인 성향이 강하기 때문이다. 반면에 리쾨르가 주장하는 이야기적 통일성과 좋은 삶은 일상에서 마주하는 타인들의 의도들, 원인들, 우연들을 받아들인다(리쾨르, 2006: 241). 그렇다고 타인이 지나치게 강조되어서도 안 된다. 타인에 대한 배려가 우선권을 가지면 자신에 대한 존중이 사라지게 되기 때문이다. 그래서 리쾨르는 에마뉘엘 레비나스(Emmanuel

Levinas)의 타자의 철학이 지나친 타자중심주의에 빠졌다고 비판한다(리쾨르, 2006: 446~448). 그리고 타자와 더불어 협력하는 삶은 행동하는 삶을 말한다. 그래서 리쾨르는 아리스토텔레스와 하이데거의 존재론을 행동이라는 차원에서 비교·분석한다(리쾨르, 2006: 393~418). 그러나 협동하는 행동이 윤리적 차원으로 승화되는 원천을 찾아낸 최초의 철학자로서 스피노자를 꼽는다. 생명의 원천으로서 자신의 존재를 지속시키고자 하는 코나투스(conatus)가 바로 좋은 삶의 기반이라는 것이다(리쾨르, 2006: 416~418). 여기서 하이데거의 존재론이 비로소 윤리적 기반으로 자리를 옮겨 가게 된다. 지금까지의 논의를 그림으로 표현하면 다음의 〈그림 1-2〉와 같다.

3. 정치윤리와 민주시민의 양성

위에서 정리한 자체성과 윤리에 대한 논의를 정치학의 영역으로 확장해 보자. 이를 위해서 리쾨르의 저작 중에서 정치에 대한 논문들을 추적해서 정리해 볼 필요가 있다. 필자는 그중에서 「정치와 윤리」라는 논문(리쾨르, 2002: 3부 5장)에 주목하고 싶다. 왜냐하면 리쾨르는 여기서 현대 정치의 윤리는 시민성(citoynnete)을 반성하고 건전한 주체를 양성하는 것으로부터 출발한다고 주장했는데, 이것이 곧바로 한국 정치의 현실에도 그대로 타당하다고 생각하기 때문이다. 또한 이것이 이 논문의 핵심 주제였던 새로운 사회통합의 기반을 찾는 데도 직접적으로 연관된 문제 제기일 것이다.

우선 리쾨르의 주장을 이해하기 위해서는 국가의 합리성에 대한 그의 입장을 알아야 한다. 리쾨르에 따르면 국가란 두 가지 방향에서 개념 정의가 가능하다. 첫째는 기술적 합리성의 방향인데, 여기서 국가의 목표는 경제 제도를 운영하고 부를 증진하는 것이다. 즉, 정치윤리란 계산적 합리성에 기반을 두어 효율성을 증대하는 것이다. 둘째는 권력 개념의 방향인데, 여기서 국가는 정당한 권력을 독점하는 조직 체계를 가리킨다. 즉, 정치윤리란 절차에 맞게 권력을 사용하는 것이다. 이것이 근대정치사에서 보편적으로 설정되어 온 정치와 윤리의 관계이다. 그런데 이런 상황에서 국민들은 두 가지 감정에 빠진다. 첫째는 경제적 불평등에서 비롯되는 불평등의 감정이며, 둘째는 절차적 정치과정에서 자신이 배제되었다는 소외의 감정이다(리쾨르, 2002: 416). 결국 권력 제도와 경제 운영에서 시민적 주체가 배제되어 왔고, 이것이 오늘날 정치에 대한 무관심으로 이어진다. 그러므로 현대 정치에서 윤리란 제도와 경제의 효율성을 넘어서, 개인들의 행동에 합리성을 되찾는 것이라고 리쾨르는 주장한다.

개인들의 합리성을 회복하는 문제의식은 얼핏 하버마스의 의사소통적 합리성을 떠오르게 한다. 그렇다면 리쾨르가 주장하는 합리성과 하버마스의 합리성은 어떻게 다른가? 사실 이 질문이 본 논문을 관통하는 가장 중요한 질문이다. 우선 하버마스의 합리성을 이성중심주의라고 한다면, 리쾨르의 합리성은 존재론적이다. 하버마스의 합리성은 보편적인 추론 과정을 거쳐 증명될 수 있으나, 리쾨르의 합리성은 보편적 논증이 불가능하다. 그렇다면 리쾨르의 존재론을 현실 정치에 적용하는 방식은 어떻게 가능할까? 리쾨르가 주장하는 개인의 합리성으로 사회통합의 윤리를 구성할 수 있을까? 리쾨르의 철학적 담론이 정치철학 수준에서는 어느 정도 이해될 수 있겠으나, 한국 현실에서 실천적 함의를 찾아내기에는 그리 간단하지 않다. 그래서 필자는 리쾨르가 제안하는 주체의 합리성과 정치윤리의 접합 가능성을 찾아보는 작업을 지금부터 시도해 보려고 한다. 이러한 작업을 성공적으로 수행하려면 현실 정치의 지형이 변화하는 특징을 포착하고, 여기에서 하버마스의 이성적 합리성이 아니라 리쾨르의 존재론적 합리성이 필요함을 증명해야 할 것이다.

그래서 필자는 현실 정치의 특수성을 명쾌하게 지적하면서 새로운 정치 주체의 탄생을 예고한 두 학자의 도움을 받으려고 한다. 첫째는 일본의 정치학자 요시다 도오루(吉田徹)이며, 둘째는 미국의 심리학자 조너선 하이트(Jonathan

Haidt)다. 두 학자는 모두 극단적인 이성중심주의 정치의 폐해를 지적하고, 인간의 감정과 일상생활에서 정치적 정체성을 설명하고자 한다는 점에서 공통점이 있다. 또 하이데거와 리쾨르를 직접 거론하고 있지는 않지만, 인간의 정체성이 타자와의 관계 설정에서 구성된다는 것을 강조한다는 점에서, 이 논문에서 진행해 온 철학적 기반을 현실 정치에 접목하는 데 좋은 가교 역할을 해준다.

우선 도오루의 입장을 살펴보자. 도오루는 소통민주주의에 대해 비판하면서 정치 주체가 일상의 친밀성에 의해 구성된다고 주장한다(도오루, 2015). 보통 사람들이 정치에 대한 가치관을 형성하는 계기는 애착 관계를 가진 사람(부모 혹은 친구)과의 교감이다. 이것이 바로 친밀성의 영역이다. 지금까지 정치를 공론장의 영역으로 생각했던 통념을 깨부수고 새로운 영역을 제안하는 셈이다. 그래서 도오루는 건전한 정치 주체를 만들기 위해서는 이성이나 소통의 교육뿐만 아니라, 타인과의 관계를 어떤 형태로 구축하는가에 주목해야 한다고 주장한다. 개인이 정치적 주체로 성장해 가는 과정은 혼자서가 아니라 타인과의 대면 속에서 큰 영향을 받는다.

한편 하이트는 심리학자로서 인간의 사회적 정체성에 대해 의미심장한 주장을 한 바 있다. 필자가 판단하기로는 도오루의 주장이 일면 서술적이고 직관적이라면, 하이트는 도오루의 직관을 서술적으로 예시를 들어가며 발전시킨 셈이다. 일단 하이트는 보수와 같은 정치 성향은 개인의 이성적 판단에 의해서 이루어지기보다 사회적 관계 속에서 자신이 익숙해진 서사(narratives)에 의해 결정되는 것으로 간주한다(하이트, 2014). 나아가 습득된 서사는 자신의 정치적 결정을 특정한 방향으로 결정하며, 이러한 방향은 다른 대안적 서사구조를 받아들이지 못하도록 만든다고 주장한다. 하이트는 정의관과 관련해서 세 가지 유형을 제시한다. 첫째는 플라톤과 칸트의 모델(이성적 모델), 토머스 제퍼슨(Thomas Jefferson)의 모델(감정의 모델), 흄의 모델(이성과 감정의 모델)이다. 하이트는 세 가지 모델 중에서 현실 정치에 가장 잘 부합하는 모델이 흄의 모델이라고 한다. 왜냐하면 플라톤과 칸트의 모델은 대단히 이상적 합리주의에 빠져 있으며, 제퍼슨의 모델은 지나친 감각주의에 빠져 있기 때문이다. 결국 인간의 정체성은 감정을 주된 모티브로 하면서도 이성적 계도가 여전히 작동한다는 것이다.[12] 여기서 하이트는 대단히 충격적인 주장을 펼친다. 미국의 진보 정치가 지나치게 이상주의 모델에 경도되어, 선거 캠페인에서 옳은 정책만을 제시하는 반면, 보수정당에서는 인간의 감정에 기반을 둔 선거 전략을 구사하고 있기 때문에 점차 하층계급이 보수화된다는 점이다.[13]

그런데 필자는 여기서 하이트의 설명 중에서 상대적으로 소홀하게 다루어진 부분을 부각하고 싶다. 아마도 이 부분이 정치 주체의 양성과 관련해 중요한 자원이 될 것이다. 하이트는 자신이 상류 백인층 계급이었음에도 불구하고, 인도의 여행을 통해서 전형적인 백인우월주의를 넘어서는 공동체의식과 신성함의 윤리를 터득하게 된 사례를 설명하고 있다(하이트, 2014: 198~213). 이것을 하이데거나 리쾨르의 용어를 빌려 설명하면, 현존재가 새롭게 개시된 상황이며, 새로운 자체성을 획득한 것이라고 할 수 있겠다. 그런데 어떻게 인도의 체류 경험이 편견을 깨고 새로운 가치관을 획득하게 된 계기가 되었을까? 결국 이러한 질문을 철학적으로 서술하자면, 타자와 마주해 새로운 공감과 배려의 윤리를 터득하게 된 계기를 질문하는 것일 텐데, 하이트는 이 점에

---

12) 이것은 한국 사회에서 유행하는 정치윤리를 비판적으로 검토해 볼 수 있는 좋은 기회가 된다. 롤스를 중심으로 하는 경제정의론이 칸트적 모델이고, 로크를 중심으로 하는 신자유주의적 모델이 공리적 모델이라면, 마르크스를 중심으로 하는 노동자 정치가 계급의식에 기반을 둔 혁명적 모델이라고 할 수 있다. 이렇게 보면 한국 사회에서 작동하는 정치윤리의 모델은 대부분 이성적 모델이다. 이제부터 이성을 배제하지 않으면서 감정의 요인을 포괄하는 새로운 윤리의 모델을 찾아야 한다.

13) 한국 정치가 보수화되는 현상도 이러한 논리로 설명할 수 있을 것이다. 진보의 위축, 젊은 층의 보수화 등을 경제적 위기로 해석하는 것은 여전히 이성중심주의라고 할 수 있다. 인간의 감정이 정치 성향에 미치는 영향을 심각히 고려해야 하며, 정치적 승리를 위해서 진보가 취해야 전략이 무엇인지 심각하게 숙고해야 할 시점이다.

대해서 분명한 설명을 하고 있지 않다. 그저 작은 단서만 있을 뿐이다. 예를 들어 그는 정체성의 형성 기제로서 호의적 대화, 감정에 깊이 와 닿는 소설, 영화 등을 제시하는데, 이것이 자신의 마음을 크게 움직였다고 암시한다.

그렇다면 대화를 많이 나누고 소설책을 열심히 읽게 하면 사람들의 생각이 바뀌고 행동이 합리적이 되는가? 도대체 '합리적'이라는 말은 무엇을 의미하는가?[14] 이를 위해서 필자는 과거에 논의되었던 개혁 주체에 대한 이론을 점검하고, 거기에서 드러나는 허점을 메워가는 방식으로 정치 주체의 합리성을 탐구해 보려고 한다. 이러한 선택이 본 논문이 지금까지 진행해 왔던 철학적 담론을 이어가고, 궁극적으로 '한국 사회'에서 정치윤리의 문제를 해결하는 최선의 방법이라고 생각한다. 같은 맥락에서 한상진은 필자가 의존하기 가장 적절한 학자다. 한상진은 1990년대 중반에 개혁 주체에 대한 논의를 본격적으로 제기한 바 있다. 그는 1980년대 운동권의 논리였던 민중 주체에 대해 신랄하게 비판한 뒤 1990년대 이후 한국 사회에서 개혁 주체는 중민이 되어야 한다고 주장하면서, 자신의 철학적 근거가 하버마스에 있다고 공언한 바 있다(한상진, 1994). 사회개혁이 중민으로 모여야 한다는 당위성은 기존 변혁론이 양극화론이었기 때문이다. 즉 1980년대 군부독재를 타도하자는 사회개혁 논리가 기층 민중을 중심으로 한 전복 이론이었다면, 한상진은 중민 이론에서 사회개혁 주체는 노동자나 농민보다 차라리 지식인이나 중산층과 같이 건전

---

14) 사실 이처럼 상식적인 질문에 이르면 철학적 담론이나 정치 이론들이 대체로 무기력해지기 마련이다. 더구나 이 논문에서 다루었던 언어적 주체, 감정의 주체 등이 현실 정치를 가로지르는 권력과 모략에 앞에서 어떤 의미를 가질지 필자 스스로도 회의적이다. 그러나 새로운 사회를 갈망하는 국민들의 시위가 한국 사회를 뒤덮고 있는 즈음, 한국 사회에서 새로운 정치 주체를 탄생시키고 이들이 개혁의 주체가 되어야 한다는 당위성을 거부할 사람은 없을 것이다. 권력 앞에 무기력한 주체(허무적 주체)-권력을 이겨내는 주체(능동적 주체)라는 양극단의 중간에서 활동하는 합리적인 정치 주체의 모습을 상정할 수 있을 것이고, 이것이 어떻게 가능한가를 이론적인 수준에서 점검해 볼 수는 있겠다. 이것이 본 논문에서 필자가 해결하고자 하는 과제다.

한 사회개혁 의지를 지닌 시민들이라고 간주했다. 그리고 이들이 사회개혁의 중심에서 인습적 가치(권위의식, 부정부패, 노동의 인간화 등)를 깨고 시민사회 내부에 공론장을 형성해 서로 토론하고 비판하는 가운데 사회제도의 내부에서 개혁이 성취될 것이라고 전망했다. 그런데 한상진에 따르면 중민이 형성되는 계기는 바로 지식과 언술 구조다. 지식으로부터 유래하는 해석과 소통 능력이 인습적 가치를 넘어서 새로운 사회를 지향하는 근원이라고 말한다(김종엽, 2015: 117).

필자는 이러한 한상진의 주장이 상당 부분 타당하며, 현재에도 한국 사회에서 매우 유용한 정치윤리의 지평을 제안하는 것으로 평가한다. 그러나 중민 이론은 전제에서부터 큰 오류가 있다는 점을 지적하지 않을 수 없다. 첫째, 중민 이론의 기반을 제공한 하버마스의 철학과 실천 전략으로 제시된 지식 기반이 수정되어야 한다고 생각한다. 왜냐하면 하버마스의 철학이나 지식 기반의 담론 구조는 철저하게 이성 중심의 철학에서 시작된 변혁 논리이기 때문이다. 우리는 이 논문 전체에서 바로 그와 같은 이성중심주의와 정면으로 대결하며 새로운 주체의 철학을 탐구해 왔고, 그로부터 사회변혁을 이끌어갈 정치주체의 새로운 모습을 이 자리에서 찾는 중이다. 둘째, 한상진의 논리는 정치주체를 실체로서 파악하는 한계를 갖는다. 다시 말해 정치 주체를 계급과 계층론에서 찾고 있어서, 정치 주체의 정체성이 변화하고, 타자와 마주하는 성격을 제대로 설명하지 못한다. 이 글에서 살펴본 것처럼, 하이데거·리쾨르의 존재해석학적 주체부터 도오루·하이트의 타자 관계적 주체에 이르기까지 일관되게 흘러오는 한 가지 맹점은 인간의 정체성이 변화한다는 것이었다. 또 변화를 유도하는 요인은 지식이라는 하나의 원인이라기보다 이야기 정체성이라는 무형의 관계였다. 따라서 우리는 이 자리에서 변화/정체성/무형의 실체라는 세 가지 요인을 망각하지 않으면서, 새로운 정치 주체를 성립시키는 원동력을 찾아야만 한다.

나는 이러한 비판을 근거로 한발 앞으로 나아가기 위해서 이제 '의미 발견

그림 1-3 의미 발견 모델

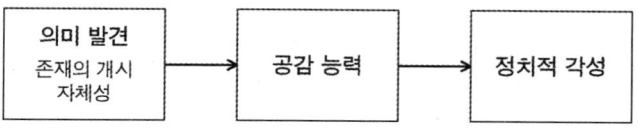

의 모델'을 제시하고자 한다. 정체성의 변화와 타자성을 겸비한 개혁 주체는 의미 발견이라는 모델 속에서 발견되고, 그 안에서 성숙될 수 있다는 뜻이다. 이로써 중민 이론의 이성중심주의를 포기하지 않으면서 감정의 요인을 포섭하는 새로운 이론 틀을 만들 수 있게 될 것이다. 한편, 필자는 이러한 의미 발견의 모델을 구축하며 독일의 사회심리학자이자 상담심리학자인 프랑클의 저작에서 많은 영감을 받았다는 사실을 분명히 밝힌다. 하이데거의 철학에서 큰 영향을 받은 프랑클은 인간의 존재가 세 가지 의지에 기반을 둔다고 주장한다. 즉 자유의지, 의미를 찾으려는 의지, 삶의 의지다(프랑클, 2005: 34). 그래서 인간은 주어진 상황에서 일정한 정신적·육체적 태도를 취하게 되는데, 이러한 태도가 바로 새로운 정체성의 문을 열게 하는 촉발제다. 그리고 이것을 두고 순수 지성이나 생물학적 차원, 심리적 차원과는 구분되는 의미에서 '인간학적(noological)'이라고 표현한다(프랑클, 2005: 37).[15] 이러한 세 가지 의지에 기반을 둔 인간은 어떤 조건에서도 자신의 경험을 통해서 인생의 의미를

---

15) 프랑클은 계속해서 말하기를 "사람은 자신을 반성할 때마다 혹은 필요에 따라 자신을 거부할 때마다 인간학적 차원을 통과한다. 자기 자신을 하나의 대상으로 들어가거나 이의를 제기할 때마다, 자신에 대해 의식하고 있다는 것을 보여주거나 의식이 깨어 있다는 것을 보여줄 때마다 인간학적 차원을 통과하게 된다"(프랑클, 2005: 37~38). 하이데거 존재론의 영향이 강하게 풍기는 주장들이다. 결국 '인간학적'이란 하이데거 이론에서 현존재의 개시에 해당한다고 볼 수 있지 않을까? 또 반성을 통해 일상의 자아에게게 새로운 차원의 의식으로 깨어간다는 주장은, 동일성에서 자기성으로의 변화를 표현한 리쾨르 주체해석학과 유사한 것이라고 볼 수 있지 않을까?

찾는 순간이 인간 본질과 관련되어 있다는 점을 확신하게 된다. 그리고 이러한 의미 발견의 순간이 바로 자기가 누구인가를 깨닫는 순간이라고 말한다(프랑크, 2006: 181). 한편 인간으로 존재한다는 것은 다른 어떤 것을 지향하는 것이다. 이것을 타자성이라고 부를 수 있다. 타자성이란, 바로 인간 행위가 겨냥하는 의도 대상으로서의 타자성이다(프랑클, 2005: 83). 물론 의미 발견은 사람마다, 시간마다 다르다. 따라서 하나로 규정할 수 없지만 큰 범위를 설정해 볼 수는 있다. 첫째는 창조하는 경험, 둘째는 어떤 사람과의 만남, 셋째는 시련을 극복하는 과정이다(프랑클, 2012: 184). 이것을 각각 창조 가치, 체험 가치, 태도 가치라고 분류할 수 있다(정인석, 2013: 122). 이처럼 각각의 범주에서 인간이 스스로 자신의 의미를 발견하고 자신이 누구인지, 타자성과 관계 설정이 무엇인지 등을 알아가는 데 도움을 주는 것이 바로 로고테라피라고 한다. 그리고 이러한 심리치료는 교육학에도 그대로 적용될 수 있다고 말한다.

심리치료가 실의에 빠진 개인을 치유하고 새로운 삶의 희망을 얻게 하듯이, 정치교육이 사회 안에서 분열된 자아로서 살아가는 개인들에게 새로운 정치적 각성과 행동을 유인할 수 있을 것이다. 예를 들어 의미 발견을 추구하는 개인의 정신 건강이 다른 사람에 비해서 더 양호하다는 연구 결과가 있는 것처럼(박선영, 2013), 일상의 의미 발견을 추구하는 사람이 다른 사람보다도 타인과의 공감 능력이 더 높고, 이것이 정치적 각성이나 실천 능력으로 확산되는 경향이 있는 것으로 유추해 볼 수 있다.

4. 나가며

그렇다면 심리치료 연구에서 시작된 부분을 정치치료에 응용하는 것이 가능할까? 결국 이 부분은 철학적 담론이나 규범적 추론을 넘어서는 차원이다. 우리의 철학적 담론이 현실에서 실천력을 가지기 위해서는 반드시 의미 발견 모델에 근거해 사람들의 정체성이 변화되는 과정을 경험적인 방법으로 조사해야만 할 것이다. 예를 들어 사람마다, 세대마다, 계급마다, 의미 발견을 추구하려는 성향이 어디서 유래하는지, 그것이 어떻게 공감 능력에 영향을 주는지를 세분하고 조사를 해야 한다.[16] 물론 이러한 경험 조사를 이 논문에서 진행할 수 는 없다. 그러나 이러한 경험 조사를 근거로, 마치 심리치료의 처방이 사람마다, 세대마다, 계급마다 달라지듯이, 정치적 치료 역시 세대마다, 계급마다 달리 처방되어야 한다는 점이 분명해질 것이다.

또 이것이 교육활동에 적용될 수 있을 것이다. 하이데거 철학에 기대어 보면 교육의 본질적 기능은 자신의 내면에 잠재된 가능성을 드러내도록 도와주는 행위이다.[17] 또 타자와의 관계에서 자신의 존재 의미를 찾아가도록 일깨워 주는 행위이다. 이러한 맥락에서 존재의 공존과 타인에 대한 배려를 깨우치는 교육이야말로 새로운 정치 주체를 탄생시키는 길이다. 이러한 교육은 전통적인 의미에서 학습(learning)을 넘어선다. 이것은 물론 콜버그가 생각했던 학습과도 다르다. 오늘날 대학에서 진행 중인 교육은 정보와 기술 전달에 집중되어 있어, 이러한 방식으로는 존재의 깨달음에 도움을 줄 수 없다. 정보화 사회 속 기능주의 교육에 매몰된 한국 사회에서 존재와 공속하는 교육의 기능을 고민하는 것은 비단 교육 현장의 문제를 넘어서, 정치 주체의 새로운 모습을 정립하는 데도 대단히 중요한 과제다. 이미 미국 정치사회학자들의 선례에서 보이듯이(Bella, 1985; 1992; 2017), 종교나 가족 그리고 인간관계의

---

16) 한국에서의 자아정체성의 연구는 대체로 소비문화(함인회 외, 2001; 남은영, 2011)와 관련되거나 인터넷 환경과 연결된 경우(이순형, 2010)가 많다. 필자의 판단으로 이러한 경험 조사는 결국 계급과 계층 연구의 범위를 벗어나지 못한다. 의미 발견의 모델에서 제시하는 정체성 변화는 하이데거의 존재의 개시, 혹은 리쾨르의 이야기 정체성과 관련된 것이다. 즉 내면적인 것, 존재 경험의 변화, 타자성을 염두에 두고 설문조사를 해야 한다.

17) 하이데거 철학과 교육의 상관관계에 대해서는 엄태동(2016) 참고.

붕괴에서 유래하는 개인의 자아분열을 치유하는 방식으로, 좋은 사회(good society)를 이루어간다는 정치적 프로그램은 이미 국가정책 수준에서 진행되고 있다. 따라서 한국에서도 교육과 정치의 상관관계를 새로운 시각에서 바라보고, 건전한 시민(정치 주체)을 양성하는 일에 정책적 고려가 집중되어야 할 것이다. 이것을 바탕으로 새로운 사회통합이 가능하게 될 것이기 때문이다.

참고문헌

권순홍. 2008. 『유식불교의 거울로 본 하이데거』. 도서출판 길.

김선하. 2007. 『리쾨르의 주체와 이야기』. 한국학술정보.

김종엽. 2015. 「한상진의 중민이론과 도덕발달」. ≪사회와 이론≫, 제27호.

김진. 2004. 『하이데거와 불교』. 울산대학교 출판부.

남은영. 2011. 『한국사회의 변동과 중산층의 소비문화』. 나남출판사.

리쾨르, 폴(Paul Ricoeur). 1999. 『시간과 이야기 1(Temps et Recit I)』. 김한식·이경래 옮김. 문학과지성사.

_____. 2001. 『해석의 갈등(Les conflit des interpretations: Essais d'herméneutique)』. 양명수 옮김. 아카넷.

_____. 2002. 『텍스트에서 행동으로(Du texts A l'action)』. 박병수·남기영 옮김. 아카넷.

_____. 2004. 『시간과 이야기 3(Temps et Recit III)』. 김한식 옮김. 문학과지성사.

_____. 2006. 『타자로서의 자기 자신(Soi-Meme Comme un Autre)』. 김웅권 옮김. 동문선.

박서연. 2013. 「삶의 의미와 심리적 건강의 관계: 다차원적 삶의 의미척도와 의미감 증진 프로그램 개발」. 서울대학교 상담심리학 박사논문.

_____. 2013. 『하이데거의 '존재와 시간' 읽기』. 세창미디어.

_____. 2015. 「하이데거의 언어 사유와 역사 개념의 관계에 대한 연구」. 서울대학교 철학 박사논문.

박서연. 2015. 『하이데거의 '존재와 시간' 강독』. 그린비1986.

박찬국. 2010. 『원효와 하이데거 비교연구』. 서강대학교 출판부.

배상식. 2007. 『하이데거와 로고스: 하이데거의 언어사상에 대한 해명』. 한국학술정보.

손경원. 2011. 「도덕적 정체성 이론은 탈 콜버그주의인가?」. ≪철학논집≫, 제32집.

송호근. 2011. 「공론장의 역사적 형성과정: 왜 우리는 불통사회인가?」. 한국언론학회 엮음. 『한국
    사회의 소통위기』. 커뮤니케이션북스.

엄태동. 2016. 『하이데거와 교육』. 교육과학사.

요시다 도오루(吉田徹). 2015. 『정치는 감정에 따라 움직인다(感情の政治學)』. 김상운 옮김. 바다
    출판사.

윤성우. 2004. 『폴 리쾨르의 철학』. 철학과현실사.

이기상. 1991. 『하이데거이 실존과 언어』. 문예출판사.

이동성. 2011. 「하이데거의 현존재와 언어」. ≪동서언론≫, 제14집.

이순형. 2010. 『한국인의 자아정체 형성과 변화』. 서울대학교 출판부.

정병화. 2015. 「하버마스 소통가능성 테제의 재구성」. ≪한국정치학회보≫, 제49집 4호.

정인석. 2013. 『의미 없는 인생은 없다: 빅토르 프랭클의 의미심리학』. 학지사.

콜버그, 로런스·찰스 레빈·알렉산드라 휴어(Lawrence Kohlberg and Charles Levine, Alexandra
    Hewer). 2000. 『콜버그의 도덕성 발달이론(Moral Stages: A current formulation and a
    response to critics)』. 문용린 옮김. 아카넷.

크리텐든, 폴(Paul Crittenden). 2001. 「콜버그의 도덕발달이론에 대한 덕 윤리학적 비판(Justice,
    Care and Other Virtues: A critique of Kohlberg's theory of moral development)」. 김선
    구·이지헌 옮김. ≪교육연구≫, 제24집.

프랑클, 빅토르(Victor Frankle). 2005. 『삶의 의미를 찾아서(The Will to Meaning: Foundations
    and applications of logotherapy)』. 이시형 옮김. 청아출판사.

_____. 2012. 『빅터 프랭클의 죽음의 수용소에서(Man's Search for Meaning)』. 이시형 옮김. 청아
    출판사.

하버마스, 위르겐(Jürgen Habermas). 1997. 『도덕의식과 소통적 행위(Moralbewusstsein und
    Kommunikatives Handeln)』. 황태연 옮김. 나남출판사.

하이트, 조너선(Jonathan Haidt). 2014. 『바른 마음(The Righteous Mind: Why good people are
    divided by politics and religion)』. 황수민 옮김. 웅진씽크빅.

하이데거, 마르틴(Martin Heidegger). 1998. 『존재와 시간(Sein und Zeit)』. 이기상 옮김. 까치.

_____. 2012. 『언어로의 도상에서(Unterwegs zur Sprache)』. 신상희 옮김. 나남출판사.

한국언론학회 엮음. 2011. 『한국사회의 소통위기』. 커뮤니케이션북스.

한국정치학회 및 한국사회학회. 2007. 『한국사회의 새로운 갈등과 국민통합』. 인간사랑.

한상진. 1994. 「사회개혁과 중민이론」. ≪사상≫, 1994년 가을 호.

_____. 2007. 「탈인습세대의 형성과 분화- 사회변동 주체의 탐색」. ≪사회와 이론≫, 제11호.

함인희·박선웅·이동원. 2001. 『중산층의 정체성과 소비문화』. 집문당.

Bella, Robert. 2017. *Religion in human Evolution: From the paleolithic to the axial age*. Cambridge, MA: Belknap Press.

Bellah, Robert and Steven Tipton, William Sullivan, Richard Matheson, Ann Swidler. 1985. *Habits of the Heart: Individualism and Commitment in American life*. New York, NY: Harper and Row Publisher.

_____. 1992. *The Good Society*. New York, NY: Vintage Books.

제2장

공감 영역과 타자 윤리*

인정과 환대의 사이에서

1. 들어가며

이 글은 타자 윤리에 대한 이론적 논문이다. 한국 정치의 현실에서 타자 문제는 외국인노동자, 다문화가족, 난민, 탈북민 등과 같이 구체적인 정책들을 요구하는 대상이지만, 이 글에서는 타자의 문제를 해석하는 관점으로 탐구하고자 한다. 현실성에 앞서 인식의 깊이를 먼저 강조하는 이유는 타자의 문제를 해결하는 정책들을 두고 다양한 이견이 존재하기에, 이에 대한 깊은 성찰적 자세가 요구되고 있기 때문이다. 따라서 이 글은 이견들의 인식론적 기초를 점검하고, 사고의 장단점을 검토한 후에, 사상적으로 새로운 비전을 제시하는 것을 목표로 한다.

타자의 문제는 그동안 정치사상 영역에서 소홀히 다뤄져 온 것이 사실이다. 『타자의 추방』(한병철, 2016)이라는 주제는 일상에서 나타나는 현대인의 병리적 현상을 지적하는 표현일 뿐만 아니라, 타자가 동일자에 포섭되지 않고 이질적인 것으로 배제되어 왔던 서구 인식론의 완고함을 비판하는 것이라 하겠다. 왜냐하면 칸트 이래로 정의란 늘 동등한 자격을 지닌 시민권을 전제로

---

* 2장은 홍성민, 2019, 「공감영역과 타자윤리: 인정과 환대 사이에서」, ≪프랑스학회≫, 봄호를 기초로 보완·발전시킨 글이다.

한 것이었을 뿐, 나와 다른 이웃을 정의론과 연결 지어 생각해 보지 않았기 때문이다(문성원, 2012: 4장). 그러나 이러한 동일자의 인식론적 아성이 무너지고, 주변적인 것들을 무시할 수 없는 상황에 이른 지금, 현대 정치사상은 타자의 문제에 대해 깊이 있는 성찰을 하지 않을 수 없게 되었다.

그동안 정치사상 분야에서 진행되어 온 타자에 대한 입장은 크게 두 가지로 분류될 수 있다. 첫째는 헤겔의 인정 개념을 계승한 독일학파의 흐름이다. 여기에는 하버마스, 마크 테일러(Mark Taylor), 호네트가 있다. 이 세 사람의 입장은 사안을 두고 조금씩 다르지만, 공통적으로 헤겔에 기반을 둔다는 점에서 한 그룹으로 뭉뚱그려 볼 수 있겠다. 2절에서는 하버마스의 입장을 중심으로 테일러와 호네트의 입장 차이를 정리한 후, 하버마스의 사상이 가지는 의미와 한계를 부각해 볼 것이다. 둘째는 하이데거의 사상을 새롭게 계승한 프랑스 학파의 흐름이다. 여기에는 자크 데리다(Jacques Derrida)와 레비나스가 대표적이다. 이들은 주로 칸트의 주체중심주의에 대한 비판으로 하이데거를 인용하지만, 타자 문제를 수용하는 관점으로서 환대라는 개념을 새롭게 창조했다. 데리다에게 환대란 이성주의적 관점을 넘어서는 비판적 시각이며, 레비나스에게 환대란 타인의 목소리를 경청하는 신학적 자세다. 환대라는 단어 자체가 레비나스가 강조했던 개념이고, 데리다는 이것을 현실 정치 영역에 응용하면서 하버마스의 관점을 비판하고자 했던 철학자이기에, 3절에서는 주로 레비나스의 사상을 중점적으로 살피고자 한다.

그런데 필자는 이 두 가지 흐름이 전적으로 상반된 인식론에 기초해 있으며, 때문에 전혀 다른 정책들을 입안하고 있다고 판단한다. 그리고 현대 민주주의 이론에서 전자는 소통민주주의(공공 영역)를, 후자는 돌봄민주주의(감수성의 영역)를 대표한다. 그렇지만 이 상반된 입장은 각각 인간의 이성 능력과 감성 능력을 일방적으로 강조하는 터라, 현실적으로 양쪽 모두 한계를 가진다. 따라서 필자는 양자의 중간 입장을 제시하려고 하는데, 그 사상적 기원을 메를로퐁티의 상호주관성에서 찾고자 한다. 메를로퐁티의 상호주관성은 육체를 매개로 한 이성과 감성의 조화를 추구하며, 주관과 객관의 종합을 지향하고 있어 하버마스와 레비나스로 대변되는 사상 흐름을 변증법적으로 조화한다.

나아가 메를로퐁티의 사상을 기반으로 한 새로운 민주주의의 모델을 공감민주주의(공감 모델)라고 불러보고자 한다. 현대 정치사상에서 하버마스를 중심으로 한 소통민주주의는 주로 공공 영역에서의 소통 기능을 강조했고, 레비나스에 영향을 받는 돌봄민주주의는 인간의 감수성을 바탕으로 한 배려의 기능을 강조했다면, 이 양자의 사이를 매개할 영역을 두고 필자는 공감 영역이라 명명할 것이다. 그리고 이에 조응하는 새로운 민주주의 모델로서 공감민주주의라는 명칭을 사용하고자 한다. 또한 돌봄-공감-소통은 각각 현대사회에서 필요한 정치 기능에 대한 설명으로서 민주주의 모델의 확장을 촉구하는 것이다. 그런 의미에서 소통의 개념을 확장할 필요가 있겠다. 즉 하버마스의 소통이란 학습 능력을 바탕으로 한 대면적 상황을 의미하며, 레비나스의 소통이란 타자의 고통에 귀 기울이는 감성적 자세를 의미하며, 메를로퐁티의 소통이란 타자와의 상호 엮임을 의미한다. 이 세 가지 소통의 개념은 상호 보완적인 것이다. 따라서 지금까지 민주정치가 지켜야 할 소통의 자세가 하버마스적인 것이었다면, 이제부터는 감성적 소통, 상호적 소통(문화적 소통)으로 개념의 확장이 이루어져야 한다. 마지막으로 확장된 소통 개념을 바탕해 현대정치의 문제들을 해결하기 위해서는 정치교육이 필요한데, 그에 대한 단초를 제안하며 2장을 마무리할 것이다.

2. 인정의 정치: 하버마스

헤겔의 영향 아래서 타자 윤리를 모색하는 세 명의 학자를 꼽는다면 하버마스, 테일러, 호네트가 대표적이다. 이들 중에서 하버마스가 인정투쟁을 현대적으로 계승한 전형적인 사례라고 할 수 있을 것이며, 그의 사상을 소통 모델이라고 부를 수 있겠다. 여기서는 하버마스의 사상을 집중적으로 살펴보면서 테일러와 호네트의 입장 차이를 비교·검토하고자 한다.

우선 문화다원주의에 대한 테일러의 입장과 그에 대한 하버마스의 비판을 살펴보자. 테일러는 다문화주의 필요성을 설명하기 위해서 정체성의 형성 기제를 강조한다. 그에 따르면 정체성은 타인들과의 대화 관계에 의해서 형성된다. 과거의 계급사회에서는 신분과 존엄성이 강조되었고 이것이 정체성의 밑바탕이 되었다고 한다면, 현대사회에서는 인간의 정체성의 근거가 계급이나 신분라고 할 수 없으며, 나아가 개인의 독백 속에서 내가 누구인지를 찾아낼 수도 없다(테일러, 1996: 5장). 그런데 이처럼 타인과의 관계 속에서 정체성 형성을 숙고한 근대 사상가는 루소와 헤겔이다. 특히 테일러는 헤겔의 인정 개념을 현대적으로 발전시켜 인간관계가 자아의 발견과 확립에 매우 중요한 요인이라고 주장한다. 헤겔이 가족, 시민사회, 국가의 차원에서 인정 개념을 발전시켜 온 것처럼 테일러도 개인적인 수준과 사회적 수준에서 인정의 역할이 상이하다는 점을 받아들인다. 즉 개인적 수준에서 인정이 자아 확립과 관련되어 있다면, 사회적 수준에서 인정이란 성별, 종족, 문화의 차이를 받아들이고 인정하면서 자기의 정체성을 계발해 가는 것이다. 이러한 맥락에서 사회적 수준의 인정은 바로 공정성의 원리라고 말한다(테일러, 1996: 70). 그런데 사회적 수준에서 차이를 인정하기 위해서는 신념이나 원칙보다는 보다 넓고 공통적인 문화적 가치가 필요하다. 다시 말해 새로운 가치가 제시되고 그에 대해 사회 구성원의 합의가 있어야 한다는 것이다. 같은 맥락에서 보면 사회적 인정이란 바로 참여민주주의 한 형태라고 할 수 있겠다. 테일러는 이러한 사상을 배경으로 캐나다에서 나타나는 불어권과 영어권의 사회적 갈등을 해결할 언어정책에 대해 제안한다(Taylor, 1994).

테일러의 이러한 입장은 넓은 의미에서 자유주의 전통의 윤리관을 비판하는 것이다. 그는 자유주의 전통을 크게 존엄성의 정치와 차이의 정치로 나눈다. 전자가 보편적인 인권과 가치를 강조했고, 이것이 전형적인 자유주의 전통이다. 그런데 서유럽의 자유주의는 차이의 정치를 상대적으로 무시해 왔으며, 이 때문에 특수성에 대한 가치를 인정하고 수용하는 데 심각한 문제를 만들었다고 진단한다(Taylor, 1994: 41~43).[1] 특히 인간 이성에 바탕을 둔 사회계약론이 사회통합에 실패했을 뿐만 아니라, 개인의 이기주의가 현대사회에서 자아의 상실로 나타나고 있다고 진단한다. 이러한 자아의 실패는 결국 타인의 특수성과 차이를 인정하고 받아들이지 못하는 유럽 정치사상의 한계다. 자아의 원천(Taylor, 1998)은 인간의 이성뿐만 아니라 타자를 포용하는 관대함에서도 찾을 수 있는데, 이러한 문화적 가치가 근대사회에 진입하면서 사회계약론이라는 정치 이론에서는 대부분 사라지고 말았고, 이것이 오늘날 현대사회에서 개인의 진정성 상실과 사회적 분열로 나타나고 있다. 따라서 문화적 특수성을 인정할 수 있는 새로운 형태의 자유주의 전통을 발굴하고 현실화하는 것이 테일러의 정책 대안이다.

이 점에 대해서 하버마스는 다음과 같이 비판한다. 우선 하버마스는 테일러가 개인과 민족들의 차이를 인정하는 다원주의를 문화적 합의로부터 도출하려는 시도를 비판한다. 왜냐하면 문화적 차이에 대한 인정은 사회 구성원의 합의에 기초해 법적인 구속력을 가진 규범성으로 귀착되어야 하기 때문이다. 하버마스가 보기에 테일러가 제시하는 문화적 다원주의 정책은 근거 없는 관용주의로 흘러갈 위험이 있다. 집단 정체성 인정과 문화적 생활 형식의 동등한 권리부여에 대한 요구는 그 성격이 다른 것이기 때문이다(Habermas, 2000a: 239). 더구나 이민족에 대한 권리부여라는 문제는 이미 국내정치에서 여성이나 성소수자에게 어떠한 권리를 부여할 것인가라는 문제와 동일한 선상에서 생각할 수 있기 때문에, 전통적인 자유주의 정치 틀 안에서 충분히 해결해 갈 수 있다. 하버마스의 관점에서 보면 테일러의 집단 정체성에 대한 제

---

[1] 이러한 존엄성의 정치와 차이의 정치를 하버마스는 자유주의 1과 자유주의 2로 이름 붙이고 테일러의 사상을 비판한다(하버마스, 2000b: 8장).

안은 주관적 자유와 필연적으로 충돌하게 되는데, 테일러는 이 문제를 해결하기 위해서 개인의 권리와 자유 중에서 어떤 것을 선택할 것인가 하는 방법론으로 풀려고 한다. 하버마스는 이 점을 비판하는 것이다.

그렇다면 하버마스는 이 문제를 어떻게 풀어가는가? 하버마스는 사적 자율권과 공적 자율성을 동시에 보장하는 방법을 찾는 것이 관건이며, 이를 위해서는 절차적인 법의 성립 과정을 반드시 이해해야 한다고 강조한다(Habermas, 2000a: 245). 법을 통해서 권리와 이해관계를 결정하는 것은 특정한 생활양식에 대한 공동체 구성원의 합의에 근거하는 것인 만큼, 의사소통 구조의 기능을 갖는 공론장을 통해 사적 자율성과 공적 자율성 혹은 개인의 권리와 충돌하는 타자의 평등을 조정해야만 하는 것이다(Habermas, 2000a: 257).

이러한 하버마스의 사상은 헤겔의 인정 개념을 수용하는 차원에서도 다르게 나타난다. 테일러가 헤겔의 인정 개념에서 선취한 것은 의미의 지평이었다. 즉 사회 구성원이 함께 공유할 수 있는 의미를 통해 타자의 다름을 인정할 수 있다는 것이었다. 반면 하버마스는 헤겔의 초기 사상에 주목해 언어의 사회적 조정력을 강조한다(하버마스, 1982). 하버마스의 말에 따르면 후기 저작인『정신현상학(Phänomenologie des Geistes)』보다는 초기 저작에 해당하는 예나 시기 헤겔의 저작이 인정 개념의 고유한 사상을 탐색하기에 더 좋은 자료이며, 여기에 주목한다면 헤겔의 인정 개념은 사랑, 소유, 국가라는 세 가지 차원으로 나누어질 수 있다. 여기서 하버마스는 각각의 수준에서 작동하는 언어 기능에 착목한다. 즉 가족관계에서의 사랑, 시민사회에서의 소유권, 법적 제재 수단으로서 국가로 발전해 가는 헤겔의 변증법 과정에서 언어를 통한 상호 의사소통이야말로 타자 앞에서 나의 정체성을 확립하고, 사회적 갈등을 해소하는 유일한 수단이라고 말한다. 그 이후 하버마스는 의사소통 행위론을 통해 언어로써 사회적 조정 능력이 이해-논증-합의라는 형태로 발전해 가는 화용 모델을 완성했다. 필자가 판단하기에 이 대목에서부터 하버마스가 헤겔보다는 칸트의 사상에 더욱 경도되는 것으로 보인다.

따라서 이질성을 포용하는 문제(하버마스, 2000b)는 문화적 가치로 해결되기보다는 대화 당사자 간의 언어적 이해-논증-합의 과정을 거쳐야 하며, 사회적 연대가 형성되기 위해서는 반드시 타당성에 대한 검증이 필요하다. 이러한 과정을 거치고 난 후에 타자에 대한 권리는 법적 규범성을 강제할 수 있게 된다(하버마스, 2000a). 타자의 권리를 인정함에서 타당성이 중요한 이유는 이것이 상호 간에 반성적인 행위를 가능하게 만드는 근거이기 때문이다. 반성이란 타자에 대한 이해를 넘어서 타당성 주장을 교환하는 수행적 성격을 갖게 된다(임금희, 2015: 123~155). 예를 들어 하버마스는 루소의 일반의사(volonté générale) 개념을 비판하는데, 그 이유는 좋은 삶을 지향하는 시민들의 태도가 다양한 이해관계를 가지고 있는 개별자들의 의지와 어떻게 매개되는지 알 수 없기 때문이다. 이 논리를 테일러의 문화다원주의에 대한 비판으로 확장할 수 있을 것 같다. 예를 들어 타자의 특수성을 인정하는 것이 일종의 일반의사라고 할 때, 테일러는 문화적 가치를 수용하는 것에서 멈추었다고 한다면, 하버마스는 문화적 가치를 수용한 후 모두에게 동등한 이익이 무엇인지를 반드시 검증해야 한다고 한발 더 나간 것이라 해석할 수 있겠다. 루소의 일반의사 안에서는 법적 내용과 규범성이 이미 확보된 것으로 전제했지만, 하버마스는 규범성의 내용을 결정하는 것은 오직 화용론적 조건에서만 가능하다고 본다(하버마스, 2000a: 142~143).

이렇게 두고 보면 하버마스의 사상 속에서 타자를 인정하는 것은 타자의 권리를 인정하는 것이다. 왜냐하면 타자의 인정은 반드시 법적 규범성과 강제성을 확보해야만 하기 때문이다. 문화적 차이를 인정하지만 법적 권리를 보호할 수 없다면 타자의 인정이 정치적으로 아무런 효율성이 없는 것이다. 더구나 타자의 권리 인정이 기존의 공동체에 속한 개인들의 권리를 침해하게 될 때, 여기에 대한 타당성 검증이 필요한 것은 너무도 당연하다. 이러한 맥락에서 테일러의 인정은 문화적 주체 혹은 도덕적 주체의 인정에 머물러 있다. 반면 하버마스의 인정은 권리의 주체 혹은 법적인 주체의 인정이다. 이런 점에서 그는 여전히 사회계약론의 바탕이라고 할 수 있는 자유주의 사상을 버리지 않는다. 하버마스의 진단에 따르면 현재 전개되고 있는 세계적인 테러와 폭력은 "왜곡된 의사소통으로서의 폭력"이며 이것은 계몽의 기획이 아직도 실현되지 못했기 때문에 나타나는 현상이다. 따라서 폭력의 악순환은 의사소통의 능력을 통해서 해결가능하다고 주장한다(김진, 2013: 123~156). 여기서 한발 나아가 칸트의 『영구평화론(Zum ewigen Frieden)』 주제를 변용해 "세계정부 없는 세계 내정(Weltinnenpolitik ohne Weltregierung)"이라는 개념을 제시한다(Habermas, 2000b: 7장). 이것은 국민국가의 경계를 넘어 지구적 차원에서 헌법의 권리가 통용되는 초국가를 건설하자는 것이다. 그리고 이러한 방법을 통해서만 타자의 인권이 인정되고 권리가 보장될 수 있다고 주장한다.

그런데 하버마스의 입장을 우리는 어떻게 평가할 수 있을까? 여기서 호네트의 사상을 통해 하버마스의 입장을 비판해 보도록 하겠다. 호네트는 프랑크푸르트 학파의 3세대 학자며, 하버마스의 후계자임을 자타가 공인하는 학자다. 그는 하버마스의 이성중심주의에 대해 일정한 거리를 유지하면서 인정 개념을 새로운 방식으로 계승한다. 호네트는 헤겔의 인정과 인륜성 개념을 조지 허버트 미드(George Herbert Mead)의 사회심리학 기반으로 재해석해 현대사회에 새롭게 접목시킨다(호네트, 1996). 우선 헤겔의 가족관계에서 시작된 원초적 인정(사랑)을 어머니와 아이의 보살핌의 관계에서 파악한다. 여기서는 도널드 위니컷(Donald Winnicott)의 아동심리학을 설명하면서, 어머니와 아이가 절대적인 사랑의 관계에서 상대적 사랑의 관계로 발전하는 계기에는 아이 스스로가 자신을 인정하는 자기 존중의 과정이 개입한다고 설명한다. 이러한 자기 존중은 사회적 관계에서 타자의 존재를 인정하는 능력과 밀접하게 연결된다. 즉, 아이가 어머니로부터 분리될 수 있는 이유는 아이가 어머니에 대해 신뢰할 수 있는 능력이 생겨나기 때문인데, 이것은 가족관계에서 처음으로 발생하는 상호주관성의 성립이라고 말할 수 있다(호네트, 1996: 183). 이러한 능력은 공동체 안에서 타자의 존재를 인정하는 과정에서 그대로 나타난다. 즉 자신에 대한 존중은 타자의 가치를 인정하고 신뢰하도록 만든다는 것이다. 물론 여기서 권리와 의무의 내용에 대해 타자와 논쟁하거나 투쟁할 수 있을 것이다. 그러나 이 같은 충돌은 사회규범에 대한 공통의 지식을 통해 해결될 수 있다는 것이 호네트의 입장이다(호네트, 1996: 191). 같은 맥락에서 보면 호네트는 언어를 통한 의미의 지평을 강조했던 테일러에게 좀 더 가까이 있는 것으로 보인다.

결정적으로 하버마스와 입장 차이를 보이는 대목은 인정의 과정 안에는 인지적 차원을 넘어서 감정적인 차원이 있음을 강조하는 부문이다.[2] 호네트는 하버마스가 역할 수용 모델에 집착해 인정의 과정에서 권리의 내용만을 강조했다고 비판한다(호네트, 2008: 191). 적어도 호네트의 눈에 하버마스의 모델은 비용과 이익(cost-benefit)의 논리에 매몰된 것으로 보인 모양이다. 그래서 호네트는 타인의 처지를 정서적으로 헤아릴 수 있는 능력이 필요하며, 이러한 정서적 결속이 도덕 담론 형성에도 큰 영향을 준다고 강조한다. 인정과 관련된 사회적 가치와 기준은 보편적 원칙에 의해서 성립되는 것이 아니라, 역사적 추이에 따라 달라지기 마련이다. 시간변화에 따라 공동체가 어떤 가치 기준으로 타자의 권리 내용을 수용하는가의 문제가 결정된다. 또 이것은 사회 심리적 차원에서 보면 자기 존중이라는 감정적 기초가 사회적 수준으로 확장된 결과에도 영향을 받기 마련이다. 호네트는 헤겔의 인륜성 개념이 미드가

---

2) 하버마스가 이성에 근거하는 도덕규범을 추구하면서 감정의 요인을 배제하는 이유를 아래서 잠시 인용해 보자. "우리는 행위와 의도를 '좋다' 또는 '나쁘다'로 판단하는 한편, 덕성의 종류는 행위 하는 인물의 품성에 귀속시킨다. 도덕적 판단이 근거 있게 입증될 수 있다는 주장은 이 도덕적 감정과 평가 속에서도 의도치 않게 드러난다. 이 감정과 평가는 합리적으로 소추 가능한 의무와 얽혀 있는 점에서 다른 감정이나 평가와 구별된다. 우리는 이 표현들을 단순한 주관적 느낌과 선호의 표현으로 여기지 않는다. …… 감정이든 이익 상황이든 오직 합리적 동기만이 객관적으로 논증된 입장 표명과 판단으로 표현될 뿐인데, 이 판단 논증에서 추정되는 객관성은 어디까지나 그릇될 추정이기 때문이다"(Habermas, 2000b: 23~24).

말한 민주적 분업과 비교될 만하다고 설명하는데(호네트, 1996: 209), 이 말의 의미는 공동체가 요구하는 규범성의 수준이란 민주화 수준에 따라 결정되는 점을 시사한 것이라고 필자는 생각한다.

물론 하버마스가 강조한 규범을 무시하자는 것은 아니다. 호네트도 인정 개념 안에서 소득분배를 둘러싼 경제적 투쟁 관계가 있음을 수긍한다(호네트, 1996: 217). 그러나 이러한 권리 내용을 두고 전개되는 사회적 충돌도 궁극적으로 국가 수준에서 포용하는 연대의 감정으로 승화되어야 한다. 왜냐하면 경제적 부담과 분배형태를 결정하는 단계에서도 개인의 권리 주장뿐만 아니라 타인의 업적과 가치를 인정하는 과정이 필요한데, 이러한 인정이야말로 새로운 가치관과 감정이입이 생겨나지 않고는 가능하지 않기 때문이다. 그래서 그는 헤겔의 인정 개념을 세 가지 차원으로 분류한다(호네트, 1996: 220). 첫째는 정서적 배려, 둘째는 인지적 존중, 셋째는 사회적 가치 부여다. 그리고 각 단계의 인정 형태가 달라진다. 첫째가 원초적 사랑과 우정, 둘째가 권리관계, 셋째가 가치공동체(연대)다. 필자가 호네트의 분류에 근거해 하버마스의 사상을 자리매김한다면 아마도 두 번째가 되겠다. 따라서 하버마스를 호네트의 입장에서 비판한다면 다음과 같다.

첫째, 하버마스는 보편적인 권리주장을 타자 인정의 중요한 목표로 설정하는데, 이것이 가능하기 위해서는 의사소통과정에 나와 타자가 동등한 권리와 참여 자격을 보유해야 한다. 그런데 과연 이것이 가능할까? 오늘날 타자란 여성, 이주노동자, 난민 등과 같이 소수자이며 이들은 사회적 약자에 속하는 경우가 대부분인데, 이들이 과연 동등한 참여 능력과 자격을 가지고 이상적 의사소통과정에 개입할 수 있을까? 필자의 입장은 대단히 부정적이다.

둘째, 타자의 권리주장에 대해 보편적인 타당성을 검증하자는 주장은 자유주의 전통에서 칸트 윤리학이 갖는 한계를 그대로 가지고 있다. 다시 말해 옳음의 주장이 보편적인 타당성에 핵심이라고 한다면, 좋은 삶에 대한 주장은 이러한 타당성 검증 과정에 개입할 여지가 없기 때문이다. 그런데 타자의 인정과 포용이라는 문제는 옳은 삶과 더불어 좋은 삶이 무엇인가를 결정하는 것이기에 하버마스식의 사실성과 타당성의 주장은 매우 위험스러운 독백으로 끝날 위험이 있다. 즉 현실 맥락을 놓칠 가능성이 있다.

한편, 호네트는 『정의의 타자(Das Andere der Gerechtigkeit)』라는 글에서 하버마스를 비판하는 도중에 데리다의 논문 「우정의 정치(Politiques de l'amitié)」를 인용하면서 탈근대 이후에 새로운 정의 개념을 정립하기 위해서는 정서적 요인을 포섭해야 한다고 강조한다(호네트, 2008: 169~240). 그렇다면 데리다가 하버마스를 비판하는 내용은 무엇인가? 데리다는 하버마스의 의사소통적 인정 이론을 관용이라는 근대적 개념에 매몰된 것으로 본다. 즉 계몽주의와 국민국가의 전통에 서 있는 것이 하버마스의 이론적 토대인데, 여기서 타자를 인정하는 것은 결국 나의 권리가 침해되지 않은 범위 내에서 타자를 수용한다는 일종의 관용의 태도다. 이것은 결국 강자의 논리이며, 약자에게 베푸는 시혜에 불과하다는 것이다. 다시 말해 관용은 종교적 뿌리를 가지고 있는 담론이며, 은전을 베푸는 것과 같은 양보에 불과하다. 이것은 권력을 쥔 편에서 흔히 사용하는 수사다(Giovanna, 2003; 김광기, 2012: 150에서 재인용). 다시 말해 일정한 선을 정해놓고 그 이상은 넘어오지 말라는 자기 방어와 다름없다.

데리다는 타자를 인정하는 것은 순수하고 무조건적인 환대여야 한다고 말한다(데리다, 2004). 그렇다면 환대란 무엇일까? 이 개념을 알기 위해서는 데리다보다 레비나스를 살펴보는 것이 더욱 유용해 보인다. 왜냐하면 환대 개념을 처음 사용한 철학자는 레비나스이며, 데리다는 레바나스의 철학에 일종의 주석을 다는 수준에서 환대 개념을 사용하기 때문이다(데리다, 2004 참조).

3. 환대의 정치: 레비나스

환대의 정치적 의미에 대해서 알아보기 위해서 레비나스 사상을 조명해 보도록 하자. 그동안 레비나스는 주체철학의 한계를 극복하고 타자 철학의 기초를 놓은 사상가 정도로 알려져 왔고(윤대선, 2013; 강영안, 2015; 서동욱, 2017), 서양의 유대교 전통을 철학의 지평으로 끌어들인 사상가(박원빈, 2011)로 다루어져 왔다. 그런데 최근에는 레비나스의 환대 개념을 사회적 약자나 이주민 문제, 그리고 북한 탈주민 문제를 해결하는 데 응용하려는 시도들(김범춘, 2015: 161~191; 채석진, 2017: 5~44; 한준성·최진우, 2018: 5~41; 김성경, 2018: 43~74)이 있기도 하다. 이러한 흐름은 레비나스의 사상을 구체적인 현실 문제를 해결하는 데 적극적으로 활용하려는 것인 만큼, 환대라는 개념의 현실 적용성에 대해서 논할 시기가 되었다고 필자는 판단한다. 그래서 일단 레비나스 사상의 핵심 개념을 시기별로 이해하고, 한계와 비판점을 살펴본 후 그 대안을 모색해 보도록 하겠다.

레비나스의 사상은 크게 보아 세 가지 수준으로 나뉠 수 있는데[3], 각 시기의 사상적 특징을 간략하게 요약하고 그 한계점을 살펴보기로 하자. 초기 사상의 대표작은 『시간과 타자(Le Temps et L'Autre)』다. 여기서 레비나스는 인간의 주체성은 타자성에 의해 정립된다고 주장한다(레비나스, 2004). 이것은 칸트 이래로 지속되어 온 주체철학에 대한 비판이다. 의식, 명증성, 표상으로 성립되어 온 주체중심철학은 타자를 동일자의 범위 안에서만 인정해 왔는데, 이것은 타자에 대한 인식론적 폭력이다. 왜냐하면 주체가 설정한 범위에 벗어나는 것은 타자로서 인정될 수 없었기 때문이다. 따라서 레비나스는 타자에 대한 '공감', '에로스', '애무'를 강조한다. 그리고는 역설적으로 주체는 타자성의 존재로 인해서 비로소 성립한다고 말한다. 여기서 우리는 레비나스가 새로운 형태의 주체 형성 과정을 염두에 두고 있음을 짐작할 수 있다. 즉 의식에 대립하는 감성, 명증성에 대립하는 에로스 그리고 표상(지식)에 대립하는 애무(육체)의 대비를 통해서 레비나스가 제안하는 주체의 구성 요소를 알

---

3) 레비나스 사상의 시기별 특징에 대해서는 강영안(2015)의 연구가 좋은 참고서이다.

게 된다. 이것은 이른바 여성성의 주체라고 부를 수 있을 것이다. 실제로 레비나스의 사상은 최근 페미니즘의 이론에 깊숙이 접목되고 있다(김혜령, 2017).

나아가 사회성에 대해서도 새로운 비전을 제시한다. 그동안 우리가 익숙한 사회성이란 나-우리의 관계였다. 즉 '나'와 '우리' 사이의 다른 타자인 제3자를 매개로 한 집단성을 전제하는 것인데, 여기에는 일정한 공통성이 바탕이 된다. 이로 인해 집단은 '나란히(côte á côte)'의 집단성을 갖게 되고(레비나스, 2004: 117), 이것은 결국 사회적 약자나 소수자를 배척하게 된다. 이와 대비해 레비나스는 나-너(moi-toi)의 관계로 형성되는 집단성을 제시한다. 이러한 집단성은 매개자나 공통성 없이 직접적인 대면 관계로 형성되는 사회적 관계다. 이를 통해서 이방인, 여자, 과부, 어린아이와 같은 타자들을 수용하고 환대하는 철학적 기초가 만들어진다.

레비나스 사상의 중기를 대표하는 저작은 『전체성과 무한(Totalite et Infini)』이다. 이 책에서는 초반부에 사회계약론의 문제점을 지적하고, 이어서 자유주의 정치 이론을 비판한다(Levinas, 1971). 예를 들어 홉스식 사회계약론은 무력을 통한 상호 균형을 사회성의 기반으로 생각하는데, 이러한 힘의 균형은 상대를 적으로 규정한 상태에서 이루어진 만큼 불안정한 균형에 불과하다. 따라서 전쟁은 언제나 재발될 수 있으며 궁극적으로는 상대를 궤멸시켜야만 완전한 평화가 이루어진다. 이러한 계약론의 모델이 자유주의 정치 이론의 기본 전제다. 다시 말해 정치란 상호 간의 이익과 무력의 균형을 통해 이루어지는 교환에 불과하다. 그런데 이러한 상호교환은 상대를 포용하거나 인정하는 것이 아니기 때문에 언제나 불안한 교환일 수밖에 없다.

레비나스는 이러한 정치의 한계를 '전체성(totalité)'이라는 개념으로 요약한다. 전체성이란 내가 인정한 타자의 한계를 의미한다. 즉 타자의 존재는 내가 인정한 범위 안에서만 존재하며, 그 범위를 넘어서면 타자는 궤멸되어야 하는 존재다. 한편 이것은 이성을 바탕으로 한 서양 주체철학의 한계이기도 하다. 이러한 맥락에서 서양의 철학은 전체성을 바탕으로 한 폭력의 철학이다. 나를 중심으로 한 타자는 처음에는 이웃이 될 것이고, 조금 진전된다면 다른 민족이 될 수 있으며, 나아가 이방인이 되었다가, 자연 전체가 타자가 될 것이다. 따라서 세상은 언제나 나와 대비되는 적의 모습으로 나타나고 이것은 정복과 전쟁의 모델로 귀착될 뿐이다. 이것이 바로 자유주의 정치 이론의 한계다. 그렇다면 이러한 인식의 한계를 어떻게 넘어설 수 있을까?

레비나스는 여기서 '무한(infini)'이라는 개념을 제시한다. 전체성이 나의 인식범위에 기초해 성립된 외재성을 의미했다면, 무한이란 나의 인식범위를 넘어서는 대상을 의미한다. 내가 모르는 세상이 존재할 수 있고 그 대상이 나를 포용할 수 있다는 생각이 바로 무한이다. 이러한 관점에서 타자는 무서운 적이 아니라 나의 존재를 확인해 주는 인식의 기초가 된다. 오히려 타자가 있음으로 해서 내가 성립하는 것이다.[4]

그래서 레비나스는 타자라는 말 대신에 얼굴이라는 개념을 사용한다. 여기서 얼굴이란 몇 가지 독특한 의미가 있다. 첫째, 얼굴이란 타자를 인식하는 방법과 관련해 새로운 차원을 말해 준다. 즉 지금까지 타자는 인식과 표상을 통해서 인지되었다면 이제부터 감수성(sensibilité)을 통해서 타자를 받아들여야 한다는 것이다(Levinas, 1971: 203). 이것은 『시간과 타자』에서 이미 논의가 되었던 주제이지만, 『전체성과 무한』에서는 주체철학의 근거를 다시 검토하면서 새로운 인식의 바탕을 제시한다. 대표적인 비판의 대상이 칸트이며, 새

---

4) 우치다 다쓰루(內田樹)는 오디세이 신화를 이러한 전체성 철학의 대표적인 사례로 든다. 즉 세계를 방황하던 율리시스가 낯선 이방인을 만나는 과정에서 타자를 적으로 간주하고 정복하는 것이 바로 서양철학의 폭력성이라는 것이다. 반면 레비나스의 철학은 성경에 등장하는 아브라함의 태도로 대표된다. 즉 자신의 아들을 재물로 바치라는 하느님의 명령에 순종하는 아브라함의 행동이야말로 타자를 있는 그대로 수용하는 환대의 태도라는 것이다. 다쓰루는 다음과 같이 말한다. "신의 부름은 나를 곧바로 다른 사람에게로 향하게 한다. 신의 소리를 듣는다는 것은 신비주의자가 생각하는 그런 법열적·환각적 경험이 아니다. 그것은 나를 인간의 세계에, 나 이외의 누구에 의해서도 대체할 수 없는 자로서, 구체적으로 위치 짓는다"(우치다, 2013: 141).

로운 준거점이 하이데거다. 둘째, 그 때문에 얼굴은 무한과 관련된 개념이다. 나를 넘어서 전혀 다른 세계가 존재할 수 있다는 것을 인정할 수 있을 때 비로소 타자를 얼굴로서 받아들일 수 있다. 지금까지 타자는 늘 나를 중심으로 인식되었기에 나의 부정이 타자일 수밖에 없었다. 그러니 타자는 늘 나와 대립하는 하는 적이 될 수밖에 없다. 이것이 전체성의 세계관이다. 그런데 무한의 세계관에서 보면 타자가 나를 불러낸다. 그리고 내가 익숙한 전체성의 세계와 단절했을 때 비로소 진정한 내 모습이 보이기 시작한다. 이것이 바로 타자에 대한 책임성이다. 즉 타자성은 내가 알지 못했던 나의 모습을 깨닫게 해주고, 나아가서는 타자에 대한 윤리적 책임이 있다는 점을 깨닫게 만든다(Levinas, 1971: 215). 이것이 주체의 본성이다.

여기가 레비나스의 사상이 하이데거 철학과 분절되는 지점이다. 왜냐하면 하이데거에서 존재의 깨달음은 현존재의 자각으로 끝날 뿐 타자에 대한 책임성으로 확장되지 않았지만, 레비나스에게 주체의 자각은 반드시 타자에 대한 환대와 책임성을 기반으로 가능해진다.[5] 이러한 책임성이 바로 윤리다. 이러한 맥락에서 윤리란 보편적 입법 준칙으로서의 도덕과도 다르다. 칸트적 의미의 도덕이란 결국 전체성의 세계 안에서 구축된 게임의 규칙이라고 할 수 있다. 이것은 결국 타자로부터 나를 지키기 위한 방어책이며, 사회성을 유지

---

5) 여기서 레비나스의 말을 인용해 보자. "하이데거가 '존재자의 존재자성'이라고 부를 것 속에서 존재의 은닉과 은폐뿐만 아니라 선을 향한, 또 신과의 관계를 향한 여정을 예감하는 일은, 그리고 존재자들 사이의 관계 속에서 '종말을 고해 가는 형이상학'과는 다른 것을 예감하는 일은, 존재를 희생시켜 버리고 존재자에게 특권을 줌으로써 하이데거의 유명한 차이의 항들을 단순히 전도시켜 버리는 일만을 의미하지 않는다. 이러한 전도는 하나의 운동의 첫걸음일 뿐이리라. 존재론보다 나아가 많은 윤리학으로 통하는 이 운동은 존재론적 차이 저편의 의미, 결국 의심의 여지없이 무한의 의미 그 자체인 것을 드러낼 것이다. 이것이 『전체성과 무한』에서 『존재와 다르게: 본질의 저편(Autrement Qu'etre ou Au-dela de L'essence)』에까지 이르는 철학적 행보다"(Levninas, 1953: 15).

할 수 있는 최소의 합의에 불과하다. 그런데 무한의 세계관에서 강조하는 윤리란 내가 선택한 게임의 규칙이 아니라, 전혀 다른 세계관으로 이행하는 것이다. 즉 삶의 새로운 방식이다. 따라서 그것은 이성적 토론으로 결정되는 것이 아니다. 그래서 자유주의 정치 이론을 소통의 모델이라고 한다면, 레비나스의 사상은 돌봄의 모델이라고 할 수 있겠다.[6]

이러한 사유체계를 현대 정치의 인권 개념을 비판하는 데 응용해 보자. 레비나스의 시각에서 보면 현대의 인권 개념은 시민사회의 소유권 개념에서 유래한 것이다. 그리고 여기에는 상호성을 전제로 한 계약론이 근본 바탕을 이룬다. 인권을 둘러싼 타자의 관계는 궁극적으로 자아의 만족을 목표로 한 것이다. 다시 말해 타자의 인권이란 나의 인권을 보장하기 위한 신사협정에 불과하다. 이것이 인간의 보편성에 대한 근대적 인권 개념의 전제다. 한발 나아가 현대의 인권 개념은 국가의 보호 아래 현실성이 인정된다. 국가의 보호라는 것은 결국 형식적 법률주의와 밀접하게 연결된다. 요약하자면 인간의 보편적 권리라는 허울 뒤에는 소유권과 시민권이라는 두 가지 목표가 존재하며, 이것은 부르주아적 사회에서 돈과 권력을 가진 자를 위한 강자의 논리에 불과

---

6) 이러한 자유주의 한계를 극복하고 새로운 정치윤리의 관점을 도입하려는 시도를 '돌봄 윤리'라고 제시하는 일군의 학자들이 있다(헬드, 2017; 트론토, 2014). 자유주의 정치 이론은 자율적이며 자기이해적인 개인들 사이의 관계로 이해되는데 이러한 개인의 자율성은 매우 추상적인 것일 수 있다는 것이다. 이른바 시민이라는 개념은 18세기 부르주아적 사회를 전제로 한 매우 특수한 개념일 수 있다. 차라리 현대사회는 구성원들이 상호 간에 밀접하게 연결되어 있으며, 때로는 어린아이나 노인과 같이 무기력한 개인들이 더 많다. 따라서 이들은 자율적인 개인으로 간주되기보다는 돌봄을 받아야 할 대상이라고 보는 것이 이들의 관점이다. 또 이들을 대하는 태도 역시 합리성이나 보편적인 입법 준칙에 근거하기보다 공감, 애정 등을 근거로 사회적 약자를 보살펴야 한다. 따라서 윤리학은 두 가지로 구분될 수 있다. 첫째는 이론-법리 모델(theoretical-juridical model)이며 둘째는 표현-협력 모델(expressive-collaborative model)이다(트론토, 2014: 123). 전자가 칸트에 기반을 둔 자유주의 정치 모델이라고 한다면, 후자는 레비나스의 사상을 기반으로 둔 책임성의 모델이라고 할 수 있겠다.

하다는 것이 레비나스의 비판이다. 이것은 마치 마르크스가 『헤겔 법철학 비판(Zur kritik der Hegelschen rechtsphilosophie)』에서 프랑스 인권선언을 비판했던 것과 매우 유사하다. 그렇다면 계약론과 국가주의를 넘어설 수 있는 인권이란 무엇일까? 그에 대한 대답이 바로 얼굴이다. 타인에 대한 직접성, 타자에 대한 책임성이 진정한 인권이라고 레비나스는 말한다.

한편 레비나스의 후기 저작은 『존재와 다르게: 본질의 저편』이다(레비나스, 2010). 이 책에서 가장 중요한 개념은 '근접성'이다. 이전까지 레비나스는 타자를 대면적인 접촉에 의해서 수용하고 환대한다고 말했다. 그것은 계약관계가 아니라 몸과 몸의 접촉, 감정과 감정의 접촉이었다. 그런데 내가 직접 접촉할 수 있는 사람들만 타자인가? 내가 모르는 사람, 내가 직접 접촉하지 않는 사람들은 어떻게 되는가? 이 문제에 대한 해답이 바로 근접성이다. 내가 접촉한 사람이 다시 접촉한 사람은 내가 직접 만나지 않았더라도 나의 이웃이며 내가 환대해야 할 타자라는 것이다. 그리고 이것이 휴머니티라고 말한다.[7] 이러한 근접성을 토대로 내가 접촉하지 않은 타자도 나에게 다가올 수 있는 이유는 나의 감성 범위 안에서 익명의 타자가 있기 때문이다. 이것을 '근접성의 우애'라고 말할 수 있겠다(레비나스, 2010: 157). 이것은 지식의 양태가 아니라 사로잡힘이다(165). 여기서도 레비나스는 타자를 인식이나 표상의 절차로 이해할 수 없음을 강조한다. 더 나아가 이방인은 내 삶의 경계를 넘어선다. 여기서 처음으로 레비나스는 민족, 국가 단위를 넘어선 이방인에 대해서

---

7) 여기서 레비나스를 인용해 보자 "근접성은 공간의 두 지점 또는 두 지역 사이를 좁혀 주는 어떤 간격의 한 단위인가? 두 지역의 인접성과 일치 자체가 한계를 나타낼 수 있는가? 그러나 이때 근접성의 개념은 상대적 의미와 유클리드 기하학의 빈 공간에서 차용된 의미를 띨 수 있다. 근접성의 절대적이고 고유한 의미는 휴머니티를 전제한다. 우리는 인접성 그 자체가 접근, 이웃함 교제와 같은 근접성 없이 이해될 수 있는 것인지 자문해 볼 수 있다. 그리고 이와 같은 공간의 동질성이 모든 차이에 저항하는 정의(justice)의 인간적인 의미화 없이, 그리하여 정의가 그것의 종말인 근접성의 모든 동기화 없이 사유될 수 있는 것인지 자문해 볼 수 있다"(레비나스, 2010: 154).

언급한다(174). 한편 이방인은 시간의 단위도 넘어선다. 과거에 내 조상이 지은 죄로 이방인이 상처를 입었다면, 현재에 와서 내가 그 이방인의 상처를 치유해야 할 의무를 지게 된다. 이것이 대속의 개념이다(215).

그런데 제3자에 대한 이웃을 논하는 자리에서 레비나스 사상의 한계점이 드러나기 시작한다. 우선 타자를 직접성으로 설명했던 전기와 중기의 사상에서는 자유주의 계약론을 비판한 것으로 레비나스 사상의 독창성을 인정할 수 있겠지만, 직접성을 넘어서 제3의 대상을 타자로 인정하게 되면 정의의 보편성 문제가 대두되지 않을 수 없다. 즉 내가 직접 대면하지 않은 타자를 환대하는 것이 정의롭기 위해서는 과연 어떤 원칙을 지켜야 하는가? 이 질문은 사실 칸트 철학의 핵심이며, 자유주의 정치 이론의 근간이다. 그렇다면 레비나스 스스로 후기 사상에 접어들면서 다시 자유주의 사상으로 회귀하는 모순을 범한 것일까? 어쨌든 익명성을 바탕으로 타자를 환대하기 위해서는 필연적으로 공평성과 보편성이라는 기준이 대두될 것인데, 이 문제에 대해서 레비나스는 명쾌한 대답을 내놓지 못하고 있다. 더구나 팔레스타인을 공격하는 이스라엘의 폭력성에 대해서 질문을 받았을 때 레비나스는 잘못된 폭력을 응징하는 폭력은 정의로운 것이라고 대답함으로써 이스라엘의 입장을 옹호했다(김혜령, 2017: 276). 이것은 결국 유대인을 학살한 나치의 폭력은 잘못된 것이지만, 팔레스타인을 핍박하는 이스라엘의 폭력은 문제되지 않는다는 식의 자문화 중심주의에 빠진 인상을 남기게 되었다(김정현, 2017b).

더 나아가 최근에는 몇 가지 치명적인 비판들이 제기된 바 있다. 여성학자 주디스 버틀러(Judith Butler)는 타자의 얼굴을 대면하면서 인간은 책임성을 느끼는 순간도 있지만, 오히려 공포와 불안을 느끼는 경우도 있다고 설명한다. 따라서 레비나스가 얼굴에 대한 강조를 한 것은 인간의 본성을 무시한 것이라고 비판한다(김혜령, 2017: 260). 사실 철학의 지평에서도 레비나스가 강조하는 얼굴이라는 것이 지나치게 추상적이어서 과연 지구상에서 나타나는 비윤리적인 문제를 해결할 수 있겠는가라는 문제가 이미 제시된 바 있다. 예를 들어

환경, 분배, 의료, 복지 등과 관련된 문제들을 해결하는 데 얼굴이나 대속이라는 개념이 얼마나 유용하겠는가라는 비판이다(박치완, 2012: 163~197). 사실 서로 비교할 수 없는 얼굴을 통해서 윤리학이 시작되었다면 비교할 수 없는 사람을 비교할 수 있어야 그들의 필요성을 인지할 수 있는 것이다. 따라서 얼굴이라는 추상적인 개념만으로는 도움을 필요로 하는 사람의 정체성을 정확히 알 수가 없다. 요약하자면 레비나스의 사상이 현실에 적용되기에는 지나치게 사변적이라는 것이다.

결국 레비나스 사상의 한계는 타자와 나의 관계에서 지나치게 타자성에 무게를 두었다는 점이다. 즉 나와 타자의 관계에서 균형을 잃었다는 것인데, 불균형은 주로 에드문트 후설(Edmund Husserl)과 하이데거의 철학을 재해석하는 과정에서 나타난 현상이다. 그런데 이러한 인식론의 한계를 가장 지적하고 정리하는 사람이 리쾨르다. 그래서 이 대목에서 리쾨르를 통해 레비나스 사상의 한계를 정리하고 그것을 넘어설 수 있는 대안에 대해서 살펴봄으로써 환대 개념의 현실 적용 가능성을 타진해 보고자 한다. 리쾨르의 저작 속에서 레비나스를 비판하는 대목은 크게 보아 세 가지 정도로 분류될 수 있다. 시기적으로 보면 『타자로서의 자기 자신』이 첫 번째이고, 『사랑과 정의(Liebe und Gerechtigkeit)』,8) 그리고 「철학과 신학의 사이(Entre philosophie et théologie)」가 두 번째이며, 『인정의 길(Parcours de la Reconnaissance)』이 세 번째다.

우선 『타자로서의 자기 자신』의 7장에서 레비나스에 대한 비판이 처음 등장한다(리쾨르, 2006). 7장의 제목은 "자기와 윤리적 목표"인데, 여기서 리쾨르는 도덕과 달리 윤리란 좋은 삶을 추구하는 것이라는 아리스토텔레스의 철학적 입장을 추종한다. 특히 『니코마스 윤리학』에 등장하는 우정에 대한 논의를 정리하면서, 리쾨르는 좋은 우정이란 상호적 성격을 띠는 것이라고 강조한

---

8) 이 글은 원래 1990년 인문학 분야의 뛰어난 업적을 이룬 학자에게 수여하는 레오폴드 상을 수상하면서 발표한 글이다.

다. 이러한 배경을 전제로 리쾨르는 레비나스의 타자성을 우정의 나눔과 유사한 것으로 파악하는 것 같다. 그런데 아리스토텔레스의 논리에서 보면 레비나스의 입장은 지나치게 타자의 주도권을 강조하고 있으며, 따라서 균형 잡힌 우정의 삶을 놓치고 있다고 비판하는 것이다.[9]

리쾨르에 따르면, 이러한 불균형이 발생한 이유는 레비나스가 자아의 고립 상태를 지나치게 강조했기 때문이다. 레비나스는 타자와 만나기 전의 자아는 완전히 폐쇄적이고 고립된 자아로 파악했다는 것이다. 이것이 후설 저작 『데카르트적 성찰(Méditations cartésiennes)』의 "제5성찰"을 레비나스가 해석하는 기본적인 입장이다.[10] 이러한 잘못된 이해가 타자로 인해서 자아가 드러난다는 타자 주도권을 만들게 된 것이다. 또 『전체성과 무한』에서 보인 타자는 대화의 상대자가 아니라 정의로운 스승으로 묘사되고 있다. 타자는 늘 시나이 산에서 나를 부르는 신의 모습이다. 또 타자를 책임지도록 예정되어 있다는 레비나스의 사상도 지나친 과장이다. 이것이야말로 '타자의 강박관념' 또는 '타자를 나로 대체하기'에 불과하다(리쾨르, 2006: 444~445). 적어도 리쾨르에게 중요한 것은 나와 타자 사이의 대치성을 찾는 것인데, 레비나스에게는 이것이 결여되어 있다. 그러므로 자기 자신에 대한 긍정적 평가와 함께 타자에 의한 정의로의 소환이 필요하다(리쾨르, 2006: 436).

두 번째 단계에서는 레비나스의 이름이 직접 거론되지는 않지만, '사랑과 정

---

9) 리쾨르의 말을 인용해 보자. "사실 문자 그대로 파악하면, 벌충되지 않는 불균형은 주고받는 교환을 파괴할 것이고, 얼굴을 통한 가르침을 배려의 영역으로부터 배제할 것이다. 그렇다면 교환에서 주는 능력이 타자의 주도권 자체에 의해서 해방되지 않는다면, 어떻게 그와 같은 가르침은 주고받는 교환의 변증법 속에 들어갈 수 있단 말인가?"(리쾨르, 2006: 255).

10) 레비나스는 후설의 『데카르트 성찰』 중 "제5성찰"을 주체-타자의 관계에서 주체중심주의로 비판한 바 있다. 레비나스의 타자 중심주의는 바로 이러한 제5성찰에 대한 대안으로 등장한 것이라고 할 수 있다. 이 점에 대한 자세한 설명은 우치다(2013)의 2장을 참조하라.

의'(혹은 철학과 신학)라는 대비를 통해서 레비나스와 칸트 철학의 대립을 설명하고 이것을 변증법적으로 뛰어넘을 수 있는 방안을 모색한다. 이 지점에서는 레비나스의 사상을 사랑의 철학으로 간주하면서 비교적 긍정적으로 평가하는 것으로 보인다. 『사랑과 정의』에서 리쾨르는 신약성경에 등장하는 마태복음의 산상수훈과 누가복음의 원수에 대한 가르침을 비교한다(리쾨르, 2005). 전자는 "남에게 대접받고자 하는 대로 너희도 남을 대접하라"라는 황금률이라고 한다면, 후자는 "너희의 원수를 사랑하라"라는 사랑의 계명이다. 이 두 가지 문구는 각각 정의와 사랑으로 대변되며, 전혀 다른 차원의 타자성을 전제한다. 그런데 리쾨르는 서로 다른 두 차원의 윤리가 서로 밀접하게 연결될 수 있음을 밝히기 위해서 롤스의 정의론을 예로 든다. 왜냐하면 롤스의 정의론에는 황금률과 사랑의 계명이 동시에 작동하는 것으로 보기 때문이다.

예를 들어 롤스는 정의 원칙을 두 가지로 설명한다. 첫째, 각자는 기본적 자유에 대한 평등한 권리를 갖는다. 둘째, 모든 사람의 이익이 되리라는 것이 합당하게 기대되는 전제하에 사회적 경제적 불평등은 조정되어야 한다. 그런데 두 번째 원칙은 황금률을 넘어선 사랑의 논리가 함축된 것이라는 것이 리쾨르의 입장이다. 불평등을 최소화하기 위해서 각자의 몫을 최대한 조정하라는 명령을 수용하는 것은, 일종의 사랑의 계명을 받아들이는 것과 다를 게 없기 때문이다. 이로써 정의와 사랑은 별개의 것이 아니라 서로 중첩되고 있다고 주장한다. 이것을 존재론적으로 설명한다면, 우리 자신에게는 모두가 '너'가 될 수 있는 능력이 있으며, 나-너의 관계가 자아의 내면에 존재한다. 이것이 바로 사랑과 정의가 변증법적으로 조화될 수 있는 이유이기도 하다. 이런 맥락에서 정의는 사랑의 한 부분이라고 할 수 있겠다(Woltersroff, 2011: 181).

세 번째 단계는 『인정의 길』이다. 이 책은 리쾨르의 마지막 저작인데, 여기서 헤겔의 인정 개념을 연구·검토하면서 상호인정의 방안으로 마르셀 모스(Marcel Mauss)가 주창했던 '선물 주고받기'의 관례를 제시한다(Ricoeur, 2004). 물론 이 선물 주고받기의 논리는 두 번째 단계인 「철학과 신학의 사이」에서 언급이 되기는 하지만(Ricoeur, 1992),『인정의 길』에서는 현실 정치에 개입하기 위해서 구체적인 방안이 제시되고 있다. 여기서는 주로 홉스식 계약론과 상호성을 바탕으로 한 공리주의가 정의론에 충분한 기초가 되지 못하다는 점을 밝히고, 이러한 인식의 한계를 가장 처음 주장한 철학자가 헤겔이라고 언급한다. 즉 헤겔의 '인정투쟁' 개념이 자유주의 계약론을 넘어서기 위한 탐색의 시초였다고 인정한다. 그러나 헤겔 철학은 인식론 수준에 머물고 있었을 뿐 구체적인 대안이 없었던 바, 여기서 모스의 선물 주고받기 관행을 통해서 이른바 사랑과 정의의 변증법 관계를 실천할 수 있다고 본다. 리쾨르는 선물 주고받기의 관행이 부족 간의 평화가 달성되는 내적 조건임을 밝히고, 물건의 교환이 경제적 관계를 넘어서 감정적 관계를 공고히 하고 있음을 밝힌다. 리쾨르는 뤼크 볼탄스키의 저작(Luc Boltanski, 1990)을 토대로 경제와 군사의 논리가 적용되어야 하는 현대 정치에서 평화가 가능할 조건을 탐색한다.

　이러한 검토를 통해 현대 정치에서 환대의 의미를 평가할 수 있을 것이다.[11] 우리는 정치를 제도적인 것 혹은 공적인 영역으로 간주하고 환대는 개인의 감정에서 유래하는 것으로 분류하고는 했다. 그런데 정치에서 감정적인 것의 영역을 얼마나 인정할 수 있는가에 따라서 환대의 정치적 의미를 보다 적극적으로 평가해 볼 수 있을 것이다. 또 경제 영역에서도 이해관계를 바탕으로 움직이는 영역과 선물의 논리로 움직이는 영역이 어떤 비율로 나누어지고 있는가를 잘 살펴볼 필요가 있다. 이것을 정의와 사랑의 논리로 설명해 보자. 즉 공적인 영역, 이해관계의 영역, 제도적인 영역이 정의로 표현된다면, 사적인 영역, 초이해관계의 영역, 감정의 영역이 바로 사랑의 영역이다. 이렇게 놓고 보면 리쾨르는 정의의 영역에서 사랑의 영역으로 이행하려고 한 반

---

11) 모스의 선물 주고받기 개념과 레비나스의 환대의 개념을 연결해 현대 정치에 적용한 대표적인 저작은 부두(Boudou, 2017)가 있다. 특히 이 책의 5장에서 타자성과 환대의 개념을 두고 리쾨르, 레비나스, 데리다의 입장을 차이를 자세히 정리한다.

면12), 레비나스는 사랑의 영역에서 정의의 영역을 바라본 철학자라고 평가할 수 있을 것이다.

그런데 필자는 이러한 두 사람의 방향성에 중간 지대를 설정하고, 이 중간 영역에 대한 연구가 필요하다고 주장하고 싶다. 이 중간 영역이 무엇일까? 필자가 판단하기로는 리쾨르 사상의 궤적 안에서 그 대답을 찾을 수 있다. 즉 초기 사상에서는 우정의 상호성, 제도적 정의를 강조하다가, 중기에 와서는 성경에서 설파하는 사랑의 의미에 대해 긍정적으로 평가한 후, 마지막 저작에서 사회적 관행으로서의 선물 주고받기에 대해 언급하고 있다. 필자가 평가하기로, 이것은 정의와 사랑의 중간 영역으로 사회적 관행 혹은 문화적 습관에 의해 형성되는 상호주체성의 자리가 있다. 다시 말해 하버마스와 리쾨르를 한 축(인정의 영역)으로 하고, 레비나스를 다른 축(환대의 영역)으로 하는 중간 영역으로서 필자는 공감의 영역을 제안하고자 하며, 여기서 형성되는 상호주체성의 모습을 파악하기 위해 메를로퐁티의 사상을 살펴보고자 한다.13)

---

12) 이러한 맥락에서 리쾨르는 하버마스의 입장에 보다 가까이 자리 잡고 있다고 할 수 있겠다.

13) 필자가 메를로퐁티의 사상을 인정과 환대의 중간 영역으로 자리매김하는 데 이종주(2015)의 작업에 크게 영향을 받았다. 이종주는 『타자의 철학과 심리학』의 1부 4장에서 후설의 타자 이론에 대한 비판가로 하이데거, 레비나스, 사르트르, 메를로퐁티를 꼽는데, 필자가 보기에 하이데거와 레비나스는 하나의 흐름으로 분류할 수 있고, 사르트르의 실존철학은 하버마스의 주체중심주의와 유사한 것으로 볼 수 있을 것이다. 이렇게 놓고 보면 메를로퐁티가 레비나스와 하버마스의 중간 영역에 있는 사상가로 간주될 만하다. 그리고 흥미로운 것은 이종주가 3부 "타자의 심리학을 통한 보안"이라는 장에서 현상학 흐름을 넘어 현대 심리학의 발전을 연구하면서 타자 문제를 보충하는데, 여기서 그는 타자 경험의 차원을 세 가지로 분류한다. 애착, 지각, 의사소통이다. 이 순서는 마치 레비나스의 감정에 사랑이 대응하고, 의사소통은 하버마스의 소통행위론을 연상시키며, 지각은 바로 메를로퐁티의 『지각의 현상학』에 등장하는 상호주체성을 가리키는 것으로 필자는 확대해석하고자 한다. 그래서 다음 장을 통해 메를로퐁티가 설명하는 상호주체성에 대해 살펴보고자 하는 것이다.

4. 공감의 정치: 메를로퐁티

필자는 『지각의 현상학(Phénoménologie de la Perception)』에 나타나는 현상학적 신체론과 사회적 신체론이 메를로퐁티 사상의 핵심이라고 생각한다. 이 저작을 통해서 현재의 우리가 필요로 하는 새로운 정치 통합 논리와 공감 영역의 역할을 밝혀낼 것으로 판단한다.[14)]

『지각의 현상학』 1부의 핵심은 3장이다. 그런데 3부가 시작되기 직전 메를로퐁티는 2장 "감정적 대상으로서의 신체"의 3절에서 감정 연구를 위해 신체의 특성을 알아야 한다는 사실을 암시한다. 필자가 보기에 첫 문장이 의미심장한데, 이것은 레비나스의 감정 연구와 연결시켜 볼 만하기 때문이다.[15)] 예를 들어 메를로퐁티는 "사람들은 외부의 사물이 나에게 표상될 뿐인 것에 반해 신체는 감정적 대상이다"라고 말한다(메를로퐁티, 2002: 159). 객관적 대상은 표상으로 나타나지만 감정은 신체의 변화를 통해서 인지할 수 있다는 것이다. 그렇다면 레비나스가 감수성, 애무, 신체를 촉발하는 상황 등 표현이 매우 애매하게 남아 있었던 반면, 이러한 한계를 메를로퐁티를 통해서 해결해 낼 수

---

14) 메를로퐁티의 사상은 크게 3단계로 분류할 수 있다. 첫째는 『행동의 구조(La Structure du Comportement)』를 집필할 당시이다. 여기서는 주로 독일의 형태심리학을 근거로 장 피아제(Jean Piaget)의 발달심리학을 비판하면서 인간 행동의 특성을 규명한다(메를로퐁티, 2008). 둘째는 『지각의 현상학』을 집필할 당시인데, 여기서는 하이데거의 존재론에 근거해 형태심리학을 넘어서려고 한다(메를로퐁티, 2002). 필자의 판단으로 이 책은 1부와 2부의 내용을 나누어 생각하는 것이 유용하다. 즉 1부에서는 메를로퐁티가 현상학적 신체론이라고 이름 붙인 신체 도식의 지향성에 대한 연구이며, 2부는 타자와 육체의 관계에 대한 연구다. 아마도 사회적 육체에 대한 연구에 집중하게 되면 타자 윤리의 새로운 기반을 찾아낼 수 있을 것이다. 셋째는 사후 저작인 『보이는 것과 보이지 않는 것(Le Visible et l'invisible)』(메를로퐁티, 2004), 그리고 말년의 강의록을 모아 편집한 『자연(La Nature)』(Merleau-Ponty, 1995b)이다. 이 시기에는 인간의 육체가 자연과 공생하는 과정을 연구했는데, 여기서 중기의 현상학적 신체론에 대한 입장으로부터 일정한 변화를 시도한다.

15) 레비나스의 감정(감수성)에 대한 연구로는 김동규(2013)가 유용하다.

있는 실마리가 생긴다. 좀 더 구체적으로 살펴보자.

메를로퐁티는 이 부분에서 발의 고통에서 중요한 것은 고통에 대한 의식이나 외부 세계에 대한 표현 등이 아니라 '고통의 공간'이 형성되고 고통의 '본원적 용적성'이 형성되는 과정이라고 설명한다. 이어서 신체가 외감의 대상으로 자신을 나타내기보다는 감정적 기초 위에서 외감의 의미가 드러나는 것이라고 설명한다. 이것은 감정 연구의 진일보이며, 레비나스의 신학적 표현들의 모호성을 구체적으로 설명할 수 있는 단초가 된다고 필자는 평가한다. 이렇게 판단하는 필자의 입장을 아래서 개진하도록 하겠다.

우선 감정과 신체의 관계를 이해하기 위해서 메를로퐁티가 설명하는 신체 도식이라는 개념을 살펴보자. 메를로퐁티는 3장의 도입부에서 공간성과 상황성을 통해 신체 도식을 설명하려고 시도한다. 메를로퐁티 이전에는 신체 도식을 과거 경험의 총체라고 이해했다. 즉 감각과 상상의 연합을 모아 둔 요체가 신체 도식이라고 생각했던 것이 전통적인 심리학의 입장이다. 그러나 메를로퐁티는 신체 도식을 "세계에서 자신에 대한 전체적인 의식적 파악"이라고 정의한다(메를로퐁티, 2002: 167). 따라서 이것은 "나의 신체가 세계를 향해 내적으로 존재하고 있다는 것을 표현하는 하나의 방식이다"(169). 여기서 메를로퐁티는 아베마르 겔브(Adhémar Gelb)와 쿠르트 골드스타인(Kurt Goldstein)의 형태심리학 예시를 자주 인용한다. 즉 심인성 실명환자(172), 소뇌 손상환자(173~177)의 상태를 설명하면서 신체 운동능력을 상실한 것은 감각과 자극의 반응 기능이 아니라, 상황을 인지하고 적절하게 대응하는 능력을 상실한 것이라는 점을 강조한다. 여기서부터 메를로퐁티는 형태심리학의 영향권을 완전히 벗어나 현상학적 신체로 나아간다. 메를로퐁티는 대자와 대타는 동일한 세계에 공존한다고 주장한다. 그리고 스스로에게 학문적 과제를 부여한다. 즉, 객관적 신체(타자의 신체)와 현상학적 신체(대자의 신체)가 어떻게 함께 공존할 수 있는가를 아는 것이 중요한 과제라고 학문의 목표를 제시한다(177, 주석 18).[16]

8절에서는 '침전'이라는 용어를 사용하면서 신체가 상황과 공간성에 어떻게 처해 있는지를 설명한다.[17] 예를 들어 내가 친구와 얘기를 할 때 소통되는 것은 말의 내용만이 아니라, 과거에 그 친구와 나누었던 대화들, 나의 성격과 친구의 성격들까지 포함한다(209). 이것이 후천적 세계이며, 침전이다. 이렇게 보면 신체 도식은 칸트의 범주적 태도와는 차원이 다르다. 후자가 순수의식을 바탕으로 형성된 지각 형식이라면, 전자는 세계 내의 존재로 살아가는 나의 과거이며, 주변 인물 및 의미 세계와 연관된 습관과 같은 것이다. 달리 말하면, "의식은 문화적 세계에 투사되면 습관을 가지며, 물리적 세계에 투사되면 신체를 가진다"(220). 습관과 신체가 의식의 본질을 이해하는 통로가 되는 것이다. 그래서 메를로퐁티는 형태심리학의 연구 결과를 인용하면서 습관에 대해 길게 설명한다. 춤을 배우는 행위, 오르간을 치는 행위 등을 거론하면서 습관이란 신체가 세계를 소유하는 방식이라는 점을 강조한다.

신체와 습관의 관계 설정이 마무리된 후, 메를로퐁티는 신체적 표현으로서 성적 행동(1부 5장)과 언어적 표현(1부 6장)을 설명한다. 필자는 이것이 신체의 사회적 관계를 표현하는 중요한 단초라고 생각한다. 성적 표현이란 타자를 대상으로 하는 신체 도식의 양식이며, 언어적 표현 역시 사회 속에서 인간관계를 규정하는 중요한 대상이기 때문이다. 그런데 필자는 이 중에서도 특히 언어적 표현으로서 신체의 역할에 대해서 강조하고 싶다. 왜냐하면 이것이 바로 타자와의 윤리적 관계를 설정함에 있어서 중요한 실마리가 된다고 생각하기 때문이다. 또한 하버마스와 레비나스 모두 언어에 대해 강조했었던 만큼, 인정과 환대의 중간 영역에 해당하는 메를로퐁티의 사상 속에서 언어의 위상을 이해하는 것은 매우 중요한 작업이 될 것이다. 예컨대 하버마스에게

---

16) 그러나 타자와의 공존은 2부에서 본격적으로 다루어진다.
17) 필자는 이것이 문화적 신체, 역사적 신체를 설명하는 것이라고 생각하며 이것은 훗날 유교적 신체와 현상학적 신체를 비교하는 중요한 준거점이 될 것이다. 한편 유교적 신체에 대해서는 로저스 에임즈(Rogers Ames)의 논문(1993)이 유용하다.

언어란 의사소통의 수단이었다면, 레비나스에게 언어란 타자의 얼굴이며 말해진 신의 계시다. 전자가 언어의 적극적인 역할을 강조했다면, 후자는 언어의 수동성을 강조했다. 그렇다면 중간 영역에 있는 메를로퐁티에게 언어란 어떤 위상을 갖는 것일까?

메를로퐁티는 언어와 관련해 두 가지 중요한 주장을 한다. 첫째로 우리는 언어가 제도화된 세계에 살고 있으며, 따라서 우리는 이미 형성된 의미들을 소유한다. 둘째는 타자의 언어를 내가 수용하는 것은 나의 사유활동이 아니라 내 존재의 변형이라고 설명한다(286). 전자는 후기 하이데거의 언어관이나 소쉬르의 구조주의 언어관을 수용한 것이라고 보며, 이것은 큰 무리 없이 오늘날 학계에서도 인정되고 있다. 다만 두 번째 주장이 의미심장하다. 의사소통에 대해 논란이 많은 요즘 의미의 수용이 사고 작용이 아니라, 실존의 변형이라는 주장은 어떤 의미일까? 이 부분이 좀 더 명확하게 밝혀진다면, 추상적인 철학 담론을 넘어서 정책 지향적인 사회과학의 의미를 찾아낼 수 있을 것이다.

일단 메를로퐁티의 주장을 좀 더 살펴보자. 그는 반성이란 이미 말해진, 그리고 말하는 세계 내부에서 일어난다고 설명한다(286). 따라서 의사소통의 진정한 의미를 알기 위해서는 우리 언사의 '재잘거림' 아래에 원초적 침묵이 있음을 깨닫고 그러한 침묵의 동작을 기술해야 한다고 설명한다. 왜냐하면 언사는 동작이기 때문이다(287). 또 의사소통은 경험들의 공통적 의미에 기초하는 것이 아니라 그것을 기초 짓는 것이다(289). 의사소통은 약정적 기호를 바탕으로 이루어지는데(291), 이것은 의미의 구성 과정을 당연한 것으로 인정하는 것이다. 따라서 의미들이 어떻게 구성되는가를 밝혀야 한다. 더구나 의사소통은 개념적 의미뿐만 아니라 정서적 의미를 기반으로 가능해진다. 즉 정서적 의미에 의해서 인간은 세계 위에 존재하는 것이다(293). 한편 정서의 차이는 몸짓의 차이다. 이것이 바로 언어적 표현이 신체를 통해서 이루어진다는 의미다. 따라서 신체와 신체가 소통하는 과정을 이해하고 밝혀야 필요성이 생긴다. 이것이 메를로퐁티의 주장이다.

　이제 『지각의 현상학』 2부 4장에 등장하는 타자와의 관계에 대해서 본격적으로 탐색해 보자. 필자는 어떻게 타자를 마주하는가? 의식으로서? 혹은 표상으로서? 만일 의식으로서 타자를 마주하게 되면, 필자는 그의 생각을 모두 알 수 없으며, 타자의 의식은 나의 의식을 통해서만 인지될 수 있다. 결국 타자는 나의 의식의 구성물에 불과하다. 이것이 관념론과 후설의 결론이다. 반면 표상으로 타인을 인식한다면 타자는 객관적인 사물과 다를 바가 없다. 즉 타인은 인간이 아니라 물체가 되어 타인의 모습과 변형만을 포착하게 된다. 이렇게 되면 타자는 의식이나 감정도 없는 대상에 불과하다.[18]

　이러한 문제를 어떻게 극복할 수 있을까? 여기서 메를로퐁티는 타자를 행동하는 신체로서 파악하자고 제안한다(522). 타자의 육체는 사회적 공간 안에서 주어진 것이며, 역시 나의 신체도 그 공간 안에서 함께 공존한다. 육체로서 타자와 내가 마주하는 순간, 의식이나 대상이 아니라 세계-내에 공존하는 상호주체성이 비로소 가능해진다. 결국 나와 타자 사이를 매개하는 것은 육체를 통한 지각이다.[19] 상호주체성은 메를로퐁티의 핵심 주제인데, 그는 이 점을 설명하기 위해서 15개월 된 영아의 '무는 행위'를 예로 든다(526~527). 의식의 발달 수준이 타인의 표정을 인지하거나 정서적 공감을 할 수 없는 단계에 있는 어린아이는 타인의 손가락을 무는 행위를 통해서 타인의 정서와 의도를 파악하게 된다. 또 자신의 의도를 무는 행위로써 타인에게도 전달할 수

---

18) 레비나스는 타자의 현현을 표상으로 인식하는 것에 반대했다. 타자의 얼굴은 현현이고 드러남일 뿐이라고 설명했다. 그러나 레비나스의 타자는 신적 존재로서 인간의 감정적 교감을 넘어서는 대상일 수 있다. 그래서 타자의 얼굴은 나에게 스승으로서 책임을 강조할 뿐이다. 이것은 또 다른 형태의 표상일 수 있는 것이다. 의식과 표상으로 타인을 마주하는 방식은 각각 내적 요인과 외적 요인의 한 부분만을 포착할 뿐 온전한 타인과의 관계가 아니다.

19) 이것은 타자를 시선으로 파악했던 사르트르와 타자를 얼굴로 파악했던 레비나스와 대조된다.

있다. 신체적 행동이 바로 상호주체성의 기반이다. 따라서 순수의식도 가능하지 않으며, 순수한 대상도 없다. 주체는 오직 상호주체성의 관계에서 주체성을 자각하게 된다.[20]

한편 육체의 만남은 사회적 환경과 조건 안에서 가능해진다. 나의 신체 도식과 타인의 신체 도식이 만나는 것이 상호주체성의 형성인데, 신체 도식이란 세계 내에서 허락된 인간 행동의 조작과 다르지 않다. 즉 나와 타자는 인간 행동(신체 도식)을 보고 상대의 감정과 의도를 파악하게 되는 것이다. 이러한 상호주관성의 세계는 어린아이들의 세계와 어른들의 세계처럼 단계로 구분되는 것이 아니다. 오히려 어린아이의 세계가 어른들의 세계를 이루는 밑바탕이 된다.[21] 메를로퐁티가 '익명적 존재'라고 부른 것은 사회 속에 존재하는 문화적 기반을 가리키는 것이다. 그래서 그는 내 삶의 근본구조를 발견하지 않고서는 타자와 나의 공존을 설명할 수 없다고 말한다(543). 그런데 나와 타자를 매개하는 신체 도식에서 가장 중요한 역할을 하는 것이 바로 언어다. 대

---

20) 여기서 메를로퐁티의 설명을 인용해 보자. "나는 나의 신체를 어떤 행동과 세계의 힘으로 체험하고, 나는 세계에 대한 어떤 파악으로서만 나 자신에게 주어진다. 이제 타인의 신체를 지각하는 것은 바로 나의 신체이고, 나의 신체는 타인의 신체를 나 자신의 의도들의 기적적인 연장으로서, 세계를 취급하는 익숙한 방식으로서 발견한다. 이제부터, 나의 신체의 부분들이 다 같이 체계를 형성하듯, 타인의 신체와 나의 신체는 하나의 전체이고 하나의 현상 안팎이며, 나의 신체가 언제나 흔적이 되는 '익명적 존재'가 이제부터 그 두 신체에 동시에 거주한다"(529).

21) 바로 이러한 관점에서 메를로퐁티는 피아제의 발달심리학을 비판한다. 피아제는 12세를 넘어서면 어린아이들이 타자를 인식할 수 있는 발달 수준에 도달하며, 어린아이의 세계는 결국 어른들의 세계에 의해서 대체되는 것이라고 설명했다(긴스버그·오퍼, 2006). 그러나 메를로퐁티는 이런 식의 인지발달론을 정면으로 비판한다. 이미 어린아이에게 상호주체성의 세계는 존재한다고 확신하기 때문이다. 그리고 어른아이의 세계는 어른들의 상호주체성의 익명의 존재자로 기능하는 것이다. 이러한 메를로퐁티의 주장은 현대 인지심리학의 최근 연구에서 입증되고 있다. 즉 피아제의 발달심리학을 반박하며, 아동들의 상호주관성의 세계가 존재함을 입증하는 연구들이 발표되고 있다. 이 점에 대해서는 이종주(2012; 2015) 참조.

화의 경험이 타인과 나의 공통 기반을 구성하고 이것이 상호주체성의 공통 작용을 만든다(330).

여기서 필자는 「타자의 지각과 언어(La perception d'autrui et le dialogue)」라는 논문을 강조하고 싶다.[22] 이 논문에서 메를로퐁티는 세계가 나만의 것이 아니며 타인과 공존하는 장이라는 점을 지적한다. 따라서 소위 감각의 보편성(universalite de sentir)이라는 것이 존재하며, 이것을 바탕으로 내 육체의 보편성과 타자의 지각이 가능해진다고 강조한다(Merleau-Ponty, 1995a: 191). 내가 세계 속에서 나 자신을 인식하는 것이 일정한 장(champ)의 보편성을 근거로 하는 것처럼, 내가 세계 속에서 타자를 인식하는 것 또한 감각의 보편성 위에서 가능하다.[23] 그런데 타자를 발견하는 과정은 언제나 육체를 통해서 가능해진다. 내가 세계 내에서 등장하는 것이 육체를 통해서 가능해지는 것처럼 타자가 드러나는 것 또한 육체를 통해서 가능해지기 때문이다. 따라서 타자의 만남은 의식이나 언어의 만남이 아니라, 신체와 신체의 만남이다. 신체와 신체의 만남은 또 문화적으로 규정된 표현이라고 말해도 좋을 것이다. 나의 언어적 표현과 행동들뿐만 아니라, 타자의 언어적 표현과 행동들도 일정한

---

22) 이 논문은 『세계의 산문(La prose du monde)』(Merleau-Ponty, 1995a)이라는 책에 실린 글인데, 시기적으로 『지각의 현상학』 출판 이후에 작성된 논문이고, 후기 저작이라고 할 수 있는 『보이는 것과 보이지 않는 것』을 집필하던 중에 작성된 것으로 추정된다. 일반적으로 『지각의 현상학』과 『보이는 것과 보이지 않는 것』 사이에 인식론적 단절이 있는 것으로 평가하는데, 과연 언어에 대한 생각이나, 타자에 대한 입장이 중기와 후기 사이에 어떻게 다른가를 알기 위해서 이 논문이 좋은 길잡이 역할을 한다고 생각한다.

23) 여기서 메를로퐁티는 장(champ)이라는 단어를 여러 차례 반복하는데, 필자가 이해하기로는 장의 개념은 존재가 드러나는 일정한 방식을 가리킨다. 즉 하이데거가 『존재와 시간』에서 존재가 자신의 몽매함을 깨우치고 실존을 깨닫는 순간을 개시라고 명명한 바 있는데, 메를로퐁티는 이러한 순간이 사회적 조건 속에서 가능하다는 점을 강조한 것이라고 필자는 해석한다. 특히 메를로퐁티는 개시의 순간에 타자의 역할을 강조하는데, 이것이 하이데거와 메를로퐁티의 차이점이라고 할 수 있다. 이러한 맥락에서 메를로퐁티의 철학을 상호주체성의 철학이라고 이름 붙일 만하다. 한편, 하이데거의 철학에서 존재의 개시에 대한 설명으로는 홍성민(2017: 205~236) 참조.

제도와 문화적 침전 안에서 허용된 것이기 때문이다. 따라서 '소위 공통된 언어'라는 것은 타자와 공유하는 익명의 육체성(la corporeéité anonyme)이라고 할 수 있다(Merleau-Ponty, 1995a: 194~195).

필자가 추정하기로, 여기서 익명이라는 수식어가 붙은 까닭은 나와 타자의 소통에서 의미가 결정되는 것은 장(champ)의 논리에 따라서, 상황에 따라서 달라질 수 있기 때문이다. 메를로퐁티가 항상 강조하는 것은 육체를 통한 언어적 표현은 존재의 문제이면서, 동시에 행동의 문제라는 점이다. 표현은 공통의 문화적 기반을 통해서 결정될 수 있지만, 그에 대한 해석과 의미 결정은 행동의 결과에 따라서 언제든지 달라질 수 있다. 필자가 판단하기에 이것이야말로 타자와의 윤리적 부분과 새로운 변혁의 윤리를 동시에 포착할 수 있는 지점이다.[24]

한편 흥미로운 사실은 메를로퐁티가 나와 타자의 공존을 사회계급이라는 개념으로 풀어 설명한다는 점이다. 2부 4장 12절에서 '사회적인 것'을 설명하면서 계급의 문제를 거론한다. 1917년 러시아 혁명을 언급하며 메를로퐁티는 당시의 농민과 노동자들이 합류할 수 있었던 것은 동일한 운명을 느꼈기 때문이라고 설명한다. 따라서 계급이란 의지의 대상이 아니다. 오히려 체험의 문제다. 계급의 문제는 상호주체성의 개념을 사회과학의 수준으로 확대시켜 나가는 중요한 단초가 되는 만큼, 메를로퐁티의 입장을 조금 더 자세히 살펴볼 필요가 있다. 1부 5장의 말미의 주석에서도(269~270) 계급 개념을 자세히 설명한다. 여기서 그는 역사유물론을 비판한다. 노동자의 의식을 역사의 대상

---

24) 메를로퐁티는 여기서 제도(institution)와 문화적 침전(lla sédimentation de la culture)을 거의 동의어로 사용하는데, 이것은 언어적 소통에 사회적 조건이 전제되어 있음을 시사한다. 즉 문화적 침전은 타자와 내가 소통을 하는 데 필요한 언사와 행동을 규정해 주며, 이것이 소통의 공통성으로 작용하는 것이다. 그리고 그러한 문화적 침전이 가시적인 형태로 등장한 것이 바로 제도라고 볼 수 있겠다. 이것을 소쉬르의 언어 이론에 대비해 설명할 경우, 제도에 해당하는 것이 랑그라고 한다면, 문화적 침전에 해당하는 것이 파롤이 되겠다.

으로 파악하는 오류를 범했다는 것이다. 여기서 1917년 러시아 혁명을 다시 언급하면서 역사의 발전 방향은 경제적 논리로 설명할 수 없음을 강조한다. 따라서 혁명의 주체도 경제 논리에 의해서 설명할 수 없다. 메를로퐁티는 생산자로서의 계급이 아니라 '살아 있는 주체'로서 계급을 설명하려고 한다. 즉 자신의 삶에 의미를 부여하는 자, 사랑하고 증오하는 자로서의 인간이 바로 역사의 주체라고 판단한 것이다. 그런데 살아 있는 주체는 인간의 상호 관계에서 탄생한다. 그리고 모든 사회적 활동은 문화적 현상으로 다른 현상들과의 연계성 내에서 파악될 수밖에 없다.

『보이는 것과 보이지 않는 것』을 중심으로 후기 사상의 특징을 간략히 살펴보자. 이 책은 메를로퐁티의 유고집이며, 그가 향후 집필하려고 했던 저서의 기획서에 해당한다. 따라서 엄밀한 사유체계가 기술되어 있지 않다. 다만 이 저서를 통해서 후기 메를로퐁티의 사유체계가 어떻게 바뀌었는지를 추적할 수 있을 것이다.

일단 그는 이 책의 첫 번째 장인 「반성과 물음(Réflexion et interrogation)」에서 자신의 작업 목표를 세계에 속한다 함이 무엇을 의미하는지 밝히는 것이라고 쓰고 있다(메를로퐁티, 2004: 22). 이 질문은 하이데거 이래 존재론의 가장 근본적인 질문인데, 메를로퐁티는 『지각의 현상학』에서 육체의 문제를 연구하며 세계-내에 던져진 몸의 특징을 설명해 왔다. 즉 육체를 통한 지각의 문제를 설명하는 것이 핵심이었고, 이것은 존재 자체에 대한 고민이 더욱 중요했음을 의미한다. 그런데 후기 유고작인 『보이는 것과 보이지 않는 것』에서는 몸과 사물의 관계를 탐구하려 한다. 존재 자체의 문제가 아니라 존재와 세계의 관계에 대한 문제 설정을 고민하게 된 것이다. 물론 여기서도 실존하는 나와 타인과의 관계를 도외시하지 않는다. 여전히 타인과의 관계가 공통적인 감성 세계를 통해서 형성되고 있음을 강조하며(29), 철학의 본질은 나와 타자를 이어주는 삶의 공통 기반을 탐구하는 것이라고 주장한다.

그러나 이러한 공통 기반이라는 개념이 『지각의 현상학』에서와는 사뭇 달라

보인다. 적어도『지각의 현상학』에서 나-타자를 매개하는 연결고리를 사회적 배경과 문화적 조건이라고 규정했고, 여기서 언어의 중요성을 강조했다. 그렇지만,『보이는 것과 보이지 않는 것』에 와서는 공통 기반이 점차 자연과 사물로 옮겨 가는 인상을 준다. 필자의 이러한 판단을 뒷받침해 주는 근거가 바로 이 책의 마지막 장인「얽힘-교차(L'entrelacs - le chiasme)」다. 여기서 메를로퐁티는 신체 도식이라는 개념 대신에 살(chair)이라는 개념을 사용하면서 새로운 사유의 차원을 보여준다. 이러한 자연주의적 존재론은 그의 강의록『자연(La Nature)』에서도 지속된다. 여기서 인간의 육체성은 인간-자연의 관계며 이미 의식의 철학을 벗어나고 있다. 여기서 상호주체성은 동물성과 인간성의 관계와, 다른 한편으로는 미학적 감각으로 확대되어 간다(Merleau-Ponty, 1995: 270).

5. 감수성의 영역과 공론 영역의 종합

필자의 판단에 따르면 하버마스, 레비나스, 메를로퐁티의 사상은 상호 간에 보완적인 역할을 한다. 다시 말해 사상가 세 명의 사유체계를 통합함으로써 현대 민주주의가 필요로 하는 새로운 통합의 논리를 찾아낼 수 있다고 생각한다. 그래서 세 학자의 사유 체제가 가진 장점과 단점을 간략히 살펴보고 어떤 방식으로 통합될 수 있을지를 검토해 보고자 한다.

첫째, 레비나스의 사상은 계몽적 이성에 근거한 민주주의의 결함을 극복할 수 있게 해준다. 예를 들어 현대 민주주의 이론의 전형이라고 할 수 있는 하버마스의 경우를 살펴보자. 이들이 주장하는 민주정치의 모습은 인간의 이성적 능력을 바탕으로 한 합의 모델이었다. 하버마스는 생활세계의 개인들이 왜곡된 의사소통체계에 의해서 지배받고 있기 때문에, 건전한 사회적 합의가 어렵다고 진단한다. 따라서 공론장이 회복되거나(초기 사상), 이상적 대화 상황(후기 사상)이 확보된다면, 개인들은 이른바 소통적 이성을 발휘해 사회적으

로 유용한 합의에 도달할 수 있다고 전제한다.[25]

　필자가 생각하기로 하버마스의 합리적 소통 능력이란 순진한 이상주의로 전락할 가능성이 높다. 실제로 현실 정치에서는 이러한 이성적 합의가 이루어지지 않는 것이 더 일반적이다. 오히려 합의보다는 갈등이 더 치열해지는 것이 사실이다. 더구나 소통이성론 대한 반증으로 등장한 사례를 보면, 적대적인 세력이 서로 토론을 하면 오히려 적의가 더 강화되어 합의 자체가 불가능해지는 경우가 있다(요시다, 2015: 123). 상식적으로 보더라도, 롤스나 하버마스가 생각하는 '무지의 베일'이나 '이상적 대화 상황'은 실험실에서나 가능한 일이다. 차라리 현실 정치를 직시한다면, 서로 질투하고 시기하는 감정의 진흙탕에서 어떤 방식으로 합의가 가능한지를 질문하는 것이 더욱 설득력이 있다.

　바로 이러한 맥락에서 레비나스의 환대 모델이 우리에게 큰 함의를 준다. 레비나스는 칸트와 같은 이성중심주의 모델에 반대하면서, 인간의 감정을 기반으로 하는 타자 윤리를 주장했기 때문이다. 그에게 정치윤리란 법적 테두리를 넘어 새로운 규범을 만들어가는 변혁의 힘이다. 그런 의미에서 하버마스(그리고 롤스)로 대변되는 자유주의 정치의 한계를 넘어서고 있다. 그의 사유체계는 인간의 감정이 책임성에 기반해 타자를 수용하라는 명령을 전달한

---

25) 한편 롤스의 경우 개인의 사적 이해관계(rational)가 공적 이해관계(reasonable)로 질적 전환이 가능한 이유는 무지의 베일(veil of ignorance)이라는 과정을 통해서 일정한 합리적 추론이 가능하기 때문이다. 즉 개인 각자가 상대방의 의지, 인지 수준, 계급 위치 등을 모른다고 가정할 때, 가장 합리적인 결정을 내리게 된다는 것이다. 그 이유는 내가 최소 수혜자가 될 수 있는 상황을 가정할 수 있는 이성적 능력이 있기 때문이다. 따라서 이러한 이성 능력으로 인해서 정치공동체의 인간은 자신의 이해관계를 무한대로 추구하는 '소유적 개인'이 아니라, 상대방의 이해관계와 나의 이해관계를 절충할 수 있는 '합당한 개인'이 된다. 이것이 바로 롤스 사회정의론의 기본 전제다. 이러한 맥락에서 보면 하버마스와 롤스는 모두 칸트의 사상에 입각해 현대 민주정치의 모습을 그리고 있다.

다. 정치적으로 국민들의 감정 조절이 정치적 타협에 대단히 중요한 요인이라는 점을 일깨워 주었다. 또 새로운 사회 비전은 토의의 과정 이전에 원초적 감성에서 출발한다는 점도 알려주었다.

둘째, 그러나 레비나스의 환대 모델에는 나와 타자의 감정 대립이 어떻게 조화되는지에 대한 설명이 없다. 또 사회적으로 누구나 동의할 수 있는 윤리의 기본이 무엇인지에 대한 숙고가 부족하다. 극단적으로 표현하면 레비나스의 환대에 대한 연구는 타자에 대한 책임성만이 있을 뿐 타자에 대한 나의 반응에 대해서는 전혀 고려하고 있지 않다. 즉 감정의 반목과 수동성에 대해서는 아무런 언급이 없다. 이러한 관점에서 필자는 레비나스의 타자 이론이 '신학적 책임주의'에 빠져 있다고 판단한다. 이러한 논리로는 현실 정치에서 나/너의 대립적인 관계를 올바로 처방하기가 어렵다.

셋째, 이러한 맥락에서 메를로퐁티의 육체에 대한 연구가 큰 의미를 갖는다. 아래서 순차적으로 메를로퐁티의 사상적 의미를 간략히 정리해 보자.

① 메를로퐁티는 감정의 문제를 사유하면서 구체적인 연구의 대상으로 신체 도식에 주목했고, 이것을 발전시켜 타자와의 상호주체성을 핵심 주제로 삼았다. 그리하여 감정을 기반으로 하는 정치적 윤리가 어떻게 가능할지에 대한 중요한 실마리를 제공한 것이다. 예를 들어 그가 제시하는 현상학적 인간관에는 신체 도식이 인간의 감정을 구체적으로 포착할 수 있는 대상을 보여준 셈이다. 더구나 메를로퐁티의 육체는 세 가지 서로 다른 층위를 포함하고 있다. 첫째, 생체론적 의미(『행동의 구조』), 둘째, 현상적 의미, 셋째, 사회적 의미(『지각의 현상학』)가 그것이다. 그래서 레비나스가 빈 자리로 남겨 두었던 감정의 수동성/능동성의 양면을 모두 파악할 수 있도록 해준다.[26] 특히 타자

---

[26] 감정의 수동성과 능동성이라는 개념은 스피노자에게서 빌려 온 것이다. 수동성이 부정적이고 대립적인 감정을 지시한다면 능동성은 긍정적이고 타자와 타협하려는 감정의 성향을 지시한다.

에 대한 육체 이론에서는 나-타자를 연계하는 이른바 상호주체성의 논의가 대단히 세련되게 정리되어, 현대 민주정치에서 감정(사랑)을 기반으로 하는 합의와 사회적 관습을 기반으로 하는 연대의 가능성을 추출해 내기가 쉽다.

② 개인적 수준에서 감정의 극대화가 국가 공동체 내에서 인정받을 때 민주정치의 건강함이 보장될 수 있을 것이다. 바로 이러한 개인의 감정과 타자와 관련성을 설명하는 개념이 바로 메를로퐁티의 상호주체성이다. 타자의 감정과 나의 감정은 육체를 매개로 해서 깊숙이 연결되어 있으며, 이것이 나의 행동 감각(신체 도식)으로 자리를 잡는다. 따라서 내 감정의 능동이 타인의 감정에도 능동으로 작동하는 순간 민주주의가 순기능을 하게 되는 것이다. 필자는 여기서 나-타자의 신체 도식을 사회적인 수준에서 훈련시키고, 나-타자의 상호성을 깨닫게 해주는 영역을 바로 '공감 영역(empathic sphere)'이라 명명하고자 한다.27) 이러한 호칭은 하버마스가 이성이 발동되는 장을 공공 영역(public sphere)라고 이름 붙인 것에서 착상해 본 것이다. 그런데 필자가 제안하는 공감 영역은 반드시 감정의 논리만이 작동되는 영역이 아니다. 왜냐하면 메를로퐁티의 사상에 있어서 육체의 문제는 언제나 감정과 이성이 교차하고 있기 때문이다.

그러나 메를로퐁티의 상호주체성은 개인과 타자의 관계를 설정할 뿐 시민사회나 국가를 상정하고 있지는 않다. 철학자로서 메를로퐁티의 사상적 관심은 결국 인간의 존재론에 머물고 있기 때문이다. 따라서 필자는 메를로퐁티의 상호주체성 모델은 하버마스의 소통 모델과 다시 접목되어야 한다고 본다. 그래야 인간존재론에서 시민사회론과 국가론으로 확장될 수 있기 때문이다.28)

---

27) 강미라는 메를로퐁티의 상호주체성을 설명하면서 공감의 개념을 가장 먼저 차용한 국내 학자이다. 강미라는 상호주체성이란 결국 언어적·문화적으로 만들어진 의미의 세계가 공유되는 것을 가리킨다고 제안한 바 있다(강미라, 2015: 46~47).

28) 메를로퐁티의 상호주관성이 시민사회 모델을 넘어서 국가 모델로 넘어서지 못한 것은 사실이다. 그렇다고 반드시 시민사회로 확장하기 위해서 하버마스에 기대어야 한

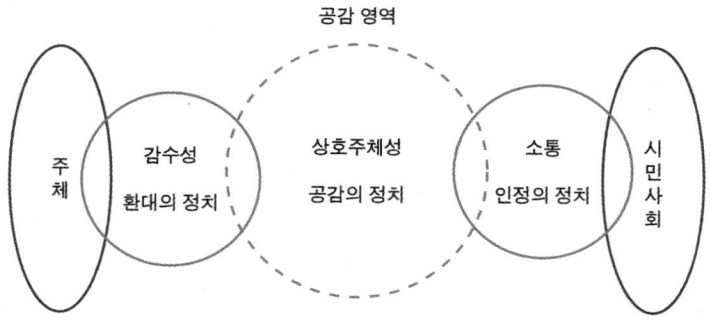

그림 2-1 민주주의를 지탱하는 세 하부 영역

공감 영역

주체

감수성
환대의 정치

상호주체성
공감의 정치

소통
인정의 정치

시민사회

지금까지의 논리를 간략하게 정리하자면 개인의 감수성은 타자에 대한 현현으로 촉발되고(레비나스), 이것은 문화적 습관에 따라서 결정되는 상호신체성에 의해서 매개되며(메를로퐁티), 궁극적으로 제도적인 영역에서 법적인 권리를 논하면서(하버마스) 민주주의 모델이 완성되는 것이다. 즉 '환대의 정치(돌봄의 모델)'-'공감의 정치(상호주체성의 모델)'-'인정의 정치(소통의 모델)'이 민주주의를 지탱하는 세 가지 하부 영역이라는 것이다.[30] 지금까지 논의를 그림으로 설명하면 〈그림 2-1〉과 같다.

다는 뜻은 아니다. 예를 들어 스피노자는 인간의 감정을 기반으로 사회계약과 국가의 형성이 어떻게 가능한지를 보여주고 있기 때문이다. 이 점에 대해서는 홍성민(2016: 9~45) 참조. 그러나 메를로퐁티의 상호주관성이 하버마스 모델을 통해서 확장되는 것은 분명 법적-제도적 절차를 중요시하는 현대 민주주의 시스템 아래서는 무시하기 어려울 것이다.

29) 테리 이글턴(Terry Eagleton)은 윤리학의 세 영역을 자크 라캉(Jacques Lacan)의 용어를 빌려와 상상계-상징계-실재계 세 가지로 분류한 바 있다(이글턴, 2017). 또 아냐 데일리(Anya Daly)는 현대 심리학의 영향을 근거로 인간의 공감은 세 가지 단계를 통해서 발전해 간다고 말한다(Daly, 2016: 255). 즉 친근감(fellow-feeling), 구체적인 상호작용(concrete interaction), 인지적 과정(cognitivie knowledge)이다. 필자는 두 학자가 서로 다른 이름으로 명명한 세 가지 세 영역이 각각 돌봄의 영역-공감의 영역-소통의 영역에 대응될 수 있다고 과감히 주장하고 싶다. 또 이것은 호네트가 인정

6. 소통 개념의 확장

　그동안 한국에서는 민주주의가 절차적인 것으로 이해되어 왔고, 소통이란 대화라고 인식되었던 것이 사실이다. 이때 대화란 정치 주체의 대면적 상황을 전제로 한 것이겠다. 그래서 민주주의 완성은 제도적 합리성과 언론의 공공성을 확보하는 것에 초점을 맞추어왔다. 그리고 필자의 판단으로는 이러한 착상의 근거에 하버마스의 사상이 큰 역할을 해왔다. 그러나 현실에서 보면 제도적 발전이 소통의 위기를 심화시키는 것은 아닌가 의심되기도 한다. 왜 그럴까? 무엇이 문제일까?

　필자는 이것이 하버마스가 상정한 소통의 개념이 인식론적으로 잘못된 근거에서 출발했고, 나아가 한국 사회에서 생각하는 소통의 개념이 지나치게 협소하기 때문에 발생한 것이라고 진단한다. 그래서 이 문제를 해결하기 위해서 하버마스부터 시작해 레비나스와 메를로퐁티를 통과하며 소통의 개념을 확장시키기 위해 노력하고자 한다. 즉 소통 = 대화라는 좁은 패러다임에서 벗어나 확장된 소통의 개념 안에서 공감이 어떤 역할을 하는지 살펴보고자 하는 것이다.

　하버마스의 생각에 정반대편에 있는 사상가가 바로 레비나스일 것이다. 그에게 타자 인식은 감수성으로부터 촉발된다. 그가 후설의 타자 인식을 비판하면서 자아의 전체성, 혹은 '동일자의 제국주의(Impérialisme du Même)'라고 명명했던 이유는(김연숙, 2018: 63) 인간의 타자 대면이 표상이나 의식을 통해서 이루어진다고 한정했던 후설의 생각이 지나치게 편협하다고 보았기 때문이다. 필자는 이러한 레비나스 후설 비판이 하버마스의 의사소통 행위 단계에 그대로 적용될 수 있다고 생각한다. 적어도 레비나스의 영향을 받아, 필자가

의 영역을 배려의 영역-사려의 영역-연대의 영역으로 구분한 것과도 일치한다(호네트, 2008: 234).

판단하기로는, 인간의 타자 대면은 무감각한 의식의 작용이라기보다는 희로애락에 노출된 인간의 향유로 나타나기 때문이다. 레비나스의 설명에 따라서 필자가 추론하자면, 하버마스가 생각하는 감성은 지나치게 협소한 것이다. 왜냐하면 레비나스가 말하는 감수성은 감정적인 흐름과 지능의 역할을 동시에 수행하고 있기 때문이다. 그리고 이러한 감수성은 이 세계에 '처해 있음(il y a)'을 의미하고, 이것은 먹고, 자고, 일하는 일상의 삶을 의미한다. 여기에서 드러나는 주체는 사랑하고 분노하며, 타인을 향유하는 삶을 살고 있다. 따라서 우리가 근원적으로 마주하는 세계는 지향성이나 의식 작용의 세계가 아니라 근원적 감각들로 접근 가능한 요소들의 세계다(김동규, 2013: 18). 그리고 타자를 마주하는 태도 역시 이러한 요소 체계를 향유하기 위한 감각적인 것과 직접적으로 접촉하는 계기다(김동규, 2013: 5~28). 또 타인과의 대화도 학습을 통한 정보의 소통이 아니다. 타인과의 소통은 차라리 신체를 통한 감수성의 촉발 그 자체다. 그런 의미에서 감수성(befindlichkeit, affectivité)은 공포, 두려움, 불안 등을 포함하며, 여기에는 상처받기 쉬움도 있다. 이것이 바로 타인을 상대하는 주체의 수동성이다. 레비나스는 바로 의식의 철학, 주체의 철학이 배제해 왔던 감수성을 다시 회복하고, 이를 기반으로 타자의 문제를 해결하려 했던 것이다.

레비나스 사상의 의미는 결국 잃어버린 감수성을 회복하는 데 있고, 구체적인 방법의 하나로 문학 교육 확대를 제시한 것에서 찾을 수 있겠다. 왜냐하면 레비나스의 글 중에 드물게 문학평론에 해당하는 것이 있는데(Levinas, 1966), 여기서 그는 막스 피카르트(Max Picard)가 쓴 소설의 제목인 '인간의 얼굴'을 자신의 철학적 개념어로 차용하면서 현실 세계에 대한 비참함을 고발했기 때문이다. 레비나스는 소설을 통한 언어적 표현이 바로 타자의 현현이라고 말한다. 그리고 인간의 상처, 고통, 트라우마를 느끼지 못하는 현대 생활을 비판하면서 문학작품을 통한 감수성 촉발을 기대한 것이라고 필자는 해석하고자 한다. 즉 오늘날 감수성을 잃어버린 한국 사회에 레비나스의 사상은 무엇을 가르치고 어떻게 교육해야 할지를 알려주는 중요한 지침이 될 것이다. 그리고 이것은 분명 콜버그와 하버마스가 해결할 수 없는 소통의 한 부분임에 틀림없다. 즉 감수성을 기반으로 한 소통, 이것이 한국 사회가 복원해야 할 큰 과제 중에 하나다.[30]

　　그러나 이러한 레비나스의 사상에도 문제가 없지 않다. 레비나스가 말하는 감수성이란 원초적 타자 지각에 해당할 뿐이다. 사랑, 분노, 두려움 등은 분명 타자 지향적 경험이기는 하나, 이것은 단순히 타자에 대한 끌림에 해당한다고 볼 수 있다. 즉, 선천적인 본능에 가까운 것이라는 점이다. 물론 레비나스는 여기에 발생심리학의 이론 대신 신학의 논리를 끌어들여 원초적 본능이라는 비판을 벗어났다. 후설도 이미 이러한 타자에 대한 원초적 감각을 타자에 대한 소통적 자각과 다른 것으로 분류한 바 있다. 필자는 이러한 원초적 본능이 결국 문화적 상호주관성을 거쳐 소통적 타자 인식으로 진행한다고 생각하는 바이다. 그래서 이 대목에서 상호주관성의 단계가 중요하다는 점을 강조하고 싶다. 예를 들어 현대 심리학의 발전에 근거해서 자폐증을 설명하는 이론을 보면 자폐의 원인을 개인의 심인적 취향이나 애착 결핍에서 찾기보다는 어린 아이가 놓인 주변 환경, 부모의 양육 태도, 사회적 체제 등과 같이 사회문화적 요인에서 찾는 경우가 있다(바론코헨, 2005; 이종주, 2012: 91~137). 이처럼 인간의 본능이라고 생각되던 애착의 문제도 결국은 사회문화적 요인과 밀접하게 연결되어 있다는 것을 강조하는 추세이다. 그런데 사회문화적 요인을 근거로 인간의 감성을 해석하고 있는 학자가 바로 메를로퐁티다. 이런 맥락에서 메를

---

30) 사실 이러한 레비나스의 입장은 신자유주의를 살아가는 오늘날 한국 현실에 큰 울림을 준다. 예를 들어 『우리는 어떻게 괴물이 되어 가는가(Identiteit: und ich)』(베르하게, 2015), 『아무도 남을 돌보지 마라』(엄기호, 2009) 따위 책들이 한국 학계에서 큰 반향을 불러오는 것을 두고 볼 때, 신자유주의 시대를 살아가는 한국의 청년들은 타자의 고통을 느낄 수 없는 괴물로 변해가고 있는 것인지 모른다. 한편 레비나스의 교육학적 의미에 대해서는 우정길(2009: 151~174) 참조.

로퐁티의 사상은 공감의 문제를 의미 있게 성찰한 사상가로 현대적인 의미를 다시 음미해 볼 필요가 있다.

소통 개념의 확장이라는 시각에서 메를로퐁티의 상호주체성이 갖는 의미를 평가해 보자.

첫째는 개인주의 철학을 넘어서는 새로운 소통의 모델이다. 위에서 우리가 살펴본 바와 같이 메를로퐁티는 나-타자의 소통이 의식이나 표상이 아니라 신체 도식에 기반하고 있다고 본다. 이러한 신체 도식은 개인의 이성적 판단과 함께 감성적 요인을 포함한다. 즉 육체의 활용을 보면서 필자는 타자의 의식과 감정을 동시에 읽고 수용할 수 있다.

둘째는 사회적인 주체성을 바탕으로 공감과 연대를 구성할 수 있는 모델이다. 메를로퐁티에 따르면 나-녀의 신체 도식은 일정한 사회적 환경과 조건에서 형성된 것이며, 역사적으로 침전되어 온 결과물이다. 메를로퐁티 철학에서 상황(situation)과 침전(sedimentation)라는 용어가 자주 등장하는 이유가 바로 여기에 있다. 그래서 그는 습관이라는 단어를 신체 도식과 동일한 의미로 사용한다. 내가 타자를 수용하는 방식은 역사적이고 사회적인 습관 속에서, 선객관성(Pre-obejective)으로 결정되는 것이다. 타자를 수용하는 방식이 나의 신체 도식에 각인되어 있다고도 말할 수 있다. 한발 나가면, 타자와의 관계는 인식의 수준이 아니라, 행동 감각(Le sense pratique)에서 결정된다. 이러한 행동 감각은 집단의식이나 집단적 관습으로 자리 잡게 된다.

셋째, 메를로퐁티의 사상에 근거해서 보면 공감이란 주관과 객관의 종합에 해당한다. 예를 들어 타자에 대한 이해가 언어적 표현을 통해서 가능하지만 이때 언어란 반드시 표상을 의미하기보다는 인간의 신체적 습관에 각인된 신체 도식과 더욱 밀접하다. 즉 언어의 의미가 사회적 배경에 의해서 결정된다는 뜻에서 보면 객관적이지만, 그것을 해석하는 개인의 신체 도식은 실존이 처한 상황에 따라 달라진다는 점에서 주관적이다(Low, 2012: 68). 이렇게 두고 보면 하버마스적 소통을 대면적-객관적 소통으로 해석하고, 레비나스의 소통을 감성적-주관적 소통이라고 할 경우, 메를로퐁티는 두 가지를 종합한 소통 모델이라고 할 수 있을 것이다. 이런 맥락에서 필자는 메를로퐁티의 소통 모델을 '공감적 소통 모델'이라고 부르고자 한다. 다시 말해 그동안 소통의 모델이 감성 영역과 공적 영역으로 분리되어 전자는 주로 문학이나 신학의 언어로 설명되어 왔고, 후자는 주로 합리성이나 논리적 추론의 언어로 설명되어 왔다면, 이제 메를로퐁티의 공감적 소통은 육체의 사회적 습관과 훈련이라는 언어로 설명될 수 있겠다. 이것은 그동안 민주주의 모델이 해결하지 못했던 감정과 이성의 종합을 이루는 새로운 해결책이라고 평가할 수 있겠다.

예를 들어 필자는 메를로퐁티의 상호주관성에 착안해 서양정치사상사에서 그동안 상대적으로 무시되었던 지적 흐름을 발견하고, 현대적으로 새롭게 공감민주주의 모델을 제도적으로 구축할 수 있다고 생각한다. 그러한 지적 흐름의 첫 번째 사상가로서 토크빌을 꼽을 수 있겠다. 그는 『미국의 민주주의(De la démocratie en Amérique)』 1권에서 미국의 연합헌법과 정치제도를 연구함으로써 미국의 민주주의가 성공할 수 있었던 요인을 탐구했고, 2권에서는 인간의 마음에 영향을 주는 생활세계의 요인(문학작품의 유행, 인간관계의 특성, 생활의 습관 등)을 분석함으로써 민주적 감수성을 연구했다. 이처럼 객관(제도)과 주관(민주적 습속)은 민주주의 발전에 있어서 '상호 역임'(이것이 메를로퐁티가 자주 사용하는 상호주관성에 해당하는 설명어이다)이라는 사실을 토크빌은 먼저 간파하고 있었다. 그리고 두 번째로 20세기 초반 뒤르켐의 사회학을 주목하고자 한다. 필자는 토크빌의 문제의식이 뒤르켐의 사회학에 깊숙이 전달되고 있다고 평가하고 있다. 즉 뒤르켐은 사회적 혼란의 시기를 맞이해 '제도적 연대'를 강조한 바 있다. 이것은 결국 자본주의라는 객관적 사회제도와 그에 상응하는 인간의 마음이 서로 조응해야 한다는 사실을 암시한 것이다. 세 번째로 미국 사회학의 흐름에서 '마음의 습관'(벨라 외, 2001) 혹은 '사회적 상호작용'(Collins, 2009)을 강조하는 일군의 학자들을 중요하게 생각하고 있다. 이들은 각각 토크빌과 뒤르켐의 전통을 이어받아 사회적 유대를 통해서 정치적 안정을 찾으려는 시도를 한다. 이를 두고 필자는 국가론의 사회문화적 접근이라고 불러보고 싶다.[31] 마지막으로 메를로퐁티와 부르디외 사회학의 연관성에 주목하면서 '사회적 감수성', '사회적 감각'을 강조하는 흐름이 있다(Ostrow, 1990). 이것은 다문화 시대가 요구하는 공존 논리를 체제 변화에 조응하는 인간의 감수성에서 찾으려 한다거나(Thompson, 2005), 현대 세계질서의 변화를 지역 체제와 감정의 특성으로 설명하는 지적 흐름과 연결될 수 있겠다(모이시, 2010).

필자는 위에서 정리한 공감민주주의 모델 연구를 개발하는 것을 앞으로의 과제로 남겨두고자 하며, 이를 두고 상징국가론의 연구 과제라 불러보고자 한다. 이것은 부르디외의 유작에서 자극을 받아 필자가 고안해 낸 용어인데(Bourdieu, 2012), 기왕의 민주주의 모델과 국가론의 연구 영역과는 차별된다. 예를 들어 영미의 전통이 계약론을 강조해 왔고, 독일의 전통이 합리적 소통 모델을 강조해 왔는데, 이것이 한국 사회에는 자유주의 정치 이론, 혹은 소통민주주의 모델로 전파되었다. 한편 독일의 전통에서는 사회를 감성사회(gemeinschaft)와 이익사회(Geselleschaft)라는 이분법으로 분류하고는 이것을 어떻게 종합할지를 두고 지적인 방황을 해왔던 것이 사실이다(박홍성, 2009: 1장). 그런데 필자는 위에서 정리한 지적 흐름을 통해서 계약론과 소통민주주의 혹은 감성사회와 이익사회의 이분법을 종합할 수 있는 새로운 길을 찾을 수 있을 거라 믿고 있으며, 이것을 다음의 연구과제로 공표하고자 한다. 왜냐하면 이 작업은 홀로 진행하기보다는 함께 연구하는 집단지성의 역할이 보다 중요하다고 판단하기 때문이다.

한편 이러한 감정과 이성(주관과 객관)의 종합 모델로서 민주정치의 모델은 유교와 관련해 논의할 수도 있겠다. 왜냐하면 감성과 육체의 역할에 대해서는 유교적 사유체계가 오랫동안 주장해 왔기 때문이다. 에임즈가 잘 지적했

---

31) 한국에서는 김홍중(2009; 2016 참조)이 이러한 흐름을 대변하는 것으로 볼 수 있겠다.

듯이 동양의 세계관은 서양의 이분법과는 달리 몸과 영혼의 일체론을 주장했고, 이것은 나와 타자의 관계를 하나의 혼연일체로 간주하는 생활윤리의 토대가 된다(Ames, 1993). 따라서 유교적 생활세계란 이성적 판단의 영역이라기보다는 공감 영역으로 존재했다고 생각해 볼 수 있을 것이다. 예를 들어 일상에서 몸을 다스리는 다양한 방식들이 존재했고, 이를 터득하는 것이 사생활에서 대단히 중요한 교육과정이었다. 특히 몸을 훈련시키는 과정이 타자와의 관계 속에서 형성되었다는 점에서 생활윤리의 기본이었다. 이러한 생활윤리가 바로 예(禮)라고 할 수 있다.

같은 맥락에서 유교적 신체 도식은 개인을 다스리는 훈육 체계이면서(푸코), 동시에 타자와 나의 윤리적 지평을 확보하는 연대의 방식이었다(메를로퐁티). 더구나 이러한 예는 생활세계를 넘어서 국가의 예로 확장되는 것이 보통이다. 류수가 잘 지적했듯이 일상의 예악(禮樂) 문화는 곧바로 정치의 근간이 되었다(류수, 1994). 여기서 메를로퐁티가 지적했던 육체의 사회적 활용(정치적 활용)이 적용될 만하다. 다시 말해 생활세계에서 시행된 육체 훈련(신체 도식)이 사회적인 차원에서는 선비의 자격 요건으로서, 평민의 지켜할 도리로서 사회적 역할을 부여했다는 것이다. 물론 이러한 훈육 체계가 신분 질서를 공고히 하는 방향으로 작동하기도 했으나, 사회 윤리적 관점에서 재해석하고 발전시킬 자원이 충분히 담겨 있다고 필자는 판단한다.

선비 정신의 예를 들어 보자. 유교 국가란 여론으로 움직이는 통치 방식이 아니었다. 이것을 서양의 자유주의 전통에서 보면 미숙한 정치형태라고 평가절하 할 수 있으나, 필자는 여기서 집단정신이 형성되는 과정에 주목하고 싶다. 선비 정신이라는 것은 조선시대 유학 정치를 밑받침했던 집단 정신 체계였으며, 이것은 일상의 훈육 체계를 바탕으로 형성된 주체화의 과정이 사회적 신체 도식으로 발현되는 과정이라고 볼 수도 있다. 타자와의 관계는 인식의 수준이 아니라, 행동 감각(Le sense pratique)에서 결정된다. 이러한 행동 감각은 집단의식이나 집단적 관습으로 자리 잡게 된다. 이것이 토크빌이 강조했던 민주적 습속이라고 할 수 있겠다. 이것은 통치성의 한 형태로 보이며(푸코), 사회적 습관의 체계로 해석할 수도 있겠다(메를로퐁티). 따라서 필자는 유교적 생활세계에서 신체 도식이 형성되는 과정을 유교의 고전를 통해 탐색할 수 있다고 판단한다. 또 사회적 연대의 방식으로 집단정신이 형성되는 과정을 조선시대의 역사 자료 속에서 탐구해 볼 수 있다고 본다.

전자에서는 철학적 사유체계를 비교하는 방식으로 메를로퐁티와 푸코를 유교 고전과 비교할 만하며, 후자에서는 조선시대 지식인의 형성 과정을 구체적으로 살펴볼 수 있을 것이다. 이런 과정을 통해서 한국 사회가 현재 당면하고 있는 과제들(정치의 무관심, 불통의 정치)을 해결하는 실마리를 찾아볼 수 있을 것이다. 즉 메를로퐁티의 육체에 대한 사유체계를 유교의 육체에 대한 사유체계와 비교함으로써 현대사회에서 요구하는 새로운 소통의 논리를 찾을 수 있을 것이라고 필자는 확신한다. 이것도 다음의 과제로 남겨둔다.

7. 나가며: 공감과 정치교육의 문제

쉘러가 공감을 가치평가의 문제로 정의한 이후(쉘러, 2013), 현대 심리학의 영향을 받은 공감학에서는 일반적으로 공감이란 인간의 본원적 감성과 함께 인지적 요인이 함께 작동하는 과정이라고 개념 정의한다(박성희, 2017: 2장). 나아가 정의론의 문제가 공감의 발달 과정과 밀접하게 연결된다고 생각하는 학자도 있다. 이러한 연구의 핵심은 공감이 발생하는 절차가 무엇인지를 밝혀내는 것이다(호프만, 2011). 이것은 공감이 자연발생적이지 않으며, 일정한 교육과 훈련에 의해서 훈육된다는 것을 의미한다. 예를 들어 일상생활에서 명상이나 일기쓰기 등의 활동을 권장함으로써 타인에 대한 아픔과 슬픔을 간접 체험하는 기회를 갖도록 하자는 것이다(Kathleen, 2015). 여기에는 생활세계의 훈련이 사회적 문제를 바라보는 개인의 가치관에 영향을 주어, 공감의 역할과 대상이 확대될 수 있을 것이라는 기대가 근저에 깔려 있는 것이다.

이러한 심리학의 접근을 넘어서 사회문화적 차원의 정치교육에 대해 진지하게 고려해 볼 필요가 있겠다. 왜냐하면 메를로퐁티의 사상은 육체를 통한 상호주체성 형성이 바로 공감이라고 이해하는데, 이때 상호주체성의 성립은 바로 사회문화적인 맥락에서 발원되기 때문이다. 이른바 '상호 엮임'(권택영, 2011: 581~598)이란 주체가 놓인 문화적 현상과 밀접하게 연결되는데, 현대사회의 문화적 배경은 자본력에 지배를 받는 문화산업론에 의해서 결정된다. 테오도어 아도르노(Theodor Adorno)가 1930년대 문화산업론에서 강력하게 주장한 바 있듯이, 현대사회의 문화란 결국 대중문화이고 이것은 인간의 이성을 말살시키는 지배의 논리가 깊게 내장되어 있다. 이것이 결국 나치의 유태인 학살과 같은 인간의 잔혹성으로 드러나는 것이다. 따라서 우리가 이질적인 것이나 낯선 이웃에 공감하기 위해서는 개인적인 수준뿐만 아니라 사회적 수준에서 타자를 이해하는 문화 교육이 필요하다. 이러한 맥락에서 공감이 시대적 흐름을 반영하는 자연스러운 인류의 역사 발전의 단계로 생각하는 제러미 리프킨(Jeremy Rifkin)의 논리에 필자는 동의할 수 없다. 예를 들어 그는 신학의 시대-산업자본의 시대-지식 기반의 시대를 거치면서 소통 형태가 신학적 소통-합리적 소통-공감적 소통의 형태로 발전해 간다고 설명하는데, 이것은 마치 경제구조가 상부구조를 결정한다는 마르크스주의의 논리를 그대로 차용한 것으로 보인다(리프킨, 2010: 11장; 이기상·박범준, 2016: 262). 필자의 판단으로는 시대의 변화에 따라 소통의 수단과 방법은 변화하겠지만, 인간성의 변화란 기본적으로 교육에 의해서 이루어지는 만큼 시대가 요구하는 인간형과 그에 상응하는 정치교육의 내용을 숙고하는 것이 공감민주주의를 완성하는 데 대단히 중요한 과제라고 하겠다.

이제 통합의 문제는 한국 사회 전체를 가로지르는 핵심 사안이며, 향후 이 문제를 해결하는 방식 자체가 한국 사회의 미래를 결정하게 될 것이다(송복, 2013). 그래서 앞으로는 이질성을 포용하고, 나-타자를 공감하고, 타자에 대한 책임을 실천하는 것이 실질적인 민주주의 과제가 될 것이다. 따라서 정치교육이 중요하다. 왜냐하면 문화적 투쟁의 결과가 생활세계의 도덕 질서와 정치적 비전을 바꾸어놓을 수 있기 때문이다. 우리 사회에서 작동하는 수많은 감정정치의 흔적들, 예를 들어 지역주의의 잔상들, 노동자에 대한 표상들, 북한에 대한 상징들, 외국인에 대한 이미지들은 사실 문화적으로 수용된 것이며, 은유를 통해서 개인의 육체 위에 각인된 도식이라고 볼 수 있다. 즉 문화적 경험이 바로 개인의 도덕적 신체 도식을 결정하고, 이것이 집단적으로 표상되는 것이 한국 감정정치의 전형이다. 그렇다면 이러한 집단적 신체 도식을 변화시키는 것이 어떻게 가능할까? 잠정적으로 보자면, 세 가지 요인을 지적할 수 있겠다.

첫째는 가정교육과 공교육이다. 일상의 경험이 은유적으로 확산되어 가는 장이 바로 신체 도식을 만든다고 할 때, 가정과 학교야 말로 전형적인 공감 영역의 대상이라고 할 수 있다. 특히 자본의 논리에 정치교육의 자리가 축소되어 가는 현실에서 대학에서 정치교육을 어떻게 실천해야 할지를 두고 진지하게 고민해야 한다.

둘째는 소비문화에 대한 교육이다. 그동안 언론의 영향력은 충분히 강조되어 왔지만, 문화소비 현상이 정치에 대해서 미치는 영향력은 상대적으로 소홀하게 연구된 것이 사실이다. 그러나 소비화의 시대에 접어들면서 영화, 음악, 스포츠 등이 인간의 신체 도식에 미치는 중요성이 그 어느 때보다 고양되어 있다. 이른바 문화소비를 통해 확산되는 감성정치학의 의미를 고려해야만 한다. 최유진(2011)이 잘 지적했듯이, 전문적 음조의 변화는 일반인의 정치적 감수성도 바꾼다. 이러한 맥락에서라면 과거 프랑크푸르트학파가 주장했던 문화산업론의 수준을 넘어서는 감성정치학의 연구가 진행되어야 할 것이다.

셋째는 외국인에 대한 교육이다. 한국 사회에서 최근 10여 년 사이에 급속하게 진행된 외국인과 외국 문화에 대한 접촉은 국내정치에 매몰되어 있던 한국 정치를 세계화하고 있으며, 이를 통해서 지역정체성을 잃어버릴 가능성이 높아졌다. 민족주의와 세계주의를 변증법적으로 통합할 수 있는 한국정체성에 대해서 심각히 고민하고, 이를 교육 현장에서 실천할 수 있는 방안을 마련해야 한다.

이러한 문제를 해결하는 것인 바로 공감 영역에서 공감적 소통정치학이 해결해야 할 과제다. 공감민주주의와 정치교육의 과제는 다음 과제로 남겨둔다.

참고문헌

강미라. 2015. 「우리는 어떻게 공감하는가?: 메를로퐁티의 대답」. ≪해석학연구≫, 제36집.

강영안. 2015. 『타인의 얼굴: 레비나스의 철학』. 문학과지성사.

강영안·김정현·김혜령·문성원·서용순·손영창. 2017. 『레비나스 철학의 맥락들』. 그린비.

권택영. 2011. 「교감이론으로서 메를로퐁티의 '상호엮임'」. ≪영어영문학≫, 제57권 가을호.

긴스버그, 허버트·실비아 오퍼(Herbert Ginsburg and Sylvia Opper). 2006. 『피아제의 인지발달이론(Piaget's theory of intellectual Development)』. 김정민 옮김. 학지사.

김광기. 2012. 「관용과 환대, 그리고 이방인: 하버마스와 데리다를 중심으로」. ≪현상과 인식≫, 제36집 4호.

김도형. 2018. 『레비나스와 정치적인 것』. 그린비.

김동규. 2013. 「감각의 복원: 레비나스에게서 감수성과 촉발성」. ≪한국언어문학≫, 제50집.

김범춘. 2015. 「다문화 사회의 소통 패러다임으로서 레비나스의 타자성」. ≪통일인문학≫, 제57집.

김성경. 2018. 「북한 출신자와 사회만들기: 호혜성과 환대의 가능성」. ≪문화와 정치≫, 제5권 1호.

김연숙. 2002. 「레비나스의 평화윤리 연구」, ≪국민윤리 연구≫, 제63호.

_____. 2011. 「타자를 위한 책임으로 구현되는 레비나스의 양심」. ≪한국윤리교육학회≫, 제25호.

_____. 2018. 『레비나스의 "존재와 다르게: 본질의 저편" 읽기』. 세창미디어.

김정현. 2017a. 「상호성의 윤리와 타자 중심성의 윤리: 리쾨르와 레비나스의 조우」. 강영안 외. 『레비나스 철학의 맥락들』. 그린비.

_____. 2017b. 「타자의 철학자와 자문화중심주의」. 강영안 외. 『레비나스 철학의 맥락들』. 그린비.

김진. 2013. 「하버마스와 테러시대의 정치신학」. ≪철학연구≫, 제103호.

김현경. 2017. 『사람, 장소, 환대』. 문학과지성사.

김형효. 1996. 『메를로 뽕띠와 애매성의 철학』. 철학과현실사.

김혜령. 2017. 「레비나스 얼굴 윤리학의 진보적 수용: 주디스 버틀러의 적의 얼굴을 향한 정치윤리학」. 강영안 외. 『레비나스 철학의 맥락들』. 그린비.

김홍중. 2009. 『마음의 사회학』. 문학동네.

김홍중. 2016. 『사회학적 파상력』. 문학동네.

데리다, 자크(Jacques Derrida). 2004. 『환대에 대하여(De l'Hospitalite)』. 남수인 옮김. 동문선.

레비나스, 에마뉘엘(Emmanuel Levinas). 2004. 『시간과 타자(Le temps et l'autre)』. 강영안 옮김. 문예출판사.

_____. 2010. 『존재와 다르게(Autrement qu' être ou au-delà de l'essence)』. 김연숙·박한표 옮김. 인간사랑.

_____. 2014. 『존재에서 존재자로(De l'existence A L'existant)』. 서동욱 옮김. 민음사.

류수(柳肅). 1994. 『예의 정신: 예약문화와 정치(禮的精神: 禮樂文化與中國政治)』. 홍희 옮김. 동문선.

리쾨르, 폴(Paul Ricoeur). 2005. 「사랑과 정의(Amour et Justice)」. 최현 옮김. ≪시민과 세계≫, 제7호.

_____. 2006. 『타자로서의 자기 자신(Soi-Meme Comme un Autre)』. 김웅권 옮김. 동문선.

리프킨, 제러미(Jeremy Rifkin). 2010. 『공감의 시대(The emphathic civilization)』. 이경남 옮김. 민음사.

메를로퐁티, 모리스(Maurice Merleau-Ponty). 2002. 『지각의 현상학(Phénoménologie de la perception)』. 류의근 옮김. 문학과지성사.

_____. 2004. 『보이는 것과 보이지 않는 것(Le visible et L'invisible)』. 남수인·최의영 옮김. 동문선.

_____. 2008. 『행동의 구조(La structure du comportement)』. 김웅권 옮김. 동문선.

모이시, 도미니크(Dominique Moisi). 2010. 『감정의 지정학(The Geopolitics of Emotion)』. 유경희 옮김. 랜덤하우스.

문성원. 2012. 『해체와 윤리』. 그린비.

_____. 2018. 『타자와 욕망: 에마뉘엘 레비나스의 "전체성과 무한" 읽기와 쓰기』. 현암사.

바론코헨, 사이먼(Simon Baron-Cohen). 2005. 『마음: 자폐증과 마음이론에 관한 과학에세이(Mindblindness: An essay on autism theory of mind)』. 김혜리·이현진 옮김. 시그마프레스.

박성희. 2017. 『공감학: 어제와 오늘』. 학지사.

박신화. 2014. 「메를로-퐁티의 언어 이론과 철학개념」. ≪철학사상≫, 제51호.

박예은. 2016. 「레비나스의 타자윤리와 제3자의 정치철학」. ≪인문논총≫, 제73권 1호.

박원빈. 2011. 『레비나스와 기독교』,. 북코리아.

박정관. 2011. 「하버마스의 인권이론: 인도주의적 개입과 새로운 국제질서」. ≪공공정책과 국정관리≫, 제5권 1호.

박치완. 2012. 「레비나스의 얼굴, 윤리적 해석이 가능한가?」. ≪범한철학≫. 제64집.

박호성. 2009. 『공동체론: 화해와 통합의 사회정치적 기초』. 효형출판.

베르하게, 폴(Paul, Verhaeghe). 2015. 『우리는 어떻게 괴물이 되어가는가?: 신자유주의적 인격의 탄생(Identiteit)』. 장혜경 옮김. 반비.

벨라, 로버트·리처드 매드슨·윌리엄 M 설리번·앤 스위들러·스티븐 M 팁튼(Robert Bellah and Richard Madsen, William M. Sullivan, Ann Swidler, Steven M. Tipton). 2001. 『미국인의 사고와 관습: 개인주의와 책임감(Habits of Heart)』. 김명숙 외 옮김. 나남출판사.

서향숙. 2014. 「메를로퐁티의 살 존재론과 자연과의 공생」. ≪교양교육연구≫, 제8집 4호.

셸러, 막스(Max Scheler). 2013. 『공감의 본질과 형식(Wessen un Formen der Sympathie)』. 이을상 옮김. 지만지.

송복. 2013. 『통합: 누구와 어떻게 할 것인가』. 북오션.

엄기호. 2009. 『아무도 돌보지 마라: 인문학의 눈으로 본 신자유주의의 맨얼굴』. 낮은산.

요시다 도루(吉田徹). 2015. 『정치는 감정에 따라 움직인다(感情の政治學)』. 김상운 옮김. 바다출판사.

우정길. 2009. 「타자의 타자성과 교육학 지식: 레비나스의 타자성 철학에 대한 교육학적 소고」. ≪교육철학≫, 제45집.

우치다 다쓰루(內田樹). 2013. 『레비나스와 사랑의 현상학(レヴィナスと愛の現象学)』. 이수정 옮김. 갈라파고스.

월터스토브, 니컬러스(Wolterstorff, Nicholas). 2017. 『사랑과 정의(Justice in Love)』. 홍종락 옮김. IVP.

윤대선. 2012. 「레비나스의 윤리사상과 공공행복」. ≪한국윤리교육학회≫, 제29호.

_____. 2013. 『레비나스의 타자철학: 소통의 초월의 윤리를 찾아서』. 문예출판사.

이기상·박범준. 2016. 『소통과 공감의 문화콘텐츠학』. HUINE.

이동수. 2011. 「지구시민의 윤리: 퀑와 레비나스의 논의를 중심으로」. ≪한국정치연구≫, 제20권 1호.

이상형. 2011. 「정의와 유대성: 하버마스 정의 개념과 한계」. ≪동서사상≫, 제10호.

이종주. 2012. 「발달심리학과의 대화를 통한 메를로-퐁티의 타자경험의 현상학의 변용과 발전」. ≪철학과 현상학 연구≫, 제52호.

_____. 2015. 『타자의 철학과 심리학』. 부북스.

이글턴, 테리(Terry Eagleton). 2017. 『낯선 사람들과의 불화(Trouble with Strangers: A study of ethics)』. 김준환 옮김. 도서출판길.

임금희. 2015. 「정치공동체의 결속과 언어: 하버마스와 테일러」. ≪민주주의와 인권≫, 제15집 2호.

정미라. 2005. 「문화다원주의와 인정윤리학」. ≪범한철학≫. 제36호.

정병화. 2011. 「질서와 진보의 교차적 동학으로서의 실존철학적 변증법: 메를로-퐁티의 견해를 바탕으로」. ≪한국정치학회보≫, 제45집 4호.

_____. 2015. 「하버마스 소통가능성 테제의 재구성」. ≪한국정치학회보≫, 제49집 4호.

정지은. 2011. 「메를로-퐁티의 기능하는 자연」. ≪철학과 현상학 연구≫, 제48집 3호.

조광제. 2014. 『몸의 세계, 세계의 몸』. 이학사.

채석진. 2017. 「미디어 일상 환대: 매기된 타자와 적절한 거리 만들기」. ≪문화와 정치≫, 제4권 3호.

최유준. 2011. 『음악문화와 감성정치: 근대의 음조와 그 타자』. 작은이야기.

최재식. 1993. 「메를로-퐁티의 현상학에 있어 형태개념에 의거한 사회성 이론 1」. ≪철학과 현상학 연구≫, 제7집.

_____. 1996. 「삐아제의 발생적 인식론과 메를로-퐁티의 현상학: 사회성과 합리성의 확장에 관하여」. ≪철학과 현상학 연구≫, 제8집.

콜린스, 랜달(Randall Collins). 2009. 『사회적 삶의 에너지(Interaction Ritual Chains)』. 진수미 옮김. 한울엠플러스.

콜버그, 로런스·찰스 레빈·알렉산드라 휴어(Lawrence Kohlberg and Charles Levine, Alexandra Hewer). 2000. 『콜버그의 도덕성 발달이론(Moral Stages: A current formulation and a response to critics)』. 문용린 옮김. 아카넷.

테일러, 찰스(Charles Taylor). 1996. 『불안한 현대사회(The malaise of Modernity)』. 송영배 옮김. 이학사.

트론토 조안(Joan Tronto). 2014. 『돌봄 민주주의(Caring Democracy: Market, equality, and justice)』. 김희강·나상원 옮김. 아포리아.

크리텐든, 폴(Paul Crittenden). 2001. 「콜버그의 도덕발달이론에 대한 덕 윤리학적 비판(Justice, Care and Other Virtues: A critique of Kohlberg's theory of moral development)」. 김선구·이지헌 옮김. ≪교육연구≫, 제24집.

하버마스, 위르겐(Jürgen Habermas). 1982. 「노동과 상호행동 헤겔 예나 시대저작 '정신철학'에 대한 고찰(Arbeit und Interaktion: Bemerkungen zu Hegels Jeneser 'Philosophie des Geistes')」. 『이론과 실천(Theorie und Praxis)』. 홍윤기 옮김. 종로서적.

_____. 1997. 『도덕의식과 소통적 행위(Moralbewusstsein und kommnikatives handeln)』. 황태연 옮김. 나남출판사.

_____. 2000a. 『사실성과 타당성(Faktizitat und Geltung: Beitrage aux disjurstheorie des rechts und des demokratischen rechtsstaats)』. 한상직·박영도 옮김. 나남출판사.

_____. 2000b.『이질성의 포용(Die Einbeziehung des Anderen)』. 황태연 옮김. 나남출판사.

_____. 2006.『의사소통행위이론(Theories des kommunikativen Handelns)』. 장춘익 옮김. 나남
출판사.

한병철. 2016.『타자의 추방』. 문학과지성사.

한준성·최진우. 2018.「이주민 환대지수 지표체계 개발연구」. ≪문화와 정치≫, 제5권 1호.

헬드, 버지니아(Virginia Held). 2017.『돌봄윤리: 개인적 정치적 지구적(The Ethics of care:
Personal, political, and global)』. 김희강·나상원 옮김. 박영사.

호네트, 악셀(Axel Honneth). 1996.『인정투쟁(Kampf um anerkennung)』. 문성훈·이현재 옮김.
동녘.

_____. 2008.『정의의 타자(Das Andere der Gerechtigkeit)』. 문성훈 외 옮김. 나남출판사.

호프만, 마틴(Martin Hoffman). 2011.『공감과 도덕발달: 배려와 정의를 위한 함의들(Empathy
and Moral Development: Implications for caring and justice)』. 박재주·박균열 옮김. 철
학과현실사.

홍성민. 2016.「감정구조와 사회계약론: 루소와 스피노자」. ≪정치사상연구≫, 22집 2호.

_____. 2017.「의미발견과 타자윤리: 새로운 사회통합의 논리를 찾아서」. ≪한국프랑스학논집≫,
제98집.

Boltanski, Luc. 1990. *L'amour et La Justice Comme Compétences*. Paris, FR: Editions Métailié.

Borradori, Giovanna and Jürgen Habermas. 2003. *Philosophy in a Time of Terror: Dialogues
with Jurgen Habermas and Jacques Derrida*. Chicago, IL: University of Chicago Press.

Boudou, Benjamin. 2017. *Politique de l'Hospitalité*. Paris, FR: CNRS Editions.

Bourdieu, Pierre. 2012. *Sur l'État*. Paris, FR: Éditions du Seuil.

Daly, Anya. 2016. *Merleau-Ponty and the Ethics of Intersubjectivity*. London, UK: Palgrave
Macmillan.

Levinas, Emmanuel. 1966. "Max Picard et le Visage." Bruno roy(eds). 1976. *Noms Propre*.
Montpellier, FR: Éditions Fata Morgana.

_____. 1971. *Totalite et Infini: essai sur l'exteriorite*. Den Haag, NL: Martinus Nijhoff
Publishers.

Low, Douglas. 2012. "Merleau-Ponty, Ontology, and Ethics." Philosophy Today, Vol.56, No.1.

Merleau-Ponty, Maurice. 1995a. "La perception d'autrui et le dialogue." *La prose du monde*.
Paris, FR: Gallimard.

_____. 1995b. *La Nature: Cours du college de France*. Paris, FR: Éditions du Seuil.

Ostrow, James. 1990. *Social Sensitivity: A study of habit and experience*. New York, NY:

SUNY Press.

Ricoeur, Paul. 1992. "Entre Philosophie et Théologie I: la Règle d'Or en question." *Lecture 3: Aux frontières de la philosophie.* Paris, FR: Édition du Seuil, 1992.

_____. 2004. *Parcours de la reconnaissance: trois etudes.* Paris, FR: Stock.

Rogers, Ames T. 1993. "The meaning of Body in Classical Chinese philosophy", Thomas P. Kasulis(ed.). *Self and Body in Asian Theory and Practice.* New York, NY: SUNY Press.

Stephany, Kathleen. 2015. *Cultivating Empathy.* Sharjah, AE: Bentham Science Publishers.

Taylor, Charles. 1994. *Multiculturalism: examing the politics of recognition* Princeton, NJ: Princeton University Press.

_____. 1998. *Sources of the Self: The making of the modern identity.* Cambridge, UK: Cambridge University Press.

Thompson, Grahame. 2005. "Toleration and the art of international governance: How is it possible to 'live together' in a frangmenting international system?." in Jean Hiller and Emma Rooksby(eds). *Habitus: A sens of Place.* Burlington, VT: Ashgate Publishing.

제3장

감정구조와 사회계약론*

루소와 스피노자

1. 문제 제기: 자유주의 정치사상의 한계

자유주의체제에 대한 불만의 소리가 높다(샌델, 2012). 경제적 불평등, 종교적 억압, 정치적 배제 등 구체적인 현안을 두고 미국의 정치사상가들이 자유주의 체제의 결함에 대해 심도 깊게 논의를 진행해 왔다. 자유민주주의 체제 안에서 등장하는 현실 문제를 해결하기 어려우니 새로운 대안 체제를 찾아보자는 것이다(왈저, 2001). 물론 이러한 비판 의식이 미국에만 국한되지 않는다. 한국에서도 자유주의 체제에 대한 경고가 오래전부터 시작되었다(철학연구회, 2006; 최장집 외, 2011). 한국 자유주의가 제대로 기능하지 못해 경제적·정치적 불평등이 심각해지고 정치와 도덕의 기반이 무너지고 있다는 반성으로부터 출발해서 공공 영역을 재건할 수 있는 방도를 찾으려 하고 있다.

그런데 자유주의를 넘어서려는 사고의 실험은 대체로 인간관에 대한 비판에서부터 출발한다. 칸트의 인간관이 자유주의적 정치론에서 중요한데, 이것이 자유주의 사상의 기초를 이루기 때문이다. 자유주의 정치 이론은 17세기에서 18세기 사이에 출발한 사회계약론을 바탕으로 이루어진 정치 이념이다

---

* 3장은 홍성민, 2016, 「감정구조와 사회계약론: 루소와 스피노자」, ≪정치사상연구≫, 가을호를 기초로 보완·발전시킨 글이다.

(조긍호 외, 2012). 자유주의는 시민들의 동의와 합의에 의해서 권력 행사가 이루어질 때 그것을 정당한 권력이라고 간주한다. 이러한 사고는 인간이 본성상 자유롭고 평등하다는 전제에서 가능한 것이다. 예를 들어 칸트는 인간이 사회적 풍속이나 신분과 상관없이 누구나 독립적인 존재이며, 스스로가 자신의 목적에 걸맞은 선택을 할 수 있다고 생각했다(샌델, 2012: 29). 즉 자신이 좋아하는 것보다 자신이 옳다고 생각하는 것을 판단해 결정할 수 있는 능력을 인간은 선험적으로 가진다. 이것이 칸트가 그토록 강조했던 자율로서의 도덕이다.

그런데 정말 인간은 합리적이고, 자율적인가? 만일 그렇지 않다면 자유주의 정치 이론은 그 기반부터가 위험해진다. 이러한 인간관에 대한 비판에서 출발한 것이 공동체주의다. 마이클 샌델(Michael Sandel)은 로크, 오귀스트 콩트(Auguste Comte), 칸트를 검토하고, 18세기 사회계약론의 사상이 로버트 노직(Robert Nozick)과 롤스에게 영향을 주고 있다고 비판한다(샌델, 2014). 특히 롤스에 대한 공격이 이 대목에서 의미심장하다. 롤스의 『사회정의론(A Theory of Justice)』이 사실은 칸트의 원초적 계약이라는 개념에 기대고 있음을 감안한다면 공동체주의자인 샌델은 바로 칸트의 사회계약론과 인간관에 대해 비판하는 것이다. 그리고 또 다른 공동체주의자 마이클 왈저(Michael Walzer)는 칸트적 인간관을 극복하기 위해서 열정이라는 개념을 제안한다. 왈저가 보기에 칸트의 인간관은 독립적이고 이성적이라는 전제에서 출발하는데, 이것이 비현실적이라고 비판한다. 현실의 인간은 집단과 연고에서 완전히 자율적일 수 없으며, 언제나 인간관계 속에서 자신의 정체성을 형성하는 것이 보통이다. 또 선과 악의 판단도 이성만으로 해결되지 않으며, 감정도 깊숙이 개입한다는 것이다. 이렇게 놓고 보면 자유주의적 인간관의 한계를 극복하는 길은 이성과 감성의 조화에 있다고 보아도 무방하다.[1]

---

1) 마사 누스바움(Martha Nussbaum)은 정치적 자유주의가 감정의 문제를 도외시해 만

본 논문은 바로 자유주의 정치 이념의 한계를 극복하기 위해서 새로운 인간관을 정립하는 것을 목표로 한다. 이를 위해서 필자는 루소와 스피노자를 비교하려고 한다. 사회계약론의 전통에서 루소는 가장 진지하게 이성과 감정의 문제를 동시에 사고한 사상가이며, 스피노자는 사회계약론을 넘어서 감정의 의미를 사유했던 사상가이기 때문이다. 두 사람 모두 이성을 배제하지 않은 채 감정의 역할을 진지하게 고민하면서 민주정치의 가능성을 추구했다. 사실 이 둘의 관계는 시간적으로나, 사상적으로 가깝지 않았고, 그래서 비교 연구도 그다지 많지는 않았다.[2] 그러나 필자가 판단하기에, 루소가 제기한 감정의 문제는 사회계약론의 이성중심주의 한계를 극복할 수 있는 단초를 주며, 스피노자가 정리한 감정에 대한 철학적 통찰은 감정의 정치적 의미를 보다 넓은 차원에서 응용할 수 있는 가능성을 열어준다. 필자는 루소와 스피노자를 통해서 새로운 방식으로 인간관을 정립하고, 이를 통해서 현대 정치에서 자유주의 한계를 극복할 수 있는 돌파구를 찾아낼 수 있다고 기대하는 것이다.

이러한 입장을 좀 더 구체적으로 정당화하기 위해서 정치에 대한 필자의 생각을 잠시 정리해 보도록 하겠다. 필자는 정치를 바라보는 관점을 세 가지로 분류하고자 한다.[3] 이러한 세 가지 관점을 간단히 정리하면서, 루소와 스피노자의 비교가 어떤 의미를 가지며, 현대적 의미에서 스피노자는 한국 정치에 어떻게 적용될 수 있는지를 검토해 보자.

첫째는 권력의 정당성을 추구하는 흐름으로서, 정치권력이 행사되는 법

들어낸 도덕은 부분적이라고 비판한다. 정치적 자유주의에서 선악을 판단하는 도덕적이고 법률적 기준에는 반드시 인간의 감정에 대한 고려가 필요하다고 강조한다. (누스바움, 2016: 1장)

2) 루소와 스피노자를 비교한 논문은 다음과 같다. 엑스타인(Eckstein, 1944), 윌리엄(William, 2010), 공진성(2013: 109~142).

3) 이러한 관점은 에티엔 발리바르(Étienne Balibar)에서 시사받았음을 밝힌다(발리바르, 2007).

적·제도적 기초를 주장하는 관점이다. 이것을 '자유의 정치학'이라고 불러볼
만하다. 대표적 학자들이 사회계약론자(홉스, 로크, 루소, 칸트)들이다. 시기적
으로 사회계약론은 1668년 영국의 명예혁명과 1789년 프랑스대혁명의 토대
가 되었다. 이들은 인간의 이성 능력에서 출발해, 합리성과 도덕적 자율성을
강조한다. 또 사회계약을 통해서 합치된 의견으로 대의제민주주의를 실현할
수 있다고 생각한다. 20세기 미국의 현대 정치사상을 대표하는 노직, 롤스,
샌델 등이 이러한 사회계약론의 전통에 속한다. 예를 들어 노직은 로크의 사
상에 근거해 개인의 자유를 극대화시킬 것을 주장했고, 롤스는 칸트의 사상에
근거해 시민사회의 불평등을 시정하기 위하여 국가개입을 정당화했고, 샌델
(공동체주의자)은 아리스토텔레스와 헤겔에 근거해 문화적 불평등을 해소할
수 있는 연대를 주장했다. 그리고 필자는 한국의 현대정치사에서 자유의 정
치학이 1987년의 체제를 만드는 데 큰 역할을 한 것으로 평가한다.

둘째는 사회계약론의 흐름을 비판하면서 사회개혁을 주장하는 관점이다.
시기적으로 보면 프랑스 정치사의 1848년 2월 혁명과 6월 봉기를 통해서 현
실에 등장한다. 이것을 '해방의 정치학'이라고 부를 만하며, 대표적인 학자로
필자는 마르크스를 꼽고 싶다. 마르크스는 청년 시절 『헤겔 법철학 비판
(Critique de la philosophie du droit de Hegel)』에서 프랑스 인권선언의 허구성
을 신랄히 비판한 바 있다. 프랑스 혁명을 통해서 이루어진 사회가 부르주아
들만을 위한 것이라고 꼬집은 것이다. 이것은 자유의 정치가 기반을 둔 사회
계약의 주체가 왜곡되어 있다는 현실을 고발한 것인데, 이러한 맥락에서 보면
칸트적 인간학은 유명무실한 부르주아 인간학에 불과하다. 예를 들어 노동자
계급은 사회적 합의에 참여할 수 없는 현실적 모순이 있음에도 불구하고, 부
르주아혁명은 이것을 인민을 위한 사회라고 왜곡시켰던 것이다. 따라서 진정
한 자유는 경제적 착취로부터 해방되는 것이다. 해방의 정치학에서는 인간의
이성 능력이나 합리성, 사회적 합의, 도덕적 자율이 아니라 노동자계급, 반자
본주의 투쟁, 사회적 실천이 강조된다. 해방의 정치는 한국 사회에서 1970년

대 이후 노동운동과 1997년의 외환위기 이후 세계화를 반대하는 세력을 지원하는 중요한 사상적 기반이다.

셋째, 변혁의 정치라는 관점이 있는데, 이것은 주로 마르크스주의의 계급 개념을 비판하면서 시작되었다. 프랑스 현대정치철학에서 루이 알튀세르(Louis Althusser), 들뢰즈, 네그리, 푸코가 대표적인 학자들이다. 시기적으로는 1968년 파리혁명이 변혁의 정치가 현실에 등장하는 계기다. 변혁의 정치에 따르면 마르크스는 자본주의 착취 메커니즘을 분석하며 자본과 노동의 대립 관계에서 자본축적의 퇴행이 필연적인 것이라 예상했다. 또 계급분석에서도 구조적 우위가 여전해서 그것이 개인성이나 대중성으로 파편화될 수 있다는 사실을 제대로 예상하지 못했다.[4] 그런데 1968년의 혁명은 계급적 투쟁이 아니었다. 새롭게 형상화된 사회운동의 주체들이 등장했고, 이들에 대한 개념 규정이 필요하게 되었다. 예를 들어, 소수자 운동이 대표적이다. 이것은 반드시 해방의 정치에 대한 도전만은 아니었다. 소수자들의 정체성 문제가 결국은 자유의 정치학이 상정했던 합리적 개인이 환상이었다는 사실을 확실하게 일깨워주었기 때문이다. 변혁의 정치는 사회계약론의 주체와 마르크스주의의 계급 모두를 다시 생각하지 않을 수 없게 만들었다. 이렇게 인간학에 대해서 다시 한번 생각할 수밖에 없을 때, 현실성이 있는 인간학을 정립하려 할 때, 프랑스의 사상가들은 주로 스피노자의 텍스트를 연구하기 시작했다. 한편 한국에서도 2002년부터 인간학에 대한 새로운 관점이 필요하게 된다. 그 즈음부터 사회운동의 형태가 노동운동을 넘어서기 시작했고, 합리적 인간에 대한

---

4) 오히려 개인성의 변화를 염두에 두고 계급을 상상했던 것은 루소였다. 사회적 불평등이 반드시 경제적인 문제라고 생각하지는 않았기 때문이다. 더구나 프랑스 혁명이 주변국가에 전파되면서 프랑스에 점령당한 국가 내 인민들의 의지를 포함할 수 없는 상황이 닥친다. 즉 민족주의라는 새로운 이념은 정치 주체를 개인이나 노동자 단위로 생각할 수 없게 만든다(발리바르, 2007: 132). 프랑스의 혁명 사상은 태생부터 계급이나 정치 주체에 대해 새로운 관점이 필요하다는 사실을 보여준 역사적 실례다.

학문적 전제가 현실에서 깨져나가는 사건들이 서서히 나타났기 때문이다. 필자는 대표적인 사례로 노무현의 당선을 지지했던 노사모나, 효선이·미선이 사건을 주도했던 시민운동, 미국 소 수입과 관련된 가정주부의 움직임 등이 기존의 관점에서는 설명하기 힘든 새로운 인간학의 모습이라고 생각한다.

이러한 세 가지 관점을 염두에 두고 보면 자유주의 한계를 극복하려는 한국정치학의 노력은 대체로 첫 번째 부류에 속한다. 왜냐하면 자유주의 한계를 극복하기 위해 학계나 정치권에서 대안으로 제시하는 정책들이 대부분은 정당정치의 민주화, 언론의 민주화, 시민사회의 민주화 등과 같은 제도적 요인을 강조하기 때문이다.[5] 그런데 이러한 제도적 민주화만으로는 오늘날 한국 정치가 보수화되고 퇴행하는 현상을 정확히 설명하기가 어렵게 되었다. 새로운 돌파구가 필요한 이유가 여기에 있다. 물론 해방의 정치라는 관점에서 자유주의를 공격했던 정치 흐름도 있었다(김세균, 1997; 민주노조연구소, 1998). 그리고 이들이 한국 정치에서 제도적 자유주의에 마주해 진보적 대안을 제공하는 역할을 해왔고, 그 역할에도 큰 의미 부여를 할 만하다. 그러나 여기에도 문제점이 있다. 해방의 정치가 내세우는 민중과 노동자들이 과연

5) 진태원은 최장집 교수가 실질적 민주화를 정당의 발전으로 이해한다고 평가하고 이를 비판한다(진태원, 2012: 34). 필자가 보기에 최장집 교수는 전형적인 자유의 정치학 틀 속에 갇혀 있다. 왜냐하면 최장집은 실질적 민주화의 궁극적 목표가 제도화 안정이라고 생각하기 때문이다. 이것은 사실 한국 정치학자들의 일반적인 학문적 입장이기도 하다. 한국의 정치적 개혁은 결국 제도적 민주화에 초점이 맞추어져 있다고 보아도 무방하다. 그런데 이렇게 되면 제도 안에서 배제된 소수의 정치 주체(여성, 동성연애자, 이민자 등등)들은 애초부터 정치 민주화의 대상에서 제외된다. 사실 자유주의 정치체제라는 것 자체가 부르주아 중심의 정치체제였다는 점을 감안한다면 진태원의 지적은 매우 의미심장하다. 결국 한국의 정치개혁론은 넓은 의미에서 보면 모두가 제도주의적 입장을 취하고 있으며, 이것은 결국 홉스나 칸트의 국가론의 시각에서 민주화를 사고하는 것이라고 하겠다. 그렇다면 이러한 사회계약론을 넘어서는 대안은 무엇일까? 진태원은 푸코나 발리바르에게서 그 대안을 찾는다. 즉 진태원의 사상적 뿌리는 변혁의 정치에 있다.

누구인지 철학적 해명이 부족했기 때문이다. 경제적 약자, 정치적 소외자로서 민중이 규정되면 그들을 보호해야 한다는 사명감이 앞서게 되며, 실천의 전략만이 논의의 초점이 된다. 그들이 어떤 정체성을 가지고, 어떤 정치적 선택을 하는가에 대한 의문은 현실적으로 고려 대상에서 빠지고 만다. 이러한 상황에서는 약자들의 일탈 행위란 언제나 예외적 사례로 치부될 수밖에 없었다. 그런데 최근 한국 정치에서 노동자들이 보수화되고 있는 현상을 보게 된다. 경제적 약자, 정치적 소외자가 진보정당에 대한 지지를 철회하고 있다. 도대체 왜 그런가? 이러한 질문에 해방의 정치는 제대로 답을 하지 못한다.

필자는 민주적 제도를 강조하는 자유의 정치와 민중의 해방을 강조하는 해방의 정치가 여전히 한국 사회에서 중요한 지적 자산이라고 생각한다. 그러나 이러한 두 가지 커다란 흐름에 심각한 문제가 발생했고, 그 해답을 찾을 필요가 현실적으로 도래했다고 판단한다. 그리고 이에 대한 대답은 변혁의 정치에서 찾을 수 있을 것이라고 기대한다. 왜냐하면 1968년 이후 프랑스에서 전개된 이른바 포스트모더니티(Post-Modernity)의 핵심에는 전통적인 계급 개념을 넘어서고, 나아가 사회계약론의 인간관을 넘어서려는 노력이 내재해 있기 때문이다. 그런데 68사상의 핵심에 있는 사상가가 바로 스피노자다. 알튀세르, 푸코, 부르디외, 들뢰즈 등이 모두 스피노자의 철학적 세례를 받고 있으며, 그들이 새로운 정치윤리를 찾으려 할 때 항상 스피노자의 감정의 동학, 신체의 윤리를 거론했다. 따라서 변혁의 정치를 현실에 적용하기 위해서는 스피노자를 심도 깊게 연구하는 것은 당연하다. 그런데 스피노자의 사상은 반칸트적이고, 반홉스적이어서 우리가 기왕에 익숙했던 자유의 정치, 해방의 정치 논리에서 보면 그를 이해하고 적용하는 것이 그다지 용이하지 않다. 더구나 스피노자를 연구한 프랑스의 연구서들이 지나치게 추상적이다.

따라서 스피노자를 자유의 정치와 해방의 정치로 끌어들이기 위한 중간자로서 루소를 활용하고자 한다. 왜냐하면 루소는 사회계약의 개념을 공고히 유지하고 있다는 점에서 자유주의 사상가로 분류되면서도 시민사회의 경제적 불평등에 대해 심각히 고민했다는 점에서는 해방의 정치와 맥이 닿아 있다.[6] 또한 감정의 문제에 깊이 천착했다는 점에서는 스피노자의 문제의식과 공통점이 많다. 따라서 일단 루소를 다시 읽고 그의 빈자리를 파악한 후, 그것을 스피노자를 통해서 극복하는 과정을 거치게 되면, 자유의 정치와 해방의 정치에 필요한 자양분을 변혁의 정치에서 흡수하는 결과를 얻게 될 것이다. 이것이 필자가 루소와 스피노자를 비교하려는 전략적 입장이다.

2. 루소에서 감정의 문제

그러면 루소를 어떻게 다시 읽을 것인가? 이 질문에 안내자 역할을 해줄 수 있는 하나의 텍스트를 일단 검토해 보자. 알튀세르의 「루소: 사회계약에 관하여(Sur le contrat social: Les décalages)」다.[7]

우선 알튀세르의 텍스트는 『사회계약론(Du Contrat Social ou Principes du droit politique)』을 중심으로 루소의 사상을 꼼꼼히 점검하고 있어서 루소를 재점검하는 좋은 기회가 된다. 여기서 알튀세르는 사회계약의 핵심 과제를 "인간의 존재 방식을 바꾸는 것이다"[8]라고 요약한다(알튀세르, 2012: 134). 알

---

6) 필자의 소견에 따르면 마르크스의 계급 인식은 루소로부터 시작된 것이다. 루소의 일반의지에는 경제적 불평등(부자와 빈자)에 대한 심각한 고민이 내재되어 있었고, 사회계약이 체결된 이후에도 불평등을 완전히 해소하지 못할 것이라는 예견이 있었다. 그래서 루소는 산업자본주의 발전을 환영하지 않았으며, 수공업을 기반으로 하는 자유로운 상업체를 바람직한 사회제도로 기대했던 것이다(Althusser, 2010: 174~176).

7) 한국 정치 학계에서 루소에 대한 연구는 오랜 시간을 두고 충분히 연구되어 왔다. 근자에 발표된 루소에 대한 종합적이고 탁월한 연구는 김용민(2004) 참조. 따라서 필자는 루소의 일반 이론을 검토하지 않을 것이다. 다만 스피노자로 이행하기 위해서 루소의 빈자리를 찾아보려는 분명한 목표 의식을 가지고 루소를 다시 읽어보려고 한다.

8) 루소는 1권 6장에서 다음과 같이 말하고 있다. "나는 자연 상태에서 인간의 생존에 해로운 장애물들이 그 강력한 저항력으로써, 각 개인이 그 상태에서 자신을 유지하기 위

튀세르의 독해에 따르면, 이러한 결론을 이끌어내기 위해서 루소는 두 가지를 강조한다. 첫째는 자연 상태에서 시민사회로 이행하는 과정에서 "인민을 인민이게 하는 행위"를 검토하는 것이며, 자연 상태에서 작동하는 해로운 장애물이 무엇인가를 검토하는 것이다. 전자는 사회계약 과정에서 발생하는 주체의 변동을 지적한 것이며,[9] 후자는 자연 상태에서 개인을 억압하는 힘의 정체를 밝히는 것이다. 그런데 개인을 억압하는 힘이란 인간의 내재적 속성과 관련된다. 즉 자유롭게 살아가는 자연인의 본능(amour de soi)이 자기소외의 형태라고 할 수 있는 자만심(amour propre)[10]으로 타락할 때 자연 상태는 전쟁 상태로 변질되는 것이다. 물론 외형적인 변화가 없는 것은 아니다. 예를 들어 재산권, 지적 능력, 기술력 등이 사회적 타락을 촉진시키는 요인이다. 그러나 이런 것들만으로 인간이 불행하게 되지는 않는다. 인간의 불행은 타인과의 관계 속에서 시작되기 때문이다. 인간이 다른 인간을 마주할 때, 인간본성이 타락하기 시작한다.[11] 이것이 루소 사상의 독창성이다. 타인에 대한 시기심, 경쟁심, 우월감이 한계를 지울 수 없는 욕망으로 발현될 때, 인간은 전쟁 상태로 진입한다. 그렇다면『사회계약론』1권 5장의 "인민을 인민이 되게 하는 행위"와 1권 6장의 "자연 상태에서의 해로운 장애물"은 동일한 요인의 서로 다른 이름 아닌가?[12] 필자가 보기에 두 곳에서 모두 인간을 변형시키

해 사용할 수 있는 힘을 능가해 버린, 그런 시점에 사람들이 이르렀다고 가정해 본다. 그렇게 되면 그러한 원시 상태는 더 이상 존속할 수 없게 되고 인류는 **그의 존재 양식을 바꾸지 않으면 멸망하고 말 것이다**"(루소, 2000: 19).

9) 루크 빈센트(Luc Vincent)는 이러한 주체의 변동을 개인(individualite)에서 시민(Citoyen)으로의 변형이라고 설명한다(Vincent, 2001).

10) 'Amour propre'에 대한 적절한 번역어가 무엇일까? 이 점에 대해서는 윌리엄 보이드(William Boyd)의 저서(보이드, 2013: 14) 참조.

11) 루소는『사회계약론』1권 1장의 첫 문장을 다음과 같이 말하지 않았던가! "인간은 본래 자유인으로 태어났다. 그런데 그는 어디서나 (지금) 쇠사슬에 묶여 있다"(루소, 2000: 5).

12) 알튀세르도 스스로 자문하기를 "도대체 전쟁 상태를 구성하는 이 보편관계는 무엇인가?"라 했고, 이후 자답하기를 "개인들을 사로잡는 이 관계는 그들 자신의 행위의 산

는 요인에 대해 지적하고 있을 뿐이다.

그런데 이러한 진단은 그 자체로 루소 사상을 이론적 혼란들(apories)로 몰고 간다. 그 혼란을 필자는 두 가지 요약하고자 한다.

첫째로 정치 주체에 대한 혼란이다. 자연 상태에서 전쟁 상태로, 그리고 다시 사회 상태로 이행하는 과정이 사회계약의 절차라고 할 때, 자연적 인간성, 타락한 인간성, 그리고 사회적 인간성이라는 대립 구도 안에서 혼란이 생긴다. 이행 과정에서 인간 본성을 촉발하는 요인은 무엇인가? 인민은 주어지는 것인가? 혹은 구성되는 것인가? 이것은 근대정치사상에서 정치 주체를 둘러싼 심각한 문제 제기다. 이 문제에 대해 명쾌한 해답이 주어질 때, 우리는 현대 자유주의 한계를 극복할 수 있는 탈출구를 찾을 수 있겠다. 그런데 루소 자신이 인간 본성을 설명하며 입장이 자주 변해서, 우리가 어느 한쪽을 선택하는 순간 초기 사상(자연주의 사상)과 후기 사상(사회적 사상) 중 한쪽은 폐기되어야 한다. 이러한 논리적 궁지에서 "인민이 되는 방식(ce qui fait qu'un peuple est un peuple)"(발리바르, 2007)을 찾는다는 것은 애초부터 불가능하다.

둘째, 시민사회의 기초를 두고 혼란이 있다. 이것은 1차적으로 도덕의 기초를 탐색하는 작업과 관련되지만, 2차적으로 지배-복종의 정당성에 대한 문제 제기이기도 하다. 예를 들어 루소는 특수 이해를 넘어서는 일반 이해가 사회적 유대의 기초이며, 정치권력에 정당성을 제공한다고 믿는다. 그러면서 일반의지가 이해관계의 조합은 아니지만, 그렇다고 특수한 이해관계를 완전히 배제하지도 않는다고 설명한다.[13] 일반의지의 사회적 구성이 내면적인 것

물에 다름없다"라고 말한다(Althusser, 2012: 132).

13) 루소는 일반의지에 대해서 다음과 같이 이중적으로 말하고 있어 혼란을 준다. "법이 허용하는 것과 이기심이 요구하는 것을 결합하고자 노력할 것이며, 이것이 정의와 실리가 결코 분리되지 않도록 하기 위해서이다"(루소, 2000: 4). "개개인의 이해관계의 대립으로 인해 사회의 설립이 필요해졌다면, 그것을 가능하게 한 것은 이 이해관계의 일치이기 때문이다. 사회적 유대를 형성하는 것은 개개의 여러 이해 가운데 존재하는

과 외면적인 것을 동시에 수용한다는 뜻인데, 그것이 어떻게 사회구성의 원천으로 작동하는지를 설명하지 못한다. 내면과 외면을 통합하는 길이 적어도 루소의 주장 안에서는 잘 보이지 않는다.

아무튼 위에서 거론한 물음은 첫째, 주체의 형성, 둘째, 내면과 외면의 통합이라는 주제로 요약될 수 있다. 그런데 이러한 두 가지 질문은 자유주의 정치사상사에서 여태껏 빈자리로 남아 있는 상황이다. 그러므로 이 두 가지 질문을 면밀히 살펴보고, 우리가 어떠한 입장을 취하는가에 따라서 현대 자유주의의 정치문제를 해결하는 실마리를 찾을 수 있을 것이다. 아래에서 두 가지 혼란의 실체를 좀 더 구체적으로 살펴보자.

첫째, 우선 정치 주체의 문제다. 이 문제는 홉스의 사회계약론과 비교하는 것이 유용하다. 홉스는 자연 상태에서 만인 대 만인의 투쟁이 발생하는 원인은 개인의 욕망이라고 설명한다. 따라서 자연 상태의 인간은 스스로를 제어할 수 없으며, 타인을 신뢰할 수 없는 파편화된 개인이다. 그런데 이들이 사회계약에 합의하는 이유는 오로지 자신의 이해관계를 헤아릴 수 있는 도구적 이성이 존재하기 때문이다. 즉 자연 상태에서 생존하는 것이 자신의 생명에 위험하다는 것을 인지할 수 있는 능력, 일정한 권리를 양도하고 더 큰 권력에게 보호를 요청하는 것이 득이 된다고 계산할 수 있는 능력, 이러한 능력이야말로 사회계약론의 기초다. 『리바이어던』 1부 13장에서 전개되는 이행의 동기는 바로 도구적 이성 능력에 달려 있다. 한편 사회계약의 이전과 이후의 인간 본질은 전혀 달라진 게 없다. 계약의 체결로 성립된 시민사회에서도 여전히 인간의 욕망은 무한대로 돌출하며, 이것을 제어할 수 있는 것은 무자비한 권력뿐이다. 순수의지(칸트)나 타인에 대한 동정심(루소)은 결코 사회적 유대의 기초가 될 수 없다. 무한대의 욕망은 무자비한 권력의 보복과 그에 대한

공통되는 것이다. …… 전체 의사는 평등을 지향하는 반면, 개별적 의사는 본질적으로 편파성을 지향하기 때문이다"(루소, 2000: 35).

공포만으로 제어될 수 있기 때문이다. 이른바 공포의 균형이 홉스의 시민사회를 떠받치는 토대다. 따라서 홉스의 계약은 개인의 권리를 국가에게 양도하고, 국가는 그에 대한 대가를 지원하는 쌍무적 성격을 띤다. 또 효율성을 중요시 한다는 점에서 보면 홉스의 사회계약은 철저하게 이용 가치로 성립되는 상업적·법률적 속성[14]을 보인다.

그러나 루소의 사회계약은 이와 판이하게 다르다. 우선 루소 사상에서 개인 간의 계약관계를 보증하는 제3자는 애초부터 존재하지 않는다. 계약은 개인 간의 관계가 아니라, 개인과 공동체 사이에서 체결되며, 이때 공동체는 계약 당사자를 포함하는 개인들 간의 연합이다(Althusser, 2010: 140).[15] 그런데 개인을 포함한 공동체가 가능하기 위해서는 계약 이전과 이후의 인간 본성에 질적변화가 있어야 한다. 이러한 맥락에서 자연 상태와 사회 상태의 인간은 질적으로 다르다. 전자를 자연인이라고 부른다면, 후자는 사회인이라고 명명될 수 있다. 물론 사회인이 곧바로 문명인이 되는 것은 아니다. 그러나 사회 속에서 개인은 비로소 자신의 본성을 선택할 수 있다. 왜냐하면 자연인은 고립된 존재이며, 원시 상태에서 인간의 욕망은 지극히 단순한 자기보존의 욕망(amour de soi)에 머물러 있는데, 이것은 결코 사회적 토대가 될 수 없다.

그렇다면 여기서 몇 가지 의문이 든다. 도대체 어떻게 개인과 공동체 간의 계약이 가능한가? 계약의 효력을 보증하는 존재가 없이도 계약이 가능한가? 계약을 통해서 얻을 수 있는 혜택은 무엇인가? 홉스에 익숙한 사람들은 이러한 질문에 대한 답을 루소에게서 찾기가 쉽지 않다. 그도 그럴 것이 루소의

---

14) 크로퍼드 맥퍼슨(Crawford Macpherson)은 이것을 소유적 개인주의라고 명명한 바 있다(맥퍼슨, 1991).
15) 루소의 말을 인용해 보자 "모든 공공의 힘으로부터 각 구성원의 신체와 재산을 방어하고 보호해 주는 연합의 형태, 그리고 이것에 의해 각 개인은 전체와 결합되어 자기 자신에게만 복종하고 이전과 마찬가지로 자유로울 수 있는 그런 연합의 형태를 발견할 것. 이것이 곧 사회계약이 그 답을 주어야 할 근본 문제다"(루소, 2000: 19).

계약은 법률적 관계가 아니기 때문이다. 홉스의 계약이 생명의 보호를 담보로 국가에게 개인 권리의 일부를 양도하는 쌍무적 성격이라면, 루소의 계약은 대가를 받기 위한 쌍무적 계약도 아니다. 그렇다면 사회계약은 어떻게 가능한가? 루소는 이 질문에 대답하기 위해서 '전면적 양도', '조건 없는 양도'라는 개념을 제시한다. 보상을 기대하지 않는 전면적 양도가 최초로 존재해야만 사회계약이 성숙될 수 있다는 것이다. 왜냐하면 이것을 기초로 계약 당사자는 공동체의 구성을 교환가능성의 선험적 조건으로 받아들일 수 있기 때문이다.16) 이것이 이른바 양도의 내재성이다(Althusser, 2012: 149). 그렇다면 또 의문이 생긴다. 상식을 가진 인간이 과연 아무런 보증 없이 전면적 양도를 할 수 있나? 양도를 발생시키는 동인은 무엇인가? 그렇다고 루소가 개인들의 사적 이해관계를 무시하는 것은 아니다. 만일 그런 입장이었다면 칸트의 사회계약론과 루소는 크게 다를 바가 없다. 적어도 칸트는 사회계약의 성립에는 반드시 사적 이해관계를 넘어서는 공적인 이성이 작동하는 것으로 생각한다. 그러나 루소는 개인의 특수 이해를 무시하지 않으면서도 계약을 근거로 성립되는 일반의지가 공동체의 이익에 부합한다고 설명한다. 특수이익을 기반으로 일반 이해가 성립해도, 일반 이해가 적어도 도덕적 회개나 계몽된 자율성의 결과는 아니라는 것이다.

필자의 판단으로, 루소의 주체는 홉스의 이기주의와 칸트의 계몽주의 중간에 서 있다. 중간이라는 위상이 적절한 표현일까? 필자의 입장은 다음과 같다. 루소가 홉스의 도구적 이성을 일부 인정했지만, 이것을 극단으로 밀고 가 공적 이성과 계몽된 자율성을 강조했던 칸트의 길을 거부하고 있다. 그렇다면 이것이 루소가 상정하고 있는 주체의 모습을 파악할 수 있는 자리가 분명

---

16) "구성원 각자가 전체 공동체에 모든 권리와 함께 자신을 전적으로 양도하는 것. 왜냐하면 각자가 자신을 전적으로 양도하게 되면, 조건은 누구에게나 평등해지고 또 조건이 평등하면 누구도 타인의 조건을 과중하게 만드는 데 관심을 갖지 않을 것이기 때문이다"(루소, 2000: 20).

하다. 홉스와 칸트의 중간 어딘가에 루소의 주체가 모습을 드러내고 있음을 필자는 감지할 수 있다. 물론 쉽게 그려지지 않고, 분명하게 포착되지 않는 것이 루소적 주체의 모습이다. 그렇기에 이론적 긴장을 늦추지 말고 그 실체에 다가서야 한다.

그런데 이 지점에서 중요한 사실은 루소가 정치 주체의 모습을 결정하는 주요 인자를 감정의 역할에서 찾고 있는 점이다. 물론 이성의 역할을 모두 내던지고 감정에 모든 것을 걸었다고 생각하지는 말자. 차라리 감정이 이성을 받쳐주는 토대라고 생각하는 것이 더 적절하겠다. 일단 감정을 통해서 자연적 인간성이 사회적 인간성으로 질적변화를 감행하며, 이것이 특수 이해를 공동체에 귀속시켜 일반이해로 승화시키는 매개체로 작동한다고 잠정적으로 생각하자.[17] 필자는 이것이야말로 근대적 주체 형성에서 루소 사상이 차지하는 독창성이라고 평가한다. 이렇게 보면 정치 주체를 알기 위해서는 루소가 생각하고 있는 감정의 역할을 이해해야 한다. 그런데 감정의 역할은 사회도덕의 기초에 개입하는 것이 보통이다. 즉 일반의지는 개인의 내면성과 외면을 동시에 주관하는 것인데, 이때에도 감정의 역할이 지대하다. 따라서 정치 주체의 문제와 내면/외면의 통합이라는 주제는 동전의 앞뒷면처럼 얽혀 있다.[18]

---

17) 예를 들어, 루소는 『사회계약론』 2권 12장에서 실정법 이외에 도덕과 관습을 강조하고, 4권 8장에서는 사회적 평화를 유지하기 위해서 시민 종교의 필요성을 자세히 설명하며, 『에밀(Émile, ou De l'éducation)』 4부에서는 타인에 대한 감정이 사회적 유대감의 출발이라고 강조한다. 이것이 모두 정치적 이성과 법적 실체를 가능하게 만드는 감정에 대한 논의들이다.

18) 그동안 루소에 대한 한국정치학의 연구가 놓치고 있었던 점도 이 부분에서 지적되어야 마땅하다. 필자의 눈에는 그동안 한국정치사상은 '도덕과 법의 관계'(오수웅, 2009: 64~87), 혹은 '시민의식과 애국심의 관계'(박의경, 2004: 133~151)를 설명함으로써 루소 사상의 본질을 찾으려고 했던 것 같다. 이러한 문제의식은 루소 사상 안에 탑재된 이성과 감성의 결합을 어떻게 해석할 것인가에서 출발한 것으로 보인다. 즉 이성적 사유를 강조하는 흐름에서 보면 루소가 법이나 시민의식을 강조한 것이 사회적 토대

둘째, 그렇다면 감정은 무엇인가? 루소 사상에서 이 문제에 접근하기 위해서는 시민사회의 토대에 대해서 숙고해야 한다. 왜냐하면 루소는 시민사회의 토대를 이성보다는 감정에서 찾고 있기 때문이다.[19] 후기 저작 『에밀』에서 그 단초를 찾아보자.

우리의 감성은 이론의 여지없이 우리의 지성에 선행하므로, 우리는 관념을 가지기 전에 감정을 가지는 것이다. …… 이 감정은, 개인적으로는, 자기애이며, 고통에의 두려움이고, 죽음에의 공포이며, 안락에의 욕구이다. 그러나 이것은 의심할 수 없는 일이지만, 인간은 본성적으로 보아 사교적이다. 혹은 **어쨌든 사교적이 되도록 만들어졌다고 한다면, 인류에게 관계하는 다른 선천적인 감정에 의해서만 그렇게 될 수 있다.** 왜냐하면 육체적인 욕구만 생각하면, 그것은 인간을 서로 접근시키기는커녕, 분명히 분산시켜 버릴 것임에 틀림없으니까. 그런데 양심은 자기 자신과 그 동포에 대한 이 두 종류의 관계에 의해서 만들어진 도덕적 체계로부터 생겨난다. 선을 아는 것이 곧 선을

의 기초라고 해석할 것이고, 감정의 차원에서 보면 도덕과 애국심을 강조한 것이 중요한 사회적 기초라고 할 수 있을 것이다. 전자의 흐름은 홉스나 칸트의 흐름을 계승한 것이라면, 후자는 아리스토텔레스의 흐름을 계승한 것이라고 필자는 평가한다. 다만 선행 연구들이 이성과 감성이 어떻게 결합되고, 이것의 정치적 의미가 무엇인지를 분명하게 자리매김하지 못했다고 판단한다. 예를 들어 박의경은 자신의 논문 결론 부분에서 다음과 같이 말했다. "루소에게 도덕성은 순수하게 합리적이지도 않고, 순수하게 자발적이지도 않은 감정에 그 궁극적 원천을 두고 있다"(박의경, 2004: 149)라고 정리하고 있는바, 이 문장을 냉정하게 평가하자면 이성과 감정의 결합으로 나타나는 인간의 행위의 특성을 정확히 설명하지 못한다. 물론 이러한 한계를 극복하기 위해서 동양철학과 루소를 접목하는 시도가 있기는 하지만 텍스트를 비교하는 수준에 머물고 있어(이상익, 2013: 237~273) 한국 정치의 현장에서 등장하는 사회 현실을 설명해야 하는 현실적 필요에 부응하지 못했다. 물론 그렇다고 선행 연구가 학문적 의미를 상실했다고 평가하는 것은 결코 아니다.

19) 이것은 도덕의 기초에 대한 문제 제기이며, 이것이 현대 정치에서는 정의론으로 발전한다.

사랑하는 것은 아니다. 인간은 선에 대해 선천적인 지식을 가지지 않는다. 그러나 이성이 그에게 선을 가르치자마자, 양심은, 선에 대한 사랑을 그로 하여금 느끼게 한다. 이 감정이야말로 선천적인 것이다(루소, 2002: 400).

정말 감정이 도덕의 기반이 될 수 있는 것일까? 이 대목을 칸트와 비교하는 것이 유용해 보인다. 선은 감정에 기초한다고 강조한 루소의 입장에 대해서 칸트는 일단 동의한다(칸트, 1992). 그러나 칸트는 루소를 '감정의 몽상가'라고 비판한다. 왜 그랬을까? 그 이유를 알기 위해서는 우선 칸트가 제시하는 '반사회적 사회성(die ungesellige geselligkeit)' 개념을 이해하는 것이 필요하다. 칸트는 인간 사회에서 악이 발생하는 원인을 인간 본성 안에 내재하는 반사회적 성격 탓이라고 본다. 다시 말해 인간 본성이 자만심(amour propre)으로 타락하는 원인은 내재적인 것이다. 그러나 칸트에게는 이러한 반사회적 성격은 오히려 인간의 능력을 발전시키고 신장시키는 계기가 되기도 한다. 여기가 인간 본성을 두고 칸트와 루소의 입장이 갈라지는 지점이다. 더구나 여기서 한걸음 더 나아가 인간은 사회적 속성을 가지고 있기에 특수한 이해가 대립된다고 하더라도 궁극적으로 사회적 합의에 도달할 수 있다고 믿는다. 다시 말해 반사회적 속성으로 인해 인간의 타락이 발생하지만, 그것을 넘어설 수 있는 능력 또한 인간의 본성에 내재되어 있으니, 그것이 바로 반사회적 사회성이라는 것이다. 인간 본성에 대한 일종의 원시적 변증법이라고나 할까!

또 루소가 드니 디드로(Denis Diderot)의 지성주의에 반대하면서, 학문과 예술이 인류의 도덕성을 왜곡시키는 요인이라고 말한 바 있는데(루소, 2007), 문화에 대한 루소의 입장에 대해서도 칸트는 강하게 비판한다. 칸트에 따르면, 계몽이 단순히 학문과 예술과 같은 지성에 의해서 이루어지는 것은 아니지만, 지적 능력은 이성의 초기 단계일 뿐 여기에 반성적 성찰 능력이 겸비된 실천 이성이 추가되어야 한다. 성숙한 이성이 아니라면 문화적 역할을 다하지 못할 것이라고 칸트는 판단한 것이다. 그래서 칸트는 계몽된 이성을 강조한다.

계몽은 이성 비판을 통해서 인간 내부에 자리 잡은 오류와 부조리를 인식하고 그로부터 벗어나려는 용기가 있을 때 비로소 가능하다.[20] 이러한 맥락에서 보면 지성은 이성 비판의 시작인데, 칸트가 보기에 루소는 이성의 시작만을 보고 이성의 능력을 평가절하한 것이다. 좀 더 냉혹하게 말하자면 칸트가 판단하기에, 루소가 너무 순진해서 이성의 다양한 모습을 미처 포착하지 못한 채, 이성의 역할을 폄하 한 것이다. 예를 들어 자연계에 대한 이성을 순수이성이라고 한다면, 사회의 영역에 작동하는 이성은 실천이성이라고 볼 수 있다. 그런데 루소가 파악한 이성은 전자에 국한된 것이니, 그 이후에 나타나는 이성의 발전단계를 알 수가 없었던 것이다. 칸트가 루소를 감정의 몽상가로 매몰차게 몰아친 이유를 짐작할 만하다.[21]

하지만 루소에 대한 칸트의 비판은 정말 적절한가? 필자의 눈에는 적어도 절반 정도만 타당하다. 루소가 도덕성 못지않게 실정법의 체계를 인정했으며, 애국심과 합리적 시민의식을 강조했다는 사실이 선행 연구를 통해서 이미 밝혀진 바 있다(오수웅, 2009: 64~87; 박의경, 2004: 133~151). 이것은 감정의 기능

---

[20] 칸트에게서 계몽이란 미성년 상태에서 벗어나는 것이며, 그것으로부터 벗어나려는 용기다. 여기에는 지식을 통한 자각(순수이성)의 단계와 지식을 실천하려는 용기(실천이성)의 단계가 있다(칸트, 1992).

[21] 다음 연구의 서술이 루소와 비교되는 칸트의 입장을 잘 정리한다. "칸트의 사상적 업적은 이 두 가지 이성 사용을 엄밀하게 구별한 데 있을 뿐만 아니라, 인간 본질에 대한 분석을 통해서 이 두 개의 세계가 어떤 관계에 있는가, 그리고 어떻게 매개될 수 있는가를 보여준 데 있다. …… 칸트는 제3비판서에서 '자유 개념은 자신의 법칙에 의해 부여된 목적을 감성계에서 실현해야만 한다'고 주장한다. 그렇다면 칸트는 두 개의 세계를 어떻게 매개하려는 것인가? 칸트는 자연의 합목적성이라는 개념을 통해 매개의 문제를 해결하려 하는데, 자연의 합목적성이란 자연은 우연한 것들의 나열이 아니라 목적을 가지고 있다는 의미이다. …… 이러한 반성적 판단력은 우리로 하여금 역사를 자연적 존재로서의 인류가 자연 속에서 점차 조야한 상태를 벗어나 자신의 잠재성을 발전, 실현시키는 과정이라고 판단할 수 있도록 만든다. 칸트는 자연 내에서 점차적으로 인간의 잠재성을 발전시키는 이러한 과정을 문화화의 과정이라고 이해한다"(김시형, 2015: 189~190).

과 함께 이성의 역할을 충분히 인정하고 있음을 뜻하는 것이다.22) 그렇다면 칸트는 루소의 이러한 입장을 몰랐을까? 왜 루소를 감정의 몽사가로만 일축했을까? 그 이유를 프랑스의 철학자 프랑수아 쥴리앙(François Jullien)이 잘 설명한다(Jullien, 2009: 1부 4장). 칸트가 루소의 동정심 개념을 분석하면서 이러한 인간의 감정을 '마음의 성향'으로 간주했고, 여기에는 철학적 보편성이 결여되어 있다고 속단한 것이다. 그래서 칸트는 인간이 현실 세계에서 체험하는 감정의 변화는 도덕의 기초가 될 수 없다고 단정한다. 칸트는 오로지 보편성을 획득할 수 있는 것만이 사회에서 도덕적 기초가 될 수 있다고 생각했기 때문에, 변화하기 쉽고 정체가 불분명한 동정심이나 연민과 같은 감정은 인식의 기초가 될 수 없다고 생각했다.

그렇다면 칸트가 틀리고 루소가 옳은가? 감정을 기반으로 사회적 토대를 마련하려고 했던 루소의 입장은 오늘날에도 그대로 용인될 수 있을까? 칸트의 비판이 모두 적절하지는 않았다고 인정하더라도 필자는 루소의 철학적 입장이 그대로 인정받을 수는 없다고 본다. 그렇다면 무엇이 수정되고 보충되어야 할까? 이러한 질문이 현대적 관점에서 루소를 재독해할 핵심이다.

동정심이 생기는 원인을 살펴보면서 루소가 제기하는 감정 개념에 어떤 문제가 있는지 진단해 보자. 동정심은 상대가 체험하고 있는 고통을 나의 상상력을 통해서 내가 체감하는 것이다. 또 상대가 체험 중인 고통이 내게도 발생할 수 있다는 가능성을 통해서 내가 연민을 느끼는 것이다. 여기에서 두 가지

---

22) 『에밀』 5부의 한 부분은 루소가 이성의 역할을 충분히 인정하고 있었다는 사실을 증명해 준다.
"대중의 견해를 무시하는 감정은, 그것이 올바른 감정이라고 하더라도, 그들에게 올바른 행위에 사회적 찬양의 매력을 더해 주는 아름다운 영혼을 주지 못하며, 또한 올바른 감정이 없는 대중의 견해는 그들을 미덕 대신에 외면을 꾸미는 거짓되고 사악한 여성으로 만들 뿐이다. 그러므로 **두 종류의 안내자 사이에서 판단을 내릴 수 있는 능력, 양심을 매혹시키지 않고, 편견의 오류를 바로잡을 수 있는 능력을 키우는 것이 중요하다. 그 능력이란 곧 이성이다**"(루소, 2002: 543).

혼란이 시작한다. 첫째 동정심은 인간 본성을 찾으려 했던 과정에서 등장했는데,[23] 이 자리에서 루소는 동정심을 촉발시키는 것은 상상력이라고 표현한다. 그러면 동정심은 인간 본성이 아닐 수 있다는 해석이 가능하다. 두 번째는 내가 고통을 받을 수 있다는 역지사지의 상상력은 타인에 대한 고통을 그대로 인정한 것이 아니라, 내 고통을 미리 예상하고 그로부터 방어하려는 태도이다. 만일 그렇다면 동정심은 일종의 변형된 이기주의에 불과하다. 이러한 두 가지 논제가 타당하다면, 감정을 통해서 사회적 기초를 마련하려 했던 루소는 다시 홉스적 도구주의로 돌아갈 수밖에 없다. 그러나 루소는 자신을 홉스와 분명히 거리를 두고 있다. 이것은 루소만의 고집에 불과한 것일까?

여기서 루소의 입장을 이해하기 위해서 필자는 차라리 현대사회과학의 논리에 기대어 보고자 한다. 예를 들어 동정심은 나와 타인의 동일시 과정에 대한 문제인데, 이것은 현대사회과학의 언어로 비추어 보면 심리적인 문제이면서 동시에 사회학적인 문제일 수 있기 때문이다. 즉 사람과 사람 사이의 문제(간주관적 문제)라는 뜻이다. 그런데 루소의 저작 안에서 동정심의 작동 과정을 간주간적 차원(interpersonal level)에서 설명하는 시도는 발견되지 않는다. 물론 감정을 폄하하고 이성을 강조했던 칸트의 입장도 마찬가지다. 칸트가 거론하는 이성의 발달 단계는 유적 존재로서 인간의 속성을 설명하는 것이지, 인간 사이에 발생하는 상호주관적 이성은 아니기 때문이다. 이렇게 놓고 보면 결국 서양의 근대정치사상은 감정과 이성이라는 두 개의 축 사이에서 흔들리면서 제자리걸음을 하고 있었던 것이다(Jullien, 2009: 61). 그런데 이러한 간주관적 관계를 전제로 감정 문제를 논의한 사상가가 바로 스피노자다.

다시 말해 루소가 남긴 이론적 혼란들은 이미 스피노자 사상에서 해결의

---

23) 루소는 『인간 불평등 기원론(Discours sur L'origine et Les Fondements de L'iné galité parmi Les Hommes)』에서 다음과 같이 말한다. "동정심이란 각 개인의 이기심 (amour de soi)의 활동을 눌러온 인류의 상호 보존에 협력하는 **타고난 감정**임이 확실하다"(루소, 1998: 64~65).

실마리를 찾을 수 있다.

필자는 위에서 제기된 두 가지 문제가 루소 사상이 혼란스러웠던 가장 중요한 이유라고 생각한다. 그리고 이러한 사상적 혼란이 현대를 살아가는 우리에게 매우 중요한 이론적 과제로 남아 있다는 점을 강조하고자 한다. 예컨대 프랑스의 지적 사조에서 포스트모더니티라는 정치사상은, 사실은 근대적 인식론에 대한 반발에서 시작된 것이다. 이때 논쟁 핵심의 첫째가 바로 주체 형성 문제이고, 둘째는 이성과 감성의 통합 문제이기 때문이다.

이것은 미국의 현대 정치사상의 논쟁거리에서도 나타난다. 예를 들어 롤스로 대변되는 사회정의론에 대항해 공동체주의 사조가 대두되고 있는데, 이러한 사조의 실질적인 차이점은 바로 칸트의 이성주의와 루소의 감성주의를 두고 대립하는 것이라고 정리해 볼 수 있겠다. 그런데 필자는 사상적 혼란이 근대적 주체 개념, 즉 주체와 객체를 분리해서 생각하는 사유체계에서 비롯된 것이라고 생각한다. 한편 이 같은 근대사상의 한계를 뛰어넘은 현대 철학자가 바로 하이데거다. 하이데거는 **기분에 젖어 있음**이야말로 실존이 일상에서 가장 익숙한 것이며, 이러한 기분(감정)은 비합리적인 현상이 아니라 현존재의 존재를 적나라하게 드러내는 현상이라고 말한다(하이데거, 2015: 29절~31절; 박찬국, 2015: 184~205). 따라서 두려움이나 불안 따위의 기분은 현존재의 사실성을 드러내는 것이며, 기분을 통해서 비로소 세계-내-존재는 존재자를 이해하고, 세계의 개시성에 다가갈 수 있게 된다. 결국 감정인가 이성인가라는 질문 자체가 세계-내-존재의 다양한 모습 중에서 일면만을 강조한 것에 불과하다. 이렇게 두고 보면 하이데거와 스피노자를 비교하는 것이 매우 중요하고 시급한 과제다. 그런데 프랑스 현대철학은 이 문제를 육체라는 개념으로 통합 중이다. 즉 스피노자의 '코나투스(conatus)'와 하이데거의 '기분에 젖은 실존성'을 통합한 철학자가 바로 메를로퐁티라고 필자는 생각한다(Hong, 2012). 그리고 이를 사회현상에 대입해 발전시킨 학자가 바로 들뢰즈(들뢰즈, 2001; 서동국, 2007: 143~161)다.

이러한 필자의 판단이 어느 정도 타당한지를 스피노자를 검토하면서 평가해 보자.[24)]

3. 스피노자의 감정구조

루소가 남긴 혼란을 스피노자를 통해서 극복하기 위해서, 편의상 루소를 스피노자의 사유체계에 맞도록 다시 정리해 보자. 첫째는 주체의 변형에 관련된 것이었다. 자연 상태에서 순수한 인간 본성이 사람들 사이의 관계에서 타락하는 이유(과정)는 무엇인가? 둘째는 사회성의 토대에 관련한 것이었다. 도덕의 기초는 이성과 감정의 조합을 통해서 가능한데, 이 두 가지 요인을 동시에 만족시키는 방도는 무엇일까?

1) 주체 변형

우선의 주체 변형에 대해서 살펴보자. 루소의 논리를 간략히 축소해 보면 다음과 같다. 자애심은 자연 상태에서 인간 본성이다. 이것이 사회로 진입하면서 자존심으로 변형된다. 자존심이란 자애심의 타락한 형태다. 그런데 이러한 존재 변형이 어떻게 진행되는지 구체적인 과정에 대한 설명이 부족하

---

24) 줄리앙은 루소와 칸트의 한계를 극복하기 위해서 맹자의 사상에 의존한다. 그에 따르면 맹자의 '단(端)'은 도덕성의 단초로서 발현하며, 타인과의 관계에서 의무감의 신호로 발전된다. 또 단의 개념은 의식의 문제가 아니라 타인 간의 관계에서 발생하는 존재론의 개념이다. 따라서 이성과 감정이라는 이분법적 대립을 넘어선다(줄리앙, 2009: 1부 3장~4장). 반면, 필자는 루소와 칸트의 한계를 극복하는 길이 스피노자에게서 가능하다고 믿는 쪽이다. 그렇다면 후일에 맹자와 스피노자를 비교해 보는 것도 흥미로운 연구 작업이 되겠다. 한편, 스피노자와 동양 사상을 비교한 작업으로는 최민자(2015)의 5장을 참조하라.

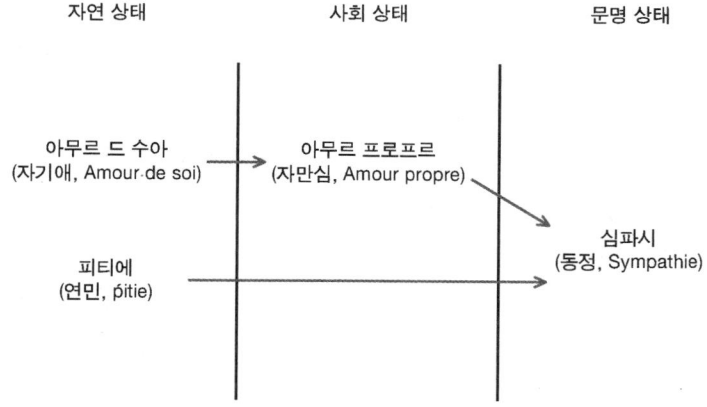

그림 3-1 루소와 존재의 변화

자연 상태   사회 상태   문명 상태

아무르 드 수아
(자기애, Amour de soi)

아무르 프로프르
(자만심, Amour propre)

심파시
(동정, Sympathie)

피티에
(연민, pitie)

다. 그러니 일단은 우리의 상식으로 보기를 들어보자. 예를 들어 혼자 있을 때 선량했던 인간이 사회로 나아가 사람들로부터 상처를 받으면서 자신의 명예, 야망 등을 발휘하고자 할 때 인간의 감정은 타락하며, 이것이 자존심의 한 형태라고 할 수 있지 않을까? 그런데 루소에 따르면 자연 상태의 인간 본성 중에는 피티에(연민, pitie)도 있으며, 이것이 사회로 진입하면서 사회적 유대감의 형식으로 발현되는 경우도 있다. 예를 들어 피티에를 원시적 동정심이라고 한다면, 심파시(동정, sympathie)를 사회적으로 발전된 동정심이라고 불러볼 수 있다. 이렇게 보면 자연 상태의 인간 본성이 사회적 본성으로 확장되어 가면서 두 가지 선택의 기로에 선다. 하나는 자만심으로 가는 길이고, 다른 하나는 동정심으로 가는 길이다. 하나는 타락이고, 다른 하나는 도덕적 승화다. 두 가지 기로에서 어떻게 인간 행위가 결정되는 것일까? 이것을 그림으로 표현하면 〈그림 3-1〉과 같다.

이제 루소가 남긴 문제를 스피노자를 통해서 해결해 보자. 필자는 스피노자의 대표적인 저작인 『에티카』를 통해 이 문제를 얼마간 해결할 수 있다고 생각한다. 특히 『에티카』 3부는 인간의 감정에 대한 연구서인데, 여기서 인간 감정의 변화 과정이 매우 정교하게 서술되고 있어, 루소가 남겨둔 질문에 대한 대답을 찾을 법하다. 스피노자는 인간의 감정을 자연법칙과 같은 규칙에 의해서 연구하고자 하면서, 인간의 감정이란 기쁨, 슬픔, 욕망이라는 세 가지 기본 형태에서 시작한다고 말한다.[25] 즉 세 가지 기초 감정이 독립적인 개인, 개인과 대상, 개인과 개인의 만남으로 확장되면서 다양한 형태의 감정 변용[26]으로 나타난다는 것이다. 이러한 과정을 응용해 루소의 문제에 대입해 보자. 예를 들어 스피노자의 기초 감정을 루소가 자연 상태에서 지적한 자애심에 해당한다고 간주한다면, 사회로 진입하는 과정을 스피노자가 설명하고 있는 감정의 확장 과정으로 대응해서 찾아볼 수 있지 않을까? 만일 이것이 가능하다면 우리는 루소가 남겨둔 존재 방식의 변화에 대한 의문을 해결할 수 있을 것이다. 한편, 이 대목에서 프랑스의 정치철학자 마트롱의 『에티카』 해석이 필자에게 큰 영감을 주었다. 그는 『에티카』 3부에서 전개되는 감정의 형태를 네 가지로 분류하는데, 다음과 같다. 첫째, 개인적인 정념의 토대, 둘째, 개인적인 정념적 삶의 전개, 셋째, 인간상호적인 정념적 삶의 토대, 넷째, 인간상호적인 정념적 삶의 전개가 그것이다(Matheron, 2012). 이러한 감정의 분류를 재조합하면 바로 자연 상태의 감정, 사회 상태의 감정, 문명 상태라는 루소식 분류와 일정 부분 맞아 들어간다. 그렇다면 마트롱의 설명으로 루소의 빈자리를 채우는 것이 가능하지 않을까?

---

25) 스피노자는 정리 11의 증명에서 다음과 같이 말한다.
"그러므로 나는 이하에서 기쁨에 대해 정신이 보다 큰 완전성으로 이행하는 수동으로서 이해할 것이며, 슬픔에 대해 정신이 보다 작은 완전성으로 이행하는 수동으로서 이해할 것이다. 정신과 신체에 동시에 관계되어 있는 기쁨의 감정을 나는 쾌감 또는 유쾌라고 부르고, 그러한 슬픔의 감정을 고통, 또는 우울이라고 부른다. …… 나는 이 세 가지 감정(기쁨, 슬픔, 욕망) 이외의 다른 어떤 것도 기본적인 감정으로 인정하지 않는다"(스피노자, 2014: 171).

26) 변용은 라틴어 'affectus'를 번역한 것이다. 스피노자의 용어가 난해해 번역에 도움이 필요하다. 발리바르의 책을 진태원이 번역하고 용어 사전을 부록으로 정리했는데, 아마도 그 부록을 참조하면 유용할 것이다(발리바르, 2005).

여기서 내가 주목하는 부분은 둘째와 셋째다. 둘째 부류는 인간이 외부 대상에 대해 일방적으로 느끼는 감정의 변화를 기쁨과 슬픔으로 분류한 것이다. 예를 들어 『에티카』 3부의 정리 19, 21, 22, 25에서 나타나는 감정들은 사랑의 감정이 외부 대상으로 확산되어 가는 것이다.[27] 그리고 3부의 정리 20, 23, 24, 26에서 나타나는 감정들은 슬픔의 감정이 외부 대상으로 확산되어 가는 것들이다. 그런데 흥미로운 사실은 정리 21에서 연민의 개념이 등장한다는 것이다. 루소와의 조우가 가능한 지점이 아닌가! 정리 21을 상세히 살펴보자.

정리 21: 자기가 사랑하는 것이 기쁨 또는 슬픔으로 자극받아 변화되는 것을 표상하는 사람도 역시 기쁨이나 슬픔으로 자극받아 변화될 것이다. 그리고 사랑받는 대상의 그 감정이 커지거나 작아짐에 따라서 사랑하는 사람의 감정도 더 커지거나 더 작아질 것이다.
주석: **정리 21은 우리에게 연민이 무엇인지를 설명해 주는데, 이것을 우리는 타인의 불행에서 생기는 슬픔이라고 정의할 수 있다.** 타인의 행복으로부터 생기는 기쁨은 어떤 명칭으로 불리는지를 나는 모른다(스피노자, 2014: 179~180).

한편 셋째 부류는 인간과 인간 사이에서 정서가 모방되는 단계를 설명한다. 예를 들어 사회로 진입하면서 개인 A가 개인 B를 만났다고 하자. 그렇다면 A와 B 사이에서 일단 A가 B에 대해서 감정을 느끼면, A의 감정 변화가 나타나고 이것이 다시 B에게 영향을 주고, 이것이 다시 A에게 감정의 변화를

---

27) 마트롱은 이것을 외부 대상에 대한 긍정적 동일시라고 표현한다(마트롱, 2012: 208). 동일시? 조금 전 앞서 루소의 동정심을 검토하며 그것이 현대적인 의미에서 동일시에 가깝다고 추정했는데, 스피노자의 연구서에서 동일시라는 용어가 등장한다. 분명 루소와 스피노자가 가까워져 가는 느낌이다!

일으키는 연쇄 반응으로 해석해 볼 수 있다. 이런 것을 정서의 모방이라고 부른다. 이것은 사회에 진입한 개인이 또 다른 개인과의 관계에서 만들어지는 감정의 변화 유형이다. 물론 A라는 존재는 a1, a2, a3 등으로 더 많은 개별자들의 집합으로 간주하며, B의 경우도 마찬가지다. 이렇게 놓고 보면 루소 사상에서 사회에 진입한 개인의 변화를 자만심이라고 이름 붙인 상황은 바로 셋째 부류에 속하는 감정이라고 하겠다. 그런데 스피노자의 텍스트에서는 연민이라는 개념이 다시 한번 더 나타난다.

> 정리 27: 우리와 유사한 것으로서, 그것에 대해 우리가 아무런 감정도 갖고
> 있지 않은 것이 어떤 감정에 자극받아 변화되는 것을 우리가 표상한다면, 우
> 리는 그것으로 인해 유사한 감정에 자극받아 변화한다.
> 주석: **이러한 감정의 모방이 슬픔에 관계되어 있을 때, 그것은 연민이라고**
> **불린다.** 그것이 욕망에 관계되어 있을 때에는 경쟁심이라고 일컬어진다. 그
> 러므로 경쟁심은 우리와 유사한 다른 사람이 어떤 것에 대한 욕망을 가지고
> 있다고 우리가 표상하는 것에 의해 우리 안에 생기는 동일한 욕망에 지나지
> 않는다(스피노자, 2014: 184~185).

여기서 중요한 사실은 인간은 대상뿐만 아니라 타인 속에서 자신과 유사한 부분을 일치시키려는 경향이 있다는 사실이다. 이것이 정서 모방의 기본 원리다. 따라서 둘째 부류(정리 21)에서 느끼는 연민보다는 셋째 부류(정리 27)에서 느끼는 연민이 변용의 강도가 더 강하다. 또 인간과 인간의 관계 속에서 형성되는 감정이기 때문에 인간 공동체에서 일정한 규제적 역할을 할 수 있다. 그런데 마트롱의 스피노자 해석에 따르면 연민은 사회적 토대가 될 수 없다. 그 이유는 다양하다. 첫째로 다른 사람의 괴로움을 목격하지 않게 되면, 연민의 감정은 애초부터 발생하지 않기 때문이다. 둘째로 연민은 우연적이며, 가변적이다. 우연히 목격한 타인의 고통마저도 내가 타인을 계속 응시하지

않는다면 연민은 지속될 수 없기 때문이다. 셋째로 연민은 슬픔의 감정에서 비롯되기 때문에 근원적으로(Matheron, 2012: 229) 수동적이며, 수동적 감정은 인간의 코나투스(conatus)를 본질적으로 변화시키지 못한다.[28] 이것은 줄리 앙이 루소를 비판했던 논리와 매우 유사하다.

　　그렇다면 스피노자에게서 사회적 기초를 이루는 감정은 무엇인가? 그것은 야심이다. 왜냐하면 야심은 개인의 우연적인 만남에서 시작되는 것이 아니며, 인간의 의향 속에 내재된 항구적인 감정이기 때문이다. 또 야심은 특정한 개인을 향한 감정이 아니라, 모든 사람들의 마음에 들려는 인간의 기본적 성향이기 때문이다(Matheron, 2012: 237). 이것은 인간이란 본성상 타인을 필요로 하며, 그들에게 칭찬받으려는 욕구가 기본적으로 탑재되어 있다는 뜻으로 해석될 수 있다.[29] 요약하자면 야심은 다른 사람에게 칭찬받고자 하는 열망이며, 인정받고 싶은 인간의 본성적 열망이다. 이것이 사회성의 토대다. 그런데 이러한 야심이 타락하게 되면 인정을 받는 것에서 멈추지 않고 다른 사람의 마음을 지배하고, 타인이 내가 좋아하는 것을 좋아하도록 만들려고 노력하게 된다. 전자의 야심은 사회성의 기초가 되지만, 후자의 경우는 지배관계로 치

---

28) 스피노자의 철학에서는 능동적 감정 즉, 사랑에 기초한 감정만이 인간의 본성을 변화시킨다.
　정의 2: 타당한 원인으로 되어 있는 어떤 것이 우리의 내부 또는 외부에 발생할 때, 즉 (정의 1에 의해) 우리의 본성에 의해 뚜렷하고 명확하게 이해될 수 있는 어떤 것이 인간의 본성에서 우리의 내부 또는 외부에 발생할 때 나는 우리가 작용한다고 말한다(감정의 능동). 이에 반해 단지 부분적인 원인에 불과한 어떤 것이 우리의 내부에 발생하거나 우리의 본성에서 생길 때, 나는 우리가 작용을 받는다고 말한다(감정의 수동).
　정의 3: 감정이란 신체의 활동 능력을 증대시키거나 감소시키며, 촉진하거나 억제하는 신체의 변용인 동시에 그러한 변용의 관념이라고 나는 이해한다. 그러므로 **만일 우리가 그러한 변용들 중 어느 것의 타당한 원인이 될 수 있다면, 나는 그 감정을 능동으로 이해하고, 그렇지 않다면 수동으로 이해한다**(스피노자, 2014: 160).
29) 만일 이렇다면 인간 본성에 대한 설명에서 '반사회적 사회성'을 강조했던 칸트의 해석이 더욱 설득력을 얻는 듯이 보인다.

닫게 되어, 결국에는 만인 대 만인의 투쟁이 벌어진다. 이것이 루소가 걱정했던 자만심의 폐해가 아닐까? 일단 우리는 감정이라는 개념을 매개로 루소와 스피노자의 공통분모를 찾았으니, 루소의 한계를 스피노자를 통해서 해결해 보자는 이론적 목표에 한걸음 다가선 셈이다. 그러나 문제의 해결이 다른 버전을 통해서 이루어진 것 같다. 즉 연민이 아니라 야심이 중요해진 것이다. 루소는 야심이라는 말을 사용한 일이 없는데……. 따라서 우선 야심에 대한 스피노자의 설명을 이해해 보도록 하자.

정리 29: 우리는 사람들이 기쁨을 가지고 바라본다고 우리가 표상하는 온갖 것을 또한 행하려고 노력할 것이다. 또 반대로, 우리는 사람들이 혐오한다고 우리가 표상하는 온갖 것을 행하는 것을 싫어할 것이다.
29의 주석: **단지 사람들의 마음에 들기 위해서, 어떤 일을 행하거나 피하려는 이러한 노력은 야심(아부)이라고 불린다.** 특히 우리가 자신이나 타인에게 해로움에도 불구하고 어떤 일을 행하거나 피할 정도로 열심히 대중의 비위를 맞추려고 노력할 때 그렇게 불린다(스피노자, 2014: 186).

정리 31: 만약 우리 자신이 사랑하거나 욕망하거나 증오하는 어떤 것을 어떤 사람이 사랑하거나 욕망하거나 증오하는 것을 우리가 표상한다면, 그로 인해 우리는 그것을 더욱 확고부동하게 사랑하거나 욕망하거나 증오할 것이다. 그러나 만약 우리가 사랑하는 것을 어떤 사람이 혐오하는 것을, 또는 그 반대를(즉 우리가 증오하는 것을 어떤 사람이 사랑하는 것을) 우리가 표상한다면, 우리는 마음의 동요를 겪을 것이다.
31의 주석: **모든 사람들로 하여금 자기가 사랑하거나 증오하는 것을 시인하게 하려는 이 노력은 실제로는 야심이다.** 그러므로 각자는 본성적으로 자기의 의향에 따라서 다른 사람들이 살아가기를 바란다는 것을 우리는 안다. 그러나 이것을 모든 사람이 똑같이 바라므로 모든 사람이 똑같이 서로 장애가 되며, 모든 사람이 모든 사람으로부터 칭찬을 받고 싶어 하거나 또는 사랑을 받고 싶어 하므로, 모든 사람이 서로 증오하게 된다(스피노자, 2014: 188).

그런데 왜 칭찬받으려는 욕망이 다른 사람의 마음을 지배하려는 욕망으로 변질되나? 이것을 루소식으로 바꾸어 보자. 왜 인간의 본성은 자애심에서 자만심으로 타락하는 것일까? 스피노자의 질문에 대답할 수 있다면 우리는 루소의 질문에도 해답을 할 수 있게 된다. 여기서 다시 마트롱의 설명에 기대어 보자. 우선 그는 다른 사람에게 칭찬을 받고자 하는 상황을 홉스, 콩트, 헤겔, 스피노자와 비교한다. 예를 들어 홉스에게 칭찬받고자 하는 욕망은 다른 사람을 이용할 수 있으리라는 계산적 이성의 결과물이며, 콩트에게는 이타주의의 결과이며, 헤겔에게는 주인과 노예의 변증법을 통한 지양의 대상이지만, 스피노자에게는 야심이란 전 자본주의사회에서 등장하는 과시적 증여에 해당한다고 말한다(Matheron, 2012: 238~239). 그 대목을 잠시 인용해 보자.

스피노자도 홉스처럼 자기 주위에 잔존했던 봉건적 풍습에서 명예와 영예가 차지했던 지배적 중요성을 목격했지만, 이에 대해서 이 영국 철학자가 제시한 순전히 효용론적인 설명의 불충분성을 깨닫고는 이 주제에 대해, 아마도 먼 훗날의 '증여론'을 예고하는 분석들을 내놓았다고 볼 수 없을까? 이 두 경우에서, 적어도 우리는 이익-명예가 보이는 똑같은 양가성을, (평화로운 소통에서 경쟁적 포틀래치까지) 똑같은 가능성들의 폭을, 사회적 유대의 수립이 수행하는 똑같은 기능을 발견한다(Matheron, 2012: 240).

과시적 증여? 이것은 마르셀 모스가 밝혔던 것으로 원시 부족사회에서 나타나는 '선물 주고받기'의 관행을 뜻한다(모스, 2002). 그런데 왜 이 대목에서 마트롱은 증여의 예를 들었을까?

모스에게 증여란 원신부족사회에서 관행처럼 이루어지고 있는 집단과 집단 사이의 선물 주고받기식 교환 행위를 가리킨다. 원시부족사회에서 사람들은 물건 자체에 영혼이 있다고 믿었기 때문에 타인에게 물건을 준다는 것은 그에게 자신의 영혼을 주는 것을 뜻했다. 따라서 증여란 단순한 물품 교환을 넘어서 감정적인 교류까지 포함한다. 그런데 선물의 증여는 언제나 반대급부를 요구한다. 물론 반대급부가 강요된 의무는 아니다. 그러나 선물주기, 선물받기, 답례하기는 하나의 연쇄처럼 이루어지는 사회적 규범이다. 이렇게 하여 증여를 통한 사회적 결속이 다져진다(홍성민, 2000: 246~247). 만일 이러한 연쇄가 깨어지면 사회적 연대도 깨지고 전쟁이 발생한다. 필자가 상상하기에 마트롱이 모스의 증여론을 언급한 이유는 이런 것 같다. 스피노자가 야심을 '다른 사람에게 칭찬받고자 하는 감정'과 '다른 사람을 지배하려는 감정'으로 분류한 이유는 야심이 사회 속에서 일정한 규제적 역할을 한다고 파악했기 때문이다. 증여의 논리가 지속되는 것처럼 감정의 유대가 이루어진다면, 그때는 야심이 다른 사람에게 칭찬을 받고자 하는 감정으로서 발동하는 것이겠다. 그리고 증여의 논리가 깨지는 것처럼 감정의 유대가 깨진다면, 그것은 다른 사람을 지배하고자 하는 감정으로 야심이 타락한 것이겠다. 전자의 경우에는 사회적 평화가 유지되겠지만, 후자의 경우는 권력을 위한 투쟁이 발발할 것이다.

필자의 생각에, 이런 논리라면 감정의 타락이란 권력관계가 원인이다. 즉 권력에 대한 욕심으로 감정의 균형을 상실할 때 타인에게 존경받고자 하는 야심은 지배의 야심으로 바뀌는 것이다. 물론 이러한 사회적 관행은 개인의 감정 변화에서 출발한다. 그래서 스피노자는 사랑이나 명예심에 근거해서 다른 사람에게 친절을 베풀었을 때 그것을 돌려받아야 하고, 그렇지 못한 경우에 인간은 슬픔에 빠진다고 설명한다. 그렇지만 여기서 끝나지 않는다. 개인의 슬픔은 집단적 타락으로 진행하는 시초이며,[30] 따라서 감정의 타락은 개인의

---

30) 스피노자의 입장을 확인해 보자

심리적인 문제에 국한시킬 수 없다.[31] 적어도 스피노자에 있어서 개인의 감정 변화는 사회적인 것과 맞물려 있으며, 사회적 관행이 깨지는 순간 개인의 감정도 타락하는 것이다. 즉 감정의 변화는 집단의 사회적 현상이 원인이다.[32] 이러한 맥락에서 루소가 인간 본성의 문제를 사회적 권력관계에서 바라보지 못한 것이 치명적인 한계였다고 필자는 잠정 결론 내릴 수 있겠다. 이것이 바로 루소의 빈자리가 채워지지 않은 이유였다. 또 알튀세르가 사회계약의 핵심은 생존 방식의 변화를 설명하는 것이라고 지적한 이유도 여기서 찾을 수 있다. 내가 보기에 알튀세르는 스피노자의 눈으로 루소를 다시 읽고 있었던

정리 42: 사랑에 의해서 혹은 명예를 기대해서 어떤 사람에게 친절을 베푼 사람은, 자신의 친절이 감사하지 않은 마음으로 받아들여지는 것을 본다면, 슬픔을 느낄 것이다. 증명: 자신과 유사한 어떤 것을 사랑하는 사람은, 가능한 한, 그것으로부터 사랑을 돌려받으려고 노력한다(정리 33에 의해). 그러므로 사랑에 의해 어떤 사람에게 친절을 베푼 사람은 사랑을 되돌려 받으려는 욕망 때문에, 즉(정리 34에 의해) 명예 또는(정리 30의 주석에 의해) 기쁨을 기대하기 때문에 그렇게 한다.

31) 스피노자는 『에티카』 2부 정리 49에서 인간의 정신 안에는 의지 작용이 없다고 기술했고, 3부의 서론에서 데카르트의 이름을 거명하고, 5부 서론에서는 데카르트의 정념론에 등장하는 송과선의 기능을 직접 비판하고 있다. 이러한 맥락에서 보면 스피노자 감정 연구의 출발은 데카르트의 개인주의적 관점, 의지주의적 관점, 영혼과 육체의 분리라는 관점을 비판하는 것이다. 발리바르는 다음과 같이 말한다. "스피노자에게서 개체성은 결코 실체가 아니라는 점이 잘 알려져 있다면, 개채성은 또한 법적이거나 신학적인 의식 혹은 양심도, 인격도 아니라는 점 역시 환기해 두어야 한다"(발리바르, 2005: 190).

32) 크리스티앙 라제리(Christian Lazzeri)는 명예의 야심이 지배의 야심으로 변형되는 원인이 무절제한 개인 욕망이라고 설명한다(Lazzeri, 1998: 84). 이것은 감정을 개인주의적 수준에서 설명하는 입장인데, 스피노자를 데카르트식으로 잘못 해석하는 것이다. 이 점에 대해서 발리바르는 다음과 같이 말한다. "그가 이러한 관계에 대해 제시하는 개념은 심리학주의와 동시에 사회학주의에서 벗어나 있다. 곧 이는 원초적인 상호주관성이라는 관념 및 개인은 사회적 실존 조건들에 의해 조건 지어져 있다는 관념으로 환원될 수 없다"(발리바르, 2005: 193). 나는 스피노자의 독창성이 개인적 감정과 사회적 관행을 동시에 포착하려 한 점에 있으며, 이것은 오늘날 사회과학에서 강조하는 구성주의적 방법론과 유사한 것이라고 평가한다.

것이다.[33] 감정의 변용 과정은 권력관계에서 분석되어야만 했던 것이다. 그러나 루소는 그렇게 하지 못했다. 이제 스피노자에 기대어 우리는 새로운 해석의 가능성을 찾게 되었다. 즉 자애심에서 연민(sypathie)으로의 진행은 감정의 증여가 유지되는 사회적 관계에서 나타나는 현상이며, 자애심에서 자만심으로의 진행은 감정의 증여가 깨진 사회관계에서 등장하는 현상이다. 그렇다면 이렇게 해서 오랜 동안 인적 없이 남겨진 루소의 오솔길이 온전히 밝혀졌는가? 아직 감정과 이성의 통합이라는 문제가 남아 있다.

2) 감정과 이성의 통합

그렇다면 감정의 증여가 균형을 잃지 않고 유지되는 방법은 무엇인가? 이 질문에 대답하는 것이 루소가 두 번째로 남겨둔 과제를 해결하는 방법이다. 즉 이성과 감정이 결합하는 방식에서 도덕의 기초를 찾는 과제가 해결될 것이다. 우선 여기서 스피노자가 사회적 토대를 감정뿐만 아니라 이성에서도 찾고 있었다는 점을 확인할 필요가 있다. 4부 정리 18과 주석을 살펴보자.

정리 18: 기쁨에서 생기는 욕망은, 다른 사정이 같다면, 슬픔에서 생기는 욕망보다 강력하다.
주석: 덕은(정리 8에 의해) 자기 고유의 본성 법칙에 따라서 작용하는 것에

---

33) 1960년대 알튀세르는 제자들과 함께 파리고등사범학교(ecole normael superieur) 철학부에서 장기간 스피노자에 대한 세미나를 개최했고, 그 결과로 발리바르(발리바르, 2005), 네그리(Negri, 2005), 마트롱(마트롱, 2012), 그리고 피에르 마슈레(Pierre Macherey)의 논서(2010) 등의 스피노자 연구서가 출간될 수 있었다. 또 푸코, 들뢰즈, 부르디외 등 포스트모더니티 계열의 학자들이 탄생한 계기에도 큰 영향을 주었다. 즉 스피노자는 1960년대 프랑스 철학에서 주체의 문제를 연구하는 데 중요한 사상적 자원이었던 것이다. 스피노자와 프랑스 현대철학의 관계에 대해서는 최민자(2015: 2부 6장) 참조.

지나지 않으며, 누구나 자기 고유의 본성 법칙에 따라서만 자신의 존재를 보존하려고 노력하므로(3부 정리 7에 의해), 이로부터 첫째로, 덕의 기초는 자기 고유의 존재를 보존하려는 노력 그 자체이며, 행복은 인간이 자신의 존재를 보존하는 것에 있다는 결론이 나온다. …… 이성에 의해 지배되는 사람들, 즉 이성의 지도에 따라서 이익을 추구하는 사람들은 자신들이 다른 사람들을 위해서 바라지 않는 어떤 것도 자신들을 위해 추구하지 않는다(스피노자, 2014: 248~250).

이렇다면 앞서 살펴본 정서의 모방 과정에서 나타나는 '감정의 균형'과 자신의 이익을 추구하는 '이성의 지도'는 덕 기초를 이루는 두 가지 중요한 요소다. 즉 감정과 이성이 스피노자에게는 동시에 사회적 토대로 등장하는 것이다.[34] 필자는 감정의 균형이 루소의 동정심을 발전시킨 개념이라고 한다면, 이성의 지도는 칸트의 합목적인 이성을 발전시킨 개념이라고 분류하고자 한다.

그런데 이 두 가지는 어떻게 하나로 통합될 수 있나? 여기서 다시 한번 모스의 증여론을 살펴볼 필요가 있다. 즉 증여의 균형이 유지되는 상황은 "사회가 견고해지는 순간을 찾는 것이며, 이것은 인간들이 자신에 대해서, 그리고 타인과 관련한 자신들의 상황에 대해 감정적으로 의식하는 순간을 찾는 것이다"(카르센티, 2009: 77). 그런데 사회적 견고성과 개인감정의 자각은 집단적인 상징체계를 매개로 가능해진다. 왜냐하면 증여란 사회성을 토대로 한 의사소통이며, 이것은 개인감정이 사회적 관행과 연결되어 있다는 점을 알려주기 때문이다. 그래서 증여 행위는 신체적 활동의 다양한 연장 중 하나다. 즉 신체활동을 연구함으로써 감정의 교환이 이루지는 생활세계의 다양성을 포착할

---

34) 발리바르는 다음과 같이 말한다. "사회성은 각자 나름대로 실제적인 효과들을 생산하는 (이성의 인도에 따른) 실제적인 일치와 (정서의 모방에 따른) 상상적인 양가성의 통일이다"(발리바르, 2005: 131). 사회적 토대는 바로 이성과 정서의 통일에 있다는 것이다.

수 있다. 그래서 모스는 증여의 사회적 의미를 추적하면서, 그것이 각 지역에서 독특하게 생성된 육체의 활용과 밀접하게 연결되고 있다는 점을 밝혀낸 바 있다(Mauss, 1995). 즉, 육체의 활용은 사회적으로 인정받은 집단적 상징체계이며, 이것이 증여 행위의 기반을 이룬다.

그렇다면 모스의 논리를 그대로 스피노자의 사유체계에 대입해 볼 수 있을까? 다음과 같이 증여론의 정의를 바꾸어 보자. "이성을 통해 개인의 이익 추구가 국가라는 법 제도를 통해 합리화되는 순간은, 바로 개인들이 감정의 균형을 통해서 자신을 자각하는 순간이다." 이러한 증여론의 결론이 맞다면 이 대목에서 이성과 감정의 통합도 신체를 통해서 가능해져야 한다. 스피노자에게서도 그런가? 그렇다. 신체를 통해서 가능하다. 스피노자에게 감정의 변화는 집단적 상징체계를 통해서 가능해진다고 볼 수 있는데, 그것의 매개체가 바로 인간의 신체이기 때문이다[35]. 스피노자는 신체가 정신을 구성하는 관념의 대상이라고 설명한다. 즉 신체는 정신의 연장이다. 정신과 신체를 분리했던 데카르트와 달리 스피노자에게 그 둘은 하나다. 이것이 인간의 본성을 이룬다(스피노자, 2014: 2부 정리 13).

스피노자의 사유체계에서는 신체의 변용을 통해서만 정신이 관념을 구성한다. 이것이 바로 스피노자가 주장하는 심신평행론이다. 철학적으로 심신평행론은 의식의 우월성(데카르트)이나 의지의 자율성(칸트)을 거부하는 것이다. 그래서 스피노자를 유물론자라고 부를 수 있다(들뢰즈, 2015: 32). 정신과 신체는 평행하기 때문에 정신의 변화를 이해하기 위해서는 신체의 변화를 이해해

---

35) 발리바르의 설명을 인용해 보자. "법에 대한 복종에 관해서는 세 가지 고전적인 문제들이 제기된다. 그 심리적 메카니즘은 무엇인가? 그것은 공포 및 사랑과 어떤 관계를 맺고 있는가? 복종과 인식은 어떻게 접합되며, 이와 관련해 지식인들과 무지자들, 지식과 권력 사이에는 어떤 관계가 존재할 수 있는가? 스피노자에게 이 세 가지 문제는 단 하나의 문제일 뿐이며, 여기에는 단 하나의 답변만이 존재한다. **정념과 이성은 최종 분석에서 신체들 사이의, 그리고 신체들 관념 사이의 교통 양상들이다**"(발리바르, 2005: 141).

야만 한다. 들뢰즈는 관념이란 표상적 양식(L'idee, mode de pensee representatif)이고, 감정은 비표상적 양식(L'affect, mode de pensee non representatif)이라고 분류하면서 이 두 가지 존재 양식이 신체라는 매체를 통해 하나로 통합된다고 설명했다(Deleuze, 1978~1981: 6~7).

한편, 신체의 변화가 많아지면 정신의 관념도 풍부해진다.[36] 이러한 맥락에서 신체는 인식론을 넘어서 윤리학의 기초가 된다. 『에티카』 5부 정리 10에서 스피노자는 완전한 인식에 필요한 것이 신체의 변용이며, 이것은 생활 습관을 통해 증대되는 것으로 묘사한다.[37] 스피노자의 사유체계에서는 좋고 나쁨과 같은 도덕 기준은 없다. 다만 능동과 수동이 있을 뿐이며, 이것이 감정의 변용을 만든다. 즉 능동적 감정은 신체의 능력을 증대시키고(코나투스의 증대), 수동적 감정은 신체의 능력을 감소시킨다(코나투스의 감소). 이러한 맥락에서 스피노자는 도덕론자가 아니라 자연주의자다(들뢰즈, 2015: 38). 그리고 바로 이러한 자연주의적 윤리관에서 삶의 철학이 출발한다. 스피노자가 제시하는 윤리의 세계에 선과 악, 죄악과 속죄 따위의 초월적 가치는 없다. 그런 것들은 모두 미신이다. 오로지 중요한 것은 인간이 살아가면서 기쁜 감정(능동적 감정)을 가지고 또 다른 신체와 마주할 수 있을 것인가에 달려 있다. 따라서 변용 능력이 중요하다. 수동적 감정에서 능동적 감정으로의 변용, 적절하지 못한 관념에서 적절한 관념으로의 변용, 슬픈 감정에서 기쁜 감정으로 변용, 이러한 변용만이 스피노자 윤리학의 핵심이다. 이러한 맥락에서 스피노자 윤리학은 행동학이며 존재 방식의 변화 그 자체다. 여기서 우리는 루소가

---

36) 정리 39의 계: 신체가 다른 물체들과 공통적으로 가지고 있는 것이 많으면 많을수록 정신은 보다 많은 것을 타당하게 지각하는 데 유용하다(스피노자, 2014: 137).

37) 2부 정리 10의 주석: 그러므로 우리가 우리의 감정에 대해 완전한 인식을 갖고 있지 않은 동안에 우리가 할 수 있는 최선의 것은, 올바른 규칙이나 일정한 생활지침을 구상하고 이것을 기억에 남겨 인생에서 흔히 마주치는 개개의 경우에 끊임없이 그것을 적용하는 것이다(스피노자, 2014: 313~314).

남긴 두 번째 과제에 해답을 비로소 찾게 되었다.

스피노자가 제시하는 새로운 윤리는 공통 개념이다. 이것은 인식론과 윤리학을 동시에 함축한 것으로, 공통 개념은 정신 안에 나타나는 타당한 관념, 즉 사물을 정확히 인식하는 것이다(스피노자, 2014: 2부 정리 40). 그런데 그것은 신체와 신체의 만남을 통해서 만들어지는 기쁜 정념들을 가리킨다. 신체의 만남을 통해서 개인의 감정과 품행이 달라지는 것이다. 이것이 바로 변용 능력이다. 모든 신체는 자신의 역능을 가능한 최대로 발휘하려는 욕망이 있으며, 이것은 능동적 감정, 즉 기쁨의 감정을 통해서 최대치로 발현된다. 그런데 기쁨의 감정은 나의 신체와 타인의 신체가 만났을 때 만들어지는 감정이다. 그 대표적인 사례가 바로 사랑이다(스피노자, 2014: 5부 정리 20). 기쁨은 신체에 유익한 것이 무엇인지 자각하도록 해주기 때문에 자신의 능력을 통해서 감정의 예속 상태를 벗어나도록 해준다. 다시 말해 생존 본능, 역능의 확장 본능이 기쁨을 통해서 스스로 확대되는 것이다. 이러한 개인윤리는 곧바로 정치윤리로 확장된다. 스피노자에 따르면 최선의 국가란 바로 기쁨이 충만하도록 자유에 대한 희망을 가능하게 만드는 국가다. 그래서 진정한 정치체제는 시민의 생명을 보호하거나, 재산을 보호하는 것이 아니라 자유에 대한 사랑을 보장하는 것이다(들뢰즈, 2015: 44). 스피노자의 말을 인용해 보자.

인간의 본성은 무제한의 억압에 복종하려 하지 않으며, 또한 세네카가 자신의 비극에서 말하듯이, 폭력에 의존하는 통치는 결코 오랫동안 지속하지 못하고, 온건한 통치야 말로 오래가는 법이다. …… 모든 국가에서 법은 사람들이 두려움에 의해서가 아니라 자신들이 다급히 욕구하는 어떤 선에 대한 희망에 의해 영향을 받을 수 있도록 고안되어야 한다(스피노자, 2013b, 98).

4. 스피노자의 현재성

이제 스피노자가 현대 정치에 어떻게 접목되는지를 살펴보자. 특히 필자는 프랑스의 정치사상가 세 명을 집중적으로 거론할 것이다. 네그리, 들뢰즈, 푸코를 특별히 선정했다. 이들은 모두 스피노자를 사상의 중심에 두고서, 1968년을 전후로 한 유럽사회의 변화를 고민했는데, 이때 그 사상적 주제가 바로 주체화 양식이었다. 이들은 모두 스피노자가 강조했던 감정의 역할과 신체론을 충실히 계승하고 있다는 점에서 공통분모가 있다. 그러나 각자가 노동문제, 욕망의 문제, 권력의 문제에 각기 다른 방식으로 천착하고 있어 스피노자 사상을 전유하는 방식에서 차별점도 있다. 이들이 가지는 공통분모와 차이점을 검토함으로써 스피노자를 한국 정치에 흡수하는 적절한 길을 모색해 보도록 하자.

우선 네그리에서 감정의 기능을 살펴보자. 스피노자가 『에티카』를 저술하게 된 당대는 종교적 갈등이 심화되었고, 유일신을 강조하는 교회의 강압 아래서 신에 대한 관념이 왜곡되었던 시기다. 이것이 스피노자의 주체 이론이 탄생하게 된 시대 조건이다. 그런데 네그리는 종교를 왜곡시켰던 물질적 조건이 오늘날에는 시장 관념과 밀접하게 연결되어 있다고 설명한다(Negri, 2008: 181). 다시 말해 네그리는 스피노자를 마르크스주의의 노동가치론과 연결 짓고 있다. 그는 서유럽의 산업발전 단계를 세 가지로 분류한다. 1단계(1848~1914)는 전문적 노동자의 시대, 2단계(1914~1968년)는 대중 노동자의 시대, 3단계(1968년~현재)는 비물질적 노동의 시대다. 그런데 1968년 이후의 특징은 상상적, 감정적, 비물질적 노동을 통해서 노동자의 정체성이 구성된다는 것이다. 이러한 의미에서 노동자의 정체성은 유동적이다(윤수종, 2002: 59~61). 즉 현대의 노동자는 다중적이다. 다중(multitudo)은 공통의 욕망을 나타내는 주체를 묘사하기 위해서 스피노자가 사용한 용어다. 그런데 이것을 네그리가 현대 자본주의사회에서 활동하는 노동자에게 적용하면서, 전통적인 마르크스의 계급 개념을 비판하는 데 활용했다. 즉 육체노동을 기반으로 하는 계급,

공장에서 일하는 노동계급, 조직을 통한 투쟁계급이 아니라, 삶과 관련된 것, 문화적인 것, 사회적인 것을 포괄하는 새로운 계급으로서 현대 계급의 활동을 새롭게 분석한다(Negri, 2008: 275). 여기에는 노동 외적인 것, 예를 들어 여가, 감정, 느낌 따위 등이 포함된다(Virno, 2004: 143). 그런데 노동자계급을 새롭게 정의하게 된 이유는 전통적인 노동운동으로 현대 자본주의사회에서 해방을 실현할 수 없다는 자각이 있었기 때문이다. 즉 네그리의 눈에는 조직화된 노동운동, 혁명적 투쟁 방식, 노동자 대표제 회의 등이 근대성(사회계약론)의 논리를 벗어나지 못한 것으로 보인다. 결국 마르크스도 홉스식의 관료제나 국가 중심에서 벗어나지 못한 것이라고 본 것이다. 이러한 조직(국가)중심주의를 벗어나는 방도가 바로 스피노자가 제시한 역능의 개념이다. 즐거움이 인간의 신체를 변용시킨다면, 즐거움이 노동의 성격을 변화시킬 수 있다. 아우토노미아(autonomia)란 바로 노동의 즐거움을 기반으로 자율적으로 형성된 노동 사회를 가리킨다(조정환, 2003).[38]

다음으로 들뢰즈를 살펴보자. 들뢰즈가 스피노자의 사상을 현대적으로 전유하는 방식은 두 가지다. 하나는 자본주의사회에서 왜곡된 욕망이 드러나는 방식에 대한 연구이며, 다른 하나는 지배받고 있는 신체가 새로운 존재로 변형되는 가능성에 대한 연구다. 전자를 대표하는 책이 『앙띠 오이디푸스(Anti-Oedipus)』(들뢰즈, 1994)라면, 후자를 대표하는 저작이 『천개의 고원(Mille Plateaux)』(들뢰즈, 2001)이다. 위에서 지적한 두 가지 연구 방향에 공통된 개념이 등장하는데, 이것은 들뢰즈 사상을 요약하는 핵심 개념이다. 바로 '기관

---

38) 네그리가 스피노자를 어떻게 이해하고 있으며, 다중이 어떤 뜻을 함의하는지 두 개의 인용문을 살펴보라. "스피노자는 자유는 어떻게 욕망을 실현해 궁극적으로 초월적 선에 이르게 되는지를 자문한다. 그의 첫 번째 결정은 즐거움이다. 즐거움은 육체의 역능이 증가되는 감정이다. 반면에 고통은 육체의 역능이 줄어드는 감정이다. 그러므로 즐거움이 선이다"(네그리, 1997; Ruddick, 2010: 31). "다중은 기술과 생산을 즐거움 그리고 역능을 증대시키는 방향에서 탄생한다. 다중은 정치적 주제로 구성되기 위해서 필요한 생산적 권력을 내부에서 찾는 것이다"(네그리, 2008; Ruddick, 2010: 33).

없는 신체'다. 이 개념은 두 가지 의미를 함축한다. 첫째는 노동자들이 민족국가를 넘어서 자유롭게 유동하는 유목민적 특성을 가지며, 나아가서 자본주의 체제에서는 노동자들이 자신의 의지를 표현할 수 있는 기관이 없다는 사실을 의미한다. 둘째는 앙토냉 아르토(Antonin Artaud)가 잔혹연극의 의미를 설명하면서 사용했던 개념인데, 이때는 현재 존재하는 방식을 벗어나 새로운 삶을 꿈꾸는 존재, 낡은 습속을 벗어난 존재를 의미한다(이진경, 2007: 443). 전자는 현실 분석에 초점이 맞추어져 있고, 후자는 실천적 윤리학에 초점이 맞추어져 있다. 이러한 두 가지 특징을 아래서 좀 더 자세히 알아보자.

『앙띠 오이디푸스』는 자본주의사회에서 등장하는 욕망의 문제를 다룬다. 스피노자의 욕망이 자연적인 것이었다면, 들뢰즈의 욕망은 상품 관계와 깊숙이 연결되어 있다. 들뢰즈에게 욕망은 억압이나 결핍이 아니라 생산적 것이다. 여기에서 프로이트와 라캉의 욕망 이론을 부정하고, 들뢰즈는 스피노자의 욕망 개념을 끌어들인다. 이 지점에서 들뢰즈는 세 가지 형태의 신체를 제시한다. '욕구하는 기계들', '기관 없는 신체', '유목민'이 그것이다(보그, 1996: 150). 첫째로 욕구하는 기계들은 인간중심주의를 벗어나 인간의 존재를 설명하려는 시도다. 특히 데카르트의 의식철학에서 제시하는 주체의 개념을 거부하는 것이다. 둘째로 기관 없는 신체라는 표현은 정신병리학의 모델에 기반을 두고 인간의 존재를 설명하려는 시도다. 현대 자본주의사회에서 인간의 욕망은 모두가 상품화된 욕망이며, 이것은 다양한 분열증으로 나타나기 때문이다. 즉, 정신 병리학적으로 문제가 있는 환자들이 자신의 신체를 다양한 형태로 인식하는 것처럼, 현대인의 욕망은 욕구하는 기계들로 등장한다. 셋째, 기관 없는 신체가 사회 속에서 구성되며, 이것을 사회적 신체라고 부를 수 있다. 그런데 사회적 신체는 고정된 것이 아니라 끊임없이 변화하고 탈주한다. 이러한 맥락에서 유목민이라는 표현이 사용된다. 자연 상태에서 나타나는 대지의 신체, 군주의 시대에 나타나는 신체, 그리고 자본주의 시대에 나타나는 신체 등으로 사회적 변화가 신체의 변화를 함축한다. 사회적 신체는 각 시대에 주어진 일정한 코드에 의해서 구성되는데, 이 코드가 인간의 욕망을 기계적으로 결정한다. 따라서 이 코드를 이탈해, 탈영토화(deterritorisation)하는 것이 가능할 때 주체의 변화가 시작된다. 그런데 들뢰즈는 이것이 스피노자의 능동적 역능(코나투스)을 통해서 가능하다고 해석한다. 이렇게 욕구의 생산이 신체를 매개로 변화하는 과정이 바로 유목민적 주체의 특성이다.

『천개의 고원』에서는 이러한 변화 가능성을 좀 더 구체적으로 설명한다. 잠재성으로 남아 있는 욕망이 어떻게 현실태(energeia)로 나타나는 것인가? 그 조건은 무엇인가? 여기서는 윤리학의 지평에 스피노자와 앙리 베르그송(Henri Bergson)이 합쳐져 등장하고 있다. 스피노자는 『에티카』 2부 정리 17에서 신체의 변화 조건을 설명한 바 있는데,[39] 이것을 들뢰즈가 『천개의 고원』 6장에서 발전시켰다. 들뢰즈는 여기서 인간의 신체가 변화하는 동력을 '강도'라는 개념에서 찾는다. 스피노자가 '반복적인 자극'을 거론했다면, 들뢰즈는 '동일한 강렬함'을 제안한다.[40] 그는 6장에서 전통적인 주체 이론에 대해 공격한

---

39) 스피노자의 설명을 검토해 보자.
　　정리 17의 증명: 인간 신체의 유동적 부분이 물렁한 부분에 자주 부딪치도록 외부의 물체에 의해 결정되면, 물렁한 부분의 표면은 변화된다(요청 5에 의해). 그 결과 유동적 부분은 물렁한 부분의 표면으로부터 이전과는 다른 방식으로 튀어서 되돌아온다(보조 정리 3의 계 다음에 있는 공리 2 참조). 그리고 나중에 유동적 부분이 변화된 표면에 자발적 운동으로 부딪치면, 유동적 부분은 전에 외부의 물체들에 의해 물렁한 부분의 표면에 부딪칠 때와 같은 방식으로 튀어서 되돌아온다. 따라서 그것은 튀어서 되돌아오는 운동을 계속하는 동안은 **동일한 방식으로** 인간의 신체를 자극해 변화시킨다(스피노자, 2014: 121~122).

40) 이것이 무슨 뜻인가? 지나치게 비유적인 표현들로 기술된 이 책의 내용을 강단 정치학의 용어로 설명하는 것이 쉽지는 않다. 사실 들뢰즈의 지나친 추상과 비유가 한국의 사회과학에 얼마나 공헌할 수 있을지 의심스럽기도 하다. 그러나 어쨌든 몇 구절을 인용보자. "그것은 강렬하고, 형식을 부여받지 않았고, 지층화되지 않은 물질, 강렬한 모체, '강렬함 = 0'이다. …… 우리가 CsO를 유기체의 확장과 기관들의 조직화 이전의, 지층 형성 이전의 충만한 알, 강렬한 알로 다루는 것은 바로 이 때문이다. …… 결국 CsO에 관한 위대한 책은 『에티카』가 아닐까? 속성이란 CsO의 유형 또는 유이며, 실체, 역량, 생산 모체로서의 '강렬함 = 0'이다. 양태란 발생하는 모든 것, 즉 파동

다. 즉 유기체, 의미 생성, 주체화라는 개념들이 존재의 변용을 설명하는 데 적절하지 않다는 것이다. 그리고 나서 욕망 문제를 거론한다. 욕망이란 사회 경제적 구조 안에서 형성되며, 그것은 결핍이 아니라 생성이다. 또 욕망은 가족관계를 넘어 유기체나 국가에서 발생한다. 결론적으로 욕망은 다양한 배치에 관련한다. 즉 도착적, 예술적, 과학적, 신비적, 정치적 배치를 통해 다양한 욕망이 존재한다. 끝으로 기관 없는 신체는 변화한다는 의미에서 탈영토화의 운동 속성을 갖는다. 기관 없는 신체는 쾌활함, 황홀경, 춤으로 가득 차 있으며, 그것은 요가, 사랑, 실험 등으로 발견될 수 있다고 암시한다. 예술적 감수성을 통해서 존재 변화를 추구했다고 짐작해 볼 수 있겠다. 그래서 들뢰즈에 따르면 변용태는 생성이다(들뢰즈, 2001: 486). 주체의 변화는 '…이기(to be)'가 아니라 '…되기(becoming)'다. 예를 들어 남성문화가 지배적인 사회에서 여성 되기, 유대인이 소수인 사회에서 유대인 되기 등이 변혁의 핵심이다(들뢰즈, 2001: 552). 다시 말해 생성은 소수적인 것(minoritarian)과 밀접히 연결되어 있다. 여기서 들뢰즈가 강조하는 것은 사회적 신분체가 아니라 그 내면적 감정, 느낌들을 구분하는 자본주의 지배체제에 맞서고, 횡단하는 것이다. 이것이 바로 신체와 신체가 만나서 기쁨으로 충만한 공통관념이 실현되는 방식이다. 들뢰즈는 이러한 스피노자 윤리학의 성격을 다음과 같이 잘 요약해 준다.

스피노자에게 있어 이성, 힘, 자유는 되기(생성), 형성(수련), 문화와 분리될 수 없다. 아무도 자유롭게 태어나지 않고 아무도 이성적으로 태어나지 않는다. 그리고 누구도 우리 본성에 적합한 것에 대한 더딘 경험, 우리의 기쁨을 발견하기 위하 더딘 노력을 대신해 줄 수 없다. …… 『에티카』는 감정과 품행과 의도들을 초월적 가치들에 관계시켜서 판단하는 것이 아니라, 그것이

과 진동, 이주, 문턱과 구배(勾配), 특정한 모태로부터 시작해 특정한 유형의 실체 아래서 생산된 강렬함들이다"(들뢰즈, 2001: 294).

함축하는(혹은 전제하는) 실존양식에 관계시켜서 판단한다(들뢰즈, 2003: 355~364).

한편, 스피노자의 현재성을 논하는 이 절의 논지에 비추어 보면 네그리와 들뢰즈는 분명 부족한 부분이 있다. 네그리와 들뢰즈는 스피노자의 변용 능력을 각각 일면적으로 파악했다고 필자는 평가한다. 즉 네그리는 변용 능력의 외면적 요인을, 들뢰즈는 변용 능력의 내면적 능력을 강조했다(Ruddick, 2010). 그래서 필자가 평가하기에, 네그리와 들뢰즈는 스피노자가 제기했던 공통관념이나 역능의 변화 등을 현대적인 의미에서 제대로 발전시켰다고 보기 어렵다. 여기서 제기하는 문제는 자율적 노동(네그리)이나 생성의 논리(들뢰즈)가 어떻게 맞물리고 어떻게 조응하는지를 설명할 필요가 있다는 것이다. 그런데 필자가 판단하건대, 푸코야말로 구조적 요인과 내재적 요인을 동시에 포착하면서 스피노자의 사상을 현대에 가장 유용하게 계승한 사상가다. 그래서 마지막으로 스피노자의 현재성이 푸코에게서 어떤 방식으로 나타나고 있는지 검토해 보고자 한다.

푸코에게서 스피노자의 영향력은 권력과 복종이라는 쌍으로 드러난다. 따라서 우선 스피노자의 텍스트에서 인간 행동을 규제하고, 복종을 이끌어내는 문제를 살펴보고, 이것을 푸코와 비교하는 전략을 선택해 보자. 스피노자는 자연 상태와 시민사회에서 개인의 본성에 차이가 없다는 점을 강조한다. 즉 홉스는 사회계약이 성립하면 시민사회에서 개인의 행동은 이성적인 것으로 변화할 것이라고 전제했지만, 스피노자는 시민사회에서도 여전히 감정과 질투가 인간의 본성으로 잔존하며, 이것이 이성의 활용을 방해한다고 생각한다(스피노자, 2013a: 서론, 12~13; 2013b: 97). 따라서 정치권력의 과제는 이러한 감정을 조절해 인민들이 복종하도록 만드는 것이다. 여기에는 두 가지 방법이 있다. 희망과 공포라는 감정을 통해서 권력에 대한 복종을 유도하는 방법이다. 물론 희망과 공포 중에서 어떤 쪽을 선택하는가에 따라서 정치체제의 모습은 바뀐다. 예컨대 희망이 권력에 의해서 사용되고 인민들에게 유포된다면 민주정으로 정치제제가 안정될 것이다. 반대로 공포가 정치권력에 의해서 활용되고 인민들에게 유포된다면 권위적 군주정으로 타락할 것이다. 그런데 이 대목에서 유념해야 할 사실은 복종은 외면적인 것이 아니라, 내면적이라는 사실이다(스피노자, 2013b: 273). 이 말의 의미는 정부가 개인의 의사결정에 직접 개입하지 않더라도 개인 자신이 내리는 정치적 결정이 통치자의 의도에 거슬리지 않도록 정부는 인민의 감정을 유도해야 한다는 것이다.

이것이 어떻게 가능한가? 이와 관련해 스피노자가 제시한 길은 두 가지다. 첫째는 의례를 제정하고 이것을 실천하는 방식이다. 즉 제사를 지내고, 쟁기질을 하고, 수확을 하고, 동물을 사육하는 것처럼 일상이 일정한 패턴을 유지하도록 규율해야 한다. 인민들의 삶이 훈련의 과정으로 간주되고, 이를 통해서 정치권력에 필요한 복종을 만든다(스피노자, 2013b: 291). 현대적인 관점에서 보면 이것이 외면적 규율 장치다. 또 다른 길은 상징을 동원하는 방식이다. 종교적 세례, 성찬식, 공개 기도식 등에서 나타나는 상징물들과 그에 상응하는 고유한 신성함을 인민들에게 보이는 것이다. 이를 통해서 다른 민족에 대한 적대심, 동료들에 대한 애정, 공동체에 대한 헌신을 유도한다(스피노자, 2013b: 100). 이렇듯 외면적 장치와 내면적 장치가 동원되어 신정정치에서 개인의 주체가 만들어진다(Remaud, 2003: 45). 따라서 신성정치가 민주정으로 유지되기 위해서는 이와 같은 규율 장치의 프로그램이 끊임없이 재생산되어, 인민의 육체와 영혼을 관리해야 한다.[41]

그렇다면 권력-복종에 대한 사유가 푸코에게는 어떻게 계승되고 있을까?

---

41) 이렇게 주조된 감정은 개인적인 이해관계를 반영한다. 선한 행동이 이익을 주며, 악한 행동이 불이익을 준다는 이성적 판단이 사라진 것은 아니다. 따라서 인민들을 최고의 형벌로 위협함으로써 강제력을 행사할 수 있는 기대감이 존재할 때 국가가 성립한다(스피노자, 2013b: 260). 이것은 스피노자가 일정 부분 법률적 국가(홉스)의 역할을 인정하고 있음을 의미한다.

일단 푸코의 사상을 전기와 후기로 나누어 보자. 전기는 『광기의 역사(Histoire de la Folie l' ge Classique)』에서 『성의 역사(La volonté de savoir) 1』까지이며 여기서는 주로 권력(pouvoir)라는 용어를 사용하면서(푸코, 1998) 주체의 복종 (soumission)을 설명한다. 후기는 『성의 역사 2』부터다. 이 시기에 푸코는 통치성(gouvernementalite)이라는 용어를 사용하면서(푸코, 2004), 주체의 복속 (assujettisement)에 관심을 갖는다. 이것은 푸코가 초기에는 권력을 지배 양식과 관련지어 연구했다면, 후기에는 주체화의 과정과 관련지어 연구했다는 점을 암시한다. 여기서 푸코와 스피노자의 연결 지점을 쉽게 발견할 수 있다. 스피노자가 일상의 패턴과 감정의 조절을 국가권력의 두 가지 형태로 보았던 것처럼, 푸코도 통치성의 요인을 인구의 관리와 개인 욕망의 조절로 파악하기 때문이다. 이러한 관점에서 보면 푸코의 통치성은 스피노자에서 감정을 조절하는 규율 장치와 매우 유사하다. 특히 『성의 역사 2』에서 푸코는 도덕을 두 가지 차원에서 언급하는데, 그 내용이 스피노자의 국가장치와 비교해 볼 만하다. 예를 들어 푸코는 그리스 시대 인간 행동을 규제하는 두 가지 요인을 '행동의 코드'와 '주체화의 형태'라고 요약한다. 전자는 개인이나 집단에 부과되는 행위의 규칙들이며, 후자는 인간관계에서 나타나는 행동들이다. 이러한 두 가지 요인이 맞물려 주체가 구성된다(홍성민, 2000: 135). 여기서 푸코는 주체가 구성되는 방식을 '자아에 대한 배려(souci de soi)'라고 명명하는데(홍성민, 2009) 이것이 스피노자가 거론했던 복종의 자발성과 유사하다(Remaud, 2003: 53). 여기서 한 걸음 더 나가서 필자의 생각을 피력하면, 공통관념을 통한 변용(스피노자)이란 주체화의 변화를 유도하는 코드의 변화(푸코)로 풀이할 수 있겠다. 변용이란 스피노자에게서 양태들의 일반을 가리키는 존재론의 이름이면서, 양태들이 작동하는 방식을 가리키는 행위론적 개념인데(진태원, 2006: 419), 이것은 개체론이 아니라 타자와 관계 속에서 실현된다는 특징을 갖는다. 이러한 관계론적 특징이 바로 푸코에게서도 그대로 계승된다. 푸코의 권력론, 윤리학, 주체론이 모두 스피노자의 사상이 응축하고 있는 관계론과 변용의 개념에서 출발한다고 보아도 무방하다. 따라서 스피노자와 푸코는 동일하게 국가권력의 문제를 그물망으로 이해하고, 자유를 관계 속에서 드러나는 실천으로 파악한다. 이렇게 보면 푸코가 제안한 '자아의 배려'는 바로 스피노자가 제시한 '공통관념'의 변용이며, 푸코의 '자유'란 스피노자의 '신체적 실천'이라고 볼 수 있다.

5. 남은 문제들

필자는 서론에서 정치를 바라보는 세 가지 관점을 피력했고, 그중에서 세 번째 관점에서 스피노자의 중요성을 부각시켰다. 그리고 스피노자를 자유의 정치에 끌어들이기 위해서 두 번째 부류에 속하는 루소를 다시 읽어 보아야만 했다. 대체로 스피노자는 홉스와 비교되는 것이 일반적인데(기유정, 2000; 진태원, 2004: 133~164), 굳이 스피노자와 루소의 비교를 감행했던 이유는 다음과 같다.

첫째는 스피노자의 철학이 감정을 기반으로 하는 사상이며, 이것을 통해서 성립되는 윤리학도 '기쁨의 정치학'(이수영, 2013; 손기태, 2016) 정도로 요약되는 것이 보통이어서 한국의 강단 정치학이 견지하고 있는 내용과 너무 동떨어져 보인다. 사회계약론에 익숙한 한국 정치학자들에게는 이러한 스피노자의 개념이 사실 매우 어색할 것이다.[42] 정치를 제도나 법의 관점에서 이해하고 실천하는 현실에서 보면 스피노자의 담론들은 너무 추상적이다.[43] 따라서 기

---

42) 스피노자의 신학정치론에서는 사회계약론의 용어가 등장하지만, 말년의 유작인 정치론에는 계약론의 용어가 사라진다. 학자들은 이러한 비교를 통해서 스피노자가 말년에는 사회계약론을 포기한 것으로 생각한다. 네그리(1997) 참조.
43) 이진경(2007)의 연구는 엄청나게 방대한 분량이었지만, 이것이 한국의 강단 정치학에 흡수되었던 내용은 단 하나의 개념뿐이었다. 노마드! 임혁백(2011)은 1987년 이후 한

존의 정치학 패러다임에서 스피노자와 가장 밀접하게 연결될 수 있는 인물을 선정할 필요가 있었고, 이를 통해서 변혁의 정치가 자유의 정치와 만날 수 있는 공통분모를 모색해 보고자 했던 것이다.

둘째는 최근 감정에 대한 연구가 많아지고, 이것이 철학적 담론의 수준을 넘어서 선거(Lodge et al., 2013; Jones et al., 2012; Green et al., 2004)나 정치 현상(Groenendyk, 2011; Marcus et al., 2008)에 대한 연구로 적용되는 사례가 있는데, 이러한 연구들이 주장하는 감정의 개념이 무엇인지 철저하게 규명할 필요가 있었다. 이를 위해서 루소와 스피노자는 매우 유용한 사상가라고 생각했다. 사실 미국에서 진행 중인 선거 분야나 정치운동 분야의 감정 연구들은 이론적 깊이가 없다. 영미권의 정치학 연구가 대체로 그러하듯이, 현실 분석의 유용성을 두고 학문의 가치를 평가하다 보니, 사상적 기반이나 논리적 정합성을 따지는 부분은 매우 취약하다. 아마도 영미권에서 진행되고 있는 감정의 연구들이 한국에 곧 상륙할 텐데, 이러한 연구들을 한국 상황에 맞게 수용하기 위해서는 감정의 사상적 내용을 미리 정리할 필요가 있었다. 이러한 사상적 기반을 탐색하지 않은 채 실증적인 연구가 진행되면, 감정에 대한 개념 정의에 혼란이 오고 감정 연구가 어떤 의미를 갖는지 제대로 평가하기조차 어려울 것이라고 판단했다.

셋째는 민주주의 발전 방향과 관련해서 새로운 윤리학을 탐색할 필요가 있었다. 미국뿐만 아니라 한국에서도 사회갈등이 증폭되고 있고, 이를 통합할 수 있는 정치적 방안이 그 어느 때보다 절실하다. 주로 한국에서는 자유주의 정치 위기를 소통의 위기로 규정하고 칸트나 하버마스의 사상을 응용하는 방식으로 통합의 대안을 찾는 경우가 많다(한국언론학회, 2012). 물론 한국 사회

국 민주주의의 특징을 분석하면서, 한국 정치 주체들의 성격이 바뀌었다고 서술한다. 그 설명과정에서 단 한번 노마드적 주체라는 단어를 사용한다. 그러나 스피노자나 들뢰즈의 사상적 내용은 거의 등장하지 않는다.

의 위기가 소통의 위기와 밀접하게 연결되는 것은 사실이다. 그러나 관점을 넓혀보면 상황에 대한 인식이 달라지고, 그에 대한 처방도 보다 풍부해질 것이다. 결국 사회가 구성되는 방식을 정확히 이해해야만 문제에 대한 처방도 적절해질 것인데, 분명 루소와 스피노자는 우리가 익숙해 있던 사회인식의 수준을 넘어서 새로운 관점으로 정치를 바라볼 수 있게 해주는 사상가들이다. 왜냐하면 이들은 사회계약론의 지평을 넘어서서 정치를 인식하고 사회적 유대를 사유하는 실험적인 사상가이기 때문이다. 따라서 필자는 이들을 통해서 분명 새로운 윤리학의 기반을 찾을 수 있을 것이라고 믿었다. 더구나 1968년 프랑스의 혁명은 포스트모더니티 정치학에 기초가 되었던 사건이고, 우리 학계에도 큰 영향을 주는 사유체계가 되었던 만큼, 스피노자의 현재성을 검토하는 것은 매우 시급한 작업이라고 판단했다.

그러나 이러한 필자의 기대와 판단이 이 논문 안에서 모두 실현되었다고 생각하지 않는다. 따라서 앞으로 감정 연구 혹은 스피노자 연구와 관련해서 남은 과제를 정리하는 것으로 논문을 마무리 짓고자 한다. 우선 네그리가 스피노자의 현재성을 제안하는 것에 주목할 만하다(Negri, 2013). 네그리는 인간의 욕망과 감정의 요인을 정치 분석에 적극 도입하기를 제안한다. 공통관념이 구성되는 데 작동하는 감정의 역할, 특히 사랑의 역할을 강조한다. 이것이 후기 푸코의 윤리학과 연결될 수 있는지도 자문한다(Negri, 2013: 95). 네그리의 이러한 제안을 통해서 필자는 한국에서 향후 스피노자 연구를 두 가지 방향으로 진행시켜 볼 수 있다고 생각한다. 첫째는 감정의 정치학이며, 둘째는 사랑의 윤리학이다. 전자의 역할은 집단심리(Zourbachivili, 2003)나 정치적 판단(Johnston, 2015)의 문제와 연결 지을 수 있겠고, 후자의 경우는 타자의 철학(우치다, 2013)과 연결 지어볼 만하다.

집단심리 문제는 스피노자에게 두 가지 층위가 있다. 첫째는 인간에게 좋은 평판을 받고 싶다는 욕심과 다른 사람의 마음을 지배하고 싶다는 야망 사이에서 전개되는 정치심리학의 문제이며, 둘째는 개인의 복종을 유도하는 국가와 개인의 심리적 관계다. 이 두 가지 문제가 한국 현실에서 그대로 전개될 수 있겠다. 예를 들어 한국 정치에서 포퓰리즘(진태원, 2013: 182-217)이나 박정희 향수 따위(홍성민, 2015: 9~34)들은 위에서 지적한 두 가지 심리의 문제를 그대로 보여주는 좋은 예들이다. 한편 정치적 판단과 감정의 관계를 연구하는 문제가 중요해 보인다. 이러한 연구는 주로 미국 정치학에서 현재 집중적으로 진행 중이다. 최근의 연구 결과에 따르면 정당이나 정치인에 대한 유권자들의 판단은 객관적인 데이터에 의해서 움직이기보다는 과거에 경험된 감정, 특히 분노의 감정에 따라 사전에 결정된다. 미국에서는 이러한 경험된 감정을 다양한 통계 기법을 통해서 증명하고 있는데, 한국에서는 유권자들의 표심을 연구하거나,[44] 지역주의 감정을 심화시키는 방향으로 연구 계획을 잡아보는 것도 가능해 보인다.

한편 정치윤리의 문제와 관련해 타자의 철학을 강조한 레비나스의 사상이 주목할 만하다. 칸트의 윤리학이나 홉스의 실용주의를 넘어서 감성의 윤리학을 강조하는 레비나스는, 그가 스피노자를 직접 인용하지 않고 있음에도 불구하고, 현대사회에서 새로운 정치 통합의 가능성을 열어준다고 필자는 생각한다. 레비나스에 따르면 인간의식은 늘 외부에 노출되어 상처를 받고 있는데, 이러한 아픔이 오히려 타인과 교감할 수 있는 연결 지점이 된다. 따라서 소통은 이성적 대화나, 초월적 도덕의식이 아니라 타자의 아픔을 공감하는 것에 출발한다. 이것은 국제화 시대에 우리 사회가 당면한 수많은 경제적 분열과 정치적 아픔을 치유하고 새로운 공감대를 마련할 수 있는 토대가 될 것이다. 리프킨(2010)의 작업은 이 분야에서 좋은 예가 된다.

마지막으로 스피노자의 감정 문제를 현대인의 정체성과 관련시키는 작업이 실현 가능해 보인다. 뇌과학의 발전에 힘입어 감정을 의학적 수준에서 연

---

44) 아마도 안철수 현상을 선거 통계 기법을 통해서 연구한 작업이 이러한 흐름에서 선구적인 작업에 해당하겠다(조기숙, 2016).

구하는 업적이 있으니(다마지오, 2003) 이것을 전례로 하여, 외부적 자극에 반응하는 감정의 형태들을 유형분류하는 것이 가능할 것이다. 그렇다면 감정의 변화와 정치적 신념, 이데올로기, 집단의식 등이 어떤 상관성을 갖는지 밝혀 보거나, 인간의 정체성이 형성되는 객관적인 과정을 알아낼 수도 있을 것이다. 이러한 방식이라면 정치학과 자연과학의 만남이 필수적인데, 이것은 철학적 추상성을 벗어나 새로운 간학문적 연구를 실현해 볼 수 있는 좋은 기회라고 필자는 생각한다. 또 이를 심리치료에 응용해 집단적 트라우마에 시달리는 한국인들의 마음을 치유하여, 궁극적으로 사회통합으로 유도하는 방안을 모색하는 것도 중요해 보인다.

이러한 연구들은 단순히 텍스트를 이해하고 비교하는 수준을 넘어서는 작업들이다. 더구나 정치학이나 철학을 넘어서 학제 간 연구가 필요한 작업들이다. 그러나 앞으로 한국 정치 연구를 위해서 시급하게 수행되어야 할 작업임에 틀림없다.

참고문헌

공진성. 2013. 「루소, 스피노자, 그리고 시민종교의 문제」. ≪정치사상연구≫, 제19집 1호.
기유정. 2000. 「홉스와 스피노자의 정치이론의 비교연구: 계약론 대 반 계약론의 문제설정을 중심으로」. 서울대학교 정치학과 석사논문.
김세균. 1997. 『한국민주주의와 노동자 민중정치』. 현장에서 미래를.
김시형. 2015. 「루소 비판을 통한 칸트의 새로운 철학이념의 확립: 학문과 지혜의 통일」. ≪철학연구≫, 제135집 8호.
김용민. 2004. 『루소의 정치철학』. 인간사랑.
네그리, 안토니오(Antonio Negri). 1997. 『야만적 별종(L'anomalia Selvaggia)』. 윤수종 옮김. 푸른숲.
_____. 2005. 『전복적 스피노자(Spinoza Sovversivo)』. 이기웅 옮김. 그린비.
_____. 2008. 『다중(Multitude)』. 조정환 외 옮김. 세종서적.

누스바우, 마사(Martha Nussbaum). 2016. 『혐오와 수치심: 인간다움을 파괴하는 감정들(Hiding from Humanity)』. 조계원 옮김. 민음사.

다마지오, 안토니오(Antonio Damasio). 2003. 『스피노자의 뇌: 기쁨, 슬픔, 느낌의 뇌과학(Looking for Spinoza: Joy sorrow and the feeling brain)』. 임지원 옮김. 사이언스북.

들뢰즈, 질(Gilles Deleuze). 1994. 『앙띠 오이디푸스(Anti-Oedipus)』. 최명관 옮김. 민음사.

_____. 2001. 『천개의 고원(Mille Plateaux)』. 김재인 옮김. 새물결.

_____. 2003. 『스피노자와 표현의 문제(Spinoza et la Probleme de l'Expression)』. 이진경·권순모 옮김. 인간사랑.

_____. 2015. 『스피노자의 철학(Spinoza.: Philosophie Pratique)』. 박기순 옮김. 민음사.

루소, 장자크(Jean-Jacques Rousseau). 1998. 『사회계약론 외(Discours sur l'Origine et les Fondements de l'Inegalite Parmi le)』. 박은수 옮김. 인폴리오.

_____. 2002. 『에밀(Emile ou de l'Education)』. 민휘식 옮김. 육문사.

_____. 2007. 『학문과 예술에 대하여(Discours sur les Sciences et les Arts)』. 김중환 옮김. 한길사.

_____. 2000. 『사회계약론(Du Contrat Social ou Principes du)』. 이환 옮김. 서울대학교 출판부.

리프킨, 제러미(Jeremy Rifkin). 2010. 『공감의 시대(The Empathic Civilization)』. 이경남 옮김. 민음사.

마슈레, 피에르(Pierre Macherey). 2010. 『헤겔 또는 스피노자(Hegel ou Spinoza)』. 진태원 옮김. 그린비.

마트롱, 알렉상드르(Alexandre Matheron). 2012. 『스피노자 철학에서 개인과 공동체(Individu et Communaute Chez Spinoza)』. 그린비.

맥퍼슨, 클로포드(Crawford Macpherson). 1991. 『소유적 개인주의의 정치이론(The Political Theory of Possessive Individualism)』. 이유동 옮김. 인간사랑.

모스, 마르셀(Marcel Mauss). 2002. 『증여론(Essai sur le don)』. 이상률 옮김. 한길사.

민주노조운동연구소. 1998. 『신자유주의와 세계민중운동』. 한울엠플러스.

박의경. 2005. 「루소에 나타난 애국심과 시민의식: 민주주의를 위한 공적의지의 두 가지 조건」. ≪한국정치학회보≫ 39집 5호.

박찬국. 2015. 『하이데거의「존재와 시간」강독』. 그린비.

발리바르, 에티엔(Étienne Balibar). 2005. 『스피노자와 정치(Spinoza et la Politique)』. 진태원 옮김. 이제이북스.

_____. 2007. 『대중들의 공포(La crainte des masses)』. 최원·서관모 옮김. 도서출판B.

보그, 로널드(Ronald Bogue). 1996. 『들뢰즈와 가타리(Deleuze and Guattari)』. 정우 옮김. 새길.

보이드, 윌리엄(William Boyd). 2013. 『루소의 교육이론(The Educational Theory of Jean-Jacques Rousseau)』. 김안중·박주병 옮김. 교육과학사.

비르노, 파올로(Paolo Virno). 2004. 『다중(Grammatica Della Moltitudine)』. 김상운 옮김. 갈무리.

샌델, 마이클(Michael Sandel). 2012. 『민주주의 불만(Democracy's Discontent)』. 안규남 옮김. 동녘.

_____. 2014. 『정의란 무엇인가(Justice)』. 김명철 옮김. 와이즈베리.

서동국. 2007. 「'부정성'을 너머 '차이'로: 하이데거와 들뢰즈의 경우」. ≪철학과 현상학 연구≫, 제 34집.

손기태. 2016. 『고요한 폭풍, 스피노자』. 글항아리.

스피노자, 바뤼흐(Baruch Spinoza). 2013a. 『정치론(Tractatus Politicus)』. 황태연 옮김. 비홍.

_____. 2013b. 『신학정치론(Tractatus Theologico-Politicus)』. 황태연 옮김. 비홍.

_____. 2014. 『에티카(Ethica)』. 황태연 옮김. 비홍.

알튀세르, 루이(Louis Althusser). 2012. 「루소: 사회계약에 관하여(Sur le contrat social: Les dé calages)」. 『마키아벨리의 고독(Solitude de Machiavel)』. 김민석 옮김. 중원문화.

오수웅. 2009. 「루소의 도덕과 법: 개념과 관계」. ≪정치사상연구≫, 제15집 2호.

왈저, 마이클(Michael Walzer). 2001. 『자유주의를 넘어서(The Exclusions of Liberal Theory)』. 김용환 외 옮김. 철학과현실사.

우치다 다쓰루(內田樹). 2013. 『레비나스와 사랑의 현상학』. 이주정 옮김. 갈라파고스.

윤수종. 2002. 『자유의 공간을 찾아서』. 문화과학사.

이상익. 2013. 「루소와 주자의 정치철학」. ≪율곡사상연구≫, 제26집.

이수영. 2013. 『에티카, 자유와 긍정의 철학』. 오월의봄.

이진경. 2007. 『노마디즘 1』. 휴머니스트.

임혁백. 2011. 『1987년 이후의 한국 민주주의』. 고려대학교 출판부.

조긍호·강정인. 2012. 『사회계약론 연구』. 서강대학교 출판부.

조기숙. 2016. 『포퓰리즘의 정치학: 안철수와 페로의 부상과 추락』. 인간사랑.

조정환. 2003. 『아우또노미아』. 갈무리.

줄리앙, 프랑수아(Francois Jullien). 2009. 『맹자와 계몽철학자의 대화: 루소와 칸트(Fonder la Morale: dialogue de Mencius avec un philosophe des Lum)』. 허경 옮김. 한울엠플러스.

진태원. 2004. 「신학정치론에서 홉스 사회계약론의 수용과 변용: 스피노자 정치학에서 사회계약론 의 해체 1」. ≪철학사상≫, 제19호.

_____. 2006. 「스피노자 철학에 대한 관계론적 해석」. 서울대학교 대학원 철학과 박사논문.

_____. 2012. 「최장집과 에티엔 발리바르: 민주주의 민주화의 두 방향」. ≪민족문화연구≫, 제 56호.

_____. 2013. 「포퓰리즘, 민주주의, 민중」. ≪역사비평≫, 제105호.

철학연구회. 2006. 『자유주의와 그 적들: 한국자유주의 담론의 행방』. 철학과현실사.

최민자. 2015. 『스피노자의 사상과 그 현대적 부활』. 모시는 사람들.

최장집·이근식·홍종학·박동천·고세훈·선학태·유종일·최태욱. 2011. 『자유주의는 진보적일 수 있는가?』. 폴리테이아.

카르셍티, 브뤼노(Bruno Karsenti). 2009. 『마르셀 모스: 총체적인 사회적 사실(Marcel Mauss: Le fait social total)』. 김웅권 옮김. 동문선.

칸트, 이마누엘(Immanuel Kant). 1992. 『칸트의 역사철학(Schriften zur Geschichtsphilosophie)』. 이한구 엮음·옮김. 서광사.

푸코, 미셸(Michel Foucault). 1998. 『성의 역사(La volonté de savoir) 1』. 이규현 옮김. 나남출판사.

_____. 2004. 『성의 역사(La volonté de savoir) 2』. 신은영 옮김. 나남출판사.

하이데거, 마르틴(Martin Heidegger). 2015. 『존재와 시간(Sein und Zeit)』. 이기상 옮김. 까치.

한국언론학회. 2012. 『한국 사회의 소통위기』. 커뮤니케이션북스.

홍성민. 2000. 『문화와 아비투스』. 나남출판사.

_____. 2009. 『문화정치학 서설』. 나남출판사.

_____. 2015. 「감정구조와 한국의 대중정치학: 박정희 향수에 대한 문화이론적 접근」. ≪정치사상연구≫, 제21집.

Deleuze, Gilles. 1978/1981. "Les cours de Gilles Deleuze, Integralite cours vincennes." www.webdeluze.com(검색일: 2016년 7월 1일).

Eckstein, Walter. 1944. "Rousseau and Spinoza." *Journal of the History of Ideas,* Vol.5, No.3.

Green, Donald and Bradley Palmquist, Eric Schickler. 2004. Partisan Hearts and Minds. New Haven: Yale University Press.

Groenendyk, Eric. 2011. "Current Emotion Research in Political Science: How Emotions Help Democracy Overcome its Collective Action Problem." *Emotion Review*, Vol.3, No.4.

Hong SeonMin. 2012. *Culture and Politics: Pierre Bourdieu in Korean Cases.* Seoul, KR: SNU Press.

Johnston, Christopher and Howard Lavine, Benjamin Woodson. 2015. "Emotion and Political judgment: Expectancy Violation and Affective intelligence." *Political Research Quarterly*, Vol.68, No.3.

Jones, Philip Edward and Lindsay Hoffman, Dannagal Young. 2012. "Online Emotional Appeals and Political Participation: The Effect of Candidate Affect on Mass Behavior." *New Media and Society*, Vol.5.

Lazzeri, Christian. 1998. *Droit, Pouvoir et Liberté.* Paris, FR: PUF.

Lodge, Milton and Charles Taber. 2013. *The Rationalizing Voter*. Cambridge, UK: Cambridge University Press.

Marcus, George and W. Russell Neuman, Michael MacKuen, Ann Crigler. 2008. *The Affect Effect: Dynamics of emotion in political thinking and behavior*. Chicago, IL: University of Chicago Press.

Mauss, Marcel. 1995. "Usage social du corp." *Sociologie et Anthropologie*. Paris, FR: PUF.

Negri, Antonio. 2013. *Spinoza for our time: Politics and postmodernity*. New York, NY: Columbia University Press.

Remaud, O. 2003. "Ethique et Politique: Foucault et Spinoza." Philippe Artières. *Lectures de Michel foucault*. Lyon, FR: ENS Edition.

Ruddick, S. 2010. "The politics of Affect: Spinoza in the work of Negri and Deleuze." *Theory, culture and Society*, Vol.27, No.4.

Vincenti, Luc. 2001. *Jean-Jacques Rousseau: l'Individualism et la republique*. Paris, FR: Edition Kime.

Deleuze. 1978~1981. "Les cours de gilles deleuze." *Spinoza 1978~1981: Integralite cours vincennes*. www.webdeleuze.com.

Williams, David Lay. 2010. "Spinoza and General will." *The Journal of Politics*, Vol.72, No.2.

Zourabichvili, François. 2003. "Spinoza, le vulgus et la psychologie sociale." Gabriel Tarde. Eric Alliez(ed). *Les transformation du Pouvoir*. Les Empêcheurs de penser en rond.

제4장

사회적 공감과 담론국가*
국가론에 대한 구성주의적 접근

1. 들어가며

2000년대 이후 세계화의 논의가 학계를 주도하면서(박세일, 2010; 홍태영, 2019; 기든스, 2014), 한국 학계에서도 국가론에 대한 논의가 상대적으로 축소되었다. 1980년대와 1990년대 한국에서 진행된 국가론은 주로 민주화에 대한 열망과 관련되어 있었는데, 과연 한국 정치의 민주화가 실현되었는지 의심이 드는 만큼, 위축된 국가론에 대해 필자는 우려를 갖지 않을 수 없다. 왜냐하면 현재 한국 정치에서 진보와 보수의 대립이 첨예해져 정치 통합의 위기가 심각한 수준인바, 이를 극복하기 위한 해결책은 역시 정부의 성격, 리더십의 역할, 절차적 민주화와 관련되기 때문이다. 더구나 탈북자, 이민자, 다문화 문제와 같이 새로운 사회문제가 등장하고 있는데, 이것은 민족국가를 넘어서는 새로운 문제이지만 해결하는 방안 역시 민족국가의 성격을 규정하는 방식에 달려 있는 만큼, 국가론의 이슈들은 여전히 중요하다고 필자는 생각한다. 다시 말해 새로운 관점에서 한국의 국가 성격을 규명할 필요가 있다는 것이다.[1] 그래서 필자는 이 글로써 1980~1990년대 한국의 학계에서 논의되었던

---

* 4장은 홍성민, 2021, 「국가론에 대한 구성주의적 접근: 사회적 공감과 담론국가」, ≪비평과 이론≫, 26권 2호를 기초로 보완·발전시킨 글이다.

국가론에 대한 쟁점과 한계점을 살펴보고, 그것을 극복할 수 있는 새로운 돌파구를 찾아보려고 한다. 이러한 지적 작업은 궁극적으로 한국 정치의 민주화를 통해 정치 통합을 실현하려는 실천적 목표에서 출발한다.

일단 필자는 기존의 국가론을 두 가지 수준에서 정리하고자 한다. 첫째가 경제주의적 접근이며, 둘째가 개인주의적 접근이다. 경제적 접근의 대표적인 경우가 과대성장국가론, 발전국가론, 관료적 권위주의 모델, 세계체제론, 분단상황론 등이 있다. 이렇게 두고 보면 경제적 접근은 다시 세분해 계급 연합의 모델(과대성장국가론, 발전국가론, 관료적 권위주의 모델)과 경제구조론(세계체제론, 분단상황론)으로 양분해 볼 수 있겠다. 한편 개인주의적 접근법은 대통령의 리더십 연구에 초점을 두는 흐름인데, 개인의 퍼스널리티(Personality)를 연구하는 방법(정윤재, 1992: 193~221; 2018)과 행정부의 구조와 관련해 대통령의 역량을 연구하는 흐름(함성득, 2016)으로 구분해 볼 수 있겠다. 그런데 필자는 이러한 경제주의적 접근과 개인주의 접근이 한국 역대 정권의 성격을 분석하는 데 중요한 결함을 가졌다고 생각하고, 이것을 통칭해 '환원주의적 오류'라고 부르고자 한다. 예를 들어 정치권력의 성격을 경제구조나 계급 연합으로부터 연유한다고 생각하거나, 또는 개인(이승만과 박정희)의 통치 방식에서 연유하는 것으로 파악하는 것이 환원주의라는 것이다. 그리고 필자의 눈에는 이것이 한국 정부의 특성을 정확히 파악하지 못하게 만든 원인이다. 그래서 두 가지 접근 방식을 함께 종합할 수 있는 절합(articulation)2)을 찾아야만 역

---

1) 이택선(2020)의 연구 성과는 이러한 맥락에서 매우 독창적이다. 그는 대한민국의 시작을 '취약국가'라는 개념을 통해 설명함으로써 한국의 특수성을 정확하게 지적하고 있기 때문이다. 이 글은 이택선의 연구 작업으로부터 많은 자극을 받았다.

2) 절합(articulation) 개념은 안토니오 그람시(Antonio Gramsci)나 푸코의 권력 개념으로부터 유래한다. 이것은 사회를 경제적 토대와 상부구조라는 이분법으로 분석했던 전통적인 마르크스주의의 방법론에 반대하면서, 사회구성체를 유기체적 구조로 파악하려는 네오 마르크스주의의 한 흐름을 대표하는 개념이다(라클라우·무페, 2012).

대 정권의 특성을 파악할 수 있고, 나아가 한국의 국가정체성을 포착할 수 있다고 판단했다. 즉 환원주의를 극복할 수 있는 방법은 구조와 개인의 변증법적 조화에 있는데, 이러한 입장을 필자는 '구성주의적 접근'이라고 부르고, 새로운 국가의 모델을 담론국가(discursive State)라고 명명하고자 한다.

이와 같이 새로운 방법론과 국가 모델을 제시하게 된 이유를 설명하기 위해서 일단 한국 학계에서 국가론의 환원주의가 득세하게 된 배경을 잠시 살펴보도록 하자. 필자가 제시하는 담론국가라는 개념은 결국 경제적 환원주의와 개인주의적 환원주의를 극복하자는 문제의식에서 출발한 것이기에, 일단 환원주의에 어떤 문제가 있었나를 미리 검토하는 것이 필요해 보인다.

첫째는 마르크스주의의 영향이다. 이승만 정권을 설명했던 과대 성장국가론이나 박정희 정권의 유신 독재를 설명했던 관료적 권위주의 모델 안에 내장된 이론 구조를 면밀히 살펴보면, 마르크스주의의 틀 안에서, 특히 계급적 연합과 갈등이라는 분석 틀 안에서 역대 정부의 속성을 설명하려는 시도가 보인다. 그런데 필자는 이것이 미국 정치학의 한 흐름을 그대로 답습한 것이라고 평가한다. 예를 들어 베링턴 무어(Barrington Moore)의 『독재와 민주주의 사회적 기원(Social Origins of Dictatorship and Democracy)』이라는 책을 보면, 중세에서 근대국가로 진입하는 과정 중 독재와 민주주의의 두 가지 체제로 귀결되는 상황을 설명하기 위해, 토지 귀족과 도시 부르주아의 관계를 중요한 변수로 다루었다. 무어는 정치체제의 유형이 농업에서 상업으로 전환되는 시기에 정치구조 특성이 계급들의 연합 관계에서 결정된다고 분석한 것이다. 그런데 이러한 논리가 과대성장국가론이나 관료적 권위주의 모델에도 그대로 답습되었다고 필자는 판단한다.

예를 들어 함자 알라비(Hamza Alavi)는 파키스탄과 방글라데쉬의 사례 연구에서, 독립 이후 두 국가에서 권위주의 정권이 들어서게 된 이유를 추적했는데, 거기에서 그는 토착 부르주아, 식민지 본국의 부르주아, 그리고 토지 귀족의 3자 연합에 의해서 과대 성장된 관료주의가 정착되었다고 설명한다

(Alavi, 1972). 이러한 논리는 이승만 정권의 권위주의 성격을 설명하는 데 그대로 적용된 바 있다(최장집, 1985). 또 기예르모 오도넬(Guillermo O'Donnell)의 관료적 권위주의 모델은 남미의 여러 나라들이 1차 산업으로부터 중공업의 발전단계에서 권위주의적인 속성을 보이게 되는 이유를 관료와 상층 부르주아의 계급이해 연합에서 찾고 있다(O'Donell, 1973) 그리고 이 이론은 한상진에 의해 유신체제를 설명하는 데 도입된 바 있다(한상진, 1989). 요약하자면 무어, 알라비, 오도넬의 모델은 공통적으로 경제적 이행 단계에서 계급 연합이라는 시각으로 정치체제의 속성을 설명하고 있고, 이것이 한국 사회에서 국가의 성격을 설명하는 데 그대로 도입되었다.

예컨대 이승만 정권이 과대성장국가론의 성격을 띠게 된 배경을 지배계급 연합의 매판성 때문이라고 주장한 이론(최장집, 1985)과 이를 정면으로 반박한 입장(박광주, 1985)이 있는가 하면, 유신체제의 권위주의적 속성을 산업 재편에 따른 계급이해의 연합이라고 설명한 입장(한상진, 1989)과 이를 정면으로 반박한 입장(이정복, 1989: 71~98)이 혼재한다. 이처럼 타협할 수 없는 이론적 대치 국면을 한발 뒤에서 바라보면, 사실은 찬반양론의 두 논지가 모두 똑같은 경제적 환원주의와 개인주의적 환원주의 이론을 고집하고 있다. 따라서 이제 제법 시간이 흐른 뒤 과거 국가론의 논쟁을 평가하면서, 필자는 한국 역대 정권의 성격을 설명하는 방식에 근본적인 혁신이 필요하다는 생각을 하게 되었다. 경제주의적 관점 혹은 계급 연합 관점의 한계를 극복할 수 있는 방안이 무엇인지 찾는 것이 학문적 과제로 남아 있다는 것이다.

둘째는 막스 베버(Max Weber)의 영향이다. 특히 발전국가론은 미국식 근대화론을 동아시아에 적용하기 위한 변형인데, 여기에는 베버의 영향이 지대하다. 제2차 세계대전 이후의 미국의 학계에서는 베버에 대한 관심이 높았다. 특히 사회학자 탤컷 파슨스(Talcott Parsons)가 베버 사상을 미국에 수입하고 근대화 이론을 만든 대표적인 학자다(김우민, 2007). 당시 근대화론을 만든 관변 학자들은 베버의 합리성 개념을 통해서 전통사회/근대사회라 이분법적 도식을 만들었고, 이것을 기준으로 제3세계를 후진국으로 묘사했다. 그리고 그 대척점에 서유럽의 선진국이 존재함을 부각시켰다. 결국 근대화 이론은 제3 세계의 후진성을 계몽하자는 의도에서 만들어진 프로파간다이며, 궁극적인 목표는 바로 미국 사회를 추종하라는 명령이었다. 여기에는 경제적 성장이 중요한 지표가 된다. 한편 경제성장을 위해서는 서유럽이나 미국이 거쳐 온 길과는 다른 방식이 필요할 터, 이때 주조된 용어가 '후후발(late-late)' 국가들 이 따라가야 할 발전국가 모델이다. 시장의 논리에 맡겨 두어서는 경제적 성 과를 단시일 내에 이룰 수 없으니, 이를 극복하기 위해서 강력한 관료주의가 필요하다고 강조한 것이다.

그런데 내가 보기에 여기에 베버의 논리가 깊게 자리 잡고 있다. 발전국가 모델에서는 혼란스러운 시장에 질서를 부여하고 효율적인 성장을 이루기 위 해서는 관료들의 객관적인 정신과 합리성이 필요하다고 강조하는데, 이것은 전형적인 베버의 주장이기 때문이다. 사실 베버의 사상은 경제관료의 합리성 을 강조했다는 점에서 후대의 사회적 국가 이론에도 큰 영향을 주고 있다(류 성희, 2011: 5~51; 김석준, 1992). 특히 베버의 사상은 계급환원론을 반대하고 국가 명령을 내리고 있는 정치인에 초점을 맞추고 있는데, 이것은 결국 정치 인이 정부관료와 어떤 관계에 있는지, 정치인으로서 개인을 어떻게 이해해야 하는지에 대한 통찰력을 제공했다. 즉 베버의 사상에서 있어서 합리적 관료 제와 카리스마의 지배 형식은 동전의 앞뒷면과 같다. 그렇다면 퍼스널리티 연구로서 대통령을 연구하거나 정부의 조직 속에서 대통령의 역량을 연구하 는 방식은 결국 베버의 영향 안에 있다고 보아도 무방할 것이다.[3] 요약하자

---

3) 베버의 지배사회학의 논리에 따르면 관료제적 지배와 카리스마의 지배는 합리적 지 배의 대표적인 예다. 필자가 보기에 발전국가의 논리에는 이러한 베버의 사상이 깊게 스며 있다. 특히 베버가 『지배사회학』의 7장에서 국가사회학을 설명하면서, 국가의 지배활동으로 행정을 거론한 것은 이러한 필자의 추론에 강력한 근거가 된다. 한편 브루스 커밍스(Bruce Cumings)는 발전국가의 이론적 계보가 헤겔과 마르크스로부터

면 베버의 영향력이 개인주의적 접근법의 근간이다.

이렇게 놓고 보면 마르크스와 베버의 사상이 1980년대 한국의 학계에서 진행된 국가론의 핵심이다. 그리고 마르크스의 이론적 결함은 경제적 환원주의이며, 베버의 결함은 개인주의적 환원주의이다. 당연히 두 학자의 이론을 근간으로 하는 국가론도 똑같은 문제를 안고 있다. 한계점을 지적하자면 국가정체성의 형성에 관여하는 국제정치적인 영향, 관료의 범위를 넘어서는 시민사회의 영향력, 통치의 대상으로서 국민들에 대한 논의, 리더십을 발휘하는 정치엘리트의 정체성 자체가 분석 틀에서 사라지고 만 것이다. 따라서 필자는 마르크스와 베버의 영향권 안에서 사라진 요인들을 회복시키면서 국가권력의 성격을 설명하는 방식을 모색하려고 한다. 이를 위해서 새로운 지적 자원으로 뒤르켐의 사상을 활용할 것이다. 그런데 뒤르켐의 사상이 왜 필요한지 알기 위해서 일단 기존 국가론의 내용과 한계를 좀 더 면밀하게 살펴보도록 하자.

2. 경제국가와 개인통치의 이론적 내용과 한계

일단 1980년대를 전후로 전개된 국가론을 좀 더 깊숙이 검토하면서 어떤 논쟁이 있었으며, 무엇이 해결되지 않은 채 남아 있는지 파악하는 것이 시급하다. 이를 위해 필자는 분석 수준을 세 가지로 구분해 보고자 한다. 첫째, 국제정치-국내정치의 수준, 둘째, 국내정치와 시민사회의 수준, 셋째, 개인의 통치성 수준이다.[4] 이렇게 세 가지 수준의 분석단위를 설정함으로써 과거에 산

유래하는 것으로 설명한다(Cummings, 1999).

4) 이처럼 세 가지로 권력의 수준을 구분한 것은 푸코의 통치성 개념으로부터 필자가 배워온 것이다. 이를 바탕으로 이미 한국 정치를 분석한 선례가 있다(홍성민, 2009). 한편 손호철(2006: 4장)은 박정희 정권을 분석하면서 세계 체제의 위상-단계-통치형태

만하게 흩어졌던 국가론 논쟁을 세련되게 정리하고, 나아가 환원주의의 오류를 극복하고 국가론의 절합점을 찾을 수 있을 것이라고 기대한다.

1) 국제정치-국내정치의 수준

이 수준을 대표하는 글은 김진균과 조희연(1985)의 논문이다. 이 글에서 두 사람은 한국 사회의 특성을 설명하기 위해서 주변부 사회와 분단이라는 두 가지 요인을 강조한다. 이들에 따르면 국제적인 노동 분업의 차원에서 한국이 주변부에 위치하고 있는 까닭에 한국 사회가 종속적 산업화에 빠져 있고, 이로 인해 한국의 정권이 권위주의적 속성을 띠게 된다. 즉 산업자본의 확립과 독점 과정에서 사회의 주요 갈등이 노동과 자본의 관계로 정착하고, 정치는 이러한 갈등의 현재화를 억제하는 방향으로 작동한다는 것이다(407). 여기서 두 사람은 한국 정치의 억압적인 성격을 자본의 논리에 의거해 설명하고 있다. 즉, 마르크스주의의 논리에 기대고 있는 것이다. 더 나아가 정치 영역이 비대화되는 이유를 국가조직이 '외세에 의해서', '위로부터' 만들어졌기 때문이라고 본다. 자본주의국가의 목표는 자본제적 생산양식을 창출하고 유지하는 것이기에 시민사회를 억압하고, 이에 조응해 정권의 비대화가 이루어지는 것이 논리적 귀결이다. 이러한 논리의 연장선상에서 종속적 자본주의는 관료적 권위주의 모델과 쉽게 연결된다. 왜냐하면 산업이 고도화되는 과정에서 민중 부분을 배제하는 것이 관료적 권위주의 모델의 핵심 내용이며, 이것은 종속적 자본화의 결과이기 때문이다.

그런데 한국 사회는 분단이라는 특수성이 작동한다. 주변부 사회가 보편적인 요인이라고 한다면 분단은 한국만의 특수 요인이다. 해방 이후 한반도가

라는 세 가지 요인을 통해서 국가의 형태가 결정됨을 보여주었는데, 이것은 필자가 구분한 세 가지 수준의 분석단위와 매우 유사하다.

냉전체제로 편입되어 가면서 분단이 고착화되는 현상을 피할 수 없었는데, 여기에는 한국 정치의 사회세력들이 냉전과 분단을 극복할 의지를 상실하고 스스로 내화(內化)하는 단계로 고착화된다. 이것을 냉전논리의 민족 내화, 혹은 분단의식의 내면화라고 부른다(416). 더구나 박정희 정권이 추진한 경제발전계획은 민중의 요구를 흡수하면서 동시에 남북 대립을 첨예하게 만들었다. 정부의 정책에 도전하는 것은 남북 대립 구조에 도전하는 것이 되었기에 사회 내의 저항 이데올로기는 철저하게 탄압당하게 되었기 때문이다. 즉 경제발전이 민족 통일이라는 담론을 압도해 버린 것이다. 이것이 유신체제를 만들어낸 계기다. 즉 민간 부문과 국민정신에 냉전의식을 체계적으로 정착시킴으로서 매스컴, 교육 등 사회화의 주요 기구를 군부의 구상대로 조작하게 된다. 이것이 바로 분단의식의 과잉화와 정치권력의 권위주의화가 동시에 진행되는 구조다. 그리고 이러한 사회화 과정은 중산층의 가치판단에 지대한 영향을 준다. 한 사회에서 변혁의 세력으로 중산층이 차지하는 위상이 큰데, 한국 사회에서는 중산층이 반공 의식으로 과잉 내면화됨으로써 노동운동이나 시민사회의 저항운동에 대해 부정적인 태도를 갖게 되었고, 이것은 역으로 박정희 정권의 권의적인 속성을 묵인하는 결과를 낳게 된다.

그런데 필자는 여기에서 의문이 생긴다. 주변부 사회와 분단이라는 두 가지 요인이 한국 사회의 특성을 권위주의적으로 만들었다는 논리에 문제가 있어 보인다.

첫째, 세계경제 체제 안으로 편입되는 과정이 제대로 설명되지 않았다. 주변부 사회의 위상이 노동 분업 편제에 따라 자동적으로 결정되는 것처럼 묘사되고 있지만, 한국의 주변국가의 속성은 대만이나 멕시코와 다르다(김병국, 1994; 윤상우, 2005). 그런데 주변부 자본주의를 강조하는 위의 논문은 이러한 차이를 제대로 설명하지 못했다. 다시 말해 세계 체제가 형성되는 과정에서 주변부 사회가 자본에 종속되는 과정은 국내정치의 논리에 따라 상이하다는 것이 인정되어야 하고, 이것을 보다 정교하게 설명해야 한다. 예를 들어 멕시코와 한국의 사례를 보아도 주변부 사회의 차이점은 분명해 보인다. 한국의 관료들이 노동계급과의 이해관계를 초월해 경제개발을 추진할 수 있었던 것과 달리 멕시코의 경우에는 혁명정권이 노동 세력을 비호한 역사가 있었기 때문에 노동 분야를 완전히 무시하고 경제개발 정책을 수행할 수 없었다. 노동 세력이 오히려 정권의 비호 세력으로 성장했기에 멕시코의 발전국가 전략은 한국의 경우와는 판이하게 달랐다(김병국, 1994: 1장). 또 대만의 경우에는 안정 기조 아래서 점진적 발전을 주장하는 엔지니어 출신의 중도적 실용주의가 중추를 이루었기 때문에 거시 정책 기조가 한국과는 판이하게 달랐다. 그래서 대만이 중소기업 위주의 발전 전략을 선택했다면, 한국은 중화학공업의 수출 주도 산업을 추진했다(윤상우, 2005: 3장). 또 대만의 국민당은 대자본가의 성장을 반대했으며, 토착 자본가의 성장에도 매우 소극적이었다(김윤태, 2012: 126). 이러한 차이는 경제 성과에서나 정권의 성격에서도 큰 차이를 보였다.

한편 세계체제론의 관점에서 후발 개도국이 취할 수 있는 전략이 여러 가지가 있는데, 이 중에서 박정희 정권은 '초청에 의한 상승'이라는 전략을 선택했다고 한다. 이것은 당시 미국의 헤게모니 아래 놓인 한국이 냉전체제의 특수이익을 어느 정도 누리고, 일본과 국제적 분업 체제를 이루며, 당시의 유례없는 경제적 호황을 이용했음을 의미한다(윤상우, 2006: 70~71). 발전국가로서 한국은 외국의 다국적 기업의 침투나 직접투자에 대해서는 방어적 자세를 취할 수 있었기 때문에 산업화 과정에서 나름대로의 자율성을 확보할 수 있었다. 이렇게 두고 보면 종속적 산업화의 테제는 한국 정치의 자율성을 지나치게 폄하하는 셈이다. 필자가 보기에 주변부 사회의 이러한 차이가 보다 명백히 설명되지 않고서 세계 체제와 노동 분업의 논리만으로 한국의 국가 성격을 논의하는 것은 이론적으로 비약이 심하다. 이를 해결할 수 있는 돌파구를 찾아야 한다.

둘째, 이행의 문제를 설명하기 어렵다. 김진균과 조희연의 논리에 따르면, 세계 체제 안에서 노동 분업의 위치가 바뀌지 않는다면 종속적 자본주의 성격은 변화하지 않을 것이며, 이것은 정치권력의 억압적 특성이 지속될 것이라는 주장을 가능하게 한다. 그런데 한국 사회는 1979년을 기점으로 산업정책도 바뀌었고, 정권의 통치 스타일도 변화한 것이 분명하다. 이러한 변화는 어떻게 가능해졌는가? 경제구조가 한 사회의 정치권력의 특성을 규정한다는 논리만으로는 한국 사회의 민주화 과정을 설명할 수가 없다. 특히 1979년부터 1981년 사이에 발전국가의 논리에서 시장원리에 충실한 개방경제체제로 바뀌는 과정은 정부의 경제정책을 담당했던 경제관료의 변화와 밀접하게 관련이 있다. 또 이것은 케인즈주의적(Keynesianism) 정책에서 통화주의 정책으로 변화해 가는 미국의 국내 정책 변화와도 밀접하게 연결되어 있다. 즉 세계를 관리하는 미국의 관리 국가 패러다임의 변화가 중요한 시발점이며(박상현, 2009), 이러한 미국의 지식 패러다임의 변화를 국내에 수입했던 지식인들의 변화를 세밀하게 추적해야만 정권의 변화를 알 수 있다. 예컨대 발전국가를 주도했던 패러다임이 케인즈주의적 시각이었다면, 1990년대 신자유주의를 주도했던 패러다임은 통화주의적 시각이었다. 이러한 패러다임의 변화는 서로 다른 세계관의 대립이다(김윤태, 2012: 208). 결국 세계관의 충돌에서 승리한 자가 권력을 변화시키는 것이다. 이러한 지식의 변화가 경제의 자유화를 유도해 내고, 시민운동에 대한 정책도 변화시킨 것이다. 이것이 우리가 1990년대 이후 한국 사회가 경험한 현실이다. 더구나 신자유주의 사회로 이행한 현실도 한국과 브라질의 사례가 다르다. 규제완화에 방점을 두었던 한국 경제와 민영화에 방점을 두었던 브라질의 경제는 이행의 과정과 결과도 다르다(윤상우, 2018: 231). 과연 이러한 변화의 메카니즘을 주변부 사회론과 분단상황론이 설명할 수 있는가?

2) 국내정치와 시민사회의 수준

이승만 정권과 박정희 정권의 권위주의적 속성을 설명하는 대표적인 이론은 과대성장국가론과 관료적 권위주의 이론이다. 두 이론의 이론적 내용과 비판점을 살펴보고 해결되지 않은 과제가 무엇인지 살펴보도록 하자.

첫째, 과대성장국가론은 최장집에 의해서 소개되었다. 그의 설명에 따르면, 식민사회의 주변부 국가는 식민사회에 있어서 토착계급을 예속화하는 것을 기본 과업으로 삼고 있으며, 그 존립이 중심부국가로부터 도출된다. 다시 말해 중심부 자본에 연결된 토착 자본가, 지주, 정치엘리트 집단이 지배 연합을 형성한다. 따라서 주변부 국가의 성격은 중심 국가로부터 도출된다. 특히 행정과 군사력을 장악한 엘리트 집단이 주도권을 갖게 되는데, 이처럼 행정권에 바탕을 둔 강력한 관료국가가 정당이나 의회의 기능을 축소시키고 강력한 약탈국가의 성격으로 등장한다(최장집, 1985: 190~191). 주변부 사회라는 명제는 그대로 살아 있지만 이제 그 원인은 노동 분업이 아니라 식민지 본국과 식민지 종속국의 관계에서 태동한다.

최장집은 여기서 한발 더 나아가 반공이라는 지배 이데올로기가 한반도에서 정치권력의 정당성을 뒷받침했으며, 이것은 이승만 정권과 한민당의 권력 기반이 되었다고 평가한다. 더구나 한국에서 국가의 태동은 중심부 국가로서 미국의 이해관계와 밀접하게 연결되어 있었기 때문에, 이승만 정권은 모든 시민사회와 계급의 이해관계를 초월하는 권력을 누렸다. 그리고 4·19와 5·16 이후에 등장한 군사정권도 비대한 관료적 성격을 통해서 설명할 수 있다. 왜냐하면 이승만 정권에서 비대해진 정부가 시민사회의 정치참여를 억압했고, 이것은 결국 군사혁명을 통해서 통치엘리트만 교체되었을 뿐 시민사회는 여전히 억압되어 있었기 때문이다. 그래서 정치권의 변화는 경제적 요인과 계급이해를 통해서 실현되기보다는 통제력과 정보 수집력을 가진 행정 권력의 변화에 기인한다(최장집, 1985: 199).

둘째, 관료적 권위주의는 한상진에 의해서 소개되었고, 유신체제의 권위주의적 속성을 설명하려 한다. 우선 한상진은 국가의 기능을 두 가지로 소개하고 있는데, 하나가 생산적 기능이며 둘이 부작용을 관리하는 기능이다(한상진,

1989: 12). 전자가 발전국가 역할을 지시한다면, 후자가 관료적 권위주의적 통치 방식을 지칭하는 것이다. 그는 한국 사회에서 관료적 권위주의의 통치 방식(관리기능)이 등장한 시기를 유신체제와 궤를 같이 하는 것으로 본다. 유신체제는 민중참여의 기회를 봉쇄하고 중화학공업화를 신속하게 추진하기 위해서 관료 위주의 정책 결정을 기반으로 통치하는 특징을 갖는다. 이것은 남미의 여러 나라가 수입대체산업화에서 산업화의 심화 단계로 이행할 때 민주주의 체제에서 권위주의 체제로 권력 속성이 변화한 것과 유사하다. 경제구조 변화가 정치권력의 변화를 초래한다는 것이다. 물론 유신체제의 등장이 안보와 정당정치의 위기 상황과 무관한 것은 아니다. 그럼에도 불구하고 1970년대 초 산업구조를 개편해야 할 필요성이 객관적으로 드러났고, 이러한 경제적 목표를 달성하는 데 민중 부문을 배제하고 저임금 노동구조를 유지할 필요가 있었기 때문에 정치적 권위주의가 등장할 수밖에 없었다는 것이다(한상진, 1989: 4장).

이러한 경제적 논리를 정면으로 비판하는 글이 있다(이정복, 1989: 88). 첫째, 유신체제는 박정희 대통령의 장기 집권의 욕구에서 비롯된 것이며, 둘째, 경제적 인과 모델(방위산업, 중화학공업의 육성, 사회 안정의 필요성)들이 정치에 직접적인 영향을 준 것은 아니라고 평가한다. 또 박정희 통치 방식은 정권의 탄생부터 권위적인 성격을 드러내고 있었기 때문에 유신체제를 기준으로 이전과 이후를 나누어 생각할 이유가 없다는 것이다. 그리고 남미에서는 민주정치가 작동하던 시기에 민중 부분이 활성화될 기회가 있었고, 이것이 산업화의 심화 단계에서 탄압을 받게 된 것에 반해, 해방 이후 줄곧 시민사회와 민중 부분의 발전이 억압되어 왔던 한국 사회에서는 권위주의의 등장이 전혀 새로운 것이 아니라는 것이다.

이러한 비판에 민감했던 한상진은 권위주의 정권에 연속 모델과 단절 모델이 있다고 유보적인 태도를 취한다. 단절 모델은 남미에서처럼 경제구조의 변화에 조응해 급작스럽게 정치권력이 권위주의로 전락한 경우를 말한다면,

연속 모델은 시작부터 권위주의적인 정부가 1970년대 초에 진입하면서 정치적 폭력의 수준이 더욱 심화된 경우인데, 박정희의 유신체제가 여기에 해당한다. 1960년대에는 그나마 형식적 민주주의는 지켜졌지만, 1970년대 유신체제에 들어와 이러한 민주주의 양식마저 심하게 짓밟힌 사례들(정당정치의 무시, 의회의 해산, 야당 대표의 구금 등)을 거론하며, 연속 모델이 유효하다는 점을 입증하고 있다.

과대성장국가론과 관료적 권위주의에 대한 비판은 박광주의 논문(1985)이 탁월하다. 그는 위의 두 모델이 마르크스주의 정치경제학에 기반하고 있으며, 미국식 근대화 이론에 대해 반기를 든 것으로 평가한다. 구체적으로 시모어 립셋(Seymour Lipset)과 오도넬을 비교하면서 전자가 경제발전과 민주주의의 성숙이라는 인과관계를 설정했다면, 후자는 그 반대의 얘기를 하고 있는 것이라고 해석한다. 이론 내용을 인식론적 수준에서 평가했다는 점에서 박광주의 시각은 깊이가 있다. 그런데 흥미로운 점은 오도넬의 모델이 한국 사회에 직접 적용될 수 없는 이유를 설명하면서 1960년대의 민간 관료와 군부 간의 갈등이 있었고, 이들의 계급적 이해가 융합하기 어려운 상황을 강조한 점이다. 남미의 경우 대기업과 군부의 수뇌부들이 경영대학원이나 사관학교를 매개로 연합해 기술관료 층을 만든 반면, 한국의 경우는 군관 지배 연합이 형성된 경험이 없다는 것이다(박광주, 1985: 53~53). 이것은 관료적 정책 결정이 민중 부분을 배제했다는 이론의 전제 자체에 문제 제기를 하는 것이다. 왜냐하면 정부의 관료들과 민간의 상층계급들 간의 연합이 권위주의 정권의 대전제라고 할 수 있는데, 한국에 이러한 계급 연합이 존재하지 않았다면, 권위주의 정부의 기반 자체가 남미와 달랐다는 점을 의미하기 때문이다.

다음으로 박광주는 최장집의 과대성장국가론을 비판한다. 내용의 핵심은 이승만과 한민당 세력이 반민중적 종속국가를 만들었다는 최장집의 주장에 대한 반박이다. 과연 이승만과 한민당이 반민중적이었다면, 민중적 정부의 기준이 무엇인가라고 질문한다. 이승만 정권이 미군정이나 미국 행정부의 원조 물자 배분을 통해 관료적 자본주의를 열었고, 한국은 모든 외교정책에 있어서 미국의 요구대로 따라가는 종속국가였는가라고 도발적인 의문을 던진다. 그러면서 중심 국가는 항상 주변국에 종속과 예속을 강요하는가? 외생적 요인이 국내정치의 향배를 결정하는가? 한국에서 미군정이 특이하게 행동했던 이유는 '무엇인가?'라고 묻는다(박광주, 1985: 60~61). 또 김진균과 조희연의 논문을 언급하면서 중산층이 유신체제에 대해 침묵한 원인이 종속적 산업화의 수혜를 받았기 때문이라는 설명에 이의를 제기한다(72). 그는 중산층의 표현된 의사가 과연 중산층 고유의 여론인지 확인할 길이 없다는 점을 강조한다. 흥미로운 지적들이다. 국민들이 정권에 동조하는 이유와 과정을 설명하는 것이 국가론에서 대단히 중요한 연구의 초점임에도 불구하고, 경제주의적 국가론에서는 이런 부분이 생략되어 있다.

박정희 시대를 연구한 기존의 연구 성과를 보통 정치권력에 대한 연구, 산업화 민주화에 대한 연구, 그리고 지배 이데올로기를 둘러싼 연구 등으로 분류한다(이광일, 1998: 275~296). 그래서 통상 정치권력에 대한 연구는 5·16의 성격 규정이나 박정희 정권의 성격을 규정하는 문제에 초점을 맞추고, 산업화 추진과 민주주의 관계에서는 경제개발 정책이 불가피하게 독재정치를 초래했는지, 아니면 박정희 퍼스널리티가 독재정치의 원인인지를 두고 논쟁을 해왔다. 아마도 관료적 권위주의 모델을 둘러싼 찬반양론도 이 분류에 해당할 것이다. 그리고 지배 이데올로기에 대한 연구는 주로 새마을 운동이나 민족주의 교육정책 등에 초점을 맞춘다. 그런데 필자는 세 가지의 연구가 서로 분리될 수 없다는 입장이다. 왜냐하면 새마을운동을 통한 잘 살기 운동이나 충효사상을 기반으로 하는 민족주의 교육이 시민사회와 일상생활로 침투해 들어가면서, 결국은 발전이라는 국가정책을 인정하고 공감하도록 만들었다고 생각하기 때문이다. 이러한 의문이 일면 설득력이 있다면, 우리는 경제정책을 기반으로 정치 통합에 균열이 생기고, 이것이 민중 부분을 배제하는 결과를 초래했기 때문에 유신체제가 등장했다고 설명한 기존의 모델들은 분명 반쪽짜리 논리에 경도된 것이다. 시민사회와 생활세계에서 국민들의 동의와 공감이 어떻게 형성되고 어떻게 분열되는가를 설명하지 못하기 때문이다.

필자는 이승만과 박정희 정권에 대한 서로 상반된 논쟁 중에 아직까지 해결되지 않은 과제를 다음과 같이 두 가지로 정리하고자 한다. 첫째는 이승만 정권이 갖는 종속성의 문제다. 정말 이승만과 한민당의 세력은 기득권세력으로서 독립의 의지가 결여되었고, 민중의 의지를 정치권에 반영할 의사가 없었는가? 이것은 국제정치에서 생존 전략과 종속의 필연성을 어떻게 종합할 수 있는가와 관련된 문제다. 둘째는 박정희 정권의 권위주의적 속성의 원인을 찾는 문제다. 그것은 경제적 심화 정책으로부터 유래하는가, 아니면 박정희의 권력욕으로부터 유래하는가? 이것은 경제/개인의 환원주의를 넘어서 정치권력의 성격을 설명하는 새로운 길을 모색해야 하는 문제다. 즉 전자가 중심부 국가에 대한 식민 국가의 상대적 자율성을 설명해야 하는 과제라고 한다면, 후자는 사회변동 원인을 개인/구조의 영향력이 동시에 작동하는 과정을 통해서 설명해야 하는 과제다. 이 문제를 해결하기 위해 필자가 동원하는 이론적 자원이 뒤르켐 국가론이며, 담론국가를 제안하는 중요한 이유다.

3) 개인의 수준

정치권력의 속성을 대통령의 퍼스낼리티에서 찾는 방식이다. 이미 과대성장 국가론이나 관료적 권위주의론의 한계를 지적하는 여러 글들에서 정치 변동 원인이 경제에 있지 않고 개인에 있다는 주장을 한 학자들이 많이 있었다. 그중에서도 한국과 같은 제3세계의 정치는 리더십에 의해서 결정된다고 주장한 학자가 있어 주목할 만하다. 정윤재(1992: 193~221)는 현대 정치의 연구가 권력중심주의나 경제주의에 매몰되어 있다고 주장하면서, 정치발전에 결정적인 영향을 주는 정치지도자 개인에 대한 연구가 그동안 간과되어 왔다고 주장한다. 제3세계 정치지도자들의 대중주의 노선이나 민족주의 경향, 또는 국가적 위기 상황을 극복하기 위한 다양한 처방들에 대해서 학문적 연구가 필요함에도 불구하고 제대로 실현되지 못했다고 비판한다. 또 개인의 리더십에 대한 연구는 심리학의 범위를 넘어서야 한다고 주장한다. 정치 리더십에 대한 연구가 심리적 박탈을 보상받으려는 '정치적 인간'정도로 묘사되는 경우가 종종 있는데, 이런 식의 접근법은 정치 행위의 역사성, 사회적 결정요인에 대해 무관심하도록 만들었다고 한다. 필자는 여기에서 한발 더 나아가 어떤 정치적 행위도 항상 합리적이거나 의식적인 것이 아니라는 주장을 펼치고자 한다. 그래서 무의식과 역사적 경험에 대한 연구가 정치 리더십 연구에 포함되어야 한다고 생각한다. 개인사에 국한된 연구는 정치지도자와 일반 국민 사이의 동태적 관계를 파악하지 못한 결점을 갖는다.

이러한 문제의식을 염두에 두면서 이승만에 대한 기존의 연구 결과를 간략히 살펴보자. 우선 이승만의 행적을 두고 상반된 입장이 있다. 그가 입으로는 민주주의를 말하지만 행동으로는 작당과 몽둥이질을 일삼아 자신의 조그마한 자리를 지키기 위해 정력을 소비하는 인물이라고 평가하고, 자신와 적대 관계에 있는 사람을 용공분자로 몰아붙이는 사람이며, 해방 전 한국의 독립 문제를 두고 유엔 창립 준비가 있을 때 공산주의자에게 정부 요직을 줄 없다고 주장해 독립도 하기 전 벌써 자리다툼을 하는 사람이었다고 평가하는 언론인이 있다(송건호, 1984: 236~237). 또 소련과의 협상이나 좌익과의 연립정부가 결코 한국의 자주 독립 정부를 세우는 길이 될 수 없다고 믿었고, 그래서 이승만의 통일 노선은 일시적인 분단이 아니라 영구적인 분단을 자극하는 위험한 발상이었다고 평가한다. 결국 그가 남한만의 단정을 결정한 이유는 자신의 권력욕 때문이었다. 즉 이승만은 해방 이후 직접적인 정치조직을 가지고 있지 않았기 때문에 여운형, 김규식, 김구에 비해 불리한 위치에 놓여 있었고, 이러한 약점을 극복하고 정국을 주도하기 위해서 선발적인 돌파구를 찾아야만 했는데, 그것이 바로 남한만의 단독정부론이었다는 것이다(진덕규, 1987).

반면 이승만을 옹호하는 입장도 있다. 이승만이 소련에 대한 경계심을 가지게 된 계기는 1898년 독립협회가 주도한 만민공동회에서 조선에 대한 러시아의 이권 침탈을 비난하는 반러 운동에 투신했을 때다. 그리고 고종 황제 퇴위와 관련해 투옥되면서 반러 의식이 더욱 강해졌다고 한다. 그는 공산당이 결국 한국을 소련의 위성국으로 전락시키려는 음모를 가지고 있다고 믿었으며, 그래서 공산주의 세력과의 좌우합작을 반대한 것이다(이철순, 2020: 1~29). 또 단독정부 수립을 표명한 정읍발언은 공산주의자들과 합동할 수 없다는 의견의 표명이었으며, 당시의 국제정체의 인식을 바탕으로 소련의 위성국으로 전락할 우려가 있는 한반도를 구하기 위한 외교정책의 방안이었다(이철순, 2007: 213~230).

이처럼 한 정치인을 두고 상반된 입장을 가지게 된 계기는 역사를 서술하는 학자의 입장과도 밀접하게 연결되어 있다. 그렇다면 정치인을 객관적으로 평가한다는 것은 무엇일까? 어떻게 하면 정파적 이념을 초월해 정치지도자를 올바로 판단할 수 있을까? 대체로 한국에서는 진보와 보수의 진영 논리에 따라서, 이승만과 박정희 평가가 건국의 아버지 대 분단의 원흉, 경제 건설의 아버지 대 개발 독재자라는 이분법만이 팽배하다. 이러한 이분법적 시각을 벗어나서 정치지도자의 리더십을 평가하기 위해 정윤재는 문제해결적 측면과 그에 대한 국민의 태도를 고려해야 한다고 제안한 바 있지만(정윤재, 1992: 216), 정작 그 자신의 연구도 대통령의 퍼스널리티 연구에 머물고 있다는 인상을 지울 수 없다(정윤재, 2018). 이러한 한계를 해결하는 것이 남은 과제다.

3. 담론국가: 이론적 기초

위에서 살펴본 기존 연구의 한계를 필자는 경제적 환원주의 혹은 개인적 환원주의라고 명명한 바 있다. 그리고 이러한 학문적 한계를 극복할 수 있는 방법 중 하나로 뒤르켐의 국가론에 내장된 지적 성과를 새롭게 복원하는 것이 최선이라고 생각한다. 따라서 일단 뒤르켐이 남겨둔 학문적 유산 속에서 국가론에 해당하는 내용을 간략히 살펴보고, 그것을 한국의 국가론에 적용해 보도록 하자. 그리고 위에서 기존 국가론의 한계를 세 가지 수준으로 나누어 분석했던 것처럼, 뒤르켐의 사상을 세 가지 수준에서 복원해 보고자 한다. 필자는 뒤르켐의 국가론이 경제적 구조나 정부 조직을 벗어나 시민사회와 개인의 동의 수준을 거론하고 있다는 점에서, 마르크스와 베버에 근거하는 기존 국가론에 비해 분석의 범위가 훨씬 풍부하다고 생각한다. 더구나 국제정치-국내정치-개인을 관통하는 분석 대상(담론의 영향)을 설정할 수 있다는 점에서 논리적 일관성을 갖추고 있다고 평가한다. 그래서 뒤르켐의 국가론을 한국적 상황에 응용하는 작업을 담론국가에 대한 이론적 기초 작업이라고 부르고자 한다.

일단 뒤르켐의 텍스트 중에서 국가론에 대해 검토해 보자. 일단 뒤르켐은 정치사회(political society)라는 단어를 국가라는 단어보다 중요하게 생각한다. 정치사회는 다양한 이차집단(직업집단)으로 구성되는데 여기에는 우월한 권위가 존재하지 않는다. 그리고 이차집단은 자신의 존재 이유이기도 한 특수 이익을 지휘하는 데 필요할 뿐만 아니라, 모든 고차적 조직의 일차적 조건을 이루기도 한다. 이것이 국가의 전제 조건이다(뒤르켐, 1998: 103). 그런데 여기서 특수이익을 지휘한다는 말이 무엇인가? 뒤르켐은 현대사회의 통합이 자유주의적 국가관이 전제하는 계약론이나 마르크스주의가 전제하는 계급적 이해관계를 통해 성립되지 않는다고 생각한다. 오히려 사회통합이란 특수한 이해관계를 전체사회의 공통된 가치관이나 관습에 맞도록 조정하는 과정임으로, 이것은 개인적 합리성이나 계급적 합리성으로 해결될 수 없으며, 오로지 사회적 신성함이 밑바탕이 되어야 한다. 뒤르켐이 종교 분석을 통해서 밝혀낸 바 있듯이, 신성함의 정치력을 발휘하는 것이 충돌하는 다양한 이해관계를 보편적 가치로 통합할 수 있는 유일한 방법이다. 이러한 기능이 과거 중세 사회에서는 종교를 통해 가능했다. 그런데 교회가 신성함을 유지할 수 없는 현대사회에서는 어떻게 할까?

그는 이를 위해서 로마시대로부터 유지되어 온 길드 집단의 역할에 주목한다. 뒤르켐에 따르면 길드는 단순한 직업집단을 넘어서 소속원에게 집단 정체성을 부여하고 갈등을 봉합하는 문화적 역할을 해왔다. 이러한 길드의 역할이 현대적인 의미에서 직업윤리에 해당한다. 그렇다면 국가에 대해 논의하면서 왜 직업윤리를 거론하는 것일까? 뒤르켐에게 국가란 영토를 기반으로 작동하는 주권적 단위가 아니다. 오히려 국가의 더욱 중요한 역할은 주민의 의식과 가치관을 통합하는 것이다. 집합적인 정신생활을 주도하는 것이 국가의 주요한 임무다. 따라서 국가는 특수한 종류의 의식을 주관하는 중심이다. 국가는 특수한 기관으로서 집합체에 유효한 표상을 만드는 것을 책임진다. 이 표상은 더 높은 정도의 의식과 반성을 내포하고 있다는 점에서 다른 집합적 표상과는 다르다(뒤르켐, 1998: 109).

이러한 맥락에서 국가는 정부의 조직과도 다르다. 정당, 의회, 행정부 등은 국가의 하부조직이기는 하지만 이것 자체가 국가는 아니다. 그러므로 국가를 이차기관들과 혼동해서는 안 된다. 왜냐하면 이차기관은 국가의 대행기관일 뿐이기 때문이다. 오히려 국가의 존재는 정치조직을 통해서 국민들에게 일정한 신념과 가치를 부여할 때 확인된다(Durkheim, 1986: 46). 즉 국가의 권위는 집합표상을 만들고 국민들 사이에 유포할 때 성립되는 것이다. 그런데 국민들의 가치관을 주조하며, 정치적 권위를 획득하는 과정은 누가 하는가? 그 일을 하는 것은 바로 관료들이다. 그래서 국가는 관료집단으로 이해할 수 있다.

이들로부터 집합체를 감싸는 표상과 의지행동이 이루어진다(뒤르켐, 1998: 108). 그래서 국가의 모든 생명은 외적 행위를 수행하거나 변화를 만드는 데 있는 것이 아니라 심의, 즉 표상에 있다. 변화를 수행할 책임을 지고 있는 것은 다른 것, 즉 모든 종류의 행정체다. 행정체와 국가의 차이는 명백하다. 이 차이는 근육계와 중추신경계의 차이와 같다. 엄밀히 말해 국가는 바로 사회적 사고(social thought)의 기관이다. 세상이 그렇듯이, 이 사고는 사변적 목표가 아니라 실제적 목표를 향하고 있다. 국가는 대체로 사고를 위해 또는 교조 체계를 세우기 위해 생각하는 것이 아니라 집합적 행동을 인도하기 위해 생각한다(뒤르켐, 1998: 110).

그런데 뒤르켐의 국가론은 시민사회에서 직업윤리를 강연하는 과정에서 언급된 정도다. 또 뒤르켐은 시민의 도덕성을 확립하는 문제에 관심을 두고 있었기 때문에 국가에 대한 논의가 제한적이다. 따라서 우리는 뒤르켐의 국가론에 대한 논의를 현대적인 관심에서 확대 재생산할 필요가 있다. 더구나 앞에서 필자는 세 가지 수준에서 국가론의 논의를 분류했던바, 그에 상응하는 각각의 분석 틀을 제시해야 할 의무감을 느끼고 있다. 따라서 이 문제를 해결하는 과정에서 뒤르켐의 문제의식을 계승한 몇몇 학자들의 연구 성과를 검토해 보고자 한다. 한편 아래에서 설명한 학자들의 방법론적인 입장은 모두 구성주의적 관점을 공유한다.

우선 국제정치-국내정치의 수준에서 뒤르켐의 문제의식을 이어받는 사람으로 알렉산더 웬트(Alexander Wendt), 베르트랑 바디(Bertrand Badie), 이브 드잘레이(Yves Dezalay)와 브라이언트 가스(Bryant Garth)를 꼽고 싶다. 웬트는 미국의 국제정치 이론가로서 국가의 정체성이 형성되는 과정을 설명한다. 구성주의자를 자처하는 그는 국제정치에서 국가 간의 영향력이 군사력과 경제력을 넘어 이념과 지식에 의해 행사되고 있음을 밝혔다. 또 바디는 중동과 동아시아에서의 근대국가 건설에 외국에서 수입된 이념과 논쟁들이 어떻게 영향을 주었는지를 분석한다. 이른바 '수입 국가(imported state)'라는 개념을 제시했는데, 이것은 한국에서 발전국가의 성립 과정을 설명하는 데 매우 유용한 분석 틀이다. 그리고 드잘레이는 1990년대 남미의 정치 변화를 설명하는 변수로 지식의 수입 과정에 주목했다(드잘레이·가스, 2007; Dezalay and Garth, 2008). 특히 미국식 법률 교육을 받은 신진 세력들이 남미로 들어와 로펌 제도를 이식함으로써 전개되는 사회적 변화를 추적하는데, 이것은 미국의 헤게모니가 1990년대 이후 지식을 통해서 전파되고 있다는 점을 확인시켜 주는 사례분석이다. 위의 세 가지 부류의 연구 성과는 제3세계의 정치 변동을 설명하는 데 상징자원을 중요한 요인으로 선택했다는 점에서 뒤르켐의 문제의식을 이어받은 것으로 볼 수 있다. 또 지식의 수입이 일정한 지배-종속의 관계를 만든다는 점을 설명했다는 점에서, 이 글에서 줄기차게 주장한 제3세계의 대외 종속 문제를 새로운 방식으로 설명하는 데도 큰 의미를 갖는다.[5]

두 번째로 국내정치와 시민사회라는 수준에서는 뒤르켐의 국가론을 계승한 학자가 부르디외다. 그는 경제적 관점에서 근대국가의 발생과정을 설명하는 미국식 국가론을 비판하며 국가의 중요 기능은 상징적 자원을 독점하고 공식적인 절차에 따라 이를 배분하는 것이라고 말한다(Bourdieu, 2012: 142). 특히 그는 국가의 고위 관료들이 충원되는 학교 위계질서에 주목한다. 프랑스 사회에서는 고등학교 때부터 상류층 계급의 자제들이 진학하는 소위 명문 고등학교가 있으며, 이러한 명문고 졸업생들이 명문 대학(Grand Ecoles)에 입학하는 경우가 많고, 또 이들이 정부의 고위 관료로 진입한다(Bourdieu, 1989). 경제적으로 상위계층이 학교를 통해 자신의 신분 질서를 재생산할 뿐만 아니라, 노동시장에서도 행정부의 고위 관료를 독점함으로써 경제적 이해관계를 전면에 드러내지 않은 채, '승화된 형태(sublimed forms)'로 국가권력을 자신들의 이해관계에 맞추어 운영한다. 필자는 이러한 설명에서 경제적 환원론을 넘어서 새로운 시각으로 국가를 설명할 수 있는 실마리를 찾을 수 있다고 생각한다.

세 번째로 개인 수준에서는 앤서니 기든스(Anthony Giddens)가 제시한 구성주의의 방법론에 근거해 개인의 행동 양식을 설명하는 방법론을 채용하려

---

5) 한편 동남아시아의 경우는 특정 대학 출신들이 자국의 경제정책을 담당하는 관료들로 등장해 세력 관계를 이룬다는 점을 보여준 사례도 있다. 이른바 시카고 보이스(chicago boys), 버클리 마피아(Berkeley Mafia)라고 불린 지식인 그룹들이 정책 결정을 독점하고 일국 경제개발을 추진했던 것이다(홍성민, 2008: 4장). 박정희 정권의 경제정책도 이와 유사한 사례에 해당한다.

한다. 기든스의 구성주의 접근법은 제도적 환원주의와 해석학적 환원주의를 넘어서는 방식으로 개인의 행동을 설명하고 있는데, 여기서 기든스가 강조하는 것이 성찰적 감시와 담론적 발화 단계다. 이것은 인간의 행동이 문화적 맥락에서 스스로 조절되는 과정을 거치며, 인간 행동의 원인이 개인들의 의식이나 동기로 환원되기보다는 사회적으로 충전된 상징적 자원에 의해서 조정될 수 있다는 점을 밝힌다. 이런 맥락에서 그는 뒤르켐이 주목했던 시민사회의 통합이라는 메카니즘을 계승한 것으로 평가할 수 있다.

1) 국제정치-국내정치

중심국이 주변국에 영향을 주는 방법은 무엇인가? 세계 체제의 노동 분업에 따라 한국 경제가 종속적 자본주의화된다는 주장이 무엇을 의미하는가? 경제적 이해관계로 국가와 국가의 위계질서가 형성되는 것일까? 보통 국제정치를 지배하는 가장 강력한 요인은 물리력과 군사력이라고 생각한다. 이른바 현실주의 국제정치 이론가[한스 모겐소(Hans Morgenthau)가 대표적이다]들의 주장이다. 또 경제구조가 국가의 이해관계를 규정하고 중심-종속의 위계질서를 만든다고 주장하는 학자들[이매뉴얼 월러스틴(Immanuel Wallerstein), 스티븐 크라스너(Stephen Krasner)가 대표적인 학자다]도 있다. 그러나 최근에는 새로운 인식의 흐름이 생겨나고 있다. 국제정치의 위계 구조가 군사력이나 경제력 이외에 다른 방식으로 형성된다는 것에 착목한 이론가들이 나타난 것이다. 그중에서 대표적인 학자가 바로 웬트다. 그는 구성주의적 접근법을 통해 중심국과 제3세계의 관계를 지식이나 관념(ideas)의 분포에 따라서 다르게 나타날 수 있다는 점을 강조한다(웬트, 2009). 이러한 시각으로 보면 국가의 정체성은 주권 단위로 고정된 것이 아니다. 오히려 개별 국가의 정체성은 상황에 따라서 유동적으로 변화하며 이에 조응해 국가의 이해관계나 외교정책들은 달라진다. 따라서 국가라는 단위는 법적으로 주어지는 것이 아니고, 사회적으로 구성되는 것이다. 국제정치의 일상생활은 국가들이 타 국가와의 관계 속에서 자신들의 정체성을 획득하고, 타 국가에게 자신들의 정체성에 대응하는 상응정체성(counter-identities)을 부여하며, 그에 따른 결과를 연출하는 과정이다. 이것은 현실적으로 외교정책을 결정하는 기준이 되며, 타자를 어떻게 취급해야 하는지에 대한 문제와 직결된다(웬트, 2009: 40). 여기서는 국제 구조에서 국가가 행위자로서 자신의 정체성을 획득하는 학습 과정이 중요하다. 핵심 변수는 권력관계와 정체성의 형성 과정에서 타국이 나를 어떻게 다루며, 필자는 타국을 어떻게 인식하고 받아들이는가에 달려 있다(웬트, 2009: 483~484).

이 대목에서 지식이 중요한 변수가 된다. 어떤 종류의 지식을 수입하고, 국내적으로 어떤 형태의 시민사회가 형성되는가에 따라 국가권력의 성격이 달라지기 때문이다. 제3세계 국가들은 이른바 '수입 국가'의 형태로 자국의 국가 건설을 시도하거나 경제개발을 주도해 갔다(Badie, 2000). 여기서 수입된 국가라는 개념은 근대국가 건설이 서유럽의 지식 체계로부터 유래하는 논리와 이념에 기반하고 있다는 뜻이다. 이집트, 터키가 대표적인 사례이며, 한국도 결국 미국이 만들어 놓은 문명국가론(이승만 정권 시기)과 근대화론(박정희 정권 시기)을 수입해 근대국가의 초석을 놓고, 발전 기틀을 다진 것이다. 따라서 외국으로 유학을 나간 정치엘리트들의 개인적 성향, 계급적 기반, 출신 성분들은 매판부르주아지, 토착 부르주아, 민족주의자로 분류되기보다 다른 형태의 계급으로 인식해야 한다. 그래서 바디는 '수입한 계급(importing class)'라는 개념을 제안한다. 경제적 계급과는 다른 차원에서 지배계급의 형성을 분석한 것이며, 외국과의 종속 관계를 지식의 관점에서 고려한 개념이다(Badie, 2000: 112). 이들은 주로 문명화론, 근대화론, 민주주의 이론과 같은 논쟁거리를 수입해 자국의 개혁을 주도하는 사람들이다.[6]

---

6) 근대 이후 한국의 지식인들이 정치권력으로 진입하는 가장 중요한 조건이 유학이었으며, 이것은 한국에서 엘리트가 되는 가장 중요한 조건이었다. 필자가 보기에 이러

한편 1990년대를 전후로 브라질, 아르헨티나, 칠레, 멕시코 등은 신자유주의적 경제정책을 받아들이게 되는데, 여기에는 미국에서 공부한 신진 부르주아 세력들이 주도적으로 참여한다. 또 이들은 후일 국가부도의 사태를 맞이해 협상 대표로 미국과 마주하는데, 자국의 이익보다는 정치적 엘리트 간의 야합으로 국가정책을 이끌어간다. 이것은 지식을 통해서 중심 국가와 주변국가의 관계가 불평등한 위계질서로 바뀌는 과정을 잘 보여준다. 더구나 이것은 계급 간 연대(중심부 자본가-토착 매판자본가)가 아니라 지식인들의 세력다툼을 통해서 체제 변동이 가능하다는 것을 보여주는 전형적인 사례다. 드잘레이와 가스가 '궁전 전투의 국제화'라는 말을 썼는데(드잘레이·가스, 2007), 이때 궁정 전투라는 표현은 지식(상징자원)을 둘러싼 권력투쟁을 의미하며, 국제화라는 말은 투쟁의 요인이 외부로부터 유래한다는 것을 의미한다.

이러한 관점을 이승만 정권과 박정희 정권에 대입해 보자. 미국은 자본주의 중심 국가로서 자국 경제를 운영하는 관리의 패러다임을 가지고 있다. 예컨대 1950년대 케인즈주의적 시각으로 국내의 재정정책, 사회정책 등을 운영했으며, 이러한 국내경제의 관리 지침과 맞물려 제3세계 국가와 외교관계도 결정한다. 미국이 한국에 영향력을 행사했던 1945년부터 1950년대까지는 경제적으로는 케인즈주의 정책, 외교정책으로는 반공정책이 전면에 표방되었다. 즉 이것들이 미국이 자신의 헤게모니를 유지하는 이념이었다. 그러다가 1960년대로 진입하면서 국내경제의 관리 지침에는 변화가 없지만, 외국을 관리하는 지침이 바뀐다. 그것이 바로 무상원조 정책을 포기하고 경제개발 정책으로 선회하게 되는 중요한 이유다. 이때가 박정희 정권이 발전국가 패러다임을 바탕으로 경제개발5개년계획을 실시하는 시기다. 그러나 1970년대와

한 유학파 지식인들이 일제강점기, 이승만 정권 시기, 박정희 정권 시기의 특성을 결정짓는 데 중요한 역할을 했다. 그리고 이들은 중심국의 논리를 수용한 후 자국 내에서는 권력의 핵심부를 장악하고 있다는 사실에 착목해 '지배받는 지배자'로 불러볼 수도 있다(김종영, 2016).

1980년대는 미국의 국내사회를 관리하는 패러다임에 변화가 생겨나면서 서서히 신자유주의적 관리 지침으로 이행하는데, 이때 한국의 국가정책은 여전히 강력한 발전국가의 패러다임을 벗어나지 못한 채 정체된다. 이러한 괴리가 한국의 정권에 큰 영향을 준 것이라고 필자는 해석하고자 한다. 1970년대의 유신의 등장은 발전국가 모델이 불가피하게 만들어 놓은 부작용들(물가상승, 인플레 등등)과 미국의 패러다임 변화에 따라가지 못하는 국내정치의 모순이 초래한 정치적 결과다. 이것이 담론국가론의 시각에서 필자가 내린 결론이다. 왜냐하면 1960년대 박정희 정권의 경제적 성공은 분명 미국의 경제적 지원에 바탕하고 있었지만, 1970년대가 되면 미국의 경제적 지원은 현격하게 줄어들고, 미국은 한국에 대해 새로운 관리 지침을 요구했음에도 한국은 그것을 받아들일 준비가 되어 있지 않은 상태였다. 이러한 상태에서 경제 성과를 기반으로 정치적 정당성을 보충하려 했던 박정희 정권이 택할 수 있었던 유일한 길은 유신정권뿐이었을 것이다. 이러한 설명은 분명 종속적 자본주의나 관료적 권위주의가 전제했던 경제결정론과는 분명한 차이가 있다. 필자는 이러한 방법을 통해서 기존의 국가론에 남아 있던 과제를 어느 정도 해결할 수 있다고 생각한다.

이러한 논리를 1990년대에 적용해 보면 논리적 설득력이 더 높아진다. 필자가 앞에서 종속 자본주사회론이 사회변동이나 체제 이행의 문제를 명확히 설명하지 못한 것으로 비판했는데, 구성주의적 시각으로 보면 1990년대를 전후로 등장한 신자유주의 사조와 정권의 성격을 일정 부분 설명할 수도 있다. 1980년대 이후 한국 사회에서 정권의 속성은 바뀌지 않고 여전히 군부독재의 틀을 벗어나지 못했다. 그럼에도 불구하고 한국의 국내경제는 신자유주의라는 이름 아래 국제경제의 영향력을 받아들이게 된다. 그 이유는 경제정책을 주관하는 관료들이 대폭 바뀌었기 때문이다. 예를 들어 김재익, 사공일과 같은 경제학자들이 1980년대 군사정권에 의해서 발탁되었고, 이들은 미국식 신자유주의 정책을 적극 수입해 정책에 반영했다. 그래서 경제관료와 지식의 변화야 말로 권력의 이동이라고 부를 수 있는 것이다(김윤태, 2012: 6장). 이들은 1960년대를 풍미했던 케인즈주의적-발전국가적 패러다임을 포기하고 신자유주의적 패러다임으로 이행하는 데 결정적인 영향력을 행사했다. 이를 통해 정부의 권력은 바뀌지 않았으나 사회구조와 경제구조는 근본적으로 변화하는 계기를 맞이하게 된다.

2) 국내정치와 시민사회

뒤르켐의 국가론을 현대적인 의미에서 복원한 대표적인 학자가 부르디외다. 그에 따르면 국가란 정당하게 상징적 폭력을 독점하고, 공적인 상징자원을 관리하는 최고의 조직체다(Bourdieu, 2012: 142). 이것은 근대국가의 기원을 경제적 관점에서 설명하려 했던 관점을 비판하는 것이다. 부르디외는 특히 슈무엘 아이젠슈타트(Shmuel Eisenstadt), 페리 앤더슨(Perry Anderson), 베링턴 무어의 국가론에 대해서 신랄하게 비판한다(Bourdieu, 2012: 110~138). 전쟁을 수행하거나 세금을 징수하면서 중앙집권적인 조직체가 완성되었다거나, 계급적 연합을 통해 민주정치의 틀을 다졌다고 분석했던 기존의 역사사회학자들과는 달리, 부르디외는 근대국가가 언어적 자원을 관리하면서 보편적인 세계관과 정당한 가치관을 조직하고 분류하는 과정을 통해 탄생했다고 본다. 더구나 부르디외는 이러한 발상이 뒤르켐으로부터 유래한다고 밝혔다(Bourdieu, 2012: 262~265). "믿음의 효과와 인식의 구조(effet de croyance et structures cognitives)"라는 소절에서 상징자원의 효과를 설명하는데, 여기서 그는 국가를 다음과 같이 정의한다. 국가란 자신이 원하는 판단(jurisdiction)의 구조를 만들고 국민들에게 가르치는 조직이다. 그러면서 그는 학교조직이 상징자원을 관리하는 차원에서 가장 중요하다고 지적한다. 사실 이미 그는 다른 저작에서(Bourdieu, 1989) 프랑스의 일류 학교를 통해 배출되는 엘리트들이 정부의 관료로 진입하며 자신들만의 '동일한 생각(Esprits du corp)'을 만들고 사회로 유포시키는 사회과정을 분석한 바 있다. 이러한 논리를 따라가다 보면 결국 정부관료로 진입한 엘리트들의 동료 의식이 계급지배 연합의 핵심이라고 재해석할 수 있다. 그런데 후기 저작에서도 국가 담론을 만드는 관료들(agents)의 역할을 강조한다. 중세에서는 종교들인이 신학적 가치관을 결정했던 것처럼, 근대국가에서는 법률가들이 '국가의 사고(pensee d'eat)'를 만든다(Bourdieu, 2012: 256).

필자는 이러한 부르디외의 국가관이 경제적 환원주의를 극복하면서 한국의 국가론 해석에 새로운 돌파구를 열어줄 것이라 기대한다. 왜냐하면 우리가 살펴본 바와 같이, 과대성장국가론, 발전국가론, 관료적 권의주의 국가론이 모두 지배계급과 자본가의 계급적 연합 관계를 전제하고 있고, 이들이 민중적 계급이해를 배제하는 과정에서 권위주의 속성이 등장했다고 설명하기 때문이다. 또 이 같은 논리를 비판했던 학자들도 계급지배 연합이라는 과정이 분명하지 않으며, 민중 부문의 존재 자체가 없었다는 사실을 강조했다는 점에서 계급론적 관점을 벗어나지 못했다. 이렇게 놓고 보면 경제적 이해관계와 계급이라는 분석 틀에서 한국의 국가론이 찬반양론을 벌여왔던 것이다. 이러한 전제 아래 있었기 때문에 찬반양론에도 불구하고 국가를 정의하는 방식도 매우 유사했다. 예를 들어 국가의 능력이나 자율성이라는 관점에서 발전국가의 특성이 접근되다 보니, 지배계급의 의사에 반해 목표를 세우고 정책을 입안할 수 있는 능력이 발전국가의 핵심적인 정의가 되어 버렸다(김일영, 2001: 90). 여기서 한발 더 나아가 정책의 효율성을 강조하는 방식으로 국가를 접근하다 보니, 국가의 정책집행 능력이 중요한 변수가 된다. 이러한 논리의 연장선에서 보면 이승만과 박정희 시대의 정책 능력은 일제강점기의 영향으로부터 자유롭지 못하게 된다. 왜냐하면 근대화의 길을 처음 시도한 것이 일제의 경제정책이었기 때문이다. 그러다 보니 한국에서 근대화의 기점은 바로 일본 식민지의 경제정책이었다고 설명하는 외국의 연구까지 생긴 것이다(Kohli, 1999). 그 영향으로 한국의 학계에서도 발전국가의 성립과 관료제도의 구축이라는 두 변수의 상호 관계를 강조하면서 직업관료제도의 정착이 일본의 영향이었고, 이것이 발전국가의 시발점이었다고 인정하는 연구도 존재한다(양재진, 2005: 1~17).

그런데 필자는 이러한 계급적 발상과 직업 관료제에 대한 강조가 결국 마르크스와 베버의 영향권에서 만들어진 편향된 학문적 시각이라고 단정 짓고 싶다. 물론 이런 접근법이 전적으로 잘못되었다는 뜻은 아니다. 다만 정치권력의 속성을 경제적 관계로 규정하다 보니 권력의 범위를 지나치게 협소하게 규정하는 우를 범한 것이 문제다. 더구나 경제구조와 관료들의 능력이 권력의 속성을 결정지었다고 생각하는 것은 보통의 상식과도 어긋난다. 당장 쉬운 예를 들어 보자. 한국 발전국가의 기원이 일제강점기였다고 한다면, 왜 이승만 정권에서는 발전 모델이 국가정책의 목표가 되지 않았을까? 그 이유는 이승만 정권 아래서 관료들의 집행 능력과 경제적 지배 연합의 관계가 문명화 모델에 경도되어 있었기 때문이다. 즉 발전, 근대화, 경제성장이라는 단어 자체가 이승만 정권에서는 국가적 차원에서 제작되고 유통되는 상징자원이 아니었다. 이승만 정권에서는 국가정체성에 대한 해석 틀이 문명 담론으로 구성되어 있었고, 이것은 20세기 초반에 문명·야만이라는 이분법에 기초해서 만들어진 기독교의 전파 이데올로기였다.

그러던 것이 1960년대가 되면 이른바 '발전 레짐'이라고 부를 수 있는 상징적 자원이 정착된다. 발전 레짐이라는 정치와 경제를 넘어서 사회 전반을 관통한 핵심 단어가 발전되었다는 뜻이다. 즉 정책 결정의 동인과 사회적 합의의 저변에 발전이라는 개념이 자리를 잡은 것이다. 그런데 이것은 국제관계에서 시작된 담론이었다. 미국이 공산 세력을 저지하고 자신의 헤게모니를 유지하고자 만든 상징자원이 발전이었고, 이것은 한국 사회에서 관료들의 머릿속에만 한정된 것이 아니라, 시민사회 전체를 관통하고, 개인의 일상을 점령해 버렸다.

이렇게 두고 보면 이 대목에서 다시 두 가지 의문이 든다. 발전 담론은 어떻게 수입되었는가? 그리고 발전 담론은 시민사회와 일상생활에 어떻게 유포되었는가? 결국 이러한 질문에 답할 수 없는 것이 경제적 환원주의의 한계이며, 이것을 해결하는 유일한 길은 바로 시민사회와 생활세계로 권력 범위를 확장하고, 그 안에서 행위자로 작동했던 지식인 그룹의 담론 활동을 포착하는 것이라고 필자는 확신한다. 해방 이후 이승만과 박정희 정권으로 권력이 전이되는 과정은 결국 국가의 공식 담론을 만드는 지식인들의 구성이 변화한 것이다. 필자는 지식의 변화가 사회변동에 절대적인 매개 역할을 했다고 믿는다(한국사회사학회, 2003). 특히 정치엘리트의 변화가 중요하다. 왜냐하면 정치엘리트가 정책 결정에 상당한 영향력을 행사하고 있으며, 그들이 정치 질서를 정당화하고 경제 목표를 설정하는 절대적인 역할을 했기 때문이다(진덕규, 1977).

3) 개인의 수준: 대통령 리더십[7]

그렇다면 대통령의 권력욕을 어떻게 이해할 수 있을까? 이승만과 박정희의

---

7) 개인의 수준에서 다룰 내용은 크게 두 가지다. 첫째는 정치권력의 통치 대상으로 국민에 대한 통제와 조작의 수준을 탐색하는 길이다. 여기서 중요한 연구의 대상은 국민들을 대상으로 소위 통치성이 어떻게 발휘되느냐를 확인하는 것이다. 둘째는 최고 정치 지도자로서 이승만과 박정희에 대한 퍼스널리티 형성 과정과 통치 스타일을 평가하는 것이다. 그동안 한국 사회과학 학계에서는 후자의 논의에 더 큰 방점을 두어왔던 것이 사실이다. 그러나 첫 번째 시각으로 이승만과 박정희 정권의 특성을 이해하려는 시도가 최근에 등장하고 있으며, 그 중요성이 점차 인식되는 분위기다(공제욱, 2013; 천정환 외, 2012; 2015; 강수환, 2018: 5~31). 통치의 이념으로서 문명국가론(이승만)이나 근대화론(박정희)이 경제관료들의 논리에서 머물고 있던 것이 아니라 시민사회를 거쳐 개인의 일상생활에까지 영향을 주고 있었던 점을 감안한다면 첫 번째 수준에서의 연구가 미흡했던 것은 국가론의 논의에 매우 치명적인 결함이었다. 이 책의 2부 6장 「개인적 감정구조와 대중정치학: 박정희 향수에 대한 문화 이론적 접근」도 바로 이러한 첫 번째 시각에서 수행된 연구다. 이 점에 대해서는 향후 연구로 더욱 철저히 보완하기로 하고, 여기서는 두 번째 접근법에 나타난 한계와 극복 방안에 대해 논의를 집중하기로 하자.

권력욕은 동일한 것인가? 왕조시대의 권력욕과 현대사회의 대통령의 권력욕은 같은 것인가? 필자는 모든 정치 현상을 개인의 권력욕으로 돌리는 태도야말로 큰 문제가 있다고 본다. 그렇다면 어떻게 하면 개인주의적 환원주의를 극복할 수 있을까? 그 실마리를 구성주의적 방법론에서 찾을 수 있다.

인식론 수준에서 사람들이 나타내는 행동의 원천이 개인적 동기나 의식이라고 생각하는 흐름을 해석학적 주관주의라고 부른다. 그런데 상식적으로 따져보자. 개인은 자신이 왜 이런 행동을 하는지 잘 알고 있는가? 다시 말해 자신의 행동이 무의식적인 경우도 있고, 관행적인 것일 수도 있다는 것이다. 내가 생각지도 못한 사이에 나타나는 행동도 있으며, 다른 사람이 나를 감시한다는 억압감에서 비롯된 사회적 행동도 있을 수 있다. 이렇게 본다면 해석학적 환원주의는 경제적 환원주의와 동일한 오류를 범하고 있는 셈이다. 즉 후자는 경제적 구조가 인간 행위를 결정짓는다는 도식을 전제한다면, 전자는 인간의 의식이 모든 인간 행위를 결정짓는다고 전제하기 때문이다. 그렇지만 구조와 의식 사이에서 나타나는 인간의 행위는 얼마든지 있을 수 있다. 필자는 이것을 '구조화된 의식'이라고 부르고자 하며, 이것을 포착하기 위한 방법론을 구성주의적 접근법이라고 명명한 것이다. 그 내용의 핵심을 잘 설명하는 기든스의 텍스트를 일부 인용해 보자.

구조화 이론에서 인간 행위는 단위 행동들의 조합이 아니다. 오히려 단위 행동들은 경험의 지속에 대한 주목이라는 담화적 계기에 의해서만 구성된다. 행위는 주변 세계와 행위하는 자의 일관성을 매개시켜 주는 매체로서 신체와 분리되어 논의할 수 없다. 더구나 행위의 합리화는 당연하다고 여겨지는 방식으로 수행되는 인간 행동의 관례적 특징이다. 상호작용 상황에서 행위의 성찰적 감시는 전형적·관례적으로 상호작용 무대의 감시와 결합한다(기든스, 2006: 46).

여기서 설명해야 할 몇 가지 중요 개념이 있다.

첫째, 담화적 계기라는 말은 인간의 의식이 사회적 행동으로 드러나는 순간에 지식이 개입한다는 점을 강조한 것이다. 우리는 보통 의식-행동이라는 도식을 염두에 두는데, 실제로 이것은 자극-반응에 조응하는 기계적인 도식에 불과하다. 인간의 행동은 일정한 의식(동기, 합리화, 목적)이 내적으로 생성하도록 일정한 지식의 매개를 거칠 수밖에 없으며, 이러한 과정이 없다면 개인의 행위가 사회현상으로 드러날 수 없다. 둘째로 행위가 신체와 관련이 있다는 말은 주어진 시공간에서 개인의 행위가 과거의 습관과 밀접하게 연결되어 있음을 의미한다. 행위 시점을 과거와 단절해 합리성의 계기로 분절할 수 없다는 뜻이다. 보통 우리는 정치인의 행위를 주어진 시점에서 과거와 무관하게 선택한 것으로 생각하는 경향이 있지만, 정치적 선택은 오히려 과거로부터 유래하는 경우가 더 많다. 셋째, 행위가 관례적이라는 말은 다른 사람과의 관계 속에서 등장한다는 것을 뜻한다. 내가 타인을 상대로 일정한 행동을 하면 상대도 나에게 반응을 할 것이며, 그러한 반응에 또다시 대응하는 것이 사회적 행동의 정식이다. 특히 정치인들은 이러한 반응을 예상하고 행동하는 경우가 더욱 많다. 넷째, 그렇기 때문에 나의 행동은 마치 무대 위에서 전개되는 느낌을 갖게 되며, 개인은 스스로의 행동에 대해 일정한 감시를 하게 된다.

그런데 구성주의 접근법은 큰 결함이 하나 있다. 개인의 행동이 압도적인 권력으로 상대를 제압하거나, 대통령과 같이 막강한 선택권을 가진 자가 사회구조 안에서 일정한 정책을 선택하는 것은 일반적인 개인과는 다르다는 관점을 놓쳤다. 사실 자기 행동에 대한 성찰적 감시를 두고 볼 때 대통령과 일반 시민들은 전혀 다른 수준의 권력자원을 가지고 있는 셈이다. 따라서 엄청난 권력자원을 소유한 대통령의 행동을 이해하기 위해서는 추가적인 보충 설명이 필요하며, 이를 위해서 필자는 인도의 민족주의 운동을 분석했던 파르타 차테르지(Partha Chatterjee)의 연구를 참조하고자 한다(차터지, 2013).

차테르지는 인도의 독립을 이끌었던 세 명의 민족지도자[찬드라 보스(Chandra Bose), 모한다스 간디(Mohandas Gandhi), 자와할랄 네루(Javaharlal Nehru)]의 행적을 다루면서, 왜 인도가 반식민운동을 전개하며 성취한 민족국가가 권위주의적 성격을 띠게 되었는가를 설명한다. 정치가의 행위를 구조화된 사회 권력의 틀 안에서 분석하며 국가 성격을 이해하려고 했다는 점에서, 우리가 여기에서 다루고 있는 주제에 많은 시사점을 준다. 차테르지의 요점은 인도의 반식민운동을 이끌었던 사람들은 대부분 지식인 엘리트였으며, 이들은 민중들의 정치 참여에 회의적이었다는 것이다. 더 나아가 민족국가를 건설하는 과정에서 경제적 근대화라는 목표가 개입되는데, 이것을 달성하기 위해 자본가의 적극적인 참여를 인정하지 않을 수 없었다는 것이다. 그래서 인도의 민족국가 건설은 지식인과 자본가의 연합으로 이루어질 수밖에 없었다(차테르지, 2013: 107). 이러한 맥락에서 국가 건설 과정이 보수적이고 권위적인 속성을 띠게 된다.

그런데 여기서 중요한 사회적 조건이 하나 있다. 민중의 힘이 압도적으로 우세해 식민 지배를 유지했던 국가 제도와 토착 자본가들을 척결할 수 있었다면, 민족국가의 모습이 보수적이지 않을 수 있었을 것이다. 그런데 인도의 독립운동은 반민족 세력을 처단하고 새로운 국가 건설을 시도할 만한 민중 동원 능력을 갖추고 있지 않았다. 그래서 정치지도자들은 이른바 수동 혁명의 전략을 선택할 수밖에 없었다. 수동 혁명이란 그람시가 이탈리아 통일 운동을 설명하면서 처음으로 제안했던 개념인데, 차테르지가 이것을 인도의 독립국가 건설에 채용한다. 한마디로 노동자와 농민의 힘이 부족해 식민지 부역 세력을 완전히 처단할 수 없었기에 차선책으로 그들과 연합해 반식민운동을 전개했고, 나아가 근대화 목표를 달성하기 위해서 보수적 자본가와 손을 잡을 수밖에 없었다는 것이다. 그는 출발 국면(보스의 문화적 운동), 기동 국면(간디의 시민운동), 도착 국면(네루의 정치적 운동)의 3단계에서 등장하는 대표적인 지식인의 사상과 역할을 분석한다.

그림 4-1 담론국가

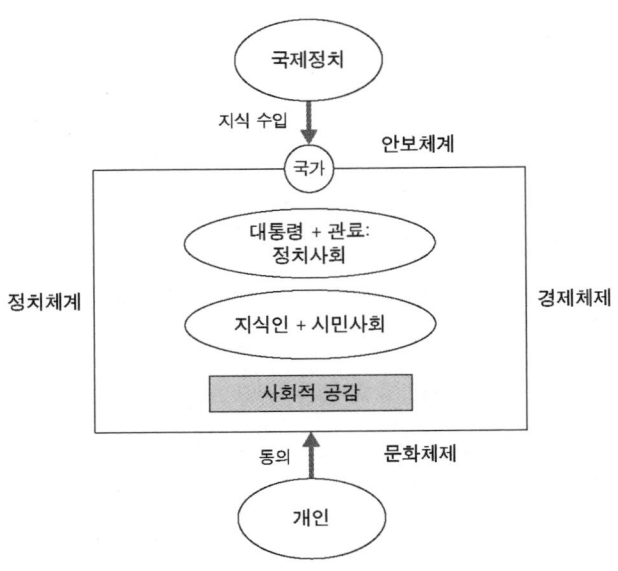

필자는 이러한 설명 방식이 한국의 민족국가 건설 과정에 그대로 수용될 수 있을 것이라고 본다. 일제강점기 이광수의 민족개조론, 해방 이후 이승만의 단정론, 그리고 박정희의 조국근대화론에 걸쳐 전개된 한국 현대사를 재해석하는 데 많은 시사점을 준다. 예를 들어 문화적 차원에서 서양의 근대화를 이해했던 이광수가 문화적 열등감을 극복하기 위한 수단으로 민족개조론을 제안했고, 해방 이후 이승만이 공산 세력을 방어하고 국내 치안을 유지하기 위해 일제에 부역했던 친일 세력을 다시 등용했으며, 1960년대 이후 박정희가 경제발전이라는 시대적 과제를 달성하기 위해 민중 부분을 배제하는 정책을 추진할 수밖에 없었다. 인도의 지도자들이 그랬던 것처럼, 그것은 한국의 정치지도자들이 수동 혁명의 국면에서 선택할 수밖에 없었던 최선의 길이었다.

이제 위에서 설명했던 세 가지 수준의 층위를 종합해 담론국가로의 지형을 간략하게 그림으로 나타내 보자(〈그림 4-1〉). 이러한 시각화를 통해 필자가 강조하려는 것은 다음과 같다. 국가의 성격은 네 가지 외곽을 가지고 있는데, 안보체계, 정치체계, 경제체제, 문화체제가 바로 그것이다. 이것은 제도적 윤곽을 결정짓고, 행위자로서 대통령, 관료, 지식인들의 행동반경을 규정한다. 예를 들어 안보체계는 공산주의 위협에 맞서 생존권을 지켜야 한다는 외교 목표를 지상 과제로 설정하고, 미국과의 동맹만이 살길이라는 프로파간다를 정당화한다. 정치체계는 자유민주주의라는 형식을 부여하고 모든 정치적 판단의 기준으로 작동하며, 미국이라는 선진국을 기준으로 한국에서 정치발전의 방향이 설정된다. 경제체제에서는 경제발전이라는 목표 안에 관료들의 정책과 국민들의 동의가 만들어진다. 그리고 관료들의 기술적 합리성이 소통 합리성을 압도하는 문화를 만들고, 당연한 습속으로 정착하게 된다. 문화체계는 시민사회에서 정부의 행태를 평가하는 역사적 습속과 관련해 한국적 특수성을 만든다. 이른바 경제성장을 위해서 독재도 가능하다는 사회적 공감대를 만드는 것이다. 물론 이러한 문화적 토대는 유교 가치관과 같이 과거로부터 유래하는 것이 대부분이다. 그리고 문화적 토대는 생활세계에서 만든 개인들의 동의를 종합한 것이다. 그런데 이러한 제도적 윤곽의 내면도 사실은 지식의 수입 과정과 밀접하게 연결된다. 다시 말해 네 가지 제도의 윤곽이 미국 헤게모니의 영향을 받고 있다는 의미에서 한국은 '수입된 국가'라 볼 수 있는 것이다.

그런데 여기서 필자는 사회적 공감이 한국의 국가 성격을 설명하는 데 대단히 중요한 변수가 된다고 강조하고자 한다. 왜냐하면 국제정치의 권력관계가 외부에서 수입된 지식에 의해 행사되고, 지식인들의 사회적 활동들이 이념 수입에 따라 성격을 달리했으며, 개인들을 통치 대상으로 포섭해 동의를 추출했던 방식도 이데올로기의 동원과 문화정책에 기인하고 있기 때문이다.[8] 이

---

[8]   김명수(2018: 167)는 한국에서 정치권력의 속성을 문화적 혼종성이라는 개념으로 설명한 바 있다. 그에 따르면 일제의 식민 통치와 조선의 유교문화가 미군정이 이식한

러한 의미에서 이승만과 박정희 시대의 권위주의적 성격은 사회적 공감대에 기인하는 것이다.

4. 새로운 해석들

위에서 정리한 이론적 모형을 기준으로 기존의 국가론 논쟁에서 해결되지 않은 채 남아 있는 과제를 새롭게 해석해 보도록 하자. 일단 분석 수준을 국제정치-국내정치, 국가-시민사회, 개인이라는 세 가지로 유지하고 각각의 쟁점을 새롭게 해석하는 방식으로 접근해 보자.

1) 국제정치-국내정치의 수준

여기서 가장 중요한 쟁점은 김진균과 조희연의 종속적 자본주의론과 분단상황론이 던진 문제 중, 한국의 대외종속성을 설명하는 것이다. 이 부분을 설명하기 위해서는 한국에 근대화론이 수입되었던 경로와 발전국가론이 정착되는 과정을 살펴보는 것이 유용하다. 종속적 자본주의론이라는 것이 현상에 대

근대적 제도와 결합하면서 문화적 혼종성이 성립되었고, 그 결과로 가치 합리적 행위 지향의 문화에서 결과 만능적-목적 합리적 행위 지향이 지배하는 문화로 한국 사회가 변화했다고 말한다. 그런데 도대체 이 문화적 혼종성의 주체가 누구인지, 제도적 형식은 무엇이었는지를 전혀 설명하지 못하고 있다. 이 논리를 그대로 받아들인다면 조선시대에는 가치합리적 문화가 지배적이었다는 뜻인데, 상식적으로도 조선 사회가 가치 합리성만으로 통치되었다고 볼 근거는 없다. 또 결과 만능주의라는 논리는 국민들의 동의로부터 나와 사회적 공감대로 발전해야 하는 것인데, 시민사회와 생활세계의 관련성에 대해서도 전혀 설명이 없다. 필자는 이러한 문화적 변형에 대한 문제의식에는 공감하나, 구체적인 과정이 결여된 문화적 혼종성이라는 개념을 쉽게 받아들일 수 없다. 이러한 이론적 한계를 극복하는 방법이 바로 담론국가의 모델이다.

한 표현일 뿐이고, 사실 한국 경제가 미국으로 편입되는 과정은 발전국가 형태를 띠고 나타났기 때문에 발전국가의 기본 철학이 형성된 배경, 그것이 제3세계에 전파되는 과정, 한국에서의 변용 등을 살펴보는 것이 학문적으로 가장 적절해 보인다. 이러한 검토 끝에 특히 박정희 정권 초기 내포적 경제개발계획이 무산되며 수출 주도형 경제개발이 추진되었던 이유를 설명하고, 나중에 유신체제의 성격을 평가해 보자.

우선 근대화론의 철학적 배경을 살펴보자. 이것은 한마디로 제3세계의 지역성을 무시한 채 미국의 헤게모니를 확장하고, 소련의 팽창을 저지하기 위한 반공 이데올로기다. 역사적으로는 1930년대 대공황기에 테네시강 발전 계획을 통해서 미국이 경제발전을 이룬 경험을 제3세계에 그대로 전파한 것이다. 또 소련의 신경제정책 성과에 의해서 제3세계에 대한 주도권을 뺏기지 않으려는 미국의 외교 전략이었다. 한편 1960년대 미국은 제3세계를 물질적으로 낙후된 지역으로 평가하고, 빈곤을 벗어나지 못하면 공산화의 위험이 있다고 판단했다. 따라서 국가가 주도하는 강력한 산업정책이 필요했던 것이다. 수학적 모델링을 통해서 사회를 재단하고, 엘리트 중심의 국가 주도 경제정책이 신속하게 제3세계를 미국식 자본주의로 편입시킬 수 있다고 판단했다. 여기에는 미국 대기업의 상업적 이해관계도 깊숙이 관여되었다. 록펠러나 카네기 같은 대기업은 제3세계의 시장을 파악하고 물품을 수출하기 위한 배후 전략을 가지고 학계에 막대한 연구 지원금 제공한다. 이렇게 해서 생긴 연구소가 하버드대학의 사회관계학연구소(Laboratory of Social Relations)와 MIT의 국제연구센터(MIT Center for International Studies)다. 이러한 연구소에서는 객관성으로 포장된 미국식 세계관이 만들어지고, 이것을 기준으로 제3세계 국가를 유형분류하고, 그에 맞는 발전 전략을 강요하게 된다(김우민, 2007: 161~191).

한국의 경우 월트 로스토(Walt Rostow)라는 사람이 경제정책의 방향에 결정적인 영향력을 행사했다. 존 케네디(John Kennedy)와 린든 존슨(Lyndon Johnson) 정부에서 정책 자문을 담당했던 로스토는 MIT의 국제연구센터를 통해 다양한 연구 서적을 발간하고, 실제로 정책 결정에 참여한다. 그의 대표적인 이론은 사회진화론과 도미노 이론이다. 사회발전의 단계를 다섯 개로 분류하고 후진국이 선진국으로 진입하기 위한 전략을 제시한 것이 사회진화론이라고 한다면, 공산주의를 질병으로 간주하고 한 국가가 공산화되면서 전염병처럼 다른 국가에도 공산화의 위험이 전파된다는 논리가 도미노 이론이다. 그는 근대화 이론을 한국과 베트남에 전파하고 구체적인 경제발전 기획을 입안하고 강제했다. 또 경제발전을 위해서는 군부라는 강력한 추진 집단이 필요하며, 이들이 경제개발의 초기에 권위주의적 성격을 띠게 되는 것은 불가피한 것이라고 옹호하기도 했다. 이른바 빅 푸시(Big Push) 이론으로서 경제발전의 초기에 국가 역할을 강조한 것이며, 민주주의보다는 경제성장이 중요하다는 점을 주장한 것이다(박태균, 2008: 2장).

사실 박정희 정권 초기에 경제발전에 대한 구상은 크게 세 가지 시각이 존재했다. 사상계가 주도한 민간기업주도론, 진보당이 주도한 사회민주주의 경제개발론, 그리고 군사정권이 주도한 국가 주도형 경제개발론이다. 그런데 이러한 세 가지 유형 중에서 국가 주도형 경제개발론이 사회적 공감대를 얻고 정부 정책으로 채택된 배경에는 로스토의 영향력이 컸다. 다시 말해 국가 정책의 정당성을 뒷받침하는 상징적 자원이 미국으로부터 유입된 근대화론이었고, 이것이 실제로 발전국가의 담론으로 정착되어 국민들에게 유포되는 과정에서도 큰 영향력을 행사했다. 이것이 바로 제3세계를 통치하는 미국의 헤게모니 전략이다(정일준, 2003: 124~147). 이러한 맥락에서 보면 한국 경제의 종속성을 만드는 가장 중요한 원인은 상징적 자원의 종속이라고 할 수 있다. 왜냐하면 경제정책은 관료들과 지식인들만의 선택이 아니라 국민들이 공감하고 지지를 해주어야만 하기 때문이다.9) 적어도 국민들의 사회적 공감이 없

---

9) 미국에 대한 한국 경제의 종속이 반드시 상징적인 수준에만 머무른 것은 아니다. 박정희 정권 초기 내포적 공업화 정책을 추진하기 위해서 박정희는 통화개혁을 단행하

다면 경제정책을 성공적으로 추진할 수 없으며, 역으로 사회적 공감대의 변화는 정책의 변화를 초래한다. 자본주의사회에서 경제개발계획을 실행하는 데 사회적 공감대는 더더욱 중요한 조건이 된다. 자본주의의 가장 핵심적인 기재인 사적 소유권과 개인의 행복추구권을 국가의 이름 아래 제한해야 하기 때문이다(박태균, 2008: 9).

2) 국가-시민사회

여기서 가장 중요한 쟁점은 계급 연합에 대한 것이었다. 즉 자본가-관료-정치엘리트들이 이해관계로 연합해 의도적으로 민중계급의 이익을 배제했는데, 이 과정에서 저항과 충돌이 발생한다는 논리였다. 과대성장국가론과 관료적 권위주의 모델이 공통적으로 펼치고 있는 주장이다. 그러나 필자는 계급이해를 통해 계급 연합이 발생한다는 주장에 동의하기 힘들다. 그렇다면 계급 연합을 다른 관점에서 설명할 수 있는 방법은 무엇인가? 지배-피지배의 논리가 전개되는 다른 방식이 있지 않을까?

이런 문제 제기에 답을 구하기 위해서 필자는 자본가나 관료가 아니라 정책 추진자로서 지식인 그룹에 주목하고자 한다. 실제로 정책을 입안하고 추진하는 과정에서 시민사회와 생활세계에서 공감을 이끌어내는 사람들은 바로 지식인이다(Coenen-Huther, 2004). 또 지식인들 사이에서 상이한 세계관의 충돌이 정치권력을 둘러싼 투쟁에서 가장 중요한 결정요인이다. 그 결과에

고, 민족자본을 기반으로 하는 발전 전략을 추진하다가 실패한다. 실패의 가장 중요한 요인은 미국의 원조 중단 압력이었다. 미국의 헤게모니 앞에서 한국의 내적 역량이 부족했던 것이 사실이다. 그러나 미국은 이를 기회로 외자유치를 강요했고, 이로 인해 박정희 정권은 개혁적 발전 모델(지도받는 자본주의 모델)을 유지할 수가 없었다. 결국 국내경제의 내실을 다지겠다는 초기 구상은 포기되고, 공산품 중심의 수출 주도 산업정책으로 발전 모델이 변용된다. 이것이 종속의 가장 구체적인 과정이다(이병천, 1999: 141~187).

따라서 정치권력의 속성이 민주적이든 권위주의적인 것이든 결정되기 때문이다. 즉 필자는 지식인의 변화가 정치 변동을 촉발한다고 생각한다. 이러한 생각을 가장 먼저 제시한 사람은 진덕규다(진덕규, 1977). 그는 장기간에 걸친 정치사회구조의 변동을 엘리트의 유동성과 이데올로기의 전개라는 변수로 설명한 바 있다. 여기서 그는 엘리트의 내적 요인을 강조하는데, 구체적인 내용은 엘리트들이 받은 교육, 신분 계층적 성격, 재산, 지역성 등을 꼽는다(진덕규, 1977: 9). 또 한발 더 나아가 그는 지배엘리트 내부의 갈등과 통합의 역사를 추적함으로써 정치권력의 특성을 설명하려고 했다. 그는 구한말부터 미군정에 이르는 시기에 지식인의 유동성과 이데올로기 전개 과정을 분석했고, 지배 이데올로기/혁명 이데올로기의 대립 관계를 통해서 정치사회의 변동을 추적했으며(69), 이데올로기의 전개 과정에서 온건파/급진파의 대결 구도를 파악하고자 했다. 특히 엘리트들의 가계도를 파악하고 그들이 수학한 교육 내용 그리고 정치적 지위(장관, 국회의원 등)의 상관관계를 확인함으로써 엘리트의 정치적 역할에 대해 미시 분석을 한 바 있다.

필자는 이러한 연구가 한국 현대사에서 국가의 성격을 해명하는 데 큰 함의를 준다고 생각한다. 한국의 근대국가 성장에서 자본가의 존재가 매우 미미했고, 자본가라고 부를 수 있는 계급도 해방 이후 적산 기업을 청산하는 과정에서 처음 등장했다.[10] 따라서 과대성장국가론이 전제하고 있는 토착 자본가와 매판자본가라는 개념은 차라리 우리 현대사에서는 매우 이례적이며, 관

---

10) 이승만 정권 시절 소수의 선택받은 자본가들은 정치권력의 혜택을 통해서 성장하기 시작한다. 이들은 정치권력에 순종이면서 협조를 제공하는 대신 경제적 특혜를 얻었던 이른바 정치적 자본가라고 볼 수 있다. 특히 이승만은 선거를 위해서 신흥 자본가들에게 정부가 발주하는 건설공사의 입찰권을 부여하고 그 댓가로 정치자금을 받기도 했다. 그렇게 성장한 건설 5인방이 바로 이용범(대동산업), 조성철(중앙산업), 정주영(현대건설), 이재준(대림산업), 김용산(금동건설)이었다(김윤태, 2012: 83). 이들은 국내정치에서 키워진 신흥 자본가이지만, 식민지 본국과의 연결 관계는 전혀 없었다. 그런 의미에서 매판자본가들은 아니다.

료적 권위주의 국가론에서 상정하는 상층계급과 민중계급 간의 충돌도 사실은 한국 사회에 제대로 적용되기 어렵다. 왜냐하면 계급의식을 바탕으로 노동조직이 사회세력으로 등장한 시기는 1980년대 이후이기 때문이다. 그래서 필자는 차라리 권력구조 내에서 계급이라는 단위를 벗어나 상식적인 수준의 권력관계를 상정해 보고 싶다. 그냥 지배층과 피지배층이라는 소박한 개념을 통해서 정권의 속성을 파악해 보자는 것이다. 소박하다는 형용사를 사용한 이유는 이것이 경제적 능력과 상징적 자원을 소지하고, 권력의 핵심부로 진입할 수 있었던 사람과 그렇지 못한 사람을 나누는 정도로 한국 사회의 권력투쟁을 충분히 설명할 수 있기 때문이다. 사실 한국 사회에서 계급이라는 단위로 사회행동을 분석할 수 있는 시기는 1980년대 이후라고 필자는 추정한다.

그런데 해방 이후, 그리고 박정희 정권의 초창기에, 지배층은 주로 유학을 통해 선진 문물을 흡수한 지식인 계층이었다. 따라서 이러한 지식인들의 유동성을 분석하면서 한국 사회의 지배와 피지배의 윤곽이 드러날 것이며, 이를 근거로 각 정권의 성격을 보다 효율적으로 설명할 수 있지 않을까 기대한다. 우선 해방 이후 지식인이 사회세력으로 등장하는 과정을 살펴보자. 일제강점기에서 한국의 지식인이 정치권력으로 진입하는 가장 효율적인 방법은 일본 제국대학 유학이었다. 당대 지배엘리트들의 사회적 분포를 살펴보면 지주계급의 신분으로 경성제국대학이나 동경제국대학의 유학을 마치고, 고등문관시험을 통과해 판검사가 되거나, 조선총독부의 관료가 되거나, 민간에서는 신문사의 기자가 되는 경우가 전형적이었다(정종현, 2019). 이들은 주로 법과대학이나 정치학과를 졸업해 일본의 근대화에 대한 철학적 믿음을 바탕으로 일제에 부역하는 경우가 많았다.

그런데 일제강점기에도 미국에서 유학을 한 그룹이 존재했다. 안창호와 이승만이 선두주자였고, 이후에 오천석(교육학), 김활란(농촌경제학), 김도연(경제학, 초대 재무장관), 조병옥(경제학, 정치인) 등이 대표적이다. 이들은 미국의 콜롬비아대학과 시카고대학에서 공부하며 경제학이나 공학을 전공했다(장규식, 2005: 121~156). 이러한 경향은 일본 제국대학으로의 유학과 성격이 좀 다르다. 즉 초기 미국 유학파들은 미국식 실용주의 학문을 공부했기에, 이들이 구상한 근대국가는 실용적 가치에 근거한 경제국가였다. 이것은 일본 유학파가 단순히 독립이라는 목표를 추구했던 것에 비하면 대단히 구체적이고 현실감각을 갖춘 국가관이다. 한편 이들은 대부분 기독교 신자였으며, 미국식 민주주의와 생산력 증대를 통한 사회발전을 추종했기에, 공산주의 사상에 대해서 매우 적대적이었다. 미국 유학파들은 해방 이후 미군정이 조직했던 각종 위원회에 개입해 이승만 정권의 초석을 놓는 데 깊게 관여한다. 예를 들어 조선교육위원회에서 오천석이 중심이 되어 해방 이후 한국의 교육체계를 대대적으로 혁신한다. 여기서 함께 활동한 인사들을 보면 김활란과 백남준(미국 유학파), 김성주와 유억겸(친일 세력), 최현배(국내파)도 여기에 소속해 있었다. 그러나 발언권을 주도한 그룹은 미국 유학파였다(이광호, 1985). 미군정은 한반도에서 일제강점기의 세계관을 해체하려 했고, 미국 유학파들은 미군정의 보호 아래 미국식 세계관으로 새로운 근대국가 건설을 시도했다.

구체적으로 살펴보면 교사들의 재교육을 실시하면서 미국식 프런티어 정신을 주입했고, 공산화 방지를 위해서 반공 의식을 강조하는 교과 내용을 보충했으며, 미국식 민주주의를 확산시키기 위해서 사회생활이라는 교과서를 새로 만들었다. 결국 미군정은 미국식 교육제도를 이식함으로써 한국에서 친미적인 상징자원(세계관)을 유포시킨 것이다. 이러한 미국식 상징자원은 교육제도뿐만 아니라 다양한 시민사회 조직을 통해서 일상으로 침투해 갔다. 미국 공보원이 주도해 ≪세계신보≫, ≪농민주보≫, ≪월간 아메리카≫ 등의 잡지를 만들어 배포했고, 다양한 전시회를 열었고, 영화를 상영하기도 했다. 또 문맹 퇴치 사업의 일환으로 성인교육을 실시했으며, 인쇄 책자를 무료로 배포했다. 이를 통해 자연스럽게 미국의 이념이 한국의 시민사회로 확산되어 갔다. 또 한미 문화교류협정을 체결해 과학기술 분야와 정보관료, 군인, 교육자, 종교인들을 미국으로 초청하거나 장단기 연수 프로그램을 만들어 미국의 학문을 습득하도록 유도했다. 1950년 풀브라이트 협정은 한국의 지식인이 미국으로 유학을 나가게 만든 결정적인 계기다. 이때부터 대학의 교수들은 90% 이상이 미국 유학파로 채워지게 되고, 신문이나 방송국 또한 친미적 세계관을 가진 사람들이 장악하게 된다.

한편 시민사회 조직으로는 1946년에 만들어진 한미협회가 있다. 이것은 서울을 넘어서 각 지역에 지방조직을 갖춘 전국적인 규모의 민간단체였는데, 여기에는 지방의 행정 책임자가 소속해 지역의 오피니언 리더들을 적극적으로 포섭했다. 이를 통해서 이승만 정권에서 미국은 지역 행정의 엘리트까지를 포함하는 친미적 인사를 육성하려고 했다. 이렇게 하여 행정관료와 경제정책의 실무자[11]들이 미국적 세계관을 바탕으로 정부 정책을 주도하게 된다. 이것이 해방 이후 한국 사회에서 지배계급이 형성된 계기이며, 부르디외의 용어로 표현하자면 상징자원의 독점 과정이다. 경제적 이해관계로 포착될 과정이 결코 아니다. 물론 상징자원이 국내에서 자체 생산된 것이 아니라, 미국으로부터 수입된 것이라는 점에서 지식인의 성격이 매판적인 성격을 갖는다고 볼 수는 있겠다.

한편 박정희 정권에서 군사정권을 만든 신진 세력도 이와 같은 미국 유학의 세례를 받은 자들이다. 주로 미국 군사영어학교와 사관학교의 연수프로그램을 통해 미국을 경험한 사람들이었다. 이들은 미국의 선진 문물을 받아들이고, 효율적인 군대 조직을 통해서 근대화를 이루어야 한다는 열망을 가진 신진 세력들이었다. 이승만 정권 말기에 이형근, 장도형, 백선엽과 같은 일본

---

11) 대학교수들이나 행정관료들이 미국 유학을 하고 돌아와 학회를 만들거나 대학의 학과를 만드는 방식으로 자기들의 세력을 과시하는 경우가 많았다. 예를 들어 교육학의 경우는 미국 피바디대학교와 자매결연을 맺고 서울대학교 교육학과를 점령했으며, 행정학을 공부한 사람들은 서울대학교에 행정대학원을 만들었다. 서울대학교 행정대학원을 거쳐간 관료들 중에는 송인상, 이한빈, 김정렴 등이 있는데 이들은 박정희 정권에서 경제개발을 주도한 핵심 인사들이다.

육사 출신들이 군의 실권을 가지고 있었고, 이들이 군대의 효율성을 실추시킨다고 생각했던 육사 8기생들은 이러한 과거의 군 세력을 척결하고 새로운 미국 유학파로 군대를 혁신한 세력이다(도진순, 노영기, 2004). 이것은 혁명 후 경제정책을 추진할 때도 그대로 드러난다. 박정희가 국가재건위원회를 이끌었을 때 경제 분과를 책임진 인물이 박희범이다. 그는 일본 유학을 통해 경제학을 배웠고, 그가 추진했던 경제개발 모델은 민족주의를 바탕으로 자유시장경제의 결함을 극복하려는 이른바 '지도받는 자본주의' 모델이었다(이병천, 1999: 144). 다시 말해 일본 모델과 인도의 모델을 융합한 독자적인 경제개발을 추진한 것인데, 이것은 시장경제-자유민주주의를 지향했던 미국의 모델과는 크게 충돌했다.[12] 그런데 박정희 정권 초기 화폐개혁에 실패하고, 로스토가 새로운 경제개발계획을 한국 정부에 주문하면서, 가장 먼저 단행한 일이 바로 박희범을 새로운 경제 수장으로 교체하는 것이었다. 그래서 새롭게 등장한 인물이 바로 신태환이다. 그는 일본에서 경제학을 공부했지만 서울대학교 교수가 된 이후 미국에 연수를 다녀오면서 케인즈 경제학을 국내에 가장 먼저 도입했다. 결국 미국적 세계관을 내장한 관료가 경제정책의 수장이 되면서 한국의 경제개발의 방향이 바뀌었다고 볼 수 있다. 그 이후에 김정렴이 상공부장관에 기용되고, 김학렬이 경제부총리에 임명되었는데, 이들은 모두 미국 유학을 하고, 경제 실무에 밝은 관료 출신들이었다. 요약하자면 1960년대 박정희 정권의 경제정책을 입안하고 추진했던 지식인들은 미국 유학파였으며, 이들은 일본식 경제 모델을 벗어나 미국의 근대화 모델에 충실한 수출 주도형 경제발전을 추구했다(박태균, 2004). 지식인의 상징 투쟁에서 일본이 뒤로 물러나고 미국이 전면에 등장한 것이다.

---

12) 박희범과 함께 초창기 경제개발계획을 주도했던 사람은 장기영, 김학렬 등이 있다. 이들 모두 일제강점기에 일본에서 교육을 받은 사람들이며 일본식 행정 모델에 익숙했던 사람들이다.

또 1970년대에 수출 주도의 경공업정책에서 중화학공업 정책으로 방향 전환을 할 때도 이와 비슷한 양상이 나타난다. 그동안 한국 학계에서 중화학공업으로 선회한 이유를 두고 관료적 권위주의는 산업구조의 심화에 따른 불가피한 선택이었다고 설명한 바 있다. 그런데 이러한 정책 변화를 자세히 살펴보면 새로운 투자 프로젝트를 추진하기 위해서 정부가 주도하는 산업 목표 접근법이라는 것이 시도되었다. 여기에는 소수의 선택된 대기업만이 혜택을 받을 수 있었고, 세부적인 정책 제안은 종종 정부관료에 의해서 독자적으로 작성되는 경우가 많았다. 따라서 정책 참여에서 배제된 대기업들은 종종 불만을 갖게 되었다(김윤태, 2012: 100). 그렇다면 산업구조 심화에 조응해 모든 대기업이 정부관료와 지배 연합을 형성한 것이라고 보는 관료적 권위주의 모델은 사실 관계에서도 모순된다. 그래서 필자는 차라리 지식인이 주도하는 세계관의 변화가 경제정책의 방향을 변화시켰으며, 이로 인해서 민중 부분이 배제되는 경우도 있었고, 가끔은 대기업도 배제되는 경우가 있었다고 평가하고자 한다. 이렇게 놓고 보면 1970년대의 경제적 위기와 정치적 권위주의의 등장은 사회적 공감대를 잃은 경제정책과 이를 무마하기 위한 정치적 대응이라고 설명하는 것이 보다 적절하다.

한편 1970년대에는 이른바 서강학파라고 불리우는 경제학자들이 대거 정부의 관료로 활약하는데, 대표적인 인물이 이승윤, 남덕우, 김만제 등이다. 이들은 미국 유학을 통해서 미시경제, 금융, 노동 등의 다양한 분야를 공부했고, 서강대학교 교수로 재직하다 공직으로 나아가서, 서강학파라는 닉네임이 붙은 것이다. 그리고 이즈음 서울대학교의 조순이나 박현채를 중심으로 균형성장론에 대한 논의가 재개되었다. 이들은 수출 주도의 경제성장을 비판하고, 나아가 로스토가 주장했던 근대화론과 국가 주도의 발전국가전략에 대해서 비판적인 시각을 가진 사람들이다. 이것은 무엇을 의미하는가? 1970년대에 서강학파가 관료로 진입하고, 균형경제론을 주장한 교수들이 나타났다는 것은 경제개발 정책에 대한 지식인의 도전이 시작되었고, 실물경제의 위기를 맞이하면서 기존 국가 담론이 위기에 빠졌다는 것을 의미한다. 즉 새로운 상징 담론이 필요한 시기가 되었는데, 박정희 정권은 발전국가론과 수출 주도의 담론을 대치할 만한 새로운 상징자원을 발굴하지 못했던 것이다.

이것은 매우 중요한 정치적 위기였다. 5·16 이후 박정희 정권이 정권을 유지할 수 있었던 가장 큰 원동력은 발전 담론을 통해서 개발독재에 대한 사회적 공감을 인정받은 것이다. 끊임없는 비판과 도전이 있었지만 이를 통해서 저항 담론을 효과적으로 무마해 왔다. 적어도 1960년대 중반 이후 경제 성과에 힘입어 박정희 정권의 정당성 시비는 현저히 줄어들었으며, 그 결과가 1967년 대선과 총선 승리였다. 그러나 1970년대에 진입하면서 발전 담론에 대한 사회적 공감대는 현저히 축소되었고 사회 곳곳에서 저항 담론이 속출한다. 이러한 상황에서 궁여지책으로 돌파구를 찾은 것이 바로 중화학공업 전략이다. 이와 더불어 선진국 담론이 등장한다. 박정희는 1970년대 초반부터 전 세계 중진 국가 중에서도 가장 상위에 올라선 나라가 될 것이라고 강조했다 (김종태, 2013: 71~106). 이른바 상위 중진국이라는 것이 1970년대에 박정희 정권이 내세운 새로운 국가 담론이었다. 이것은 1960년대 후진국 탈피라는 모토와는 뉘앙스가 사뭇 다르다. 선진공업국, 선진 자본주의국가와 호환해 사용되던 이 말은 ≪조선일보≫와 같은 시민사회의 유력 언론을 통해서 급속히 확산되어 갔다. 그럼에도 불구하고 이것이 정치 통합을 이루고 국민들의 공감을 얻는 데는 실패하고 만다. 더구나 중요한 사실은 미국이 제공한 헤게모니 담론은 신자유주의적 경제를 추구하라는 것이었는데, 선진국 담론은 여전히 강력한 정부 주도 정책을 바탕으로 하는 발전국가의 모델에 근거하고 있었다. 이처럼 미국과 한국의 상징자원이 불일치하고, 국내경제의 여건이 악화되는 상황에서, 사회적 공감대가 균열되어 가는 과정을 막기 위해 동원된 방법이 유신체제와 긴급조치들이었던 것이다. 그러나 우리가 역사를 통해서 익히 알고 있듯이, 상징자원이 뒷받침되지 않는 물리력은 결코 성공할 수 없다.

3) 개인의 수준

차테르지의 논리에 기대어 한국의 민족국가 건설을 추진한 대표적인 인물을 꼽는다면, 이광수, 이승만, 박정희일 것이다. 그런데 이 글은 한국 현대 국가의 성격을 논하는 것에 초점이 맞추어져 있음으로 일단 이광수에 대한 논의는 배제하고, 이승만과 박정희에 대한 평가를 통해서 국가의 성격을 논해 보도록 하자.[13] 이러한 작업을 위해 간략하게 대통령을 평가하는 기존의 흐름을 비판하면서, 구성주의적 접근법과 수동 혁명의 의미를 다시 한번 되새겨 보자.

첫째로 대통령에 대한 평가는 심리주의로 전락하지 말아야 한다. 대체로 박정희 연구에서 이러한 경향이 두드러지는데, 예를 들어 박정희와 아버지의 왜곡된 관계를 지적하거나, 가난에 대한 체험을 강조하거나, 박정희 신체적인 콤플렉스를 거론하면서 그를 심리적으로 '외로운 고아'였다고 평가하는 경우가 있다. 그리로 이러한 심리적인 요인 때문에 박정희가 군인이 되기를 희망했고, 후일에는 정치에서도 수평적인 소통이 아니라 수직적인 상명하복에 익숙했으며, 가난에 대한 고통을 극복하기 위해서 경제개발을 서둘렀다는 식으로 박정희의 통치 스타일을 설명한다(전인권, 2017: 321). 그런데 필자는 이런 접근 방법이 전형적인 개인주의적 환원주의라고 평가절하한다. 해석학이라는 것이 개인의 의도를 중심으로 통치행위를 설명하려 했고 그 한계는 사회적

---

13) 이광수를 민족국가 건설의 선구자로 연구한 작업으로 김원모(2016: 53~165)의 논문이 있다. 문학가를 넘어서 이광수의 행적을 강조한 이 논문에서 김원모는 이광수를 친일로 매도할 수 없다고 주장한다(118). 일제 후기 이광수는 청년정신대를 조직해 장차 다가올 독립을 준비했으며, 여기에 정신대라는 이름을 붙인 것은 일제가 독립운동의 의도를 알아채지 못하도록 하기 위한 위장 전술이었다고 평가한다. 나아가 이광수는 좌우합작에 대해 반대했는데, 이것은 적화통일의 가능성이 있다는 점을 간파했기 때문이라는 것이다. 이광수는 궁극적으로는 문화적으로 고양된 국가를 희망했다고 주장한다.

평가와 타인에 대한 상호작용을 설명하지 못한다는 것을 이미 위에서 밝힌 바 있듯이, 개인의 내면을 심리적으로 접근해 대통령의 통치행위를 설명하는 방식은 해석학보다 더 많은 논리적 모순에 직면하게 된다. 다시 한번 반복하거니와, 통치행위가 사회구조와 밀접하게 연결되어 있다는 것을 염두에 두고 대통령의 리더십을 평가하는 것이 가장 중요한 학문적 접근이며, 필자가 여러 번 강조했듯, 이것을 일컬어 구성주의적 접근법이라고 한다.

둘째, 개인의 심리나 의식으로 환원되지 않으면서, 사회적 제도와 맞물려 작동하는 대통령의 리더십을 연구하는 가장 좋은 방법은 담론분석이다. 예를 들어 이승만이 미국에서 유학하는 동안 배웠던 내용이나 기독교 선교사로부터 받았던 종교적 세계관이 정책 결정 과정에서 어떤 영향력을 발휘했는가를 추적해 보는 것이다. 이것은 박정희의 경우에도 동일하게 추적 가능하다. 그가 받았던 일본식 군사교육과 군인으로서의 경험이 후일 정치 세계에 어떤 영향을 주었는가를 추적하고 평가해야 한다. 이때 중요한 연구 대상이 바로 지식의 수용과 발현을 추적하는 것이다. 사실 박정희가 주도했던 유신 개혁은 일본의 '다이쇼 민주주의'와 매우 유사하다. 이것은 박정희가 일본군 장교시절에 터득한 개념이었으며, 그가 자주 사용한 '한국적 민주주의'라는 말과 일맥상통한다. 이렇게 놓고 보면 박정희의 통치 스타일과 위기 탈출의 해법은 일본의 역사적 경험에서 유래하는 것이다. 이 같은 경험과 개념들을 추적하는 것이 바로 담론적 분석 방법이다.

셋째, 바로 이러한 맥락에서 구조와 행위의 통합이라는 의미를 좀 더 분명하게 설명할 필요가 있다. 박정희 시대에는 반공을 통해 민주주의를 수호하고, 경제발전을 위해서 정치적 효율이 필요하다는 이중적 목표가 공존했는바, 이 두 가지 목표가 서로 조화되지 않기 때문에 나타난 현상이 권위주의라고 볼 수 있다. 좀 더 쉽게 설명하면 공산주의로부터 자유민주주의를 지키는 것이 정치의 최대 목표가 되었는데, 한국 상황이 매우 이례적이고 특수하기 때문에 이를 실현하기 위해서는 권위주의적 방식을 용인하도록 유도했다는 것이다. 이것은 경제발전이라는 목표를 달성하는 것에도 그대로 적용된다. 정치적 민주주의를 확립하기 위해서 경제발전이 필수적인데, 이를 신속하게 달성하기 위해서는 잠시 권위주의적으로 국가가 경제를 운용하는 것이 허용될 수 있다는 여론이 형성된 것이다.[14) 박정희의 연설문 등에 나타난 담론을 분석하고 얻을 수 있는 결론이다. 이렇게 놓고 보면 권위주의와 민주주의는 반대말이 아니라, 서로가 중첩된 용어다.

그런데 필자는 이것을 구성주의적 관점에서 재해석해 볼 수 있을 것 같다. 그리고 그 함의를 정치가의 목표와 제도적 허용 범위가 일정하게 규정되어 있다는 것으로 요약하고자 한다. 즉 분단국가를 만든 종주국으로서 미국이 부여한 제도적 한계선이 있으며, 한국적 상황에서 국민들의 사회적 공감대의 한계선이 있다. 이러한 한계선이 바로 구성주의가 강조하는 제도적 조건이며, 이 안에서 대통령이 어떤 선택을 내리는지에 대한 허용 범위가 개인행동의 자율성에 해당한다. 이러한 맥락으로 정권의 속성과 국가의 성격은 구조적 제약 범위와 개인의 행동 범위 자율성 사이에서 결정되는 것이다. 한계선이라는 말을 처음으로 사용한 최장집의 텍스트를 잠시 인용해 보자.

한국의 조숙한 민주주의는, 분단국가의 제도 수립자로서 미국이 밖으로부터 자유주의적 개혁을 시행하도록 하였다는 사실 때문에 가능한 것이다. 우리는 여기에서 한국 민주주의의 제도화에서 미국의 역할을 상한선과 하한선을 갖는 미국의 한계선이라는 개념으로 설명할 수 있을 것이다. 미국의 한계선은 남한이 분단국가가 반공국가이어야 하되 그것은 민주주의 체제를 갖지 않으면 안 된다는, 당시의 현실로 볼 때는 이율배반적이라고 할 정도로 두 개의 어려운 과제를 한국 정부가 동시에 실현하지 않으며 안 된다는 사실 때

---

14) 강정인은 이것을 '이중적 정치질서의 중첩적 병존'(강정인, 2014: 3장, 7장)이라고 부르고 있다.

그림 4-2 대통령 리더십과 구성주의

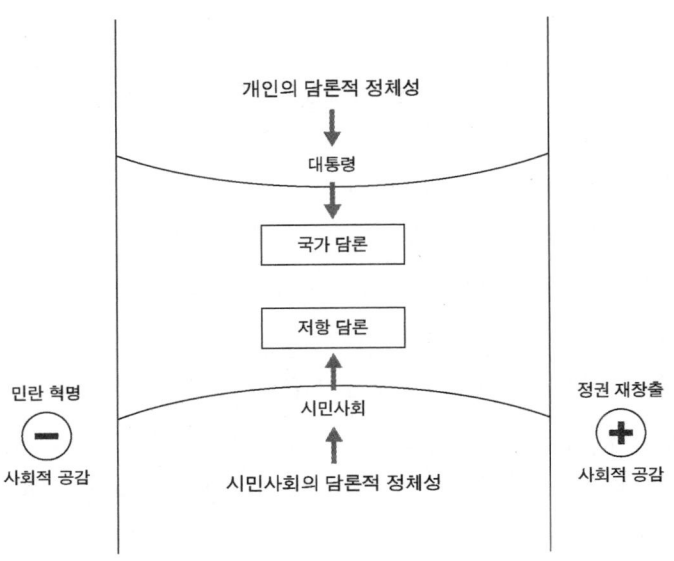

문에 개념화될 수 있다. 즉, 그것은 분단국가의 최소한의 안정이라는 하한선과 민주주의 최소한의 유지라는 상한선 사이의 정치적 공간을 말한다(최장집, 1996: 22).

〈그림 4-2〉는 지금까지 설명한 세 가지 주의점을 토대로 우리가 대통령의 리더십(통치 스타일)을 평가할 때 필요한 관점을 시각화한 것이다. 이 그림을 염두에 두면서 이승만과 박정희의 통치 방식에 대해서 토론해 보자. 우선 이승만의 경우에는 좌우합작에 반대한 사실과 단독정부 구상을 실현해 분단을 만들었다는 비판이 있는바, 이에 대한 평가를 해보도록 하자. 그리고 박정희의 경우에는 유신체제의 권위주의적 속성에 대한 책임 공방이 쟁점이만큼, 이에 대한 새로운 해석을 시도해 보도록 하겠다.

우선 이승만의 정치적 입장을 위의 그림을 통해서 설명해 보자. 이승만이 좌우합작을 반대한 사실을 두고 역사가들은 그를 민족 통일에 대한 염원보다는 자신의 개인적인 권력욕이 더 앞선 사람으로 평가한 경우가 있었다. 그런데 과연 이러한 평가에 대해서 새로운 해석이 가능할까? 필자는 대통령을 평가하면서 옳고 그름을 나누는 방식으로 행적을 구분하는 것은 적절하지 않다고 본다. 대통령의 통치행위는 국가이성의 최정점에 위치한 것인 만큼, 윤리적 판단보다는 이해 가능성에 초점을 맞추고 역사를 해석해야 한다고 생각하기 때문이다. 그래서 우선 이승만의 담론적 정체성이 형성되었던 과정을 추적하려 한다. 그는 러시아가 한반도를 점령하려는 야욕이 있었음을 젊은 시절에 경험한 바 있다. 그가 독립협회 운동을 하면서 소련에 대한 세계관이 부정적으로 형성되었음은 널리 알려진 사실이다(이철순, 2020: 1~29; 정병준, 2013: 2부 1장). 그리고 1945년 해방 이후 동유럽이 공산화되는 과정을 지켜보면서 소련이 한반도에 침략 의도가 있다고 확신했다. 그 당시 미국이나 동유럽의 정세에 대해서 이승만은 탁월한 식견을 가지고 있었으며, 이것은 좌파나 민족주의 지도자들이 갖추지 못한 장점이었다. 한편 그는 기독교 신자로서 오래 미국 생활을 해왔기 때문에 공산주의 사상이 매우 위험하다고 생각했다. 이런 상황에서 그는 국내의 토호 세력과 연합하는 길을 선택할 수밖에 없었을 것이다. 이것이 그를 보수주의자로 낙인찍는 결과를 가져왔지만, 이승만이 살아 온 인생을 두고 보면 그가 민족국가의 건설을 위해서 국내의 공산 세력, 국제정치적으로는 소련과 결탁하는 것은 상상할 수 없다. 이것이 담론분석을 통해 확인할 수 있는 이승만의 행동반경이다. 또한 당시 미군정은 공산주의 세력에 대해 심각한 우려를 표시하기 시작한다. 초기 좌우합작을 통해 통일 정부를 건설하겠다는 계획을 철회하고, 남한만의 단독정부 구상을 구체화하고 있었다. 물론 한반도의 민족국가 건설을 두고 미국 정책 결정자들의 의견이 하나로 수렴된 것은 아니지만, 적어도 소련의 팽창을 저지해야 한다는 점에서는 의견 일치를 본 셈이다. 이것이 바로 제도적 허용 범위다.

지금까지의 분석을 〈그림 4-2〉를 통해서 다시 한번 요약하자면, 사회적 공감대를 구성하는 제도적 형식은 미군정이 제공한 반공 담론이었으며, 이것은 이승만의 단독정부 구상과 어울려 남한만의 독립정부를 탄생시킨 물질적 기반이 된다. 즉 사회적 공감대의 범위를 결정했다. 물론 시민사회 내에서 좌익 진영이나 민족 세력에서 이승만의 구상에 반대하는 저항 담론이 없었던 것은 아니나, 이러한 저항 담론이 정치적 입지를 구축하고 사회적 공감대를 달성하지 못한 것이 1948년의 상황이었다. 이런 논리로 본다면 이승만의 개인적인 권력욕이 남한의 단독정권을 탄생시켰다는 비판에 대해 새로운 해석이 가능하다.

또 박정희의 유신체제에 대해서 살펴보자. 한상진(1989: 6장)은 유신체제의 권위주의 속성이 구조적 제약과 관련되어 있음을 설명한 바 있다. 우선 1960년대 경제정책의 부작용(인플레, 재정적자, 수출 부진 등)과 더불어 1971년 대통령 선거의 결과, 베트남 공산화와 같은 대내외적인 요인이 박정희로 하여금 새로운 돌파구를 찾도록 했는데, 그 결과가 바로 중화학공업 정책이라는 것이다. 그러나 1970년대 중반에 이르면 중화학공업에서 중복투자의 비효율이 심화되었고, 이것을 정치적으로 제압하기 위해 권위주의 정치가 노골화되었다고 설명한다. 그러면서 이 국면에서 박정희는 두 가지 선택지가 있었다고 추정한다. 첫째는 사회집단 및 제도의 자율성을 신장하는 방향으로 체질 개선을 하는 것과, 둘째는 보다 엄격한 관료적 통제의 틀 안에서 분열 조짐들을 제압하는 방식이다. 이 둘 중에서 박정희 정권은 두 번째의 길을 선택한 것이다(한상진, 1989: 6장). 한상진은 유신의 특성을 박정희 개인의 권력욕으로 환원시키는 것은 너무도 당연하고 상식적인 것이어서 학문적으로 아무것도 설명하지 못하는 것이라고 평가절하한다. 그러면서 구조적 요인에 대해 관찰하고 연구하는 것이 학문적으로 긴요하다고 강조한다.

그러나 한상진이 제시한 방법론은 지나치게 구조적이라는 것이 필자의 평가다. 그는 박대통령이 내릴 수 있는 선택의 폭을 1960년대에 추진해 온 경제발전의 노선에서 찾고 있는데, 이것은 전형적인 경제결정론이다. 다시 말해 한상진은 기존의 경제개발 정책이 민중을 배제하고 이루어진 만큼, 위기가 심화된 1970년대의 상황을 극복하기 위해서 돌연히 민중주의 노선을 선택할 수는 없었다고 추론했는데, 이것은 구조적인 제약을 지나치게 강조한 꼴이다. 다시 말해 박정희 개인의 정치적 자율성에 대한 논의가 없다는 것이다. 권력욕에 근거해 박정희 정권의 성격을 규명하는 것이 지나치게 개인적이었다면, 경제정책에 근거한 설명 역시 지나치게 구조적이다. 이 둘 사이의 분열을 학문적으로 종합할 수 없는 방법이 바로 구성주의 접근이고, 그때 유용한 개념이 위에서 설명한 구조적 한계성과 정치적 선택 범위다.

필자는 한상진의 설명에서 배제된 정치적 선택의 가능성을 전두환 정권의 경제정책에서 찾을 수 있다고 본다. 동일한 군사정권이었고, 정당성 차원에서 보면 오히려 권위주의적 성격이 더욱 악화되었던 정부에서 경제정책은 매우 유연하고, 시장중심주의로 선회했기 때문이다. 전두환 정권에서는 경제관료들이 전문가로서 자신의 의견을 개진하고 이를 정치에 반영할 수 있는 공간이 확보되어 있었고, 그것이 가능했던 것은 대통령이 경제 부처의 전문성과 시장경제의 논리를 실질적으로 인정했기 때문이다. 즉 대통령의 선택으로 정치는 권위주의적으로, 경제는 시장 논리로 각각 달리 운영할 수 있었던 사례를 전두환 정권을 통해서 확인한 만큼, 박정희 정권의 경제정책과 정치적 속성은 궁극적으로 대통령이 마주한 허용 범위에서 이루어진 정치적 결단이라고 볼 수밖에 없다. 그리고 그 결단은 당대의 사회적 공감대를 모두 벗어난 매우 비합리적인 선택이었다.

결국 잘못된 정치적 결단이 박정희 대통령의 아집으로부터 시작된 것이라고 필자는 평가한다. 그는 군인으로서 오랜 세월을 살아오며 정치를 민주적 절차가 아니라 수단에 불과한 것으로 보는 정체성이 형성되었고, 경제적 목표를 달성하는 데 방해가 된다면 언제든지 민주정치는 유보될 수 있다는 극단적인 정치관을 갖게 되었다. 따라서 1960년대 말 발전국가의 경제정책이 부작용을 만들고 그에 대한 처방이 필요할 때라도, 대통령으로서 그가 경제관료의 합리성과 전문가의 조언을 들었더라면, 유신과 같은 극단적인 상황을 피할 수 있었을 것이다. 사실 1972년 8·3조치가 취해진 것은 경제전문가들의 위기 대응책이었다. 그렇다면 정치적으로도 전문가들의 조언을 받아들여 정당정치를 회복시키고, 여야가 타협해 위기 극복의 로드맵을 찾아야만 했다. 그러한 가능성이 허용 범위 안에서 충분히 존재했고, 민주정치의 정체성을 가진 정치인이라면 그런 선택을 했을 것이다. 그러나 그는 국내정치를 폭력으로 제압하는 긴급조치를 남발하기 시작했고, 대외적으로는 자주국방이라는 모토 아래 핵무기 개발을 시작해 미국의 외교 노선과 정면으로 충돌했다. 이러한 선택은 국내정치의 사회적 공감대뿐만 아니라, 국제정치에서 미국이 허용하는 한계선을 넘어서 버린 것이다. 박정희의 최후는 정치에 일정한 한계선이 있다는 것을 망각했기 때문에 찾아온 불행이었다. 그것은 구조적 제약이 아니라 대통령의 잘못된 선택이 초래한 것이다.

5. 나가며

이 글을 마무리하며 국가론의 의미를 현시점에서 정리하고 남은 과제를 요약해 보자. 우선 한국의 학계에서 국가론에 대한 관심은 민주화라는 시대적 사명과 관련되어 있었다. 박정희 시대의 권위주의와 전두환·노태우 정권의 파시즘을 넘어서 새로운 민주정치를 실현해야 한다는 분명한 목표가 있었던 것이다. 그래서 이 시기 민주화의 과제는 복잡한 설명이 없이도 국민 대다수가 공감하는 시대적 사명이었고, 이를 기반으로 국민적 통합과 저항이 손쉽게 이루어질 수 있었다. 그 표현이 바로 1987년 6월 항쟁이었다. 이를 계기로 대통령 선거 방식이 바뀌었고, 국민들이 1인 1표의 직접투표 권리를 획득했으니, 이것은 분명 민주화의 가시적인 성과였다. 그러나 그 이후에 전개된 정치적 술수들은 한국 정치를 또다시 엘리트주의로 전락시켜 버렸다. 김영삼·김대중으로 대표되는 한국의 민주화 세력은 민중 기반의 자유민주주의가 아니라, 보수세력의 기득권을 유지하는 방식으로 미래 정치의 향배를 결정해 버렸다. 특히 김영삼의 3당 합당은 군부 세력과 민주화 세력의 야합이 이루어진 결과이며, 이를 통해 한국 정치가 또다시 보수화의 길로 전락하게 된다. 물론 김대중과 노무현 정권을 통해 소위 형식적 민주화가 이루어졌다고 하지만, 민주화의 수준을 두고 다양한 이견이 있다. 그래서 실질적 민주화를 이루어야 한다는 새로운 목표가 설정되기도 했지만(최장집, 2010; 임혁백, 2011), 실질적 민주화가 무엇인지 분명하지 않다. 또 이명박·박근혜의 보수 정권을 거치면서 정치인의 개인적인 부패가 파당을 만들고 국가 운영에 심각한 피해를 초래한다는 사실을 깨닫게 되었다. 그래서 오늘날 한국 정치는 민주화와 관련해 새로운 진로를 찾아야 할 시점에 이르렀다. 이와 관련해 한국 정치는 다음과 같은 문제가 남아 있다.

첫째, 오늘날 한국의 국가정체성 문제는 국가 기원의 논쟁과 관련이 되어 있다. 상해임시정부를 대한민국의 기원으로 볼 것인가, 혹은 1948년의 건국을 대한민국의 기원으로 볼 것인가에 따라 진보와 보수가 첨예하다. 이것은 친일을 비판하는 진보 진영과 이승만의 건국을 옹호하는 보수 진영의 대결로 나타나서, 현실적으로 일본의 외교정책에도 심각한 영향을 준다. 또 역사 해석에 있어서도 이견 차이가 좁혀지지 않아, 교과서의 검인증을 두고 이념대립이 심각하다. 세계화의 물결로 유럽에서는 민족주의가 퇴색하고 범세계주의가 득세하는 흐름에서 보면, 한국에서 등장한 국가 기원에 대한 문제는 강고한 민족주의로 후퇴한 느낌마저 든다.

둘째, 대통령 개인의 통치 스타일이 문제가 되었던 과거와 달리, 오늘날 정치권으로 진입하는 정치 지망생의 자질에 큰 문제가 있다. 이른바 '범속한 출세주의'에 따라 정치를 희망하는 보수 진영의 국회의원들과 '허위의식에 사로잡힌 운동권 출신'의 진보 국회의원들은 진영 논리에 매몰되어(양승태, 2020), 중요한 정책 결정을 두고 국회 기능을 마비시키는 사태를 만들고는 한다. 절차적 민주주의가 헌법에 의해서 보장되었으나, 실질적으로 정치는 과거보다 후퇴한 느낌이다. 이것은 정권이 바뀌어도 여전하다. 선거 때면 정당이 난립하지만 결국 거대 양당 구도가 바뀌지 않아서, 결국 국가 기능의 마비로 이어진다. 새로운 국가적 어젠다가 속출하는 급박한 상황에서, 이를 해쳐나갈 새로운 국가이성의 능력이 절실히 필요한데, 절차적 민주주의가 오히려 한국 정치의 발목을 잡고 있는 형세다.

셋째, 1997년 외환위기로 한국 경제가 사상 최악의 위기를 겪게 되었는바, 이때부터 경제 영역을 정부가 스스로 관리할 수 없는 경우가 생기게 되었다. 군사독재 시기에 경제와 시민사회를 관리한 것은 정부였는데, 1997년을 기점으로 세계화의 물결이 국내경제로 침투해, 경제주권을 무너트리고 말았다. 이때부터 경제 영역은 정부가 계획하고 주도할 수 있는 상황이 아니다. 이른바 권력이 정부에서 시장으로 넘어갔다는 자조적인 표현에서 잘 드러나듯, 정부의 민주화를 목표로 했던 1980년대와 세계화 시대를 맞이한 1990년 이후의 상황은 완전히 다르다. 정치 민주화와 시장의 민주화가 동의어로 사용되었던 과거와는 달리, 시장의 민주화는 대한민국 정부의 자력으로 달성할 수 없는 목표가 되고 말았다. 국제경제에서 전개되는 힘의 논리에 한국 경제가 속절없이 무너지고 만 것이다. 발전국가 시대에는 경제성장을 위해서 정부가 시장의 합리성을 무시했다면, 세계화 시대에는 이윤 창출을 위해서 기업의 논리가 시장의 합리성을 무시하고 있다. 그 결과 경제적 강자와 약자의 대결은 과거보다 더욱 치열해졌고, 승부에서 밀려난 약자들은 회복할 수 없는 궁지로 내몰렸다. 이러한 상태에서 과연 정부의 민주화와 시장의 민주화가 과연 무엇을 의미하는지 근본적인 질문을 하지 않을 수 없다.

넷째, 신자유주의 통치성이 전 세계를 하나의 문화 논리로 포섭하고, 개인의 생활세계를 지배하는 상황이 전개되기 시작했다. 영화, 음악, 컴퓨터, 게임과 같은 디지털 산업이 잉여가치를 만드는 중요 산업으로 부상했고, 개인들은 문화산업의 논리에 포섭되어 유동적인 정체성에 무방비로 노출되고 있다. 또 학교교육도 세계화의 논리에서 국적을 잃어간다. 영어의 세계화를 시작으로, 표준화된 국제화교육시스템(PISA)이 모든 나라의 교육 표준이 된다. 이러한 상황에서 자국의 특수성을 반영한 교육을 기대하기는 어렵다. 더 나아가 대학의 교육이 무너져 이념의 진지가 사라진 지 오래다. 그 이유는 크게 두 가지로 분류될 수 있다. 하나는 국적을 잃은 식민성 교육체제를 벗어나지 못한 탓이요, 둘째는 직업교육과 인문교육을 구분하지 못한 대학 체제 탓이다. 발전국가 시대에 개인의 정체성이 동원된 민족주의에 의해서 왜곡되었다면, 2000년대 이후 한국인의 정체성은 소비 향락주의에 의해서 왜곡되고 있다. 민주화의 기반이 건전한 시민성에 달렸다고 할 때, 생활세계의 개인 정체성을 올바르게 회복한다는 것은 대단히 중요한 과제임이 분명하다.

위에서 지적한 네 가지 문제점에 대한 해결책을 모색해 보자. 이것은 과거의 국가론을 현재적인 의미에서 새롭게 해석하는 작업이며, 나아가 한국 정치의 새로운 목표를 설정하는 문제다. 이를 위해 필자가 본문에서 구분했던 세 가지 분석수준에 맞추어 논의를 전개하려고 한다.

첫째, 국제정치-국내정치의 수준에서 지식의 변화를 면밀히 관찰할 필요가 있다. 1980년대 이후 미국의 헤게모니 정책이 변화하면서 발전국가 모델과 반공주의 정책이 폐기되고, 신자유주의 모델과 민주화 이행론의 관리정책이 자리를 잡게 된다(기요, 2014). 이에 따라 세계화 담론을 위시해 거버넌스, 인권, 민주주의 공고화 등의 정치 담론이 제3세계에 확산되었고, 이것이 한국 사회에도 적극 유입된다. 예를 들어 김영삼 정권에서 박세일이 주도해 세계화 정책을 추진한 바 있는데, 이를 계기로 국내정치의 이념 지형이 달라졌다. 여기서 우리가 주의할 점은 세계화 시대의 정책 담론들도 결국은 제3세계를 원격으로 조정하려는 미국의 관리 지침에 불과하다는 것이다(Cavell, 2002). 물론 방법은 크게 달라졌다. 로스토와 같이 적극적으로 경제개발계획에 간섭하는 방식이 아니라, 국제적 표준, 신용등급, 자본의 개방성 등과 같은 지표를 통해서 간접적으로 한국 경제에 미국이 개입 중이다. 그런데 우려스럽게도 이와 같은 지식의 운영 방식에 한국 지식인들이 제대로 대처하지 못하고 있다. 다시 한번 강조하건대 세계를 움직이는 것은 군사력이나 경제력이 아니라 이념과 생각이다(홍일표, 2008). 이러한 맥락에서 한국은 군사 안보, 경제 안보와 더불어 지식 안보에 대한 경각심을 갖고 이에 대한 대응책을 마련해야 한다.

이와 관련해 정치인들의 양성에 대해서도 심각하게 고민해 보아야 한다. 보수 진영은 언론사, 법조계 출신 등의 사회적 명망가들이 정치권으로 진입하는 경우가 많고, 진보 진영은 학생운동권이나 노동 운동가 출신 인사들이 정치권으로 진입해 왔다. 사회 현실에 밀착한 이슈들을 토론하는 과정에서 이들이 일정한 역할을 해온 것이 사실이나, 진지하게 정치학 공부를 하거나 미래에 대한 비전을 두고 고민할 기회가 부족했던 탓에 한국 정치의 현 상황은 대단히 걱정스럽다. 발전국가 시절 행정관료들은 적어도 경제전문가였다. 그런데 오늘날 미래 사회를 결정하는 결정권은 국회로 이전되었는바, 주요 정책을 다루는 국회의원들의 지적 수준과 개인적인 자질이 실로 한심한 수준이다. 이를 위해서 정치 입문을 희망하는 사람들을 위해서 일정한 교육기관을 설치하고, 국가가 운영하며, 자격시험을 통과하도록 강제하는 방안을 제안해 보고자 한다. 자격증이 판을 치는 대한민국 사회에서 정치인들만이 자격증이 없는 시대를 살고 있다. 대단한 아이러니가 아닐 수 없다.

둘째, 국가-시민사회 수준에서 시장의 합리성을 고민해 보아야 한다. 발전국가 시절 권위주의 정부와 재벌의 결탁은 큰 문제 거리였다. 지금은 권위주의 정부가 사라졌지만, 여전히 한국 사회에서는 재벌의 힘이 막강하다. 이들이 갖는 경제적 파워가 시민사회와 시장의 합리성을 압도한다. 더 큰 문제는 과거에는 정부가 재벌의 힘을 견제할 수 있었지만 지금은 그런 균형자가 없다는 점이다. 이에 더해 신자유주의가 요구하는 효율성의 논리는 기업을 통해서 학교와 가정으로까지 생존경쟁 법칙을 확산시키고 있는데, 이를 막을 방법이 없다. 이러한 맥락에서 보면 푸코가 날카롭게 지적했듯이, 자유주의는 민주주의와 짝을 이루는 것이 아니라 통치 기술과 한 쌍을 이루는 미세 권력의 양식이라고 하겠다. 푸코의 설명에 따르면 자유주의란 의회제도와 같은 형식적 제도라기보다는 시민사회를 규율하고 감시하는 통치의 과정이다. 그렇다면 이 문제를 어떻게 극복할까?

여기서 길은 두 가지로 나뉜다. 하나는 시민사회의 공론장을 회복하고 정치인과 기업인의 공공의식을 함양하는 방법이다. 하버마스가 제시한 길이다. 다른 하나는 국민들의 통치 의식을 확대하는 방법이다. 우리는 보통 실질적 민주화를 논의할 때 시민사회에서의 공론장 역할을 강조해 왔다. 공적 기능의 역할이 중요한 목표가 되는 것에 반대하지 않으나, 만족할 만한 성과가 없었다는 것을 인정하고, 이제는 새로운 길을 모색할 때가 되었다. 그렇다면 그 방법이 무언가? 필자는 뒤르켐의 대안에 주목하고자 한다. 뒤르켐의 따르면 통치 의식이란 시민사회에서 국민들이 가지는 정치에 대한 관습, 전통, 규칙들이다. 이것은 국민들의 집합의식이라고 할 수도 있다(뒤르켐, 1998: 8장). 이러한 집합의식을 관리하고 조정하는 것이 국가의 역할이라고 뒤르켐은 강조한다. 이것은 하버마스의 입장과 크게 차이가 난다. 적어도 하버마스의 공론장은 개인들의 이성 능력을 바탕으로 한 것이며, 개인의 계몽적 각성과 공적 의식의 함양이 전제된 개념이다. 그런데 뒤르켐이 거론하는 집합의식과 통치 의식은 국가 차원에서 관리되는 상징적 표상의 분포에 따라 결정된다. 시민사회에서 유통되는 문화적 가치와 상징 자원의 분배를 결정하는 방식에 따라 국민들이 정치를 바라보는 시각과 생각이 달라지기 때문이다. 필자는 이러한 정책을 수행하는 국가의 속성을 문화국가의 목표라고 지칭하고 싶은데, 1950년대 샤를 드골(Charles de Gaulle)의 정권에서 문화부장관을 맡았던 앙드레 말로(André Malraux)와 그의 정책들이 좋은 예라고 하겠다(뤼마롤리, 2004).

셋째, 개인의 수준에서 정체성 교육이 필요하다. 사실 독재는 개인의 동의를 기반으로 가능한 것이다. 이것은 히틀러 정권에서도, 한국의 박정희 정권에서도 비슷한 양상이었다. 그래서 에리히 프롬(Erich Fromm)이 아돌프 히틀러(Adolf Hitler)를 지지했던 독일 국민들의 심성을 '권위주의적 인간형'이라고 표현했다면(프롬, 2005: 6장), 필자는 박정희를 지지했던 한국인의 마음을 '아버지 추종의 인간형'이라고 묘사하고자 한다. 전쟁과 가난의 위기에서 낙담했던 한국 사람들에게 박정희는 삶의 애환을 위로하고 새로운 미래를 책임져 줄 아버지의 모습으로 보였을 것이다. 이러한 맥락에서 박정희 독재를 일정 부분 용인했던 당시 국민들의 마음이 이해가 된다. 아버지의 엄격함은 가족을 보살피기 위한 책임감에서 나타난 것이니 가족 모두가 감내해야 한다고 생각한 것처럼, 대통령의 권위주의는 국민을 위한 책임감에서 비롯된 것이니 얼마간 용인될 수 있다는 감정이입이 쉽게 나타날 수 있다.[15] 그래서 현재 한국 사회에서 박정희의 모습은 카리스마형 정치인으로 재생산되고 있다. 박정희를 비판하는 사람들도 여전히 박정희 코스프레를 하면서 서민 행보를 하는 것이 선거판에서 종종 목격된다(이택광, 2014: 4장). 이러한 현실 앞에서 국민들이 정치를 바라보는 안목을 키우는 교육이 절실히 필요하다. 감정이입을 넘어 합리적인 기준으로 평가하고 표현할 수 있는 이른바 시민성 교육이 필요하다는 것이다. 지금까지 한국에서 시민교육을 위한 국가의 지원이 부족했던 것이 사실이다.

서구 사회에서는 시민성 교육이 문화적 소수자를 위한 사회문제를 해결하는 과정에서 자연스럽게 실천되었다. 유럽에서는 1968년 이후 이민자들이나 성소수자들에 대한 사회문제가 심각했고, 이를 해결하는 차원에서 정치적 올바름에 대한 논쟁이 시작된 바 있다(이종일, 2019). 특히 2000년대 이후 보수와 진보의 진영 대결에서 혐오 스피치 문제가 구체적인 사회문제로 비화되는 바람에, 이를 규제하기 위한 정책적인 대안들이 만들어졌다. 그런데 요즘 한국 사회에서도 혐오 스피치가 대단히 중요한 문제가 된다. 최근 인터넷의 개인 방송들이 우후죽순처럼 생겨나고, SNS를 통한 가짜뉴스, 비방 댓글을 통한 마타도어(matador) 등이 심각한 정치 문제가 되고 있기 때문이다. 제도의

---

15) 아버지와 대통령을 동일한 지위로 분석한 경우는 한국뿐만 아니라 미국 정치에서도 자주 나타나는 현상이다. 부시 정권의 보수 정치를 아버지에 비유한 경우는 매우 유명한 사례다. 자세한 것은 레이코프(2006) 참조.

민주화가 아니라 생활세계의 민주화가 중요한 쟁점이 된 것이다. 그러나 이모든 것에 앞서 가장 중요한 화두는 건전한 시민성을 함양하기 위해 국민교육을 어떻게 실시해야 하는가에 모아진다. 프랑스의 경우 대혁명을 기점으로 국민 보통교육이 실시되고, 건전한 시민성을 함양하기 위한 교육체계가 무엇인가를 두고 치열한 논쟁이 있었다. 제3공화국의 교육정책이 그것에 해당한다(한국프랑스사학회, 2014). 물론 1968년을 맞이해 이러한 보편교육 체제에 대한 철학적 비판이 있었고, 지금은 새롭게 공교육 제도를 정비해 21세기가 요구하는 시민성 교육을 실시하려는 노력이 진행 중이다. 그런데 한국 사회에서는 1905년 근대 교육이 실시된 이후 국가정책으로서 시민성과 교육의 관계를 진지하게 고민한 경험이 많지 않다. 교육이 반공이나 경제성장의 볼모가 되어 정치적 시민성을 두고 정책을 마련할 겨를이 없었기 때문이다. 지금부터 이에 대한 보완이 절실히 필요하다.

참고문헌

강민. 1983. 「관료적 권위주의의 한국적 생성」. ≪한국정치학회보≫, 제17집 12호.

_____. 1990. 「한국 국가이론의 재조명: 국가정책의 이론적 위상」. ≪한국정치학회보≫, 제23집 2호.

강수환. 2018. 「박정희 신화라는 꿈에 접근하는 한가지 방법: 1960년대 한국의 통치성 문제를 춘심으로」. ≪한국학연구≫, 제67집.

강원택·장훈·박인휘. 2006. 『한국적 싱크탱크의 가능성』. 삼성경제연구소.

강정인. 2014. 『한국 현대정치사상과 박정희』. 아카넷

공제욱. 2013. 『국가와 일상』. 한울엠플러스.

기든스, 앤서니(Anthony Giddens). 2006. 『사회구성론(The Constitution of Society)』. 화영주 외옮김. 간디서원.

_____. 2014. 『유럽의 미래를 말하다(Turbulent and Mighty Continent)』. 이종인 옮김. 책과함께.

기요, 니콜라(Nicolas Guilhot). 2014. 『민주주의를 만드는 사람들(The democracy Maker)』. 김성현 옮김. 한울엠플러스.

김도현. 1989. 「이승만 노선의 재검토」. 송건호 외 지음. 『해방전후사의 인식 1』. 한길사.

김명수. 2018. 『한국 경제발전의 문화적 기원: 추격성장, 발전국가 그리고 문화적 혼종성』. 집문당.

김병국. 1994. 『분단과 혁명의 동학: 한국과 멕시코의 정치경제』. 문학과지성사.

김우민. 2007. 「근대화 이론과 미국의 지식인들: 근대화 이론연구의 새로운 방향을 위하여」. ≪세계 역사와 문화연구≫, 제16집.

김원모. 2016. 「해방정국 이승만- 김구-이승만의 대한민국 정부 수립과 김일성의 적화통일 야욕」. ≪춘원연구학보≫, 제9집.

김윤태. 2012. 『한국의 재벌과 발전국가』. 한울엠플러스.

김일영. 2001. 「한국에서 발전국가의 기원, 형성과 발전 그리고 전망」. ≪한국정치외교사논총≫, 제23집 1호.

김종영. 2016. 『지배받는 지배자: 미국 유학과 한국 엘리트의 탄생』. 돌베개.

김종태. 2013. 「박정희 정부 시기 선진국 담론의 부상과 발전주의적 국가정체성의 형성」. ≪한국사회학≫, 제47집 1호.

김진균·조희연. 1985. 「분단과 사회상황의 상관성에 관하여: 분단의 정치사회학적 범주화를 위한 시론」. 변형윤 외 지음. 『분단시대와 한국사회』. 까치.

김형아. 2005. 『박정희의 양날의 선택: 유신과 중화학공업』. 일조각.

도진순·노영기. 2004. 「군부 엘리트의 등장과 지배양식의 변화」. 노영기 외 지음. 『1960년대 한국의 근대화와 지식인』. 선인.

뒤르켐, 에밀(Emile Durkheim). 1998. 권기돈 옮김. 『직업윤리와 시민도덕(Professional Ethics and Civic Morals)』. 새물결.

드잘레이, 이브·브라이언트 가스(Yves Dezalay and Bryant Garth). 2007. 김성현 옮김. 『궁정전투의 국제화(The Internalization of Palace Wars)』. 그린비.

라클라우, 에르네스토·샹탈 무페(Ernesto Laclau, Chantal Mouffee). 2012. 『헤게모니와 사회주의 전략(Hegemony and Socialist Strategy)』. 후마니타스.

레이코프, 조지(George Lakoff). 2006. 유나영 옮김. 『코끼리는 생각하지마(The All New Don't Think of an Elephant)』. 삼인.

류성희. 2011. 「이념형적 접근에 기초한 막스 베버 국가관의 이해」. ≪인문논총≫, 제27집.

박광주. 1985. 「국가론을 통한 한국정치의 패러다임 모색: 최근의 연구동향과 그 반성」. ≪현상과 인식≫, 제9집 2호.

박상현. 2009. 「20세기 관리국가의 패러다임 이행에 관한 연구: 세계헤게모니 국가로서 미국의 사례를 중심으로」. 서울대학교 사회학과 박사학위 논문.

박세일. 2010. 『창조적 세계화론: 대한민국의 세계화전략』. 서울대학교 출판문화원.

박태균. 2004. 「1970, 80년대 경제정책 주체의 변화와 새로운 경제담론」. 유철균 엮음. 『박정희 모델과 신자유주의 사이에서』. 함께 읽는 책.

베버, 막스(Max Weber). 1981. 『지배의 사회학(Wirtschaft und Gesellschaft: Grundriss der verstehenden soziologie)』. 금종우·전남석 옮김. 한길사.

박태균. 2008. 『원형과 변용: 한국 경제개발계획의 기원』. 서울대학교 출판부.

서익진. 2005. 『개발독재와 박정희 시대』. 창비.

손호철. 2006. 『해방 60년의 한국정치, 1945~2005』. 이매진.

_____. 2011. 『현대 한국정치: 이론, 역사, 현실, 1945~2011』. 이매진.

송건호. 1984. 『한국 현대 인물사론』. 한길사.

안신. 2019. 「우남 이승만의 초기 선교사상 형성에 관한 연구: 미국유학을 통한 종교와 정치의 융합」. ≪복음과 선교≫. 제48집.

양승태. 2020. 『대한민국 무엇이 위기인가?: 이 시대의 국가적 상황에 대한 정치철학적 성찰』. 철학과현실사.

양재진. 2005. 「한국의 발전 모델과 국가관료제: 민주적 발전조합주의의 모색」. 한국행정학회 2005년 추계학술대회 발표논문.

에리히, 프롬(Fromm, Erich). 2005. 『자유로부터의 도피(Escape From Freedom)』. 원창화 옮김. 홍신문화사.

웬트, 알렉산더(Alexander Wendt). 2009. 『국제정치의 사회적 이론: 구성주의(Social Theory of International Politics)』. 박건영 외 옮김. 사회평론.

위스, 린다(Linda Weiss). 2002. 『국가 몰락의 신화(The Myth of the Powerless State: Governing the economy in a global era)』. 박형준 옮김. 일신사.

윤상우. 2005. 『동아시아 발전의 사회학』. 나남출판사.

_____. 2006. 「한국 발전국아의 형성변동과 세계체제적 조건, 1960~1990」. ≪경제와 사회≫, 제12호.

_____. 2018. 『신자유주의와 자본주의 사회학』. 한울엠플러스.

이광일. 1998. 「박정희 정권에 관한 연구현황과 과제」. ≪역사와 현실≫, 제29권.

이광호. 1985. 「미군정의 교육정책」. ≪해방전후사의 인식 2≫. 한길사.

이극찬. 1977. 「한국 정치사회의 권력구조에 관한 연: 엘리트 유동성과 이데올로기 관련성의 분석」. 연세대학교 박사학위 논문.

이병천. 1999. 「박정희 정권과 발전국가 모형의 형성: 1960년대 초중엽의 정책 전환 중심으로」. ≪경제발전연구≫, 제5권 2호.

이정복. 1989. 「관료적 권위주의론과 한국정치」. ≪한국학≫, 제11호.

이종일. 2019. 『정치적 올바름 논쟁과 시민성』. 교육과학사.

이철순. 2007. 「이승만의 단독정부론에 대한 일고찰」. ≪사회과학연구≫, 제23집 2호.

_____. 2020. 「제2차 세계대전 발발 이후 대한민국 건국까지의 이승만의 대미외교(1939~1948): 반소, 반공, 친미 노선 관철을 중심으로」. ≪국제정치연구≫, 제23집 2호.

이택광. 2014. 『박근혜는 무엇의 이름인가?』. 시대의 창.

이택선. 2020. 『취약국가 대한민국의 탄생: 국가 건설의 시대 1945~1950』. 미지북스.

임혁백. 2011. 『1987년 이후의 한국의 민주주의』. 고려대학교 출판부.

장규식. 2005. 「일제하 미국 유학생의 근대지식의 수용과 국민국가 구상」. ≪한국근현대사연구≫, 제34집.

장세진. 2012. 『상상된 아메리카』. 푸른 역사.

전인권. 2017. 『박정희 평전』. 이학사.

정병준. 2013. 『우남 이승만 연구: 한국 근대국가의 형성과 우파의 길』. 역사비평사.

정용욱·정일준. 2004. 「1960년대 한국의 근대화와 지배양식의 변화」. 노영기 외. 『1960년대 한국의 근대화와 지식인』. 선인.

정윤재. 1992. 「제3세계 발전에 대한 정치리더십접근 시론: 한국의 발전경험에 대한 새로운 이해를 위하여」. ≪한국정치학회보≫, 제25집 2호.

_____. 2018. 『한국정치 리더쉽론』. 나남출판사.

정일준. 2003. 「미제국의 제3세계 통치와 근대화 이론」. ≪경제와 사회≫, 제57호.

정종현. 2019. 『제국대학의 조센징』. 휴머니스트.

조희연. 2010. 『박정희와 개발독재시대』. 역사비평사.

진덕규. 1977. 「한국정치사회의 권력구조에 관한 연구: 엘리트 유동성과 이데올로기 상관성 분석」. 연세대학교 정치학과 박사학위 논문.

_____. 1987. 「이승만의 단정론과 한민당」. 신용하 외. 『현대사를 어떻게 볼 것인가?』. 동아일보사.

차테르지, 파르타(Partha Chatterjee). 2013. 『민족주의 사상과 식민지 세계(Nationalist Thought and the Colonial World: A derivative discourses)』. 이광수 옮김. 그린비.

천정환·권보드래. 2012. 『1960년을 묻다: 박정희 시대의 문화정치와 지성』. 천년의 상상.

천정환·권보드래·황병주·김원·김성환. 2015. 『1970년, 박정희 모더니즘:유신에서 선데이 서울까지』. 천년의 상상.

최장집. 1985. 「과대성장국가의 형성과 정치균열 구조」. 『한국사회연구 3』. 한길사.

_____. 1996. 『한국 민주주의의 조건과 전망』. 나남출판사.

_____. 2010. 『민주화 이후의 민주주의』. 후마니타스.

퓌마롤리, 마르크(Marc Fumaroli). 2004. 『문화국가: 문화라는 현대의 종교에 대하여(L'Etat culturel: Essai sur une religion moderne)』. 박형섭 옮김. 경성대학교 출판부.

한국사회사학회. 2003. 『지식변동의 사회사』. 문학과지성사.

한국프랑스사학회. 2014. 『교육과 정치로 본 프랑스사』. 서해문집.

한상진. 1989. 『한국사회와 관료적 권위주의』. 문학과지성사.

함성득. 2016. 『대통령학』. 나남출판사.

홍성민. 2008. 『지식과 국제정치: 학문속에 스며 있는 정치권력』. 한울엠플러스.

_____. 2009. 「통치술과 한국의 정치리더쉽」. 『문화정치학 서설』. 나남출판사.

홍일표. 2008. 『세계를 이끄는 생각』. 중앙북스.

홍태영. 2019. 『국민국가를 넘어서』. 진인진.

Alavi, Hamza. 1972. "The state in post-Colonial Societies: Pakistan and Bangladesh." *New left Reviw*, Vol.74, No.1.

Badie, Bertrand. 2000. *The Imported State: The westernization of the political order*. Palo Alto, CA: Standford University Press.

Bourdieu, Pierre. 1989. *Noblesse D'Etat: Grandes ecoles et esprit de corps*. Paris, FR: Éditions de Minuit.

Bourdieu, Pierre. 2012. *Sur L'Etat: cours au college de France 1989~1992*. Paris, FR: Édition du Seuil.

Cavell, Collins. 2002. *Exporting 'Made-in-America' Democracy: The national endowment for democracy & U.S. Foreign Policy*. Lanham, MD: University Press of America.

Coenen-Huther, Jacques. 2004. *Sociologie des Elite*. Paris, FR: Armand colin.

Cumings, Bruce. 1999. "Webs with No spiders,Spiders with no Webs: the genealogy fo the developmental state." Meredith Woo-Cumings(ed). *The developmental State*. Ithaca, NY: Cornell University Press.

Dezalay, Yves and Bryant Garth 2008. "law, lawyers, and Empire: From the foreign policy establishment to technical legal hegemony, Michael Grossberg, The Cambridge Histroy of Law in America, Cambridge, UK: Cambridge University Press

Durkheim, Emile. 1986. *Durkheim on Politics and State*. Cambridge, UK: Polity Press.

Johnson, Chalmers. 1999. "The developmental state: Odyssey of a concept." Meredith Woo-Cumings(ed). *The Developmental State*. Ithaca, NY: Cornell University Press.

O'Donell, Guillermo. 1973. *Modernisation and Bureaucratic-Authoritarianism*. Berkeley, CA: University of California Press.

Kohli, Atul. 1999. "Where do high growth political Economics come from? The Japanese lineage of Korea's developmental state." Meredith Woo-Cumings(ed). *The developmental State*. Ithaca, NY: Cornell University Press.

제5장

정치적 공감과 국제정치

박세일의 '창조적 세계화론'에 대한 비판

1. 언어와 정치

그동안 한국 사회에서 이념 갈등을 해소하기 위해 다각도에서 해결책이 제 안된 바 있지만 생각의 차이는 점차 커지고 있다. 또 진보 정책에 대한 국민 들의 지지가 현저하게 축소되어 진보 진영은 위기를 타개하기 위한 전략을 다 방면에서 연구해 보았지만 큰 효과를 거두지 못했다. 물론 보수 진영의 경우 도 마찬가지다. 골통 보수의 이미지가 국민들에게 각인되면서 보수는 시대 변화에 적응하지 못한 낙후된 세력으로 인식되고 있다. 이러한 시점에서 필 자는 진보/보수의 구분을 만드는 언어적 차원을 분류해 봄으로써 진보와 보 수의 인식론적 수준을 가늠해 보고, 현재의 위기 상황을 극복하기 위한 전략 을 언어의 차원에서 고민해 보고자 한다. 언어의 성격을 기준으로 볼 때, 한 국 사회에서 경쟁하는 진보/보수의 구분은 세 가지 차원에서 가능하다.

첫째는 이데올로기 수준에서 정치적 진보/보수를 구분하는 방식이다. 이러 한 경우 이념적인 내용과 사상적 근거에 의해서 구분된다. 예컨대 보수는 민 족주의를 강조하고 국가안보를 중요시하며, 경제적으로 시장 자유를 주장하 는 반면 진보는 국제주의를 강조하거나, 폐쇄적 안보정책보다는 선린 우호 정 책을 선호하고, 경제적 평등을 강조하면서 국가개입을 정당화한다. 한국에서 진보가 정책으로 제시하는 복지국가는 평등을 중요하게 생각한 반면, 보수가 강조하는 시장자유주의는 발전에 무게중심을 둔 것이라고 분류할 수 있다. 이러한 수준에서 보면 진보의 이념과 내용은 시대와 상황을 넘어서 고정불변한 진리로 보이며, 정책적 대안도 여러 나라의 특수한 사정에도 불구하고 동일한 모습으로 나타나게 된다. 이념적 내용을 기준으로 판단하건대, 한국의 보수는 18세기 고전적 자유주의 체제를 강조하며, 진보는 현재 19세기 서유럽의 사회민주주의를 답습한다.

두 번째는 담론 수준에서 정치적 진보/보수를 구분할 수 있다. 담론이란 언어의 사회적 효과에 주목하는 개념이다. 예컨대 한국의 진보 진영에서 '노동자'라는 말을 선호하는 대신 한국 보수 진영에서는 '근로자'라는 단어를 선호한다. 그 이유는 두 단어의 의미 내용은 동일하지만 담론적 효과가 다르기 때문이다. 노동자는 자본가와 대립 구조에서 계급성을 바탕으로 한 언어라고 한다면, 근로자라는 단어에는 이러한 대립 구조가 없다. 전자가 저항 이데올로기와 관련되어 노동 혁명, 노동조합과 같은 말로 연결되는 반면, 후자는 근로봉사, 근로소득, 근로소득세 등에서 보이듯 자연스럽게 지배 이데올로기에 순응하는 전략적 어휘다. 이러한 차원에서 보면 정책적 내용보다는 어휘의 사회적 효과와 언어 대립 관계가 한국 사회에서 진보/보수를 구분하는 데 중요하다. 보수가 효율성, 자율성, 민영화, 국제화 등의 단어를 활용하는 반면, 진보는 평등, 연대, 공공성, 민족주의 등을 자주 사용한다. 이러한 단어의 대립 구도는 유권자들의 정치적 성향을 유도하는 효과를 가져온다. 예컨대 효율성은 대체로 평등이나 공공성과 대립해 이해되는 것이 보통인데, 한국 사회에서는 효율성의 담론적 효과가 평등이나 공공성보다 보다 광범위하게 지지층을 얻고 있는 것으로 보인다. 이것은 일반 국민들이 언어에 적응하는 경로를 통해서 면밀히 분석해야 알 수 있는 사항이다.

세 번째는 언어 시장의 논리를 기준으로 진보/보수를 구분할 수 있다. 이데올로기와 담론이 텍스트 공급의 차원을 강조한다면, 언어 시장은 텍스트가 생산된 사회적 배경에 더 주목한다. 또 이러한 텍스트의 어휘들이 일반 개인들에게 어떻게 수용되는가에 관심을 갖는다. 예를 들어 발전이라는 개념을 두고 박정희 시대와 1990년대 이후를 비교한다면, 단순히 학자의 논문이나 대통령의 연설문만을 연구하는 차원을 넘어서, 당시 정책 결정에 관여했던 핵심 관료들의 학력, 생애, 친분 관계들을 추적해 보아야 한다. 또 시민사회에서 정부의 정책을 받아들이는 방식이나 언론의 태도도 매우 중요하다. 특히 요즘과 같이 시민 단체가 활성화된 시기에는 다양한 사회세력이 정부의 정책을 두고 찬성과 반대 성명서를 발표하는데, 여기서 정부 정책의 호응도가 결정된다고 보아도 무방하다.[1] 나아가 개인들이 정책들을 당연한 시대정신으로 받아들이고 익숙하게 되는가를 살펴보는 작업(이것을 개인화 과정이라고 할 수 있다)도 빼놓을 수 없다. 박정희 시대 발전은 반공이라는 정치 이데올로기, 병영 체제적 시민사회, 반공 규율로 훈련된 개인이라는 세 가지 축을 중심으로 전개되었다. 반면 1990년대 이후 신자유주의 이후의 발전 개념은 세계화, 경쟁, 자기계발이라는 축으로 이루어져 왔다. 특기 사항으로 신자유주의 시대 발전 개념은 국제정치의 영향력이 압도적으로 강해졌다는 점이다. 이렇게 보면 발전이라는 동일한 개념을 두고 진보/보수가 대립한다고 하더라도, 그 내용은 시대에 따라 사뭇 달라진다.

이와 같은 이론적 배경을 근거로 필자는 실증 작업을 하고자 하는데, 그 대상으로 박세일의 담론을 선정했다. 박세일은 1990년대부터 10년 동안 신자유주의를 전파한 보수 진영의 대표적인 학자다. 그는 여론 형성에 중요한 역할을 하며 다양한 정책 결정 과정에 영향력을 행사하는 사람이다. 특히 박세일이 만든 한반도선진화재단은 국내에서 만들어진 최대의 민간 싱크탱크라고 할 수 있는데, 그가 사망한 이후에도 이곳을 중심으로 수많은 보수의 정책

---

1) 언론의 세력 투쟁도 매우 중요한 변수 중 하나다. 종편 채널이 만들어지며 한국 사회에서 보수 언론 헤게모니는 담론의 저항 진지를 만들어 가는 형편이다. 이명박 정부 이후 공중파는 물론, 인터넷, 모바일에 대한 언론규제법이 통과되어 게릴라 전술을 통한 여론 형성에 심각한 타격을 주고 있다.

담론이 생산되어 유포되고 있다. 따라서 박세일을 분석하는 것은 보수 담론의 영향력을 이해하는 절차고, 이를 토대로 진보 담론도 동일하게 연구할 수 있을 것이다. 즉 한국 정치를 담론의 수준에서 분석하는 데 중요한 길잡이 역할을 해줄 것이다.

2. 박세일의 담론 구조 분석 1: 국제정치와 국내정치

박세일은 한국의 중도 보수를 대표하는 학자다. 그는 서울대학교 교수를 거쳐 김영삼 정권에서는 세계화추진위원회 위원장을 역임했으며, 박근혜가 당대표로 있을 당시 여의도 연구소장을 지내면서 한나라당의 정책 결정에 큰 영향력을 행사한 인물이다. 더구나 그는 한반도선진화재단을 통해 학계와 정계의 싱크탱크를 진두지휘하면서 보수 진영의 정책 담론을 생산하는 데 큰 역할을 담당한 바 있다. 그가 발행한 책들은 한나라당원들의 정치학 교과서로 간주될 만큼 한국 정치계에서 보수 진영의 핵심 언어로 자리 잡았다. 따라서 그의 언어 구조를 살펴보는 것은 진보/보수의 대립 구도에서 보수언어의 특징을 이해하고, 진보 진영의 언어적 취약점을 고민하는 데 매우 유용할 것이다.

『21세기 대한민국 선진화 전략』, 『공동체적 자유주의』, 『대한민국 국가전략』, 『창조적 세계화론: 대한민국 세계화전략』은 박세일이 연이어 출간한 중요 저서인데, 그의 사상적 구조를 이데올로기, 담론, 언어 시장의 3차원에서 분석하기에 적절한 텍스트다. 우선 책 제목에서 쉽게 알 수 있듯이 그의 사상은 '선진화', '공동체적 자유주의', '세계화'로 요약될 수 있다. 여기서 필자는 매우 간명하고도 단도직입적으로 묻고 싶다. 박세일이 제안하는 세 가지 개념은 무엇인가(이데올로기의 수준)? 세 가지 개념이 오늘날 한국 사회에서 발휘하는 사회적 효과는 무엇인가(담론적 수준)? 세 가지 개념은 어디에서 유래하고 있으며 보통 사람들은 이를 어떻게 받아들이고 있는가(언어 시장의 수준)?

이데올로기의 수준에서 평가하면 박세일의 언어는 근대화 이론의 연장선에 서 있으며, 이것은 국가 주도의 경제개발을 강조했던 과거 한국 사회의 지배 담론과 유사하다. 그런데 차이점이 있다면 오늘날 선진화 전략은 국가가 아니라 시장의 효율성을 강조한다. 또 개혁적 주체세력이 선진화를 이끌어야하는데 선진 주체는 정당, 싱크탱크, 국민이라고 설명한다. 그리고 사회질서를 유지하는 방식도 강권력이 아니라 서로를 존중하고 공익을 앞세우는 문화적 공동체가 필요하다고 본다. 세계화는 현대자본주의의 거스릴 수 없는 추세이며 이에 창조적으로 동참하는 것이 중요하다. 내용의 수준에서 보면 흠잡을 때 없이 훌륭한 제안들이다.

그런데 이러한 언어 구조의 사회적 담론 효과는 사뭇 다르다. 시장자율성을 강조하게 되면 기업의 사회적 공익보다는 효율성을 인정하게 되고, 세계화논리를 추종하게 되면 투기 자본의 이해관계에 비판적 거리를 유지하기가 힘들다. 더구나 세계화는 국내경제의 실패를 무능한 정부나 국민들의 잘못으로돌리기 쉽다. 그렇지만 현대자본주의 문제는 세계 체제와 관련된 것인 만큼, 정책 실패 원인을 국내정치의 리더십이 부족했다고 쉽게 비난할 수는 없다.

한편 개인의 창조성과 자율성을 강조하는데, 이렇게 되면 시장에서 낙오자가 되어도 그 책임은 모두 개인의 무능력 탓이 된다. 일자리를 못 찾는 것이어디 개인의 문제인가? 현재 자본주의사회가 유연 축적 체제로 움직이는 한, 부자 20%와 가난한 80%의 빈부격차가 야기될 것은 불가피하고, 이를 극복하기 위해서는 복지국가의 인프라를 정비해야만 한다. 물론 박세일도 공동체주의를 강조하지만 그 논리가 공허하다. 그는 극단적 좌와 우의 대립을 포섭할수 있는 대안으로 공동체주의를 제안하는데, 그것은 마치 중용의 미덕과 같이중간에서 양자를 모두 끌어안을 수 있는 미온적인 타협책으로 보인다. 미국에서 개발된 공동체주의를 인용하지만, 그 내용을 한국 현실의 적용하기에는너무 거리가 멀다. 현재 한국 사회는 공동체의 뿌리조차 무너져가고 있는 실정이다. 이론과 현실의 괴리가 너무 크다는 것이다.

그럼에도 불구하고 박세일 담론은 사회적으로 큰 영향력을 발휘했고, 지금도 그 영향은 남아 있다. 정치권에서는 그의 정책 제안에 귀를 기울이며, 보통 사람들도 그가 강조하는 세계화 논리에 고개를 끄덕인다. 왜 그럴까? 필자가 보기에 그의 정책 제안이 강한 반향을 얻고 있는 이유는 국제정치적 역학구도와 관련되기 때문이다. 한국의 보수 담론은 압도적으로 미국 학계에서 생산된 언어를 기반으로 하고 있으며, 이로 인해 국제적인 공인을 등에 업고 쉽게 국내정치로 진입된다. 필자가 판단하건대, 박세일의 보수 담론은 미국 정치학계가 만든 '민주화 이행론', 세계은행이 생산한 '거버넌스', 보수적 관료와 투기적 상업은행이 연합해 창출한 '워싱턴 컨센서스'를 한국식 버전으로 바꾸어 놓은 전형적인 신자유주의 담론이다. 미국이 생산한 담론을 박세일이 어떻게 윤색하고 있는지 알기 위해서 언어 시장의 구조를 알아야 하는데, 이를 위해서는 미국을 중심으로 한 국제정치의 역학 변화를 먼저 살펴보자.

냉전시기였던 1960년대와 1970년대에 미국 학계를 지배했던 담론이 근대화 이론이었다면, 1980년대 이후 신자유주의가 시작된 뒤 미국 학계에는 인권 이론과 세계화 이론이 득세한다. 즉 미국 행정부의 대외정책과 이를 뒷받침하는 학문적 담론은 권력과 자본을 매개로 깊숙하게 연결되어 있고, 대외정책의 변화와 학계의 지배 담론은 상호 간에 영향을 주고받는다. 이러한 상호관계가 물질적 기반을 이루며 실질적으로 시대정신을 만든다. 한편 중심국에서 전개되는 담론의 이행 과정이 한국 사회에서는 지배 담론의 투쟁 과정에 그대로 투사된다. 이것이 필자가 보기에 한국 사회에서 진보/보수의 담론 대결을 두고 주목해야 할 대목이다. 고전적인 마르크스주의나 월러스틴의 세계체제론에 따르면 중심국의 정치경제력이 주변국의 사회경제에 종속적 변화를 만들지만, 한국과 같은 주변국에서 실물 제도의 변화는 비물질적 가치관에 의해서 추동되는 것이 보통이다. 여기에 학계의 지배 담론이 큰 역할을 한다.

냉전적 사고의 전형이라고 할 수 있는 봉쇄정책은 미국이 제2차 세계대전 이후 제3세계에 대한 지배력을 확장하고 소련 공산주의 위협에 대항하기 위해서 만든 이데올로기였다. 당시 미국은 자본의 국제적인 순환을 확장하고 잉여 수취를 통해서 미국의 번영을 유지할 필요가 있었는데, 여기에 가장 큰 장애물은 소련 공산주의의 확대였다. 정치적으로 독립한 제3세계의 민족주의 운동에 공산주의 이론은 매우 매력적인 상품이었기 때문이다. 이에 대응하기 위해 미국은 '방어적 근대화' 이론을 근거로 개발원조 정책을 펼친다. 제3세계에 경제적 원조를 지원함으로써 국내정치의 혼란을 방지하고 소련의 위협을 방어한다는 전략이다. 여기에 근대화 이론은 담론적 효과를 발휘한다. 경제발전이 정치발전과 밀접하게 연결되어 있다고 강변하는 근대화 이론은 루시안 파이(Lucian Pye)의 『정치발전의 국면들(Aspects of political development)』, 립셋의 『정치적 인간(Political Man)』 등의 저작들을 통해 구체화된다. 여기에 카네기국제평화재단이나 포드재단과 같은 미국 재벌 기업, 그리고 CIA의 공적 자금도 은밀하게 개입한다. 프린스턴대학교가 발간한 『정치 발전 연구(Studies in Political Development)』 시리즈와 리틀브라운대학교의 비교정치학 시리즈들이 대표적인 근대화 이론의 성과들이다. 이 시기 한국 대학에서는 미국 유학파들이 근대화 이론을 배우고 돌아와 정치학과에 행태주의 방법론, 정치발전론, 경제발전과 민주주의 등의 교과목을 개설하고 강의를 시작한다. 또 이 미국 유학파들은 정치, 경제, 분야에서 박정희의 개발 정책에 이데올로기를 제공한다. 대표적인 사람이 한배호, 남덕우 등이다.

그런데 1980년대 레이건 행정부가 들어서면서 미국의 대외정책에 변화가 찾아온다. 일단 베트남 전쟁에서 패배한 이후 미국 정부는 방어적 근대화와 냉전적 봉쇄정책의 기조를 포기하고 새로운 정책을 모색하게 되는데, 이러한 고민 끝에 나온 대외정책의 기본 방침이 인권 정책이다. 인권 정책은 이미 제임스 카터(James Carter) 행정부에서 도입되었지만, 레이건은 이것을 보다 공격적인 보수적 색깔로 윤색한다. 진 커크패트릭(Jeane Kirkpatrick)이 주창한 「독재와 이중 기준(Dictatorship and Double Standards)」이라는 논문은 레이건 행정부가 인권 정책을 어떻게 공격적인 대외정책에 응용했는지를 잘 보여준다.

커크패트릭에 따르면 카터 행정부에서 사용한 인권 정책은 소련의 후원을 받는 제3세계의 일부 세력들을 미국에 적대적이도록 만들었다. 따라서 소련의 후원을 받는 비민주주의적 정권에 대처하기 위해서 새로운 전략이 필요했는데, 이때 인권은 미국에 반대하는 세력을 독재정권으로 규정하고 민중들을 해방시킨다는 명분으로 제3세계에 무력 개입을 정당화할 수 있는 법적 근거를 제공해 준다.

한편, 근대화 이론에도 변화가 따랐다. 1970년대 남미 학자들은 종속 이론을 통해서 미국식 근대화에 정면에 반기를 들었기 때문이다. 1960년대와 1970년대에 걸쳐 남미 전역에는 권위주의체제가 구축된바, 이것은 경제발전이 정치적 민주화를 가져올 것이라는 낙관을 뿌리부터 흔든 요인이었다. 여기에 UN의 라틴아메리카위원회는 수입대체 산업화를 통해 경제발전의 새로운 모티브를 찾을 수 있다고 시사하지만, 오도넬과 같은 학자들은 『근대화와 관료적 권위주의(Modernization and Bureaucratic Authoritarianism)』 등의 책자를 통해서 수입대체 산업화가 오히려 국내정치에서 1차 산업군을 경제적 희생양으로 내몰며, 민중들의 저항을 억압하기 위해 관료적 권위주의 체제가 나타난다고 설명한다. 이와 같은 남미 학자들의 저항에 대해 포드재단과 같은 재벌들은 라틴아메리카 연구에 국제적인 자금 지원을 시작한다. 부에노스아이레스에 생긴 국가사회연구센터(CEDES: Centro de Estudios de Estado y Sociedad)가 그 대표다. 여기에 오도넬이 초대 회장으로 임명되었고, 후임에는 페르난두 카르도주(Fernando Cardoso)가 위촉되었다.

이때부터 남미 학자와 미국 학자의 공조가 진행되었고, 궤를 같이해 '근대화론'이 '민주화 이행론'으로 바뀐다. 정치학자들은 남미의 권위주의 체제를 연구하면서 민주화로 이행하기 위해 정치행위자들의 리더십을 강조한다. 이리하여 구조적 마르크스주의의 위력은 사라지고 경제개혁과 테크노크라트의 역할이 중요한 의제가 된다. 그런데 리더십, 정치개혁, 행위 이론은 워싱턴 컨센서스의 중요한 기반이다. 그리고 구조조정 프로그램이 남미 제국에서 적절히 적용 못하게 될 때 거버넌스 효율성을 기치로 세계은행이 개입해 국내경제를 조정하게 된다. '굿 거버넌스(good governance)'의 논리는 대체로 초창기에 아프리카에서 빈곤 문제를 해결하기 위해 동원된 개념이지만, 시간이 지남에 따라 세계은행이 제3세계를 국내거시지표를 두고 일괄적으로 통제하는 개입주의 정책의 기반으로 활용되었다. 이렇게 놓고 보면 민주화 이행론, 거버넌스, 인권은 국내정치, 국제정치경제, 보편적 이상주의를 대표하는 학문적 개념 틀이라고 할 수 있다. 그런데 박세일의 선진화·세계화·공동체주의 담론은 신자유주의 시대의 정신적 에농세(énoncé)라고 할 수 있는 세 가지 담론 구조를 그대로 모방한다.

우선 선진화라는 테제는 래리 다이아몬드(Larry Diamond)의 '민주주의 공공화론(the consolidation of democracy)'에서 유래하는 것으로 보인다. 다이아몬드는 우드로윌슨센터에서 민주화 이행론을 연구하며 민주화의 지표를 선정하고 민주화의 공고화 가능성을 연구한 학자다. 그는 남미와 동남아시아에 걸쳐 자신의 연구 성과를 적용한 일이 있다. 한국에서는 고려대학교 정치외교학과 김병국 교수와 공동으로 『남한에서 민주화를 공공화하기(Consolidating the Democracy in South Korea)』, 신도철 교수와 공동으로 『한국에서 제도개혁과 민주주의 공공화(Institutional Reform and Democractic Consolidation in Korea)』를 발행한 바 있다. 그런데 재미있는 사실은 그의 저서 *Spirit of Democracy: The struggle to build free societies through the world*가 한국말로 번역되었을 때, 그 제목이 『민주주의 선진화의 길: 자유사회의 세계보편성을 위하여』였다. 이렇게 보면 민주주의 이행론의 인식론적 토대가 한국에서는 '선진화', '창조적 세계화'라는 파생어를 만든 것이다.

예를 들어 박세일은 창조적 세계화 모델을 제안하면서(박세일, 2010: 589) 금융제도, 교육제도, 조세 및 재정 개혁, 반부패 개혁 등의 제도 개혁을 강하게 주장하는데, 이것은 오도넬, 카로도주, 호르헤 도밍게스(Jorge Domínguez) 등의 남미 학자들이 미국식 민주화 이행론에 기대어 테크노폴이 주도하는 국내

정치 및 경제 개혁을 강조한 사실과 매우 유사하다. 또 박세일은 선진화 전략과 관련해 과거와 같은 복지는 현실적으로 어려우며(박세일, 2006: 69), 차라리 일하는 복지, 생산적 복지가 가능하다고 제안한다. 그리고 이를 위해서 민간 협치와 선진화된 지도자의 역할을 강조한다. 이것은 도밍게스(Domínguez, 1997)가 편집한 저서 『테크노폴(Technopoles)』에서 역설하는 내용들과 거의 똑같다. 구조주의 마르크스주의의 비판 정신을 거세하고, 자본주의 폐해를 국내경제의 운영 실수로 몰아붙일 수 있었던 근거가 테크노폴의 리더십 이론이었는데, 이것이 한국에서는 선진 국민, 선진 정당, 선진 싱크탱크, 선진 지도자로 둔갑했다.

한편 박세일의 공동체주의가 흥미롭다. 사실 미국에서 인권 담론이 유포되면서 정치사상사에서 롤스 자유주의 정치사상이 서서히 세력을 잃고 1980년대 이후에는 공동체주의 담론이 미국 학계에서 지배적인 위치를 차지하게 된다. 롤스가 형식적 절차와 개인의 권리를 중요시하는 칸트주의 입장을 대변하는 학자라면, 공동체주의자들은 공동체 규범을 우선하는 헤겔주의적 입장을 견지한다. 이때 유추할 수 있는 것은 공동체주의를 강조함으로써 제3세계의 국내정치를 두고 정치 주체들이 적극적인 정치개혁에 참여하도록 강요할 수 있으며, 국제정치적으로도 국제공동체를 건설한다는 명분으로 개별 국가의 주권을 넘어서 미국의 개입 정책을 정당화할 수 있게 된다. 인권 정책이 바로 이것이다. 이렇게 보면 인권과 공동체주의, 미국의 개입 정책은 서로 짝을 이루는 3박자의 이데올로기인 것이다. 그런데 한국에서 박세일은 공동체의 이름만을 수입해 유교 공동체와 접목시켰다. 웃지 못할 촌극이다. 박세일의 말을 인용해 보자.

우리는 이 공동체 자유주의라는 통합과 발전 이념을 가지고 아직도 우리 사회의 일각에 남아 있는 20세기적 구우파와 구좌파의 잘못된 이념과 사상, 가치관과 사고를 미래지향적으로 고쳐나가야 한다. 그리고 이념과 사상의 합

의를 만들어 가야 한다(박세일 외, 2008: 221). …… 그리하여 공동체가 건강
성과 유덕함을 유지해야, 즉 건강하고 유덕한 공동체를 유지·발전시켜야 개
인의 자유가 더욱 만개할 수 있다(226).

3. 박세일의 담론 구조 분석 2: 시민사회/개인 수준

박세일의 담론 효과를 이해하기 위해서는 한국에서 시민사회와 개인화 과
정의 상호 관계를 알아야 하는데, 이때 시민사회를 구성하는 대표적인 기관 네
곳을 점검해 볼 필요가 있다. 대학, 언론, 기업, 교회다.

박세일은 서울대학교 교수였다. 그의 경력을 자세히 살펴보면 김영삼 정권
시절 세계화추진위원회 위원장, 여의도연구소장, 한나라당 전국구 국회의원,
한반도선진화재단 이사장을 역임했다. 이러한 화려한 경력은 그의 담론을 뒷
받침하는 사회적 배경이다. 특히 그는 미국에서 법학과 경제학에서 두 가지
학위를 취득했는데, 이것은 새로운 학력으로 국내에서 대단한 위력을 발휘했
다. 그중 하나가 새로운 커리큘럼을 거의 독점적으로 창설하고 운영하면서
지배 담론을 생산했다. 그는 서울대학교 국제학부를 창설하는 과정에서 압도
적인 영향력을 행사했으며, 학과의 교수직을 충원하거나 교과목을 설치하는
데도 막강한 영향력을 발휘했을 것이다. 결국 박세일은 세계화와 관련된 공
인된 담론과 대학의 제도를 설계하고 창설한 장본인이다. 미국 유학파가 대
학 내에서 미국식 교과과정을 이식해 미국과 동일한 내용으로 강의하게 되면
미국의 이해관계가 한국 정치에 그대로 반영되는 것은 당연한 결과다. 그는
지금까지도 세계화를 지지하는 미국 유학파 중에서 가장 영향력 있는 보수 논
객이다.

서울대학교 교수의 배경은 언론에 그대로 반영된다. 한국 언론에서 기고자
의 대부분은 교수 집단이며 특히 서울대학교 교수의 비중은 압도적이다. 이

렇게 보면 한국에서 미국 유학파-서울대 교수-보수 언론은 중심국의 지배 담론을 국내정치 안으로 수입하는 중요한 통로다. 여기에 박세일은 핵심적인 역할을 한 바 있다. 사실 언론 분야에서 일정한 쟁점을 두고 여론을 주도할 사람이 마땅히 없다. 그래서 한국 사회에서는 대학교수들이 언론에 참여하는 비율이 높다. 하지만 이들이 한국 사회에서 정치나 경제문제를 두고 감시자 역할을 하기가 쉽지는 않다. 왜냐하면 교수들이 일정 부분 정치적 입장을 가지고 있으며, 이미 정당에 개입해 현실 정치에 깊숙이 관여하는 만큼 그들이 기고하는 글들은 대부분 감시와 비판의 기능보다는 특정한 정책을 지지하거나 반대하는 역할에 머물 수밖에 없기 때문이다. 극단적인 경우 보수 언론사와 기업화된 사립대학은 보이지 않는 커넥션을 형성하고 있으며, 특정한 교수들에게 언론에 기고할 기회를 자주 부여해 신문사의 이념과 이익을 대변하는 나팔수 역할을 시키는 경우도 종종 있다. 이른바 언론사의 전위대가 교수 사회에도 존재하는 것이다. 이러한 맥락에서 보면 오늘날 한국의 대학교수는 특정한 이해관계를 보편적인 것으로 위장하면서 자신의 학문적 정당성을 동원하는 전위 계급이다. 따라서 한국에서 언론의 개혁 문제를 거론할 때는 반드시 지식인 사회의 계급성과 학언의 유착 관계를 염두에 두어야 한다. 박세일의 담론은 매우 공식적인 학술 담론으로 포장되어 있고, 그 학문적 깊이도 일견 깊어 보이나, 결국 보수세력의 이해관계에 봉사해 온 것이 사실이다. 어쩌면 보수 언론이 박세일에게 자신의 이해관계에 필요한 담론을 주문 생산한 것이라고 보아도 좋겠다.

박세일이 보수 언론과 친밀한 관계를 유지하고 있다는 사실은 자신의 담론을 전파시키는 데 매우 유리한 조건이다. 자신의 홈페이지에서 그는 자신이 기고한 신문사, 강연 장소, 토론 장소들을 상세하게 명기한 바 있다. ≪조선일보≫, ≪동아일보≫, ≪중앙일보≫와 같은 보수 진영의 신문에 연일 원고를 게재했으며, 나아가 ≪매일경제≫, ≪한국경제≫, ≪불교신문≫ 등 제2보수권 언론은 물론, 심지어 ≪한겨레≫와도 인터뷰를 한다. 또 다양한 시민 단체의 창립 기념 대회, 사회운동 토론에도 참여했다. 보수를 넘어서 진보까지도 넘나들며 자신의 담론을 확산시켰던 것이다. 이러한 언론 활동은 물론 정당 정치와 포럼으로 이어진다.

한편 시민사회에서 박세일의 신자유주의 담론을 지지하는 또 다른 세력은 기업이다. 한국의 재벌 기업은 기업의 위기 상황을 조장해 노동자들의 순응을 이끌어낸다. 이때 미국의 경영 담론은 과학적 근거를 갖춘 정당성의 원천이다. 외환위기를 전후로 살펴보면 차이가 분명해진다. '경영환경 악화', '의식 혁신의 부활', '학습조직의 필요성'을 등을 강조하던 기업의 어휘가 외환위기 이후에는 '정보혁명시대', '불확실성에 대비하는 경영의 변신', '새로운 인사 제도' 등과 같은 어휘로 바뀐다. 이러한 경영 담론은 궁극적으로 기업의 종사자에게 특수한 복종의 형태와 사회적 실천을 강제한다. 이러한 맥락에서 보면 구본형, 공병호의 경영 담론은 국가 수준의 정책 담론과 개인들의 복종을 중간에서 이어주는 매개자 역할을 한다. 물론 박세일은 이러한 기업경영 담론에 논리적 정당성을 제공하는 최고의 학자다. 박세일이 『창조적 세계화론』에서 현재의 바람직한 노사관계를 해결하기 위해 유연안정성(flexicurity)이라는 개념을 제시하는데, 이것은 결국 노동유연성을 인정하는 토대 위에서 개선책을 찾자는 시도다. 공병호나 구본형의 '성공학 담론'이 노골적이고 천박하게 친자본주의 편을 드는 반면, 박세일은 논리 면에서 보다 '유연하고', '노동자의 편에 선 듯한' 인상을 준 경우도 있었다. 그러나 자본의 이해관계를 위해서 노동자들의 희생을 당연한 것으로 인정해야 한다는 논리를 펼치는 것은 크게 다르지 않다. 다만 보통 사람의 눈에는 이면의 논리가 제대로 보이지 않을 수 있다. 그래서 훨씬 설득력이 있고, 그래서 훨씬 위험하다.

한편 한국에서 특이한 사항은 한국의 개신교들이 복음이라는 이름으로 국가 담론과 개인화 과정을 연결해 주는 역할을 한다는 사실이다. 전통적인 사회과학의 분류에 따르면 종교는 지극히 사적 영역에 해당하지만, 한국에서 위세를 떨치는 몇 개의 대형 교회를 보면 교회가 더 이상의 영혼의 구제에만 머물고 있지 않다. 한국 보수 단체의 대표적인 인사들이 개신교의 목사라는 사실이 이를 입증한다. 대형교회의 목사들은 설교나 책자를 통해서 신도들에게 일정한 정치적 정향을 자신도 모르게 전달하고 있다. 1990년대 이후 한국 교회의 양적성장, 특히 해외선교가 활성화되면서 교회는 한국의 세계화 담론을 전파하는 중요한 이데올로기 국가 장치가 되었다. 특히 교회에서 신도들을 훈련하는 방식, 예컨대 사명 선언문 쓰기, 묵상하기, 규칙적인 기도 시간 갖기 등은 성공하는 처세술에 그대로 반영되었다. 예를 들어 스티븐 커비(Stephen Covey)의 『성공하는 사람들의 7가지 습관(The 7 Habits of Highly Effective People)』에 나타나는 자아에 대한 세부적인 반성, 서술, 평가 시스템들은 모두 교회가 신도들을 훈련시키는 방식을 답습한다. 이것이 바로 박세일이 주장하는 신자유주의적 인간형(창조성, 자기개발 등)이 일반 개인들에게 전파되었던 경로다.

시민사회를 거친 담론의 영향력은 개인에게 출판물을 통해서 전달된다. 한국에서 출판은 개인들에게 메시지를 전달하는 중요한 매체라는 사실을 염두에 두고 보면 도서가 개인들에게 미치는 영향력을 쉽게 짐작할 수 있다. 출판은 특히 개인이 정치 언어를 습득하는 과정을 치밀하게 조정한다. 오늘날 한국에서 공식적인 정치 언어들은 대부분 학문적 훈련을 요구하는 것들이며, 따라서 보통 사람들이 쉽게 이해할 수가 없다. 세계화와 관련된 포스트포디즘, 노동의 유연성, 생산적 복지 등은 상당 수준의 사회과학 훈련을 거쳐야만 알 수 있는 개념들이다. 따라서 보통 사람들은 간접적으로 정치적 상징을 통해서 실제를 이해하게 된다. 여기에 일상생활에서 쉽게 접할 수 있는 책들이 민중의 정치적 표상을 결정한다. 박세일 담론의 효과는 사실 이러한 우회로를 거쳐 개인들에게 전달되었던 것이다. 따라서 민중들이 가장 많이 읽었던 베스트셀러 목록을 살펴보면 당대 의식수준을 가늠할 수 있다. 또 한 시대를 다른 시대의 정신구조와 비교할 때도 베스트 목록은 매우 유용한 척도가 될 수 있다.

교보문고에서 발행한 1987년 베스트셀러 목록에서 1위부터 5위까지 열거하면 다음과 같다. 『홀로 서기』(시), 『접시꽃 당신』(시), 『나의 라임 오렌지 나무』(소설), 『사람의 아들』(소설), 『오늘 다 못 다한 말은』(비소설)이다. 한편 1995년 베스트셀러 목록 다섯 권은 다음과 같다. 『성공하는 사람의 7가지 습관』(경영), 『컴퓨터 길라잡이』(컴퓨터), 『꼬리에 꼬리를 무는 영어』(영어), 『고등어』(소설), 『신화는 없다』(비소설)이다. 한편 2007년 목록은 다음과 같다. 『더 시크릿』(경제경영), 『파피용』(소설), 『대한민국 20대 재테크에 미쳐라』(경제·경영), 『이기는 습관』(경제경영), 『해커스 뉴토익 Reading』(영어)이다. 이처럼 베스트 목록의 변화만을 놓고 보더라도 한국 사회에서 개인들의 정보 습득 과정이 압도적으로 기능적인 경영학, 처세술, 영어에 치중되어 있다는 점을 알 수 있다.[2] 경영학 관련 서적은 미국의 경제 패러다임과 자본의 이해관계를 반영하는 책이라는 점을 감안하면 박세일의 세계화론이 경영학 담론의 지원을 받고 있었음을 짐작 가능하다.

4. 세계화와 정치적 공감 담론

1950년대부터 1980년대까지 세계를 주도하는 미국의 전략은 발전국가론이었다. 그러다가 1980년대 레이건 행정부를 거치면서 복지국가 정책이 후퇴하고 이른바 신자유주의적 긴축 재정이 시작된다. 이러한 미국 내의 사정 변화는 1950년대 이후 줄곧 지속되어 왔던 근대화와 민주화라는 제3세계의 담론을 변화시켰고, 이에 발맞추어 노동에 대한 담론도 달라졌다. 그 대표적인 개념이 바로 **지식 기반 경제**다. 국제경제기구는 매년 국가경쟁력 연감이라는

---

2) 1980년대 이후로 시대별 베스트셀러를 살펴보면 국제 수준의 담론이 한국의 정치권을 넘어서 일상생활에 어떤 영향을 주고 있는지 쉽게 알 수 있다. 이 책의 5장 부록 참조.

것을 발표하고, 미국의 저명한 신용평가기관은 전 세계의 국가에 대한 신용평가를 발표한다. 이에 따라 2000년대 이후 국내에서는 세계 대학의 순위 속에서 한국 대학이 몇 등을 했는지 대서특필한다. 국가 단위의 경쟁이 수치화되기 시작했다. 막연히 문명국과 야만국, 혹은 선진국과 후진국이라고 분류하던 수준을 넘어서 생존경쟁의 디테일이 공개되기 시작한 것이다. 한국에서는 김영삼 정부 시절 본격적으로 세계화의 추세에 발맞추기 시작한다. 세계화추진위원회가 설치되었고, 제7차 교육과정 개편이 발표되면서 한국의 교육도 실로 엄청난 변화를 겪게 된다. 그 즈음 유행하던 표어를 보면 변화의 심도를 어느 정도 가늠하게 된다. "인재가 되기 위해", "혁신의 주체가 되기 위해", "핵심역량이 되기 위해", "포트폴리오 직장인이 되기 위해", "멀티플레이어가 되기 위해", 그래서 흔히 하는 말로 "몸값을 올리기 위해" 우리는 무엇을 해야 하는가? 이것이 바로 신자유주의 시대의 인간관이며 교육의 목표다(서동진, 2009: 1장). 이때부터 문교부 또는 교육부로 불리던 교육의 행정부서가 교육인적자원부로 호칭이 바뀌게 된다. 다시 말해 인간을 교육하는 이유는 인간이 자원이기 때문이다. 이 말은 쓸모가 없는 인간은 교육의 대상에서 제외될 수 있다는 함의를 담고 있다.

군사정권을 시절을 벗어나 소위 민주화의 시대로 진입하면서 학교는 자율화를 표방했고, 시민사회는 새로운 창의성을 소리 높여 외쳤다. 교복 자율, 두발 자율, 입시 자율을 통해 학교는 처음으로 훈육과 병영 체제 논리에서 벗어나는 것처럼 보였다. 그러나 실상은 정반대였다. 왜냐하면 쓸모없는 인간이 되지 않기 위해서 스스로가 끊임없이 노력해야만 하는 시대가 되었기 때문이다. 스스로 노력하는 교육 주체, 이것이 바로 자기계발의 핵심이다. 물론 군사정권 시절에서도 성실성을 강조했고, 위인전을 읽으며 성공한 기업인을 존경하곤 했다. 그런데 자기계발의 논리는 과거 성공학의 담론과는 차원이 다르다. 『성공하는 사람의 7가지 습관(The Seven Habits of Highly Effective People)』이라는 책 제목이 암시하듯이, 자기계발의 담론은 개인의 일상과 마음 상태를 중요한 관리의 대상으로 삼는다. 2000년대 이후 미국에서뿐만 아니라 한국 사회에서 베스트셀러가 된 책의 제목을 보면 당시의 정체성이 분명해진다. 『부자아빠, 가난한 아빠』, 『익숙한 것과의 결별』 등에서 보이듯, 돈을 버는 것이 생존의 유일한 목표가 되었다. 그러기 위해서는 일상의 익숙함과 결별하고, 새로운 인간형이 되어야 한다.

이 시기부터 '자기경영'이라는 말이 유행했는데, 이것은 과거의 시대가 가지고 있던 익숙한 인간관계나 피고용자 의식 등을 바꾸어 새로운 조직문화에 적응하라는 뜻을 담고 있다. 이때부터 인재개발, 컨설팅, 리더십 센터 등이 생겨나서 교육의 범위가 학교를 넘어 직장인은 물론 가정주부에까지 확대된다. 예를 들어 웨딩 플래너, 이미지 관리, 웰스 매니저, 재테크 컨설턴트, 커리어 코치 등의 강의가 대형 백화점의 문화센터에서 개설되고(서동진, 2009: 314), 여기에는 수백 명의 가정주부들이 중요한 수강생으로 등록하게 된다. 이제 생존경쟁의 논리는 일상의 곳곳으로 퍼져 나가고, 우리 모두를 옭아매는 미세한 권력의 그물망이 되어버렸다.

끊임없이 경쟁에서 이겨내야 하는 사회, 지속적으로 자신을 계발해 쓸모 있는 인간으로 만들어야 하는 사회에서 살아가는 한국인은 모두 피로하다(한병철, 2012). 한국인은 어떻게 휴식해야 하는지 잘 모른다. 지난 100년을 늘 열심히 공부하고, 열심히 일하고, 경쟁에서 지지 않기 위해서 살아왔지만 이제 남은 게 무언가? 한국인은 너무 지쳐 버렸다. 극도의 피로감은 사람을 병적인 상태로 몰아간다. 이제 우리 사회는 '**우울증의 사회**' 혹은 '**자살(살인)충동의 사회**'가 되어 버렸다. 피로감이 극도로 치닫는 이유는 착취의 주체와 대상이 모두 자기 자신이기 때문이다. 1970년대처럼 자본가의 강제 때문에 17시간 노동을 했고 임금을 갈취 당했다면 자신의 몸을 불살라서라도 저항을 할 수 있다. 오늘날은 내가 나 자신을 착취하는 사회다. 여기서 과연 나는 어떻게 저항할 수 있을까? 이러한 절대적 노예상태를 벗어나는 길은 어쩌면 자살뿐일지도 모른다. 그래서 한국 사회에서 우리 모두는 잠재적 자살 충동을 안고 살아가고 있지 않은가? 그래서 우리 모두는 우울증이나 신경쇠약에 걸려 있지 않은가? 이런 의구심은 '나'를 더 불안하게 한다.

물론 가끔은 쾌락에 기뻐할 때도 있다. 복권에 당첨되고, 주식이 오르면 신이 난다. 가상 게임에서 승리자가 되면 현실의 패배감을 잠시 잊을 수 있다. 그러나 그런 쾌락은 늘 불안하다. 언제 뒤집히고 내가 또다시 나락으로 떨어질지 모르니까……. 그러니 가상에서 나오고 싶지 않은 것이다. '불안 사회'에서는 그래서 마약이 유행하고 동영상과 게임이 유행할 수밖에 없다. 이 때문에 최근에는 각종 치료 요법이 산업처럼 생겨났다. 심리치료나 상담치료의 힐링 산업이 피로와 불안에 지친 이들에게 또다시 돈을 요구한다. 그렇지만 과연 그런 것들이 그들에게 도움이 될까? 병 주고 약 주는 것이 아닐까?

5. 진보 담론의 문제점과 제안

이러한 관찰을 통해서 알 수 있는 것은 한국 사회에서 보수 담론의 위력이 개인의 창의성이나 논리력에서 생기지 않는다는 사실이다. 사실 박세일의 담론을 논리 수준에서 비판하는 일은 그다지 어렵지 않다. 조금만 천착하면 그가 어떤 책을 참고로 자신의 언어를 축조해 내고 있는지 밝혀낼 수 있다. 그런데 그의 담론은 국제사회, 시민사회, 개인화 수준에서 모두 협조 체제를 갖추어 하나의 시대정신을 만든다. 이것이 무섭다. 즉 '워싱턴 컨센서스'(국제 수준), '기업경쟁력 강화'(시민사회), '성공의 조건'(개인화 수준) 같은 담론이 박세일의 '창조적 세계화론'을 뒷받침하는 것이다. 그의 담론이 진보 학자들의 눈에는 매우 유치해 보여도 일반 국민들은 이 모든 담론을 하나의 화음으로 듣고 있으며, 그 효과는 대단하다. 이제는 어쩌면 논리가 아니라 협화음이 중요한 시대다.

이것이 오늘날 진보 담론이 맞이한 위기 상황이다. 대체로 진보 담론은 국가 수준의 담론, 간혹 시민사회 수준의 담론을 갖추고 있기는 하지만 국제 수준이나 개인화 수준의 담론이 정비되지 못한 상태다. 더구나 국가 수준의 담론이나 시민사회의 담론이 유기적으로 연결되지 못해 화음으로 들리지 않는다. 예를 들어 진보 진영에서 역동적 복지국가를 제안하는데, 이것이 시민사회에서 강조하는 생태민주주의와 어떻게 연결되는지 쉽게 이해되지 않는다.

한 가지 흥미로운 사실은 한국에서 중도 진보를 대표하는 최장집의 민주화 이론, 임혁백의 민주주의 이론도 사실은 1980년대 우드로윌슨센터가 중심이 되어 만든 '민주주의 이행론'의 아류라는 사실이다. 최장집의 박사학위 지도 교수였던 아담 쉐보르스키(Adam Przeworski)는 폴란드 출신의 마르크시스트였으나, 1980년대 후반 이후 우드로윌슨센터의 프로젝트에 동원되면서 미국 학계에 적응하게 된다. 미국 사회에서는 마르크스주의를 가르치는 교수가 기본적으로 생존하기 어렵다. 『자본주의와 사회민주주의(Capitalism and social democracy)』가 마르크스주의를 견지하면서 자본주의사회에 적응하려는 시도였다면, 『국가와 시장(States and Markets)』, 『민주주의와 시장(Democracy and the Market)』, 『민주주의와 발전(Democracy and Development)』 등은 민주주의 이행론의 패러다임에서 작성된 전형적인 프로젝트 결과물들이다. 초창기 쉐보르스키 밑에서 배운 최장집에게 비교적 마르크스주의의 색깔이 남아 있는 이유가 바로 여기에 있다. 그에 비해 임혁백은 쉐보르스키 후기에 해당하는 시기 동안 시카고에서 유학 생활을 했고, 그러한 이유에서인지 그가 수입하는 담론은 주로 민주주의 이행론에 해당하는 저서에서 비롯되었다. 그럼에도 불구하고 최장집 자신도 민주주의 이론을 보편성의 틀 안에서 이해했고, 그것을 한국 사회에 그대로 적용하려 했다는 점에서 보면, 미국의 세계 전략과 학문 전략을 제대로 이해하지 못한 것이다. 그가 자주 인용했던 디트리히 뤼시마이어(Rueschemeyer)의 『자본주의 발전과 민주주의(Capitalist development and democracy)』는 찰스 틸리(Charles Tilly)의 『국민국가의 형성과 계보(Coercion, capital, and European states)』와 함께 근대화 프로젝트에서 만들어진 홍보물로 제3세계의 민주 발전의 전형을 미국으로 인식하도록 만든 이데올로기 선전물이었다. 한국진보 진영이 최장집을 통해서 한국의 민주주의 미래를 구상했던 것 자체가 아이러니였는지도 모른다.

그런데 최장집의 담론이 그나마 한국에서 진보 담론으로 인정받고 일반 국민들에게도 통용될 수 있었다는 것은 무엇을 의미하는가? 보통 사람들이 담론을 이해하고 받아들이는 수준을 늘 의식하고 진보 담론을 구성해야 한다는 점이 중요하다. 적어도 최장집의 민주화 이론들은 당대에 국제 수준의 지원을 받고 있었으며, 시민사회 수준에서 상식적인 반향을 일으킬 정도가 되었다. 그래서 정치 현실과도 밀접하게 연결될 수 있었던 것이다. 그와 비교해 좀 더 급진적인 진보 담론, 이른바 대학가에서 유행하던 PD/NL 담론들은 운동권 내부에서는 치열한 논쟁거리였지만 정작 일반 민중들 수준에서는 그 차이점이 뭔지, 내용이 뭔지조차 이해하지 못했다. 다행스러운 것은 1980년대 대학가의 운동권 담론이 최장집 수준의 민주화 이론과 서로 조응해 1987년 체제를 만드는 기폭제가 되었다는 것이다. 그러나 진보 운동 진영이 이러한 운동의 성과를 담론의 성과로 받아들여서는 곤란하다. 당대의 운동성과는 구조적 모순이 극에 달해 시민사회가 자동적으로 폭발한 것이지, 이론과 담론 효과가 민중들에게 전달되었던 것은 아니다.

현재 한국 진보 진영의 문제가 바로 여기에 있다. 여전히 국가 수준의 담론에 매몰되고 있으며, 이념적 진정성에 집착하고 있을 뿐, 이것이 시민사회에서 어떤 조응을 할 수 있는지를 고민하지 않는다. 또 국제 담론에 어떤 대응을 내놓을지도 분명하지 않다. 사실 진보 진영이 큰 틀에서 제시하는 복지국가론이나 사회민주주의도 따지고 보면 1960년대 근대화 모델의 아류일 수 있다. 물론 우리는 19세기 서유럽의 모델을 머릿속에 염두하고 있지만, 전체적인 흐름을 놓고 보면 서유럽이건 미국이건 산업자본주의 맥락에서 복지국가가 탄생한 것이다. 그렇다면 포스트포디즘 시대에도 여전히 복지국가가 가능할까? 투기 자본의 세계화를 맞이한 시대에 노동자 복지는 어떻게 가능할까?

국제화를 맞이해 과연 대학의 기업화를 끝까지 저지할 수 있을까? 우리에게 던져진 질문은 매우 구체적이고 매우 급박하다. 대안을 만들어야 하고, 각각의 대답들이 국제 수준-정치사회-시민사회-개인화 수준에서 서로 조응해 화음으로 국민들에게 들려야 한다.

이러한 일이 가능하기 위해서는 1980년대의 원칙론을 버리고 정치 언어를 시장의 논리, 언어게임의 논리로 이해해야 한다. 수용자의 입장에서 담론을 바라보고 생산하는 자세가 필요하다. 보통 사람들이 어떻게 받아들이는가를 고민해야 한다. 그런데 소위 진보 진영의 이론가들이 기대고 있는 학자들은 주로 서유럽의 마르크시스트들이다. 그들의 학문적 깊이를 무시하자는 것이 아니라, 그들의 사상적 배경이 오늘날 한국 사회에서 반향을 일으킬 수 있을지 의문스럽다는 것이다. 과연 푸코, 들뢰즈, 네그리의 마르크스주의로 한국의 사회문제에 응답할 수 있을까? 1980년대 운동권 논리가 현재 고집스러운 아집으로 전락할 처지에 이르렀다. 더구나 오늘날의 한국 정치는 개별화되고, 일상생활에 깊이 스며 있는데 아직도 사회운동의 구호는 반정권의 연대, 노동자연대 등등과 같이 거대 담론 수준에 멈추어 서 있다. 계급이 아니라 직업군, 세대군, 학력군 등으로 현실적인 행위 이론을 생산해야 한다.

이러한 맥락에서 보면 개인화 차원에서 진보 진영이 준비한 담론은 실로 보잘 것 없다. 아직도 노동자계급의 투쟁의식을 강조하는 수준이라면 보통 사람들을 설득할 수가 없다. 오늘날 개인들은 노동자이면서도 이미 부르주아적 생활 습관을 가지고 있으며, 중산층이면서도 건전한 공익 의식을 포기한 사람들이 대부분이다. 그렇다고 저들의 행동을 허위의식이라고 비난 할 수도 없다. 더 이상 그들은 이성적 주체가 아니기 때문이다. 이성의 껍데기를 채우고 있는 내용물은 욕망, 감정, 불안, 열등감이며 이것은 주로 소비 광고, 영화, 드라마, 노래들에 의해서 채워진다. 이러한 맥락에서 개인들의 주체화 과정을 '욕망의 정치'라는 패러다임에서 분석할 필요가 있으며, 이러한 주체 형성 과정이 담론의 효과와는 어떤 관계가 있는지도 차후에 밝혀내야 한다. 시간은 그리 많지 않은데 진보 진영이 학문적 수준에서도 할 일이 많다. 진보 진영도 보수 진영이 하듯이 거대한 틀에서 전략적 담론을 만들어갈 통일된 조직이 필요하다. 영민한 통찰력과 매우 유연한 전략적 자세가 그 어느 때보다 필요한 시기다. 이를 위해서 국민들을 어떻게 교육하고 정치 비전을 어떤 담론으로 채워갈지 고민해야 한다.[3]

참고문헌

구본형. 2006. 『대한민국 선진화 전략』. 21세기북스.

_____. 2007. 『익숙한 것과의 결별』. 을유문화사.

_____. 2008. 『대한민국 국가전략』. 21세기북스.

_____. 2010. 『창조적 세계화론』. 서울대학교 출판문화원.

다이아몬드, 래리(Larry Diamond). 2009. 『민주주의 선진화의 길(Spirit of Democracy: The struggle to build free societies through the world)』. 김지운 옮김. 광림북하우스.

박세일·나성린·신도철. 2008. 『공동체 자유주의』. 나남출판사.

서동진. 2009. 『자유의지 자기계발의 의지』. 돌베게.

커비, 스티븐(Stephen Covey). 1989. 『성공하는 사람의 7가지 습관(The Seven Habits of Highly Effective People)』. 김경섭 옮김. 김영사.

한병철. 2012. 『피로사회』. 문학과지성사.

Domínguez, Jorge. 1997. *Technopoles: freeing politics and Markets in Latin America in the 1990s*. Philadelphia, PA: University of Pennsylvania Press.

---

3) 필자는 2020년 한 해 동안 네이버가 운영하는 오디오클럽에서 〈홍성민 교수의 열린 생각〉이라는 채널을 통해 55회에 걸쳐 강의를 했다. 여기서 서양 교육철학의 변화와 한국 교육철학과 제도의 변화를 강의한 바 있다. 이것은 교육을 통해서 새로운 정치 주체를 양성하기 위한 노력의 결과다.

1981년 교보문고 베스트셀러 (종합)

(기간: 1981.6.8 ~ 1981.12.27)

● 1970년대의 반추, 종말 예언서 붐

- 1970년대 고도성장의 이면을 원색적으로 파헤친『옛날옛날 한 옛날에』와 1960~ 1970년대의 달동네 이야기를 기술하며 독자들에게 연민을 일으킨『어둠의 자식들』,『꼬방동네 사람들』등 배고픔과 고도성장의 그늘에 가려져 있던 시대의 어둠을 살핀 도서가 인기 있던 한 해.
- 지구멸망을 예언한『지구 최후의 날』의 인기로, 출판계에 20여 종의 예언서가 출간되며 '지구종말론'으로 종교계를 비롯한 학계까지 긴장한 한 해.

순위	도서명	저자명	출판사명	분야
1	옛날 옛날 한 옛날	이창우	두레	비소설
2	지구 최후의 날	고도우 벤	고려원	비소설
3	보통사람들	쥬디게스트	육문사	소설
4	제 3의 물결	앨빈 토플러	문화서적	비소설
5	괴로움의 위안을 꿈꾸는 너희들이여	헤르만 헤세	청하	비소설
6	인간시장	김홍신	행림	소설
7	끝없는 사랑	스코트 스펜서	태멘	소설
8	꼬방동네 사람들	이동철	현암사	소설
9	노블 하우스	제임스 클라벨	문화서적	소설
10	꼬마 니꼴라	르네 고시니	태멘	소설
11	어둠의 자식들	황석영	현암사	소설
12	코스모스	칼세이건	문화서적	비소설
13	테스	토마스 하디	테맨	소설
14	낮은 데로 임하소서	이청준	홍성사	소설
15	제로.섬. 사회	레이터 C. 더우로	홍신문화사	비소설
16	만다라	김성동	한국문화사	소설
17	김수영 전집	김수영	민음사	비소설
18	차타레 부인의 사랑	D. H. 로렌스	태창	소설
19	다뉴브강에서 압록강까지	마크 크라크	국제문화출판공사	비소설
20	피안의 새	김성동	한국문화사	소설

1985년 교보문고 베스트셀러 (종합)

(기간: 1985. 1. 5 ~ 1981. 12. 28)

● 태동하는 詩

- 70년대까지만 해도 몇몇 시인을 제외하고는 자비 출판이 통례이던 시집이 80년
대에 들어서 서서히 자리를 굳히더니 당시 무명이었던 수녀시인 이해인의 『오
늘은 내가 반달로 떠도』가 시집의 시장성을 운운하던 출판계를 침묵시킨 한 해.

순위	도서명	저자명	출판사명	분야
1	단	김정빈	정신세계사	소설
2	오늘은 내가 반달로 떠도	이해인	분도출판사	시
3	내 혼에 불을 놓아	이해인	분고출판사	시
4	민들레 영토	이해인	카톨릭출판사	시
5	손자병법	정비석	고려원	소설
6	처음을 위하여 마지막을 위하여	안병욱	자유문학사	비소설
7	나의 라임 오렌지 나무	M. 바스콘셀로스	동녘	소설
8	우리가 서로 사랑한다는 말은	윤동주 외	삼일서적	시
9	아이야 코카 자서전	윌리엄 노바크	범우사	비소설
10	동양학 어떻게 할 것인가	김용옥	통나무	인문
11	아도라	버트리스 스몰	모음사	소설
12	살며 사랑하며 배우며	레오 버스카글리아	지문사	비소설
13	내훈	소혜황후 한씨	열화당	비소설
14	내일이 오면	시드니 셸던	청목	소설
15	지적인 여성을 위하여	김혜원	육문사	비소설
16	한국 근대사	강만길	창작과비평사	인문
17	한국의 명시	김희보	종로서적	시
18	한국 현대사	강만길	창작과비평사	인문
19	한그루 진실의 나무를 심을때	안병욱	자유시대사	비소설
20	낭만적인 고고학 산책	C. W. 세람	평단문화사	인문

1990년 교보문고 베스트셀러 (종합)

(기간: 1989. 12. 1 ~ 1990. 11. 30)

● 살아도 살아도 어렵기만 한 세상살이 - '처세서'의 인기

- 어떻게 남보다 잘 살 것인가 하는 처세방법과 어떻게 이 세상을 잘 살아가도록
가르칠 것인가 하는 교육방법에 가장 큰 관심이 쏠렸던 한 해.
- '1980년대는 시의 시대'라 불릴 만큼 베스트셀러 순위를 주도하던 시집들이 급
격한 퇴조를 보이기 시작. 이는 시집의 무분별한 양산과 이에 따른 질의 저하에
기인하는 것으로 평가됨.

순위	도서명	저자명	출판사명	분야
1	세계는 넓고 할 일은 많다	김우중	김영사	비소설
2	그대 아직도 꿈꾸고 있는가	박완서	삼진기획	소설
3	자본주의, 공산주의	이원복 외	동아출판사	사회
4	내아들아 너는 인생을-	필립 체스터필드	을유문화사	비소설
5	사랑과 비즈니스에는 국경이 없더라	김영철	청림	비소설
6	오싹 오싹 공포체험	편집부 편	대교출판	아동
7	보여줄 수 있는 사랑은-	칼릴 지브란	진선	시
8	내가 정말 알아야 할 모든 것은-	로버트 풀검	김영사	비소설
9	빵장수 야곱	노아벤샤	김영사	비소설
10	죽은 시인의 사회	N. H. 클라인바움	성현출판사	소설
11	추락하는 것은 날개가 있다	이문열	자유문학사	소설
12	성자가 된 청소부	바바하리다스	정신세계사	소설
13	빠빠라기	에리히 쇼일만 편	정신세계사	비소설
14	사랑한다는 것은 작은 웃음이다 마음절이는 것은 작은 웃음이다	서영은 편	박우사	시
15	숙제왕 그룹	이영준	아동교육문화 연구회	아동
16	내인생 내가 선택하며 산다	웨인 다이어	을유문화사	비소설
17	물위를 걷는 여자	신달자	자유문학사	소설
18	하얀전쟁	안정효	고려원	소설
19	만남에서 동반까지	박렬	명선사	시
20	나 홀로 되어 남으리	김윤희	서연	소설

1995년 교보문고 베스트셀러 (종합)

(기간: 1995. 1. 3 ~ 1997. 12. 10)

● 문학류의 침체와 실용서의 인기

- 베스트셀러 종합 1위에서 3위까지를 모두 실용서가 차지. 문학류의 극심한 판매 부진으로 인해 실용서가 반사이익을 얻음.

순위	도서명	저자명	출판사명	분야
1	성공하는 사람들의 7가지 습관	스티븐 코비	김영사	경제
2	컴퓨터 길라잡이	임채성 외	정보문화사	컴퓨터
3	꼬리에 꼬리를 무는 영어	한호림	디자인하우스	외국어
4	고등어	공지영	웅진출판	소설
5	신화는 없다	이명박	김영사	수필
6	메디슨 카운티의 다리	로버트 제임스 월러	시공사	소설
7	너는 눈부시지만 나는 눈물겹다	이정하	푸른숲	시
8	나는 빠리의 택시운전사	홍세화	창작과비평사	수필
9	김대중 죽이기	강준만	개마고원	사회
10	천년의 사랑(상)	양귀자	살림	소설
11	나의 문화유산답사기 1	유홍준	창작과비평사	인문
12	컴퓨터 일주일만 하면 전유성만큼 한다	전유성	나경문화	컴퓨터
13	음식궁합	유태종	둥지	건강
14	저는 컴퓨터를 하나도 모르는데요	이일경 외	키출판사	컴퓨터
15	어떻게 태어난 인생인데	김정일	푸른숲	수필
16	이것이 미국영어다 1	조화유	조선일보사	외국어
17	강한 여자는 수채화처럼 산다	이정순	동아일보사	수필
18	일본은 없다 1	전여옥	지식공작소	수필
19	하얀배	윤후명 외	문학사상사	소설
20	영원한 것은 없다	시드니 셸던	영림카디널	소설

2000년 교보문고 베스트셀러 (종합)

(기간: 1999. 12. 29 ~ 2000. 12. 5)

● 침울한 사회적 분위기의 반영, 가슴 아픈 '부정(父情)'을 다룬 소설 인기

- 현대·대우 사태 및 각종 경제비리 사건이 연이어 터지며 '제2의 IMF'에 대한 위
기감이 고조되며 사회분위기가 침체. 이러한 분위기 속에 눈물샘을 자극하는 『가
시고기』가 독자들에게 어필함.

순위	도서명	저자명	출판사명	분야
1	가시고기	조창인	밝은세상	소설
2	해리포터와 마법사의 돌 제1권(상)	조앤 K. 롤링	문학수첩	소설
3	부자 아빠 가난한 아빠	로버트 기요사키 외	황금가지	경제경영
4	국화꽃 향기 1	김하인	생각의나무	소설
5	영어공부 절대로 하지마라	정찬용	사회평론	외국어
6	해리포터와 비밀의 방 제2권(상)	조앤 K. 롤링	문학수첩	소설
7	누가 내 치즈를 옮겼을까	스펜서 존슨	진명출판사	비소설
8	느리게 산다는 것의 의미	피에르 쌍소	동문서	비소설
9	노자와 21세기 1	김용옥	통나무	인문
10	만행 하버드에서 회계사까지 1	현각	열림원	비소설
11	지금 알고 있는 걸 그때도 알았더라면	류시화	열림원	시
12	상실의 시대(원제: 노르웨이의 숲)	무라카미 하루키	문학사상사	소설
13	새 먼나라 이웃나라 7: 일본 1	이원복	김영사	아동
14	오두막 편지	법정	이레	비소설
15	한 사람을 사랑했네	이정하	자음과모음	시
16	플래시4: 애니메이션 홈페이지 만들기	장일호	영진출판사	컴퓨터
17	도쿠가와 이에야스의 인간경영	도몬 휴우지	작가정신	경제경영
18	무소유(양장)	법정	범우사	비소설
19	체 게바라 평전	장 꼬르미에	실천문학사	비소설
20	명탐정 뚱딴지	김우영	파랑새어린이	아동

2003년 교보문고 베스트셀러 (종합)

(기간: 2003. 1. 1 ~ 2003. 12. 16)

순위	도서명	저자명	출판사명	분야	정가
1	나무	베르나르 베르베르	열린책들	소설	8,800
2	톨스토이 단편선	L. N. 톨스토이	인디북	소설	8,500
3	파페포포 메모리즈	심승현	홍익출판사	비소설	7,500
4	야생초 편지	황대권	도솔	비소설	8,500
5	화	틱낫한	명진출판사	비소설	8,900
6	한국의 부자들	한상복	위즈덤하우스	경제경영	11,000
7	설득의 심리학	로버트 치알디니	21세기북스	경제경영	12,000
8	지상의 숟가락 하나	현기영	실천문학사	소설	8,000
9	내 생애의 아이들	켄 블랜차드	현대문학	소설	8,500
10	칭찬은 고래도 춤추게 한다	미치 앨봄	21세기북스	경제경영	10,000
11	모리와 함께한 화요일	조앤 K. 롤링	세종서적	비소설	8,500
12	해리포터와 불사조기사단 제5권 1	무라카미 하루키	문학수첩	소설	8,500
13	달님은 알지요	김향이	비룡소	아동	5,000
14	냉정과 열정 사이(ROSSO)	에쿠니 기오리	소담출판사	소설	8,000
15	아홉 살 인생	위기철	청년사	소설	8,000
16	포엠툰	정헌재	청하	비소설	9,000
17	이익훈 EYE OF THE TOEIC	이익훈	넥서스	토익토플	18,500
18	토익 점수 마구 올려주는 토익 (READING)	오혜정 외	능률영어사	토익토플	17,000
19	바보들은 항상 결심만 한다	팻 맥라건	예문	경제경영	10,000
20	가방 들어주는 아이	고정욱	사계정	아동	6,000

분석

제6장

개인적 감정구조와 대중정치학*

박정희 향수에 대한 문화 이론적 접근

1. 박정희 향수: 집단 최면과 대중 독재의 사이에서

박근혜 정권의 탄생을 계기로 한국 유권자들의 정치적 선택에 대해 여러 가지 의문을 갖게 된다. 정치학 교과서에 따르면 유권자는 개인의 이해관계를 가장 잘 대변할 수 있는 사람에게 투표한다. 이른바 합리적 선택론이 영미 계통의 정치학 전통 안에서 개인의 정치적 행동을 설명하는 기본 전제다. 과연 그럴까? 한국의 유권자들이 그렇게 합리적 계산을 통해서 투표를 할까? 오히려 그렇지 않아 보인다. 우선 한국의 고질적 병폐로 지적되는 지역주의 투표 성향은 합리적 선택론과는 거리가 있다. 박근혜라는 정치인이 비교적 짧은 정치 경험에도 불구하고 대통령으로 당선된 경우도 이례적인 상황이다. 적어도 박정희 대통령의 후광이 작용했다는 지적이 설득력 있어 보인다. 그렇다면 과거의 기억이 현재에 작동하고 있다는 것인데, 이것을 학문적으로 어떻게 설명할 수 있을까? 과거에 대한 기억(향수)이 표심에 어떠한 영향을 주는 것일까? 과거의 기억이 표심에 영향을 준다고 인정한다면 합리적 선택론(이성)을 완전히 포기해야 하나? 이성이 아니라면 무엇을 연구해야 하나? 이 글은

---

*   6장은 홍성민, 2015, 「감정구조와 대중정치학: 박정희 향수에 대한 문화이론적 접근」, ≪정치사상연구≫, 21집 1호를 기초로 보완·발전시킨 글이다.

이처럼 산발적인 질문들에 대해 해답을 찾으려는 필자의 힘겨운 고구 중 하나다. 좀 더 구체적으로 말하자면, 6장에서는 박정희 향수를 설명했던 기존의 이론들을 살펴본 후 그에 대한 한계를 지적하고, 현실에 맞는 설명 틀을 모색해 보고자 한다. 필자가 보기에 박정희 향수는 단순히 과거에 대한 기억이라기보다는 박정희 시대에 만들어진 독특한 주체화 과정의 결과로 이해하는 것이 합당하다. 그리고 이것은 이성과 연결된 감정의 구조(윌리엄스, 2013)를 추적하는 작업이다. 필자는 이러한 과정을 통해서 한국에서 작동하는 대중정치학의 특성을 설명해 볼 것이다.

우선 박정희 향수에 대한 기존 논의부터 검토해 보자.

2000년대 초반 이른바 '박정희 신드롬'이라고 불릴 만큼 한국 사회에 박정희 대통령에 대한 기억이 강한 영향력을 발휘한 일이 있었다. 이에 대한 연구 중에서 필자의 주목을 끄는 것은 심리적 접근법과 권력 이론적 접근법이 있다. 우선 전자의 대표적인 학자로 강준만을 살펴보자. 강준만(1999)은 박정희 신드롬은 보수 세력을 유지하려는 기만전술이라고 평가절하하면서, 언론의 선전을 통해서 만들어진 환상이라고 단정한다. 이러한 맥락에서 박정희 신드롬과 김대중 신드롬은 동전의 앞뒷면과 같다. 한 사람은 영웅으로, 또 다른 사람은 공적으로 만들어진 것은 모두 언론이 조작해 낸 결과다(강준만, 2001). 그는 이러한 신드롬이 발생하게 된 문화적 배경으로 '지도자 숭배론'을 거론하며, 이것은 국민들의 마음속에서 자리 잡은 왜곡된 정서에서 비롯된 것이라고 진단했다. 강준만(2002)은 정신과 의사 신용구를 인용하면서 한국인의 왜곡된 정서 속에는 "아버지에 대한 한국인의 무의식"이 있다고 설명한다. 이것이 권위주의체제에서도 국민들이 박정희에게 지지를 보낸 이유이며, 2000년 당시에도 박정희를 그리워했던 이유라는 것이다.[1] 강준만의 주장에 따르면 그리

---

[1] 강준만이 인용하는 신용구의 말을 잠시 옮겨보자. "우리 민족은 이처럼 자기가 살아가는 지역 내의 지존 질서에 타협하지 않으면 안 되는 처지에 놓여 있었다. 설령 그

위하는 한국민의 정서 구조에는 불안감이 자리 잡고 있다. 그런데 이러한 불안감은 경제적 위기 순간에 더 크게 증폭된다. 2000년대 초반은 한국이 IMF의 외환위기를 맞이해, 경제적인 불안이 정치적 불안으로 증폭되었고 여기서 과거 박정희를 그리워하는 사회적 분위기가 형성되었다고 설명한다. 한국인들에게 박정희는 희생적이고 헌신적인 아버지로서 기억되고 있으며, 보릿고개를 없애버린 경제적 영웅으로 회상되었기 때문에 2000년대 닥친 경제위기 시점에서 박정희에 대한 향수가 생겨난 것이다. 그래서 신용구는 박정희 향수는 한국인의 무의식에 흐르고 있는 아버지 상에 대한 신경증적인 욕구와 갈등에서 비롯된 현상이라고 결론지었다(신용구, 2000: 293~294; 강준만, 2002).[2]

한편, 박정희 체제를 권력 이론의 관점에서 이해하려는 임지현(2004)은 한국민의 정서가 집단 최면 상태에 빠졌다고 보는 신용구의 논리와 상충되어 보여 매우 흥미롭다. 임지현은 대중독재론이라는 새로운 분석 틀을 제시한다. 그에 따르면 대중 독재 패러다임은 대중의 양면성에 주목한다. 예를 들어 보면, 나치의 권력구조에 저항하는 대중과 일상에서 나치의 지배에 포섭된 대중은 동시에 존재한다. 다시 말해 대중이 독재 권력에 수동적으로 포섭되는 것이

힘이 부도덕하고 모순에 찬 것이라 해도 결과는 같을 것이다. 이런 현상이 계속될 때 인간의 무의식에서 무엇이 싹틀 것인지 자명하다. 권위적인 힘에 대한 두려움, 그리고 생존의 위협 앞에서 느끼는 거세 불안. 결국 투쟁이나 협상보다는 굴종과 순종을 통해 생존을 담보할 가능성이 높아진다. 의존적인 관계가 심화될 수밖에 없다는 뜻이다. 이런 역사가 되풀이되는 과정에서 한국인의 집단무의식은 자연스레 거기에 길들여져 왔다. 이기주의가 창궐하고 혈연과 지연 혹은 학연에 목숨을 거는 분파주의가 득세하는 것도 이와 무관치 않을 것이다. 의존성이 심화되면 자신이 의지하고 있는 대상에게 다가오는 위험이나 위기를 곧 자기의 위기로 인식하게 된다. 자유의지와 자율이 주는 행복감이나 성취감을 맛보지 못하고 오로지 권의적인 대상에게 의지하면서 자신의 문제를 해결하게 된다. 그렇다면 권위적인 상을 잃는 다는 건 극심한 불안과 공포의 원인이 될 것이다. 이런 상황에서 사람들이 권위적인 힘에 밀착되는 것은 지극히 당연한 결과라고 할 수 있다(신용구, 2000: 287~289; 강준만, 2002).

2) 무속신앙 관점에서 한국민의 심리 구조와 박정희 신드롬의 상관관계를 연구한 논문도 있다. 한민(2008: 35~52) 참조.

아니라, 권력과 자신을 일체화하는 방식이 수준별로 나뉜다. 즉 수동적 동의, 부분적/선별적 수용, 타협적 순응, 무의식적 순응에 이르는 다층적인 모습을 보인다(임지현, 2004: 22). 따라서 권위주의 체제가 유지되는 이유를 파악하기 위해서는 위로부터의 파시즘이 아니라, 아래로부터의 파시즘(일상, 규범, 믿음, 관습, 관행, 가치체계)에 관심을 가져야 한다. 대중의 생활세계를 식민화하고 파시스트 아비투스를 공고히 함으로써 유지되는 독재 권력의 효과를 이해해야 한다고 임지현은 주장한다. 이러한 논리를 한국 현실에 응용해 본다면, 박정희 향수는 박정희 시대에 만들어진 집단적 인간형이 아직도 우리 사회에 존재하기 때문에 발생하는 것이다. 황병주(2004a)는 이러한 집단적 인간형의 대표적인 모습으로 박정희 시대의 민족주의를 꼽았다. 경제적 핍박 속에서 불만을 가졌던 박정희 시대의 개인들은 민족과 국민이라는 이름으로 새롭게 거듭났으며, 거기서 박정희 동원 체제(새마을 운동이 대표적인 사례다)의 적극적인 동조자로 활동하게 되었다는 것이다. '조국근대화/민족번영론 = 근대화의 기수/산업 전사' 등으로 등치되었던 박정희 시대의 인간형은 강제로 주조된 것이라기보다는 당시의 대중들이 자발적으로 참여했다는 점에서 아래로부터의 파시즘의 대표적 사례다. 이렇게 보면 박정희 향수는 한국 현대사를 관통하는 권력과 주체 형성의 문제와 관련이 있다고 하겠다. 즉 근대성의 발전 속에서 한국민들의 정체성 형성이 자본주의와 국가주의에 의해 이루어진 만큼, 자본주의, 국가주의라는 틀이 사라지지 않는다면 대중 독재의 근원은 사라지지 않을 것이기 때문이다. 이러한 시각은 집단적 최면 효과와는 근본적으로 다른 관점에서 박정희 향수를 분석한다.[3]

---

3) 여기서 임지현의 말을 잠시 인용해 보자. "또한 대중의 동의 문제는 철저하게 대중의 생활세계, 일상과의 관계 속에서 질문되어야 한다. 대중의 입장에서 볼 때 지배는 어떻게 가능했으며, 그것은 대중의 삶에 어떤 변화를 불러 일으켰는가, 독재 체제가 대중에게 매력으로 기능했던 메커니즘은 무엇이었고, 대중이 반발한 지점은 도대체 어디인가에 대한 질문을 포함하는 것이다. …… 항상적 위기와 지속적인 강압의 시절이

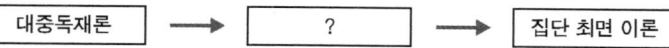

그림 6-1 대중정치학의 위상

| 대중독재론 | ⟶ | ? | ⟶ | 집단 최면 이론 |

우리에게는 대중독재론과 집단 최면 이론 사이의,
무언가 새로운 이론이 필요하다.

이 지점에서 필자는 한국민들의 정치적 행동을 결정하는 요인을 세 가지로 요약해 보고 싶다. 첫째는 계산적 이성을 강조하는 합리적 선택론, 둘째는 무의식적 욕망을 강조하는 집단 최면 이론, 셋째는 일상적 파시즘을 강조하는 대중독재론이다. 이러한 세 가지 이론적 흐름은 지난 한 세기를 지속해 왔던 군중심리에 대한 이론화 작업과 매우 유사하다. 그런데 필자의 판단으로는 극단적 이성중심주의와 사회적 조건이 무시된 집단 최면 이론은 결국 권력의 효과를 고려하지 않는다는 점에서 보면, 동전의 앞뒷면과 같이 동일한 인식론이라고 할 수 있다. 즉 전혀 다른 논의를 전개하고 있지만 인식의 전제는 같다는 것이다. 이렇게 놓고 보면 지금까지 박정희 향수론을 설명해 왔던 한국의 이론적 자원은 집단 최면 이론과 대중독재론으로 요약된다. 따라서 현재의 학문적 과제는 집단 최면 이론과 대중독재론 사이에 존재하는 제3의 이론적 지평을 연구하는 것이다(〈그림 6-1〉). 그리고 새롭게 찾아갈 제3의 모형을 필자는 한국의 대중정치학이라고 불러보고 싶다. 이처럼 새로운 분석 틀을 완성하기 위해서 기존의 집단 최면 이론과 대중독재론에 대한 논의를 점검하고 그에 대한 한계를 지적해 보고자 한다. 전자에 대한 이론적 자원은 주로 고전적인 군중심리론에서 찾을 수 있으며, 후자에 대한 이론적 발전 과정은 주로 최근 우리 학계에 소개되고 있는 감정의 정치학이라는 흐름에서 찾을 수 있다.

없음에도 불구하고 '박정희 대통령 시절이 좋았지'라고 회상하는 대중의 집단기억이 어떤 역사적 맥락 속에서 만들어졌는가를 추적할 때, 이른바 박정희 시대를 보다 근본적으로 넘어서기 위한 토대가 마련될 수 있다"(임지현, 2005: 503~504).

2. 군중심리론

한편 한국에서 거론되는 집단 최면 이론의 이론적 전형은 군중심리론이라
고 볼 수 있다. 고전적인 군중심리론을 살펴본다면 현재 한국 사회에서 등장
하는 집단심리와 정서 그리고 향수를 이해할 수 있다고 추론한다. 고전적인
군중심리론은 크게 두 가지 흐름으로 분류될 수 있다. 첫째, 무의식을 강조하
는 흐름이고, 두 번째는 사회적 정체성을 강조하는 흐름이다. 전자에 속하는
대표적인 학자가 르봉과 프로이트이며, 후자의 대표적인 학자가 타르드다.
필자가 이처럼 두 가지 흐름으로 군중심리론을 압축한 것은 각각의 이론적 한
계를 극복하는 과정에서 현대적 의미의 대중 이론을 발전시킬 수 있을 것이라
고 판단했기 때문이다.

우선 르봉을 살펴보자. 르봉은 19세기 말에 군중의 시대가 도래했다고 단
언한다(르봉, 2012). 과거의 정치학이 군주들의 개인적인 성향에 주목했다면,
이제부터는 군중들의 혼을 연구해야 한다고 주장한다(르봉, 2012: 16). 그는 사
람들의 결합체가 그 결합체를 구성하는 개인들의 성격과는 아주 다른 새로운
성격을 갖는 경우를 군중이라고 부른다. 이때 의식을 지닌 인격은 사라지고,
모든 개인의 감정과 생각이 하나의 방향으로 향한다. 즉 집단적 혼이 형성되
는 것이다. 이것을 르봉은 '심리적 군중'이라고 부른다(28). 군중은 의식을 지
닌 인격이 소멸하고 감정과 사고가 일정한 방향을 취한다. 즉 각자가 개별적
으로 있을 때와는 전혀 다른 방식으로 느끼고 생각한다. 이것을 **몰개성** 이론
이라고 부를 수 있다. 르봉은 이것이 무의식에서 유래하며, 궁극적으로는 민
족적 특성을 결정짓는다고 말한다(31). 그렇다면 개인에서 집단으로 확장되
면서 발생하는 새로운 성격은 어떻게 확립되는가? 르봉은 그것을 세 가지로
요약한다(33~34). 첫째, 군중 속의 개인은 다수로 이루어졌다는 사실이다. 다
수로 이루어진 집단은 특별한 감정을 가지게 되며 이것은 개인들이 억제했을
본능을 발현시킨다. 그 결과는 무책임한 행동이다. 둘째는 전염이다. 사람들

사이에 유사한 행동이 급속하게 전파된다. 셋째는 **피암시성**이다. 르봉은 이것을 제일 중요한 요인이라고 지적하면서, 그 예로 최면술사가 수면 중에서 최면에 걸린 사람을 조정하는 상황을 제시한다. 군중들은 일종의 최면 상태에 있다는 것이다.

한편, 프로이트는 「집단심리와 자아분석(Massenpychologie und Ich-Analyse)」이라는 논문에서 르봉의 피암시성을 비판한다. 그는 집단이 개인에게 강제하는 능력에 대해 심리 변화의 본질은 무엇인지 질문하면서, 이에 대한 해답을 감정적 유대라고 설명한다(프로이트, 2004). 우선 프로이트는 인간의 성적 본능을 리비도(libido)를 바탕으로 한 카텍식스(cathexis)라고 파악한 후, 이것이 외부로 투사되는 방식의 하나로서 동일시 현상을 제시한다. 이것은 자아가 내면적 에너지를 외부로 투사하는 형식인데, 그 극단적인 형태가 바로 초자아에 대한 맹목적 추종이다. 프로이트의 논리에 따르면 집단심리는 정치지도자나 사회운동가에 개인의 리비도 에너지가 투사되어 나타나는 동일시 효과다. 대표적인 예로 교회와 군대에서의 추종 관계를 든다.

두 번째로 타르드의 『여론과 군중(L'opinion et la foule)』을 검토해 보자. 그는 르봉이 제시한 군중과 다른 각도에서 공중의 개념을 제시한다(타르드, 2012). 그리고 르봉이 설명한 피암시성을 비판한다. 타르드의 눈에는 르봉이 말하는 피암시성이 사람들 사이에 일어나는 단순한 접촉으로 보이는데, 이것만으로는 여러 사람들 사이에 공감대를 이룰 수 없다. 여기서 그는 "다른 사람의 시선 작용", "다른 사람의 시선을 생각하는 것"(프로이트, 2004: 9)이라는 표현을 동원하는데, 이것은 현대 정치사회학에서 상징적 상호론자들이 즐겨 사용하는 용어들이다. 필자의 판단으로는 이것이 군중의 특성을 분석하는 데 대단히 중요한 두 번째 요인이다. 나아가 타르드는 군중보다는 공중이라는 단어를 선호한다. 그리고 이러한 공중이 탄생한 계기로 16세기 인쇄술의 발달을 꼽는다. 여기서 그는 사상을 공유하는 것이 바로 공중을 만드는 사회적 힘이라고 강조한다. 이 당시의 공중은 월간잡지나 책을 읽을 수 있는 소수의 엘리

트로 이루어진 문학적 공중이었다. 그러다가 18세기 이르면 정치적 공중이
탄생한다. 특히 카페나 클럽이 정치적 공중을 형성하는 데 큰 역할을 했으며,
이것이 프랑스 대혁명을 일으킨 원동력이라고 타르드는 해석한다. 하버마스
의 『공론장의 구조변동』과 매우 유사한 입장이다. 여기서 그는 르봉과 자신
의 입장을 비교한다. 르봉의 군중이 자연적인 성격이 강하다면, 타르드의 공
중은 사회적인 힘(인쇄, 철도, 전신)에 의해서 구성된다고 한다. 공중은 군중에
비해서 흥분하는 경향도 비교적 낮다. 타르드는 공중을 **동시적인 일체감**의 의
식이라고 개념 정의 한다(타르드, 24).

여기서 필자는 르봉과 프로이트가 제시한 이론을 **몰개성화**라는 개념으로
압축하고자 하며, 타르드가 제시한 일체감을 **사회적 정체성**이라는 개념이라
고 요약하고자 한다. 그런데 두 가지 이론적 흐름은 각각 다음과 같은 한계점
을 갖는다. 우선 르봉과 프로이트를 비판해 보자. 첫째, 몰개성 이론은 과연
그것을 유발하는 필요조건이 어떤 것이고, 충분조건은 어떤 것인가를 밝혀내
지 못했다. 또 책임감의 상실이 몰개성화의 원인인지 결과인지를 설명할 수
가 없다(한양대사회인지발달연구모임, 2000: 205). 두 번째, 몰개성 이론은 무의
식과 관련된 것으로 무의식 자체를 경험적으로 증명할 수 없다는 난점이 있
다. 예를 들어 강력한 최면력을 가진 지도자에게 쉽게 설득되어진다는 설명
은 추종자나 카리스마적인 지도자 개인으로 끝나지 않고, 다른 심리 구조를
가지고 있는 사람들이 어떻게 집단 구성원들의 심리 구조와 상호 유사해지는
가를 설명하지 못한다는 한계가 있다(한양대사회인지발달연구모임, 2000).

한편, 타르드의 일체감 이론은 현대 집단심리 이론에서 거론하는 규범 생
성 이론과 유사하다. 다시 말해 타르드의 입장을 한마디로 요약하면 집단규
범이 집단행동을 유발하는 것이라고 볼 수 있다. 이때 이러한 규범을 형성하
는 사회적 요인이 무엇인지 불명확하다는 한계를 지닌다. 타르드는 인쇄술
과 관련된 매체를 제시하지만, 이것만으로는 개인적 정체성에서 사회적 정체
성으로 변화해 가는 과정을 충분히 설명할 수 없어 보인다. 둘째는 일체감으

로 표현되는 사회적 질서가 어떤 이유로 해서 집단행동을 한 방향으로 조직해 낼 수 있는지를 정확히 설명하지 못한다. 이것은 현대사회 이론에서 사회적 정체성 이론이 갖는 한계를 그대로 보여준다(한양대사회인지발달연구모임, 2000: 226~230).

결국 남은 과제는 위에서 제기한 두 이론의 한계를 동시에 극복하면서 새로운 분석 틀을 만드는 것이다. 이 두 이론은 각각의 분석 내용에서 몇 가지 중요한 시사점을 던지며, 그것들을 면밀히 살펴보고 그에 대한 보완점을 찾아간다면 새로운 이론적 종합이 가능해 보인다. 예를 들어 르봉은 군중의 감정을 자극하는 매개체로서 이미지 기능을 강조하는데, 이것은 분석적으로 매우 중요한 함의를 갖는다.[4] 왜냐하면 이미지는 현대 인문학과 사회학에서 인간 행동을 설명하는 변수로 그에 대한 연구가 상당히 진척된 바 있으며, 그 내용을 심층적으로 파헤치다 보면 집단행동 성격을 보다 정교하게 설명할 수 있을 것이기 때문이다. 이미지에 대한 연구는 프랑스 현대 사상 속에서 다양하게 연구되었는바, 대표적 사례를 들면 기호학적 질서(바르트), 이데올로기(알튀세르), 상징적 질서(라캉)다. 이를 근거로 군중심리에 대한 보다 세련된 이론 틀을 만들어볼 수 있기 때문이다. 한편, 타르드는 공중의 분류 기준으로 독자층을 제시하는데,[5] 이것은 현대적인 의미에서 취향의 기준과 유사하다. 부르디

---

4) 여기서 르봉의 말을 인용해 보자. "군중은 이미지로 생각하는데, 그 떠오른 이미지 자체가 군중 속에서는 그 첫 번째 이미지와는 아무런 논리적 연관이 없는 일련의 다른 이미지를 불러일으킨다. 어떤 사실이든 그것을 머릿속에 떠올리게 되면, 우리는 종종 이런 저런 관념이 기이하게 잇달아 나타나는 일을 경험하게 되는데, 이런 경험을 생각하면 그러한 상태를 쉽게 이해할 수 있다. 이성은 우리에게 그 이미지들에 일관성이 없다는 것을 보여 주지만, 군중은 그것을 거의 보지 못한다. 그리고 군중의 왜곡시키는 상상력이 실제 사건에 덧붙이는 것을 그들은 그 실제 사건과 혼동할 것이다. 군중은 주관적인 것과 객관적인 것을 거의 구분하지 못한다"(르봉, 44).
5) 여기서 타르드의 말을 인용해 보자. "군중과 마찬가지로 공중도 매우 다양한 관점에서 분류할 수 있다. 성의 측면에서는 남성 군중과 여성 군중이 있듯이 남성 공중과 여성 공중도 있다. 그러나 유행하는 소설이나, 시, 패션잡지, 페미니즘 잡지 등등의 독자

외의 사회학과 연결될 수 있는 실마리가 보인다. 다시 말해 몰개성 이론과 사회적 정체성의 이론들이 해결하지 못하고 남겨둔 문제들을 현대의 정치사회학 이론을 통해 보완하는 데 이와 같은 내용들이 좋은 실마리가 될 수 있다는 것이다.

3. 감정정치학

필자는 대중독재론의 맥을 이어가는 최근의 학계의 흐름을 감정의 정치학이라고 파악한다. 임지현이 제기한 대중독재론은 사실 주장만 있을 뿐 구체적인 내용분석은 없다. 그가 공동작업으로 보여준 대중독재론의 사례분석은 서양이나 동양의 권위주의체제 현상들을 나열하지만, 역사의 예증에 불과하다. 그런데 최근 한국 학계에 소개되고 있는 감정의 정치학이라는 흐름들은 대중독재론의 이름을 붙이지는 않으나(심광현, 2009: 13~32; 김홍준, 2009; 김찬호, 2014; 소영현 외, 2014; Goodwin and Polletta, 2001), 상당 부분 동일한 문제의식을 공유하며, 나아가 대단히 개념적인 수준에서 미시적으로 분석하고 있어 대중독재론의 빈자리를 채워가는 것으로 평가해 볼 만하다. 따라서 그 내용을 음미하면서 한국적 대중정치학의 모델을 만들어 가는 데 길잡이를 삼아 볼 수 있겠다.

우선 『열정적 정치(Passionate Politics)』라는 제목으로 번역된 책이 눈길을 끈다(굿윈 외, 2012). 번역된 시점은 최근이지만 영어본이 출판된 시기가 2001년이므로 서구의 이론적 수준을 가장 먼저 소개하고 있는 책이다. 정치사회학의 다양한 학자들이 이론과 경험적 사례가 있어서 본 논문의 취지에 잘 부합한다.

들로 구성되는 여성 공중은 같은 성의 군중과 거의 유사하지 않다"(타르드, 43).

이 책의 서론으로 게재된 논문 「왜 감정이 중요한가(Introduction: Why Emotions Matter)」를 보면, 집단심리론의 문제점을 지적하면서 감정의 개념이 중요한 이유를 설명하고 있다. 저자는 사회저항운동이라는 각도에서 보면, 르봉의 군중심리론이 사실은 군중들의 공포와 불안을 암시한다고 주장한다. 그런데 군중심리론은 개인의 퍼스널리티에 초점을 맞추는 경향이 강했고, 그로 인해서 개인적인 것과 사회적인 것 간의 상관관계를 정확히 추적하지 못했다고 비판한다(굿윈 외, 2012: 16). 저자들은 사회적 저항운동과 같이 집단행동이 이루어지는 동기는 단순히 인지적 요소만으로는 설명될 수 없으며, 참여동기가 밝혀져야 하는데, 이 부분에 대한 논의가 그동안 제대로 다루어지지 않았다고 주장한다. 이것이 바로 감정이 중요하게 부각되어야 하는 이유다. 한편, 크레이그 캘훈(Craig Calhoun)은 감정은 무의식적인 심리학 혹은 내적 현상으로 축소될 수 없으며, 사회적 연관성을 밝혀내야 한다고 강조한다. 그러면서 감정이 표현되는 육체적 차원을 놓쳐서는 안 된다고 주장한다(캘훈, 2012: 77). 필자의 눈에는 주체와 객체의 분리를 넘어서야 한다고 주장했던 메를로퐁티의 철학을 암시하는 것으로 보인다. 계속해서 그는 감정이 일어나고 반응하는 감정동학을 이해하는 것이 중요하며, 인간의 정체성과 감정이 어떤 관계를 맺고 있는지 파악해야 한다고 말한다. 그러면서 엘리아스, 부르디외, 로널드 드수사(Ronald de Sousa) 등이 발전시켰던 '감정 아비투스'라는 용어를 사용한다. 또 메이블 베레진(Mabel Berezin)은 정치적 정체성이란 국가가 주도하는 의례를 통해서 이루어지며, 이것이 집합기억을 만든다고 주장한다(Berezin, 2012). 감정은 정치적 의례가 의존하는 중심축이며, 이것이 집단기억을 통해서 과거와 현재를 이어주는 민족적 정체성을 만든다.

한편, 심광현은 국가 폭력에 대해 대중들의 외면·방관·순응 현상이 오늘날 한국 정치에서 중요하게 등장한다고 지적한다. 국가 폭력의 비합리성에 대중들이 반드시 합리적으로 대처하고 있지는 않다는 진단 아래, 그는 수동적·반동적 주체로 전락한 한국민들을 어떻게 능동적·진보적 감정으로 충만한 주체로 거듭나게 할 것인가 고민하는 것이 현 단계 한국 정치의 숙제라고 말한다. 그리고 이러한 숙제를 해결하기 위해서는 인지의 정치, 혹은 각성의 정치를 넘어서 감정의 정치 혹은 체화의 정치라는 새로운 패러다임을 추구해야 한다고 주장한다. 그리하여 안토니오 다마지오(Antonio Damasio), 후기 푸코, 자크 랑시에르(Jacques Rancière)를 통해서 감정의 정치가 어떻게 작동하는가를 이론적으로 설명한다. 또 김홍준은 「진정성의 기원과 구조」라는 논문에서 그동안 한국 학계는 사회변동을 주로 제도적 관점으로 설명해 왔지만, 그러한 체제변동에 연동되어 있는 사회심리의 체제, 이른바 **마음의 레짐**에 대한 언급이 없었다고 비판한다(심광현, 2009: 22). 김홍준에 따르면 마음의 레짐이란 자신의 독자적인 주체 형식을 의미하며, 푸코적인 의미에서 주체를 만드는 담론적 혹은 비담론적 요소들의 네트워크이자, 권력의 특수한 요구에 의해서 역사적으로 형성되어 특정 시대에 특정한 방식의 인식과 실천의 주체들을 걸러내고, 빚고, 결절시키는 구조의, 일종의 장치다(김홍준, 2009: 24). 또 김찬호는 경제학에서 최근 감정의 문제를 다루는 책들이 많이 출판되고 있다는 사실을 거론하며 경제의 규모가 전 지구적으로 확장되고, 복잡해질수록 오히려 감정의 증폭 효과가 커진다고 진단한다. 그리고 그는 감정이 사회적으로 구성된다는 점을 강조하면서 역사적 사실을 자세히 추적한다. 이렇게 함으로써 당연시되어왔던 감정과 마음의 습관이 사회적 맥락에서 형성되었다는 사실을 비판적으로 평가하고, 인간의 행복을 도모하는 문화가 어떠해야 하는지 연구해야 한다고 강조한다(김찬호, 2014: 2장). 마지막으로 소영현 등은 우울, 슬픔, 절망 따위가 개인적인 수준에서 병리적인 것으로만 다루어지는 것은 적절하지 않으며, 오히려 그러한 인간적 감수성은 사회적이고 정치적이라고 평가한다. 이러한 맥락에서 우리 사회에 최근 문제가 되고 있는 '우울증적 자살'은 엄밀한 의미로 사회적·역사적 타살이다(소영현 외, 2014: 22). 소영현은 성공지향적 자본주의 담론, 언론의 상징조작 등을 감정과 사회를 매개하는 변수로 지적한다.

그런데 이러한 감정의 정치학에는 다음과 같은 한계가 있다. 첫째, 감정을 구성하는 각 요인에 대한 설명이 부족하다. 과연 감정의 아비투스는 어떤 요인들로 구성되는지, 그것이 개인들의 선택에는 어떠한 영향을 주는지 보다 정교한 설명이 필요하다. 둘째, 권력 요인과 내적인 감정의 상호 교감에 대한 설명이 부족해 보인다. 인간 감정의 내면적인 것에 국한될 수 없다는 점을 지적한 데에서 감정의 정치학은 군중심리론과 대중독재론의 수준을 넘어섰다. 그러나 최근의 연구 흐름에서 감정이 권력과 같은 인간 외적인 조건과 어떠한 상응 관계를 가지는가를 충분히 설명하지 못한다. 셋째, 이러한 감정 요인들이 시대적 구조변화와는 어떤 관련을 가지는지 밝히지 못하고 있다. 예를 들어 박정희 시대를 살았던 국민들의 감정구조와 신자유주의 시대를 살아가는 현대인들의 감정구조는 분명히 다른데, 이러한 차이점들이 어떠한 계기에서 발생하는지 설명을 못하고 있다. 이러한 한계를 극복하면서 새로운 이론화 작업을 이룰 때 한국의 대중정치학 모델이 완성될 수 있을 것이다.

4. 한국 대중정치학의 이론화를 위하여

위에서 검토한 군중심리론과 감정의 정치학의 한계를 극복하는 것이 한국의 대중정치학 모델을 완성하는 데 중요한 과제다. 보다 구체적으로 설명한다면 다음과 같은 점이 밝혀져야 한다. 첫째, 대중정치 모델은 무의식 이론과 권력론의 양자를 넘어서야 하며, 둘째, 내면과 외면의 이분법적 구분을 넘어서, 개인적 퍼스널리티와 사회적 요인들의 상관관계를 설명해야 하며, 셋째, 대중의 감정과 정치적 정체성의 상관성이 설명되어야 하며, 넷째, 육체, 상징, 의례, 기억, 언어, 아비투스 등의 변수들이 대중의 감정과 정체성에 어떻게 작동하는가를 설명해야 한다. 이러한 내용을 도표로 요약하면 〈그림 6-2〉와 같다. 이제 이러한 학문적 과제를 하나씩 설명해 보도록 하자.

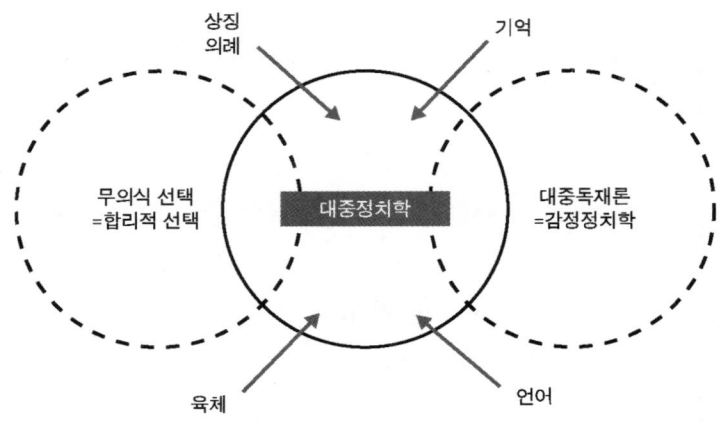

그림 6-2 대중정치학의 모델

상징
의례

기억

무의식 선택
=합리적 선택

대중정치학

대중독재론
=감정정치학

육체

언어

1) 육체의 정치학에 대하여

정치적 행동을 설명하는 이론은 대체로 두 가지다. 하나는 합리적 선택론과 무의식 이론(몰개성 이론)이고, 다른 하나는 권력 이론인데, 각각에 대해서 다음과 같은 비판이 가능하다. 전자의 경우에는 행동의 전제가 되는 인간의 선택이 인지론에 국한되지 않는다는 점이다. 즉 자극-반응의 모델(인과론), 인식-판단-행동(인지론)의 모델이 합리적 선택론이 전제하는 인식론인데, 사실 인간의 정치적 행동은 이러한 인과론이나 인지론으로만 환원될 수 없다는 비판이 있다. 또 무의식 이론은 인간의 내적 욕망에 관련된 억압을 가족관계나 개인의 사적 영역으로 축소함으로서 사회적 맥락을 충분히 설명하지 못한다. 프로이트의 정신분석학이 전제하는 욕망 이론은 결국 가족관계를 벗어나지 못한 것으로 보인다. 한편 권력론의 경우에는 권력의 억압에 대해 개인의 선택이 일방적으로 강요되는 것으로 파악한다는 점에서 인간의 내적 반응을 설명하지 못하는 단점이 있다. 사실 인간의 정치적 선택은 권력에 대한 다양한 반응-적극적 저항, 수동적 저항, 단순 수용, 적극적 수용, 무관심 등을 거치게 된다. 그런데 권력론에서는 이러한 내적 요인의 변화를 괄호 쳐 두고 있을 뿐이다. 이와 같은 양자의 비판을 극복하기 위해서 현대정치 이론에서 제시된 이론이 바로 육체론이다. 사상적으로 보면 메를로퐁티의 '육체적 도식(schema corporelle)'(Ponty, 2012), 레이코프가 제안한 '신체화된 프레임'(레이코프·존슨, 2002), 다마지오가 제시하는 '문화적으로 사유하는 신체'(베르그손, 2007), 엘리아스의 '역사적으로 길들여진 육체'(엘리아스, 1996), 후기 푸코의 '통치성에 길들여진 육체'(Fouault, 2011)가 이 분류에 해당한다. 결국 인간은 이념과 이데올로기에 인지론적으로 반응하기보다는 일상에 퍼져 있는 의례와 상징 등에 체화되어, 집단적 행동이 유발되는 것으로 이해할 수 있다. 이러한 사상적 기반을 토대로 우리는 여기서 박정희 시대에 만들어진 인간형에 대해서 추적해 보고, 이것이 오늘날 박정희 향수에 어떻게 반응하는지를 가늠해 보자.

진중권(2007)은 박정희 시대의 인간형을 기계화와 군대화라는 말로 요약한다. 전자는 산업화 시대에 강조되었던 노동에 길들여진 인간형을 가리키며, 후자는 국가주의에 의해서 강요된 군대식 인간형을 가리킨다. 이 두 가지 인간형은 모두 정치적 의미를 가진다. 즉 국가가 요구하는 노동의 근면성을 내면화하고, 합리성으로 포장된 노동의 윤리를 그대로 수용하도록 만들며, 군대식 교육에 익숙해진 인간의 신체는 국가주의적 애국심을 손쉽게 수용하는 기제가 된다. 서구의 근대화가 개인주의와 자유주의에 기반을 두고 발전되어 왔다면, 한국의 근대화는 기계적 노동윤리와 군사주의적 복종심에 기반을 두고 이루어져 온 것이라 말할 수 있다. 또 공제욱(2008)이 잘 지적하고 있듯이, 박정희 시대에 필요했던 근대화의 논리는 일사불란한 동원, 효율적 생활, 근검절약, 강도 높은 노동, 미래의 축적을 위한 희생 등이었고, 따라서 국가주의와 집단주의가 강조되었다. 이를 위해 전통을 끌어들여 역사적 영웅주의를 정권의 홍보 차원에서 이용하기도 했다. 나아가 혼식 장려, 가정의례준칙, 교복 착용, 새마을 운동의 정신 개조 등은 국가가 개인의 사고방식과 일상의 습관까지 관리하고 장악하려 했던 것이다. 이것은 결국 국가가 필요했던 인간형을 만들려는 노력의 일환이었다. 즉 박정희 시대에 진행된 근대화는 그에 상응하는 순종적 인간형을 만들었는데, 이것을 엘리아스식으로 표현해 보자면 국가권력이 일상에까지 권력의 효과를 발휘했던 것이다.

우리는 지금까지 박정희 시대를 정치적 독재, 경제발전의 전략이라는 수준에서 평가해 왔지만, 그 시대가 어떻게 한국인의 일상을 지배했던가에 대해서는 상대적으로 소홀했다. 그러나 정치와 경제가 현저히 변화했음에도 불구하고, 한국 국민의 정서 속에 여전히 박정희 향수가 남아 있는 것을 보면 문화의 흔적은 단순히 잔재가 아니라 오늘의 현재성을 만드는 근본적인 원리라고 인정해야만 할 것이다. 다시 말해 박정희 시대에 만들어진 정형화된 육체는 국가의 통치 방식이나 경제적 구조가 변화해도 상당한 시간 동안 집단 정체성의 기반이 된다. 박정희 향수의 근원에는 박정희 시대에 만들어진 육체의 사회적 활용이 작동 중이며, 권력의 효과가 여전히 재생산되고 있다.

2) 상징과 의례에 대하여

뒤르켐의 종교사회학(뒤르켐, 1992)은 박정희 시대에 사용된 상징과 의례가 발휘하는 정치적 효과를 분석하는 데 커다란 함의를 준다. 뒤르켐은 오스트리아 아룬타족의 토템 분석을 수행한 후, 토템은 사회적 상징이며, 이것이 집단의식을 표현하는 방식이라고 결론 내린 바 있다. 이것을 현대적인 의미로 해석하면 인간 사회의 질서가 유지되는 이유는 바로 상징이 작동하기 때문이다. 이러한 뒤르켐 종교사회학의 교훈은 박정희 시대의 국민의식과 집단적 정서를 설명하는 데 중요한 실마리를 준다. 사회학적 종교의 의미를 정치종교로 확대해석할 수 있기 때문이다. 예를 들어 나치 시대에 정치를 우상화하고 국민들에게 독재 권력을 사명감으로 받아들이도록 만들기 위해서 축제, 행진, 조형물 등과 같이 일상을 정치적으로 미학화하는 작업을 수행한 바 있는데, 이를 두고 학자들은 정치종교라고 부르기도 한다. 즉 정치종교란 정치운동이나 정치체제가 정치적인 모든 것을 포괄하는 하나의 우월한 영역으로 승격시키고, 이를 통해서 절대적인 사명과 권위를 유지하기 위해서 그것이 속한 사회의 종교문화를 이용하는 것을 의미한다(나인호, 2004: 217). 이렇게 놓고 보면 정치종교는 결국 뒤르켐이 말한 상징과 의례를 통해서 대중의 일상을 조정하고, 궁극적으로 의식과 감정을 통제하려는 문화적 수단이라고 말할 수 있다. 이러한 맥락에서 박정희 시대에 진행된 민족적 영웅신화, 위인의 동상 건립, 국기에 대한 맹세 등이 이른바 정치종교의 한 형태다. 이것이 박정희 시대의 독특한 대중 동원 체제를 만든 것으로 추정해 볼 수 있다. 본질적으로 종교가 개인의 믿음을 만드는 영적 작업인 것처럼, 정치종교도 집단적 믿음과 세계관을 만들어가는 영적 과정이라고 말할 수 있다. 특히 정치종교는 인간의 감정을 이용해서 권위주의적 정치권력이 필요로 하는 의식을 주조해 간다는 의미에서 보다 정교한 작업이다. 그리고 이렇게 형성된 집단의식과 집단 감정은 권위적 정치체제가 사라진 후에도 지속되는 것이 보통이다.

한편 뒤르켐의 종교사회학은 이러한 상징의 정치적 효과가 발휘되기 위해서 일정한 의식화(ritualization) 과정이 필요하다고 강조한다. 예를 들어 노래, 기도, 함께 춤추기, 지도자의 연설, 대중들의 열광 따위가 바로 집단의 공통된 행위를 유도하는 의식 절차이며, 이것이 있어야만 행위가 의식화되고, 이를 바탕으로 집단적 정체성이 나타나는 것이다. 즉 의식화된 절차가 집단의 공동 행위에 특별한 정치적 감성을 불어 넣고, 이것이 집단적 경험과 가치관을 오랫동안 지속시키는 것이다. 이것을 박정희 시대의 축구 열풍과 음악 조작을 통해서 확인해 보도록 하자.

우선 축구라는 스포츠가 어떻게 정치적 의례로 이용되었는지 사례분석을 통해서 알아보자(황병주, 2004b: 145~187). 박정희 정권은 민족중흥을 위한 건민 사상을 바탕으로 체력은 국력이라는 구호를 일반화시켰고, 국민체육 개념을 구체화해 스포츠 내셔널리즘을 강조했다. 이러한 관점에서 축구는 매력적인 대상이었다. 그리하여 정부는 다양한 형식의 축구부흥정책을 추진했는데, 그 대표적인 사례가 1971년에 개최된 박스컵 대회였다. 또 산업화의 영향으로 직장체육을 만들어 1970년대 초부터 직장 대항 축구가 시행되었고, 1972년부터는 대통령 하사기 전국 새마을 축구대회가 개최되었다. 이러한 정책으로 말미암아 축구는 국민 스포츠가 되었고, 국민적 정체성과 연대감을 만드는 중요한 정치적 수단이 되었다. 즉 뒤르켐의 종교사회학의 용어를 빌려 표현하자면 축구는 자발적 복종과 집단적 순응을 만드는 의례였던 것이다. 또 대외적으로는 민족적 일체감을 만드는 계기가 되어서, 정기적으로 진행된 한일 국가전은 국민들의 열광과 감정을 정치적 충성심으로 이끌어내는 데 이용되었던 의식 절차였다. 박정희 시대의 축구 열풍은 문민정부 시대에서도 여전히 지속되고 있다는 것이 필자의 판단이다. 2002년 서울 월드컵에서 보여준 국민들의 열광은 사실 박정희 시대로부터 연유하는 국가주의적 열광의 한 형태라고 볼 만하다. 물론 2002년 상암동 경기장에는 1971년 동대문 운동장을 메웠던 관료 대신 자유로운 시민들과 붉은 악마들이 자리했다. 그래서 문민정부 이후 축구에 대한 국민적 열광은 자유로운 개인감정의 발로인 것처럼 보인다. 그러나 그 밑바닥에는 여전히 폐쇄적인 국가주의와 저항적 민족주의가 도사리고 있으며, 이것이 대중의 욕망을 조정하는 문화적 수단으로 악용된다는 것이 필자의 주장이다. 왜냐하면 축구 경기란 오늘날 사회적 무의식 수준에서 강력한 민족주의가 작동하는 수단이며, 애국심의 통로이기 때문이다.

한편, 박정희 시대의 음악정책을 통해서 정치 의례의 또 다른 면을 살펴보자(김은경, 2010). 일단 박정희 시대는 국가주의적 총동원 체제로 규정할 수 있는데, 이러한 억압적 권력이 자신의 헤게모니를 유지하기 위해서 일상을 어떻게 지배했는가를 파악하는 것이 매우 중요하다. 지금까지 박정희 시대를 평가하는 정치경제론의 접근(개발독재론, 권위주의 정권론, 종속적 파시즘)이 간과했던 치명적인 약점이 바로 미시 권력의 작동 방식을 정확히 이해하지 못했다는 것이다. 따라서 일상을 지배하면서 국가동원 체제를 유지하는 하나의 수단으로서 박정희 시대의 음악정책을 주목할 필요가 있다. 박정희 시대의 음악정책은 크게 보아 세 가지로 분류된다. 첫째는 민족주의, 둘째는 공동체주의, 셋째는 반공주의다. 여기에 대응해 음악정책도 세 가지 형태를 띤다. 첫째는 국악장려 정책, 국제음악제 개최, 왜색조 금지 정책, 둘째는 문예진흥법 제정, 국민가요 제정 및 보급, 건전가요 보급, 향토 가요 경연대회 개최, 셋째는 군가 제정 및 보급, 박정희 찬가 제정 및 보급이다. 여기서 필자가 특히 주목하고 싶은 대상은 재생산의 층위에서 음악 보급이 이루어진 방식이다. 각종 음악제, 경연대회 등이 박정희 시대에 개최되었고, 각종 제도를 통해서 국가가 음악의 보급을 관장했다. 예를 들어 애향가 경연대회, 전국 새마을국민 예술제, 건전가요합창경연대회, 새마을 어머니 합창대회 등이 그 대표적인 예다. 뒤르켐의 용어로 설명하자면 이처럼 수많은 경연대회가 존재했다는 사실은 음악이 집단적 의례의 과정이었음을 말해 주는 것이다. 즉 온 국민이 노래를 통해서 동일한 리듬과 규칙에 적응해, 집단적 열광의 도가니에 빠져 있었던 것이다. 이것이 바로 박정희 시대가 만든 동원 체제의 실상이다. 또 수많은 경연대회가 존재했다는 사실은 박정희 시대에 이르러 음악이 고급 예술의 범위를 넘어서 대중적 음악의 수준에 도달했음을 웅변해 준다. 이러한 맥락에서 보면 한국 사회에서 대중문화의 시대를 열게 된 계기는 바로 박정희 시대의 대중음악 정책이다. 물론 박정희 지배체제를 찬양하는 관제 음악이 주도한 대중음악시대이지만, 이로부터 권력을 비판하는 이른바 저항 음악가와 작곡가가 나타나기도 했다. 이것은 당시에 영화 영역에서 정치를 비판하고 억압적 동원 체제를 넘어서려는 시도가 있었음에도 불구하고, 그러한 영화가 오히려 퇴폐적인 호스티스 영화로 왜곡된 것에 비하면 매우 이례적인 사례다(유선영, 2008). 즉 한국에서 대중문화, 저항 문화의 본산은 영화라기보다는 음악이었고, 이로부터 국민들이 새로운 '감성적 대중'으로 발전하는 계기가 되었다는 것이다. 그런데 음악을 통해서 형성된 대중은 건전한 비판 정신을 소유하지만, 동시에 개인적 퇴폐성에서 빠져나오질 못할 가능성을 동시에 갖는다. 이것이 음악이 만든 감성의 치명적 위험성이다. 박정희 시대가 지난 후 한국 사회에는 문화적 황금기가 찾아 왔고, 이것이 오늘날 한류라는 이름으로 전 세계로 확산되어 가고 있다. 이러한 과정에서 과거 국가권력이 주도하던 음악의 생산·재생산 과정을 거대 자본을 가진 세력이 대신하게 되었다. 그리하여 국가 찬양과 동원 체제를 위한 음악이 이윤추구와 개성시대의 음악으로 모습을 바꾸어갔다. 이렇게 두고 본다면 권력의 겉모습은 바뀌었으나, 음악을 통해서 대중을 동원하는 제도적 차원은 실질적으로 바뀌지 않았다고 평가해 볼 수 있겠다. 박정희 시대의 관료적 음악정책이 권력에 자발적으로 순응하는 인간형을 만들었다면, 오늘날 신자유주의 시대의 상업주의 음악정책은 순간적인 쾌락주의 인간형을 만들어가고 있지 않을까? 권력에 순응하는 인간형이나 순간적 쾌락주의에 물든 인간형이나, 시대가 요구하는 비판적 정신을 결여하고 있다는 점에서 어쩌면 동일한 인간형일지 모른다. 총화단결의 열광이나 개인적 쾌락의 열광은 그래서 동전의 앞뒷면과 같다. 타락한 열광이 오늘날 한국 국민의 일상에서 과거의 향수에 물들게 하는 문화적 효과로 나타는 것이다.

3) 언어에 대하여

레이코프는 인간의 정치적 무의식을 '프레임'이라는 개념으로 설명한 바 있다(레이코프, 2006). 국민 개개인은 정치를 바라보는 일정한 틀을 가지고 있는데, 이것이 언어적으로 구성된다는 것이다. 또한 레이코프는 최근의 저서에서(레이코프, 2012: 52)에서 "삶을 이끌어 가는 서사"를 강조한다. 그의 설명에 따르면 한 사회의 지배 담론이 일정한 언어 구조로 형식화되며, 이것이 궁극적으로 일반 국민들에게 특정한 사실만을 수용하도록 만드는 정치적 효과를 발휘한다. 다시 말해 국민들이 정치를 경험하는 최초의 단위가 바로 언어인데, 이러한 정치의 언어화 과정은 각 시대마다 일정한 특수성이 있으며, 이것을 통해서 특정한 정치권력이 만든 인간형을 파악할 수 있다는 것이다. 알기르다스 그레마스(Algirdas Greimas)의 언어학 이론에 기대어 다시 설명한다면, 정치적 담론은 행동적 주체(sujets pragmatiques)와 인지적 주체(sujets cognitif)의 구분을 통합해서 하나의 인간형을 만든다. 이렇게 통합된 주체는 가치관의 형성과 행동 방식에서 일정한 특수성을 나타낸다(김성도, 2002). 한편, 프랑스의 철학자 리쾨르에 따르면 개인의 정체성은 바로 내러티브(Narrative)에 의해서 구성된다(Ricoeur, 1969; 1976; 1983; 1986). 즉 주체는 이야기 구조(narrative) 안에서 구성되는 것이다. 국민들이 정치적 사건을 이해하는 것은 문화적 전통 안에서 주어진 사건을 텍스트와 같이 이해하는 작업이라고 바꾸어 생각할 수 있다. 이때 장기간 반복되는 정당 정책, 정부의 담화문, 언론의 기사들은 개인들의 내러티브 구조를 형성하며, 이것은 상당한 시간이 지난 후에도 일정한 인식의 지도(프레임)로 작동하게 된다.

이와 같은 정치-언어의 상관관계에 주목한다면, 박정희 시대를 주도했던 지배 담론의 내러티브 구조를 파악하는 것이 매우 중요하다는 사실을 알게 된다. 즉 당시의 발전 담론이 국민들에게 특수한 프레임을 만들었고, 이것이 현재까지도 큰 영향력을 준다고 추정할 수 있기 때문이다. 대체로 1963년까지의 발전 전략은 내포적 공업화로 요약된다. 국내경제의 균형발전을 도모할 수 있는 성장 모델을 추구하려고 했던 것이다. 그러나 케네디 정부가 들어서 세계전략이 수정되고, 일본 중심으로 동북아 방위를 구상하면서 한국 정부는 어쩔 수 없이 수출지향적 공업화 전략으로 발전 경로를 수정하게 된다. 이로써 한국 경제는 외부경제적 요인에 극도로 취약한 체질을 가지게 되며, 국민경제 안에서 분배보다는 성장을 우선시 하는 전략을 선택하게 된다. 그로 인해 농민이나 노동자들의 희생을 요구할 수밖에 없었다. 이것이 박정희 시대를 지배했던 '발전국가 모델'의 실상이다. 그러나 당시를 살아온 국민들에게 발전국가는 모든 국민들에게 보다 나은 삶을 공평하게 보장하는 이야기 구조로 인식되었고, 이것이 한 시대를 특징짓는 프레임이 되어버렸다. 경제성장은 민주주의를 위해서, 조국통일을 위해서, 미래를 위해서 반드시 달성되어야 할 국가적 목표가 되었기 때문에, 여기에 대한 비판과 반대는 곧바로 반민주적 인사, 빨갱이, 사회적 불순세력으로 간주되었다. 박정희의 정신적 기원을 밝힌 한 연구에 따르면(이준식, 2002), 국가와 민족에 대해 박정희가 그토록 강조한 이유는 한국 근대화의 원형을 일본에서 찾고 있었기 때문이다. 즉 만주 군관학교를 통해서 일본을 경험한 박정희는 만주국이 국가의 모범이었으며, 그가 육군사관학교 시절 경험한 2·26사건은 국가 개조의 전형이었다. 따라서 서구의 역사에서 경제발전이 시민사회에서 주도된 부르주아 계급의 공공 담론이었다고 한다면, 박정희 시대의 경제발전은 국가가 주도하는 민족적·국가 중심적 지배 담론이었다. 여기에 대한 비판과 도전은 일체 허락되지 않았다.

한편 새마을 운동이 개입해 일상생활의 담론도 국가가 주도해 갔다. "우리도 잘 살아 보세", "하면 할 수 있다"라는 담론이 일반 국민들의 마음속에 특수한 프레임을 형성해 갔던 것이다. 사실 당시 새마을 운동은 성과에 따라서 마을의 등급을 구분하고 거기에 따라서 차등 보상하는 경쟁 체제였기에, 전형적인 노동착취의 방식이었다. 그런데 당시에 한국 국민들에게 이러한 새마을 운동은 근면, 성실, 자립, 협동이라는 이데올로기를 주입했고, 일반인들의 마음속에 정부 정책을 해석하는 중요한 언어적 구조를 형성하게 되었다. 또 1960~1970년대에 박정희 정권은 마을문고/직장문고 운동, 국민독서경진대회 등을 활발하게 벌였다. 이것은 당시의 정치권력이 국민들의 의식을 조정해, 근대국민 만들기 = 경제발전 = 민족중흥이라는 동원 체제를 형성하려 했다는 사실을 암시한다. 즉, 일반 국민들의 교양을 국가가 지배했던 것이다. 사실 이러한 교양운동은 1930년대 미국에서 유행하던 자유교양운동을 한국식으로 개조한 것인데, 미국에서 강조했던 전통은 서유럽 자유주의 흐름에서 탄생한 인문학적 인간형을 지향하고 있는 데 반해, 1970년대 한국에서 강조했던 전통은 민족적 전통이었으며, 이것은 곧바로 정권에 대한 충성으로 이어진다(권보드래·천정환, 2012).

그런데 박정희 시대의 생활 담론과 교양 대중은 오늘날에도 이어진다. 이른바 1990년대 이후 유행이 되었던 성공학, 처세술, 자기계발서의 열풍은 비록 국가에 의해서 주도된 것은 아닐지라도 여전히 박정희 시대의 언어적 내러티브와 매우 유사한 정치적 프레임을 만들고 있다. 이것이 박정희 향수에 큰 영향을 주고 있다고 필자는 평가한다. 물론 박정희 시대와 신자유주의 시대의 정치경제적 상황은 판이하게 다르다. 1970년대가 국가 주도형 발전국가 모델이었다고 한다면, 1990년대 이후 한국의 경제 모델은 유연화된 세계화 모델로 탈바꿈했다. 잘 알고 있다시피 외환위기가 큰 기폭제가 되었다. 따라서 형식 논리적으로 보면 과거와는 다른 새로운 경제주체가 필요한 것이다. 그러나 언어의 내러티브 형식은 1970년대와 1990년대 이후 큰 변화가 없다. 박정희 시대에 요구된 근면, 성실, 자조, 협동이라는 단어는 1990년대 이후 자기 경영, 성공하는 사람의 습관, 인력 관리 등으로 바뀌었지만 내러티브 구조는 동일한 형식을 취하고 있다는 것이다. 즉 인지적·행동적 언어 모델에서 설명하자면 개인은 성공을 지향하면서 국가의 지배 담론에 포섭되고 있는 것이다. 이것이 오늘날 언어적 관점에서 박정희 향수를 불러오는 큰 이유다.

4) 기억에 대하여

박정희 향수라는 주제에서 '향수'라는 단어는 과거에 대한 기억을 의미한다. 따라서 사회과학적인 의미에서 개인이나 집단이 과거를 기억하는 이유, 방법, 효과 등에 대해서 설명하는 것이 학문적으로 매우 중요하다. 여기서는 기억에 대한 이론적 흐름을 살펴보고 이것이 한국적 상황에 적용될 수 있는 가능성을 탐색해 보기로 하겠다.

우선 기억에 대한 사상적 기초를 놓은 사람으로 베르그송을 살펴보는 것이 유용하다. 베르그송은 『물질과 기억(Matière et mèmoire)』에서 두 가지 질문을 던진다. 첫째는 어떠한 과정을 거쳐서 인간의 의식이 기억의 형태로 남아 있게 되며, 어떤 점에서 현재의 지각과 매우 유사한 회상들 사이에서 저것이 아니라 이것인 단 하나가 왜 의식의 빛으로 나타나는가(Bergson, 1991: 181)의 질문이다. 우선 첫 번째 질문에 대해서 그는 기억이란 기계적인 습관과 독립적인 회상이라는 두 가지가 존재하는데, 전자는 반복된 학습에 의해 습관처럼 나타나는 기억의 형태이며, 후자는 정신의 노력이라고 분류한다. 그런데 후자는 현재 상황에 가장 잘 개입될 수 있는 표상들을 현재로 인도하기 위해서 과거에 있는 표상을 찾는 작업과 관련되어 있다고 설명한다(88). 이렇게 보면 두 번째 기억의 형태를 설명하는 것이 사회과학적으로 중요하다. 그런데 정신적 노력으로 이루어진 독립된 회상(이것을 'imgae-souveir', 이미지 회상이라고 불러볼 수도 있다)은 어떤 과정을 거쳐서 현재에도 등장하는 것일까? 과거의 기억이 현재에로 등장하는 과정을 베르그송은 재인식(reconnaissance)라고 명명하는데, 여기에서 작동하는 중요한 기제는 바로 현재 시간 속의 구체적인 행위다. 즉 기억이란 의식이나 관념의 흐름이 아니라, 인간의 육체를 매개로 하는 구체적인 지각 행동이라는 것이다. 그런데 왜 특정한 기억만이 선택되는 것일까? 베르그송은 '삶에 대한 주의(attention a la vie)'가 그 대답이라고 한다. 기억은 순수한 과거의 상태가 아니며, 또한 기억이 현재로 다시 살아오는 이유는 일정한 지적 긴장과 필요에 의해서 선택적으로 이루어지는 것이다. 이것이 바로 삶에 대한 주의다. 그런데 여기서 베르그송은 이해(interet)라는 단어를 자주 사용하면서 삶에 대한 주의를 설명한다. 이것은 삶에 대한 주의가 지적 긴장을 넘어서 경제적 필요를 의미하는 것일까? 사실 이 문제가 베르그송의 철학에서는 선명하게 밝혀지지 않은 채 남아 있다.

한편, 삶에 대한 주의가 현실적 필요나 계급적 이해관계와 같은 사회학적 분류와 연결 지어 생각했던 학자는 알박스와 부르디외다. 우선 알박스에서 기억의 문제를 다루어보자. 알박스의 기억 이론은 크게 보아 두 시기로 구분될 수 있는데, 초기는 뒤르켐의 영향이 남아 있던 시기로, 기억이 개인의 행동에 어떤 영향을 주는가에 관심이 집중되어 있다(Halbwachs, 1930). 이때 알박스는 기억이란 개인의 지각이 사회적 요구에 순응하는 과정이라고 파악한다. 예를 들어 개인이 자살을 하게 되는 동기는 다른 사람들과 소통이 단절되어 자신이 소외되었다는 감각을 가지게 되는 순간인데, 이것은 집단이 요구하는 대화와 지식의 분류체계에서 배제되었기 때문에 발생하는 사회적 문제다. 즉 개인이 집단소속감에서 벗어나지 않도록 하는 기능으로서 기억이 중요한 역할을 한다. 이렇게 보면 기억이란 사회가 용인하는 원초적인 분류체계와 같다. 한편 후기에 오면 집단표상이 개인에게 영향을 주는 방식에 관심을 기울인다 (Halbwach, 1952; 1968). 개인은 일상에서 다양한 경험을 하며 이에 따라 수많은 기억을 가지게 되지만, 실제로 개인이 집착하는 기억은 매우 높은 수준의 통일성을 띠는 집단기억뿐이다. 그리고 이러한 집단기억은 개인의 표상에 큰 영향을 주는데 그 과정에서 정치적 추모제, 기념물과 동상들, 역사의 정치적 술책 등이 작동한다. 이 시기에 알박스는 기억을 정치적 상징물로 이해하며, 이때 정치적 상징들은 집단의 분류체계를 개인에게 강요한다.

알박스가 다룬 기억의 문제는 초기에서 후기로 진행할수록 기억과 사회적 분류체계로 관심이 바뀌어 갔지만(Halbwachs, 1972), 기억을 계급의 관점에서 다루지는 않는다. 바로 이러한 한계점을 넘어서는 학자가 바로 부르디외다. 그의 아비투스 이론은 계급의 성향 체계를 분석하는 도구로 알려져 있지만, 그 개념 안을 깊숙이 들여다보면 기억과 계급 행동이라는 주제를 다루고 있다. 부르디외는 과거의 경험과 미래에 대한 기대감이 현재의 행위 양식으로 나타나는 속성을 아비투스라고 부른다(Bourdieu, 1980). 원식 부족사회에서의 교환관계를 분석하면서 부르디외는 부족사회에서 발생하는 교환관계에는 일정한 시간 간격이 존재하는 사실을 강조한다. 교환관계는 과거의 관습을 존중하면서도, 미래에 대한 예측과 객관적 가능성을 염두해 둔 일종의 전략적 행위다. 이것을 집단기억이라는 주제와 연결 지으면, 교환 행위는 소위 집단적 기억이 발휘되는 구체적인 사회적 행위인데, 여기서 중요한 사실은 교환 행위를 통해서 일정한 이해관계를 성취할 가능성을 두고 집단행동이 발생한다는 것이다.

이것을 계급 논리로 확대해 보면, 자본주의사회에서 계급별 행위는 과거에 대한 기억과 미래에 대한 기대감을 두고 사회적 차별이 발생한다고 말해 볼 수 있다. 부르디외는 하층계급의 출산율이 높은 이유를 과거의 경험과 더불어 미래에 대한 기대감이 낮기 때문이라고 설명한 바 있다(Bourdieu, 1979: 7장).

이와 같은 기억 이론의 흐름에 기대어 한국 사회에서 주기적으로 반복되는 박정희 향수에 대해 논의해 보자. 왜 한국민들은 박정희에 대한 기억을 자주 떠올릴까? 그러한 기억은 집단 정체성에 유래하는가, 국가의 제도에서 유래하는가? 그러한 기억은 계급별로 동일한가?

우선 첫 번째 질문은 베르그송의 사상으로부터 설명해 볼 수 있겠다. 적어도 우리 국민의 경제적 삶이 빈곤해질 때 과거에 대한 기억이 더욱 강렬하게 추동된다고 볼 수 있다. 즉, 존재의 불안이 과거의 기억을 불러온다고 말할 수 있다. 2000년대 초 박정희 향수에 대한 논의가 시작되었을 때 한국 사회는 외환위기를 겪고 있었으며, 이로 인해 수많은 사람들이 경제적 낙오자가 된 바 있다. 베르그송식으로 말하자면, '경제적 삶에 대한 주의'가 수많은 과거의 기억 중에서 박정희 시대의 부국정책을 떠올리게 만들었다고 볼 수 있다.

여기서 두 번째 질문을 해보자. 이러한 기억은 단순히 개인적 기억인가? 혹은 집단적 기억인가? 박정희에 대한 기억이 개인적인 수준에서 머물었다면, 그것은 결코 사회적인 현상이 되지 않았을 것이다. 따라서 박정희 향수는 집단적 정체성과 관련되어 있으며, 이것은 국가와 시민사회에서 일정 부분 정치적으로 조작된 것이라고 볼 수 있다. 홍윤기(2003)와 진중권(2007)이 강조한 바 있듯이, 2000년대 초반 시작된 박정희 향수는 보수 언론의 상징조작과 밀접한 관련이 있다. 조선일보를 선두로 한 보수 언론에서 박정희 향수를 자극했는데, 여기에는 영남의 보수층을 통합해서 특정 정당에 대한 지지를 확보하려는 전략적 고려가 깔려 있다는 것이다. 이러한 맥락에서 박정희 향수는 지역감정을 고착화하는 것과 관련이 깊다. 나아가 사회주의권의 몰락으로 북한과의 대결구도가 희석되는 정국에서, 박정희를 신화적 존재로 끌어올림으로써 우익의 역사성과 정통성을 확보하려는 의도도 있었다는 것이다(진중권, 2003: 345~346). 이러한 신화 만들기에 이인화의 소설(1997)과 조갑제의 칼럼 (2001)이 큰 역할을 했다. 두 책은 보수 언론의 홍보에 힘입어 엄청난 판매 부수를 기록했는바, 이를 알박스의 기억 이론에 기대어 설명한다면 이인화 소설은 대중소통의 원재료였으며, 조갑제의 칼럼은 사회의 원초적 분류하기를 만든 지적 자원이었다. 전자가 가공된 영웅 만들기를 실현시켰다면, 후자는 보수와 진보의 대결에서 반공우익의 이념적 분류체계를 만든 것이다. 전자가 박정희를 사람들 사이에서 대화의 중요한 주제로 만들었다면, 후자는 박정희를 해석하는 일정한 세계관을 고착화시켰다. 이러한 맥락에서 2000년대 한국 정치가 진보/보수의 이분법 대결 구도로 치닫게 된 계기가 박정희 향수 효과와 관련이 있다고 필자는 생각한다. 세계정치의 흐름에서 본다면 2000년대는 이미 자본주의/사회주의 냉전 구도가 허물어지고, 이데올로기보다는 실용주의적 정치가 발흥하던 시기였다. 이것에 비하면 한국 정치는 이와 같은 세계 정치의 흐름과는 크게 뒤떨어진, 시대착오적인 진보/보수의 논쟁에 휘말리게 되는데, 여기에 큰 역할을 한 것이 바로 박정희에 대한 기억의 정치라고 필자는 판단한다. 이렇게 본다면 현대 한국 정치의 후진성은 정당제도나 선거구 제도에 있기보다는 상징조작에 의해서 국민들의 마음을 과거로 회상하게 만들고, 이를 토대로 왜곡된 분류체계를 강요하는 기억의 정치학에서 비롯된 것이라고 진단할 수도 있겠다.

그렇다면 세 번째 질문을 해보자. '만들어진 정치 기억'이 모든 국민들에게 동일한 효과를 발휘하는가? 이 질문에 대답하기 위해서 부르디외의 이론에 도움을 받을 필요가 있겠다. 부르디외의 설명에 따르면 아비투스 개념은 경제적 자본과 문화적 자본의 소유 정도에 따라서 계급적 차별성을 갖는다. 예를 들어 경제와 문화를 종축과 횡축으로 나누어 보면, 우리는 사회적 계급위치를 네 개로 구분해 볼 수 있다. 즉 1상한은 경제적·문화적 자본이 모두 우세한 계급, 2상한은 경제적 자본은 우세하나 문화적 자본은 열등한 계급, 3상한은 경제적 자본은 열등하나 문화적 자본이 우세한 계급, 4상한은 경제적·문화적 자본이 모두 열등한 계급으로 분류해 볼 수 있다. 여기서 문화적 자본이 우세한 계급은 자신의 세계관을 설명하고 방어할 수 있는 언어 자원을 소유한 계급이다. 따라서 이들은 조작된 정치 기억에 대해서 비판적 거리두기를 할 수 있으며, 박정희 향수가 자신의 정치적 선택에 크게 영향을 주지 않는다. 여기서 우리가 주목해야 할 계급은 4상한이다. 이들은 소위 하층계급, 노동자계급, 민중계급 등으로 불리던 사회적 소외 계급이다. 전통적인 마르크스주의의 논리에서 보면 이들은 경제적으로 박탈된 계급군으로서 저항 의식이 높고, 개혁 의식이 강한 사람들로 취급되었다. 그러나 오늘날 현실을 보면 이와는 사정이 사뭇 다르다. 이들은 문화적 자본이 열등한 관계로 언론의 상징조작에 무방비로 노출되는 경우가 많으며, 박정희 향수에 있어서도 이 계급에 속하는 사람들이 가장 많은 영향을 받을 가능성이 있다. 물론 이것은 보다 구체적인 실증 조사를 필요로 하는 작업이다. 그러나 2000년대 이후 한국 사회가 점차 보수화되고 있으며, 이러한 결과가 2008년과 2012년의 대선 결과로 나타났다고 필자는 생각한다. 이와 같은 한국 사회의 보수화 경향을 두고 볼 때, 3상한의 일부 계급 군을 제외한 나머지 분류에 속하는 국민들은 경제적 박탈감뿐만 아니라, 문화적 박탈감을 경험하고 있으며, 이것이 박정희 향수에 크게 동화되도록 만든 요인이라고 평가할 수 있다. 기억의 정치는 문화적 열등 계급을 대상으로 하며, 여기서 보수적 상징조작이 크게 성공했다.

5. 나가며: 새로운 시민성을 향하여

그동안 대중정치학에 대한 연구 성과는 크게 보아 두 가지 차원에서 진행되었다. 첫째는 대중형성의 내재적 과정(무의식)을 강조하는 대중심리론이며, 둘째는 대중형성의 외재적 요인(권력)을 강조하는 대중파시즘론(독재론)다.

전자가 르봉, 타르드, 프로이트로 대변된다면(한국에서는 무속신앙 연구) 후자
는 프롬, 빌헬름 라이히(Wilhelm Reich) 등으로 대표된다(한국에서는 임지현의
연구). 필자가 보기에 이러한 두 가지 흐름은 대중의 형성과 특징을 각각 심리
와 권력관계라는 틀 속에서 설명했다는 점에서 인식론적으로 한계가 있다.
즉 미시와 거시적 수준에 한정되어 대중을 연구함으로써 미시와 거시의 요인
들이 어떻게 상호 관계를 맺는가를 설명하기 어렵다. 이러한 맥락에서 필자
는 두 이론의 요인 분석을 통해서 대중형성에 필수적인 요인들을 네 가지로
추출했고(육체, 상징과 의례, 언어, 기억), 각 요인들의 특성과 작동 방식을 고찰
한 후, 그에 상응하는 박정희 시대의 특성과 현대적 특성을 비교해 보았다.
이것은 대중정치의 특성이 주체화의 양식에 있다는 학문적 판단에 근거한 작
업이었다. 이렇게 구축된 대중정치학의 모델은 2000년대 이후 한국 사회에
등장한 대중정치의 흐름을 이해하는 데 큰 도움을 줄 것으로 기대된다.[6]

또한 필자의 이러한 시도는 한국 정치의 새로운 비전을 찾아보려는 학문적
목표에서 시작된 것이다. 현재 한국 사회를 진단하고 그에 대한 해결책을 제
시하는 연구들이 많지만, 대중정치의 흐름을 정확히 이해하지 못한 채 제시되

---

6) 2000년대 이후 한국 사회에는 독특한 대중정치의 사건들이 빈번히 발생했다. 예를 들
어 효선이 미선이 사건, 솔트레이크 동계올림픽에서 불거진 반미 감정, 월드컵을 계기
로 촉발된 길거리 응원전, 이명박 정부 초기 발생한 미국산 쇠고기 수입반대 촛불시
위, 황우석 박사 사건을 계기로 시작된 모바일 여론전 등등과 같이 과거 군사독재 시
절에 있었던 집단행동과는 질적으로 전혀 다른 군중행동이 나타났고, 이것은 정치적
으로 큰 영향력을 주었다. 이를 두고 한국에서 대중정치의 시대가 도래했다고 평가해
볼 만하다. 다시 말해 박정희, 전두환, 노태우 시대의 대중행동이 민중적이고, 계급적
이며, 학생과 지식인 중심의 저항운동이었다면, 2000년대 이후 대중행동은 민중과 계
급을 넘어서고, 학생이나 지식인이 주도하지 않는 주민들의 자발적인 저항운동이라는
점에서 대중정치의 시대라고 이름 붙일 수 있겠다. 또한 경제구조와 기술력이 변화함
에 따라 일상에서 대중의 삶 자체가 변화했다는 점에 주목하는 이론들이 다양하게 등
장했다. 대중소비사회론, 인터넷 집단지성, 다중사회 등과 같이 대중의 역할에 주목
하고 그들의 특성을 파악하려는 학문적 흐름이 있다. 이처럼 현실적으로나 이론적으
로 한국 사회는 대중정치(학)의 시대를 맞이하고 있다.

는 정책들은 사실 실효를 거두기 어려울 것이다. 예를 들어 오늘날 한국 사회의 특징을 신자유주의 체제라고 규정하고, 그에 대한 분석을 제시하는 연구들은 크게 두 가지 종류가 있다. 첫째는 이른바 구조적 분석으로 국제적 금융책략이 한국 사회에서 비정규직을 양산하고, 부의 불평등을 심화시키고 있다는 분석이다(피케티, 2014가 대표적인 연구다). 둘째는 문화 권력이 개인의 심성을 지배함으로써 개인이 점차 순응적 인간으로 타락하고 있다는 분석이다(엄기호, 2014가 대표적인 연구다). 필자가 보기에 사회구조에 주목했던 기존의 연구들은 행정부의 성격이나 자본주의 재생산 방식에 주목해 왔고, 개인의 심성에 주목했던 연구들은 국민적 심리 상태를 내적 작용으로 생각해 왔다. 이렇게 되면 늘 이론과 현실에는 괴리가 있기 마련이고, 정책적 처방 역시 효율적이지 못하게 된다. 이제는 한국 사회를 진단하고, 처방하는 안목을 바꾸어 한다. 이를 위해서 필자는 한국 학문의 시각이 정치경제론에서 문화론으로 옮겨 와야 한다고 강조하고 싶다. 그 이유를 잠시 설명해 보자.

레이먼드 윌리엄스는 감정의 구조를 정치경제와 그에 상응하는 마음의 얼개라고 정의하면서, 한 사회의 변화는 감정구조가 변화할 때 비로소 성취되는 것이라고 말한 바 있다(윌리엄스, 2013). 즉 정치적 자유나 경제적 자유와 같은 외면적 발전 못지않게 국민 내면의 의식 구조가 바뀔 때 진정한 혁명이 성취되는 것이라는 뜻이다. 바로 이러한 맥락에서 그는 서구 근대화의 역사는 기나긴 혁명의 시간이 필요했다고 설명한다(윌리엄스, 2007). 이것을 한국 사회에 적용해 보자. 대개 1987년 이후 한국 정치는 형식적 민주화가 달성된 것으로 평가한다. 그럼에도 불구하고 그 이후 계속해서 한국 정치는 혼란에서 벗어나지 못하고 있다. 그 원인이 어디에 있을까? 필자는 바로 윌리엄스가 지적한 감정구조가 제대로 정착되지 못한 것에서 하나의 이유를 찾을 수 있다고 생각한다. 정치와 경제는 변화했고 그에 상응하는 정책적 대응이 있지만, 한국 국민들의 감정구조는 여전히 박정희 시대에 머물러 있는 것은 아닌가? 새로운 시대에 적합한 개인주의와 정체성이 제대로 정착되지 못한 것이 여전히 한국 정치가 보수화되고, 혼란 속에서 헤매는 이유가 아닐까? 윌리엄스의 논리에 기대어 보면, 진정한 민주화란 정치적 민주화, 경제적 민주화 그리고 마지막으로 감정의 민주화가 달성되어야만 가능한 것이다. 물론 세 가지 차원의 민주화에 단계가 있다거나, 순서가 있는 것은 아니다. 다만 감정의 민주화라는 차원에서 한국 사회의 비전을 모색하는 작업이 그동안 학계에서는 상대적으로 적었고, 그에 대한 정책적 대안도 부족했기에[7] 우리는 이제 감정의 민주화라는 수준을 강조하면서, 이것이 정치와 경제의 민주화와 어떤 관련을 맺는지를 파악할 시점에 이르렀다고 필자는 주장하고자 한다. 이러한 맥락에서 보면 박정희 향수는 개발독재국가 시절 형성되었던 감정구조가 새로운 시대에도 여전히 잔존하는 결과물이라고 해석해 볼 수 있다. 다시 말해 21세기에 적합한 감정구조가 아직 한국 사회에 정착되지 못했다는 반증이며, 따라서 한국 정치의 미래는 새로운 감정구조, 즉 새로운 정치권력과 경제구조에 적응할 수 있는 시민성을 찾아내는 데 있다고 말할 수 있겠다.

이 글은 바로 새로운 감정구조, 혹은 시민성의 요인들을 찾아 볼 수 있는 이론적 단초다. 그러나 여기에서 지적된 네 가지 요인들을 이론적인 수준에서만 정리할 수는 없다. 보다 정교한 대중정치학의 모델을 마련하기 위해서는 더 많은 요인들이 추적되고, 그 작용 원리가 설명되어야 한다. 더구나 이러한 주체화 양식의 요인들은 이론의 수준을 넘어서 실증 작업을 통해서 증명되어야 한다. 즉 육체, 상징과 의례, 언어, 기억과 같은 요인들이 계급별로, 세대별로, 지역별로 어떤 편차로 다르게 나타나는지를 설문조사와 질적 접근 방법을 동원해서 확인해야 한다. 또 시대별로 어떻게 다르게 변화해 가는지도 실증 조사를 통해서 확인해야 한다. 이것이 앞으로 남은 과제다.

---

7) 문화적 관점에서 한국의 민주화를 연구하고 정책 대안을 추구한 선구적 연구로 여건종(2002: 97~114)의 작업을 들 수 있다. 사상적으로 감정의 문제를 민주화와 연결시킨 선구적인 작업은 토크빌(1997)을 꼽을 수 있겠다.

참고문헌

강준만. 1999. 「박정희 신드롬을 해부한다」. ≪인물과 사상≫, 제10호.

_____. 2001. 「박정희 신드롬과 DJ신드롬」. ≪인물과 사상≫, 제33호.

_____. 2002. 「박정희 신드롬과 공적 영역의 소멸」. ≪인물과 사상≫, 제56호.

공제욱. 2008. 『국가와 일상: 박정희 시대』. 한울엠플러스.

굿윈, 제프·제임스 M. 재스퍼·프란체스카 폴레타(Jeff Goodwin and James M. Jasper, Francesca
　　　　Polletta). 2012. 「왜 감정이 중요한가(Why Emotions Matter)」. 『열정적 정치(Passionate
　　　　politics)』. 박형신·이진희 옮김. 한울엠플러스.

권보드래·천정환. 2012. 『1960년대를 묻다: 박정희 시대의 문화정치와 지성』. 천년의상상.

김성도. 2002. 『구조에서 감성으로』. 고려대학교 출판부.

김성일. 2007. 「대중의 탈근대적 변환과 참여적 군중에 관한 연구」. 고려대학교 사회학과 박사논문.

김은경. 2010. 「박정희 체제의 지배양식에 대한 비판적 연구: 음악정책을 중심으로」. 인하대학교
　　　　정치외교학과 박사논문.

김찬호. 2014. 『모멸감: 굴욕과 존엄의 감정사회학』. 문학과지성사.

김홍준. 2009. 「진성의 기원과 구조」. 『마음의 사회학』. 문학동네.

나인호. 2004. 「치독재의 정치종교와 전체주의적 대중만들기」. 임지현·김용우 엮음. 『대중독재』.
　　　　책세상.

다마자오, 안토니오(Antonio Damasio). 2007. 『스피노자의 뇌(Looking for spinoza)』. 임지원 옮김.
　　　　사이언스북스.

뒤르켐, 에밀(Émile Durkheim). 1992. 『종교생활의 원초적 형태(Les Formes Elementaires de la
　　　　Vie Religieuse)』. 노치준·민혜숙 옮김. 민영사.

레이코프, 조지·마크 존슨(George Lakoff and Mark Johnson). 2002. 『몸의 철학(Philosophy in
　　　　the Flesh)』. 임지룡 외 옮김. 박이정출판사.

_____. 2006. 『코끼리는 생각하지마(The All New Don't Think of an Elephant)』. 유나영 옮김.
　　　　삼인.

_____. 2012. 『폴리티컬 마인드(The Political Mind)』. 나익주 옮김. 한울엠플러스.

르봉, 귀스타브(Gustave Le Bon). 2012. 『군중심리(Psychologie des Foules)』. 이상률 옮김. 지도리.

리스먼, 데이비드(David Riesman). 2013. 『고독한 군중(The Lonely Crowd)』. 류근일 옮김. 동서
　　　　문화사.

마르크스, 슈테판(Stefan Marx). 2009. 『나치즘, 열광과 도취의 심리학(Warum Folgten Sie Hitler)』.
　　　　신종훈 옮김. 책세상.

마틴, 에버렛 딘(Everett Dean Martin). 2012. 『군중행동(The Behavior of Crowds)』. 김성균 옮김.

까만양.

메를로퐁티, 모리스(Maurice Merleau-Ponty). 2012. 『지각의 현상학(Phenomenologie de la Perception)』. 류의근 옮김. 문학과지성사.

메스트로비치, 스테판(Stjepan Meštrović). 2014. 『탈감정사회(Postemotional Society)』. 박형신 옮김. 한울엠플러스.

모스코비치, 세르주(Serge Moscovici). 1996. 『군중의 시대(L'age des Foules)』. 이상률 옮김. 문예출판사.

바커, 콜린(Colin Baker). 2012. 「공포, 웃음, 그리고 집합적 권력: 1980년 8월 폴란드 그단스크 레신 조선소에서의 자유노조 만들기(Fear, Laughter, and Collective Power: The Making of Solidarity at the Lenin Shipyard in Gdnask, Poland, August 1980)」. 『열정적 정치(Passionate politics)』. 박형신·이진희 옮김. 한울엠플러스.

버거, 피터·토마스 루크만(Peter Berger and Thomas Luckmann). 2013. 『실재의 사회적 구성(The Social Construction of Reality)』. 하홍규 옮김. 문학과지성사.

베레진, 메이블(Mabel Berezin). 2012. 『감정과 정치적 정체성(Emotions and Political Identity)』. 『열정적 정치(Passionate Politics)』. 박형신·이진희 옮김. 한울엠플러스.

베르그손, 앙리(Henri Bergson). 1991. 『물질과 기억(Matière et Mémoire)』. 홍경실 옮김. 교보문고.

벨라, 로버트·리처드 매드슨·윌리엄 설리번·앤 스위들러·스티븐 팁튼(Robert Bellah and Richard Madsen, William Sullivan, Ann Swidler, Steven Tipton). 2001. 『미국인의 사고와 관급(Habits of the Heart: Individualism and commitment in american life)』. 김명숙 외 옮김. 나남출판사.

소영현·이하나·최기숙. 2014. 『감정의 인문학』. 봄아필.

슈워츠, 베리(Barry Schwartz). 2007. 「문화체계로서의 기억: 제2차 세계대전 속의 에이브러햄 링컨(Memory as a cultural system: Abraham Lincoln in world war 2)」. 『뒤르케임주의 문화사회학』. 최종열 엮음·옮김. 이학사.

신용구. 2000. 『박정희 정신분석, 신화는 없다』. 뜨인돌.

심광현. 2009. 「감정의 정치학」. ≪문화과학≫, 제59호.

엄기호. 2014. 『단속사회』. 창비.

엘리아스, 노르베르트(Norbert Ellias). 1996. 『문명화 과정(Uber den prozeß der zivilisation)』. 박미애 옮김. 한길사.

여건종. 2002. 「대중과 문화적 민주화」. ≪비평≫. 제8호.

오테르가 이 가제트, 호세(José Ortega y Gasset). 2006. 『대중의 반역(La Rebelion de las Masas)』. 황보영조 옮김. 역사비평사.

요시미 순야(吉見俊哉). 2009. 『문화연구(カルチュラル·スタディーズ)』. 박광현 옮김. 동국대학

교 출판부.

윌리엄스, 레이먼드(Raymond Williams). 2007. 『기나긴 혁명(The Long Revolution)』. 성은애 옮김.
　　　문학동네.

_____. 2013. 『마르크스주의와 문학(Marxism and literature)』. 박만준 옮김. 지만지.

유선영. 2008. 「과민족화 프로젝트와 호스티스 영화」. 공제욱 엮음. 『국가와 일상: 박정희 시대』.
　　　한울엠플러스.

이인화. 1997. 『인간의 길』. 살림.

이준식. 2002. 「박정희 시대 지배이데올로기의 형성: 역사적 기원을 중심으로」. 홍석률 외. 『박정희
　　　시대 연구』. 백산서당.

이진경. 2012. 『대중과 흐름: 대중과 계급의 정치학』. 그린비.

임지현. 2004. 「대중독재의 지형도 그리기」. 임지현·김용우 엮음. 『대중독재 1』. 책세상.

임지현·이상록. 2005. 「대중독재와 포스트 파시즘: 조희연 교수의 비판에 부쳐」. 임지현·김용우
　　　엮음. 『대중독재 2』. 책세상.

임희섭. 1999. 『집합행동과 사회운동의 이론』. 고려대학교 출판부.

전재호. 2001. 『반동적 근대주의자 박정희』. 책세상.

조갑제. 2001. 『내 무덤에 침을 뱉어라』. 조선일보사.

진중권. 2003. 「죽은 독재자의 사회」. 이병천 엮음. 『개발독재와 박정희시대』. 창비.

_____. 2007. 『호모 코레아니쿠스』. 웅진지식하우스.

캘훈, 크레이그(Craig Calhoun). 2012. 「감정을 제자리에 위치시키기(Putting Emotions in Their
　　　Place)」. 『열정적 정치(Passionate politics)』. 박형신·이진희 옮김. 한울엠플러스.

타르드, 가브리엘(Gabriel Tarde). 2012. 『여론과 군중(L'Opinion et la Foule)』. 이상률 옮김. 지도리.

토크빌, 알렉시스(Alexis de Tocqueville). 1997. 『미국의 민주주의(De la Democratie en Amerique)』.
　　　임효선·박지동 옮김. 한길사.

파머, 파커(Parker Palmer). 2012. 『비통한 자들을 위한 정치학: 왜 민주주의에서 마음이 중요한가
　　　(Healing the Heart of Democracy: The courage to create a politics worthy of the human
　　　spirit)』. 김찬호 옮김. 글항아리.

푸코, 미셸(Michel Foucault). 2011. 『안전, 영통, 인구: 콜레주드프랑스 강의 1977~1978(Securite,
　　　Territoire, Population)』. 심세광 외 옮김. 난장.

프로이트, 지그문트(Sigmund Freud). 2004. "집단심리와 자아분석(Massenpsychologie und Ich-
　　　Analyse)." 『문명속의 불만(Das Unbehagen in der Kultur)』. 김석희 옮김. 열린책들.

피케티, 토마(Thomas Piketty). 2014. 『21세기 자본(Capital in the Twenty-First Century)』. 장경
　　　덕 옮김. 글항아리.

한민. 2008. 「문화심리학적 관점에서 본 박정희 신드롬의 무속적 의미」. ≪한국무속학≫, 제16집.

한양대사회인지발달연구모임. 2000. 『사회정체이론에서 본 집단심리』. 정민사.

호르크하이머, 막스·테어도어 아도르노(Max Horkheimer and Theodor Adorno). 2013. 『계몽의 변증법(Dialektik der Aukflarung)』. 김유동 옮김. 문학과지성사.

홍윤기. 2009. 「민주화 시대의 박정희」. 이병천 엮음. 『개발독재와 박정희 시대』. 창비.

황병주. 2004a. 「박정희 체제의 지배담론과 대중의 국민화」. 임지현·김용우 엮음. 『대중독재 I』. 책세상.

_____. 2004b. 「박정희 시대 축구와 민족주의: 국가주의적 동원과 국민형성」. ≪당대비평≫. 제19호.

황수영. 2007. 『물질과 기억』. 그린비.

Barus-Michel, Jacqueline. 1987. *Le sujet social*. Malakoff, FR: Dunod.

Bourdieu, Pierre. 1979. *La Distinction*, Paris, FR: Éditions de Minuit.

_____. 1980. *Le sens pratique*. Paris, FR: Éditions de Minuit.

Braud, Philippe. 1996. *L'Emotion en Politique*. Paris, FR: Presses de sciences po.

Dobry, Michel. 1992. *Sociologie des crises Politiques*. Paris, FR: Presses de Sciences Po.

Dubet, François. 1994. *Sociologie de L'Experience*. Paris, FR: Édition du Seuil.

Dumouchel, Paul. 1995. *Emotions*. Le Plessis-Robinson, FR: Synthelabo.

Halbwachs, Maurice. 1930. *Les Causes du Suicide*. Paris, FR: Félix Alcan.

_____. 1968. *La Memoire Collective*. Paris, FR: PUF.

_____. 1972. *Classe Sociales et Morphologie*. Paris, FR: Éditions de Minuit.

_____.1952. *Les Cadres Sociaux de la Memoire*. Paris, FR: PUF.

Hillier, Jean. 2005. "Mind the Gap." Jean Hiller(eds). *Habitus: A sense of Place*. Farnham, UK: ASHGATE.

Marcel, Jean-Christophe. 2004. "Mauss et Halbwachs: Vers la fondation d'une phychologie collective(1920~1945)." *sociologie et societe*, Vol.36, No.2.

Ricoeur, Paul. 1969. *Le conflit des interprétation*. Paris, FR: Édition du Seuil.

_____. 1976. *Métaphore vive*. Paris, FR: Édition du Seuil.

_____. 1983. *Temps et RECIT*. Paris, FR: Éditions de MinuitI.

_____. 1986. *Du Text à l'Action*. Paris, FR: Édition du Seuil.

제7장
───────

사회적 감정구조와 촛불혁명*

2008년과 2016년의 비교

1. 들어가며

이 글은 2016년 한국 정치의 특성을 파악하고, 한국에서 실질적 민주화를 실현하기 위한 방도를 찾아보기 위해 쓰였다. 이를 위해서 우선 필자는 2008년의 광우병 파동과 2016년의 촛불혁명을 비교해 보고자 한다. 전자는 1980년대의 정치운동과 전혀 다른 양상을 띤 사건으로서, 이를 계기로 2000년대 이후 한국 사회에서 생활 정치의 모습이 강하게 나타나게 된다. 즉 2008년의 광우병 파동은 운동의 주체, 저항의 성격, 투쟁의 양상 등이 1980년대와는 전혀 달랐고, 그래서 현대 한국 정치의 특성을 규정해 주는 중요한 기점이 된다. 한편, 2016년 촛불혁명은 실질적으로 대통령 탄핵을 가능하게 했다는 점에서 2008년의 촛불이 목표로 했던 정치혁명을 완수했다고 평가해 볼 만하다. 따라서 이 두 사건을 비교함으로써 과거와는 다른 현대 한국 정치의 특성을 찾아낼 수 있을 것이다. 즉 한국 정치가 2000년대 이후 질적으로 크게 달라졌다는 진단이 있어왔는데, 구체적인 내용이 무엇인지를 확인해 볼 수 있는 기회

───────
* 7장은 두 번에 걸쳐 다른 곳에서 발표한 홍성민 외, 2016, 「민주화 이행과 감정의 역할」, 『학생운동, 1980: 10·28 건대항쟁을 중심으로』, 오월의봄 및 홍성민, 2017, 「감정구조와 촛불혁명: 2008년과 2016년」, ≪시민사회와 NGO≫, 15권 1호를 기초로 보완·발전시킨 글이다.

가 될 것이다. 필자는 이처럼 질적으로 변화된 한국 정치의 특성을 감정구조라는 개념을 통해서 분석할 것이고, 일반적 형태를 감정정치학의 일반 모델로 완성해 보려고 한다.[1]

사실 2008년의 촛불이나 2016년의 촛불이 1980년대 6월 항쟁과 완전히 다른 형식이라고 단정 지을 수는 없다.[2] 그럼에도 불구하고 참가 주체, 운동 형식에 있어서 1980년대와는 다른 양상을 갖는다. 또 이론의 초점도 현재와는 달랐다.[3] 사회운동의 차원에서 외국 학계에서뿐만 아니라 국내 학계에서도

---

[1] 이 글은 기본적으로 '이론적 검토'와 '이론적 모델 만들기'에 목표를 둔 논문이다. 이를 위해서 필자는 헤겔과 딜타이가 강조했던 정신과학(Geistwischenschaft)의 핵심적 사유 체제, 즉 직관(intuition)에 근거해 이 글을 작성하고 있다. 다시 말해 이 글은 자료를 고증하는 역사학의 논문이 아니며, 사회변동의 인과관계를 구명하는 계량적 논문이 아니다. 직관을 통해서 필자는 우리 사회에서 요구되는 새로운 모델을 만들고, 이것을 토대로 한국 현실을 처방하고자 하는 것이다. 이것을 알튀세르는 이론적 실천이라고 말하지 않았던가!

[2] 이점에 대해서는 김성일(2017) 참조. 한편 2008년 촛불은 집회이고, 2016년을 혁명으로 명명하는 것에도 의의가 있을 수 있겠다. 필자의 생각으로는 2008년의 촛불은 한국에서 사회운동의 질적변화를 알린 신호탄이고 2016년은 정권교체를 이룬 실질적 성과가 있었다는 점에서 각각 촛불집회와 촛불혁명으로 불러볼 수 있다. 그리고 이 논문은 2008년과 2016년의 운동의 차이점을 비교하기보다는 감정이라는 변수가 한국 사회운동에서 어떤 역할을 하는지를 이론적인 수준에서 탐구하는 것이 목표다.

[3] 예를 들어 1980년대 한국 정치운동을 분석하는 학문적 흐름들은 대체로 민주화 이론이었다. 민주화 이행론의 이론들은 매우 다양하지만, 필자의 시각에는 두 가지로 유형 분류가 가능하다. 첫째는 구조적인 요인을 강조하는 모델이다. 서구에서는 오도넬과 슈미터(O'donell and Schmitter, 1986), 한국에서는 조희연(1998)과 윤상철(1997)이 대표적 학자들이다. 둘째는 행위자에 초점을 맞춘 모델이다. 필자는 전자를 국가-시민사회 모델이라고 하고, 후자를 의미 틀의 모델이라고 이름 붙이겠다. 그 대표적인 연구가 의미 틀의 모델, 라캉의 담론적 주체 모델, 학생운동의 감성 모델 등이다. 그런데 각각의 모델이 구조-행위라는 정치요소의 한 부분만을 강조한다. 이것이 1980년대 민주화 이행론이 가지고 있는 인식론의 한계다. 사실 상식적인 수준에서 생각해 보더라도 정치운동이란 시대의 구조적인 요인과 더불어 개인들의 행위 동기가 동시에 작동하는 것이 당연하다. 따라서 구조-행위라는 양자를 변증법적으로 통합할 필요가 이론적 과제로 남아 있다. 필자가 여기서 제시하는 감정구조라는 개념은 구조-행위를

시민운동을 새롭게 바라보는 이론적 흐름이 득세했고, 이것이 한국 사회에서
는 2008년에 크게 폭발한다. 이 당시에 게재된 이론적 특성을 정리하는 것만
으로도 학문적 의미가 있을 것이라고 생각한다. 필자는 여기서 한 걸음 더 나
아가 2016년 촛불혁명으로써 과거의 이론 틀을 정리하고 이것을 토대로 감정
정치학이라는 모델을 만들어보려는 것이다.

2. 예비적 고찰: 1980년대 민주화 이행의 분석 틀

상기한 목적을 달성하기 위해 필자는 예비적 고찰을 진행할 것이다. 즉, 일
단 1980년대 한국 정치운동을 분석하는 이론들을 검토해 보고자 한다. 이를
위해 구체적으로 1986년에 있었던 건국대 항쟁을 분석할 것이다. 이 사건은
학생운동이 대중운동으로 확산되던 중요한 사건이었으며, 이것을 기반으
로 1987년의 6월 항쟁이 가능했다고 필자는 판단한다. 따라서 관련 사건을
중심으로 1980년대 정치운동의 이론들을 비판적으로 검토할 것이다. 이러한
점검을 통해서 향후 한국 진보 정치가 실질적 민주화를 완성하기 위한 올바른
정치노선을 선택할 수 있는 근거를 마련하고자 한다.[4] 즉 민주화 이행이라는

통합하려는 이론적 시도라고 볼 수 있다. 한편 1980년대 사회운동론의 이론적 한계를
지적한 논문으로는 홍성민(2016) 참조.

4) **이 글은 건국대 항쟁 30주년을 맞이하여 2016년 5월에 발표된 발제문을 수정 보완한
    것이다.** 건국대 항쟁 30주년을 맞이해 과거를 회고하면서 한국 정치의 현주소를 묻지
    않을 수 없다. 1986년의 건국대 항쟁이 있은 후 30년이 지난 지금 한국 사회는 어떤
    상황에 있는가? 2016년 한국 사회는 여전히 보수 세력이 득세하고 있으며, 아직도 실
    질적 민주화가 달성되지 않았음으로 우리가 새로운 사회운동을 지속적으로 모색해야
    만 한다. 그럼에도 불구하고 변혁의 역량은 소진되어 버린 느낌이다. 학생운동은 물
    론이고, 노동자투쟁이나 시민운동의 역량이 매우 초라해져 버렸다. 대학가에는 이미
    정치적 이슈를 두고 학생운동이 집결되지 않은 지 오래되었으며, 노동자 투쟁도 사실
    은 자본의 힘 앞에서 무기력하다. 시민사회에서 다양한 쟁점들을 거론하기는 하지만

이름하에 한국 사회에 소개된 서구의 이론들을 살펴보고, 그 한계를 비판할 것이다. 한편, 민주화 이행론의 이론들은 매우 다양하지만, 필자의 시각에는 두 가지로 유형분류가 가능하다. 첫째는 구조적인 요인을 강조하는 모델이며, 둘째는 행위자에 초점을 맞춘 모델이다. 필자는 전자를 국가-시민사회 모델이라고 하고, 후자를 의미 틀의 모델이라고 이름 붙이겠다. 그런데 각각의 모델이 구조-행위라는 정치요소의 한 부분만을 강조한다. 이것이 1980년대 민주화 이행론이 가지고 있는 인식론의 한계다. 사실 상식적인 수준에서 생각해 보더라도 정치운동이란 시대의 구조적인 요인과 더불어 개인들의 행위 동기가 동시에 작동하는 것이 당연하다. 따라서 구조-행위라는 양자를 변증법적으로 통합할 필요가 이론적 과제로 남아 있다.

이러한 이론적 과제를 해결하려는 시도가 2000년대 들어와 다양하게 나타나는 바, 필자는 이것을 감정구조라는 개념으로 통합하려고 한다. 필자가 감정구조라는 용어를 강조하는 이유는 다음과 같다. 행위자들의 감정적 요인(분노, 수치심 등)들이 사회적 참여의 계기가 되었으며, 동시에 이러한 감정 요인이 개인 수준을 넘어서 집단감정, 집단적 연대로 승화되는 과정이 중요하기 때문이다. 이것은 반드시 이론적인 정합성을 위한 대안이 아니다, 차라리 한국 사회가 감정구조라는 개념을 요구할 만큼 사회 성격이 크게 변화했다는 자

그것이 정치적으로 해결되는 경우는 극히 드물다. 한마디로 진보세력이 보수 정치를 뚫고 나갈 역량이 턱없이 부족해 보인다. 그렇다면 왜 이런 상황이 발생하는 걸까? 어떻게 하면 과거처럼 건전한 운동 세력이 집결해 타락한 권력을 바꿀 수 있을까? 이러한 자문은 매우 흥분되고 당위적인 것이지만, 그 해답을 찾기 위해서는 이론적으로 매우 냉정해져야만 한다. 이러한 자문에 답하기 위해서는 사람들의 행동을 지배하는 요인이 무엇인지, 그것이 시대에 따라서 어떻게 배치되는지를 찾아내야 하기 때문이다. 이런 목표 의식을 염두에 두고 필자는 건국대 항쟁을 검토하고, 이것을 현실의 상황과 대비해 보고자 한다. 이런 문제의식에서 출발해 볼 때 30년 전과 오늘날의 가장 큰 차이는 운동의 성격이다. 대중들이 점차 보수화되고 사회운동의 자발적 참여가 점차 누그러져 가고 있다. 과연 그 이유가 무엇일까? 이러한 질문에 답하고자 하는 것이 이 논문의 궁극적인 목표다.

가 진단이라고 하겠다. 물론 여기서 거론하는 감정이란 사회구조의 모순을 반영하는 집단적 감정을 의미한다. 그런데 이러한 사회적 감정이 발생할 수 있으려면 반드시 다양한 사회적 분파들 간의 연대가 가능해야 한다. 이것은 기존의 민주화 이론과는 질적으로 전혀 다른 인식론에 근거한다. 예컨대 과거에는 부패한 권력에 대해 저항 세력이 일사분란하게 단결했기에 저항이 가능했다고 설명했지만, 오늘날에는 저항의 집결이 옳고 그름을 인식하는 수준에서 결정되지 않는다. 그래서 오늘날 한국 현실에서 요구하는 집단행동 모델은 인지적 수준을 넘어서는 감정의 요인을 포섭해야 한다. 물론 감정적인 요인이 1980년대 정치 저항에서 전혀 없었던 것은 아니다. 그때에도 저항 세력을 추동했던 것은 불의에 대한 분노의 감정이었다. 그러나 이론화의 수준에서는 감정 요인이 제대로 반영되지 않았던 것이 사실이다.

그래서 필자는 여기서 '돌출적 상황'이라는 요인을 강조할 것이다. 즉 다양한 사회적 분파들이 접합 과정을 통해서 연대가 이루어지다가, 돌출적 상황을 계기로 저항의 힘이 집단적 에너지로서 응축되었고, 이것이 권위주의 정권을 무너뜨리게 되는 계기가 된 것이라고 생각한다. 이러한 요인을 근거로 필자의 생각을 정리해 보면, 1986년의 건국대 항쟁은 구조-행위를 연결하는 감정 폭발의 중요한 계기이며, 이것이 1987년의 6월 항쟁으로 이어져 민주화를 이룬 것이라고 해석할 수 있다. 다시 말해 건국대 항쟁은 학생운동이 사회적 저항운동으로 확산되는 과정에서 촉매제 역할을 한 '돌출적 상황'이다. 그리고 이러한 감정의 연대와 폭발은 오늘날 한국 정치를 이해하는 데 대단히 중요한 요인이라는 점을 논리적으로 검증할 것이다. 이 같은 필자의 해석은 지금까지 학계의 흐름을 두고 볼 때 많은 논란을 불러올 수도 있을 것이다. 그러한 위험을 무릅쓰면서 감정구조를 부각시키는 이유는 1980년대 형식적 민주화 이행의 시절에도, 또 오늘날의 실질적 민주화의 단계에서도 감정구조라는 개념이 한국 정치의 특성을 규정하는 중요한 개념이기 때문이다.[5]

1) 구조적 요인: 국가-시민사회 모델

서구에서는 오도넬과 슈미터(O'donell and Schmitter, 1986), 한국에서는 조희연(1998)과 윤상철(1997)이 대표적 학자들이다. 이러한 모델에 따르면 민주적 이행 과정은 시대의 구조적 변화에 따른 정치권력의 변화이거나 정치권력과 저항 세력(시민사회 + 정치사회)의 투쟁 과정이 만드는 결과다. 한편 국가-시민사회의 모델은 저항 세력의 형성을 위해서 시민사회가 반드시 존재해야 한다고 설명한다.

좀 더 자세히 검토해 보자. 조희연에 따르면 민주주의 이행은 경제적 토대에 상응하는 정치체제의 변화다. 예를 들어 박정희 개발독재체제는 종속적 독점자본주의 형성기에 나타나는 상부구조이며, 박정희 개발독재체제에서 민간정권으로의 이행은 토대 변화에 상응하는 상부구조의 변화다(조희연, 1998: 143). 한편 오도넬과 슈미터에 따르면 제3세계에서 존재한 권위주의 체제들은 대체로 권력의 내부에서 강경파와 온건파가 대립했는데, 이들이 저항 세력의 요구에 어떠한 반응을 보이는가에 따라서 민주화의 모습이 달라진다. 예를 들어 강경파는 정부가 동원할 수 있는 모든 자원을 활용해서 저항 세력을 억압하려는 자들이며, 온건파는 정권의 정당성 부재를 만회하기 위해 보다 온건한 조치들(예를 들어 언론의 자유, 선거를 통한 정당성 확보 등)을 취하려는

---

5) 민주화 이론에 대한 학계의 흐름을 정리해 보면, 1980년대는 주로 사회적 토대를 강조하는 마르크스주의가 득세하다가, 1990년대 이후에는 개인의 동기나 무의식을 강조하는 인지 모델이 득세를 했고, 2000년대에는 문화적 요인을 강조하다가 2010년대 이후에는 감정구조에 대한 논의가 유행을 하고 있다. 내 눈에 이러한 이론적 흐름들이 유행처럼 지나가는 것은 바람직스럽지 않다. 따라서 각 시대마다 학계의 주류 담론으로 등장했던 이론의 핵심을 살펴보고, 각 이론들이 가지고 있는 분석상의 강점을 놓치지 않으려고 노력할 것이다. 그러면서 정치학에서 그동안 상대적으로 소홀하게 취급되었던 감정이라는 개념을 적극 도입하고자 한다. 이를 계기로 현재 한국 정치의 특성이 보다 정교하게 분석되기를 기대하는 것이다.

세력이다.

한편 강경파-온건파의 대립 구도를 행위자들의 전략적 행동과 연결 지은 이론이 있는데, 그것이 바로 게임 이론이다. 게임 이론의 관점에서 보면 강경 파와 온건파의 대립은 정권 내부에만 있지 않다. 즉 시민사회의 저항 세력에 서도 강경파와 온건파의 대립이 발생한다. 임혁백(1990)은 저항에 따른 비용 에 민감한 사람들이 온건파라면, 비용에 무감각한 사람들이 강경파라고 분류 한다. 이렇게 놓고 보면 체제에 반대하는 대중 동원의 형태가 강경파와 온건 파로 나뉘고 이에 대한 정부의 대응도 강경파와 온건파로 나뉠 수 있다. 따라 서 민주화의 게임은 정부의 강/온과 시민사회의 강/온으로 구성되는 네 개의 매트릭스를 이룬다. 바로 이러한 매트릭스가 민주화의 다양한 모습을 결정한 다. 예를 들어 안정적 권위주의-민중 혁명-교착 상태-타협에 의한 민주화 등 등이다. 여기서 한발 더 나아가 윤상철은 정치체제 내의 권력 경쟁, 시민사회 내의 세력 관계, 양자의 접합 관계에 의해서 권위주의 체제의 변동이 발생한 다고 설명한다. 그리고 여기에는 세 가지 경로가 있다. 첫째, 완화된 권위주 의 체제의 안정화, 둘째, 완전한 민주화 혹은 제한적 민주화, 셋째, 권위주의 체제의 공공화다(윤상철, 1997: 47~48).

지금까지 설명한 국가-시민사회의 모델을 도표로 요약하면 〈그림 7-1〉과 같다.

이제 국가-시민사회 모델을 1980년대 민주화 이행 과정에 대입해 보자. 일 단 토대의 구조적 요인을 강조하는 사람들은 1980년에서 1983년을 억압적 국가 강제력이 극대화되어 시민사회가 제대로 활성화되지 못한 시기로 규정 짓는다. 그리고 1983년 이후 전두환 정권이 학원 자율화 조치를 실시하면서 다양한 시민사회운동(학생운동, 노동운동, 개헌운동)이 활성화된다. 이렇게 시 민사회가 자신의 저항 능력을 키워 권위주의 정권에 도전을 감행한 것이 1987년의 6월 항쟁이다. 그리고 게임 이론 모델을 주장하는 학자들은 이 시 기에 정권 내부와 시민사회의 내부에서 각각 강경파와 온건파가 분화되었고,

그림 7-1 구조적 모델

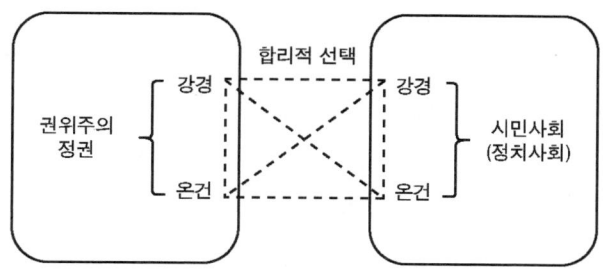

대체로 온건파들 간의 협상이 실현되어 민주화를 이루게 되었다고 평가한다. 정치사회와 시민사회의 연합을 강조하는 입장에서는 야당이 시민사회 세력의 지원을 받아 전두환 체제에 도전했고, 여기에 중산계급들이 적극 호응해 민주화가 이루어졌다고 평가한다.

정말 그런가? 우선 1983년 이후로 유화조치가 이루어져 시민사회가 활성된 것은 인정할 수 있다. 그런데 과연 정부 내에서 온건파가 존재했었나? 그리고 이들이 시민사회의 온건파와 협상을 시도한 일이 있었나? 오도넬·슈미트의 모델과 게임 이론 모델이 모두 강경파와 온건파의 존재를 민주화 핵심 요소로 가정하는데, 한국의 민주화 이행 과정에서는 정권 내부에 강경파와 온건파가 각기 존재했다는 사실을 확인하기 어렵다(성경륭, 1995: 121). 1986년 가을의 건국대 항쟁은 학생운동의 격렬한 시점을 보여준 사건이었는데, 이 시기에 신민당은 민주통일민중연합과 민주화운동국민연합을 창설해, 개헌을 위한 서명운동을 벌이면서 전두환 정권으로부터 개헌에 대한 양보를 얻었다. 그런데 이러한 양보를 위해서 장외투쟁을 중단할 것이라는 유화정책을 승인한다. 이렇게 보면 시민사회의 대표적인 학생운동이 극단적인 저항 투쟁을 전개하는 동안 정당정치는 온건 조치를 취하고 있었다는 얘기인데, 이 말은 결국 저항 세력 간에 일치된 노선이 존재하지 않았다는 것이다. 그러다가

1987년 박종철 고문치사 사건이 발생하면서 갑자기 시민사회와 정치사회의 연대가 이루어지고 단일한 구호와 투쟁의 노선이 형성되면서 전두환 정권을 압박해 6·29 선언을 얻어내게 된다. 이러한 역사의 흐름을 돌이켜보면, 국가-시민사회의 모델이 전제하는 것처럼 한국의 민주화 과정에서 시민사회운동이 단일한 목소리를 낸 것이 아니며, 게임 이론이 전제한 것처럼 합리적 계산에 의해서 타협과 협상을 한 것도 아니다. 더구나 중간계급의 정치적 역할에 대해서도 분명한 입장이 없다. 한국에서 계급의 분화와 정치적 분화가 일치하는 수준으로 진행되었는지 확인할 길이 없다. 따라서 새로운 시각으로 1980년대 민주화 이행을 설명할 수 있는 분석 틀을 모색할 필요가 있다.

2) 행위자 요인: 의미 틀의 모델

국가-시민사회 모델이 정치 변화의 구조적 요인을 설명했지만, 사회운동에 참여하는 개인들의 동기, 의식구조, 세력 관계에 대해서는 상대적으로 무관심했다.[6] 따라서 이러한 한계를 극복하기 위해서 1990년대 이후 개인적 요인들을 설명하려는 이론들이 등장한다. 그 대표적인 연구가 의미 틀의 모델, 라캉

---

6) 이 대목에서 성경륭의 제안은 지금도 음미해 볼 만하다. 그는 한국의 민주화 과정에서 드러난 시민사회운동의 특징에 주목한다. 그는 시민사회 내부의 다양한 도전 세력이 연합하는 데 필요했던 공동의 이익과 도전 세력 내부의 구성을 파악하고, 이것이 어떤 계기로 하나의 노선으로서 합쳐지는가를 설명해야 한다고 말한다. 다시 말해 운동권의 조직 내부, 이념적 성향, 조직의 크기, 정치세력과의 연계 정도 등을 파악하는 것이 중요하다는 것이다(성경륭, 1995: 127). 필자는 이러한 문제 제기를 운동의 '과정 모델'이라고 이름 붙이고자 한다. 즉 국가-시민사회 모델과 게임 이론 모델이 모두 원인과 결과에 주목하는 '인과 모델(=정적 모델)'이었다면, 성경륭의 제안은 민주화운동의 과정에 주목하는 '과정 모델(=동적 모델)'이라고 분류하고자 한다. 그런데 과정 모델에서는 사회운동가의 의식, 동기, 인지 등이 중요하게 작동한다. 이러한 모델을 통해서 그동안 우리가 포착하지 못했던 민주화 과정의 정치적·사회적 의미를 발견해 낼 수 있을 것이다.

의 담론적 주체 모델, 학생운동의 감성 모델 등이다. 그 내용을 순서대로 간략히 살펴보자.

우선 의미 틀을 강조하는 모델은 국가-시민사회 모델을 비판한다. 초점은 특정 시기에 정권의 위기가 나타나는 현상을 설명하지만, 위기의 원인은 설명하지 못했다는 것이다. 즉 국가-시민사회 모델은 저항이 발생할 수 있는 요인을 설명했지만(이것을 정치기회론이라고 이름 붙일 수 있다), 행위자들의 활동과 기회구조 간의 관계를 설명하지 못했다는 것이다(최현·김지영, 2007: 251). 따라서 사회운동에 참여하는 행위자들의 의식과 정치적 기회구조가 어떤 상관관계를 맺는지 파악할 필요가 생긴다. 이때 등장한 개념이 의미 틀이다. 사회운동의 행위자는 다양한 수준의 인지적 실천을 통해서 공유할 수 있는 의미 틀을 형성함으로써 시민의 참여를 이끌고 구조를 변화시켜 간다(최현·김지영, 2007: 257). 이렇게 놓고 보면 국가-시민사회 모델이 거시적(제도적) 요인에 대한 정치적 기회를 설명했다면, 의미 틀 모델은 개인이 저항에 대한 인지 틀의 역할에 주목했다는 점에서 미시적(의식적) 접근법이라 할 수 있다. 의미 틀의 모델에 따르면 1983년의 유화조치는 정치적 기회가 열리게 된 중요한 모티브다. 또 1985년 2월 12일 총선에서 야당이 승리한 것은 인지적 기회(시민사회운동이 성공할 수 있다는 희망)가 열린 것이다. 1986년 민주화 운동 세력이 강하게 제안한 개헌 논의는 시민사회운동을 하나의 구심적으로 모을 수 있는 구체적인 의미 틀로 작동했다. 그들은 이러한 의미 틀이 존재했기 때문에 1986년의 건국대 항쟁과 1987년의 6월 항쟁이 가능했던 것으로 본다.

둘째, 의미 틀이 언어나 담론에 의해서 구성된다는 점에 주목해 본다면, 저항운동의 주체가 담론적 주체라고 강조하는 라캉의 정신분석학이 이론적으로 주목받을 만하다. 프로이트와 라캉의 정신분석학에 기초해 한국의 민주화 이행을 설명하는 작업이 있는데, 의미 틀의 모델을 보완하는 성격을 가진 것으로 판단해, 필자는 행위자 요인 모델에 포함시키고 싶다. 김헌태는 프로이트와 라캉의 정신분석학 개념을 정치 분야에 응용하면서, 사회적으로 보면 모든 형태의 집단적 주체들은 결국 담론적 정체성이라고 말한다. 즉 정신분석 이론에서 보면 대중은 담론적으로 구성되는 상징적 주체일 뿐이다. 다시 말해 언제나 특정한 대타자, 특정한 담론을 자신의 자아 이상(ego ideal)으로 수용한 대상이 바로 담론 대중이다(김헌태, 2013: 119). 라캉은 말년의 강연이었던 〈세미나 20〉에서 담론은 주인기표, 지식기표, 오브제아(objet a), 분열된 주체라는 네 가지 요인으로 구성되며, 이러한 네 가지 요인이 시대의 특성에 맞추어 변화한다고 설명한 바 있다. 즉, 주인 담론, 대학 담론, 히스테리 담론, 분석가 담론이 네 가지 담론의 유형이다. 그리고 이러한 담론들이 변형되는 형태에 따라서 당대의 의미 틀이 형성되고 변혁의 에너지가 만들어진다. 예컨대, 주인 담론은 정권의 이념과 정당성이 공고하게 유지되는 시기에 나타난 담론이라고 한다면, 히스테리 담론은 정당성이 약화되면서 저항의 기운이 팽배한 시기의 담론이다. 히스테리 담론이 팽배하던 시기에 대중들은 주인기표 위치에 있는 인물에게 자신의 정체성을 규정하려고 한다(김태숙, 2004: 52). 이것은 한 사회의 상징질서가 균열되고 있음을 의미한다. 정치적 맥락에서 다시 설명한다면, 1980년대 민주화 과정에서 정권에 대한 적대가 팽배해 다수의 민중들 사이에 동일시 현상이 나타나고, 이것이 담론적 집단 주체를 형성했으며, 급기야 나중에는 저항 주체로 행동한 것이다. 담론에서 주인기표는 개인이 아니라 거대 담론인데, 1980년대에는 민중, 역사, 조국 등이 주인기표의 역할을 했다. 이러한 담론들이 학생운동에서 절대적 주인기표로 작동하면서 민중민주주의, 평화통일, 노동해방과 같은 구호를 만들었다. 그리고 이것이 학생운동의 성격을 규정한 것이다(김석, 2015: 184).

셋째, 학생운동의 조직, 가치관, 이념성에 대한 연구가 있다. 이수인은 특정한 행위 지향을 가진 학생운동이 유리하게 등장하는 기회 요소가 있다는 사실에 주목한다. 그리고 이로 인해서 학생운동의 다양한 이념 성향 중 특정한 이념 조직이 급속하게 확산될 수 있었다고 설명한다(이수인, 2008: 239). 예를 들어, 1980년대 학생운동의 기본적 이념은 삼민이다. 그런데 동일한 이념을

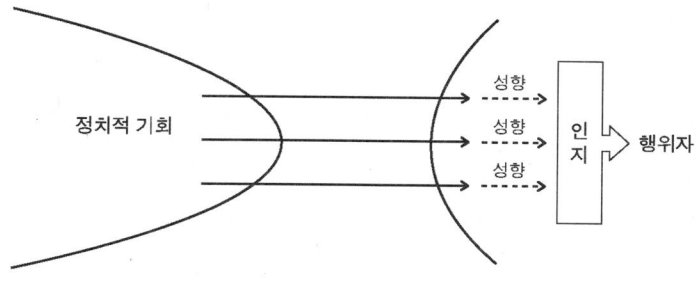

그림 7-2 개인주의 모델

공유한 학생운동 집단에서 실천이 서로 달랐다면 그 이유는 뭘까? 이수인에 따르면, 학생운동의 지도부가 가진 감성적 에토스가 달라지기 때문이다. 즉 광주 항쟁의 진실을 알게 되면서 갖게 되는 분노감, 원죄 의식, 부채 의식 등이 학생운동의 실천 방향에 차이점을 만들었다는 것이다(이수인, 2008: 246). 이것이 '민족해방(National Liberation, NL)'과 '민중민주(People's Democracy, PD)'의 이념적 분화뿐만 아니라 실천 전략까지도 크게 바꾸었다. 민족공동체에 강한 유대감을 가진 학생집단이 NL을 선호했고, 이들이 학생운동의 큰 호응을 얻었다(이수인, 2008: 259). 또 이들이 1983년 유화조치 이후 열린 정치적 기회에 상응해 이후 학생운동이 대중의 지지를 얻어야 한다는 당위성을 만들었다. 이것이 1986년 건국대 집회나 1987년 6월 항쟁의 밑바닥에 흐르는 미시적 요소들이다.

지금까지 살펴본 세 가지 모델을 그림으로 요약하면 〈그림 7-2〉와 같다.

3) 감정 요인을 통해서 본 민주화 이행론: 구성적 모델

구조적 모델이 한국 민주화의 객관적 조건을 분석하는 데 강점이 있고, 미시적 모델은 한국 민주화운동에 참여한 개인들의 심리적 요인을 설명하는 데 강점이 있다. 그러나 전자는 구조 안에서 개인의 내적 동기를 파악하는 데 무관심했고, 후자는 개인행위가 집단적 행위로 발전해 가는 과정에 대해서 설명하기 어려웠다. 개인주의 모델에서 인식이나 감정적 요인을 거론하는 것은 사회과학이 미시적 요인에 관심을 갖게 되었다는 것을 의미하며, 학문적으로 큰 발전이라고 평가할 수 있다. 하지만 사회운동은 개인행동을 모아둔 것이 아니며, 개인적 동기와 인식을 합산하는 것으로는 민주화운동이라는 집단행동의 특징을 설명하기 어렵다. 따라서 한국 민주화운동의 특성을 설명하기 위해서는 개인에서 집단으로 이행하는 과정을 전문적으로 설명해야 한다. 즉 개인의 인식과 감정 등이 어떠한 과정을 거쳐 집단적 인식과 집단적 감정으로 확산되어 가며, 이러한 이행 후에 개인적 수준과 집단적 수준에서의 인식과 감정은 동일한 것인지를 확인해 보아야 한다. 이 과정에서 놓치지 말아야 할 부분은 권위주의 정권에 저항하는 사회세력이 다양한 분파로 구성되어 있고, 이들이 각각 서로 다른 실천 전략을 가지고 있었음에도 불구하고 1987년을 전후로 한 민주화 투쟁에서 사회세력이 단일한 투쟁으로 통합될 수 있었던 계기를 밝히는 것이다. 즉 한국 민주화운동을 추진했던 사회세력은 노동운동, 학생운동, 통일운동 등과 같은 다양한 분파로 존재했고, 이들은 1986년을 전후로 한 민주화 투쟁의 당면 목표와 구체적인 실천 전략에서 서로 다른 의견을 가지고 있었다. 그럼에도 불구하고 1987년의 6월 항쟁에서는 독재정권 타도라는 하나의 집단행동으로 집결되었는데, 이러한 집결이 어떻게 가능했는가를 설명해야 한다. 전자는 주로 개인주의 모델에서 집단주의 모델로 확산되는 과정에서 집단감정 이론으로 설명될 수 있으며, 후자는 사회 분파의 흐름들이 하나의 운동 세력으로 집결되는 접합 이론으로 설명할 수 있다.

우선 심리 모델에서 집단감정의 모델로 발전해 가는 이론을 정리해 보자. 1980년대 개발된 이론에 따르면 집합행동과 심리적 차원의 상관관계를 개인의 신념, 개인적 퍼스널리티, 참여자 개인이 집단 안에서 경험하는 권위적 관계라는 개념으로 설명한다(Smelser, 1978: 124~125). 주로 프로이트의 집단심리 개념에 근거해 개인의 심리적 변화를 동일시 이론으로 분석하려는 시도다. 그런데 프로이트의 집단심리 개념은 결국 억압된 개인 욕망이 카리스마적 지도자를 만나 자신과 지도자를 동일시하는 과정을 추적한다. 이것은 역시 개인주의적 접근이다. 과연 프로이트를 통해서 사회운동에서 나타나는 집단심리를 설명할 수 있는지가 의문스럽다. 필자가 보기에 이러한 심리 분석의 한계를 극복하는 방도의 하나로, 1990년대 이후 집단감정이라는 개념이 등장한다.

랜들 콜린스(Randall Collins)에 따르면 사회운동을 **결정적 다수 이론**과 **사회적 관심 공간**이라는 개념으로 설명할 수 있다(콜린스, 2012). 일정한 이슈를 두고 몇몇 참여자들의 의견이 충돌할 때 이것을 콜린스는 관심 공간이라고 부른다. 이러한 관심 공간에서 사람들이 물리적으로 모임을 가지거나 관심이 공유되는 과정이 사회적으로 공감대(집단의식)를 형성하고, 궁극적으로는 사회변혁을 지향하는 운동으로 확산된다. 이러한 확산 과정에서 개인들의 감정이 개입한다. 초기에는 분노, 열광, 동정 따위로 발현되지만, 사회적 공감대가 넓어지고, 집단의식의 수준에 이르게 되면 집단 성원들이 연대감을 느낄 수 있는 감정으로 고양된다. 이것을 콜린스는 **감정에너지**라고 부른다(콜린스, 2012: 49~51). 뒤르켐이 종교적 의례를 통해서 도덕적 에너지가 발생한다고 말한 바와 같이, 콜린스는 사회운동의 형식을 계기로 사람들 사이에서 발생하는 감정에너지를 도덕적 힘이라고 말한다. 사회운동이 개인적인 수준에서 집단적 수준으로 승화되는 과정에는 일종의 집단적 연대가 발생하는 것으로 볼 수 있는데, 이러한 연대의 근원을 뒤르켐은 종교적 의례에서 찾았다면, 콜린스는 상호작용 의례에서 찾는다.

상호작용의 의례는 다음과 같은 네 가지 요인에서 구성된다. 첫째, 두 사람 이상이 같은 물리적 장소에 모여 있어, 신체적 현존에 의해 서로에게 영향을 미친다. 둘째, 외부인과의 경계가 설정되어 참여자들이 누가 참여하고 누가 배제되는가를 인식한다. 셋째, 사람들이 공통의 대상과 활동에 관심을 집중하고, 그러한 관심에 대해 의사소통함으로써 서로 간에 관심의 초점을 인식한다. 넷째, 그들이 공통의 감정이나 경험을 공유한다(콜린스, 2009: 87). 이러한 상호 의례의 조건이 성립하면 참여자들은 다음과 같은 경험을 가지게 된다. 첫째, 집단연대와 성원 의식, 둘째, 개인들 속에 존재하는 감정에너지(확신감, 의기양양, 의지력, 열광, 행동의 발의), 셋째, 집단을 표상하는 상징(성원들이 자신들과 집합적으로 연계되어 있다고 느끼는 엠블럼이나 여타의 표상), 넷째, 도덕 감정(집단을 지지하고 상징을 존중하고 위반자로부터 집단과 상징을 지키고자 하는 정의감과, 집단의 연대와 상징적 표상을 해치는 것에 대한 부도덕감 및 부정의감)이다(박형신·정수남, 2015: 81).

콜린스가 제안한 감정에너지와 도덕 감정의 개념은 1986년 건국대 항쟁을 새롭게 해석하는 데 많은 시사점을 준다. 1986년 10월 말 건국대의 모임은 몇 개의 분파로 나누어진 대학생 운동 조직을 하나로 통합하고자 하는 애국학생투쟁연합의 발대식에 불과했다. 이러한 발대식의 모임은 당시 대학가에서 흔하게 볼 수 있는 집단 모임이었다. 그런데 이러한 모임이 집단 공간으로 형성되고 국민적 관심사로 부상하게 된 계기에는 이념 투쟁을 넘어선 감정의 폭발이 큰 역할을 한 것이라고 필자는 판단한다. 게릴라 전투를 방불케 했던 진압작전에 맞선 학생 지도부의 대응은 사전에 계획된 것이 아니었다. 그러나 서로의 의사소통을 통해서 집단의식으로 무장했고, 자신들의 행동이 정당할 뿐만 아니라 역사의 흐름에서 대의를 실현하고 있다는 확신과 열광을 담지하고 있었다. 이것이야말로 콜린스가 지적한 감정에너지이며, 이것이야말로 건국대 항쟁의 가장 원초적인 힘이며, 이것이 1987년의 6월 항쟁으로까지 지속되어 한국 민주화를 완성했던 도덕 감정이라고 필자는 판단한다.

둘째, 그렇다면 건국대 항쟁이 어떻게 국민들의 관심을 촉발했고, 학생운동이라는 분파를 넘어서 정치권과 노동운동을 통합하는 거대한 정권 타도의 운동으로 결집되었을까? 이 점을 설명하기 위해서는 국가-시민사회의 모델이 제안했던 구조적 모델을 일정 부분 수정한 후 감정 이론에서 제안했던 개인적 분노(1차적 감정)가 사회적 분노(2차적 감정)로 상승·변형되는 과정을 첨가해 새로운 이론 틀을 만들어야 한다. 이를 위해서 접합(articulation)이라는 개념을 우선적으로 점검해 보자. 이 개념은 프로이트가 처음으로 사용했고, 후에 알튀세르가 사회구성체를 분석하는 데 적용했는데, 1990년대에 영국의 에르네스토 라클라우(Ernesto Laclau)와 샹탈 무페(Chantal Mouffe)가 사회변혁을 설명하기 위해서 적극적으로 활용했다. 라클라우와 무페에 따르면 접합이란 다양한 사회운동을 통합하는 정치적 실천인데, 이를 통해서 그들은 사회변혁이 경제적 요인이나 개인의 행위자 요인으로 환원될 수 없다는 점을 강조했다. 즉 모든 것은 다양한 사회운동의 우연적이고 복합적인 실천에 따라 달라진다.

> 사회적인 것의 다양성은 매개의 체계를 통해서도, 기저적 원칙으로 이해된 사회질서를 통해서도 파악될 수 없다. 사회에 고유한 봉합된 공간이란 존재하지 않는다. 왜냐하면 사회적인 것 자체는 아무런 본질도 가지고 있지 않기 때문이다. …… 사회를 필연적 법칙들에 의해 통일된 전체로 개념화하는 것을 비판하면서, 단순히 요소들 간의 관계들로부터 비필연적인 성격을 드러낼 수만은 없다. 왜냐하면 그럴 경우 요소들 자체가 가진 정체성의 필연적 성격은 그대로 유지될 것이기 때문이다. 사회적 관계에 대한 본질주의적 접근을 부정하는 개념화는 모든 정체성의 불안정한 성격을, 그리고 요소들이 가진 의미를 그 어떤 궁극적인 문자성으로도 고정할 수 없음을 명시해야 한다(Laclau and Mouffe, 2012: 176).

이 인용문에서 언급하는 사회관계의 본질주의적 접근은 민주화 이행에서 경제결정주의 혹은 사회운동론의 운동참여자에 해당된다. 즉 권위주의 정권에 대항하는 시민사회가 경제적 구조에 의해서 성숙 단계로 접어들었다거나, 1983년 유화조치로 인해서 학생운동, 노동운동, 종교운동 등이 활성화되는 기회를 맞이해 이러한 힘이 저항 세력으로 확대되었다고 해석하는 것이 본질주의적 입장이다. 그런데 라클라우와 무페의 이론에 기대어 보면, 이렇게 해석하는 것은 사회변혁의 논리를 제대로 이해하지 못한 것이다. 사회변혁은 다양한 사회세력의 우연적이고 복합적인 연합에 의해서 결정되며, 이것을 포착할 수 있는 결정적인 요인은 담론이기 때문이다. 담론 구조는 단순히 인지적 또는 관조적 실체가 아니며, 그것은 사회관계를 구성하고 조직화하는 접합적 실천이다(Laclau and Mouffe, 2012: 76).

그런데 접합이라는 개념으로 사회운동의 다양한 층위를 설명하려고 했다는 점에는 동의하나, 사회운동을 담론적 실천이라고 규정한 것은 라클라우와 무페의 부족한 식견이라고 필자는 비판하고자 한다. 사회운동이 제도적인 것과 언어적인 것을 모두 통틀어 담론적인 것이라고 파악한 것은 담론을 통해서 사회구성체 전체를 포착하려는 시도인데, 이것이야말로 언어중심주의의 함정에 빠진 것이라고 판단하기 때문이다.

필자는 차라리 정치적 위기 상황에서 나타나는 사회운동의 다양성을 '정치적 유동성(fluidite politique)'이라고 설명하는 프랑스의 정치사회학자 미셸 도브리(Michel Dobry)의 입장을 지지한다(Dobry, 1992: 140). 도브리에 따르면 정치적 변혁기에는 사회운동의 세력들이 각자의 운동 논리대로 움직이면서 정치의 장이 예측하기 어려운 정치적 유동성의 국면에 접어든다. 그런데 이러한 유동성 국면에서는 노동, 학생, 종교, 지식인들의 분파들이 자신의 영역을 벗어나서 새로운 운동의 논리로 연합하는데, 이때 각 운동 진영은 자신들의 전통적인 합의 방식과 실천 전략이 있어 통합된 운동으로 결집되기가 어렵다. 또 운동의 국면에서는 정치적 이념을 두고 각 진영 간의 상징 투쟁이 전개됨으로서, 정권과 저항 세력 간에 정당성을 두고 다툼을 벌이는 것이 보통이다. 이러한 상황에서 투쟁에 대한 성공 가능성, 미래에 대한 예측 가능성, 상대에 대한 신뢰의 정도가 운동의 방향과 결과를 결정한다. 여기서 주목할 것은 분파 운동들이 정권에 대한 저항운동으로 결집하는 단계에서 '상황적 돌출의 역할(Le jeu des saillances situationnelles)'이 중요해진다는 점이다. 즉 단계적으로 상승하는 위기와 저항의 패턴에서 갑작스러운 행동, 무력 충돌, 담론 등등이 상황을 돌이킬 수 없는 정치적 결정의 단계로 몰아가며, 저항 세력이 정권에 대항해 승리를 거두게 하는 지점이 있다는 것이다. 라캉의 철학에서 저항의 기표들이 정처 없이 떠돌다 누빔점(point of caption)에서 하나의 대타자 기표로 작동하는 것과 같다. 도브리의 사회변혁론에서 상황적 돌출은 일상적으로 전개되는 권력과 저항 세력의 대립 구도에서 결정적인 계기가 되어 승패가 결정되는 순간을 의미한다.

필자는 1980년대 민주화 과정 중 1986년 건국대 항쟁이야말로 이러한 상황적 돌출 혹은 누빔점에 해당한다고 주장하고 싶다. 왜냐하면, 그 이전의 정치적 상황은 누구나 예상할 수 있었던 권력과 저항 세력의 대립이었다. 1983년 정권의 유화조치 이후에 학생운동은 늘 대중적 조직을 확산시키려는 움직임을 보였고, 노동운동, 종교운동, 재야의 운동들은 모두 각자 조직의 논리에 따라서 실천 전략을 가지고 있었다. 그런데 1986년의 건국대 항쟁은 기왕의 운동 논리를 하나로 합치는 상황적 돌출 계기가 되었고, 이것이 1987년 6월 항쟁을 만드는 기폭제가 되었다고 필자는 판단하고 있다. 그런데 필자는 여기서 도브리의 관점을 비판하고 그의 이론에 약간의 수정을 첨가하고자 한다.

도브리는 상황적 돌출이 전혀 예상하지 못한 계기로 만들어진다고 설명함으로써 사회과학의 기초를 우연성에 맡기고 있다. 그렇지만 필자가 보기에 건국대 항쟁에서는 돌출 계기가 인간의 감정과 연결된다. 그 내용은 학생운동이 주장했던 민족주의와 정권이 내세웠던 좌경용공이라는 두 가지 이념의 상징 투쟁을 통해 확인될 수 있다. 1960년대와 1970년대의 학생운동과는 달리 1980년대의 학생운동은 민족주의라는 담론에 기초하고 있었다. 1983년 말부터 삼민이념이 등장하는데, 그중에서도 가장 중요한 자리를 잡은 것이 바로 민족주의 개념이다(이수인, 2008). 광주 항쟁을 전후로 미국 대사의 발언이나 주한 미군사령관의 발언 등은 한국인의 분노를 촉발시켰고, 급기야 1980년대 중반에는 운동권에서 가장 중요한 이슈로 반미 감정이 득세한다.[7] 그런데 중요한 사실은 건국대 항쟁을 통해서 학생운동의 분노가 일반 대중의 분노로 확산되어 갔

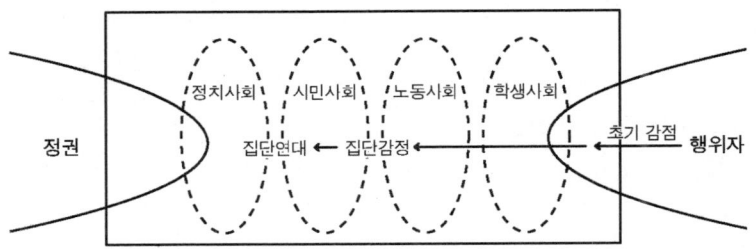
그림 7-3 구성주의 모델

다는 점이다. 당시 진압 상황을 지켜보던 학부모들은 "해도 너무 한다, 내 아들이 데모하는 이유를 알겠다"(10·28건대항쟁 20주년 기념사업 준비위원회, 2006: 106)라고 말하며 학생들과 함께 데모를 시작했다. 그런데 건국대 항쟁을 진압한 정부는 이들을 모두 공산혁명분자, 좌경용공 세력으로 매도하고 전원 기소 방침을 내세웠다. 이러한 정부의 이념 공세가 건국대 항쟁에서 처음 등장한 것은 아니나, 일방적인 강경 진압과 용공 세력으로 매도하는 언론에 대해 일반 시민과 의식 있는 중산층들은 점차 학생운동 세력에게 동조하면서 대중적 분노가 폭발하게 된다. 필자는 이러한 상징 투쟁의 계기를 통해서 감정에너지가 폭발해 저항 세력을 집결시키는 도덕적 연대를 창출하였다고 생각한다. 따라서 한국의 민주화 과정에서 1986년의 건국대 항쟁은 돌출 상황이라기보다는 학생들의 민족주의와 정권의 용공 조작이 맞붙은 상징 투쟁이었고, 여기서 만들어진 분노가 상승 과정을 통해서 집단적 연대를 만든 것이라고 규정하려 한다. 지금까지 논의를 그림으로 요약하면 〈그림 7-3〉과 같다.

7) 당시 학생운동의 핵심 사상은 NL이었고 이들의 핵심 목표는 반미자주화였다. 1986년 서울대학교 반미자주화반파쇼민주화투쟁위원회가 밝힌 투쟁선언문의 첫째 문장은 "미제에 대한 적개심과 그 앞잡이 전두환 괴뢰 도당에 대한 분노로 피끓은 애국 청년학우여!"이며, 건국대 항쟁에서 4일 동안 불렀던 노래는 민족해방가였고, 그 가사는 "쪽발이 양키놈이 남북을 갈라 매판 파쇼 앞세운 수탈의 나라 이 땅의 민중들은 피를 흘린다"가 나온다. 이러한 문구를 통해서 보면 당시 반미 감정은 학생운동의 기본적인 정서이며, 이것이 콜린스가 말한 초기 감정에 해당한다고 볼 수 있다

3. 2008년의 광우병파동과 집합행동 모델

1987년 이후에 한국 사회의 운동이 분화되고 다양화되었다는 판단이 지배적이다. 그래서 정치적 민주화를 요구하던 정치운동과 차별 지어, 환경, 여성, 인권, 평화 등을 요구한 움직임에 사회적 운동이라고 이름 붙이고, 그 특수성을 연구해야 한다는 요구가 있다. 이러한 논리에 따르면 민주화 이전의 사회운동이 외부 억압에 대한 저항에 목표를 두었다면, 민주화 이후 사회운동은 시민들 간의 정의로운 관계를 만들어가는 데 목표를 둔다(정태석, 2015: 39). 또 과거의 정치운동이 계급 중심이었다면, 새로운 사회운동은 시장이나 소비 따위를 둘러싼 권익 투쟁이라고 할 수 있다. 따라서 이것은 기존의 계급을 넘어선 새로운 정체성을 지향한다. 여기서 '사회적인 것', '새로운 정체성'의 개념들은 1980년대 투쟁에서 선도적인 역할을 했던 기층민중, 노동자, 학생 등과는 분명히 차별화된다. 이것은 새로운 운동 주체 세력이 현재 한국 사회의 시민운동을 이끌어간다는 점을 의미하는 것이다.

그래서 이제 필자는 2000년대 이후 한국 사회의 변화를 점검하고 한국 정치의 특성을 설명할 수 있는 새로운 모델을 만들고자 한다. 이를 위해서 우선 2008년 광우병 파동을 중점적으로 살펴볼 것이다. 왜냐하면 그동안 학계에서 발표된 논문을 점검해 보니, 2008년의 이 사건을 한국 정치사에서 새로운 운동이 시작된 계기라고 평가하는 사람들이 많기 때문이다. 그중에서 신진욱 (2008)의 글은 한국 정치사에서 광우병 사태가 지니는 의미를 가장 잘 요약한다. 그는 2008년의 사건은 1987년 6월 항쟁 이후 20년 만에 이루어진 시민사회의 빅뱅이라고 평가한다(신진욱, 2008: 106). 그리고 그는 이 사건의 특징을 다섯 가지로 요약했다. 첫째, 운동의 주체가 다양해졌다. 성별, 연령, 직업 등에서 동질적이지 않은 무형의 시민이 정치적 사건의 주인공으로 등장했다. 둘째, 인터넷 공론장의 역할이 중요해졌다. 셋째, 안전과 생명이라는 주제가 정치권에 진입했다. 그리고 시민적 연대의 문제가 중요하게 되었다. 넷째, 시장의 공공성이라는 주제가 등장했다. 다섯째, 참여 방식과 행동 양식에서 자율적이고 무정형적 속성을 띠는 사회운동이 시작되었다. 그래서 2008년 광우병 파동이 새로운 역사의 주기를 알리는 신호탄이라고 규정한다. 신진욱은 이러한 특성을 갖는 사건이 시민들의 감정적 요인들과 밀접하게 연결되어 있음을 지적하면서, 이것이 일회성으로 중단될 것인지, 아니면 앞으로도 지속적인 사회운동으로 자리를 잡게 될 것인지를 자문하는 것으로 논의를 마무리했다(신진욱, 2008: 120).

이러한 진단에 모두 다 동의하지는 않더라도, 필자는 2008년 광우병 파동과 촛불집회가 1980년대의 정치운동과 사뭇 다른 양상이라는 점은 충분히 인정할 수 있다. 따라서 이 사건의 성격을 면밀히 분석함으로써 과거와 다른 정치운동의 성격을 파악하려 한다. 그리고 나면 2016년 촛불의 특수성을 좀 더 분명하게 이해하게 될 것이라고 필자는 기대한다.

1) 광우병 파동과 촛불집회의 진단

우선 2008년 광우병 파동의 원인을 분석하는 논문들은 다양하다.[8] 그중에서 필자는 촛불집회를 감정의 개념과 연결 짓는 박형신과 정수남(2015)의 글에 특히 주목하고자 한다.[9] 우선 여기서 두 사람은 촛불시위가 발생하게 된

---

8) 예를 들어 대의제민주주의 실패가 촛불집회를 촉발시켰다고 파악하는 논문이 있고(최장집, 2008), 탈물질적 가치가 한국 정치의 중심으로 진입해 촛불집회가 확산되었다고 파악하는 논문이 있으며(김호기, 2008), 여성들이 새로운 운동의 주체로 자리 잡아 촛불집회가 확산되었다고 파악하는 논문이 있기도 하다(권지희, 2008).

9) 감정의 문제를 정치학에 도입한 외국번역서가 있기는 하다(웨스턴, 2007; 모이시 2010; 요시다, 2015). 그러나 감정의 문제를 국내 상황에 적용하면서 적극적으로 연구한 분야는 사회학이다. 그중에서도 박형신과 정수남의 업적(2015)이 가장 포괄적이고 탁월하다. 따라서 일단 사회학에서 이루어진 감정 연구를 비판적으로 독해한 후 이것을 정치학 분야에서 새롭게 응용해 보자는 것이 필자의 전략이다.

이유를 정당정치의 부재와 탈물질적 가치로 설명하는 기존의 이론을 비판한다. 그리고 전자와 후자를 각각 이성과 감정, 구조와 행위의 양자로 설정하면서 이 두 가지 고리를 연결해 주는 개념을 찾는 것이 2008년 촛불집회의 특성을 찾는 길이라고 주장한다(정수남, 2015: 353). 특히 **배후 감정**이라는 개념을 제안함으로써 새로운 인식의 지평을 열어가는 것으로 보여 매우 흥미롭다.

예를 들어 두 사람은 촛불집회가 확산된 진정한 원인이 모성 감정이라고 설명한다. 예컨대 자식의 안전을 지킬 수 없다는 주부들의 불안감이 **배후에 있었고**, 이것이 위험한 먹거리를 먹지 않을 권리를 무시당한 국민의 분노로 확산되어 촛불집회가 일어났는데, 여기에 기본적으로 깔려 있는 정서가 바로 모성 감정이라는 것이다. 그런데 그들은 모성 감정이 분노라는 사회적 감정으로 폭발하게 만든 촉발 요인을 공포 감정이라고 제시한다. 박형신과 정수남에 따르면 공포 감정이 2008년 이후 한국 사회를 지배하고 있다. 예를 들어 먹을거리에 대한 공포뿐만 아니라, 부자되기 열풍, 노동자들의 경쟁 공포, 노숙자들에 대한 무관심, 복지국가에 대한 감정적 토대에 모두 공포라는 감정이 존재한다고 주장한다.

필자는 여기서 두 사람이 지적한 모성 감정, 공포 감정에 대한 서술에 전적으로 동의하지 않지만, 개인감정에서 사회적 감정으로 이행하는 분석 틀은 매우 유용한 것으로 인정하고 싶다. 그래서 **필자는 모성이라는 개인의 감정을 1차 감정이라 명명하고, 이것이 배후 감정을 거쳐서 사회적 감정(2차 감정)으로 분출한다는 도식을 과감하게 제안해 보려고 한다.** 이러한 이론적 상상력은 차후 보다 엄밀한 실증 연구를 통해서 검증되어야 마땅하나, 일단은 이론적 가설로 제안해 볼 수 있다고 판단한다. 그리로 이러한 제안을 좀 더 이론적으로 풍부하게 설명한다면 감정정치학의 일반 모델로 확장시켜 갈 수 있을 것이다. 이러한 이론적 기대를 구체화하기 위해서 몇 가지 선행 연구를 더 검토해 보고, 필자의 의견을 개진해 보도록 하자.

우선 감정 연구의 기존 흐름을 간략하게 정리하는 것이 필자의 논지를 밝히는 데 도움이 될 것 같다.[10) 첫째는 감정의 근원을 개인에 두고 자아 형성과 행위 결정에 관련하는 감정의 요인들을 찾아내는 심리학주의 방식이다. 필자의 견해로는 여기에 해당하는 것으로 에바 일루즈(Eva Illouz)의 작업(Illouz, 2008)이 대표적이고, 정치적 결정 방식에 주목한 러셀 뉴먼(Russell Neuman)의 작업(Neuman et al., 2007)도 여기에 속한다. 둘째는 감정의 사회문화적 맥락을 강조하는 구성주의적 방식이다. 여기서 감정은 사회와 개인의 마주침에서 만들어지는 상징적 상호작용의 결과다. 또는 상징체계를 공유한 사회성원들에 따라 다르게 표출되는 문화적 의미체계가 바로 감정이다. 그런데 이러한 시각은 기본적으로 어빙 고프만(Erving Goffman)에서 출발한다. 이렇게 놓고 보면 사회학에서 자주 언급되는 대부분의 미국학자들, 예를 들어 콜린스(콜린스, 2009), 앨리 혹실드(Arlie Hochschild, 1983), 제임스 야스퍼(James Jasper, 1998: 397~424), 시어도어 캠퍼(Theodore Kemper, 1978), 토마스 쉐프(Thomas Scheff, 1990) 등은 모두 고프만(Goffman, 1967)의 상징적 상호작용론을 감정 연구에 응용한 것이라고 볼 수 있다. 셋째는 거시사회학의 접근 방식이다. 여기서 감정은 사회적 결과일 뿐만 아니라 사회적 원인이 될 수 있다. 또 감정이 사회적 행위의 직접적 동기가 되어 사회구조를 변화시킬 수도 있게 된다. 잭 바바렛(Jack Barbalett)의 작업(바바렛, 2007)이 대표적이며, 정수남과 박형신 스스로가 자신들의 연구가 이 분야에 속한다고 밝혔다. 역사적 맥락에서 사회적 행위자들을 집합적으로 동원하는 과정에 감정의 역할을 분석하는 것이 거시사회학의 핵심이다(박형신·정수남, 2015).[11)

한편 2008년 상황에 주목하지는 않지만, 오늘날 한국 사회를 탈감정의 시

---

10) 이러한 분류는 박형신과 정수남(2015)에서 시사받아 정리한다.

11) 두 사람은 자신의 작업이 바바렛을 넘어서는 장점을 다음과 같이 요약한다. 바바렛이 그동안 모호하게 남겨두었던 이성과 감정의 관계, 감정과 사회구조의 관계, 감정과 계급의 관계, 개인들의 아비투스(habitus)와 사회적 위치 등의 관계를 분석한다(박형신·정수남, 2015).

대라고 규정하면서 감정과 집합행동의 관계를 연구한 논문들이 있어 필자의 주목을 끈다. 왜냐하면 이 글에서 필자가 해결하려는 목표가 민주화와 관련된 집합행동 모델을 만들어보려고 하는 것인데, 엄묘섭의 작업(2003: 351~387; 2009: 7~51)은 감정과 집합행동을 직접 연결시키고 있어, 필자의 의도에 그대로 부합한다. 우선 그는 현대사회의 특징을 탈근대라는 개념으로 요약한다. 예를 들어 하이퍼시뮬레이션(hypersimulation), 매스미디어에 의한 흉내내기, 문화의 과잉생산과 상품화 등이 현대사회의 특징이다. 근대와 달리 탈근대 사회는 자신의 정체성을 찾아내는 것 자체가 정치적 투쟁의 의미를 함축한다(엄묘섭, 2003: 376). 탈근대의 정체성 이론에 기대어 보면 집합적 정체성이 마련되어야 비로소 집합적 행동이 가능하게 된다. 즉 나와 다른 우리라는 관념이 역할 기능으로 결정되지 않고 상징적 투쟁과 감정적 연결망으로 형성된다는 것이 탈근대의 새로운 코드다(Melucci, 1996). 직업, 가족, 계급과 같은 사회적 지위와 역할이 개인의 정체성을 결정했던 근대사회와는 달리 오늘날의 사회는 개인 정체성 자체가 상징과 권력에 의해 조작되는 만큼 집합적 정체성이 형성되는 과정 자체가 언제나 불투명하다. 그런데 여기서 흥미로운 사실은 엄묘섭이 집합적 정체성이란 장시간에 걸친 학습과 내면화로 이루어지며, 여기에는 집합적 동일시 과정이 개입한다고 말한 점이다. 그는 계속해서 개인의 감정 상태가 **대행자 의식**(sense of agency)을 거쳐서 집합적 정체성으로 확산되고 이것이 궁극적으로 집합행동으로 표출되며, 인지된 위협의 정도에 따라서 집합적 정체성이 혁명적, 개혁적, 제도적 사회운동으로 달리 표출된다고 설명한다(엄묘섭, 2003: 377~379). 한편 몇 년 후 엄묘섭(2009: 7~51)은 바바렛이 제시한 수치심 모델을 정교하게 분석하며 개인 차원에서 만들어진 수치심과 분노의 연쇄 반응이 어떻게 집합행동으로 연결되는지를 자문했다. 이것은 감정정치학의 일반 모델을 만들어보려는 필자의 목표에 대단히 중요한 함의를 준다.

2) 감정정치학의 구성 요소

이제 감정정치학의 일반 모델을 개략적으로 구상해 보자. 필자는 박형신과 정수남, 그리고 엄묘섭의 선행 연구를 검토하고 난 후 일반 모델이 내포해야 할 구성 요인을 다음과 같이 정리해 보고자 한다.

첫째, 감정의 정치학 모델은 이성의 역할을 배제하는 것이 아니다. 특히 이성은 1차 감정의 형성 과정에서 개인의 정체성에 큰 영향을 주며, 이때 인지적 성격으로 작동한다. 다시 말해 기존의 사회적 규범에 대한 인지적 수용이 개인의 정체성을 형성하는 데 중요한 역할을 한다는 것이다. 이러한 논리의 연장선에서 개인이 기존의 규범체계에서 벗어나는 사회현상을 경험하게 될 때 1차적 감정이 발생하는 것은 당연하다. 한편 감정이 정지된 수동 상태라면 이것이 사회적으로 표출되는 것은 능동적 행동이다. 여기서 필자는 1차 감정을 수치심으로 2차 감정을 분노라는 감정으로 대표하고자 한다. 그런데 감정이 행동으로 드러나는 계기에 습관이 작동한다. 그리고 습관은 계급에 따라 차이가 나는 것이 학문적인 상식이다. 물론 계급이라는 개념을 감정의 표출에 응용하기 위해서 새로운 계급 개념이 필요하다. 이렇게 놓고 보면 인지적 요인(cognitive factor), 감성적 요인(emotional factor), 습관(habit)이라는 세 가지가 감정정치학의 일반 모델이 포함해야 하는 구성 요소들이다.[12]

둘째, 감정의 역할은 내면화 과정과 외면화 과정으로 분리해 설명되어야 한다. 주로 전자는 개인의 수준에서 이루어지는 1차 감정(개인감정)에 해당하며, 후자는 집합행동으로 표출되는 2차 감정(사회적 감정)이라고 할 수 있다. 그리고 1차 감정이 2차 감정으로 상승되는 과정에 필자는 중간 지대를 설정하고자 한다. 여기에서 배후 감정 혹은 대행자 의식이 중간 매개자로 작동한

---

12) 인간 행동을 이와 같이 세 가지 요인으로 설명하려는 시도는 존 볼드윈(John Baldwin, 1998: 35~57)에서 영감을 받은 것이다.

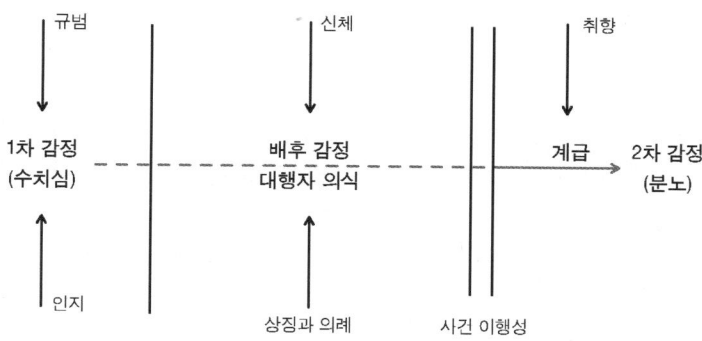

그림 **7-4** 감정정치학의 일반 모델

규범 → 1차 감정 (수치심) ← 인지

신체 → 배후 감정 대행자 의식 ↑ 상징과 의례

취향 → 계급 → 2차 감정 (분노)

사건 이행성

다. 그리고 배후 감정이나 대행자 의식은 선험적으로 주어지는 것이 아니라 사회적으로 구성되거나, 조작되는 것이다. 여기에서 권력의 흐름에서 작용하는 상징체계와 의례가 중요하다. 한편 권력의 효과는 인간의 신체를 관통하며, 이러한 과정은 습관이라는 형태로 신체에 각인된다.

셋째, 집단 정체성과 감정의 사회적 표출은 계급적인 수준에서 설명되어야 한다. 왜냐하면 자본주의사회에서 집단적 행동은 물질적 토대와 관련되면서 일정한 패턴을 가지는 것이 보통이기 때문이다. 그리고 감정이 행동으로 드러나는 계기는 돌발적인 '사건 이행성'을 갖는데, 이것은 예측되거나 사후적으로 검증되지 않는다. 따라서 이러한 우발성에 학문적 규칙성을 부여하기 위해서라도 계급 개념으로 사회적 행동을 설명하는 것이 필요하다. 한편 계급 행동은 취향이라는 변수로 분석되는 것이 유용하다. 지금까지 논의한 내용을 그림으로 정리하면 〈그림 7-4〉와 같다.

3) 2016년 촛불혁명의 이론적 모형

위에서 선언적으로 거론한 내용을 이제 이론적으로 엄밀하게 분석해 들어가자. 이러한 과정이 끝난 후 우리는 2016년에 발생한 촛불혁명의 흐름을 이론적으로 설명할 수 있게 될 것이다.

우선 1차 감정과 2차 감정의 형성에 대해서 논의하자. 필자는 여기서 바바렛(2007)과 누스바움(2016)을 주요한 텍스트로 선정하고, 수치심과 분노를 각각 1차 감정과 2차 감정으로 분석해 볼까 한다. 바바렛은 자신의 저서에서 감정의 거시사회학이 해명해야 할 요인들을 설명하면서, 그 대상을 계급, 수치심, 분노, 공포 등으로 나열하고 있다. 그리고 누스바움은 자유주의 정치체제를 유지하는 중요한 감정으로 수치심과 분노를 거론한다. 사회구조적 수준에서 감정의 문제를 다루는 중요한 두 학자가 자신의 텍스트에서 수치심과 분노를 공통적으로 설명했는데, 필자는 이것을 과감하게 1차 감정과 2차 감정으로 선정해 보려는 것이다. 과연 가능한가? 내용을 살펴보면서 이러한 필자의 시도가 인정될 수 있을지 논증해 보자.

우선 누스바움은 수치심이 우리에게 진리를 들려주는 감정이며, 분노는 부당함을 바로잡으려는 감정이라고 말한다(누스바움, 2016: 378~379). 그러면서 수치심을 느끼는 상태란 광범위하게 공유되는 이상과 불일치하다는 점을 인식하는 감정 상태다(388). 또 수치심은 계급적 차별과 인간의 취약성에 대한 인식이며(390), 사회적으로 규정된 "정상적인 것"에 대한 인지를 바탕으로 한 것이다(398). 그러면서 과연 '생산적인 수치심'과 '위험한 수치심'을 구분할 수 있는가를 자문한다(387). 이러한 질문에 바바렛의 텍스트를 통해서 대답할 수 있다고 필자는 생각한다. 바바렛은 외적 결함/내적 결함 그리고 자신에 대한 감정 혹은 타인에 대한 감정이라는 기준표로써 수치심을 네 가지 유형으로 분류했다. 상황적 수치심, 공격적 수치심, 나르시즘적 수치심, 방어적 수치심이다(Barbalet, 2007: 2009). 필자의 판단에 따르면 네 가지 유형 중에서 방어적 수치심만이 사회의 조정 체계에 대해 저항할 수 있는 잠재력을 갖는다. 왜냐하면 다른 유형의 수치심은 사회적 순응이나 복종, 혹은 타인에 대한 공격으로 나타날 수 있기 때문이다. 이것이 누스바움이 거론한 생산적인 감정이라고 필자는 생각한다.

그렇다면 방어적 수치심은 어떻게 형성되는 것일까? 바바렛은 사실 수치심이라는 감정의 개념 일반을 서술했지만, 특정한 수치심이 형성되는 과정을 설명하지 않았다. 따라서 이 부분을 해결할 필요가 있다. 바바렛은 수치심의 역사를 고전 텍스트에서 발췌해 가면서 설명하는데, 이 부분을 필자 나름대로 재해석하면서 방어적 수치심이 등장하는 계기를 이해해 보고, 이러한 과정을 통해서 개인의 정체성이 형성되는 과정도 설명하도록 하겠다. 바바렛이 적어놓은 텍스트에 따르면 수치심은 환경에 대한 반응이다(196). 수치심은 주로 순응에 관련된 감정인데, 행위자와 자아가 맺는 관계를 포함한다. 그런데 오늘날 수치심은 감퇴 중이다. 그 이유는 자아 형성 경험이 변화하고 있기 때문이다(201). 다시 말해 근대적 자아가 고립되어 감에 따라 자아의 사회적 형성이 파편화되었기 때문이다. 이렇게 놓고 보면 오늘날의 자아 형성 과정을 왜곡시키는 사회적 변화가 무엇인지를 파악하는 것이 건전한 수치심의 생성조건을 이해하는 관건이다. 한편, 형식논리상 1차 감정이 형성되어야 2차 감정이 발생한다는 것은 당연하다. 그런데 1차 감정의 발생은 자아 형성의 문제와 깊숙이 관련된다. 따라서 이제 우리의 학문적 관심은 자아 형성에 초점을 맞추어야 한다. 그런데 이것은 필자가 위에서 선언한 항목 중에서 두 번째 내용에 관련되는 것들이다. 그러니 이제 두 번째 항목을 논의해 보도록 하자.

그렇다면, 건전한 수치심은 어떻게 발생하는가? 이 질문은 자아 형성의 조건을 질문하는 것이다. 이것은 당대의 상징체계 및 의례와 관련이 있으며, 이를 통해서 배후 감정과 대행자 의식이 형성된다. 이렇게 말하면서 필자는 결국 건전한 수치심의 발현 과정이 바로 배후 감정 내지는 대행자 의식이라고 주장하고자 한다. 박형신과 정수남은 모정과 같이 인간이 고유하게 간직한 생물학적 감정을 배후 감정이라고 생각한 듯 하며, 엄묘섭의 경우에는 대행자 의식이 마치 초월적인 형이상학이라고 간주하는 것 같다. 그러나 이러한 생물학주의와 초월주의는 감정 연구를 사회적 맥락에서 연구하는 데 인식론적으로 방해가 될 뿐이다. 필자는 여기서 세 가지 작업을 간략히 점검할 것이다. 첫째, 건전한 수치심의 형성이 푸코적인 의미에서 자아 형성과 관련된다는 사실을 밝힐 것이다. 둘째, 이것이 뒤르켐적인 상징체계와 의례에 의해서 사회적으로 견고해진다는 사실을 논증할 것이다. 셋째, 이것이 탈감정사회라고 불리는 현대사회에서 어떻게 왜곡되는가를 설명하고자 한다.

① 필자는 과감하게 푸코의 신체란 결국 수치심을 받아들일 수 있는 신체와 다르지 않다고 주장하고 싶다. 왜냐하면 푸코가 『감시와 처벌(Surveiller et punir)』에서 '유순한 신체'라는 개념을 사용했는데, 결국 이것은 수치심의 다른 표현으로 볼 수 있기 때문이다.[13] 대체로 푸코는 『성의 역사』 2권과 3권에서는 주체화의 양식을 '통치성'이나 '자아에 대한 배려'라는 개념을 통해 설명한다. 과거와 달리 인간의 행동에 초점을 둔 것이다. 그래서 주체화의 양식을 행동 코드와 주체화 형태라는 두 가지 요인으로 설명한다. 전자는 행위 규칙들로서 구조적인 요인에 해당하며, 후자는 인간관계에서 등장하는 심리적인 요인이다. 이렇게 보면 타자와의 관계 속에서 심리적인 주체화가 완성된다는 점을 푸코 스스로가 인정한 것이다. 분명 구조적인 속성만을 강조했던 『감시와 처벌』이나 『성의 역사』 1권과는 인식의 태도가 사뭇 달라졌다.[14]

---

13) 물론 푸코는 자신의 저작에서 수치심에 대해서 언급한 일이 없다. 다만 푸코에게 지대한 영향을 준 엘리아스의 연구(엘리아스, 1996)를 역으로 추측해 보면, 어떻게 국가권력이 개인의 수치심을 조작해 권력에 복종하도록 만들었는가를 알 수 있다. 적어도 엘리아스가 지적한 사례를 곰곰이 생각해 보면 이 문제의 해답이 보인다. 엘리아스에 따르면 일상생활의 작은 행동들이 모두 국가권력의 통제 안으로 편입되는 과정이 바로 문명화 과정인데, 이때 수치심은 권력이 대상으로 삼은 가장 중요한 감정이었다.

14) 여기서 한 가지 첨언할 것은 주체화 양식에 대한 후기 푸코의 입장이 스피노자 철학에 크게 영향을 받았다는 점이다. 스피노자는 『에티카』에서 인간의 감정에 대해 자세히 분석한 후, 『정치학』에서 인간의 복종이 어떻게 가능한지를 설명한다. 그런데 스피노자의 입장은 인간의 감정, 특히 희망과 공포를 조정해 정치권력에 복종하도록 만드는 것이 근대정치의 특징이라고 말한다(스피노자, 2013a: 12~13; 2013b: 97). 그런데 권력-복종의 관계는 사회적 의례를 실천하는 방식과 밀접하게 연결된다. 당대에는 기독교의 영향력이 막강했던 만큼 종교적 의례가 가장 중요한 상징체제를 공급했다. 이를 통해서 다른 민족에 대한 적대심, 동료에 대한 애정, 공동체에 대한 헌신을 유도한다(스피노자, 2013b: 100). 이러한 스피노자의 분석이 후기 푸코에서는 '통치성'과 '자아

② 뒤르켐이 제시한 의례의 기능을 살펴보자. 뒤르켐은 사회적으로 통용되는 감정이 어떻게 사회적 관행에서 발생하는지를 연구했다. 그 대표적인 저서가 바로『종교생활의 원초적 형태(Les formes élémentaires de la vie religieuse)』다. 이 책에서 뒤르켐은 종교적 관념이 일정한 상징과 의례를 통해서 발생한다는 점을 밝혔다. 나아가 집단의 소속감과 도덕 감정도 상징과 의례를 통해서 규정된다(콜린스, 2009: 43).[15] 이러한 소속감과 도덕 감정을 유지하는 기능이 상징과 의례라고 한다면, 본 논문에서 분석하고자 하는 감정의 변화 과정(수치심에서 분노로의 이행)을 설명하기 위해서는 바로 현대사회의 상징과 의례가 무엇인지를 면밀히 관찰할 필요가 생긴다. 사회운동론에서 보면 사회적 갈등이 발생하는 이유는 계급적 이해관계의 충돌이다(콜린스, 2014: 1장). 그런데 뒤르켐적인 관점에서 보면 사회갈등의 발생은 의례를 기반으로 하는 집단감정의 변화에서 유래한다. 다시 말해 갈등의 발화점과 표출점에는 언제나 상징과 의례가 작동하며, 사회적 감정이 결정적인 역할을 한다(콜린스, 2009: 80). 이러한 맥락에서 보면 수치심은 사회적 의례가 만든 도덕 감정이 사회 구성원들 사이에서 공유

의 배려' 개념으로 변용되어 다시 나타나는 것이다. 스피노자의 관점을 수치심과 관련해서 평가해 보면, 현대사회에서 1차 감정으로 시작해 배후 감정으로 성장하는 수치심은 국가가 국민들에게 주입한 복종의 습관과 이에 대한 반감 사이에서 만들어진다. 즉 수치심은 복종-반복종 사이에서 자신의 형태를 규정하는 개인의 성찰적 자세다. 그런데 여기에는 국가의 후원을 받는 전문적인 지식 체계와 사회적 의례가 동원된다. 이러한 해석이 틀리지 않다면 푸코의 주체화 과정은 전문적 지식 체계와 사회적 의례를 모두 거론하고 있다고 보아도 무방하겠다.

15) 따라서 현대사회에서 자주 거론되는 정의감, 수치심, 분노 등등은 심리 분석에서처럼 개인 수준에서 거론될 수 없으며, 그렇다고 푸코처럼 국가권력이 직접 주입한 것도 아니다. 그것들은 사회적 의례와 관행에 의해서 형성된다. 이것이 뒤르켐의 독창성이다. 이러한 논리를 좀 더 적극적으로 확대해석 하면, 시대가 변화하고 사회구조가 바뀌면 그러한 감정도 바뀌는 것으로 이해할 수 있다. 이러한 뒤르켐의 설명은 현대사회의 갈등을 이해하고 정치적 집합행동을 설명함에 있어서 큰 함의를 준다. 예를 들어 집단 내부에서 소속감이 강조되면서 사회적 유대가 강화되지만, 반대로 소속감이 허물지면 사회적 갈등이 발생하게 된다.

되지 않을 때 발생한다. 한편 분노는 사회제도의 기본적인 신뢰가 무너졌을 때, 또는 새로운 도덕 감정이 필요할 때, 터져 나오는 집단감정이라고 하겠다.

③ 이러한 사회적 의례가 현대사회에서는 어떻게 적용될 수 있을까? 스테판 메스트로비치(Stjepan Meštrović)는 문화산업으로 인해 감정의 진정성이 사라진 상황을 두고 **탈감정사회**라 한다. 여기서 그가 강조한 것은 감정이 사라졌다는 사실이 아니라 지성화되고 대량생산되고, 기계화된 감정의 특성이다(메스트로비치, 2014: 65).[16] 거리에는 많은 동정심이 넘쳐나지만 그것은 알맹이가 없는 동정심이다. 루소가 생각했던 동정심과 연민이 사회적 유대를 만든 기초 감정이었다면, 오늘날의 동정심과 연민은 부자와 가난한 사람을 분리하고 격리하는 감정이다. 이러한 상황이 발생하게 된 이유는 현대자본주의 체제와 관련이 있다. 오늘날 자본주의는 감정을 상업화의 대상으로 삼아버렸기 때문이다. 생일, 결혼식, 기념일 등에 나타난 감정을 공장의 표준화된 상태로 만들어버렸다(메스트로비치, 2014: 113). 메스트로비치는 이것을 **진정성의 산업**이라고 이름 붙였다. 디즈니랜드 문화, 사회의 맥도날드화, 인터넷 커뮤니티 등이 현대의 의례이며 그들이 만드는 상징체계들이 집단감정을 만든다. 이것은 1960년대 헤르베르트 마르쿠제(Herbert Marcuse)가 『1차원적 인간(One-Dimensional Man)』에서 경고했던 문화산업의 위험성을 넘어선다. 문화를 상업화하는 것은 거대 자본이지만, 진정성을 산업화한 것은 게릴라적 속성을 띠는 시민 단체들이다. 물론 이들이 국가권력이나 재벌로부터 암묵적인 자금 지원

---

16) 뒤르켐은 종교가 근대사회에서 신성함을 창출해 내는 가장 중요한 대상이라고 파악했다. 뒤르켐이 분석한 종교는 원시사회의 토템에서부터 유럽을 장악한 천주교에 이르는 실제 종교다. 그런데 정치사상가들은 이미 시민종교에 대해서 심각히 고민해 왔다. 예를 들어 스피노자, 루소, 토크빌 등은 모두 정치체제를 유지하기 위해 필요한 제2의 종교(시민종교)의 필요성을 강조한 바 있다. 이것은 실제적인 종교라기보다는 개인들에게 애국심과 집단의 소속감을 고양시키는 문화적 현상을 의미한다. 이러한 맥락에서 보면 메스트로비치가 현대사회를 탈감정사회로 규정하고 뒤르켐을 비판하는 것은 바로 시민종교 개념을 바탕에 두고 현대사회의 문화적 왜곡을 분석하는 것이라고 볼 수 있다.

을 받는 경우도 있다. 그러나 오늘날 한국에서 인터넷을 바탕으로 확산 중인 다양한 커뮤니티들은 그 형태를 규정할 수 없을 만큼 신속하게 변형되고 있다. 그리고 이들이 만든 혐오, 질투, 분노의 감정은 과거 독점자본의 상업성과 파괴력을 훨씬 넘어선다. 오늘날 한국 정치는 이들이 만든 혐오와 적대 의식에서 움직이고 있다고 해도 과언이 아니다.

④ 계급적 취향의 형성과 감정의 사회적 표출에 대해서 논의해 보자. 1990년대 초에 이미 새로운 개혁 세력으로 부상한 중산층에 대한 관심이 없었던 것은 아니다. 한완상(1991: 194~228)과 한상진(1994: 260~283)은 중간계급 혹은 중민이라는 대상을 두고 이들이 개혁적 정치의식을 가지고 있는가를 진지하게 자문한 바 있다. 그러나 이들의 관심은 넓은 의미에서 보면 여전히 노동자 중심주의, 경제 중심주의를 넘어서지 못했다. 따라서 계급 행동을 분석함에 있어서 경제를 넘어선 새로운 패러다임이 필요하게 되었다.[17] 한상진과 한완상의 논쟁은 사실 중산층을 경제적 위치에서 바라보고 그들에게 나타난 행동 특성을 포착하려는 시도였다. 다시 말해 계급 행동의 정지된 모습만을 보았던 것이다. 그런데 이제는 집단감정이 집단행동으로 발전되는 계기는 무엇이고, 이때 계급은 어떻게 작용하는가를 밝혀야만 한다. 즉 정지 모델에서 활동 모델로 우리의 시각을 바꾸어야 한다는 것이다.

바바렛은 자신의 저서에서 계급과 분노의 관계를 탐구했지만(바바렛, 2007: 3장), 계급과 분노는 애초부터 잘 어울리지 않는 주제라는 사실을 인정했다. 왜냐하면 전통적인 학문 분류에서 보면 계급은 거시사회학에서 다루는 주제

---

17) 이탈리아의 사회학자 알베르토 멜루치(Alberto Melucci)가 정보사회에 진입한 서구에서 집합행동이 어떤 특징을 보이는가를 연구한 바 있다(Melucci, 1996). 그는 노동자계급이라는 경제적 관점을 넘어서 정치운동의 새로운 주체를 분석했다. 그는 정체성의 정치라는 개념을 통해서 기득권세력과 사회운동 세력의 투쟁 대상이 상징적 형태를 띠고 있으며, '우리'가 누구인가를 규정하는 것 자체가 집합행동의 관건이라고 진단한다. 멜루치의 연구는 오늘날 한국 정치의 특성을 이해하고 집합행동이 사회적으로 표출되는 계기가 무엇인지를 사고하는 데 많은 함의를 준다.

이고, 분노는 사회심리학에서 다루는 주제였기 때문이다. 그렇지만 감정사회학이 유행하기 시작하면서 이제는 계급 행동이 분노로 표현되는 계기에 감정이 개입한다는 사실을 학자들이 인정하는 추세다. 그렇다면 분노로 표출되는 원인은 무엇인가? 그것은 주로 불평등에 대한 분노다. 그리고 바바렛은 경기 순환이 감정에 미치는 영향을 거론한다. 즉 실질소득의 증가와 감소, 그에 대한 전망이 계급 분노가 표출되는 원인이라고 한다. 이러한 논리라면 바바렛의 설명은 감정의 이슈는 제기했으나 여전히 경제 중심주의에서 벗어나지 못했다. 바바렛은 분노 표출과 문화적 요인에 대해서 언급하고 있지만, 대체로 계급 분노는 경제적 원인에서 기인하는 것으로 간주한다.[18]

사실 이 문제에 답하기 위해서는 대중에 대한 고전부터 간략히 살펴볼 필요가 있다. 일단 르봉의 『군중심리』(르봉, 2005)와 타르드의 『여론과 군중』(타르드, 2012)을 비교해 보자. 이 두 책은 모두 근세기 초에 발표되었으며 현대의 집단행동에 커다란 함의를 주는 고전이다. 우선 르봉은 군중들의 심리에 기초해서 집단행동을 설명한다. 반면 타르드는 인쇄매체를 매개로 형성되는 공중을 강조한다. 그렇지만 두 사람 모두 감정이 개입된 집단행동을 설명하는 데 조금씩 부족한 부분이 있다. 르봉의 경우는 집단 정체성이 일시적이고 즉흥적이어서 일정한 패턴을 유지할 수 없다는 점에서 한계를 보이며, 타르드의 경우는 여론의 형성에서 이성적 인지 모델을 상정하고 있기 때문에 감정의 요소를 개입할 여지가 없다. 그런데 이토 마모루(伊藤守)는 타르드의 공중 개념을 정동이라

---

18) 한편 임희섭이 설명하고 있는 사회운동 이론에서는 사회운동이 발생하는 심리적 조건을 주로 욕구와 기대라는 개념을 통해서 설명하고 있다. 예를 들어 J-곡선 이론에서는 기대되는 욕구 충족과 실제의 욕구 충족 사이의 간극이 참을 수 없는 격차로 인지될 때 혁명이 발생한다고 설명한다(임희섭, 1999: 45). 여기서 사람들이 원하는 욕구라는 것이 경제적 기회, 일상의 생필품 등은 물론이고 휴식, 성 문제 등과 같은 문화적 가치체계를 포함한다. 이렇게 두고 보면 계급 행동을 설명하는 지금까지의 이론은 경제적 박탈감과 심리적 간극이라는 이중의 기준이었다. 그렇다면 경제(구조)와 심리(미시) 사이에서 감정은 어디에 어떤 방식으로 개입할까?

는 개념을 통해서 현대 상황에 맞게 변형시킨다(이토, 2016). 이토 마모루를 통해서 타르드를 감정정치학 안으로 끌어들일 계기가 생겼다. 자세히 살펴보자.

우선 그는 정보라는 것이 인식활동에만 국한되지 않으며 믿음이나 정열에도 관여하는 것이라고 규정한다(이토, 2016: 51). 만일 정보가 개인의 감정적인 요인에까지 영향을 준다면 타르드가 설정한 여론의 기능과 공중은 의미가 달라진다. 그런데 이토 마모루는 타르드를 정면으로 겨냥해 여론과 공중의 개념을 바꾸어버린다. 정동에 대한 이토 마모루의 견해에 따르면 필자가 구축하는 감정정치학의 일반 모델에 타르드를 접목시킬 근거가 생긴다. 수치심이 분노 감정으로 표출되는 순간 집합행동이 나타나는데, 이러한 이행은 이성적 토론이나 네트워크에 의한 확산이 아니다.[19] 그것은 사건-공간으로부터 생기는 '**사건 이행성**(event-transitivity)'이다. 그는 축구 경기를 시청하는 시청자의 비유를 들어 이 개념을 설명한다. 축구 경기라는 사건이 텔레비전이라는 시청 공간으로 이행되고 소비될 때 그것은 극적으로 변화한다(이토, 2016: 173). 즉 시청자들은 열광하게 되고 하나의 집단을 이루어 극적인 행동을 하게 된다. 다시 말해 텔레비전의 화면이나 음성이 만나 사건을 영상으로 전달하고,

---

19) 학자들은 대체로 현대 정치에서 인터넷의 확산이 열려진 공간, 자유로운 토론을 보장해 주었다고 생각한다. 이것은 언론매체에 대한 이성적 인지 모델에 근거할 때만 가능한 판단이다. 이항우(2012: 244~274)가 보여준 바처럼 2008년 촛불집회가 확산된 계기도 인터넷을 통한 확장성 덕분이었다. 한편 콜린스는 연결망이 인간의 감정을 외부로 확장되는 계기라고 설명한다. 연결망이 있어야 생각과 감정이 사회 전체로 전파될 수 있다고 한다. 특히 그는 지식인의 사회적 연줄망(network)을 중요하게 설명한다(콜린스, 2009: 5장). 이렇게 보면 한국에서 언론을 바라보는 관점은, 그 기능에 대해서 긍정적이던 부정적이던 상관없이 대체로 이성적 인지 모델에 근거해 있다. 이러한 추세를 두고 볼 때 신진욱의 작업은 매우 이례적이다. 그는 언어가 감정을 전달할 수 있다고 간주하고 이를 1980년 광주 항쟁에 적용했다. 당시의 상황에서 저항 세력의 언어와 군부 세력의 언어가 각각 어떤 종류의 감정을 유발시켰고, 그것이 어떻게 분노에 기반하는 집합행동을 유발시켰는가를 경험적 분석 방법을 통해서 보여주었다(신진욱, 2007: 203~243).

시청에게는 감정과 행동을 촉발시킨다. 이것은 감정이 행위의 변용을 초래한다는 스피노자의 철학을 매스미디어에 적용한 것이다.[20]

이러한 논리를 정치에 적용해 보자. 시민들이 현장에서건, 텔레비전을 통해서건, 인터넷을 통해서건 하나의 사건을 접하면서 여러 사람이 공유할 수 있는 **공간-사건**의 틀이 형성되면 부분적 주체들이 집단적 주체로 갑작스럽게 변형하는 상황이 가능할 것이다. 이것이 촛불집회가 아닐까! 물론 이러한 추론은 가설에 불과하지만, 상식적으로 생각해 볼 때 개연성이 높다. 따라서 개인적인 정동이 집합적 정동으로 발전하는 것은 경향성으로 파악해야 한다. 이것이 바로 사건 이행성이다.

그러나 사건 이행성만으로는 계급 논리를 온전히 설명했다고 보기 어렵다. 계급이란 집합행동이 드러나는 순간에서 집단마다 조금씩 차이가 있다는 것을 의미한다. 즉 상층계급, 중간계급, 하층계급 간에 행동 양식이 다르다는 점을 이미 전제한다. 그렇다면 이러한 차이는 어디에서 오는가? 경제 중심주의나 인지 모델을 피하면서 계급 간의 행동 차이를 설명할 수 있을까?[21] 필자는

---

20) 그런데 한 정신의 다른 정신에 대한 원거리 작용이든 어떤 뇌 내의 음화를 다른 뇌의 감광판에 사진같이 복제하는 작용이든, 그 작용을 통해 무엇이 전달되고 무엇이 복제된다는 것일까? 타르드에 따르면 그것은 바로 '정신적 경향의 에너지' 혹은 '심리적 갈망의 에너지 욕망'이고, 또한 '지적 파악의 에너지' 혹은 '심리적 수축의 에너지인 믿음'이다. 이 두 에너지는 착란하고 집중하면서 연속된 흐름의 강도를 수반해 전파된다. 이 욕망과 믿음이 여러 정신 사이에서 전파되고 모방될 때 생기는 것이 대립 또는 대립 이후의 적응(순응)이다. 정보 과정에 상응하는 이러한 모방 개념은 라이프니츠의 모나드론으로부터 큰 영향을 받은 것이다(이토, 2016: 52~53). 이토 마모루는 스피노자와 들뢰즈의 철학에서 잠재성, 변용 등의 개념을 차용하고 있다.

21) 하이모어는 미학이란 격렬한 감정(공포, 슬픔, 희망 등등)과 함께 작은 정동 및 정서(수치, 불안, 경멸, 놀람 등)의 모든 영역을 아우르는 감각이라고 말한다(하이모어, 2015: 211). 즉 미학은 지각, 감각, 감정의 영역을 동시에 관여한다. 이러한 의미에서 하이모어가 제안하는 미학은 전통적인 학문 분류를 넘어선다. 그래서 그는 취향이라는 단어를 선호한다. 계급별로 각자가 선택하는 음식의 맛, 좋아하는 음악, 선호하는 그림이 사회적 취향이라는 이름으로 분류될 수 있다. 그런데 하이모어에 따르면 이러한 계급별 취

이 문제를 해결하기 위해서 벤 하이모어(Ben Highmore)가 제의한 **사회미학**이라는 개념을 과감하게 응용해 보고자 한다. 예를 들어 전통적인 마르크스주의의 논리에서 보면 하층계급이 가장 진취적인 가치관과 저항 행동을 보일 것이라고 예상하지만, 실제로 한국 사회에서는 그렇지 않다. 또 20대의 젊은 세대가 가장 적극적으로 부당한 정치현실에 분노하고 행동에 나설 것이라고 예상하지만 실제로는 그렇지 않다. 왜 그럴까? 이러한 이론과 현실의 불일치를 어떻게 설명할 수 있을까? 이 지점에서 필자는 취향의 개념이 매우 유용하다고 본다. 노동자나 젊은 세대들이 가지는 취향이 자본과 권력에 포획당했다면, 이들이 적극적으로 정치 행동에 나서지 못하는 현실을 이해하기 쉬워진다. [22]

향의 차이가 계급별 에토스의 차이를 만들고 계급 간의 갈등을 촉발한다. 이때 에토스란 '적절한 행동거지의 분위기', '세상을 향한 일련의 분명한 감정' 등을 의미한다(222).

[22] 사실 취향의 문제를 가장 심도 깊게 언급한 사람은 부르디외다. 하이모어는 부르디외의 이름을 단 한번 언급하면서 아비투스 개념을 사용하지만, 취향의 정치적 기능을 이해하기 위해서는 좀 더 적극적으로 부르디외를 탐구할 필요가 있다. 필자의 생각에 부르디외가 제안하는 계급적 아비투스(취향)는 상층, 중간, 하층계급의 지배관계를 분석하는 데 중점을 둔다(홍성민, 2012: 3장). 그런데 필자는 부르디외의 취향 분석이 한국 사회에 적용되기 위해서는 약간의 변용이 필요하다고 본다. 첫째, 상층부의 차별화 감각은 한국 사회에서 큰 의미가 없다. 사실 한국 사회에서 모든 계급이 소비 취향을 통해서 자신의 탁월성을 드러내려는 천박함을 보인다. 현실이 이렇다면, 우리 사회는 차라리 헤르베르트 마르쿠제가 『1차원적 인간(One-Dimensional Man)』에서 보여주었던 시대 배경과 비슷한 처지에 있다고 평가하는 것이 적절하겠다. 즉 모든 계급의 소비 취향이 자본주의 상품화 논리에 매몰되어 있기 때문에, 정치에 대한 가치관과 정치적 행동이 표출되는 방식도 크게 다를 바 없다. 오히려 한국 사회에서는 문화제국주의 관점에서 외국의 소비문화에 노출되는 정도와 정치의식의 관계, 혹은 문화자본(학력자본)과 정치의식의 관계를 포착하는 것이 더 시급하다. 둘째는 아비투스의 변화 가능성에 대해 수정이 필요하다. 부르디외는 계급적 취향이 사회적으로 결정된 것으로 간주하고 내부 특성을 찾는 데 열중했다. 그러나 한국 상황에서는 최소한 10년을 주기로 급격한 경제적 순환이 밀어닥치고 있으며, 이에 따라 계급적 취향도 급격하게 변화하는 것으로 보인다. 따라서 사회구조 변화와 계급적 취향의 변화를 연결하는 것이 더 중요해 보인다. 이 부분은 한국 사회에서 사회변혁의 논리를 과거와는 다른 관점에서 찾아야 한다는 사실을 시사한다. 노동운동에 집중해 왔

이제 이렇게 수정된 사회미학과 취향의 개념을 근거로 수치심과 분노의 변화 과정을 설명해 보자. 적어도 한국 사회에서는 일상세계가 자본과 권력에 의해서 일방적으로 포획당하고 있고, 개인의 욕망도 조절당하고 있기 때문에, 수치심을 느끼는 감정 자체가 제대로 발생하지 않는다. 수치심이란 현실에 대한 비판적 의식이라고 할 수 있는데, 오늘날 노동자와 대학생들은 생존경쟁이라는 국가 이데올로기에 매몰되고 있어서 자신의 이해관계를 넘어서는 사회적 불평등을 지각하고 성찰할 여유가 현저히 낮다. 또 몇몇 사람들이 현실에 대한 비판 의식을 가졌다고 해도 이것이 사회를 개혁할 수 있는 의지로 표명되기에는 많은 제약이 있다. 예를 들어 분노를 표현하는 것이 예절에 어긋난다는 유교식 교육, 남의 일에는 끼어들지 말라는 생활 이데올로기, 노동자의 이해관계를 발표하는 것이 사회분열을 조장한다는 국가 이데올로기, 더 큰 성장을 위해서 지금은 허리를 졸라매어야 한다는 발전 이데올로기 등이 감정과 밀접히 연결된다. 이처럼 이데올로기와 감정이 연결된 관계를 정동 이데올로기라고 부를 만하다.[23]

던 진보세력의 입장에서는 진지하게 고민해야 할 과제다.

23) 어쨌든 계급과 취향의 개념을 통해서 2차 감정이 표출되는 과정을 설명하는 것은 한국 정치를 이해하는 데 매우 큰 과제다. 특히 오늘날 한국의 유권자들이 정치에 무관심해지고 젊은 세대들이 보수화되고 있다는 우려를 두고, 취향의 정치학이라는 관점에서 대책을 마련하는 것이 매우 시급해 보인다. 왜냐하면 정치란 일정한 취향의 자원을 서로 다르게 배분하려는 취향의 대립 구조로 이해할 수 있으며, 이때 어떤 취향이 사회의 지배적인 것으로 등장하는가에 따라서 정치의 구도가 바뀔 수 있기 때문이다. 다시 말해 오늘날 진보의 과제는 보수가 장악하고 있는 감정의 자원을 새롭게 변화시키는 것이다. 즉 '**감성의 분활**'(랑시에르, 2008)을 새롭게 규정해야 한다. 한편, 1980년대까지는 주로 지역감정이라는 용어가 한국 정치를 설명할 때 자주 거론되었다. 그러나 최근에는 증오, 분노 등과 같은 감정 용어가 더 자주 사용된다(강준만, 2013). 이것은 오늘날 한국 정치가 이념 대결보다는 감정 대결에 의해서 움직이고 있으며, 정치인들이 유권자의 감정에 호소해 득표하는 현실을 대변하는 것이다. 이런 점에서 '적을 만들기', '분노의 대상 만들기' 등등은 한국 정치의 특징이라고 볼 수 있다. 그리고 필자는 이러한 감정의 조작이야말로 한국적 포퓰리즘의 실질적인 내용이라고 판단한다.

4) 2016년 촛불혁명의 특성과 전망

2016년 가을 광화문에서 시작되어 전국으로 확대된 촛불시위는 어떻게 가능했는가? 이명박 정권에서도 촛불이 있었고, 용산 참사에서처럼 시민들의 저항이 정권의 기반을 흔들었던 사건이 있기도 했다. 그렇지만 그것이 전국적인 범위로 확산되지도 않았고, 시위자들의 숫자에서도 비교가 되지 않을 정도였다. 그렇다면 무엇이 2016년의 촛불을 그토록 활활 타오르도록 만들었을까? 우리는 위에서 완성하였던 감정정치학의 일반 모델에 근거해 2016년의 상황을 설명해 보도록 하자.

이를 위해서는 2012년 대통령 선거에서 박근혜가 당선된 상황을 잠시 점검할 필요가 있다. 박정희의 딸이 다시 대통령이 되어 한국 현대사에 등장한 일은 마치 1851년 루이 보나파르트(Louis Bonaparte)가 나폴레옹(Napoléon Bonaparte)의 후광을 업고 대통령에 당선된 것과 비교될 만하다. 당시의 프랑스 사람들은 경제적 공황과 대외적 압박을 겪으면서 이념보다는 과거의 영광을 그리워했다. 그런데 2012년 한국에서 치러진 대통령 선거도 실업률의 증가와 북한의 위협등과 같은 대외적인 요인이 크게 작동했다. 그러나 가장 중요한 공통점은 누군가 카리스마 있는 지도자가 나타나 내 자신의 삶을 구원해주기를 기다렸던 유권자들의 감정이다. 이러한 맥락에서 박근혜는 아버지 박정희의 카리스마와 경제발전의 추진력을 이어받은 영도자로 부각되었던 것이다. 물론 이러한 이미지를 만든 주역은 언론이었다. 18년간의 정치 역정을 묘사하면서 보수 언론은 박근혜를 구국의 결단을 이어온 지도자로 둔갑시켰으며, 선거 전략에서도 이를 철저하게 이용했다. 허상수(2013: 152~193)는 2012년의 대선을 분석하면서 박근혜와 문재인의 대결은 보수 진영과 유권자들이 벌인 감정의 정치라고 규정한다. 그에 따르면 보수 진영의 유권자들은 아버지와 어머니를 총탄에 잃은 불상한 딸로서 박근혜 후보를 인식했고, 이러한 감정이 일반 대중으로 확산되어 박근혜가 대통령에 당선되었다. 반면에 문재인과 진보 진영의 선거대책은 이념적이고, 과거지향적인 성격을 탈피하지 못해서 유권자들의 마음을 얻지 못했다.

그러나 이것은 비단 선거 전략에만 국한될 수 없다. 우리는 여기서 시대가 만들어놓은 문화적 아비투스에 대해서 주목해야만 한다. 독재가 끝났지만 1960년대와 1970년대를 살아왔던 장년층들은 박정희 시대에 받았던 반공 교육과 경제발전의 논리가 무의식의 깊숙한 곳에 자리 잡고 있었기에, 정책의 엄밀성과 추진 가능성보다는 막연한 기대감으로 박근혜에게 지지를 보내고 있었던 것이다. 이러한 현상은 하층계급에게 더욱 특징적으로 나타난다. 시장판의 장사꾼으로부터 공장노동자에게 이르기까지 진보정당을 지지할 것으로 기대되었던 민중계급들이 오히려 보수화되어 있었다. 이것이 바로 위에서 분석했던 아비투스의 역전 현상이라고 할 수 있겠다. 엘리아스나 푸코의 논리로 말하자면 박정희 시대에 만들어진 반공 논리는 육체에 각인되어 있어 정치제도가 변화했음에도 불구하고 과거의 정체성을 벗어나지 못하도록 만든다. 한 시대를 살아가는 계급의 정체성이란 경제 논리에서가 아니라 시대의 분위기에서 만들어지기 때문이다. 예컨대 박정희 시대의 교육은 철저하게 병영식 군사 교육이었고, 회사의 조직문화도 군대 생활을 방불케 했다. 이러한 육체적 경험을 가진 사람들은 반공이나 경제발전에 대한 집착이 강해질 수밖에 없다. 이 같은 상황에서 선거철마다 등장하는 안보 논리는 진보 진영의 후보를 빨갱이로 매도하는 효과를 가져왔고, 노동자의 처우 개선이나 복지 확대를 주장하는 선거 전략은 대부분의 국민들에게 혈세의 낭비로 비추어지게 만들었다.

또 젊은 층에서도 진보적일 것으로 기대했던 정치적 아비투스가 오히려 투표 결과로 보면 보수화된 것으로 나타난다.[24] 이것은 실업률의 증가로 인해서

---

24) 17대 대통령 선거에서 20대와 30대의 투표율은 20대가 46.6%, 30대가 55.1%이며 정동영을 지지한 비율은 20대가 19.1%, 30대는 17.2%이다. 한편, 18대 대통령 선거에서 20대, 30대 투표율은 20대가 68.5%, 30대가 70%로 나타났다. 야당의 문재인에 대한 지지율은 20대가 65.8%이고, 30대는 66.5%이다.

생존경쟁에 내몰린 청년층들이 국가 이데올로기에 경도되거나 신자유주의 이데올로기에 쉽게 매몰되기 때문에 나타나는 현상이다. 이것을 위에서 살펴본 메스트로비치의 이론에 기대어 설명해 보자. 2000년대 이후 본격적으로 진입했던 소비사회는 젊은 층에게는 일상의 쾌락을 제공했고, 동시에 인생의 성공은 돈을 벌거나 출세하는 것이라는 편향된 가치관을 심어주기에 충분했다. 오늘날 대학가에는 독서토론 동아리보다는 증권투자 동아리가 더 활성화되고 있는 형편이다. 이러한 시대적 분위기에서 젊은이들이 이 시대의 희망이며 역사의 대행자라는 공적 의식을 유지하는 것은 애초부터 불가능하다. 더구나 감정의 상업화가 격해지면서 개인주의가 심화되고, 이웃에 대해 관심을 가지거나, 정치에 대해서 관심을 가지는 아비투스가 오히려 어색한 젊은 층이 많아졌다. 오늘날 보수 단체의 대표라고 할 수 있는 일베사이트에는 학업성적이 우수한 대학생들이 많이 가입하고 있다. 이러한 인터넷 매체를 통해서 젊은 층들은 실업의 좌절과 조직에서 밀려난 실망감을 타인에 대한 적개심으로 풀고 있는 것이다. 이것은 결코 바람직한 감정이 아니다. 이러한 상황에서는 건전한 토론 문화와 공익 의식은 자리를 잡을 수 없으며, 격한 혐오감과 적대 의식만이 판을 치게 된다. 바로 이와 같은 세대별 정체성의 상황들이 2012년 박근혜 보수 정권을 만든 시대적 아비투스며 배후 감정이라고 평가해 볼 수 있겠다.[25]

그렇지만 저항이 없었던 것은 아니다. 박근혜 정권의 출발부터 국민들이 소극적 수치심에서 적극적 수치심을 느낄 수 있는 단초들이 여러 곳에서 등장했다. 예를 들어 선거 국면에서 박정희의 친일 행적이 노골적으로 드러났고, 국

---

25) 이동연은(2016: 24~58)은 한국 사회에서 감정의 정치를 타락시키는 주체를 네 가지로 분류한다. 첫째는 어버이연합이고, 둘째는 일베 회원이며, 셋째는 헬조선 그룹, 넷째는 상층 부르주아다. 이들은 차례대로 애국심, 여성혐오, 청년세대의 분노, 부자들의 적개심이라는 감정을 배출한다. 한편, 이러한 감정을 정동이라고 표현할 수 있다. 과거에는 이념의 대립이 한국 정치의 중심에 있었다면, 오늘날은 정동의 대립이 한국 정치의 특징이 되었다. 이것이 감정정치학의 모델이 필요한 이유다.

정원의 댓글 사건이 만천하에 밝혀짐으로써 정권의 정당성을 의심하는 분위기가 서서히 만들어지기 시작했다. 또 이를 배후에서 강조하는 감정들이 도처에서 존재했다. 이른바 새로운 정치를 내세우며 등장한 안철수 후보의 존재 자체가 기득권 정치에 대한 불신을 지적하는 저항적 배후 감정이라고 불러볼 만하다.[26] 더구나 정윤회 사건은 정권의 실세들이 국민의 행복은 안중에 없으며 오로지 자신들만의 정치를 하고 있다는 격한 실망감을 가지게 만들었다. 그러다가 급기야 세월호 사건이 터졌다. 이 사건은 박근혜 정권을 무너뜨린 가장 심각한 사건이다. 이 사건이 전개되는 모든 국면이 친정부적 배후 감정을 반정부적 배후 감정으로 돌아서게 만든 계기가 되었다. 정부가 기본적으로 지켜야 할 의례와 민주적 상징성은 세월호 사건이 처리되는 지난 3년간 철저하게 무너졌다. 국민들에게 정부의 발표를 믿을 수 없는 것이라는 불신만을 심어주게 되었다. 이것은 정권의 무능을 넘어서 최소한의 인도적 연민마저도 상실한 냉혹한 정권이라는 감정을 만들었다. 뒤르켐의 이론에 기대어 말하면 민주적 의례와 절차가 완전히 몰락한 것이다. 3년간에 걸친 유가족의 진실 규명 투쟁과 이것을 권력의 힘으로 억압하려는 정권의 태도를 보면서 일반 국민들은 이미 적극적 수치심에서 정권 타도의 분노 감정을 가지게 되었다고 필자는 평가한다.

한편 2016년 총선의 경우도 전형적인 감정정치학의 연속이었다. 예상과는

---

26) 강준만(2013)은 안철수의 등장이 새로운 정치를 기대하는 희망의 감정에서 기인했다면, 안철수 죽이기는 보수 진영이 만든 감정정치의 전략이며, 이를 근거로 진보의 재집권을 저지하고 있다고 평가한다. 한편 안철수가 등장한 정치 현실을 두고 정치의식이 높지 못한 유권자들을 조정하려는 정치인의 포퓰리즘이라고 분석하는 학자가 있다(조기숙, 2016). 필자는 이것이 차라리 유권자의 감정 변화와 관련 있다고 생각한다. 위의 두 학자는 모두 정치 현상을 정당이나 정치인의 전략에 방점을 두고 이해한다. 이것은 여전히 국가주의나 제도주의에 벗어나지 못한 낡은 인식론이라고 여겨진다. 정치를 유권자의 감정 변화에서 읽어낼 수 있는 새로운 관점이 필요하다. 적어도 선거 분석에서 사후적으로 통계 처리를 하면서 국민들의 표심을 설명하는 방식으로는 생동감이 있는 정치 현장을 이해할 수 없다.

달리 선거 결과에서 뜻밖의 반전이 나타난 이유는 친박, 진박, 비박 따위가 난무하는 정치권에 대한 유권자들의 수치심과 분노가 작동했기 때문이다. 상식을 넘어선 정치 행동은 통계조사에서 잘 잡히지 않았다. 더구나 사건 이행성은 누구도 예측하지 못한 순간에 찾아온다. 필자는 4월 13일에 나타난 선거 결과야 말로 바닥난 경제와 허물어진 정치에 대한 국민들의 분노가 폭발한 사건이라고 평가한다. 여당의 대표가 공천장에서 고개를 숙이는 태도와 옥새를 들고 도망 다니는 장면에서 국민들의 감정은 실망감을 넘어서 분노의 감정을 느끼지 않을 수 없었던 것이다. 도대체 정치가 무엇인가? 국민들은 저들의 관심사에 있기나 한 것인가? 모든 평론가의 예상을 깨고 새누리당이 총선에서 패배한 것은 이미 국민의 감정이 분노의 단계에 다다르고 있음을 보여준 사건이었다.[27]

　그리고 2016년 가을 우리는 드디어 최순실 사태를 마주하게 되었다. 이것은 결정적인 사건 이행성을 촉발시킨 사건이다. 정윤회 사건, 세월호 사건까지만 해도 사건 이행성의 문턱이 낮아 다시 정권을 유지하는 쪽으로 배후 감정과 대행자 의식을 돌이킬 수 있었을지도 모른다. 그러나 최순실 농단이 밝혀진 10월은 돌이킬 수 없는 사건 이행의 문턱이 되고 말았다. 이제는 과거로 돌아갈 수 없다. 사건 이행성의 구체적인 사례들은 물론 여러 가지다. 백만 촛불을 만들어낸 가장 중요한 사건 이행의 계기는 JTBC가 보도한 최순실 영상이었다. 그리고 탄핵을 가능하게 만든 사건 이행의 계기는 국회 청문회에 나온 재벌 회장들과 대학교수, 전직 장관들의 거짓 증언이었다. 그러나 가장 중요했던 이행의 계기는 박근혜 자신의 언행일 것이다. 이제 국민들은 새누

---

27) 여기서 확인되는 중요한 사실은 1980년대와 1990년대에 치러진 선거와 달리 2012년 대선과 2016년 총선에서는 감정적인 요인이 크게 작동했고, 상대적으로 노동운동이나 진보 진영의 이념적 이슈가 국민들의 공감을 얻지 못하고 있다는 점이다. 2016년 대선에서 정의당의 심상정 후보가 유승민 후보의 득표율에 미치지 못했다는 것은 한국진보 정치가 국민들의 감정에 호소하지 못하고 있음을 보여주는 사례다. 진보 정치가 고민해야 할 지점이다.

리당의 보수 정권 아래서는 한국 사회를 개혁할 수 없다는 사실을 철저히 깨닫게 되었다. 이제 반공 시대에 익숙해지고, 신자유주의 시대의 상업성에 매도당한 세대와 계급이 자신의 아비투스를 순식간에 변화시키고 정권 타도와 민주주의 회복을 외치게 되었다. 백만 촛불을 든 국민들은 모두 자신이 역사의 무게를 짊어진 대행자라는 의식을 가지게 되었다. 그리하여 상업적 취향을 넘어서 새로운 공적인 아비투스로 무장한 국민들이 부패에 물든 정권에 분노하고 새로운 정권을 새롭게 세우려고 하는 것이다.

2017년 5월의 대선에서는 진보적 아비투스와 개혁의 감정이 적극적으로 발휘했다. 그리하여 문재인이 대통령으로 당선되었다. 그러나 다음 총선에서는 어떨까? 향후 한국 정치의 미래에서 어떤 감정의 정치학이 작동할까? 그 과정은 또 어떤 특성을 가질까? 과연 현재의 아비투스와 대행자 의식을 우리 국민들은 언제까지 유지할 수 있을까? 필자는 이러한 질문에 대해서 이 글에서 제안한 감정정치학의 일반 모델이 일정한 대답을 할 수 있을 것이라고 기대한다.

4. 나가며

필자는 이 글에서 2008년의 촛불집회의 특성을 토대로 감정정치학의 일반 모델을 제시하며, 이를 근거로 한국 정치의 오늘을 진단하고 처방할 수 있는 가능성을 제시했다. 우선 2008년 촛불집회는 대한민국 정치사에서 정치운동의 국면 변화를 예고한 대단히 중요한 사건이다. 이 사건을 통해서 1980년대와 현재의 달라진 정치 형세를 비교할 수 있었다. 그리고 2008년 촛불항쟁을 근거로 2016년 촛불혁명의 흐름을 이론적으로 설명할 수 있었다. 그리고 이러한 변화의 특징을 필자는 감정구조라는 개념에 근거하여 설명해 보았다.

이러한 연구를 통해서 우리는 무엇을 알 수 있는가? 결론적으로 말하자면 이제 한국 정치는 전통적인 민주화 이행론을 벗어나야 한다. 그것은 합리적인 개인과 전략적 개인을 염두에 둔 인지 모델이었고, 그래서 상대적으로 감정 요인을 고려하지 않았다. 물론 1980년대 민주화운동에도 감정적인 요인을 통해서 이해할 부분이 있었다. 그러나 그동안 학계에서는 감정의 역할을 상대적으로 소홀하게 생각해 왔던 것이 사실이다. 그래서 필자는 오늘날 한국 정치를 이해하는 데 감정구조라는 개념이 필요하다고 강조한다. 특히 개인들의 정치적 판단과 행동이 경제적 계급을 넘어서, 소비생활이나 문화양식에서 커다란 영향을 받고 있다는 점을 강조하고 싶다. 따라서 시대의 변화에 발맞추어 정치를 바라보는 관점을 바꾸어야 한다. 예를 들어 전통적인 권력 분류 체계였던 국가권력-시민사회(정치사회)-개인의 행동이라는 도식에서 새로운 분석의 영역을 추가할 필요가 있어 보인다.

여기서 필자는 시민사회와 개인행동의 중간 영역에 감정의 영역, 혹은 취향의 영역을 추가할 필요가 있다고 주장한다. 어쩌면 이것이 콜린스가 지적했던 관심 공간이라고 할 수 도 있겠다(콜린스, 2001). 이러한 영역에서 개인들의 감정이 변화하는 과정(1차 감정과 2차 감정)을 면밀히 추적해야 한다. 이러한 감정의 변화를 일컬어 주체화 과정이라고 한다. 그런데 이러한 주체화의 과정이 시대에 따라, 이슈에 따라 다르게 변화한다. 그리고 주체화의 변화가 시민운동이나 정치선거의 결과를 만든다. 따라서 주체화 과정과 정치화 과정의 상관관계를 이해하는 것이 향후 한국 정치에서 대단히 중요한데, 필자는 이것을 '문화정치학의 과제'라고 부르고자 한다.

문화정치학이 앞으로 수행할 연구과제는 다음과 같다. 첫째, 사회의 변화와 취향의 변화, 취향의 변화와 감정의 변화, 감정의 변화와 정치적 선택의 변화를 이론적으로뿐만 아니라 실증적으로 연구해야 한다. 둘째, 한국 사회와 북한 사회의 감정 변화를 비교·분석해 통일에 대비하는 작업이 필요하다. 지금까지 통일에 접근하는 방법은 모두 국가 모델 혹은 경제 모델이었다면(이것을 제도주의적 접근이라고 할 수 있겠다), 이제는 감정 통합에 주목하는 문화주의적 접근이 필요하다. 셋째, 이주 외국인과 한국인의 감정 변화를 비교해 다문화

시대를 대비하는 것도 대단히 중요한 과제다. 이것은 글로벌 시대에 국민 통합을 위한 새로운 시대적 과제인데, 이를 위해서 문화접변과 감정 통합이라는 새로운 학문적 주제가 연구되어야 한다. 필자가 본문에서 제시한 감정정치학의 일반 모델은 이와 같은 미래의 연구에 이론적 지침이 될 것으로 기대한다.

참고문헌

10·28건대항쟁 20주년 기념사업 준비위원회. 2006. 『10·28 건국대 항쟁20주년 기념자료집』. 건국 대학교 출판부.

강준만. 2013. 『증오상업주의』. 인물과사상사.

권지희. 2008. 「여성, 새로운 정치주체로 떠오르다」. 권지희 외. 『촛불이 민주주의다』. 해피스토리.

김성일. 2017. 「광장정치의 동학: 6월항쟁에서 박근혜 탄핵 촛불집회까지」, ≪문화과학≫, 제87호.

김호기. 2008.6.23. 「촛불집회, 거리의 정치, 제도의 정치: 서울 광장에서 그람시와 하버마스를 다시 읽는다」. 촛불집회와 한국 민주주의 발표문. 참여연대강당 자료집.

누스바움, 마사(Martha Nussbaum). 2016. 『혐오와 수치심(Hiding from Humanity)』. 조계원 옮김. 민음사.

랑시에르, 자크(Jacques Rancière). 2008. 『감성의 분할(Le Partage du Sensible: Esthetique et politique)』. 오윤성 옮김. 도서출판b.

르봉, 귀스타브(Gustave Le Bon). 2005. 『군중심리(Psychologie des Foules)』. 이상돈 옮김. 간디서원.

메스트로비치, 스테판(Stjepan Meštrović). 2014. 『탈감정사회(Postemotional Society)』. 박형신 옮김. 한울엠플러스.

모이시, 도미니크(Dominique Moïsi). 2010. 『감정의 지정학(La Géopolitique de l'Émotion)』. 유경희 옮김. 랜덤하우스.

바바렛, 잭(Jack Barbalett). 2007. 『감정의 거시사회학(Emotion, Social Theory and Social Structure)』. 박형신 옮김. 일신사.

박형신·정수남. 2015. 『감정은 사회를 어떻게 움직이는가: 공포 감정의 거시사회학』. 한길사.

스피노자, 바뤼흐(Baruch Spinoza). 2013a. 『정치론(Tractatus Politicus)』. 황태연 옮김. 비홍.

_____. 2013b. 『신학-정치론(Tractatus Theologico- Politicus)』. 황태연 옮김. 비홍.

신진욱. 2007. 「사회운동의 연대 형성과 프레이밍에서 도덕감정의 역할: 5.18 광주 항쟁 팜플렛에 대한 내용분석」. ≪경제와 사회≫, 제73호.

_____. 2008. 「정치위기와 사회운동의 새로운 주기: 2008년 촛불시위 이후 한국 민주주의 이중적 과제」. ≪기억과 전망≫, 제19호.

엄묘섭. 2003. 「탈근대 사회에서 감정과 집합행동」. ≪철학논총≫, 제34집.

_____. 2009. 「감정의 시대: 문화와 집합행동」. ≪문화와 사회≫, 제6권.

엘리아스, 노르베르트(Norbert Elias). 1996. 『문명화 과정(Uber den prozeß der zivilisation) 1』. 박미애 옮김. 한길사.

요시다 도오루(吉田徹). 2015. 『정치는 감정에 따라 움직인다(感情の政治學)』. 김상운 옮김. 바다 출판사.

웨스턴, 드루(Drew Westen). 2007. 『감성의 정치학(The Political Brain)』. 뉴스위크 한국판 옮김. 중앙북스.

윤상철. 1997. 『1980년대 한국의 민주화이행과정』. 서울대학교 출판부.

이동연. 2016. 「정동과 이데올로기」. ≪문화과학≫, 제86호.

이토 마모루(伊藤守). 2016. 『정동의 힘(情動の權力)』. 김미정 옮김. 갈무리.

이항우. 2012. 「네트워크 사회운동과 하향적 집합행동: 2008년 촛불시위」. ≪경제와 사회≫, 제93호.

임희섭. 1999. 『집합행동과 사회운동의 이론』. 고려대학교 출판부.

정태석. 2015. 「분산하는 사회운동과 접합의 정치: '사회적인 것'과 민주주의」. ≪경제와 사회≫, 제105호.

조기숙. 2016. 『포퓰리즘의 정치학』. 인간사랑.

조희연. 1998. 『한국의 국가. 민주주의, 정치변동』. 당대.

최장집. 2008.6.16. 「촛불집회가 제기하는 한국 민주주의 과제」. 세교연구소 주최 긴급시국대토론 회. 촛불집회와 한국 민주주의 발표문. 참여연대강당 자료집.

콜린스, 랜들(Randall Collins). 2009. 『사회적 삶의 에너지(Interaction Ritual Chains)』. 진수미 옮김. 한울엠플러스.

_____. 2012. 「사회운동과 감정적 관심의 초점(Social Movements and the Focus of Emotional Attention)」. 『열정적 정치(Passionate politics)』. 박형신·이진희 옮김. 한울엠플러스.

_____. 2014. 『사회학 본능(Sociological Insight)』. 김승욱 옮김. 알마.

타르드, 가브리엘(Gabriel Tarde). 2012. 『여론과 군중(L'Opinion et la Foule)』. 이상률 옮김. 지 도리.

하이모어, 벤(Ben Highmore). 2015. 「뒷맛이 씁쓸한: 정동과 음식 그리고 사회미학(Bitter after taste: Affect, food, and social aesthetics)」. 『정동 이론(The Affect Theory Reader)』. 최성 희 외 옮김. 갈무리.

한상진. 1994. 「사회개혁과 중민이론」. ≪사상≫, 제22호.

한완상. 1991. 「한국 중간제계층의 정치의식」. ≪사상≫, 제11호.

허상수. 2013. 「시민정치와 노동정치의 위기 그리고 '감정의 정치'」. ≪동향과 전망≫, 제87호.

홍성민. 2012. 『취향의 정치학』. 현암사.

_____. 2016. 「민주화 이행과 감정의 역할」. 건대항쟁계승사업회. 『학생운동, 1980』. 오월의봄.

Baldwin, John. 1998. "Habit, emotion, and self-conscious action." *Sociological Perspectives*, Vol. 31, No. 1.

Dobry, Michel. 1992. *Sociologie des Crises Politiques*. Paris, FR: PFNSP.

Goffman, Erving. 1967. *Interaction Ritual*. New York, NY: Doubleday.

Hochschild, Arlie. 1983. *The Managed Heart: Commercialization of human feeling*. Berkeley, CA: University of California Press.

Illouz, Eva. 2008. *Saving the Modern Soul: Therapy, emotion, and the culture of self-help*. Berkeley, CA: University of California Press.

Jasper, James Jasper. 1998. "The emotions of protest: Affective and reactive emotions in and around social movements." *Sociological Forum*, Vol. 13, No. 3.

Kemper, Theodore. 1978. *A Social Interactional Theory of Emotions*. New York, NY: John Wiley.

Melucci, Alberto. 1996. *Challenging codes: Collective action in the information age*. Cambridge, UK: Cambridge University Press.

Neuman, Russell and George Marcus, Michael MacKuen, Ann Crigler. 2007. *The Affect effect: Dynamics of emotion in political thinking and behavior*. Chicago, IL: University of Chicago Press.

O'Donnell, Guillermo and Philippe Schmitter. 1996. *Transitions from Authoritarian Rule: Tentative conclusions about Uncertain democracy*. Baltimore, MD: JHU Press.

Scheff, Thomas. 1990. *Microsociology: Discourse, emotion, and social structure*. Chicago, IL: University of Chicago Press.

제8장

정치적 감정구조와 이야기 정체성*

안보 담론과 한국의 정치적 상상력

1. 문제 제기

사회계약론의 관점에서 볼 때 정치란 사회제도를 통해서 이루어진 합리성의 결정체다. 이성적 주체를 전제로 의사결정의 절차가 보장되고 이를 근거로 여론이 수렴되고, 다수결의 논리에 따라 정치권력이 행사될 때, 우리는 그러한 정치를 민주주의라고 부른다. 따라서 정치를 투표 행위와 연결시키면, 민주정치를 이해하기 위해서 정당이나 선거구와 같은 제도를 연구하는 것이 맞다. 그런데 한편으로는 정치를 일정한 가치관이 표현되는 방식이라고 생각할 수 있다. 이러한 시각에서는 정치를 이해하기 위해서 가치관이 형성되고 표현되는 과정을 연구하는 것이 중요해진다. 정치 주체의 판단이 여론매체에 의해 조작될 위험성에 항상 노출되어 있기 때문이다. 여기서 한 걸음 더 나아가면 언어가 정치를 왜곡시킬 수 있다는 생각에 이를 수 있다. 이른바 언어의 지배 효과다. 이 정도의 수준에 이르면 언어는 정치학 연구에서 매우 중요한 대상이 된다. 적어도 20세기에 접어들어 정치학의 과제는 이러한 상징조작의 실체를

---

* 8장은 상명대학교 기초교양학부 김현주 교수와 공동집필한 홍성민·김현주, 2017, 「정치적 상상력과 이야기 정체성: 정치와 문학의 만남」, ≪한국프랑스학논집≫, 97집을 기초로 보완·발전시킨 글로서, 김현주 교수는 주로 김진명의 소설 분석을 담당했다.

밝히고 개인의 합리성이 왜곡되는 과정을 밝히는 것이라 말해도 과언은 아니다. 이러한 학문적 관심사를 '언어를 통한 주체 형성'이라고 이름 붙일 만하다.

이렇게 놓고 보면 제도적 민주주의란 정치의 형식을 강조한 것이고, 언어 정체성 연구는 정치의 내면을 강조한 것이라고 말할 수 있다. 정치학이 언어(문학) 이론에 관심을 가지게 된 이유가 바로 여기에 있다.[1] 작가의 정치적 세계관이 작품 속에 스며들어 당대의 정치를 비판하고 새로운 비전을 제시한다고 보는 것이다.

2. 이야기와 상징적 권력: 리쾨르와 부르디외

기존의 문학 이론에서 정치의 효과를 이해하는 방식은 크게 두 가지다. 첫째는 작가의 의도를 강조하는 시각이다. 이러한 시각에서는 작가의 사회적 위치, 문학작품의 스타일, 문학 소재 등에서 정치적 효과를 찾으려고 한다. 예를 들어 조선후기에 등장한 소설이 양반을 풍자하는 소재를 이용했고, 구한말에는 소설가 스스로가 민족운동을 전개하는 사회적 지식인이었으며, 1980년대에는 노동문학을 통해서 노동자 현실과 독재정권을 비판했다는 점을 강조

---

1) 정치학이 언어 이론에 관심을 갖게 된 첫째 이유는 이데올로기 연구다(Larrain, 1984). 두 번째는 알튀세르의 무의식 이론이다. 세 번째는 언론의 효과와 관련한다(에델만, 1996). 한편 언어학에서 정치학에 관심을 보이는 흐름은 다음과 같다. 첫째는 마르크스주의를 언어학에서 연구한 발렌틴 볼로시노프(Valentin Voloshinov)가 대표적인 사례다(볼로시노프, 2005). 둘째는 미셸 푸코의 역사학 연구에서 시작된 담론분석 기법이 있다(맥도넬, 1992; 김슬옹, 2009; 문학이론연구회, 2002; 라클라우·무페, 2012; 粕谷啓介, 2016). 셋째는 언어가 개인에게 전달되는 효과에 주목한 경우다(레이코프, 2006; 2009). 그런데 이러한 정치학과 언어학의 만남은 두 가지 한계를 가진다. 첫째는 언어가 만들어지는 생산 과정에 대한 연구가 없다는 점이다. 둘째는 언어를 수용하는 독자에 대한 논의가 상대적으로 빈약하다.

한다. 이렇게 되면 소설은 사회적 엘리트의 위치에 있는 작가가 자신의 세계관을 통해 독자들을 계몽하거나 새로운 사회변혁을 위한 작가의 욕망에 독자를 초대하는 형식과 다름없다(현길언, 2005). 둘째는 국가권력의 이념과 성격에 따라서 문학작품의 문체, 스타일, 주제 등이 결정된다고 보는 시각이다. 이것은 문학이 정치권력의 선전 도구라고 생각하는 관점인데, 주로 북한문학 연구에서 강조된다(이영미, 2006). 예를 들어 북한에서는 해방기에 체제 이데올로기를 전파하는 수단으로 문학을 이용했고, 이로써 대중의 혁명성을 고취하고, 정치화했다는 것이다. 이러한 방식으로 소설을 이해하게 되면 정치권력이 장기적인 전략전술 아래, 문학작품을 당대의 정치체제를 정당한 것으로 인정하게 만드는 문화적 규율체계로 사용하는 것이다.

필자는 이러한 두 가지 접근 방식이 변증법적으로 통합되어야 한다고 생각한다. 변증법적 통합이란 현실성을 높이기 위해서 두 가지 시각의 장단점을 고양해야 할 필요가 있음을 강조하는 것이다. 예를 들어 작가의 의도를 강조하는 시각을 주체중심주의(미시적 접근)라고 하고, 권력의 의도를 강조하는 시각을 제도중심주의(구조적 접근)라고 한다면, 이 두 가지를 종합할 수 있는 새로운 시각이 필요하다고 본다. 왜냐하면, 작가의 의도는 권력이 마련한 사회적 조건에서 발생하는 것이며, 권력과 제도도 작가의 의도 속으로 삽입되지 않는다면 작품으로 표현될 수 없기 때문이다. 이러한 문제의식을 이론적으로 소화한 두 학자가 바로 리쾨르와 부르디외다. 전자는 작품의 생산과 수용에서 작가의 역할을 강조했고, 후자는 작품의 생산과 수용 과정에서 권력의 역할을 강조했다. 두 사람의 이론적 토대는 우리가 이 자리에서 논하는 주제를 완성하는 데 대단히 유용한 길잡이가 될 것이다.

리쾨르는 이야기(narrative)를 통해서 형성되는 주체의 구성에 탁월한 안목을 제공하며, 부르디외는 상징권력(pouvoir symbolique)을 통해 언어의 불평등을 분석하는 데 중요한 시각을 제공한다. 이 두 사람은 해석학과 사회학이라는 전혀 다른 인식의 지평에서 연구를 진행한 학자들이지만, 언어와 정치의 상관성을 이해함에 있어 서로 간에 보완 역할을 한다. 그러면 두 학자의 문제의식을 간략히 정리하고 두 학자가 어떻게 시너지 효과를 발휘하는지 확인해 보도록 하자. 그리고 이것을 토대로 한국 사회에서 정치적 세계관이 형성되는 과정에 언어(문학)의 역할이 무엇인지를 분석할 수 있는 모델을 만들어보도록 하자.

우선 리쾨르를 살펴보자. 그의 학문적 여정은 몇 가지 단계로 구분이 가능한데(윤성우, 2004), 필자는 여기서 『시간과 이야기 1·2·3』이라는 세 권짜리 책에 집중하고자 한다. 이 책이 리쾨르의 중기 사상에 해당하며, 언어와 정치의 관계를 이해하는 데 중요한 실마리를 제공한다고 판단하기 때문이다. 이야기(narrative)는 사회적으로 유통되는 언어와 상징 등을 의미하는데, 이것의 구성 과정이 구체적인 형태로 드러나는 계기가 바로 글쓰기와 해석 작업이다. 이 책에서는 크게 두 가지 주제가 등장한다. 첫째는 언어와 주체의 형성이라는 주제며 이를 위해서 아리스토텔레스의 미메시스 이론을 인용한다. 두 번째는 시간성과 주체 형성의 주제며, 이를 위해서 하이데거의 내적 시간성이라는 개념을 인용한다. 그런데 이러한 두 가지 주제가 모두 집결되어 간결한 공식으로 등장하는 대목이 『시간과 이야기 1』의 3장이다(리쾨르, 2008: 3장). 「시간과 이야기: 삼중의 미메시스(Le temps raconté: la triple mimésis)」라는 제목이 달린 이 텍스트가 세 권의 전체 이야기를 요약하는 핵심 이론이고 논의를 확장시켜 가는 출발점이다. 따라서 필자는 그 부분에 집중하면서 리쾨르의 사상을 간략히 요약할 것이다.

미메시스 1은 전형상화(prefiguration)의 단계로서 이야기가 생겨나는 사회적 분위기를 의미한다. 우리가 세상을 이해하는 상식이 그대로 드러나는 계기를 가리킨다. 그러나 정치적 수준에서 평가하자면 일반 시민이 믿는 상식들이 편견으로 간주되어 비판받을 계기가 될 수도 있겠다.[2] 리쾨르가 상상력

---

2) 김세원(2015)은 '미메시스 1-미메시스 2'와 '미메시스 2-미메시스 3'를 양분해 전자는 이데올로기적 통합의 단계로, 후자는 유토피아적 상상력의 단계로 구분한다. 그래서

을 두 가지 차원으로 분류해 이데올로기의 기능과 유토피아의 기능을 강조한 바 있는데(리쾨르, 2002: 3부 4장), 미메시스 1은 분명 이데올로기의 기능이 강하게 작동하는 단계다. 그래서 사회 속에서 살아가는 개인들은 공통된 규칙과 규범을 당연한 것으로 인정하게 된다. 이때 이야기는 상징적 매개체로 인간의 의식을 규정하는 것이다. 여기에는 하이데거가 **마음씀**이라고 지칭했던 언어의 역할이 중요하다. 현존재가 과거에 대한 기억과 미래에 대한 상상을 동시에 펼치며, 시간은 이제 미래에서 현재로부터 과거로 진행될 수도 있다. 그래서 리쾨르는 미메시스 1을 전이해의 단계로 부른다.

미메시스 2는 형상화(figuration)의 단계다. 잠재된 이야기가 구체적인 글쓰기로 나타나는 수준이다. 사회속의 규범이 의미 있는 상식으로 해석되어 텍스트로 표현된다. 이렇게 사회적 현실이 문학적으로 재현되는 것이다. 물론 글쓰기는 일정한 줄거리를 필요로 한다. 줄거리는 사회적으로 의미 있는 행동들을 일관된 흐름(화음)과 형식으로 푸는 작업이다. 여기에는 일정한 예술적 형식이 규칙처럼 존재한다. 아리스토텔레스는 『시학』에서 이것을 사상들의 배열(뮈토스)라고 불렀는데, 리쾨르는 이것을 문학의 코드라고 부른다. 그러나 정작 중요한 것은 형상화 단계에서 역사의 현실과 허구의 이야기가 교차한다는 사실이다. 사람들은 현실과 허구가 얽혀 있는 텍스트를 구성하고 소비하면서 세계에 대한 관점을 비로소 소유하게 된다. 리쾨르는 이러한 통합을 일컬어 **서술적 정체성**이라고 명명한다(리쾨르, 2004: 471) 여기서 정체성이

전자는 역사-이야기의 단계로서 재생산적 기능이 강하게 작동하며, 후자는 허구-이야기의 생산적 상상이 작동해 변화의 단계로 규정한다. 그러나 필자의 판단에 이러한 이분법은 매우 위험스럽다. 전자의 경우에 다양한 이질적 상상력과 저항의 힘이 작동한다고 보는 것이 보다 상식적이다. 우리 사회에서 전개되는 정치적 상상력은 늘 잠재적 저항을 배태하고 있으며, 이러한 사회적 분위기에서 이야기할 거리가 제공되고 있는 것이다. 이데올로기의 통합적 기능과 유토피아의 변혁적 기능은 사실 동전의 양면과 같은 것이다. 이것이 김세원의 오관인지 리쾨르의 내재적 한계인지는 불분명하지만, 이러한 논리가 부르디외에 의해서 보다 세심하게 보완될 수 있다.

란 실천의 범주이며, 개인뿐만 아니라 공동체에게 누가, 어떤 행동을 했는가를 질문하고 그에 답하는 것이다. 여기서 **자기성(ipseite)**이 성립한다. 즉 본질적이고 고정불변한 주체로서의 동일성(idem)이 아니라 이야기를 통해서 반성하고 깨닫고 변화하는 주체로서 자기성이 성립된다.

미메시스 3은 재형상화(refiguration)의 단계다. 여기서 독자와 텍스트가 만난다. 즉 독자들이 형상화된 텍스트를 자신의 의견과 기준으로 새롭게 해석하는 '전용(appropriation)' 단계다. 물론 텍스트를 읽는 것은 작가가 상상한 세계를 간접적으로 경험하는 것이다. 그러나 독자는 텍스트를 스스로 전용할 수 있는 독자적 주체다. 따라서 독자는 자신만의 삶 속에서 텍스트를 전혀 다른 방식으로 풀어갈 수 있다. 이것은 텍스트의 독해가 행동으로 변화될 수 있음을 의미한다. 다시 말해 독서는 단순히 이해나 유희의 차원이 아니라 사회적 변혁을 지향하며, 스스로에게 윤리적 지평을 강제하는 명령이 될 수 있다. 이러한 맥락에서 리쾨르는 독서 행위란 미메시스 3을 미메시스 2에 결합시키는 조작자이며, 그것은 "줄거리라는 이름으로 행동의 세계를 재형상화하는 행위의 궁극적 벡터"(리쾨르, 2008: 170)라고 정의한다. 또 독자가 수용하는 것은 단지 작품의 의미만이 아니라 그 의미를 가로질러 작품의 대상 지시, 다시 말해서 언어로 옮겨진 경험이며, 궁극적으로는 작품이 그 앞에 펼쳐놓는 세계와 그 시간성인 것이다(리쾨르, 2008: 173). 여기서 개인들은 기존의 세계관을 넘어 새로운 시각으로 세계를 바라보게 되며, 자신이 누구인지 깨닫게 되고, 새로운 윤리의 지평을 설정하게 된다.

이러한 맥락에서 독서의 세 가지 층위가 주목을 끌만하다. 리쾨르에 따르면 첫 번째는 순진무구한 독서(독서 1), 두 번째는 거리를 두는 독서(독서 2), 세 번째는 역사적 지평을 고려하는 독서(독서 3)가 그것이다(리쾨르, 2004: 342). 이 중 세 번째 독서는 과거와 현재의 지평을 비교하고 그 차이에 고민하는 독서다. 여기서 사회적 편견과 이해관계를 벗어나는 가능성이 제기된다. 바로 이러한 의미에서 독서는 미학적이기보다는 저항적이며, 윤리적이다. 책을 읽는 즐거움은(카타르시스) 작품에서 예고된 참신한 규범을 행동으로 옮겨내어 사회적 관습에 맞선다는 의미에서 도덕적 효과를 수반하는 것이다. 작품의 관점에서 세계를 읽는 과정은 독서 1과 2 정도에 멈춘다. 독서 3은 역사의 지평에서 작품을 전혀 다르게 해석하는 상상력이다. 이것은 숨겨진 차원을 발견한다는 의미에서 하이데거가 강조한 세계 내의 존재를 발견하는 것과 일맥상통한다. 이것이 리쾨르가 강조했던 유토피아적 기능이라고 할 수 있다. 이데올로기의 통합적 기능에 저항하면서 '다른 곳', '다르게 존재하는 것'에 대해 상상할 수 있는 원천을 제공하는 것이다(리쾨르, 2002: 406).

여기서 필자는 리쾨르의 사상에 대해서 몇 가지 의문이 생긴다.

첫째, 미메시스 1에서 미메시스 2로 진행하는 과정은 보통 글쓰기의 과정이라고 분류되는 단계인데(이것을 필자는 **글의 생산하기**라고 이름 붙이고자 한다), 리쾨르는 이러한 글쓰기 과정을 작가의 고유한 창작이라고 간주하는 것 같다. 미메시스 1에서 세상을 이해하는 방식이 글쓰기로 그대로 옮겨지는 것이라고 묘사하는데, 작가의 세계관이 작품에 그대로 반영된다는 뜻으로 해석할 수 있겠다. 그런데 정말 그러한가? 작가의 창작욕과 세계관이 왜곡되었다고 의심을 품을 수는 없는 것일까? 또 기존의 세계관에 저항하는 작가의 창작욕은 어떻게 수용될까? 그대로 작품 세계에 재현되고 책으로 출판될 수 있을까? 군사독재 시절을 거쳤던 한국 사회의 경험을 되돌아보면 작가의 저항적 세계관이 반영된 텍스트(문학, 예술, 정치학)들은 일정한 검열 과정을 거칠 수밖에 없다. 검열 과정에서 삭제나 출판 금지가 자행되는 것이 오히려 상식이다. 이러한 물리적 통제에 대해서 리쾨르는 전혀 언급하고 있지 않다. 물론 오늘날 자본주의사회에서 예술 작품에 대한 검열이 반드시 억압적 국가기구에 의해 강제되는 것은 아니다. 그렇지만 유연한 자본통제를 통해서 작가의 의도를 왜곡하는 경우가 빈번하다. 이러한 문제에 대해서 고려하지 않은 글쓰기 과정은 분명 큰 결함이 있다는 것이 필자의 생각이다.

둘째, 미메시스 2에서 미메시스 3으로 진행하는 과정을 텍스트의 사회적 효과가 발휘되는 단계라고 볼 수 있는데(이것을 필자는 **글의 소비하기**라고 이름 붙이고자 한다), 텍스트를 받아들이는 개인들의 계급적 차이에 대해서는 전혀 언급이 없다. 상식적으로 생각해 보더라도 동일한 텍스트를 접하는 경우 하층계급과 상층계급의 이해력과 수용 능력에 분명 차이가 있을 것이다. 또 학교를 기준으로 문화자본이나 직업 영역에 따라서 텍스트를 대하는 태도가 달라질 수밖에 없다. 사실 이러한 차이는 예술 작품이 정치적 표상을 만들어가는 과정을 연구함에서 매우 중요한 의미를 가진다. 왜냐하면 똑같은 작품이라도 계급에 따라, 인종에 따라, 세대에 따라서 이데올로기 효과와 유토피아적 효과를 각각 다르게 발휘하게 될 것이기 때문이다. 그런데 이러한 차이를 리쾨르는 모두 독자라고 일괄해 버리고 있어 글의 소비가 진행되는 구체적인 과정이 모호하게 생략되었다.

셋째, 리쾨르는 글의 생산하기와 글의 소비하기 과정을 작가-독자 간의 관계로 설명하는데, 이것은 현대사회의 현실을 무시한 태도다. 아르놀트 하우저(Arnold hauser)가 잘 보여주듯이(하우저, 2016), 예술 작품의 생산은 각 시기마다 사회 권력의 형태에 따라 다르게 변화되어 왔다. 예를 들어 중세에는 귀족계급의 주문생산에 의해 미술과 음악이 생산되었다면, 18세기 이후로 문학작품은 출판사가 새로운 주문자로 부상했고, 작가의 글 생산에 큰 영향을 미쳐왔다. 이렇게 보면 문학작품의 생산에는 일정한 구조적 기원이 있다고 말할 수 있겠다(부르디외, 1999). 또 이것이 한국 사회에서 나타나는 예술 작품의 생산 양상을 적절하게 설명할 수 있다. 한국 사회에서는 거대 자본과 재벌 기업이 음악, 영화, 도서 등의 유통 구조를 독점하고, 이들이 제작자나 창작자들에게 일정한 작품의 형태를 강요하고 있는 것이 현실이다(이동연 외, 2014). 그렇다면 작가-독자 관계로 작품의 생산과 소비를 해석하는 리쾨르의 설명 방식은 큰 결함이 있다고 말하지 않을 수 없다.

필자는 위에서 지적한 세 가지 문제점을 극복하는 방안으로 부르디외의 언어사회학을 참조하려고 한다. 필자의 판단으로 부르디외는 리쾨르에 제기된 문제들을 해결하는 데 좋은 지침이 되기 때문이다. 여기서는 최근 재번역 출간된 『언어와 상징권력(Langage et Pouvoir Symbolique)』(부르디외, 2014)을 주요 텍스트로 삼을 것이다. 일단 그의 언어사회학을 간략히 살펴보고, 부르디외 사회학의 장단점을 평가해 보자.

첫 번째 의문과 관련해 부르디외는 시장과 언어적 아비투스라는 개념을 제공한다. 여기서 시장이라는 메타포는 작품 생산이 일정한 이윤을 예측하면서 이루어진다는 뜻이고, 언어적 아비투스라는 말은 작가가 자신도 의식하지 못하는 사이에 시장에서 작품의 수용가능성을 직감하면서 작품을 쓰게 된다는 것이다. 이러한 논리대로라면 시장 구조 안에서 작가의 창작력이 발휘될 가능성은 거의 없게 된다. 대체로 『언어와 상징권력』의 1장과 2장인 「올바른 언어의 생산과 재생산(La production et la reproduction de la langue légitime)」 그리고 「가격형성과 이윤의 예측(La formation des prix et l'anticipation des profits)」이라는 두 개의 논문이 이러한 부르디외의 입장을 잘 대변해 준다. 물론 이 논문에서 부르디외는 언어분석을 문학작품에 한정하기보다는 언어와 정치의 상관관계를 보여주었다. 그러나 언어의 생산이 철학, 문학, 공식 언어 등으로 확장되고 있기 때문에, 문학과 정치의 상관관계를 연구하는 본 논문이 충분히 참조할 만하다. 부르디외가 가장 강조하는 부분은 **올바른 언어의 생산**(이것을 리쾨르가 미메미시스 1·2에서 거론했던 글의 생산 과정에 대응시켜 볼 수 있겠다)이 언어 시장의 제재 속에서 서서히 주입된 개인들의 성향(habitus)안에서 발생한다는 사실이다(부르디외, 2014: 50). 이것이 무슨 뜻인가?

리쾨르의 해석학의 전통에 기대어 부르디외를 이해해 보자. 일단 작가의 글쓰기 작업은 개인의 창작욕에서 시작된 것이 아니라는 점이다. 그렇게 이해한다면 언어 생산의 의지주의(voluntarisme)에 빠진 것이다. 철학적인 용어로 다시 설명한다면 글쓰기에 대한 관념론적 시각이다. 부르디외는 이것을 비판한다. 글을 쓰는 사람은 작가이지만 작가는 사회적으로 제재를 당하고 있다. 따라서 작품은 순수한 창작 능력에서 생산되기보다는 일정한 제도적 제약 아래서 만들어지는 것이다. 그런데 여기서 또 주의할 점은 사회적 제재가 강제적 외압은 아니라는 것이다. 만일 그렇게 생각한다면 그것은 조잡한 유물론적 관점에 불과하다. 부르디외는 의지주의와 유물론을 벗어나서 제3의 방식으로 예술과 문학작품의 생산을 설명하고자 한다. 그것이 바로 시장의 비유다. 시장은 개인에게 자율적인 창작을 허용하지만 일정한 규칙과 관행을 암묵적으로 강제한다. 예를 들어 문체, 스타일, 주제 등에서 작품에 일정한 제재가 가해진다. 문학세계에서 통용되는 문학작품이라면 의례히 갖추어야 할 형식을 강요한다는 것이다. 그런데 이것은 작품의 판매량과 작가의 인기도를 결정한다는 의미에서 이윤에 대한 예측과 흡사하다. 또 중요한 사실은 이러한 예측이 작가의 합리적인 계산에 의해서 실현되기보다는 자신이 살아온 예술 세계에서 자연스럽게 익숙해진 습관으로부터 비롯된다는 것이다. 이것이 바로 언어에 대한 자리 잡기 감각(언어적 아비투스)이다. 이 말은 작가가 사용하는 언어가 순수히 자신의 머릿속에서 비롯된 것이 아니라, 시장에서 평론가들이나 독자들이 좋아할 만한 언어를 감각적으로 알아차리고 그것을 작품에 반영한다는 의미다. 이러한 맥락으로 볼 때 학교 제도가 중요하다. 어떤 대학을 졸업하고, 어떤 동호회와 학회에서 문학 활동을 했는가에 따라서 작가의 언어적 아비투스는 달라진다. 결국 글의 생산은 언어 시장에서 작품의 수용가능성을 미리 예측하는 능력, 즉 이윤의 예측 능력(이것을 글쓰기의 구조적 측면이라고 이름 붙이자)과 학교를 비롯한 사회적 활동에서 작가가 스스로를 길들여온 언어적 아비투스(이것을 글쓰기의 미시적 요인이라고 이름 붙이자)가 결합되어 나타나는 결과물이다. 다소 추상적인 설명을 보다 명쾌하게 정리하기 위해 부르디외를 잠시 인용해 보자.

주어진 장이, 어떤 이들에게는 침묵이나 과잉 통제된 언어를 강요하고, 또 어떤 이들에게는 편안한 언어의 자유를 허용하면서, 담론의 생산 위에 가하는 구속의 강도를 규정하는 것은, 이 언어적 '자리 잡기의 감각(sens du placement)'이다. 다시 말해, 상황 속에서 실천을 통해 습득되는 언어능력은, 떼려야 뗄 수 없게, 언어의 사용법에 대한 실천적 터득과, 언어의 특정한 사용이 사회적으로 받아들여질 수 있는 상황들에 대한 실천적 터득을 포함한다. 그 자신의 언어 생산물의 가치에 대한 감각은 사회적 공간에서 차지하는 자리에 대한 감각의 기본적 차원이다. 자신의 사회적 가치에 대한 감각은 다양한 시장들에 대한 실천적 관계(소심함, 편안함 등)를 규정하며, 더 일반적으로는 사회세계 속에서 처신하는 방식을 규정하는데, 이러한 감각은 필경, 자신의 신체에 대한 칭찬의 경험과 더불어, 다양한 시장들과 처음 맺은 관계와 자신이 생산에 부여된 승인의 경험을 매개로 구성될 것이다(부르디외, 2014: 97~98).

두 번째 의문에 대한 해답을 찾아보자. 글의 소비하기는 어떻게 이루어지는가? 리쾨르는 이 부분을 유토피아적 상상력, 역사의 지평을 고려하는 독서라는 이름으로 설명한 바 있는데, 부르디외는 "상징권력에 대항하는 저항권력은 어떻게 이루어지는가"라는 질문으로 설명한다. 글의 소비하기가 사회적 변혁으로 연결되기 위해서는 기존의 분류 틀을 해체해야 한다. 정치란 일정한 분류 형식을 일반적인 것으로 받아들이게 만드는 힘이다. 그런데 이때 정치가 강제한 분류체계가 바뀌기 위해서는 기존의 언어적 아비투스와 사회적 표상들과 결별해야 한다. 이것이 어떻게 가능한가? 부르디외는 언어와 집단적 성향의 변증법에서 그 해답을 찾고 있다. "승인된 언어이자 승인하는 언어와, 그 언어를 승인하는 동시에 그것의 사용을 스스로에게 승인하는 집단의 성향 사이에 존재하는 변증법"(부르디외, 2014: 172)에서 변혁이 발생한다. 이것이 무슨 뜻인가? 조금 더 부르디외의 말을 들어 보자.

그는 이러한 변증법이 행위자들의 내면에서 완성된다고 말하면서, 특히 담론 생산자들이 명명되지 않은 것을 말하고, 말로 표현되지 않은 것을 경험할 수 있도록 단초를 주는 것이 필요하다고 강조한다. 작가의 말을 통해서 그동안 말하지 못했던 것을 말하도록 하라는 뜻인 것 같다. 이러한 변혁의 과정은 상징 투쟁이며, 이것은 관련된 행위자들이 새로운 사회적 분류체계를 구축할 수 있도록 지배적인 세계관을 거부하는 것으로부터 시작된다. 지배적인 세계관은 주로 담론, 의식, 과학으로 구성되기 때문에 이에 도전하는 것이 필요하다. 여기서 부르디외는 글의 소비하기를 계급관계의 물질적 조건에 연결 짓는다. 즉 계급적 이해관계와 연결된 사회 주체들이 자신의 이해관계를 넘어서는 투쟁을 전개하는 것이 필요하며, 이것이 곧 표상 체계를 바꿀 수 있는 원천이라고 생각하는 것으로 보인다. 부르디외를 인용해 보자

> 이런 큰 테두리의 속성들은 상이한 상태의 상징적 세력 관계 속에서, 관련된 행위자들의 사회적 정체성, 때로는 법적 정체성을 정의한다. 새로운 분할을 확립하려는 시도는 이렇게 분할된 공간에서 지배적인 위치를 차지하면서 사회 세계와 무반성적인 관계를 유지하는 데 이해관계를 갖는 자들의 저항을 고려해야 한다. 그들은 기존의 분할들을 자연스러운 것으로 받아들이거나 더 큰 단위(민족, 가족 등의)의 존재를 단언하며 그러한 분할의 중요성을 부인한다(부르디외, 2014: 174).

세 번째 의문을 해결해 보자. 과연 작가-독자의 관계를 통해서 작품의 생산과 소비를 설명할 수 있을까? 저항적 독서를 통해서 사회변혁이 가능한가? 리쾨르가 제안했던 유토피아적 상상력이란 단순히 독자 개인의 반성적 사유 체제만을 의미하는 것일까? 이를 통해 새로운 비전과 정치적 표상이 탄생할 수 있을까? 여기서 부르디외는 문학의 장과 과학의 장이 서로 연결되고 있으며, 과학의 장에서 공급된 독사(doxa), 즉 당연한 믿음이 문학의 장에서 당연한 표상으로 재현된다고 설명한다. 문학의 장은 사회의 여러 영역과 밀접한 영향을 주고받으며 궁극적으로 지배적인 세계관을 만들고 재생산해 간다. 따라서 문학의 표상이 바뀌기 위해서는 작가-독자의 힘만으로는 부족하다. 여기에는 과학의 장, 언론의 장, 정치의 장 등이 서로 경쟁하는 가운데 각자의 장들에 요구되는 상식과 편견이 변혁되어 다른 곳으로 전파되는 과정이 필요하다. 특히

부르디외는 과학의 장에서 제공되는 **이론의 효과**에 주목한다. 과학의 장에서 기존의 합리성과 상식을 뛰어넘는 새로운 이론이 나타나서 실천과 담론 사이의 매개 역할을 바꾸어 놓을 수 있다고 예견한다. 예를 들어 마르크스가 계급투쟁 이론을 정립하기 전까지만 해도 사회적 변혁을 주도하는 계급이 무엇인지 제대로 이해하지 못했다. 따라서 운동의 차원에서 보면 큰 혼란이 있을 수밖에 없었던 것이다. 그런데 마르크스에 의해 비로소 역사의 변혁을 담지하는 주체로서 계급에 대한 이론이 확립되고 공표되자, 당대의 저항 세력은 마침내 노동자 중심의 정치운동 필요성을 인식하고 기존의 지배적 표상(부르주아 민주주의)에 저항할 수 있는 언어 자원을 제공받게 되었다. 여기서 한 걸음 더 나아가 정치철학의 이론은 노동자를 중심으로 한 문학과 예술의 형태, 스타일, 주제 등을 설정할 수 있도록 해주었다. 이처럼 과학의 장에서 촉발된 이론 혁신이 실천 운동에서 노동자 정치를, 예술운동에서 노동자 문학을 탄생시키는 계기가 된 것이다. 이것이 바로 이론의 효과다(부르디외, 2014: 178~181)

그런데 이러한 이론 효과를 필자는 독서 행위의 다원성으로 확대해석하고 싶다. 리쾨르가 작가-독자의 관계에서 글의 소비하기를 설명했다면, 부르디외는 글의 소비하기를 사회적 권력관계 속에서 다층적으로 설명한 것이라고 필자는 판단한다. 이것이 바로 장의 상동성(homologie) 효과다. 부르디외는 사회를 여러 가지 장들이 얽혀서 경합하는 것으로 파악한다. 예를 들어 문학의 장, 언론의 장, 과학의 장, 교육의 장, 정치의 장들은 각각 자기 나름의 고유한 생산-소비의 규칙을 가지고 있으면서 다른 장들과 교묘하게 영향을 주고받는다. 마치 각각의 장이 소우주라고 한다면, 장들의 결합은 대우주라고 할 수 있다. 소우주에서 생산된 문화적 결과물들(문학작품, 언론의 광고, 과학적 이론들, 교육의 실천, 정치의 이념들)은 각 장에서 이데올로기 효과를 창출하지만, 대우주의 차원에서는 국가가 관리하는 지배 이념을 생산하고 유지한다. 상동성이라는 말은 각 장의 구조가 다름에도 불구하고 국가 수준에 있어서 궁극적으로 유사한 효과를 발휘한다는 것을 뜻한다. 이러한 상동성을 매개로 자율적인 문학의 장은 계급투쟁의 대리 역할을 하게 된다(김동일, 2016: 39). 이러한 맥락에서 보면 역사의 지평을 고려하는 독서 효과는 주어진 시대에 여러 분야의 장들이 만드는 이론 효과와 결합될 때 비로소 변혁의 가능성을 만들 수 있을 것이다.

이제 부르디외 사상의 비판점을 찾아보자. 이어 리쾨르와 부르디외의 변증법적 종합을 시도해 보도록 하자. 우선 가장 눈에 띄는 부분이 장의 자율성이다. 부르디외는 각각의 장이 시장과 이윤의 논리에 의해서 작동되기 때문에, 작가, 지식인, 과학자, 정치인들의 창작 능력에 대해서는 회의적이다. 상징 재화의 생산은 국가구조, 자본의 논리에 압도적으로 영향을 받기 때문에 새로운 이념을 만들 가능성은 매우 희박하다. 국가권력이 상징 재화를 생산하는 장에게 미치는 영향이 그만큼 지대하기 때문이다. 이것이 부르디외가 현대 자본주의사회를 재생산이라는 관점으로 바라보는 이유다. 지배계급의 사상이 지배 사상이 되는 이유는 상징 재화의 생산이 구조적 폭력에서 자유롭지 않기 때문이다. 그렇다면 저항적 세계관은 어떻게 발생할 수 있을까? 사회변혁을 꿈꾸는 유토피아적 상상력은 불가능한 것인가? 사회 분야에 존재하는 다양한 장이 이른바 최종 층위에서 국가권력에 봉사한다는 알튀세르의 주장에서, 부르디외 역시 한 발자국도 벗어나지 못한 것이 아닌가? 상징 재화의 생산이 자본의 지배에 종속되어 있다는 논리 역시 지나친 유물론적 견해가 아닐까? 결국 마르크스를 비판했던 부르디외 역시 마르크스주의의 틀을 벗어나지 못했다고 필자는 평가한다. 따라서 이러한 한계를 극복하는 방법으로 리쾨르와 부르디외를 변증법적으로 결합하는 것이 유용해 보인다. 해석학과 사회학의 조화, 이것이 필자가 이 논문에서 과감히 시도하려는 목표다.

상징 재화의 생산과 관련해 부르디외가 제시한 시장의 논리와 언어적 아비투스의 비유는 적절하다. 이것은 리쾨르의 미메시스 1(M1)의 설명을 심화시킨다. 그런데 언어적 아비투스를 지나치게 강조하게 되면 작가의 창작력과 저항력은 존재 의미를 잃게 된다. 여기서 리쾨르의 미메시스 2(M2)를 적극 활성화하는 것이 필요하다. 언어가 포함하는 역동성, 창의력, 저항력을 인정하는 것

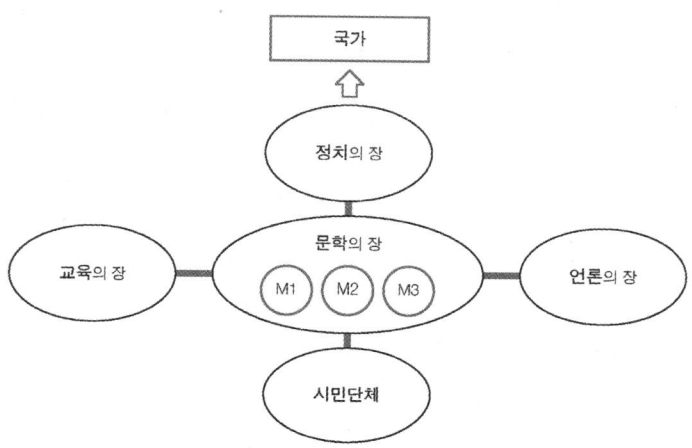

그림 8-1 정치와 문학의 만남

이 보다 현실적이기 때문이다. 그러나 미메시스 3(M3)이 독서의 역사적 지평을 강조하는 것은 일견 현실을 무시한 설명으로 보인다. 차라리 여기서는 부르디외가 제안한 장의 상동성을 포함해 언어의 수용과 사회적 유통이 교육, 과학, 언어, 정치와 관련되어 있음을 인정하는 것이 적절해 보인다. 그렇지만 이러한 장의 상동성이 반드시 국가라는 대우주로 연결된다고는 생각하지 않는다. 그럴 경우 장의 분할은 자율성을 잃게 될 것이기 때문이다. 이러한 시각은 사실 조잡한 유물론에서 유래한 것이다. 국가의 지배 이념은 상징 재화가 생산되어 정치의 장을 거쳐 최종적으로 국가의 단계로 상승하는 것이라고 보는 것이 더 유용해 보인다. 지금까지의 설명을 그림으로 재구성하면 〈그림 8-1〉과 같다.

3. 분석 사례: 안보 담론의 경우

위에서 설정한 모델은 언어에 대한 해석학의 모델과 언어에 대한 상징권력의 모델을 통합한 것이다. 필자는 이것을 언어에 대한 **해석적-권력의 모델**이라고 명명하고자 한다. 이것은 언어의 생산과 소비라는 미시적 차원과 언어의 사회적 효과라는 거시적 차원을 동시에 포착하려는 시도다. 사실 이러한 통합된 모델이 이론적으로 성공적인지를 증명하는 것은 매우 어려운 일이고, 학자에 따라서 이론이 많을 수 있다. 따라서 여기서는 굳이 이론의 정합성을 증명하려 하기보다는 통합된 모델을 통해서 한국 사회를 설명해 보고자 한다. 결국 문학과 정치학의 만남을 통해서 현재를 살아가는 실존의 본래 모습을 파악하는 것이 학문의 궁극적인 목적이 아니겠는가? 이에 대한 구체적인 사례로 안보 담론에 대한 분석을 시도하고자 한다. 1980년대 이후 지금까지 안보 담론은 한국 사회를 지배하는 막강한 담론이며, 이것이 현재뿐만 아니라 미래의 운명까지 결정한다는 의미에서 분석의 의미가 충분할 것이다. 이를 위해 문학 분석 대상으로 김진명의 소설을 선택했다. 김진명은 문학의 장에서 매우 특별한 인물이며, 나름대로 막강한 영향력을 행사해 온 인물이다. 그리고 문학의 장과 정치학의 장이 현실 정치와 언론에서 어떻게 수용되고 효과를 발휘하는지를 분석하는 데도 매우 유용하다. 따라서 그의 담론과 그 영향력을 분석하고 통합하는 것은 정치학과 문학의 만남을 지향하는 본 논문의 취지에서 볼 때 매우 적절한 선택이라고 판단한다. 즉 김진명은 리쾨르와 부르디외의 이론 틀을 현실에 적용하는 데 적당하며, 이를 근거로 한국 사회의 이야기 정체성이 어떻게 형성되었는지를 알아내는 데 큰 도움을 줄 수 있을 것이다.

1) 김진명 소설 『무궁화 꽃이 피었습니다』

(1) 미메시스 1: 작가의 언어적 아비투스

『무궁화 꽃이 피었습니다』는 김진명3)의 처녀작으로 출간되자마자 단 1년

---

3) 김진명은 1957년 부산에서 태어나 보성고등학교를 거쳐 한국외국어대학교 법학과를

만에 350만 부의 판매 부수를 기록할 정도로 문학계에 큰 반향을 일으킨 작품이다. 당시로서는 다소 생소한 핵 개발이라는 파격적인 소재를 끌어와 대중들로부터 민족적 공감대를 조성하는 데 성공한 김진명은 『무궁화 꽃이 피었습니다』 이후 지금까지 출판된 대부분의 작품에서 국가와 민족이라는 공통된 주제 의식을 노출시킨다. 그런데 독특한 점은 김진명 작품에는 소재만 다를 뿐 민족이나 국가 담론들이 거의 틀에 박힌 듯 재생산됨에도 불구하고 늘 대중들의 호응을 얻고 있다는 것이다. 1980년대만 하더라도 순수문학의 궤도에서 벗어난 대중소설이 이처럼 각광을 받는다는 것 자체가 불가능한 일이었다. 그 원인을 1990년대의 문학 환경이나 사회 전반적 변화로 설명할 수 있지만 그것도 명쾌하진 않다. 왜냐하면 냉전이 종식된 1990년대의 시대적 분위기는 거대 담론의 장막이 걷히기 시작한 시기로 민족, 국가 문제는 더 이상 대중들의 관심사가 아니었기 때문이다. 그럼에도 불구하고 김진명의 소설이 대중들의 호응을 끌어낼 수 있었던 이유는 두 가지 정도로 추측 가능하다. 첫 번째는 탈냉전으로 인해 소설의 주제가 일상의 디테일을 그려내는 데에만 치중되자 이에 상대적으로 갈증을 느낀 대중들의 요구에 적합한 텍스트라는 점, 두 번째는 비록 궁극적인 주제가 민족, 국가 담론이지만 과거의 무겁고 어두운 민중 중심의 민족 담론과는 확연한 차이를 보이면서 1990년대의 시대적 상황을 현실감 있게 재현했다는 점이다. 이를 구체적으로 분석하기 위해 먼저 김진명 작가가 가진 언어적 아비투스가 무엇인지, 그리고 작품과 사회구조 사이의 상관관계가 어떠한지, 마지막으로 작품에 개입된 정치적 헤게모니가 어떤 방식으로 현현되었는지를 짚어 보도록 한다. 그 결과 문학의 장과 정치의 장이 어떻게 맞물려 공존하는지가 밝혀질 것이다.

졸업했다. 그는 고등학교 때도 입학시험 공부는 도외시하며 역사책이나 철학책을 읽고 친구들에게 강의하려 들 만큼 책을 좋아했다고 한다. 한국외국어대학교 법학부에 다닐 때도 고시 공부보다는 매일 도시락 두 개를 싸 든 채 남산도서관에서 철학, 사회학, 종교, 물리학, 화학, 천문학, 수학 등 다방면으로 독서해 독서광이라 불렸다고 한다.

김진명은 처녀작부터 1990년대 문학적 분위기와는 다소 동떨어진 담론인 민족이나 국가 담론을 주제로 삼는다. 이후에도 그의 작품은 민족이나 국가의 과거사와 현실의 문제에서 한시도 벗어나지 않는데, 그가 이처럼 민족문제에 집착하는 이유가 무엇일까. 이는 그가 작가로 입문하게 된 경위를 통해 유추할 수 있다.[4] 먼저 아버지가 운영하던 회사가 부도난 후 본인이 직접 뛰어든 사업에서의 실패와 연관이 있다. 김진명은 대학 졸업 후 아버지가 경영하는 회사에 이름만 올려놓고 빈둥대는 실업자 생활을 6년이나 지속한다. 하지만 회사가 부도나는 바람에 자신의 사업을 시작하게 되는데, 시작한 지 3년만에 사업은 또다시 망하고 모든 재산을 탕진하고 만다. 그런데 이 사업의 실패는 전화위복으로 오히려 김진명에게 새로운 기회가 된다. 사업을 재기하기위해 해외 출장을 다니다 보니 "대한민국 꼴이 너무 한심해서 김포공항을 이용해 귀국할 때면 늘 가슴이 답답하고 고통스러웠다"라고 한탄하고는 했다는데, 그때 했던 고민이 결국 국가와 민족의 문제를 토대로 한 소설을 구성하는밑천이 되었던 것이다. 두 번째는 그의 불행한 가족사에 있다. 1980년 서울대학교 대학원을 마치고 입대한 형이 광주민주항쟁 때 영내에서 데모한 결과 숨만 붙은 채 가족에게 인계된 후 7년간을 멍하니 있다가 죽었는데, 김진명은죽은 형을 보면서 그냥 먹기 위해 살아서는 안 된다는 강박관념에 사로잡히게되었다고 한다.

---

4) 대부분의 작가들이 신춘문예나 전국적인 규모의 문학상을 통해서 등단한 반면 김진명은 그러한 이력을 가지고 있지는 않다. 말 그대로 장편 소설 두 권으로 문단에 나타나서 천문학적인 베스트셀러 작가로 자리 잡았던 것이다. 그 후로 발표하는 소설마다 김진명은 대중적인 호응을 얻으며 베스트셀러 작가로서의 입지를 굳혔다. 그만한 대중적 인기를 가진 작가는 한국에 드문 형편임에도 불구하고 김진명은 문학적인 평론에 있어서는 그리 큰 작가로서 취급되지는 못한다. '극단적 민족주의자'라거나 '과도하고 거친 상상력의 작가'라는 편이 김진명을 따라다니는 일종의 꼬리표다. 그러나 작가 자신은 그러한 평가에 신경 쓰고 있지 않다. 김진명은 "다만, 나는 작품 한 편, 한편마다에 목숨을 다해 내가 아닌 우리의 문제를 담아낼" 뿐이라 답하고 있다.

이를 통해 김진명의 언어적 아비투스가 형성된 기저에는 약소민족으로서 가질 수밖에 없었던 강대국에 대한 피해의식과, 그가 살아왔던 시대의 부조리함이 복합적으로 얽혀 있다고 볼 수 있다. 이는 작품마다 강대국의 횡포를 고발하고 이에 대응하는 반복적인 패턴으로 고착화된다. 예컨대 『무궁화 꽃이 피었습니다』(1993), 『한반도』(1999), 『황태자비 납치사건』(2010) 등에서는 대일·대미 문제를, 『신의 죽음』(2006), 『고구려』(2010) 등에서는 중국의 동북공정에 얽힌 음모를 제재로 삼는 등 과거 한국의 역사를 문제 삼거나 국제적 이해관계 속에 한국의 현실에 대한 위기의식을 자극하는 방식으로 작품을 전개해 나간다. 이러한 일련의 반복적 패턴은 "상황 속에서 실천을 통해 습득되는 언어능력은 떼려야 뗄 수 없게 언어의 사용법에 대한 실천적 터득과 언어의 특정한 사용이 사회적으로 받아들여질 수 있는 상황들에 대한 실천적 터득을 포함"한다는 부르디외의 언급을 떠올리게 한다. 『무궁화 꽃이 피었습니다』가 베스트셀러로 등극한 이후 김진명의 글쓰기가 비슷한 패턴으로 재생산된다는 점이 바로 이를 증명한다. 즉 김진명은 강대국에 대한 선망과 적개심을 강한 민족주의로 표출한 작품들을 내놓았을 때 일반 대중들의 호응을 얻을 수 있다는 확신을 실천적으로 터득한 것이다. 바로 이 지점에서 김진명의 언어적 아비투스가 형성된다고 할 수 있다.

그렇다면 김진명의 소설이 국가와 민족문제를 매개로 대중들로부터 어떠한 공유점을 확보할 수 있었다는 이유만으로 1990년대 문학의 장 안에서 그토록 큰 반향을 일으켰을까? 이에 대한 답을 찾기 위해서는 1990년대의 문학의 장과 『무궁화 꽃이 피었습니다』에 내재되어 있는 전략, 그리고 대중들의 심리 등 사회구조적 관점에서의 분석이 필요하다.

(2) 미메시스 2: 작품과 사회구조

평론가 정문순은 1990년대의 문학 환경을 '무주공산'이란 단어로 표현한다. 이는 냉전 종식과 더불어 거대 담론이 사라지고 문학이 개인적인 문제, 사소한 일상으로 스며들기 시작한 것에 대한 비유다. 불과 10년 단위지만 1980년 대와 1990년대는 그 성격이 극명하게 차이가 난다. 1980년대는 5월 광주 항 쟁으로부터 시작되어 1980년대 말 해금 시대로 이어지는 것과 같이 억압 시 대와 해금 시대라고 하는 양면적 성격을 띠고 전개되었다. 따라서 1980년대 문학은 분단 이래 억압되어 왔던 정치적 상상력이 1980년대의 제반 모순과 맞물리며 거세게 갈등을 분출하게 된 데서 그 특징이 선명하게 드러난다고 할 수 있다. 즉 1980년대는 어느 시대보다 문학과 정치와의 상관관계가 극대화 된 시대라고 할 수 있으며, 실질적으로 정치보다 문학이 더 큰 설득력과 영향 력을 발휘했던 시기라고 할 것이다.[5]

하지만 1990년대에 들어서면서부터는 급격한 사회 변화로 인해 한국인의 삶의 양식이 근본적으로 바뀌기 시작한다. 민주화, 경제성장, 탈냉전 체제, 정보화, 포스트모더니즘 유입 등은 때로는 마찰음으로, 때로는 화음으로 어우 러져 한국문학의 변화를 본질론적 차원에서 바라보게끔 한 것이다. 또한 한

---

5) 1980년대는 민족·민중문학 진영을 대표하는 창비와 자유주의 진영을 대표하는 문학 과지성사의 양대 산맥이 대립 구도를 형성하면서 문학의 정치참여와 문학의 자율성에 대한 많은 논란이 진행되었던 시기다. 민족·민중문학 진영이 '민족' 내지는 '민중'이라 는 집단적 주체를 내세우는 반면, 자유주의 문학 진영은 민족·민중문학의 억압적 성격 을 폭로함으로써 억압되었던 개인이라는 주체 또는 일상 등의 미시서사를 부활시키고 자 했다. 하지만 문학의 비체제성, 탈제도성을 강조하는 자유주의 진영 또한 당대 상황 에 대한 관찰은 게을리하지 않았고, 상업주의 문학에 대해서도 경계했는데, 특히 자유 주의 진영의 대표 격인 비평가 김현은 문학이 대중의 취향에 완벽하게 부합해서는, 다 시 말해 대중 영합적인 방향으로 흘러서는 안 된다고 주장했다. 결국 1980년대 문학은 자유주의 진영일지라도 당대 정치적 현실을 외면하지 않은 것이다. 하지만 1990년대 이후 본격적으로 상업화된 문학의 장에서 1980년대 문학적 입지는 무너져버리고 마는 데, "비제도권 문학의 상징이자 군부독재 치하의 탄압 대상으로 그 투쟁의 대가로 대중 적 명성을 얻은 《창작과 비평》과, 자유주의적 분위기로 다소 모호한 회색의 보호색 을 띤 지식인적 기능에 충실하며 상업주의 열풍 속에서도 최소한 문학예술의 미학적 성곽만은 고수하려는 《문학과 사회》"의 패배였다는, 그 시대에 대한 자조적 서술이 1990년대 문학의 장을 보다 명료하게 보여준다고 할 수 있다(임헌영, 2003: 12).

국인들의 인식 변화도 간과할 수 없다. 1997년 IMF 이전까지 한국인들은 자신들의 삶의 방식을 세계성, 중심성, 선진성으로 성큼 올라간 것으로 자부했고, 1990년대는 1980년대보다 안정되고 풍요롭고, 발전된 것이라는 인식을 갖게 되었다.

88 올림픽 이후 광범위하게 퍼져나간 '환상'과 호황의 분위기는 문학 작품에서도 그대로 반영된다. 냉전 종식 후 공동으로 지향할 목표가 사라지면서 거대 담론은 힘을 잃고 문학은 사소한 일상으로 스며들기 시작한다. 따라서 기존의 남성 작가들은 점점 설 자리를 잃어가고 여성 작가들이 대거 등장하기 시작하면서 당대 문학에 큰 파장을 미친다. 여성 작가들의 작품은 역사나 정치 같은 공동체적 사안보다는 주로 개인의 삶과 감정 문제에 집중하는 경향을 보이는데, 개인주의가 가속화되어가던 당시의 분위기와 맞아떨어진 것이다. 이 부분에 대해서는 후에 '감정의 낭비와 허위의식'이라는 날선 비판이 제기되기도 한다.

1990년대의 급격한 사회 변화는 작가, 작품, 독자 모두에게 정체성의 혼란을 야기할 수밖에 없었다. 외부적으로는 과거보다 형편이 훨씬 나아졌다는 생각에 공동체적 사고의 필요성을 망각하는 듯 보이지만 그 이면에는 분단국가라는 숙명적 불안감이 한국인에게 잠재되어 있었던 것이다. 일반적으로 정체성이 흔들린다는 것은 불안감을 동반한다는 의미다. 불확실하고 흔들리는 세상에서 확실한 무언가를 찾기 위해 우리들은 스스로가 다른 이들과 다르고 더 뛰어나다는 주장을 펼치고 싶어 한다. 만약 현재가 뛰어나지 않다면 과거의 역사로 소급해 그 뛰어남을 찾고 위안을 받으려 한다. 분열된 현재, 그 결핍의 원인을 전성기 어느 시점의 과거를 소환하는 방식으로 채우는 방법이 이에 속한다. 또한 현재의 열등이 사실은 일시적인 것이라는 증거를 과거의 역사에서 찾으려는 움직임도 불안감을 가리려는 방법 중 하나다. 즉 우리와 다른 타자를 비교하는 방식으로 타자와의 대결을 통한 내부 단결을 종용하는 방법으로서 정체성을 확인하는 것이다. 특히 후자의 경우 부족한 현재에 대한 책임을 떠맡을 타자를 상상하게 된다. 즉 국가나 민족 단위의 피해의식을 만드는 일은 정체성을 확인하는 데 큰 도움이 되기 때문이다.[6]

　김진명의 『무궁화 꽃이 피었습니다』는 바로 이러한 민족적 정체성을 확인하는 데 적절한 작품이었다. 역사를 통한 정체성 확인이라는 과정을 민족적 자부심과 성공적으로 연결시킨 결과 출간되자마자 단 1년 만에 350만 부의 판매 부수를 기록할 정도로 엄청난 반향을 일으키게 된 것이다. 1990년대 문학 환경이 사변적인 소재 중심으로 전락해 정체성 혼란이 가중될 즈음, 잠시 잊고 있었던 역사와 민족 문제를 소환한 김진명의 전략은 대중들의 관심을 끌기에 충분했기 때문이다. 특히 어떻게 보면 식상할 수 있는 남북문제를 주제로 삼았음에도 불구하고 대중들을 현혹시킬 수 있었던 것은 보통 사람들에게는 쉽게 접하기 어려운 '핵무기 개발'이라는 파격적인 소재를 끌어왔다는 데 있다. 당시 북핵 문제가 국내외로 중요한 사안이었던 만큼 분단국가로서 내재된 불안감을 미국이라는 강대국에 책임 전가해 버림으로써 민족적 자긍심을 높일 수단으로 작용한 것이다. 결국 이 작품은 비록 허구이지만 대중들로 하여금 소설 속 내용이 충분히 '있을 수 있는 일'이라는 믿음을 끌어내는 데 성공한다. 바로 작가가 1990년대 시대적 상황을 제대로 읽었기 때문에 가능한 것이다.

　그렇다면 『무궁화 꽃이 피었습니다』에서 대중들이 소설 속 허구를 현실로

---

6) 민족적 정체성 확인은 역사 그 자체보다는 문학을 통할 때 보다 유연해진다. 예컨대 아리스토텔레스는 문학의 언어를 역사 기술에 비해 더욱 진실한 언어로 파악했다. 그는 문학에서 허구란 '있을 수 있는 일', 즉 개연성(蓋然性)을 의미하므로 개개의 사실을 기록하는 역사의 언어보다 오히려 진실에 가깝다고 보았던 것이다. 문학이 현재의 우리 삶의 모습을 반영한다는 점에서, 역사는 우리가 어떻게 살아왔는지에 대한 기억을 되살린다는 점에서 문학과 역사는 결국 '어떤 삶을 살 것인가' 하는 고민에 대한 답을 찾는 데에 매우 밀접한 상관관계를 갖는다. 즉 문학은 과거 역사의 일부이면서 역사적 사실을 현재의 의미로 재창조한다고 할 수 있다. 특히 역사를 소재로 한 문학작품은 독자들로 하여금 훨씬 몰입도를 높여주는데, 문학적 허구와 역사적 사실 사이의 경계를 넘나들며 개연성 있는 진실로 독자들을 미메시스의 환상에 빠지도록 하기 때문이다.

인식할 만큼 혼란을 야기한 것은 무엇 때문이었을까. 어떤 요소가 대중들을 움직이게 했는지 작품 안에 내재된 장치들을 하나하나 풀어보기로 한다.

『무궁화 꽃이 피었습니다』가 세상에 나올 즈음 당시는 북핵 문제가 세계적 관심사로 부각되던 시기였다. 그동안 북한이건 남한이건 핵무기는 없애야 한다는 인식이 일반적이었던 상황에서, 박정희 정권 때 핵무기를 개발하려 했다는 사실을 바탕으로 한 '핵무기 개발'이라는 소재는 대중들의 호기심을 자극하기에 충분했다. 대강의 줄거리를 살펴보자면, 반도일보 기자 권순범에게 서울지검 최영수 검사가 13년 전의 교통사고를 조사해 달라는 장면에서 이야기가 시작된다. 1978년 북악 스카이웨이에서 일어난 교통사고를 조사하며 사건에 무언가 감추어져 있다는 것을 직감한 순범이 미국과 인도, 프랑스 등을 다니며 단서를 찾다가 CIA에서 한국 내부 첩자를 이용해 핵물리학자 이용후와 박정희 대통령을 암살하고 그간 진행된 핵개발 실적을 가로챘다는 어마어마한 진상을 밝혀낸다는 것이 전체적인 스토리이다.

그런데 작가는 이 작품을 전개하는 과정에서 우리나라 현대사의 실존 인물을 허구적 공간으로 끌어들인다. 그중 한 등장인물이 작품에 대한 대중들의 흥미를 유발시키는 결정적 요인을 제공했는데, 바로 세계적인 과학자 이휘소 박사다. 이휘소는 국제 학계에서 '벤저민 W. 리'라는 이름으로 널리 알려져 있으며, '제2의 아인슈타인'이나 '노벨상에 가장 근접했던 한국인', '현대 물리학을 10여 년 앞당긴 천재' 등으로 평가받는 물리학자다. 이때 작가는 이휘소 박사를 이름만 이용후로 바꿔서 그대로 작품 속에 옮겨 놓는다.

하지만 실존 인물인 이휘소는 가상 인물인 이용후와 완전히 다른 캐릭터다. 먼저 『무궁화 꽃이 피었습니다』에서 묘사하는 이용후 박사와 달리 실제 이휘소 박사는 유신 체제에 분명한 반대 입장을 표명했다. 그가 대학 2학년 때 미국으로 유학을 떠난 순간부터 24년 동안 미국에 체류하면서 거의 귀국하지 않았던 이유도 바로 박정희 정권하의 유신 체제에 대한 극도의 혐오감을 지녔기 때문이다. 이휘소는 평소 "유신 체제에서의 한국 방문은 권하지도 말라"라며 손사래를 쳤을 정도로 박정희 정부를 부정했음에도 불구하고 작품 속에 등장하는 과학자 이용후는 '조국의 자주국방을 위해' 박정희 대통령의 부름에 응하는 것으로 묘사된다. 게다가 이휘소의 실제 전공 분야가 핵물리학과 직접적인 연관이 없을 뿐만 아니라 핵무기 확산에 대해서는 단호한 반대의 입장에 서 있었다는 사실도 간과한 셈이다.

문제는 독자들이 이휘소와 이용후를 동일시하고 있다는 데 있다. 『무궁화꽃이 피었습니다』라는 작품에서는 이휘소의 학문적 업적이나 이휘소라는 인물 자체가 필요한 것이 아니었다. '조국의 자주국방을 위해 애쓰다가 강대국의 음모로 희생된 애국적 과학자'라는 '소설적 허구'에 끼워 넣을 적당한 이름이 필요했고, 거기에 이휘소라는 인물이 걸려든 것일 뿐이다. 그렇기 때문에 이휘소의 실제 전공 분야가 핵물리학과 직접적인 연관이 없어도, 아무리 그가 유신 체제를 혐오하고 핵 확산에 반대하는 입장이라 하더라도 그다지 상관없는 것이다.

(3) 미메시스 3: 해석과 출판권

리쾨르는 「시간과 이야기: 삼중의 미메시스」에서 텍스트와 독자가 만나는 단계를 재형상화 단계(미메시스 3)라고 명명하는데, 이때 독자는 자신만의 삶 속에서 텍스트를 전혀 다른 방식으로 풀어갈 수 있다면서 "독서는 단순히 이해나 유희의 차원이 아니라 사회적 변혁을 지향하며, 스스로에게 윤리적 지평을 강제하는 명령이 될 수 있다"라고 언급한다. 즉 역사의 지평에서 작품을 전혀 다르게 해석할 수 있다는 의미이다.

그런데 김진명은 독자들의 해석까지 장악하고 있다. 독자들의 현실적 삶과 욕구를 정확하게 간파하고 있었기 때문에 이휘소라는 인물을 허구화하는 과정에 독자들로 하여금 실존 인물과 가상 인물을 구별할 여지를 주지 않고 완벽하게 대치시킨다. 이 전략은 매우 효과적이다. '이용후는 소설적 허구가 아니라 바로 이휘소 박사 자체'라는 식으로 허구와 현실을 구분하지 못하는 사람들이 의외로 많기 때문이다. 즉 현실의 이휘소가 한국의 핵무기 개발을 막으려는 미국의 음모에 의해 의문의 죽음을 당한 것이라고 믿고 있는 사람들이 많다는 것이다. 실제로 작가 김진명은 이 소설의 헌사조차 '이휘소 박사와 조국을 위해 희생한 모든 분들께'라고 적어 놓았다. 게다가 이 소설의 광고에서는 본격적으로 이휘소 박사의 이름과 사진 등을 여러 차례 사용함으로써 '이용후 = 이휘소'라는 주장을 펼치고 있다.

아직도 많은 사람들은 『무궁화 꽃이 피었습니다』를 사실로 여긴다. 허구와 현실의 교차점에서 픽션과 논픽션을 구분하지 못하는 이러한 착시현상은, 단순한 무지나 착각에서 비롯된 것이 아니다. 여기에는 일종의 사회적 이념과 같은 의도가 내재되어 있는 것이다.

1990년대는 자본주의의 세계 제패, 포스트모더니즘의 쇄도, 대중소비문화의 확산 등으로 1980년대와는 확연히 다른 문학 시장이 형성되었다. 앞서 언급한 바와 같이 가장 두드러진 특징은 여성 작가들이 대거 등장하면서 상대적으로 남성 작가들의 수가 줄었다는 것이다. 기존의 문학이 정치, 경제, 역사 등 거시 담론을 중심으로 남성 주류 작가들이 권력을 잡았다면 1990년대는 주류적 방어 체계가 허물어지고 단지 시장 논리에 문학의 운명이 좌우되기 시작한다. 일상의 내면을 파헤치고 개인적 삶에 초점을 맞춘 여성 작가들의 작품이 여성 중산층이 출판 시장의 주 독자가 되면서 상업적인 부분과도 맞아떨어진 것도 일맥상통한다.

1990년대 문학 시장의 변화는 출판사, 작가, 독자 간의 새로워진 관계에서 찾아볼 수 있다. 예컨대 역사를 매개로 한 소설만 하더라도 1990년대 이전의 역사소설들이 주로 신문이나 잡지에 오랜 기간 연재되고 난 후에 책으로 묶여 출판되고, 따라서 책이 출판되기 전에 이미 내용이 공개되어 버리는 약점을 감수해야 했으며, 또한 작품이 완성되기까지 비교적 오랜 세월이 지체됨으로 말미암아 독자들의 작품에 대한 관심이 약화되는 결점을 노출했던 반면, 1990년대에 발표된 역사소설들은 비교적 짧은 시기에 방대한 분량으로 발표되어 독자들의 관심을 집중적으로 끌어들일 수 있었다.

이러한 현실의 배후에는 출판사가 신인을 발굴하고 성장시키는 기능을 담당한 소위 '전작 출판'이라는 1990년대의 새로운 출판 관행이 도사리고 있었다. 이런 새로운 출판 방식이 갖는 상업적인 강점은 매우 두드러진다. 하지만 문제는 '전작 출판'이 작가와 독자의 보다 직접적이고 긴밀한 관계를 형성하는 데 이바지하기보다는, 주로 작가와 독자 모두를 출판사의 상업적 이해관계에 종사시킬 가능성을 지녔다는 점에 있다. 전작 출판 소설들이 보여주는 대부분의 작품은 주인공들의 삶이 의학이나 점성술, 혹은 구체적인 경제생활의 방편과 연계됨으로써 독자들의 관심을 사로잡는다. 그러한 독자들의 관심은 어쩌면 오늘날 정치적 현실에 대한 환멸이나 무관심에서 비롯된 것일 수도 있는데, 이를 간파한 출판 담당자들의 발 빠른 움직임이 1990년대 문학 구도를 바꾼 것이다.

『무궁화 꽃이 피었습니다』또한 전작 출판에 해당된다. 원 제목은『플루토늄의 행방』으로 처음에는 별 이름 없는 출판사에서 발간되었고 세간의 주목을 받지 못했는데, 우연히 조선일보 문화부 기자의 눈에 띄어 수정 절차를 걸쳐 발간된 것이『무궁화 꽃이 피었습니다』이다.[7] 즉 보수 언론계의 핵심 인물이 사장되기 직전에 놓인 이 작품을 우연히 발굴하고 그 가능성을 읽었기 때문에 지금의 베스트셀러가 탄생하게 된 것이다. 이때 이러한 정황을 세심히 관찰해 보면 우리가 쉽게 놓칠 수 있는 중요한 부분이 포착된다. 바로 대중들을 움직이는 문학 작품이 당대 정치적 경향과 일치한다는 점이다. 앞서 살펴보았듯이『무궁화 꽃이 피었습니다』안에 내재된 다양한 장치들과 이 장치들의 조합으로 어우러진 애국심 마케팅 전략은 부지불식간에 대중들의 마

---

7) 『플루토늄의 행방』은 1992년에 실록출판사에서 2권으로 출간되었으나 절판되어 서점 한 구석에 처박혀 있던 책이었다. 그런데 최구식 조선일보 기자가 우연히 이 책을 발견해 그 가능성을 확인하고 작가에게 직접 연락해 구성면에서 허술한 부분을 다듬어 새로 편찬해 보는 게 어떻겠냐는 권유로 말미암아 재출간되었다고 한다.

음을 움직였고, 이는 바로 국가가 지향하는 지배 담론을 고스란히 담아냈다. 한마디로 『무궁화 꽃이 피었습니다』는 일종의 상징 재화로 작용해 대중들의 기억에 각인됨으로써 1990년대 정치적 현실에 대한 치열하고 민감한 문제 제기 없이 대중들을 자연스럽게 흡수하는 데 기여한 작품이라 할 수 있다.

과거가 현재의 불안을 잊게 하는 것이라면 미래에 대한 불길한 예상은 현재의 작은 문제들을 덮어두는 데 기여한다. 따라서 과거의 영화를 강조하거나 미래의 불안을 상상하는 일은 모두 현재의 혼란과 부조리에서 사람들의 관심이 멀어졌으면 하는 특정인들에게는 매우 바람직한 것이 된다. 그들에 의해 창조되는 것이 정체성이고, 그 정체성의 강조가 강화되면 '국가주의' 또는 '민족주의'가 된다. 하지만 타자를 배제할 때의 일체감을 제외하면 국가라는 이름의 공동체가 구체적으로 개인에게 해줄 수 있는 일은 그리 많지 않다. 오히려 '국가'보다 민족 내부 구성원들의 계급적, 계층적 문제가 더 심각하다. 이미 만들어진 국가가 기득권 유지를 위해 보수적 경향을 띠는 것이 일반적이고, 국가주의가 강화될수록 계급 문제는 은폐되기 쉽다. 이것을 은폐하는 방법으로 국가는 미디어를 활용한다. 결국 미디어는 국가를 존속시키는 도구인 셈이다. 이런 이유로 김진명의 작품에서 보이는 애국심 마케팅은 대중들에게 국가나 민족에 대해 왜곡된 인식을 심어줄 가능성이 크다는 점에서 우려스럽지 않을 수 없다.

2) 언론과 국가

미국민주주의진흥재단(National Endowment of Democracy)은 1990년대 공화당 정권 아래서 만들어진 비영리 시민 단체다. 겉모양은 국가권력과 상관없이 운영되는 지식인 집단처럼 보이지만 실상은 CIA나 국무성과 같은 정부 기관에서 비밀리에 자금을 지원받고, 제3세계에 지식을 수출하는 역할을 한다.[8] 예를 들어 미국의 신자유주의 정책이나 인권문제, 지적재산권 문제 따위들을 정당화하는 이론들을 생산하고 이것을 제3세계의 교수나 지식인 단체와 교류하면서 미국의 지적 헤게모니를 전파하는 것이다.[9] 미국 공화당 정권 아래서 만들어진 보수주의 지식인 그룹을 보통 네오콘(neocon)이라고 부른다. 이들은 정부의 공식 기관이나 대학교 혹은 미국민주주의진흥재단과 같은 사단법인을 통해서 외교정책의 근간을 제공한다. 그리고 그 내용을 정부가 외교정책에 반영한다. 대표적인 예가 조지 부시(George Bush) 대통령의 '악의 축(Axis of evil)' 발언이다. 냉전시대에 이 말은 소련을 가리키는 단어였다. 그러나 탈냉전 이후에는 이라크나 북한과 같이 미국에 적대적인 국가를 가리키는 말로 바뀌었다. 그리고 악의 국가에 군사력을 사용하는 것은 정당하다는 다양한 이론들이 만들어진다. 예를 들어 민주평화론이나 인권 이론 등이 대표적인 사례다. 그리고 미국의 정책과 입장은 지식의 형태를 빌려 정당성을 얻고 제3세계에 전파된다.

한국에서 이러한 미국민주주의진흥재단과 같은 기능을 하는 곳이 바로 동아시아연구원(East Asian Institute)이다. 이 연구소를 세운 사람은 고려대학교 정치외교학과 교수로 재직하고 있는 김병국이다. 그는 고려대학교와 ≪동아일보≫의 창업자인 김성수의 친손자다. 미국에서 고교, 대학, 석박사를 마친 수재로, 특히 석박사를 모두 하버드대학교에서 마쳤다. 1980년대 후반에 고려

---

8) 1945년 이후 냉전시대에도 이러한 기관들이 있었다. 대표적인 것이 아시아연구협회(Association for Asian Studies)나 미국 사회과학연구위원회(Social Science Research Council) 등이었는데, 이들에게는 정보국이 직접 자금을 지원하거나 카네기나 록펠러 재단 등이 연구 프로젝트를 지원하는 방식으로 자금세탁을 해왔던 것이다. 자세한 것은 커밍스(2004) 참조. 여기서 확인할 수 있는 중요한 사실은 미국이 제공하는 지식이 결코 순수하고 보편적인 지식이 아니라는 것이다. 국제정치학은 기본적으로 패권과 관련되어 있다. 국제정치 이론과 패권의 관계에 대해선 홍성민(2008) 참조.
9) 미국민주주의진흥재단의 활동과 한국과의 관계에 대해서는 홍성민(2008)의 저작에 실린 김성현의 탁월한 논문 「미국 민주주의재단을 통해 본 국제 민주화 운동과 상징 권력」을 참고하라.

대학교에 자리 잡은 그는 막강한 자본력과 인적 네트워크를 바탕으로 1990년 대 동아시아연구원를 설립했다. 이홍구 전 국무총리가 원장을 지냈고, 현재 는 하영선 서울대 명예교수가 이사장을 맡고 있다.[10] 이곳에서는 정치계, 학 계, 언론계에 막강한 인적 네트워크를 통해서 지역 연구, 외교 안보, 시민사 회, 여론 분석 등에 걸친 프로젝트형 연구를 지속하며 그 결과를 언론에 보도 하고, 국정에 반영한다. 동아시아연구원는 미국 담론과 한국 대학, 언론을 연 결하는 보수 담론의 메카라고 볼 수도 있겠다.[11] 이 연구소에서 가장 중요한 비중을 차지하는 분야가 바로 외교 안보다. 이렇게 한국의 안보 담론은 연구 소를 통해서 국민들에게 확산되는 것이다.

한편 한국 정치는 안보 담론을 정권 유지의 도구로 활용해 왔다. 총풍 사건 을 비롯해 각종 선거 때마다 불어닥친 북풍은 지난 60여 년의 세월 동안 안보 가 보수 정치의 생명줄이었음을 증명해 준다. 한국의 국가정보원은 북한에 대한 수많은 정보를 조정해 대통령에게 보고하면서 북한의 위협을 설명하고, 이 내용을 토대로 보수 언론들은 수시로 북한이 곧 남한에 쳐들어올 것처럼 과장한다. 여기에 전문성이 모호한 군사평론가들이 북한의 무기체계에 대해 서 설명하고 그 위험성이 실제로 다가오는 것처럼 부풀린다. 정치화된 국가 정보는 그 자체로 국가안보와는 거리가 먼 우리 사회의 병리적 현상이다(김종 대, 2016: 183). 다시 말해 안보주의 혹은 군사주의가 통치 이데올로기가 되어 버린 것이다. 국제관계에서 중요한 것은 외교력이며 군사력은 뒤에서 조용히 지지하는 역할이 되어야 한다. 그런데 한국 정치는 국방부가 통일부나 외교

---

10) 안보 담론 확산은 학계 내의 교류와도 밀접하게 연결되어 있다. 한국의 학자(homo academicus)들이 형성되는 과정에서 자신들만의 이해관계로 다져진 일종의 소속감 이 크게 작동하기 때문이다.

11) 미국 담론·연구소·대학의 삼각 축으로 제3세계의 정치 변동을 연구한 사례로는 드잘 레이의 『궁정전투의 국제화(The Internalization of Palace Wars)』와 홍성민의 『지식 과 국제정치』가 있다. 전자가 남미의 사례를 연구했고, 후자는 한국 사례를 연구했다.

그림 8-2 정치와 문학의 만남: 사례분석

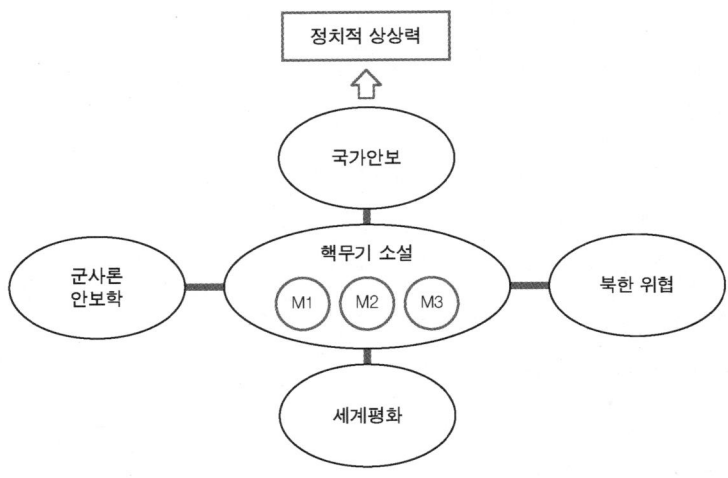

부를 압도한 지 오래되었다. 이제 한국 정치에서 가장 중요한 목표는 국민의 생명 보호나 국가이익이 아니라 안보 그 자체다. 얼핏 보면 국민 생존과 국가이익을 안보와 동일시할 수 있겠지만, 통치 이데올로기가 되어버린 안보는 국민의 생존보다는 국가안보에 도움이 되는가를 두고 모든 현안을 파악하게 만드는 것이다. 이것이 **안보 국가**의 가장 큰 문제점이다. 전혀 위협이 되지 않는 경우에도 국가안보에 위협이 될 수 있다고 생각하는 군인들의 사고방식이다 (김종대, 2016: 228). 군인의 엘리트 의식과 우월주의가 국가안보라는 외피를 입고 국민들 위에 군림하게 될 때 한국의 민주주의는 매우 위험하게 된다. 어쩌면 2016년 대한민국의 정치의 장이 그랬던 것인지 모르겠다.

미국에서 만들어진 국제정치 이론과 군사론이 대학이나 연구소를 통해서 한국으로 수입되고, 이것이 군사주의로 비약되어 언론이나 정치권에서 유포된다. 그리고 이러한 안보 담론에 조응해 문학의 장에서는 핵무기나 고고도 미사일방어체계(THAAD, 이하 사드)를 소재로 한 김진명의 소설이 베스트셀러가 되어 국민들에게 읽힌다. 이러한 각장의 논리와 작동 방식은 서로 다르나,

정치학과 문학이 중심이 되고, 언론이나 정치판이 부수적으로 포함되는 안보 담론의 생산과 확산, 소비는 서로 간에 조응해 하나의 거대 담론을 만드는 것이다. 위에서 설명한 것이 바로 각장에서 전개되는 과정을 미시적으로 분석한 것이며, 이것을 하나의 그림으로 나타내면 〈그림 8-2〉와 같다. 〈그림 8-2〉는 앞의 절 '이야기와 상징적 권력'에서 리쾨르와 부르디외를 통해 완성했던 언어의 해석학-권력 모델에 기반한 것이다.

4. 나가며

찰스 테일러(Charles Taylor)는 사회적 상상이란 사회적 현실에 대해 자유롭게 생각할 때 떠오르는 지적 도식을 넘어서는 심층적인 어떤 것이라고 말한 바 있다. 즉, 사회적 실존에 대해서 상상하는 방식, 사람들이 다른 사람과 서로 조화를 이루어가는 방식, 사람들 사이에 일이 돌아가는 방식, 통상 충족되곤 하는 기대들, 그리고 이러한 기대들의 아래에 놓인 심층의 규범적 개념과 이미지들이다(테일러, 2011: 43). 필자는 이러한 상상력의 구체적인 내용이 언어의 이해와 언어의 효과로 구분될 수 있다고 생각한다. 언어의 이해가 가치관을 형성하고 받아들이는 개인의 수준을 가리킨다면, 언어의 효과란 사회제도를 통해서 유포되고 확산되는 가치관의 지배 현상을 가리킨다. 필자는 전자의 문제를 리쾨르가 설명했고, 후자의 문제를 부르디외가 설명했다고 판단한다. 이 두 가지 과정이 제대로 통합되어야 한국 사회를 지배하는 정치적 상상력이 제대로 설명될 수 있다고 생각했고, 그 목표를 본문에서 실현해 보고자 했다.

이러한 문제의식을 가진 선행 연구가 없었던 것은 아니다. 예를 들어 토크빌은 미국 민주주의의 특성을 설명하면서 제도적 측면(토크빌, 1997a)과 감성적인 측면(토크빌, 1997b)을 나누어 설명한 바 있다. 그런데 이러한 제도와 감성의 조합이 결국 권력의 효과와 가치관의 결합이라고 필자는 해석한다. 특히 토크빌은 감성의 문제를 다루는 2권에서 문학의 문제를 비교적 자세하게 다룬다. 그는 문학의 형식과 내용이 민주 시대의 감정을 결정하는 데 큰 역할을 한다고 주장한다. 그런데 민주화된 사회에서 문학이 장사 수단이 되어 대중들의 무료한 생활에 놀라움을 주는 수단으로 전락하게 되었다고 한다(토크빌, 1997b: 623). 문학이 감동과 기쁨을 주던 시대에서 센세이션을 제공하는 오락거리가 된 것이다. 오락을 탐닉한 사회는 정치적 진지함을 받아들이기 어려울 것이다. 한편 국내에서도 의미심장한 연구들이 존재한다. 식민성을 강조했던 탈식민주의 이론(고부응, 2002)이 주목을 끈다. 그런데 여기서는 서구 지식의 지배효과에 주목했지만 분석의 대상이 텍스트 안에 머물고 있어서 지식의 사회적 효과를 정확히 파악하지 못한 것으로 보인다. 푸코의 통치성 개념에 기반해 1960년대 문학을 둘러싼 사회적 제도를 분석한 경우나(천정환·권보드래, 2012), 부르디외의 문화자본에 기대어 한국의 문화 독점 구조를 파헤친 경우는(이동연 외, 2014) 오히려 문학이 집중해야 할 인간 내면의 변화를 파악하는 데 실패한 것으로 보인다. 한편 역사 속에서 발전되어 온 한국인의 표상이 소설 속에 어떤 방식으로 녹아 있는가를 분석한 탁월한 업적이 있기는 했으나(최정운, 2013), 이 역시 문학과 정치학의 만남이 제대로 이루어졌다고 보기는 어려웠다.

그렇다면 왜 문학과 정치학의 만남이 중요한가?

필자는 문학과 정치학의 만남이 개인의 내면과 사회적 권력의 만남이라고 풀어 설명하고자 한다. 그동안 한국 학문의 기형적 현상이자 고질병의 하나가 인문학과 사회과학이 분리된 것이며, 이것 때문에 한국 현실에 대한 진단도 처방도 제대로 이루어지지 못했다는 것이다. 한국 사회가 마주하는 정치적 왜곡, 인간의 내면적 지배 상태는 인문사회과학이 분리되어 접근하거나, 나누어서 처방할 수 있는 문제가 아니다. 이 둘을 합친다는 의미는 결코 둘을 억지로 통합하자는 뜻이 아니기에, 그 맞물림에 대한 고민을 리쾨르와 부르디외의 접목으로 시도해 본 것이다. 여기에서 시도했던 안보 담론에 대한 분석은 물론 경제발전, 근대화 등등의 주제로 확산될 수 있으며, 또 동일한 주제를 시기별로 구분해서 비교해 볼 수도 있겠다. 이러한 작업을 향후 과제로 남겨 두면서 이 글이 정치학과 문학의 만남을 이론적으로나 경험적으로나 최초의 시도라 자평하고자 한다.

참고문헌

가스야 게이스케(糟谷啓介). 2016. 『언어 헤게모니 권력: 언어사상사적 접근(言語·ヘゲモニー·権力: 言語思想史的アプローチ)』. 고영진 옮김. 소명출판.

강미라. 2012. 「관계적 자아 정체성 개발을 위한 리꾀르의 Narrative 정체성 이론 연구」. ≪기독교교육논총≫, 제32집.

강장묵·이원태. 2010. 「네트워크와 정치의 관계: 네트워크 정치의 이론적 모색」. ≪21세기 정치학회보≫, 제20집 1호.

고부응. 2002. 『초민족 시대의 민족정체성: 식민주의, 탈식민이론, 민족』. 문학과지성사.

기든스, 앤서니(Anthony Giddens). 2012. 『사회구성론(The Constitution of Society)』. 황명주 외 옮김. 간디서원.

기요, 니콜라(Nicolas Guilhot). 2014. 『민주주의를 만드는 사람들(The Democracy Makers)』. 김성현 옮김. 한울엠플러스.

김동일. 2016. 『피에르 부르디외』. 커뮤니케이션북스.

김만흠·손혁재·김동춘·홍일표·김갑식. 2013. 『한국의 언론정치와 지식권력』. 당대.

김선하. 2007. 『리꾀르의 주체와 이야기』. 한국학술정보.

김세원. 2015. 「이야기의 두 양식으로서 이데올로기와 유토피아에 관한 시론」. ≪현대유럽철학연구≫, 제38집.

김슬옹. 2009. 『담론학과 언어분석』. 한국학술정보.

김종대. 2016. 『안보전쟁』. 인물과사상사.

김진명. 2010. 『무궁화 꽃이 피었습니다』. 새움.

_____. 2014. 『싸드(THAAD)』. 새움.

김한식. 2007. 「폴 리꾀르의 이야기 해석학」. ≪국어국문학≫, 제146호.

라라인, 호르헤(Jorge Larraín). 한상진·심영희 옮김. 1984. 『현대 사회이론과 이데올로기』. 한울
　　엠플러스.

라클라우, 에르네스토·샹탈 무페(Ernesto Laclau, Chantal Mouffee). 2012. 『헤게모니와 사회주의
　　전략(Hegemony and Socialist Strategy)』. 이승원 옮김. 후마니타스.

레이코프, 조지(George Lakoff). 2006. 『코끼리는 생각하지마(The All New Don't Think of an
　　Elephant)』. 유나영 옮김. 삼인.

레이코프, 조지(George Lakoff). 2007. 『프레임 전쟁(Thinking Points)』. 나익주 옮김. 창비.

_____. 2009. 『자유 전쟁(Whose Freedom?)』. 나익주 옮김. 프레시안북.

_____. 2014. 『폴리티컬 마인드(The Political Mind)』. 나익주 옮김. 한울엠플러스.

레이코프, 조지·마크 존슨(George Lakoff and Mark Johnson). 2006. 『삶으로서의 은유(Metaphors
　　We Live By)』. 나익주·노양진 옮김. 박이정출판사.

뤼트케, 알프(Alf Lüdtke). 2002. 『일상사란 무엇인가(Alltagsgeschichte)』. 이동기 외 옮김. 청
　　년사.

리쾨르, 폴(Paul Ricoeur). 2002. 『텍스트에서 행동으로(Du Texte T' l'Action)』. 박병수·남기영 옮김.
　　아카넷.

_____. 2004. 『시간과 이야기(Temps et Re'cit: Intrigue et re'cit historique) 3』. 김한식 옮김. 문
　　학과지성사.

_____. 2008. 『시간과 이야기(Temps et Re'cit: Intrigue et re'cit historique) 1』. 김한식·이경래 옮김.
　　문학과지성사.

맥도넬, 다이앤(Diane Macdonell). 1992. 『담론이란 무엇인가(Theories of Discourse)』. 임상훈 옮김.
　　한울엠플러스.

문학이론연구회. 2002. 『담론분석의 이론과 실제』. 문학과지성사..

박해광. 2003. 『계급, 문화, 언어』. 한울엠플러스.

베이커, 프랭크(Frank Baker). 2010. 『정치캠페인과 정치광고(Political Campaigns and Political
　　Advertising)』. 이희복·차영란 옮김. 한경사.

볼로시노프, 발렌틴(Valentin Voloshinov). 2005. 『언어와 이데올로기(Marksizm i Filosofija Jazyka)』.
　　송기한 옮김. 푸른세상.

부르디외, 피에르(Pierre Bourdieu). 1999. 『예술의 규칙: 문학장의 기원과 구조(Règles de l'Art:
　　Définition simple et facile du dictionnaire)』. 하태환 옮김. 동문선.

_____. 2005. 『나는 철학자다: 부르디외의 하이데거론(L'Ontologie politique de Martin Heidegger)』.
　　김문수 옮김. 이매진.

_____. 2014. 『언어와 상징권력(Langage et Pouvoir Symbolique)』. 김현경 옮김. 나남출판사.

부르디외, 피에르·장클로드 파스롱(Pierre Bourdieu and Jean-Claude Passeron). 2000. 『재생산:

교육체계 이론을 위한 요소들(La Reproduction: Elementos para una teoría del sistema de enseñanza)』. 이상호 옮김. 동문선.

성일권. 2006. 『오리엔탈리즘의 새로운 신화들』. 고즈원.

송호근·김우식·이재영. 2004. 『한국사회의 연결망 연구』. 서울대학교 출판부.

안종묵. 2005. 『언론이데올로기 들여다보기』. 한국외국어대학교 출판부.

에델만, 머리(Murray Edelman). 1996. 『상징의 정치시대(Constructing the Political Spectacle)』. 이성현 옮김. 고려원.

윤성우. 2004. 『폴 리쾨르의 철학』. 철학과현실사.

이동연·한기호·이윤종. 2014. 『누가 문화자본을 지배하는가?: 한국 문화산업의 독점구조』. 문화과학사.

이영미. 2006. 『북한 문학과 정치커뮤니케이션』. 보고사.

임헌영. 2003. 「현대소설과 권력의 양상: 문단권력 논쟁을 중심으로」. ≪현대소설연구≫, 제18호.

정기철. 2008. 「세계관 형성과 이야기의 역할」. ≪해석학연구≫, 제21권.

차배근. 1995. 『설득커뮤니케이션개론』. 나남출판사.

천정환·권보드래. 2012. 『1960년을 묻다』. 천년의상상.

촘스키, 놈·이매뉴얼 월러스틴·아이라 카츠넬슨·리처드 르원틴·데이비드 몽고메리·로라 네이더·리처드 오만·레이먼드 시버·하워드 진(Noam Chomsky and Ira Katznelson, Richard Lewontin, David Montgomery, Laura Nader, Richard Ohmann, Ray Siever, Immanuel Wallerstein, Howard Zinn). 2001. 『냉전과 대학(The Cold War and the University)』. 정연복 옮김. 당대.

최정운. 2013. 『한국인의 탄생』. 미지북스.

커밍스, 브루스(Bruce Cumings). 2004. 『대학과 제국(Universities and Empire)』. 당대.

테일러, 찰스(Charles Taylor). 2011. 『근대의 사회적 상상(Modern Social Imaginaries)』. 이상길 옮김. 이음.

토크빌, 알렉시스(Alexis Tocqueville). 1997a. 『미국의 민주주의(De la Démocratie en Amérique) 1』. 임효선·박지동 옮김. 한길사.

_____. 1997b. 『미국의 민주주의(De la Démocratie en Amérique) 2』. 임효선·박지동 옮김. 한길사.

하우저, 아르놀트(Arnold Hauser). 2016. 『문학과 예술의 사회사(Sozialgeschichte der Kunst und Literatur)』. 백낙청 외 옮김. 창작과비평사.

학술단체협의회. 2003. 『우리 학문속의 미국: 미국적 학문 패러다임 이식에 대한 비판적 성찰』. 한울엠플러스.

현길언·강경화·박상천·변성규·윤상인·이상호·이영미. 2005. 『문학과 정치 이데올로기』. 한양대학교 출판부.

홍성민. 1992. 『포스트 모던의 국제정치학』. 인간사랑.

_____. 2008. 『지식과 국제정치』. 한울엠플러스.

Cotteret, Jean-Marie. 2000. *La Magie du discours*. Paris, FR: Éditions Michalon.

Falk, Richard and Samuel Kim. 1980. *The War System: an interdisciplinary approach*. Boulder, CO: Westview.

Lapierrre, Jean-william. 1988. *Le Pouvoir Politique et les Langues*. Paris, FR: PUF.

Merckle, Pierre. 2004. *Sociologie des Reseau Sociaux*. Paris, FR: Decouverte.

Pécheux, Michel and Harbans Nagpal. 1982. *Language, Semantics and Ideology*. New York, NY: Martin's Press.

Pécheux, Michel. 1990. *L'inquietude du Discours*. Paris, FR: Editions des cendres.

제9장
___

생활양식의 감정구조와 한국 사회*

1. 보수화에 대한 두 시각: 문화정치학의 필요성?

민주화 이후 한국 정치가 보수화되고 있다는 문제의식이 학계에 공감을 얻고 있다. 즉 대통령을 선출하는 방식이 일인 일표제로 확립되었고, 지방자치단체를 지역 주민의 선거에 의해서 선출하는 과정이 법적으로 보장되었으며, 정당 대표와 고위 관료를 임명하는 방식이 민주적 절차에 의해서 이루어지고 있는 지금의 정치 상황을 1987년 이전의 한국 사회와 비교하면 한국 정치가 발전되었고 민주화를 달성했다고 말하지 않을 수 없다. 그럼에도 불구하고 국회 정치는 파행을 거듭하고 있으며, 국민들의 정치참여율은 점차 하락하는 추세에 있다. 한국 사회의 문제가 점차 다양화되고 있으며, 문제의 깊이도 점차 심화되고 있지만 정치는 이러한 사회문제를 해결하는 데 점차 무기력해져 간다. 그리하여 국민들은 정치를 불신하는데, 그 수준이 현재 극에 달했다. 이것은 보수기득권 정당에 한정된 평가는 아니다. 이른바 진보정당에 대한 국민들의 기대감도 과거와 달리 매우 저조한 형편이다. 노동자와 농민과 같은 하층계급들이 진보정당에 투표하는 비율이 점차 줄어들고 있다.

___

* 9장은 홍성민, 2013, 「생활양식과 한국정치: 문화정치학 소론」, ≪한국정치연구≫, 22집 2호를 기초로 보완·발전시킨 글이다.

과거와 비교해 법적인 절차는 분명 보완되고 발전되었는데, 실질적인 민주 정치의 모습은 오히려 과거보다 퇴보한 것으로 보인다. 그렇다면 왜 이러한 현상이 일어나고 있는가? 왜 형식적 민주화는 이루어졌음에도 불구하고 실질적인 정치는 보수화되고 있는가? 이 문제를 설명하는 것이 현재 한국 정치의 특성을 이해하는 관건이며, 이러한 이해를 근거로 한국 사회가 지향해야 할 정치적 비전을 모색할 수 있을 것이다.

필자는 한국 정치가 보수화된 이유를 설명하는 방식을 과감히 두 가지로 분류하고, 그에 대한 비판을 통해서 제3의 길을 제시해 보고자 한다. 하나는 제도적 접근 방법이고, 둘째는 심리적인 접근 방법이다. 제도적인 접근법의 대표적인 학자로 최장집을 예로 들 수 있다.[1] 최장집은 논저(2005; 2006; 2010) 에서 현대 한국 민주주의 특성을 보수화라고 규정하고 그에 대한 이유를 다음과 같이 밝혔다. 우선 민주화 이후 한국 정치의 가장 큰 특징은 언론의 역할이 커졌다는 것인데, 한국의 언론은 동질적인 이념을 가진 몇 개의 대형 신문사가 언론 시장을 독점하고 있다는 것이 문제다. 둘째, 대중적 기반이 없는 엘리트 과두체제의 정당 구조가 문제다. 다시 말해 정치가 국민들의 의사를 제대로 반영하지 못하고 있다는 점이다. 셋째는 시민 단체와 대학의 운동 세력들이 이미 보수화되어 사회적 저항 세력으로서 영향을 제대로 발휘하지 못한다는 점이다(2005: 30~38).

최장집은 2008년 대선에서 한나라당의 이명박 후보가 당선된 사례를 들면서 국민들의 투표심리를 분석했다. 우선 국민들이 민주개혁 세력보다는 보수 세력인 이명박 후보에게 표를 더 많이 준 현상을 회고적 투표(retrospective

---

1) 제도적 접근법이란 한국의 민주주의를 개선하기 위해서 구조적인 요인을 강조하는 흐름이라고 할 수 있다. 이에 대한 선행 연구가 많이 존재한다. 예를 들어 이정복(2009), 임혁백(1998), 박은홍(2000), 조희연(1998), 해거드와 코프먼(Haggard and Kaufman, 1992) 등이 있다. 이러한 연구의 흐름에서 필자는 최장집의 연구 작업이 기존 논의들을 포괄적으로 수렴할 수 있다고 판단했기에, 본문에서 대표적으로 논의하고자 한다.

voting)로 설명한다(최장집, 2010: 6장).[2] 이러한 상황에서 최 교수는 한국의 유권자들이 정치에 무관심하거나 투표율이 저조한 이유를 정당체제의 구조적 모순에 찾고 있는 것이다. 즉 유권자가 아무리 합리적이고 이성적이더라도 현실 정치에서 유권자들의 선호에 부응하는 대안이 없기 때문에, 다시 말해 정당정치 구조가 바뀌지 않아서 국민들이 정치를 외면하고 투표를 하지 않는다는 것이다. 최장집의 분석에 따르면 현재 한국 정치가 보수화된 이유는 여전히 정당정치가 충분하게 민주화되지 못했기 때문에 비롯된 상황이다.

한편 현재 한국의 정치 상황을 국민들의 심리 구조에 설명하려는 시도가 있다. 김태형(2010)은 한국 정치가 보수화된 이유를 국민들의 '남 따라하기'라는 개념을 통해서 설명한다.[3] 우선 그가 보기에, 1998년 외환위기 이후 한

---

2) 최장집에 따르면 회고적 투표라 함은 주로 경제적 성과를 기준으로 국민들이 지난 정권의 공과와 실수를 평가하고 투표를 한다는 이론이다. 회고적 투표는 두 가지 성격이 있는데, 보상적 성격과 징벌적 성격이 그것이다. 전자는 현임 정부가 잘한 것에 대해 투표자들이 재임시켜 주는 것을 의미하고, 후자는 현임 정부가 못한 책임을 물어 반대당을 당선시키는 것이다. 이러한 구분은 1984년 미국 대통령 선거를 설명하면서 등장한 개념인데, 학계에서 널리 통용된다. 최장집 교수는 2008년 대선에서 여당 후보가 참패하고 이명박 후보가 대통령으로 당선된 이유를 바로 징벌적 투표로 설명하는데, 미국의 사례와 한 가지 다른 한국의 특성은 국민들이 노무현 정부에 대한 징벌적 투표를 하게 된 계기가 경제적 성과라기보다는 정치적 측면이 더 강하다는 것이다. 여기서 최교수는 아담 쉐보르스키 교수의 논문을 인용해 유권자의 '이념적 헌신(ideological commitment)'이라는 개념을 동원하면서 현임 정부의 경제 업적이 좋은가 나쁜가는 투표에 크게 영향을 미치지 않을 수 있다는 점을 강조한다. 왜냐하면 경제적 업적이 좋지 않더라도 현임 정부와 투표자 간의 이념적 가치와 비전이 일치할 경우 주관적으로 좋은 평가를 내릴 수 있기 때문이다. 그런데 김대중 정부와 노무현 정부는 8년 동안 이른바 개혁 정권이 들어서 국정을 운영했지만, 지지자들의 이념적 헌신을 받을 정치행태가 아니었다는 것이다. 즉 임기 내에 가시적인 실적을 만드는 데 급급했고, 이러한 과정에서 자신을 뽑아준 유권자들의 기대에 부응하기보다는 현실과 타협하면서 정권을 유지하려는 모습을 보였는데, 이것이 유권자들의 실망을 만들었다는 것이다.

3) 심리적 접근 방법이란 개인의 정치적 행동을 내적동기의 차원에서 설명하려는 이론적 흐름이다. 다울링(2000), 백상창(1999), 최봉영(2000), 황상민(2005; 2011) 등이

국 사회에 자본주의적 상품 가치로 인간을 평가하는 문화가 유입되었고, 이것이 사람들 사이에 경쟁 심리와 다른 사람과 나를 비교하는 문화를 만들었다고 한다. 이러한 문화를 통칭해 신자유주의적 문화라고 불러볼 수 있겠다. 그런데 이러한 상황에서 대중들은 시대가 원하는 상품 가치에 부응할 때 자신의 사회적 가치가 높아진다고 오해를 하게 된다. 그 결과 사람들은 자신을 끊임없이 남과 비교하며 살게 되면서 자신의 정체성을 잃어버리고 불안하게 된다. 이러한 순간 개인들은 자신의 준거집단을 자신의 계급적 정체성에서 찾기보다는 원하는 대상을 통해서 자신을 규정하려고 한다. 대표적인 예가 바로 한국의 중산층이다.[4]

한편 김태형에 따르면 전통적으로 한국 사람들은 공동체의식이 강해 어떤 집단에 소속되지 않고서는 매우 불안한 상태에 빠진다. 이럴 때 대부분의 대중들은 자신이 중산층이라고 생각하는데, 자신의 삶의 기준이 점차 중산층으로부터 멀어진다고 하면 그들은 엄청난 불안과 공포를 느끼게 된다. 바로 여기서 계급배반투표, 즉 노동자들이 진보정당에 투표를 하지 않는 것이다. 한국 사람들을 지배하는 심리 중의 하나가 자기 혐오감이다. 이것은 예를 들면 자신이 흑인이라는 사실을 싫어하는 사람이 흑인과 어울리기보다는 백인과 어울리려는 심리다. 한국의 하층계급 혹은 노동자들은 자신의 계급 정체성을 싫어하고 준거집단을 중산층에 두고 있다. 한국의 하층계급은 자기 혐오감에

있다. 필자는 김태형의 연구가 사회과학적 시각에서 개인의 내적 동기의 문제를 다루었으며, 현실의 한국 정치를 정면으로 분석하고 있고, 기존의 연구 작업들을 포괄할 수 있다고 판단했기에, 본문에서 대표적으로 다루었다.

4) 통계적으로 현재 한국은 80/20의 사회로 양극화되어 가고 있는데, 실제로 자신을 하류층으로 생각하는 사람은 별로 없다. 이들의 심리를 추정해 보면 다음과 같이 정리될 수 있을 것이다. 자신이 상류층은 분명 아니지만 하류층이라고 말하면 스스로가 사회의 낙오자라는 것을 인정하게 되는데, 이렇게 되면 사회적 가치를 인정받을 수 없게 된다. 따라서 국민들 중 하류층에 있는 사람들조차 자신을 중류층이라고 오인하고 있는 것이다. 다시 말해 한국의 대다수 국민들은 몸은 하류층이지만 마음만은 중류층인 것이다.

빠져 있는 것이다. 따라서 투표 행위에서도 이러한 심리가 발동되어 진보개혁 세력에 투표하기보다는 오히려 보수정당에 투표한다는 것이다. 따라서 개혁세력이나 진보정당이 정당 구조를 민주화하면서 좋은 정책을 만들고, 이것을 국민들에게 제대로 전달해, 국민들의 계급의식을 일깨워 준다고 하더라도 한국 정치의 보수화는 개선되지 않는다고 말할 수 있다. 그렇다면 김태형의 설명은 분명 최장집의 견해와 상반된다.

2. 생활양식: 취향과 언어화

필자는 이러한 두 가지 상반된 이론적 태도가 한국 사회를 설명하는 데 모두 필요한 것으로 인정한다. 그럼에도 불구하고 이들의 이론적 태도는 일면적인 부분만을 설명하고 있다는 점에서 일정한 한계를 가진다고 비판하고 싶다. 예컨대 최장집의 의견대로 한국의 정당 구조가 아직 완벽하지 못하며, 권위적인 구조를 벗어나지 못했기 때문에 국민들의 선호를 모두 반영할 수 없고, 그래서 국민들은 자신의 의견을 대표할 수 있는 정치인과 정책과 정당을 발견하지 못한다고 하자. 여기에서 최장집은 '개인들의 선호가 이성적이고 합리적인가'라는 점을 고려하고 있지 않다. 이것이 큰 문제다. 개인들의 정치적 태도가 합리적이라고 한다면 수많은 하층계급 중에서 최소한 절반이라도 진보정당에 표를 주는 것이 상식에 부합할 것이다. 사실 한국 사회에 보수 여당과 대표적인 야당 말고도 군소정당들이 없는 것은 아니며, 이들도 새로운 정책적 공약을 개발하고 선거 시기에는 국민들에게 호소하기도 한다. 그러나 진보정당을 포함해 이러한 군소정당이 얻는 표수는 실로 미미하다. 또 민주노동당이 처음 창당했던 1990년대에는 대통령 후보로 나섰던 권영길 후보가 7%까지 득표했던 시기도 있었지만, 2008년 대선에서는 3%도 넘지 못했다. 이것은 노동자계급에서조차 진보정당에 표를 주지 않고 있다는 것인데, 최장집의 이론 틀에서 이러한 현상을 설명하기는 어렵다. 이 같은 이론적 딜레마는 최장집의 입장이 지나치게 제도주의에 경도되어 있기 때문에 발생하는 것이다. 다시 말해 최장집을 대표로하는 한국 정치 연구자들의 주류들은 민주정치를 국가, 정당, 시민 단체에 집중해 이해하려는 경향이 있는데, 이것은 오히려 한국 정치의 특성을 정확하게 이해하는 데 방해가 될 수가 있다고 필자는 생각하는 바이다. 사실 한국에서는 2000년대 이후 개인들의 욕망이 다양하게 분출하고 있으며, 2002년과 2008년 촛불시위에서 보이듯이 대중들이 정치에 참여하는 방식이 과거와는 크게 다르다. 이러한 대중의 변화된 모습을 새로운 제도 정치의 틀 속으로 포함하는 것이 오늘날 한국 민주정치의 과제라고 할 수 있는데, 정당정치의 구조개혁만을 강조하는 최장집의 입장으로는 이러한 과제를 해결하기 어렵다.5)

한편 김태형의 이론적 입장도 그대로 수용하기가 쉽지 않다. 예를 들어 하층민들이 가지고 있는 자기혐오의 무의식 상태가 정치적으로 계급배반 투표로써 나타난다고 할 때, 이들이 적극적으로 자신의 이해관계를 인식하고 보수정권에 투쟁하는 사례를 설명하기 어려워지기 때문이다. 자기혐오라는 개념을 통해서 계급적 정체성의 혼란을 설명하는 것은 매우 탁월한 학문적 혜안이라고 평가할 수 있지만, 과연 어떤 기제를 통해서 사람들의 심리 상태가 자기혐오의 단계로 이어지는가에 대해 보다 정교한 설명이 필요하다는 것이다. 더구나 사회과학에서 받아들일 수 있는 심리학이란 사회적 구조와 연관 지어 개인들의 심리 상태를 설명하는 수준이라고 필자는 주장하고 싶다. 더욱이

---

5) 2002년 미국의 군사훈련에서 효선이와 미선이가 희생된 사건을 두고 촛불집회가 시작된 일이 있다. 또 이명박 정부가 집권 초기 미국의 광우병 위험 소를 수입하려는 시도에 반발해 시작된 2008년 촛불집회가 발발했다. 이를 두고 한국의 진보성향의 학자들은 매우 긍정적으로 평가하고, 새로운 풀뿌리 민주정치의 한 모습으로 묘사한 바 있다. 반면 최장집은 이러한 흐름에 정면으로 반대하면서 정당정치 구조를 벗어나는 촛불집회는 정치적으로 매우 위험스러운 것이며, 민주정치의 원칙에 위배된다고 밝힌 바 있다.

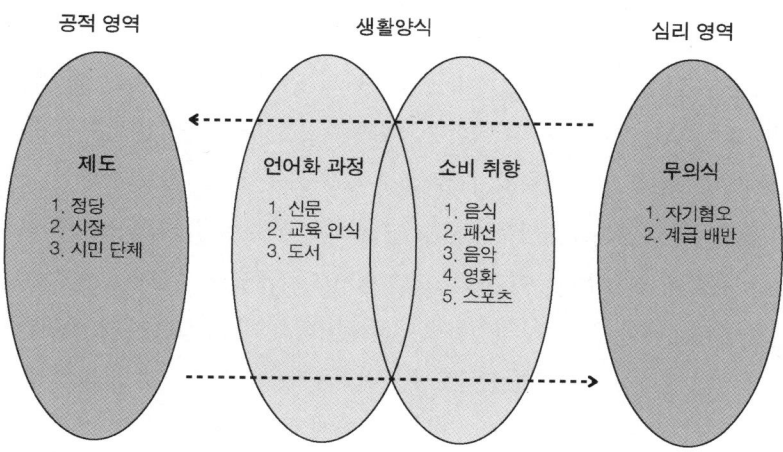

그림 9-1 생활양식과 정치

공적 영역	생활양식		심리 영역

제도

1. 정당
2. 시장
3. 시민 단체

언어화 과정

1. 신문
2. 교육 인식
3. 도서

소비 취향

1. 음식
2. 패션
3. 음악
4. 영화
5. 스포츠

무의식

1. 자기혐오
2. 계급 배반

이때에도 사회경제적 구조와 개인의 정체성의 연결 관계를 설명하는 과정이 분명히 드러나야만 심리학이 사회과학의 영역에서 인정받을 수 있다. 그런데 김태형의 이론에서는 이러한 사회과학적 시각이 상대적으로 결여되어 있다.

위와 같은 두 가지 이론적 입장의 성과를 계승하며[6] 동시에 학문적 결점을 극복하기 위해서, 필자는 '생활양식(lifestyle)' 개념을 제안하고자 한다. 대단히 위험스러운 일반화일 수 있지만, 필자는 최장집의 이론이 공적 영역(제도)에 매몰

---

6) 최장집의 입장은 아담 쉐보르스키의 영향을 크게 받았는데, 필자는 이것을 일종의 시민사회론의 한 유형이라고 본다. 예를 들어 쉐보르스키의 저작(1997; 1999)을 보면 국가와 시장, 국가와 경제의 문제를 적극적으로 논하는 문제의식이 분명하게 드러나며, 이것은 1990년대에 유행했던 시민사회론의 문제의식과 매우 흡사하다. 한편 김태형의 입장은 사회현상을 개인의 미시적 특징으로부터 설명하려고 한다는 점에서 개인주의적 접근이라고 할 수 있다. 시민사회론의 전형적인 예로는 킨(Keane, 1998), 코헨과 아라토(Cohen and Arato, 1992)를 들 수 있고, 한국 사회에서 시민사회의 특성을 연구한 서적으로는 암스트롱(Amstrong, 2002)을 들 수 있다. 개인주의의 전형적인 예로는 벨라 외(2001)가 있으며, 한국 사회에서 개인주의적 관점을 연구한 서적은 송호근(2006)이 있다.

되어 있다고 하면, 김태형의 이론은 심리 영역(미시적 개인)에 한정되어 있다고 규정한다. 따라서 이러한 결점을 극복하기 위해서는 '제도'와 '개인'을 연결하는 새로운 과정이 제시되어야만 한다는 것이 나의 생각이며, 그 영역을 '생활양식'이라고 이름 붙이고 싶다. 그 대상을 그림으로 표현하면 〈그림 9-1〉과 같다.

생활양식이란 베버의 종교사회학에서 유래하는 개념이다. 그에 대한 개념 규정이 매우 복잡하고 다양하지만(김정로, 2008), 여기서 필자는 이것을 사회구조와 개인의 심리 상태를 연결하는 중간 영역으로 규정하고자 한다. 이러한 공간적 비유는 한국 사회에서 국민들이 정치를 어떻게 인식하고 있으며, 국민들이 정치에 대해 자신의 가치관을 어떻게 표현하는가를 파악하는 데 도움을 줄 것이다. 특히 생활양식은 그동안 소비사회론에서 많이 이용한 개념이며 그 대표적인 학자로서 소스타인 베블런(Thorstein Veblen)과 부르디외를 꼽을 수 있다(Veblen, 1934; Bourdieu, 1979). 최근에는 소비사회학 분야에서 많은 연구 업적이 이루어지고 있는데(Edwards, 2000; Martin, 2003; Postrel, 2003), 특히 정치적 가치관과 개인 정체성의 상호 관계가 집중적으로 거론된다(트렌드, 2001; 웨스턴, 2007; Canclini, 2001). 이러한 연구 성과들은 공공 영역과 일상 영역을 엄격하게 구분했던 전통적인 사회과학의 한계를 지적하고 새로운 학문적 탈출구를 모색하는 데 일정한 기여한 바 있다. 그중에서도 서구의 오락문화 산업이 제3세계를 지배하는 과정을 설명했다는 점에서 한국의 특수한 상황, 이를테면 주변부 국가의 문화적 종속을 이해하는 데 많은 도움을 주는 것이 사실이다.

그러나 이러한 연구는 미디어(방송, 인터넷)나 영상문화들이 개인들의 정체성을 왜곡하는 것으로 전제하고(톰린슨, 1994; 2004), 오늘날 이러한 문화산업을 지배하는 거대 기업의 사회적 피해를 고발하는 데서 멈춘다(Shiller, 1989; 보겔, 2003; 김현숙, 2004). 다시 말해 여전히 문화를 제도의 수준에서 접근하고 있다는 비판을 면하기 어렵다. 예를 들어 네스토르 칸클리니(Néstor Canclini)가 분석했던 바와 같이 멕시코나 브라질과 같은 제3세계 국가에 미국의 자본이 침투해 영화나 멀티미디어 게임시장을 장악했고(Canclini, 2001), 이것이 미국식 세계화의 논리를 제3세계에 강요했다고 설명하는 것은 개인의 심리 상태를 구조에 환원시키는 오류라고 할 수 있다. 초국적 자본이 침투해 자국 국민들의 정체성을 왜곡하는 과정에는 문화적 계기(생활양식의 과정)가 반드시 존재하기 때문이다.

즉, 기존 소비사회학이나 문화 연구의 한계점은 소비생활의 취향이 개인의 정치의식에 직접적인 영향을 준다고 가정하는 점에 있다. 일반 대중들이 일상 생활에서 자신이 선택한 소비행위나 여가 활동을 즐기는 동안 상품화 과정(commodification)의 영향을 받게 되는 것은 지극히 상식적인 일이다. 그러나 이러한 소비 행위나 여가 활동이 사람들을 자본주의 인간형으로 길들이는 직접적인 계기라고 말한다면, 개인들의 주체 형성 과정에 개입하는 중요한 매개 변수가 설명되지 않은 채 빠져 있는 것이다. 전통적인 마르크스주의의 분석 틀에 근거해서 말하자면, 자본주의사회에서 일반 대중들이 자본주의 구조적 영향을 받게 되는 순간에는 이데올로기와 같은 문화적 매개변수가 반드시 작동한다. 만일 그렇지 않다면 보통 사람들은 자신이 자본의 지배에 의해서 조정 받고 있다는 사실을 금방 인식할 수 있을 것이며, 그렇게 되면 저항 문화가 곧바로 나타나게 될 것이다. 그러나 현실적으로 오늘날 자본주의사회에서 대중들은 문화적으로 지배되고 있음에도 불구하고 자신들이 지배받고 있다는 사실을 인식하지 못하며, 저항 문화도 활성화되지 않고 있는 것이 현실이다. 자본의 지배가 물질적 근거를 가지고 시작되지만, 그것이 개인의 의식을 지배하는 과정에서는 이데올로기와 같은 문화적 과정이 중간에 개입하고 있다는 것이다.

필자가 보기에 문화 이론에서 사용하는 '자본(의 권력)'과 '개인의 지배'라는 단어는 한국 정치의 특성을 설명하기 위해서 동원했던 '제도(의 권력)'와 '개인(의 심리 상태)'라는 단어와 일맥상통한다. 다시 말해 한국 정치의 특성을 설명하기 위해 정치학자들이 동원했던 제도/심리라는 이항대립이, 문화적 지배 현상을 분석하기 위해서 문화사회학자들이 동원했던 자본/개인이라는 이항대립과 유사한 구조를 가지는 것이다. 결국 이 이항대립을 극복하는 길은 두 요인들을 서로 매개할 수 있는 새로운 영역을 인식하고, 그 부분에 초점을 두고 분석하는 길뿐이다. 소비사회학의 이론가들은 주로 현대 자본주의사회에서 문화산업이 개인의 정체성을 왜곡한다고 주장하는데(Steinert, 2003), 이러한 주장이 타당성을 가지기 위해서는 문화산업의 메시지가 개인에게 전달되어 내면화되는 과정을 설명해야 한다. 문화산업론의 기본 입장이 문화의 사회적 조건을 강조하는 것이라면, 이것이 개인의 심성을 지배하는 계기, 즉 외면적 요인의 내면화(interiorisation of external factor) 과정을 설명할 수 있을 때 주체화 과정을 알 수 있게 된다.

이러한 맥락에서 필자는 생활양식을 두 영역으로 다시 세분화해 분석할 필요가 있다고 주장한다. 첫째는 소비 취향의 영역이며 둘째는 언어화의 영역이다. 자본주의사회에서 문화적 지배가 개인의 심리 안으로 파고들어 가는 계기는 바로 언어화의 과정이다. 이것은 기존의 문화 이론 연구 혹은 소비사회학에서는 제대로 거론된 일이 없는 것으로, 필자의 새로운 이론적 태도이다. 문화적 지배와 언어화 과정을 분리할 수 없는 이유는 사회적 관계가 상징적 상호작용이라는 시각에서 분석될 수 있으며, 이때 상징성의 가장 최소 단위가 바로 언어이기 때문이다. 또 현대사회에서 일반 대중들이 정치를 접하는 최초의 계기가 바로 언어다. 사람들 사이의 관계를 상징이나 언어 흐름에 초점을 두고 관찰함으로써 일상적인 영역부터 공공 영역까지 확장된 삶의 영역에서, 국민들의 정치적 가치관이 어떤 방식으로 형성되면 어떤 특성으로 표현되는지 설명해 줄 수 있다고 필자는 생각한다. 이렇게 되면 심리적 개인과 공공 영역은 생활양식이란 매개를 통해 보다 정교하게 상호 관계가 밝혀 질 수 있게 될 것이다.

이러한 언어화의 과정[7]을 주체화 양식과 연결 지은 대표적인 사상가로 리

---

7) 언어화의 과정이라는 개념은 푸코『성의 역사』1권 2장 1절 등장하는 "담론에의 선동 (incitation aux discours)"에 착안해 필자가 새롭게 고안한 것이다. 푸코는 성에 대한

쾨르를 꼽을 수 있다. 그에 따르면(1969; 1976; 1986; 1990) 개인의 정체성은 주로 상징이나 언어적 내러티브(Narratives)에 의해서 형성된다. 따라서 문화산업이 동원하는 상징이나 내러티브의 구조를 살펴봄으로써 주체화 과정을 알 수 있다. 주체는 이야기 구조 안에서 형성된다.[8] 이것을 문화 이론으로 재해석해 한국 국민들의 정체성 형성 과정을 설명하는 데 응용해 볼 수 있다. 즉, 미메시스의 1단계에 해당하는 것으로 사회적 텍스트를 이해하는 선이해가 한국 사회에 존재한다고 가정할 수 있다. 이것은 주로 사회적 맥락과 시간의 흐름 속에서 형성되어 문화와 전통이라는 이름으로 우리 사회에 자리 잡는다.

담론화(mise en discours)가 17세기와 18세기를 구분하는 획기적인 사회적 장치라고 말한다. 즉 18세기 이전에는 주로 기독교 서적이나 고해성사가 성에 대한 담론화의 기술이었다면 18세기에는 다양한 학문 체계(보건학, 공중위생, 산부인과학, 아동심리학 등)가 등장해 성을 새로운 방식으로 규정하기 시작했다는 것이다. 이렇게 보면 푸코가 강조하는 담론화의 선동은 성을 규정하는 사회조건의 변화를 가리킨다. 즉 담론의 선동은 담론의 외부적 요인(discursive factor of exteriority) 혹은 담론의 사회적 토대(social base of discours)를 지칭하는 것이다. 한편 레이코프가 제안하는 프레임(frame)이라는 개념은 언어의 사회적 효과가 어떻게 개인 안에 자리 잡고 있는가에 초점을 둔다(레이코프, 2006; 2007). 즉 담론의 내면적 요인(discursive factor of interiority)을 강조한다. 그런데 필자가 고안해 사용하는 '언어화 과정'이라는 개념은 자신이 주체화되어 가는 과정에서 언어가 어떻게 개입하는가에 초점을 두는 것인데, 이것은 언어의 외면적 효과와 내면적 효과를 동시에 고려하는 것을 목적으로 한다.

8) 그는 아리스토텔레스의 미메시스 이론을 인용하면서 이것을 단순한 언어적 복사가 아니라 창조적 모방이라고 해석하며, 그 모방의 대상을 뮈토스(Muthos, 사실의 정돈: agencement du faits)라고 규정한다. 그리고 리쾨르는 창조적 모방을 세 단계로 구분한다. 첫째가 언어적 행위의 선이해 단계로서, 여기서는 주어진 텍스트를 이해하기 위한 사회적 맥락과 역사적 시간성이 중요하게 작동한다. 둘째는 이야기의 텍스트가 구성되는 단계로서 줄거리가 만들어진다. 셋째는 행위의 재구성 단계이며 이것은 사회적 실천과 관련된다. 즉 타인과의 관계 속에서 텍스트 행위가 의미를 달리하게 된다. 이러한 세 가지 미메시스의 단계에서 리쾨르가 강조하는 것은 텍스트 구성, 이해, 실천이 사회적 지시(référence) 안에서 가능해지며, 이것이 의사소통의 기본 전제라는 것이다. 리쾨르의 언어철학적 관점은 우리가 세계 안에 살면서 상황에 따른 언어를 통해 세계를 이해하고, 말하고, 또 타인과 의사소통할 수 있게 되며, 이러한 관계 속에서 개인의 정체성이 형성된다는 것이다. 이것이 바로 이야기 정체성의 핵심이다(1990, sixième étude).

둘째 단계는 사람들이 문화적 전통을 근거로 다양한 정치적 사건을 독해하고 이해하게 된다. 이렇게 놓고 보면 정치적 사건이란 텍스트와 동일한 수준에서 취급되며, 정치적 사건에 대해 이해한다는 것은 텍스트를 읽고 이해하는 것과 동일한 과정으로 볼 수 있다. 셋째 단계는 텍스트에 대한 이해를 근거로 자신의 미학적 가치관을 표현하듯이, 정치적 사건에 대한 독해와 이해를 근거로 사회적 행위를 실현한다. 구체적인 예가 바로 투표 행위다. 이때 다른 사람과의 관계가 주체의 행위에 큰 영향을 미치며, 여기에는 일정한 상징적 권력관계가 나타난다. 이것이 바로 리쾨르의 내러티브 정체성(identité narrative)이라는 개념을 한국의 정치적 맥락에서 응용한 사례다.

이처럼 내러티브와 주체의 상관관계를 정치 영역으로까지 확장하면, 공적 영역에서 발표되는 정당 정책이나 언론의 기사들, 칼럼 등도 제도화된 법률 수준에서 받아들이기보다는 개인들이 인식하는 언술 구조(내러티브)로 이해할 수 있다. 개인들이 정치를 인식하는 계기에는 반드시 언어적(내러티브) 차원이 있으며, 이것이 한국 사회에서 어떤 특징을 가지고 있는가를 파악할 때 비로소 개인의 심리 상태와 공공 영역의 상호 관계를 알 수 있게 된다는 것이다. 그런데 이처럼 상징적인 수준과 제도화된 수준은 모두 이념적 투쟁을 벌이고 있다. 즉 심리적인 자기혐오나 정당 정책들의 공식적인 대립이 투쟁의 예이며, 이것이 통합되어 나타나는 것이 이데올로기 수준에서는 진보/보수의 구분이거나, 정책적인 수준에서는 신자유주의/복지국가와 같은 단어로 표현되는 것이다.

요약하자면 필자가 여기서 강조하는 것은 심리적 투쟁과 제도적 투쟁의 관계는 언제나 생활양식의 상징적 투쟁을 통해서 매개된다는 것이다. 또 심리적 차원은 언제나 제도적 투쟁의 결과를 내면화하고 있으며, 제도적 투쟁의 결과는 언제나 심리적 투쟁의 결과가 집적되어 나타난다. 심리와 제도 사이에는 개인들이 양자를 동시에 접할 수 있는 접경 지역이 있으며, 이러한 매개가 있을 때 비로소 심리적 수준이 제도적 수준으로 확장될 수 있다. 그것이 바로 생활양식이다. 그리고 생활양식의 영역에서 개인들은 성별, 연령, 직업

그림 9-2 언어와 정치의 관계

정치제도 (정당의 구조)	—	취향과 언어	—	정치 표현 (계급배반투표)

별에 따라 다른 형태의 생활 습관을 가지게 되는데, 이것을 성향의 형태(혹은 아비투스)라고 할 수 있다. 또 생활 영역은 늘 가변적이어서 한 사람의 성향은 권력의 배분 상태, 경제력의 변화에 따라서 제도적 영역과 마주치는 강도가 달라진다. 이러한 강약의 차이에 따라서 자신의 심리 상태를 공적 영역으로 표현하는 방식에도 차이가 난다. 그러므로 취향과 언어화의 영역은 바로 정치의식에 대한 표현으로 이어지는 것이다.[9] 이러한 맥락에서라면 최장집과 김태형이 각기 다른 영역에서 주장했던 내용을 제도/취향에 언어화/정치의식을 더한 표현으로 이어볼 수 있고, 그것을 도식화하면 〈그림 9-2〉과 같다.

3. 실증 사례분석: 부산 시민의 문화적 취향, 언어화, 정치의식의 상관관계

생활양식을 취향과 언어의 영역으로 양분하고, 이것이 정치 영역과 어떤

---

9) 부르디외는 취향(Bourdieu, 1979)과 언어(Borudieu, 1982)를 별개의 영역으로 취급한 것으로 보인다. 그는 개인의 아비투스를 취향과 동일시하고 이것의 사회적 효과에 관심을 기울였다. '취향 = 아비투스 → 계급적 구별짓기'의 관계를 분석한 것이다. 또는 언어의 역할을 페티시즘의 형태로 이해하고 언어와 정치를 직접적인 상관관계로 분석했다. 즉 '언어 = 패티시즘 → 민주정치의 위기'다(Bourdieu, 2005). 그러나 필자가 보기에 취향·언어·정치는 서로 분리될 수 없는 세 가지 고유한 영역을 가지며, 이들의 연결고리가 분명하게 밝혀질 때 자본주의 인간형(자본주의적 아비투스)이 밝혀질 수 있는 것이다. 다시 말해 아비투스는 '취향 + 언어화'의 이중 구조를 가지고, 이것이 계급과 정치 영역에 관련성을 맺는 것이다. 즉 '취향 + 언어 → 계급/정치'의 관계가 있다.

관계를 맺는가를 조사하는 데 두 가지 방법이 있다. 첫째는 질적 연구 방법으로 국민들이 경험하는 소비 취향의 대상과 그들이 주로 텍스트로 접하는 도서, 신문 등을 직접 조사하는 방식이다. 둘째는 객관적인 설문 문항을 통해서 개인의 정체성을 사회적 수준에서 객관화하는 방식이다. 전자는 주로 기호학 분석(semiotics)이나 내용분석(content analysis)을 통해 실행될 수 있으며, 후자는 설문조사를 실시해 통계 처리를 함으로써 가능해진다. 필자는 생활양식의 기능을 알아보기 위해서 후자의 방법을 택했다. 즉 설문지를 작성하고 조사해 통계 처리함으로써 개인들의 심리 상태와 제도적 수준을 매개하는 생활 영역의 존재를 객관적 자료로 증명하고자 한다.

설문조사는 부산 시민을 대상으로 만 20세 이상 성인남녀 967명을 2010년 5월 25일에서 7월 10일까지 약 45일에 걸쳐 조사했다. 부산 지역을 상층, 중층, 하층으로 구분해 조사를 실시했으며, 계층별 기준은 2009년 부산시에서 조사한 「부산의 사회지표」 중 가구의 생활만족도와 월평균수입을 기준 삼아 구별 조사하되 동을 고려했다(부산시청, 2009). 먼저 상층 지역은 주로 해운대구의 우동, 좌동, 중동 등 해운대 신시가지를 중심으로 250부를 배포했다. 중층 지역은 금정구의 구서동, 남산동, 동래구의 사직동, 연산동, 수영구의 광안동, 민락동 등지에 400부를 배포했으며, 하층 지역으로 사하구의 다대동, 괴정동, 서구 부민동 등지에 350부를 배포했다. 회수한 자료는 분류, 코딩, 재코딩, 편집의 과정을 거쳐 통계적으로 분석했다. 통계분석은 통계 프로그램인 SPSS(version 18.0)을 이용했으며, 분석 방법으로 빈도분석, 중다회귀분석, 단순회귀분석을 이용한 경로분석을 사용했다.

설문 문항 구성은 주로 장미혜(2001)와 민주노총(2003), 부르디외(Bourdieu, 1979)의 조사지를 참고해 수정, 보완한 후 사용했다. 본 설문조사는 다음과 같은 한계를 갖는다. 첫째, 표본추출이 대학 졸업자에게 집중되어, 70% 정도를 차지했다. 둘째, 표본추출은 부산 지역 전체를 조사하기에는 많은 제약이 있어, 임의적으로 상, 중, 하층 지역으로 구분했다. 셋째, 조사는 눈덩이 표집법

표 9-1 조사대상자의 사회 인구학적 요인

구분		빈도	비율
성별	남	435	45.1
	여	529	54.9
	합계	964	100.0
결혼여부	미혼	527	54.7
	기혼	403	41.8
	기타	33	3.4
	합계	963	100.0
교육수준	중졸 이하	40	4.2
	고졸	206	21.8
	대졸 이하	697	73.9
	합계	943	100.0
연령별	20대	457	47.4
	30대	142	14.7
	40대	186	19.3
	50대	180	18.7
	합계	965	100.0

(snowball sampling)을 사용해 계층별로 사례 수를 편의표집하고 핵심 조사원
을 통해 무작위로 실시했다. 조사 결과 응답 사례의 일반적 특성은 〈표 9-1〉
에서 나타난 바와 같다.

1) 독립변인

설문 내용을 구체적으로 살펴보면 독립변인은 다음과 같다. **음식 취향**에서
의 경우 '음식을 먹을 때 칼로리를 고려하는가'는 1점, '전혀 고려하지 않는다'
2점, '별로 고려하지 않는다' 3점, '조금 고려하는 편이다' 4점, '매우 많이 고려
한다'는 4점 척도로 구성했다. **패션 취향**은 '패션 상품 구입 시 가장 고려하는
것은 무엇인가'에 대한 응답 항은 ① 클래식하고 고급스러운 옷, ② 유행에 뒤

지지 않으면서 자기 개성에 어울리는 옷, ③ 심플하고 단정한 옷, ④ 입어서 편안한 옷, ⑤ 기타로 구성했으며, '클래식하고 고급스러운 옷'을 준거집단으로 하여 더미변수(dummy variable)로 전환해 회귀분석을 실시했다. 직접 즐기는 **스포츠**는 비용에 따라 1점 '저가 비용의 스포츠(축구, 농구, 야구, 당구, 탁구, 등산 등)', 2점 '중가 비용의 스포츠(테니스, 수영, 에어로비, 조깅, 헬스, 무술, 볼링 등)', 3점 '고가 비용의 스포츠(골프, 인라인스케이트, 패러글라이딩, 스킨스쿠버, 스키 등)'로 구분했다. 점수가 높을수록 고가 비용 스포츠를 즐기는 것을 의미한다. **음악 취향**은 음악과 가수, 작곡가를 정확히 알고 있는가를 파악하기 위해 국내 음악과 국외 음악, 클래식 음악으로 구성했다. 강산에의 〈라구요〉, 조용필의 〈돌아와요 부산항에〉, 안치환의 〈내가 만일〉, 한대수의 〈물 좀 주소〉, 너바나(Nirvana)의 〈Smells Like Teen Sprit〉, 조지 거슈인(George Gershwin)의 〈랩소디 인 블루(Rhapsody in Blue)〉, 구스타프 말러(Gustav Mahler)의 〈천인 교향곡(Sinfonie der Tausend)〉, 서태지와 아이들의 〈하여가〉, 소녀시대의 〈소녀시대〉, 비틀즈(The Beatles)의 〈Yesterday〉, 안토니오 비발디(Antonio Vivaldi)의 〈사계(Le quattro stagioni)〉의 항목으로 구성했다. 음악과 가수 또는 작곡가를 모두 '알고 있다'고 한 경우는 1로, '모른다'의 경우는 0으로 처리해 분석했다. **영화 취향**은 영화와 감독을 정확히 알고 있는가를 파악하기 위해 국내외 대중적인 영화와 예술영화로 구성했다. 박찬욱의 〈올드보이〉, 양익준의 〈똥파리〉, 왕가위(王家衛)의 〈화양연화(花樣年華)〉, 뤼크 베송(Luc Besson)의 〈제5원소(Le Cinquième élément)〉, 캐머런의 〈타이타닉(Titanic)〉, 교양적인 영화로는 샘 멘데스(Sam Mendes)의 〈아메리칸 뷰티(American Beauty)〉, 무어의 〈화씨 911(Fahrenheit 9/11)〉, 홍상수의 〈잘 알지도 못하면서〉, 라이너 베르너 파스빈더(Rainer Werner Fassbinder)의 〈불안은 영혼을 잠식한다(Angst Essen Seele Auf)〉, 김기덕의 〈시간〉, 우디 앨런(Woody Allen)의 〈돈을 갖고 튀어라(Take the Money and Run)〉, 안드레이 타르콥스키(Andrei Tarkovsky)의 〈향수(Nostalgia)〉 등으로 항목을 구성했다. 영화감독과 영화를 모두 '알고 있다'고 한 경우는 1로, '모른다'의 경우는 0으로 처리해 분석했다.

2) 매개변인

매개변인으로는 **신문 취향**, **교육 인식**, **도서 취향**으로 구성했다. 첫째, 한국 사회에서 신문은 개인들이 세계에 대해 갖는 표상을 결정짓는 데에 가장 큰 영향력을 가진다. 특히 신문은 시간 속에서 언어적 선이해가 우리 사회에 고착되도록 만드는 가장 중요한 매체이며, 개인들이 공식적 정치적 표현을 습득하고 발현하도록 만든다는 가설에 의해서 신문 취향을 매개 변수로 선택했다. 사례조사로는 응답자들이 구독하고 있는 신문을 조사했다. 신문 구독의 경우 보수(≪조선일보≫, ≪동아일보≫, ≪중앙일보≫, ≪국제신문≫, ≪부산일보≫) 는 1점으로, 중도(≪한겨레≫)는 2점으로, 진보(≪경향신문≫, ≪오마이뉴스≫, ≪프레시안≫)는 3점으로 측정해 분석했다. 따라서 점수가 높을수록 진보적임을 의미한다.

둘째, 교육 인식은 개인의 심리 상태와 공적 영역을 연결하는 중요한 변수다. 특히 일상생활에서 정치적 식견이 없이 교육 문제에 대해 전문가의 의견을 듣고, 자신의 의견을 표현하고, 상대방과 논쟁한다는 점에서 한국 사회에서는 매우 독특한 언어화의 과정이다. 한국 학부모들이 자식들의 교육 문제에 매우 민감하게 반응하며, 이것이 정치적 가치관 형성과 정치적 표현을 결정하는 데 큰 영향을 줄 것이라는 가설에 근거해 매개변수로 선택했다. 질문 항목으로는 '경쟁력을 높이기 위해서는 자기계발(스펙)이 중요하다', '의무교육은 더 확대되어야 한다' 등의 3문항으로 구성했다. '전혀 그렇지 않다' 1점, '그렇지 않다' 2점, '그렇다' 3점, '매우 그렇다' 4점으로 구성했다. ① 항은 역코딩해 분석했다. 점수가 높을수록 교육 인식이 진보적임을 의미한다.

셋째, 도서 취향은 한국 사회에서 개인들의 소비 취향 중 언어화 영역에 가장 근접하다는 점에 착안해 매개변수로 선택했다. 특히 1980년대, 1990년대,

2000년대의 베스트셀러 목록을 조사해 보면 각 시대마다 뚜렷하게 도서 구입의 현실이 달라졌음을 알 수 있는데,[10] 이것이 한국의 정치 상황과 매우 유사하게 변화했다는 가설에 근거해 매개변수로 선택했다. 구체적인 질문 항목으로는 조사 응답자들이 그동안 읽었던 도서 종류들을 조사해 대중적인 것(추리·모험소설, 만화·잡지, 취미·여행 관련 등)과 교양적인 것(현대 작가 작품, 고전 작품, 기행·탐험기, 시집, 건강 관련, 자기계발서 등), 전문적인 것(역사, 과학, 정치, 철학, 사회과학 등)으로 구분했다. '대중적' 1점, '교양적' 2점, '전문적' 3점 척도로 구성했으며, 점수가 높을수록 전문적 책읽기를 하는 경향이 있음을 의미한다.

3) 종속변인

종속변인은 정치의식에 관한 질문으로 ① '체제와 상관없이 북한에 대한 지원은 가능한 한 많이 해야 한다', ② '통일은 민족적 차원에서 중요하다', ③ '한반도 안보 문제는 미국과의 관계를 유지하는 것이 매우 중요하다', ④ '오늘날 경제 현실에서 가장 큰 정부의 임무는 경제를 발전시키는 일이다', ⑤ '기업의 노동조합 활동은 보장되어야 한다', ⑥ '국제경쟁력을 위해서 기업의 구조조정은 필요하다', ⑦ '정당한 목적을 가진 시위라도 사회규범을 해치면 규제해야 한다', ⑧ '정부는 세금을 더 거두어서 가난한 사람들에 대한 지원을 늘려야 한다', ⑨ '개인의 양심적 자유를 위해 대체복무제가 시행되어야 한다', ⑩ '언론의 자유는 보장되어야 한다' 등 총 13문항으로 구성했다. 1점 '전혀 그렇지 않다', 2점 '그렇지 않다', 3점 '그렇다', 4점 '매우 그렇다'로 측정했다.

---

10) 1980년대는 정치비평서, 사회적 비판 의식이 담긴 소설 등이 베스트셀러였고, 1990년대는 토플, 투자 관련 서적 등이 베스트셀러였으며, 2000년대는 자기계발서, 성공학 서적 등이 베스트셀러가 되었다(교보문고 베스트셀러 통계표 참조).

③, ④, ⑥, ⑦항은 역코딩해 처리했다. 점수가 높을수록 정치의식이 진보적인 경향이 있음을 의미한다. 정치의식 10개 문항의 신뢰도는 크론바흐 알파(Cronbach's α) .501로 나타났다.

4) 조사 결과: 도표에 대한 분석

(1) 세대별 소비 취향과 언어화, 정치의식의 관계

주요 변수 간 관계를 측정하는 상관관계분석이 매개효과 검증에 선행되어야 한다. 〈표 9-2〉에서 볼 수 있듯이 소비 취향, 언어화, 정치의식 간의 상관관계를 통해 각 변수들이 상관관계를 가지고 있음을 알 수 있다. 소비 취향과 신문 취향, 교육 인식, 도서 취향이 정치의식에 영향을 줄 것이라고 예측을 할 수 있다.

우선 〈그림 9-3〉에서 실선은 상호 관계가 있음을 의미하며, 점선은 관계가 없음을 의미한다. 매개효과를 증명하기 위해서 소비 취향과 언어화의 관계가 유의하고, 언어화와 정치의식의 관계가 유의하고 소비 취향과 언어화를 독립

표 9-2 주요 변수의 상관관계

	음식	패션	음악	영화	스포츠	언론	교육	도서	정치
음식	1								
패션	.102**	1							
음악	.102**	-.058+	1						
영화	.039	.015	.299***	1					
스포츠	.247***	.003	.025	.085*	1				
언론	.074*	-.051	.166**	.002	.055	1			
교육	.059+	-.055+	.238***	.070*	.034	.014	1		
도서	.018	-.047	.061+	.068*	-.019	-.034	.064+	1	
정치	.078*	-.008	.133***	.392***	.054	.042	.404***	.097**	1

*Pearson 상관계수, +p〈.1, *p〈.05, ** p〈.01, *** p〈.001 유의

그림 9-3

20대의 소비 취향과 정치의식 관계에서 신문 취향, 교육인식, 도서 취향의 매개 효과

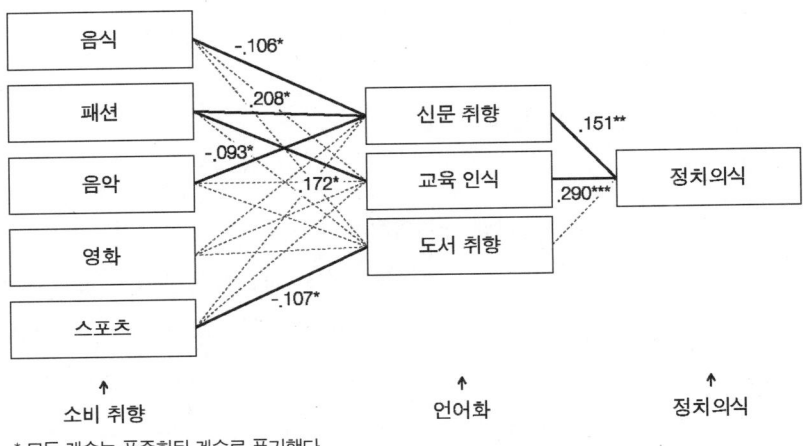

* 모든 계수는 표준화된 계수로 표기했다.

변수로 했을 때 소비 취향과 정치의식의 관계가 없거나 유의하지 않은 경우 언어화가 매개효과가 있다고 할 수 있다. 우선 소비 취향과에 해당하는 것은 소비 취향에 관한 것으로 음식, 패션, 음악, 영화, 스포츠이며 언어화에 해당하는 것은 신문 취향, 교육 인식, 도서 취향이다. 그리고 정치의식에 해당하는 것은 정치의식이다.

우선 20대의 경우를 보자. 패션 취향은 '심플하고 단정한' 스타일을 선호하는 사람이 '클래식하고 고급스런' 스타일을 선호하는 사람보다 신문 취향이 진보적인 경향을 띤다. 음악 취향은 '국내 음악(〈라구요〉, 〈돌아와요 부산항에〉, 〈내가 만일〉, 〈물 좀 주소〉)'를 알고 있는 사람이 신문 취향에서 보수적인 경향을 띠었다. 음식 취향은 신문 취향에 영향을 미쳤지만, 영화 취향은 신문 취향과 교육 인식, 도서 취향에 영향을 미치지 못했다. 스포츠 취향은 '고가의 스포츠'를 즐기는 사람이 교양 도서를 선호하는 경향이 있는 것으로 나타났다. 취향과 정치의식 간의 관계에서 음식 취향과 패션 취향은 신문 취향과 교육 인식에 영향을 미치며, 매개효과가 나타났다. 그러나 도서 취향과 정치의

식 간의 관계가 나타나지 않으므로 매개효과를 추정할 수 없다.

우선 소비 취향과 언어화의 관계에서 패션의 영향력이 큰 이유는 본 설문 조사에서 대학생이 많기 때문인 것으로 추정되지만, 한국 사회에서 남을 의식 하는 문화가 뿌리 깊게 자리 잡고 있다는 점을 간접적으로 생각해 볼 수 있다. 특히 부산은 대도시 서울과 농촌 마을의 중간 단계에 있는 지방 도시로서 중 앙에 대한 선망과 농촌으로부터 벗어나려는 심리적 효과가 자주 등장하는 지 역인데, 이러한 심리 효과가 패션에서 잘 보인다고 해석할 수 있다. 국내 음 악을 알고 있는 사람이 신문 취향에서 보수적인 이유는 국외 음악을 좋아하는 사람들보다 민족주의적 성향이 강하며, 이것이 정치의식에서 보수적인 성향 으로 연결된 것으로 추정된다.

음식이나 영화가 언어화의 영역에 큰 영향에 영향을 미치지 못하는 반면, 고가의 스포츠를 즐기는 사람들이 특히 도서 취향에 영향을 미치는 이유는 고 가의 스포츠나 도서 취향이 모두 경제적 부를 과시하기 위한 구별짓기 효과와 관련되었기 때문으로 보인다. 한편 언어화와 정치의식의 관계에서 신문 취향 과 교육 인식은 정치의식에 영향을 주지만, 도서 취향과 정치의식 간에 관계 가 나타나지 않으므로 매개효과를 추정할 수 없다. 이러한 현상은, 신문은 전 통적으로 한국 사회에서 자신의 가치관을 표현하는 매개체로 자리 잡아 왔으 며, 교육 인식은 젊은 세대에서 자신이 경험하는 대학 생활이나 직장 취직과 관련해 매우 민감한 문제고, 이것이 직접적으로 정치의식과 관련되어 나타나 는 것으로 볼 수 있다. 그런데 도서 취향과 정치의식의 관계가 나타나지 않은 이유는 도서의 선택이 유행이나 광고에 의해서 의루어지는 경향이 강하고 자 신의 독특한 취향이 아직도 20대에 자리 잡지 못했기 때문으로 볼 수 있다. 이것은 오늘날 한국에서 20대들이 정치적으로 보수화되고 있는 현상을 설명 할 수 있는 하나의 단서가 될 수 있다.

30~40대의 성향을 보자. 소비 취향과 언어화의 관계에서는 음식 취향이 신문 취향, 교육 인식, 도서 취향에 영향을 미치지 않았기 때문에 매개효과

그림 9-4

30~40대의 소비 취향과 정치의식 관계에서 신문 취향, 교육인식, 도서 취향의 매개 효과

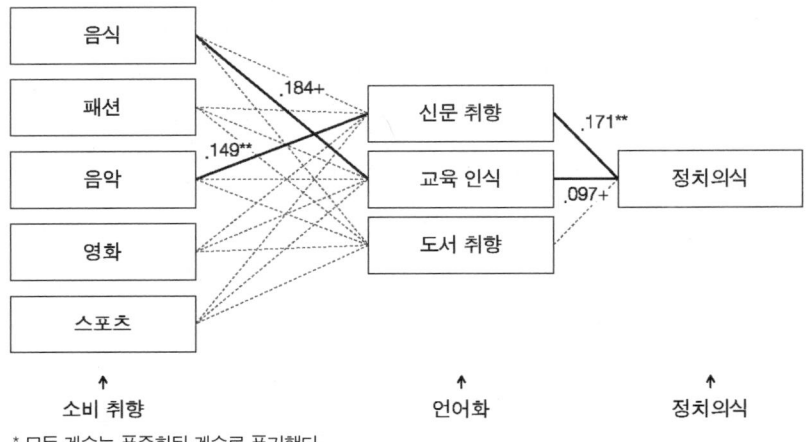

* 모든 계수는 표준화된 계수로 표기했다.

를 추정하기는 어렵다. 패션 취향에서는 '유행과 개성'을 선호하는 사람이 '클래식하고 고급스런' 스타일을 선호하는 사람보다 교육 인식이 높은 경향이 있는 것으로 나타났다. 음악 취향에서 '국내외 음악(〈하여가〉, 〈소녀시대〉, 〈Yesterday〉, 〈사계〉)'을 알고 있는 사람이 신문 취향에서 진보적인 반면, 스포츠 취향에서는 신문 취향, 교육 인식, 도서 취향에 영향을 미치지 않았다. 패션과 음악이 신문 취향과 교육 인식의 매개효과가 나타나, 취향과 정치인식의 상관관계를 보여주었다. 도서 취향은 정치의식 간의 관계가 나타나지 않으므로 매개효과를 추정할 수 없다.

소비 취향과 언어화의 관계에서 30대와 40대도 역시 패션 취향이 여전히 강한 것으로 나타났는데, 이것은 부산 시민들뿐만 아니라, 우리 사회 전체가 남의 시선을 의식하고 사는 경향이 강하다는 사실로 추정해 볼 수 있다. 언어화와 정치의식의 관계에서는 신문이 교육 인식보다 정치의식에 미치는 영향이 강한데, 그 이유는 20대에 비해 30~40대가 세상을 인식함에 있어서 신문에 더 의지하고 있다고 유추할 수 있다. 이들이 젊은 시절에 신문이야말로 세

상을 인식하는 가장 중요한 매체였기 때문이다.

50대를 살펴보자. 소비 취향과 언어화의 관계에서 음식 취향은 신문 취향, 교육 인식, 도서 취향에 영향을 미치지 않았기 때문에 매개효과를 추정하기는 어렵다. 패션 취향은 '실용적' 스타일을 선호하는 사람이 '클래식하고 고급스런' 스타일을 선호하는 사람보다 신문 취향이 진보적이었다. 교육 인식도 높으나 도서 취향에는 영향을 주지 않았다. 음악 취향은 도서 취향에 영향을 주는 것으로 나타났다. '국내외 음악(〈하여가〉, 〈소녀시대〉, 〈Yesterday〉, 〈사계〉)'을 알고 있는 사람이 교양 도서를 선호하는 경향이 있다. 영화 취향은 '〈올드보이〉, 〈똥파리〉, 〈화양연화〉, 〈제5원소〉, 〈화씨 911〉'을 선호하는 사람이 신문 취향에서는 보수적인 경향을 보인다. 스포츠 취향에서는 '고가의 스포츠'를 이용하고 있는 사람이 신문 취향에서는 보수적이고, 교육 인식은 낮은 경향을 보였다. 한편, 언어화와 정치의식의 관계에서 패션과 음악, 영화, 스포츠에서 신문 취향과 교육 인식의 매개효과가 나타났다. 도서 취향은 정치의식과의 관계가 나타나지 않음으로 매개효과를 추정할 수 없다.

50대 이상의 분석에서 특징적인 것은 소비 취향과 언어화의 관계에서 영화와 스포츠가 중요한 요인으로 등장한 것이다. 고가의 스포츠를 즐기는 사람일수록 신문 취향은 보수적이고, 교육 인식도 보수적이다. 또 50대에서는 매개효과로는 교육 인식이 중요하다. 다른 세대에 비교해 50대 이상에서 스포츠가 중요한 영향을 띠는 이유는 이 세대에서 스포츠의 형태가 사회적 지위를 표시하는 기능을 하는 것으로 생각할 수 있다. 또 고가의 스포츠와 신문 취향의 보수성이 상관관계를 보이는 것으로 보아 경제적 부유층이 신문 취향에서 보수적일 것이라는 상식을 그대로 입증한다. 한편 언어화와 정치의식이의 관계에서 교육 인식이 정치인식에 큰 영향을 주는 이유는 50대가 교육에 대한 관심을 많이 가진 세대이기 때문이다. 자녀들이 대학을 입학하거나 취업에 관련되어 있기 때문에 교육 문제에 관심이 많고, 이것이 정치적 가치관을 형성하는 데 큰 영향을 주는 것으로 해석할 수 있다.

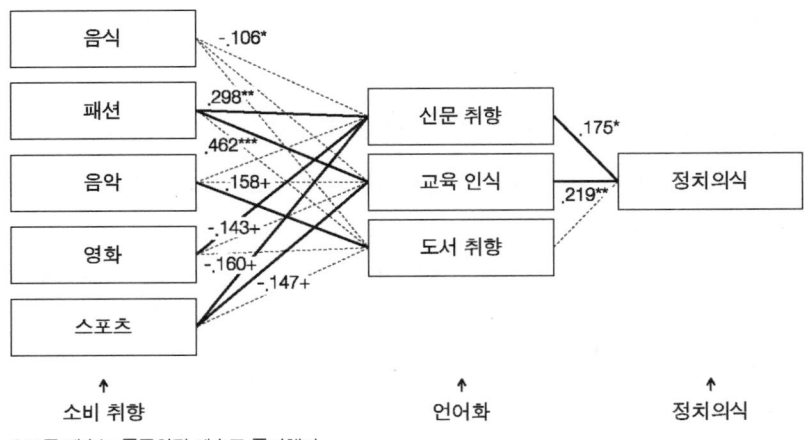

그림 9-5

50대의 소비 취향과 정치의식 관계에서 신문 취향, 교육인식, 도서 취향의 매개 효과

* 모든 계수는 표준화된 계수로 표기했다.

　전체적으로 보았을 때 패션의 영향력이 가장 크게 나타났으며, 심플한 것을 선호하는 사람이 클래식한 것을 선호하는 사람보다 신문 취향이 진보적이었다. 한편 50대에서 유일하게 스포츠 매개효과가 있는 것으로 나타났다. 그이유는 20대에서 40대까지 패션이 사회적 정체성을 규정하는 데 매우 중요했다면, 50대 이후에는 스포츠가 그 역할을 한다고 풀이할 수 있다. 왜냐하면 고가 스포츠는 경제력과 사회적 위치를 나타내는 주는 특별한 기준이 되기 때문이다. 특히 골프가 그렇다. 즉, 50대는 스포츠가 구별짓기 효과를 발휘하는 변수라는 것이다. 최근에는 웰빙과 건강에 대한 욕구가 구별짓기 효과를 만드는 데 크게 영향을 주고 있다. 또 전체 세대에서 도서 취향의 매개효과가 한 번도 없었던 반면, 신문 취향의 매개효과가 가장 높았다. 이것은 한국에서 책을 선택하는 독자들의 취향이 아직도 구체적이지 않으며, 대부분 광고에 의해서 영향 받는 것으로 해석할 수 있다. 반면 신문의 매개 효과가 강한 것은 부산을 비롯한 한국 사회에서 신문이 사회적 여론을 형성하는 데 아직도 큰 변수가 된다는 사실을 가리키며, 특히 보수 신문의 영향이 크다는 점을 보여준다.

음식 취향에서는 칼로리를 적게 고려하는 사람이 신문 취향에서 진보적 성향을 보였고, 이것이 정치의식에 영향을 주는 것으로 나타났다. 신문 취향의 매개효과가 나타난 것이다. 한국 사람들의 정치적 가치관이 뿌리 깊게 보수적 취향으로 남아 있기 때문에 다른 변수들은 영향이 없다. 그런데 칼로리를 고려하는 계급이 부유층인 경우가 많기 때문에 두 가지 변수를 고려했을 때 매개효과가 나타난 것이다. 이것은 신흥 부르주아들이 자신의 사회적 지위를 음식을 통해서 과시하는 경향이 있으며, 음식과 같은 미시적인 취향의 변화가 정치에 영향을 줄 수 있음을 보여준다.

음악에서는 국내 음악만이 영향력을 발휘하는데, 이때 그 영향이 부 관계(-)로 나타났다. 따라서 국내 음악을 좋아하는 사람은 보수적인 신문을 선호하는 것으로 보인다. 국내 음악에 대한 선호가 보수적인 신문 취향과 관련이 있는 이유는 민족성과 관련된 것으로 추정된다. 아직도 전통적인 한국 가요에 익숙해 있는 사람들이 국외 음악이나 재즈와 같은 새로운 장르에 적응하려는 시도가 부족하며, 이것이 세계정세의 변화나 한국 사회 변화에 적응하는 데 비교적 둔감하게 만드는 것으로 생각해 볼 수 있겠다.

4. 나가며

필자의 판단으로 현대 한국 정치는 그동안 두 번에 걸쳐 커다란 단절을 경험했다. 첫째가 1987년이며, 둘째는 2002년이다. 1987년 이전에 한국 정치는 절차가 문제되었던 시기이며, 이때는 국가권력의 법적 근거가 정치투쟁의 쟁점이 되었다. 따라서 학문의 주제도 국가론이 강조되었다. 그러던 것이 1987년 이후에 와서는 국가권력의 정당성이 얼마간 해결되면서(형식적 민주화의 완성), 시민사회에서 다양한 요구들이 증폭되어 등장한 바 있다. 1990년대와 2000년대의 20여 년은 이른바 '시민운동의 시기'라고 불러볼 만큼 시민사회운동이 활성화되었으며, 다양한 주제들(여성, 환경, 인권 등)이 정치 권역으로 편입된 시기다. 그러다가 2002년 이후에는 상황이 다시 한번 급변했다. 소위 촛불정치의 시대가 열린 것이다. 사회운동의 방식이 점차 바뀌고, 개인들이 정치문제에 의사를 개진하는 형식이 크게 달라졌다. 이른바 개인주의 시대가 시작되었다. 개인주의 시대의 특징은 개인 자신의 정체성이 시민(보수 진영)이나 계급(진보 진영) 등과 같은 정착된 논리로 설명될 수 없다는 점이다. 한편, 경제적으로도 큰 변화가 있었다. 1990년대를 기점으로 포디즘의 경제체제에서 포스트포디즘의 체제로 전화되었다. 즉 다품종, 소량 생산 체제로 경제구조가 바뀌었고, 세계화라는 이름의 경제적 압력에 따라서 금융자본주의 체제를 받아들이지 않을 수 없었다. 이에 발맞추어 지배 방식도 권위주의적 국가 지배에서 시장중심주의적 지배로 바뀌는 듯하다.

이렇게 놓고 본다면 개인의 심리에서 계급배반투표가 나타나는 근본적인 원인은 정치경제적 변화에서 찾는 것이 타당하다. 그러므로 사회구조 변화를 고려하지 않은 채 개인의 심리 상태만을 설명하는 이론들은 큰 한계를 갖는다. 정치적으로 보면 1987년 이후의 민주화 시기, 2002년의 정치적 변화를 고려해야 하며, 경제체제의 변화로는 1997년을 전후로 한 국가정책의 변화를 염두에 두어야 한다. 이것이 김태형의 이론적 한계이기도 하다. 한편 구조적 요인만을 고려한 채 개인의 심리 변화를 무시한 정치 이론은 다음과 같은 두 가지 한계를 갖는다. 첫째, 개인을 권력 현상에 종속시키는 사회경제적 형태가 현실 속에서 달라진다는 사실을 간과한다. 둘째, 거시적 지배 조건이 각 개인에게 정당한 인정을 이끌어내는 구체적인 기제에 대해 설명하지 못한다. 이러한 결점을 해결하지 못하는 이유는 정치를 공적 영역에 한정한 채 사적 영역의 대상을 분석 대상에서 제외했기 때문이다. 또 개인들이 합리적이라고 전제하여 일상생활에서 경험하는 권력의 효과를 구체적으로 설명할 수 없기 때문이다. 이것이 최장집의 전형적인 한계다. 그동안 한국의 정치 이론은 바람직한 정치제도에 대해서 고민했을 뿐, 개인들의 사회화 과정(필자는 이것을

'마음의 정치화 과정'이라고 부르고 싶다)에 무관심했던 것이다. 따라서 한국 정치의 바람직한 미래상을 모색하는 과정에서는 반드시 두 가지 수준을 동시에 고려하는 균형 감각이 필요하다.[11]

지난 20년 간 한국 사회가 경험한 정치·경제의 변화는 한국 사회를 80 대 20의 양극화 사회로 만들어버렸다. 즉 대부분의 국민들은 현재 비정규직, 저임금, 실업의 불안에서 살고 있다. 그런데 국가권력은 이러한 양극화의 문제를 개인들의 무능력 탓으로 돌리고, 대중 이데올로기를 통해서 자본의 착취 논리를 방어한다. 즉 문화적 지배가 실행되어 국민들의 경제적 박탈감이 정치적 저항감으로 발전되어 가는 것을 차단하는 것이다. 이것이 생활 정치의 시작이다. 이것은 단순히 소비지출 구조의 변화가 경제적 불평등을 야기했다는 논리에 매몰되어서는 설명할 수 없는 부분이다(백욱인, 1994). 오늘날 소비 형태의 변화를 연구할 때 중요한 것은 지출의 규모가 아니라 소비 상품의 내용이다. 왜냐하면 상품을 통해서 소비자들은 신자유주의 시장 논리에 포섭되기 때문이다. 서구에서는 1960년대, 한국에서는 적어도 1990년대 들어서 대중소비사회가 시작되었다. 대중소비사회의 특징은 자본이 상품화 과정을 통

---

11) 이것이 이른바 2000년대 이후 신자유주의적 인간형이 만들어지는 핵심 과정이다. 그런데 자본의 축적 형식/정치권력의 지배 방식/개인 정체성의 변화를 각 시대별로 구분하여 연구해 볼 수 있다. 이것이 후기 푸코가 통치성(Gouvernementalite)이라는 개념으로 서유럽 사회를 분석했던 방식이다. 즉 푸코에 따르면 국가권력은 제도라기보다는 시장과 개인을 효율적으로 관리하는 전략들의 총합이며, 이러한 전략들은 시대에 따라서 그 모습을 달리한다. 이에 대해서는 밀러와 로즈(Miller and Rose, 2008), 딘(Dean, 1999; 2007), 딘과 힌디스(Dean and Hindess, 1998), 엘든(Elden, 2007: 29~33)을, 한국적 상황에서 통치성 변화에 따른 주체 형성 변화 과정을 연구한 논문으로는 정일준(2009)을 참조. 그런데 푸코의 통치성 개념을 활용해 국가전략을 연구한 논문들은 국가권력/시민사회의 관계에 초점을 두었다는 점에서 구조적 접근법을 넘어서지 못한 것으로 필자는 판단한다. 따라서 통치술의 영향이 개인에게 전달되는 방식을 연구할 필요가 있는데, 이 글은 바로 이러한 요구에 부응하는 하나의 사례로 볼 수 있다.

해서 사람들의 무의식을 지배한다는 것이다. 다시 말해 보통 사람들은 자신이 지배를 당하고 있는지조차 인식하지 못하는 상황에 빠져 있는 것이 오늘날 한국 사회의 특징이다. 그 대표적인 사례가 바로 생활세계에서의 개인 취향과 지식을 통한 지배 현상이다. 그동안 한국 학계에서는 소비 취향에 맞추어 논의가 진행되어 온 바 있지만, 본 논문에서는 이를 확장해 소비 취향과 더불어 언어화의 문제에 초점을 맞추어 보았다.[12)]

이러한 목표를 위해 본 논문에서는 개인의 여가 생활 영역/언어화 영역/정치 영역으로 사회 공간을 분류하고 세 영역의 상호 관계를 실증적인 통계 방식으로 검증해 보고자 했다. 여가 생활과 언어화의 영역을 구분한 것은 기존 소비사회학의 실증 조사 방법을 넘어서는 새로운 시도였다. 이 두 영역을 구분한 이유는 단순히 소비 영역이라고 하기에는 그 역할과 내용이 다르다고 판단했기 때문이다. 부산 시민을 상대로 한 조사에서 나타난 바와 같이 세대별로 소비 취향과 언어화의 과정의 상관관계가 다르게 나타났으며, 언어화의 요인들이 정치의식을 만드는 매개효과에도 각각 차이가 있었다. 이러한 차이는 상품이나 여가 생활을 통해서 자본이 개인을 지배하는 방식이 매우 세분화되어 있음을 알려준다. 또 새로운 사회운동을 전개함에 있어서 소비자 보호 운동과 같이 소비자들의 각성을 요구하는 수준을 넘어서 각 소비 영역, 여가 영역, 언어화 영역을 분류해 각 영역에 부합하는 문화운동이 전개되어야 개혁운동의 성과를 거둘 수 있음을 암시한다. 왜냐하면 개인들은 사적 영역의 다양한 활동에서 길들여진 취향과 언어습관을 통해서 정체성을 취득하며, 이것이 정치적 가치관으로 표현될 때 학자들은 그 실체를 비로소 알 수 있기 때문이

---

12) 그동안 경영학의 마케팅 분야에서 관심을 기울였던 상품의 언어들이 여기서 매우 큰 역할을 한다. "당신이 사는 집이 당신의 품격을 말해 준다", "여자는 20대에 모든 것을 승부한다" 등등에서 보이듯이 아파트, 자동차, 화장품과 같이 생활세계에서 접하는 상품의 광고 언어들이 대중들의 욕망을 자극하고, 이를 통해서 자본주의 시장 논리에 포섭된다.

다. 결국 사적 영역의 정치화 과정이 오늘날 한국 정치의 중요한 과제이며, 이것은 제도적 권력과 개인의 심리적 수준을 포함한다.

참고문헌

강원택. 2006. 『한국인의 국가정체성과 한국정치』. EAI 동아시아연구원.

_____. 2010. 『한국 선거정치의 변화와 지속』. 나남출판사.

김성일. 2010. 「대중의 탈근대적 변환과 참여적 군중에 관한 연구」. 고려대학교 사회학과 박사논문.

김정로. 2008. 『산업사회의 구조변동과 생활양식분석』. 백산서당.

김현숙. 2004. 『영상산업의 세계체제』. 현실문화연구.

다울링, 윌리엄(William Dowling). 2000. 『정치적 무의식을 위한 서설(The Political Unconscious)』. 곽원석 옮김. 월인.

레이코프, 조지(George Lakoff). 2006. 『코끼리는 생각하지마(The All New Don't Think of an Elephant)』. 유나영 옮김. 삼인.

_____. 2007. 『프레임 전쟁(Thinking Points)』. 나익주 옮김. 창비.

박은홍. 2000. 「구조조정과 민주주의: 이론과 경험」. ≪한국정치학회보≫, 제34집.

백상창. 1999. 『정신분석 정치학』. 한국사회병리연구소.

백욱인. 1994. 「대중 소비생활구조의 변화」. ≪경제와 사회≫, 제21호.

벨라, 로버트·리처드 매드슨·윌리엄 설리번·앤 스위들러·스티븐 팁튼(Robert Bellah and Richard Madsen, William Sullivan, Ann Swidler, Steven Tipton). 2001. 『미국인의 사고와 관습 (Habits of the Heart: Individualism and commitment in american life)』. 김명숙 외 옮김. 나남출판사.

보겔, 해럴드(Harold Vogel). 2003. 『엔터테인먼트 산업의 경제학(Entertainment Industry Economics)』. 현대원 옮김. 커뮤니케이션북스.

보샤르트, 데이비드·노르베르트 볼츠(David Bosshart, Norbert Bolz). 2001. 『컬트 마케팅(Kult Marketing. Die neuen götter des marktes)』. 고재성 옮김. 예영커뮤니케이션.

부산시청. 2009. 「부산의 사회지표」. www.busan.go.kr.

비르노, 파올로(Paolo Virno). 2004. 『다중(Grammatica Della Moltitudine)』. 김상운 옮김. 갈무리.

송호근. 2006. 『한국의 평등주의: 그 마음의 습관』. 삼성경제연구소.

쉐보르스키, 아담(Adam Przeworski). 1997. 『민주주의와 시장(Democracy and the Market)』. 임현

백·윤성학 옮김. 한울엠플러스.

_____. 1999. 『자본주의 사회의 국가와 경제(State and the Economy Under Capitalism)』. 박동·
이종선 옮김. 일신사.

웨스턴, 드루(Drew Westen). 2007. 『감성의 정치학(The Political Brain)』. 뉴스위크 한국판 옮김.
중앙북스.

이동연. 2010. 『문화자본의 시대』. 문화과학사.

이정복. 2009. 『21세기 한국정치의 발전방향』. 서울대학교 출판부.

임혁백. 1998. 『시장, 국가, 민주주의』. 나남출판사.

장미혜. 2001. 「소비양식에 미치는 문화자본과 경제자본의 상대적 효과」. 연세대학교 대학원 박사
학위 논문.

전국민주노동조합총연맹. 2003. 『노동자 문화 실태 조사 보고서』.

정일준. 2009. 「통치성을 통해 본 한국현대사: 87년체제론 비판과 한국의 사회구성성찰」. ≪민주
사회와 정책연구≫, 제17호.

조희연. 1998. 『한국의 국가 민주주의 정치변동』. 당대.

최봉영. 2000. 『주체와 욕망』. 사계절.

최장집. 2002. 『민주화 이후의 민주주의』. 후마니타스.

_____. 2006. 『민주주의의 민주화: 한국 민주주의 변형과 헤게모니』. 후마니타스.

_____. 2010. 『민중에서 시민으로』. 돌베개.

톰린슨, 존(John Tomlinson). 1994. 『문화 제국주의(Cultural Imperialism: A critical introduction)』.
강대인 옮김. 나남출판사.

_____. 김승현 외 옮김. 2004. 『세계화와 문화(Globalization and culture)』. 나남출판사.

트렌드, 데이비드(David Trend). 2001. 『문화민주주의(Cultural Democracy Politics, Media, New
Technology)』. 고동현·양지영 옮김. 한울엠플러스,

홍성민. 2011. 『문화정치학 서설: 한국 진보정치의 새로운 모색』. 나남출판사.

황상민. 2005. 『대한민국 사람들이 진짜원하는 대통령』. 김영사.

_____. 2011. 『한국인의 심리코드』. 추수밭.

Amstrong, Charles. 2002. _Korean Society: Civil Society, Democracy and State_. London, UK:
Routeldeg.

Baker, Gideon. 2002. _Civil Society and Democratic Theory_. London, UK: Routledge.

Bratich, Jack and Jeremy Packer, Cameron McCarthy. 2003. _Foucault, Cultural Studies and
Governmentality_. New York, NY: SUNY Press.

Bourdieu, Pierre. 1979. _La Distinction_. Paris, FR: Éditions de Minuit.

_____. 1982. *Ce que parler veut dire*. Paris, FR: Fayard.

_____. 2000. *Propos du champ Politique*. Lyon, FR: Presse Universitaires de Lyon.

_____. 2005. "The mystery of ministry: From particular wills to the general will." Loïc Wacquant. *Pierre Bourdieu and Democratic Politics*. Cambridge, UK: Polity Press.

Canclini, N.G. 2001. *Consumer and citizens*. Minneapolis, MN :University of Minnesota Press.

Cohen, Jean and Andrew Arato. 1992. *Civil Society and Political Theory*. Cambridge, MA: MIT Press.

Dean, Mitchell. 1999. *Governmentality: Power and rule in modern society*. London, UK: Sage.

_____. 2007. *Governing Societies: Political perspectives on domestic and international eule*. New York, NY: McGrewhill.

Dean, Mitchell and Barry Hindess. 1998. *Governing Australia: Studies in contemporary rationalities of government*. Cambridge, UK: Cambridge University Press.

Edwards, Tim. 2000. *Contradictions of consumption: concepts, practices and politics in consumer society*. Buckingham, UK: Open University Press.

Elden, Stuart. 2007. "Rethinking Governmentality." *Political Geography*, Vol. 26.

Haggard, Stephan and Robert Kaufman. 1992. *The Politics of Economic Adjustment*. Princeton NJ: Princeton University Press.

Kauppi, Niilo. 2000. *The Politics of Embodiment*. Frankfurt, DE: Peter Lang.

Keane, John. 1998. *Democracy and Civil Society*. New York, NY: Verso Books.

Martin, Fran. 2003. *Interpreting Everyday Culture*. London, UK: Edward Arnold Publishers Ltd.

Miller, Peter and Nikolas Rose. 2008. *Governing the Present*. Cambridge, UK: Polity Press.

Postrel, Virginia. 2003. *Substance of Style*. New York, NY: HarperCollins Publishers.

Ricoeur, Paul. 1969. *Le Conflit des Interprétation*. Paris, FR: Édition du Seuil.

_____. 1976. *Métaphore Vive*. Paris, FR: Édition du Seuil.

_____. 1983. *Temps et RECIT*. Paris, FR: Éditions de Minuit.

_____. 1986. *Du Text à l'Action*. Paris, FR: Édition du Seuil.

_____. 1990. *Soi-Même Comme un Autre*. Paris, FR: Édition du Seuil.

Shiller, Herbert. 1989. *Culture, Inc: The corporate takeover of public expression*. Oxford, UK: Oxford University Press.

Steinert, Heinz. 2003. *Culture Industry*. Cambridge. UK: Polity Press.

Veblen, Thorstein. 1934. *The Theory of the Leisure Class: An economic study of institution*. New York, NY: Modern library.

부록: 설문조사 문항

1. 〈음식〉 귀하께서는 음식을 먹을 때 칼로리(kcal)를 얼마나 고려하십니까?

① 전혀 고려하지 않는다 ② 별로 고려하지 않는다 ③ 조금 고려하는 편이다

④ 매우 많이 고려한다

2. 〈패션〉 귀하가 좋아하는 옷은 다음 중 어느 것입니까?

① 클래식하고 고급스러운 옷 ② 유행에 뒤지지 않으면서 자기 개성에 어울리는 옷

③ 심플하고 단정한 옷 ④ 입어서 편안한 옷 ⑤ 기타(   )

3. 〈스포츠〉 귀하께서 평소에 직접 즐기는 스포츠는 무엇입니까. 순서대로 세 가지만 응답해 주십시오(1순위: , 2순위: , 3순위:).

① 축구 ② 농구 ③ 야구 ④ 당구 ⑤ 탁구 ⑥ 테니스 ⑦ 수영 ⑧ 에어로빅

⑨ 조깅 ⑩ 헬스 ⑪ 무술(기체조) ⑫ 골프 ⑬ 인라인스케이트 또는 스케이트보드

⑭ 낚시 ⑮ 등산 ⑯ 여행 ⑰ 패러글라이딩 ⑱ 스킨스쿠버 ⑲ 암벽등반

⑳ 스키 ㉑ 볼링 ㉒ 기타 (   ) ㉓ 없음

4. 〈도서〉 귀하는 지난 세월 동안 어떤 종류의 책을 주로 읽으셨습니까? 세 가지만 골라주십시오(1순위: , 2순위: , 3순위:).

① 추리소설·모험소설 ② 연애소설 ③ 현대작가의 작품 ④ 고전작품

⑤ 기행기·탐험기 ⑥ 역사이야기 ⑦ 과학 관련 ⑧ 시집 ⑨ 정치 관련

⑩ 철학 관련 ⑪ 만화·잡지 ⑫ 취미·여행 관련 ⑬ 건강 관련 ⑭ 사회과학

⑮ 자기계발서 ⑯ 기타(   )

5. 〈음악〉 다음 작품 중 귀하께서 알고 계시는 작품의 가수(작곡가)를 〈보기〉에서 번호를 선택하여 주십시오.

	음악명	가수 또는 작곡가
1	라구요	
2	돌아와요 부산항에	
3	내가 만일	
4	물 좀 주소	
5	하여가	
6	소녀시대	
7	Yesterday	
8	Smells like teen spirit	
9	like a rolling stones	
10	천인 교향곡	
11	랩소디 인 블부	
12	사계	

〈보기〉

① 잘 모름	② 김민기	③ 원더걸스	④ 바하	⑤ 비틀즈	⑥ 강산에
⑦ 서태지와 아이들	⑧ 너바나	⑨ 비발디	⑩ 소녀시대	⑪ 안치환	⑫ 비지스
⑬ 윤도현	⑭ 조지 거슈인	⑮ 밥딜런	⑯ 조용필	⑰ 말러	⑱ 한대수

6. 〈영화〉 다음 영화 중 귀하께서 알고 계시는 작품의 감독을 〈보기〉에서 선택하여 답해주십시오.

	영화명	감독
1	올드보이	
2	똥파리	
3	향수	
4	화양영화	
5	불안은 영혼을 잠식한다	

6	제5원소	
7	잘 알지도 못하면서	
8	시간	
9	아메리칸 뷰티	
10	화씨 911	
11	타이타닉	
12	돈을 갖고 튀어라	

〈보기〉

① 잘 모름　　② 홍상수　　③ 제임스 카메론　④ 박찬욱　　⑤ 양익준

⑥ 봉준호　　⑦ 뤽 베송　　⑧ 임순례　　⑨ 페데리코 펠리니　⑩ 김기덕

⑪ 조지 루카스　⑫ 우디 앨런　⑬ 왕가위　　⑭ 마이클 무어　⑮ 타르콥스키

⑯ 샘 멘데스　　⑰ 라이너 베르너 파스핀더　　⑱ 장이모

7. 〈신문〉 귀하께서 주로 보시는 신문은 무엇입니까? 순서대로 두 가지만 선택
하여 주십시오(1순위:　, 2순위:　).

　　① 조선일보　② 중앙일보　③ 동아일보　④ 한겨레신문

　　⑤ 경향신문　⑥ 부산일보 혹은 국제신문　⑦ 오마이뉴스

　　⑧ 프레시안　⑨ 무가지(메트로, 포커스 등)　⑩ 기타(　　　　　　)

8. 〈정치 의식·교육 인식〉 다음 문항에 대해 귀하의 생각과 가장 잘 맞는다고
느끼시는 곳에 "✓" 표를 해주십시오.*

	구분	전혀 그렇지 않다	별로 그렇지 않다	대체로 그렇다	매우 그렇다
1	체제와 상관없이 북한에 대한 지원은 가능한 한 많이 해야 한다	1	2	3	4
2	오늘날 경제 현실에서 가장 큰 정부의 임무는 경제를 발전시키는 일이다	1	2	3	4
3	학부모와 학생은 자유롭게 학교를 선택할 수 있어야 한다	1	2	3	4

4	정당한 목적을 가진 시위라도 사회 규범을 해치면 규제해야 한다	1	2	3	4
5	기업의 노동조합 활동은 보장되어야 한다	1	2	3	4
6	한반도 안보 문제는 미국과의 관계를 유지하는 것이 매우 중요하다	1	2	3	4
7	정부는 세금을 더 거두어서 가난한 사람들에 대한 지원을 늘려야 한다	1	2	3	4
8	통일은 민족적 차원에서 중요하다	1	2	3	4
9	경쟁력을 높이기 위해서는 자기계발(스펙)이 중요하다	1	2	3	4
10	의무교육은 더 확대되어야 한다	1	2	3	4
11	개인의 양심적 자유를 위해 대체복무제가 시행되어야 한다	1	2	3	4
12	언론의 자유는 보장되어야 한다	1	2	3	4
13	국제경쟁력을 위해서 기업의 구조조정은 필요하다	1	2	3	4

9. 귀하의 성별은?

　①남　②여

10. 귀하의 나이는?

　만 (　　)세

11. 귀하의 결혼 여부는 어떻게 됩니까?

　①미혼　②기혼　③사별　④별거　⑤이혼　⑥기타(　　　　　　)

---

*　　교육 인식 항목은 3, 9, 10, 정치 인식 항목은 1, 2, 4, 5, 6, 7, 8, 11, 12, 13이다.

12. 귀하와 귀하 부모님의 직업은 무엇입니까(혹은 무엇이었습니까)? 보기를 참조하여 답해 주십시오.

본인: (   ) 아버지: (   ) 어머니: (   )

13. 귀댁의 월평균 가계소득(임금, 수당, 배당금, 이자 등 포함)은 대략 어느 정도입니까?

① 100만 원 미만 ② 100~199만 원 ③ 200~299만 원 ④ 300~399만 원

⑤ 400~499만 원 ⑥ 500~599만 원 ⑦ 600만 원 이상

제10장

문화적 감정구조와 북한 사회*

1. 권력과 일상

　사회과학의 흐름을 시대별로 구분해 보면 분석의 대상이나 방법론에 일정한 특징이 있다는 사실을 알게 된다. 예를 들어 1980년대는 주로 국가론이 분석의 초점이 되었고, 권력의 1차원적 특징이 강조되었다. 1990년대에 이르면 시민사회 연구가 유행이었고, 권력의 2차원적 속성을 모색하고자 했다. 그러다가 2000년대에 이르면 문화 연구가 분석의 대상으로 부상했으며, 권력의 3차원적 속성을 강조하게 되었다.[1] 이러한 흐름은 서구 사회과학을 받아들여 한국 사회를 분석하는 한국의 지식 상황에서 쉽게 납득이 갈만한 일이다. 아마 북한 연구의 흐름도 이러한 영향에서 크게 벗어나지 않을 것이다. 예를 들어 1980년대에 북한의 노동당 권력구조, 북한의 군사력, 김일성·김정일의 개인사, 주체사상에 대한 연구가 주류였다면, 1990년대에 접어들면서 북한의 가격 체제, 배급 문제, 시장 상황 등에 대한 관심이 증대했다. 그러다가 2000년대 이후로 북한의 일상생활, 생활세계와 네트워크, 사적 영역에 대한 연구가 등

---

* 10장은 홍성민, 2014, 「권력, 주체화, 북한사회: 북한문화연구의 사상적 기초」, ≪프랑스학연구≫, 69집을 기초로 보완·발전시킨 글이다.
1) 권력의 1차원, 2차원, 3차원이라는 용어는 스티븐 룩스(Steven Lukes)의 『3차원적 권력론(Power: A Radical view)』에서 차용했다. 관련 이론적 논의는 홍성민(2000) 참조.

장하기 시작한다. 이러한 북한 연구의 흐름은 사회과학 이론의 변화와 거의 일치하는 것으로 볼 수 있겠다.

그런데 필자의 눈에 최근 북한의 일상생활 연구에 몇 가지 이론적인 결함이 있는 것으로 보인다. 이 논문은 바로 북한 권력과 일상생활의 상호관련성을 연구하는 일련의 흐름에 대해서 비판을 가하고, 그에 대한 대안을 제시하는 데 가장 큰 목표가 있다.[2]

이러한 목적을 위해서 우선 '**북한의 일상생활이란**'이라는 주제를 가지고 출간된 두 권의 책에 주목해 보자. 홍민과 박순성이 편집한 『북한의 권력과 일상생활』(2013)과 『북한의 일상생활세계』(2010)가 그것이다. 고유한 교수는 「북한 연구에서 일상생활 연구 방법의 가능성과 한계」라는 논문에서 일상사 연구의 필요성을 다음과 같이 정리한다. 즉 "그동안 북한 연구가 주로 위로부터의 연구라는 데 대한 반성에 기초하여 새롭게 도입된 연구 방법이 일상사, 일상생활 연구 방법이다"(홍민·박순성, 2013: 19). 그러면서 일상사 연구의 흐름을 크게 두 가지로 분류한다. 하나는 프랑스의 좌파 이론가 앙리 르페브르(Henri Lefebvre)이고, 두 번째는 프랑스의 사회학자 미셸 마페졸리(Michel Maffesoli)다. 한편 그보다 3년 전에 편집된 책에서 고유환, 홍민, 박순성 교수가 함께 저술한 논문 「북한 일상생활연구의 방법론적 모색」에서는 일상 연구의 이론적

---

2) 기존의 프랑스학 연구 경향에서 볼 때 북한 연구에 프랑스의 인문학적 이론들을 적용하는 것이 매우 파격이라고 생각하는 학자가 있겠다. 그러나 필자는 인문학이 텍스트 안에서 주석을 달던 시대를 넘어서야 한다고 주장하고 싶다. 더구나 한국의 영문학자들이나 국문학자들이 프랑스 이론들을 적극 수용해, 문학비평을 넘어서 문화 분석, 정치 분석 등에서 새로운 시도를 하고 있는 것에 비하면 한국의 프랑스학은 한국 실정을 이론적으로 음미하고 현실적으로 분석하는데 상대적으로 게을렀다고 필자는 과감히 평가해 본다. 최근 한국 학계에 '인문사회과학'이라는 용어가 등장하기도 하고, 인문학자와 사회과학자가 만나 공동 연구를 하는 경우도 종종 있다. 따라서 이제는 프랑스학도 현실 사회를 분석하는 데 적극적으로 나서야 한다고 독려하고자 한다. 한국의 지식 사회에서 프랑스학이 인문학과 사회과학의 가교 역할을 적극적으로 해주기를 기대하면서, 필자는 이 글을 작성했다.

자원으로 노르베르트 엘리아스를 언급하는가 하면(고유환·홍민·박순성, 2010: 179), 강수택(1998)이 편집한 『일상생활의 패러다임』을 거론하기도 했다. 또 독일 역사학에서 일상사라는 개념을 제시한 알프 뤼트케(Alf Lüdtke, 1999)와 프랑스 역사에서 사생활의 역사라는 개념(뒤비·아리에스, 2006)을 제시한 조르주 뒤비(Georges Duby)가 이론적 근거로 활용되기도 한다. 한편 일상생활 연구와 인접한 분야로 사적 영역에 대한 연구 성과가 있기도 하다(이우영, 2008).

2. 일상 개념의 한계

그런데 필자의 판단으로는 일상생활, 사생활, 일상사, 사적 영역 등의 개념이 매우 유사해 보이지만, 각각이 서로 다른 인식론과 방법론에서 출발하고 있으며 이에 대한 구체적인 탐색 없이 일상생활 연구를 진행할 경우 커다란 혼란이 있을 것이다. 따라서 이 자리에서 잠시 위에서 언급된 개념들의 지적 계보를 검토해 보고자 한다.

우선 르페브르와 마페졸리를 비교해 보자. 르페브르는 1950년대 프랑스 마르크스주의를 대표하는 학자다. 당시에 프랑스에서 마르크스주의는 경제적 토대를 강조하는 레닌주의, 과격한 혁명론을 강조하는 트로츠키주의, 민족적 마르크스주의를 완성한 마오주의가 득세하고 있었다. 그런데 이러한 마르크스주의들은 모두 구조적 경제주의를 강조하는 흐름이었다. 바로 이러한 경향에 반대해 문화주의를 제시한 것이 바로 르페브르의 일상성 개념이다. 그는 혁명의 완성은 경제 제도를 바꾸는 것에 머물지 않으며 일상생활에 스며 있는 부르주아의 지배력을 소탕해야 한다고 말한 바 있다. 그래서 그는 가정생활, 성생활, 유행, 소비, 여가 등등의 문제를 날카롭게 분석한 바 있다. 르페브르의 일상성 비판은 그의 제자인 장 보드리야르(Jean Baudrillard)가 이어 받아, '소비의 사회' 혹은 '시뮬라시옹의 사회론'으로 이어진다. 이렇게 놓고 보면 르페브르의 인식론은 구조적 개혁에 대항하는 미시적 개혁론, 혹은 하부구조에 대한 상부구조의 자율성을 제시한 것이라고 볼 수 있다. 한편 마페졸리의 일상세계론은 표면적으로 베버나 게오르크 지멜(Georg Simmel)의 이해사회학 전통에 기대어 있지만, 프랑스의 지적 전통에서 보면 그는 가스통 바슐라르(Gaston Bachelard)나 질베르 뒤랑(Gilbert Durand)의 상징적 사회론의 후계자라고 평가하는 것이 적절하다. 구체적으로 그는 고프만이 제시한 '작은 개념들'을 강조하면서 구조사회학(노동, 산업 등)에 반대한다. 그는 일상을 사람들의 관계, 감정이입의 형태로 정의하는데(Maffesoli, 1994), 사회성을 계급, 노동, 국가, 시장과 같은 단위로 파악하고 분석했던 파슨스의 구조주의 사회학을 비판하는 것이라고 볼 수 있다. 이러한 사회학의 특성은 강수택이 편집한 『일상생활의 패러다임』(1998)에서 다시 한번 확인해 볼 수 있다. 그는 새로운 사회학의 패러다임을 소개하면서 그것을 일상생활이라고 이름 붙였는데, 그 내용의 주된 흐름이 독일의 철학자 알프레드 쉬츠(Alfred Schütz)의 일상생활세계론이다. 쉬츠는 후설의 인식론을 바탕으로 진리에 다가가는 방식의 하나로서 '생활세계' 개념을 제시했는데, 이것은 결국 생활세계론이 방법론이나 인식론에서 출발한 것임을 입증한다.

한편 뒤비의 '사생활의 역사'와 뤼트케의 '일상사' 개념을 검토해 보자.

『사생활의 역사(Histoire de la vie privée)』(뒤비·아리에스, 2006)란 필리프 아리에스(philippe aries)와 조르주 뒤비가 책임 편집한 책이다. 총 5권으로 이루어진 이 책은 고대 그리스 시대부터 현재 시기까지 유럽 사회의 일상 변화를 추적한다. 편집을 맡은 두 학자가 모두 브로델이 주도하는 아날학파(anales)의 후계자이며, 5권으로 구성된 이 책은 브로델이 저술한 『물질문명과 자본주의: 일상생활의 구조(Civilisation Materielle, Economie et Capitalisme)』와 비슷한 형태를 가진다. 그렇다면 브로델 학파를 이해하는 것이 사생활의 역사를 파악하는 첩경이 될 것이다. 브로델에 따르면 역사란 장주기 형태를 가지며, 정치권력의 변화에도 불구하고 일상생활의 역사는 지속된다. 따라서 역사 분석의 초점은 왕조의 변화, 경제구조의 변화와 더불어 일상생활의 구조 변화를 파악하는 것이 매우 중요하다. 이것은 궁극적으로 사건사 중심, 경제사 중심을 넘어서려는 역사학의 새로운 시도다. 한편 뤼트케가 편집한 『일상사란 무엇인가(Alltagsgeschichte)』(뤼트케, 2002)도 브로델 역사학에서 큰 영향을 받았다. 이 책의 한국어 번역서에 추천서를 기술한 정연식 교수는 "역사에서 사소한 것, 개별적인 것, 우연적인 것에 어느 정도 무게를 두어야 하는가"라는 질문이 20세기 역사학자들에게 중요했으며, 이러한 고민이 일상사를 만들었다고 고백한다. 그리고 이러한 역사학 방법론의 뿌리가 바로 프랑스 아날학파라고 진술한다. 그런데 브로델이 인간 삶의 조건으로서 물질문명을 중시했다면, 독일의 일상사 연구학자들은 사람을 중심에 두고서 행동, 인식, 관습 자체를 다루었다는 점에서 프랑스와 독일의 역사학 연구가 달라진다. 예를 들어 독일의 일상사 연구는 노동자들의 삶을 계급운동으로서가 아니라 관습, 행동 양태 측면에서 다루었으며, 이것들이 작은 일들이 아니라 사회의 변동에 큰 변수로 작동하는 것으로 간주했다는 것이다.

이처럼 북한에 대한 일상생활 연구가 근거하는 인식론적 기초는 미시적 연구방법론이다. 그리고 이것은 구조주의적 접근법에 반대해 나타난 방법론이라고 할 수 있다. 여기서 중요한 것은 이러한 방법론들이 권력의 속성을 파악하기 위해 시작된 문제의식이 아니라는 점이다. 그런데 북한 연구에서 일상생활에 주목한 계기는 권력에 대한 관심이라고 밝히고 있다. 홍민과 박순성은 『북한의 권력과 일상생활: 지배와 저항 사이에서』를 통해 일상생활 연구는 일상생활의 관성이 지배의 질서나 체제에서 오는 압력에 어떻게 반응하는가를 살피는 것이 중요한 작업이라고 말한 바 있다(홍민·박순성, 2013: 7). 다시 말해 일상생활 연구의 초점은 권력의 효과와 그에 대한 저항이라는 것이다. 그렇다면 미시적 방법론에 머물러서는 권력의 효과/저항을 정확히 파악할 수 없다는 것이 필자의 주장이다. 권력의 효과가 일상에서 개인들에게 어떤 영향을 주는가를 파악하는 것이 중요한데, 이러한 문제의식은 3차원적 권력론

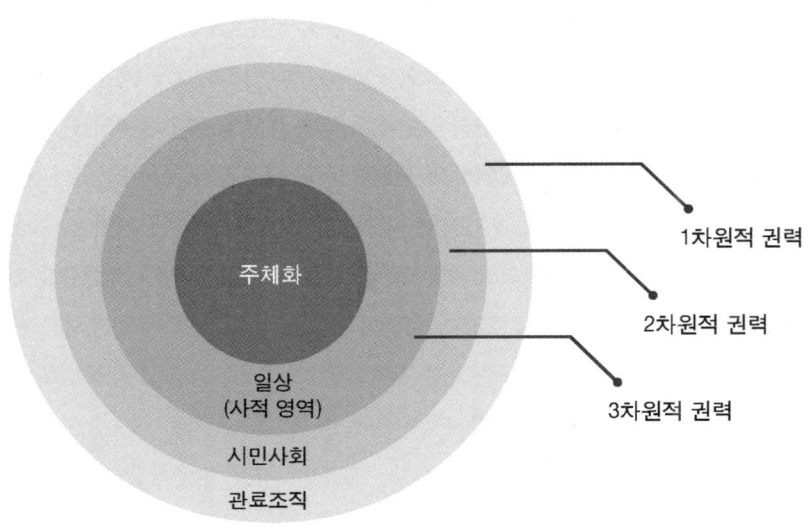

그림 10-1 북한 사회 권력과 주체화

주체화

일상
(사적 영역)

시민사회

관료조직

1차원적 권력

2차원적 권력

3차원적 권력

에서 자세히 연구되었다. 여기에는 이데올로기적 호명, 인간의 무의식, 상징
적 질서, 육체적 훈육, 상징적 권력, 취향과 같은 개념이 동원되어야 한다. 이
러한 개념들은 일상생활의 연구가 아니라, 주체화 과정이라는 주제하에서 연
구되어야 마땅하다. 그리고 이러한 주체화 과정에 대한 지적 자원이 프랑스
에는 풍부하게 존재하는데, 그것은 일상생활의 논의와는 맥락이 다르다. 따
라서 북한 권력의 3차원적 속성을 파헤치기 위해서는 새로운 지적 전통을 추
적해야만 할 것이다. 위의 논의를 그림으로 표현하면 〈그림 10-1〉과 같다.

3. 권력의 주체화: 담론, 육체, 상징

향후 북한 연구의 방향은 일상에 스며든 권력의 효과가 개인에게 전달되는
방식을 찾아내는 일에 초점을 두어야 한다. 그리고 필자는 이 과제를 '권력의

주체화'라고 이름 붙이고 싶다. 이러한 제목하에 권력의 효과를 추적하기 위한 이론적 자원을 이제부터 밝히고자 한다. 여기에 대표적인 학자를 꼽는다면, 알튀세르, 푸코, 라캉이 있다.[3]

알튀세르는 자본주의사회의 지배 과정을 새롭게 해석한 학자로 유명하다. 그의 논문 「이데올로기와 이데올로기 국가장치(Idéologie et Appareils Idéologiques d'État)」는 북한 사회의 권력 작동 방식을 이해하는 데도 많은 도움을 줄 것으로 생각한다. 우선 알튀세르는 재생산의 주제를 강조한다. 자본주의사회에서 노동자 혁명이 발생하지 않고 자본의 논리가 지속되는 이유는 노동자 스스로가 자신의 계급적 위치를 받아들이기 때문이다. 노동자의 아들이 다음 세대에도 노동자로서 재생산되는 과정이 있기 때문에 자본주의가 붕괴되지 않는 것이다. 이처럼 노동자 계급의식이 재생산되는 데 결정적인 역할을 하는 것이 바로 이데올로기이다. 마르크스는 이데올로기를 허위의식이라고 규정하고, 이것은 자본주의 상품생산 관계에서 파생하는 것이라고 생각했다. 그러나 알튀세르는 이데올로기를 세계에 대한 표상, 혹은 인간의 체험 방식이라고 규정한다. 여기에서 그는 정신분석학자 라캉이 제안한 상징적 질서라는 개념을 적극 수용한다. 그리고 이러한 이데올로기는 자본주의사회뿐만 아니라 공

---

3) 알튀세르, 푸코, 라캉과 같은 대가의 이론들을 본 논문과 같이 짧은 지면에서 정리하고 현실에 적용하는 시도가 학문적으로 매우 부실하고 위험스럽다고 평가하는 학자가 있겠다. 그러나 필자는 인문학적 엄밀성에 매몰되기보다는 적극적으로 이론을 현실에 응용하려는 학문적 노력이 오늘날 한국의 인문학에서는 더욱 절실하다고 판단한다. 우선 세 명의 사상가에 대한 이론적 평가는 우리 학계에서도 어느 정도 이루어졌다고 본다. 더구나 알튀세르, 푸코, 라캉과 같은 이론가들도 결국은 프랑스 사회에서 등장한 현실 문제를 해결하기 위한 대안으로 자신의 사상과 이론을 개진한 것이다. 다시 말해 보편타당한 이론을 제시하려는 것이 아니었다. 따라서 그들의 문제의식을 인식한 후에는 보다 적극적으로 한국 현실에 프랑스 이론들을 적용 혹은 수정하려는 시도가 더 중요하게 평가받아야 한다고 필자는 과감히 주장하고 싶다. 그렇지 않다면 우리는 늘 서양 지식의 그늘에 가려 우리의 문제와 현실을 제대로 바라보지 못할 것이다. 인문학의 변화가 그 어느 때보다 절실하다.

산주의 사회에서도 존재한다고 알튀세르는 강조한다(알튀세르, 1997: 266). 바로 이러한 진술을 근거로 필자는 알튀세르의 이데올로기론을 북한 사회 연구에 접목시켜 볼 수 있다고 생각하는 것이다.

물론 그동안 북한 권력과 주민의식의 상관관계에 주목한 연구 성과가 없었던 것은 아니다(정우곤, 2000; 전미영, 2011: 41~74; 한승호, 2011: 143~176). 그러나 기왕의 연구에서는 이데올로기를 담론으로 등치하여 정치교화를 분석해 왔다. 예를 들어 김정일 정권 시절 세대교체가 된 후 3대 세습 기반을 닦기 위한 후계 구축 작업의 일환으로 사상·문화 교육에 쇄신 작업을 추진했고, 이와 더불어 사상 교육을 강조했으며, 그 내용은 무엇인가를 점검했다(전미영, 2011: 41~74). 이러한 접근법으로 보면 북한 관료제가 생산해 낸 지배 담론과 관련 언급 건수 등이 중요한 연구 대상이 될 수밖에 없다(한승호, 2011: 143~176). 또 이같은 연구에는 북한 권력 조직이 생산한 지배 담론이 주민들에게 일방적으로 전달되어 당의 이데올로기를 그대로 수용할 것이라는 가정이 전제된다(정우곤, 2000). 그러나 지배 담론에 대한 저항이 있다는 사실은 이제 명백히 밝혀진 상태다. 이를 감안해서인지 최근 연구에서는 사회통제를 강제와 설득으로 구분하는 접근법을 선택하기도 한다(안희창, 2013). 그렇지만 이 경우에도 주민들을 통제하는 권력구조의 특성과 내용만을 강조하고 있어, 권력이 주민들에게 내면화되는 과정(주체화 과정)이 분명히 밝혀지지 않는다. 이런 맥락으로 평가한다면 북한에 대한 문화 연구는 여전히 제도 연구의 수준에서 벗어나지 못한다.

때문에 구조(제도)연구를 벗어나 북한 당국이 개인의 내면을 통제하는 과정을 설명하는 것이 매우 시급하고 중요한 학문적 과제다. 예를 들어 어떻게 북한 사회에서 김일성, 김정일, 김정은의 세습이 북한 인민들에게 정통성을 인정받을 수 있을까, 왜 북한 인민들은 북한 권력 당국에 저항하지 않을까, 그들이 가지고 있는 사회주의 체제에 대한 표상은 무엇일까 등이 오늘날 북한 사회를 연구하는 사람들에게 떠오르는 질문인데, 이러한 질문들은 알튀세르의 이데올로기론에서 제기된 문제의식과 유사하다. 즉 노동자의 계급 정체성이 재생산되는 방식과 북한 주민들이 북한 권력 정통성을 지속적으로 인정하는 과정은 동일한 의식의 형성 과정으로 볼 수 있다는 것이다. 이와 반대로 북한 주민들이 점차 북한 권력에 대해 저항하게 된다면 이데올로기의 재생산 과정이 어떤 지점에서 실패하는가를 이해하는 방식으로 북한의 현실을 해석할 수 있을 것이다. 이러한 관점에서 평가하자면 알튀세르가 제시하는 이데올로기론의 특성은 바로 지배와 주체화를 연결하는 중요한 개념 고리다.

여기서 잠시 알튀세르가 강조하는 이데올로기의 특성을 정리해 보자.

첫째, 이데올로기는 역사를 갖지 않는다. 이것은 무의식은 영원하다고 말했던 프로이트와 동일한 이론적 태도다. 알튀세르는 한 시대를 규정하는 언어적 질서가 개인들의 표상을 만드는 과정을 강조한다. 이것은 주체사상이 지배 담론으로 작동하면서 개인들의 의식을 지배하는 과정으로 연결 지을 수 있다. 둘째, 이데올로기는 실재 조건에 대한 개인들의 상상적 관계의 표상이다. 여기에서 알튀세르는 라캉의 상징적 질서 개념을 도입해 사람들이 자신의 정체성을 형성하는 과정을 설명한다. 알튀세르는 이데올로기에 표상되는 것은 그들의 사회적 관계라고 말하는데, 이것은 바로 개인이 가지고 있는 사회주의 체제에 대한 표상을 찾는 작업에 연결될 수 있다. 셋째, 이데올로기는 물질적 존재를 갖는다. 마르크스의 이데올로기론은 전도된 의식으로 묘사되어 왔지만, 알튀세르는 이데올로기를 물질적이라고 설명한다. 여기에서 그는 실천, 행동, 관습 등을 강조한다. 대표적인 예로서 그는 "교회에 나가 무릎을 꿇고 기도하면 신도가 된다"고 말한 바 있다. 이것은 북한 사회에서 이루어지는 학교 수업, 정치적 집회 등과 같은 감시 구조가 북한 주민을 이념적으로 통제하는 과정을 연구하는 데 접목시킬 수 있다.

한편 알튀세르의 이데올로기론은 크게 보아 세 가지 갈래로 발전되어 갔다. 첫째는 담론과 지배를 연구하는 방향이 있는데, 여기에 대표적인 학자는 페쇠다. 둘째는 행위를 강조하는 육체적 훈육론이 있는데, 여기에 대표적인 학자는 푸코다. 셋째는 집단의 무의식을 강조하는 흐름이 있는데, 여기에 대

그림 10-2 권력과 주체화의 3 요소

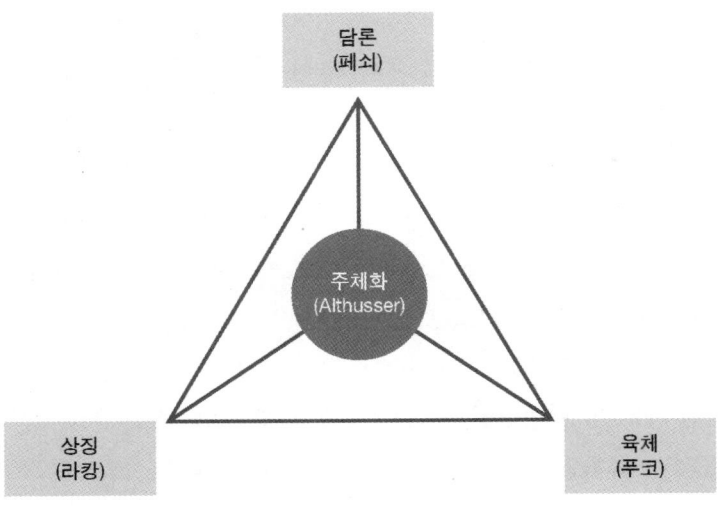

표적인 학자가 라캉이다. 이제 각 이론들의 발전내용과 북한 연구의 응용 가
능성을 검토해 보자. 이것을 그림으로 표현하면 〈그림 10-2〉와 같다.

첫째, 폐쇄의 담론 이론은 알튀세르의 호명 이론을 언어적으로 확장한바,
북한 주민의 무의식을 설명하는 데 매우 유용해 보인다. 즉 알튀세르가 "이데
올로기는 주체를 호명한다"라고 주장했고, 이것을 받아 폐쇄는 "이데올로기
를 만드는 표상들이 모여 담론 구성체를 형성하며 이것이 개인들을 담론주체
로 만든다"라고 설명한다. 여기서 담론 구성체란 정치집단이 만든 정치 교의
나 사상이 일정한 계급의 사람들에게 당연한 것으로 받아들여진 언어적 구성
물이라고 볼 수 있다. 북한 연구에 기대어 예를 들어 보자면 김일성의 영웅
신화, 노동당의 유일성, 세습 체제의 정당성, 주체사상 등이 북한 주민들에게
당연한 것으로 받아들여진다고 할 때, 여기에 동원되는 철학 서적, 당의 교시,
≪노동신문≫의 사설, 정책들이 모여 담론 구성체를 만드는 것이다. 폐쇄에
따르면 담론 구성체란 "우리가 어떤 것을 말하고 어떤 것은 말할 수 없는 체

계"다(Pecheux, 1975: 1990). 이 말은 곧 담론 구성체 안에서 주체가 형성된다는 뜻이다. 예컨대, 주체사상이나 영웅주의와 같은 당의 교시들이 대주체가 되고, 이것을 받아들이는 인민들은 '소주체' 혹은 '말하는 주체'가 된다. 즉 소주체는 언제나 대주체가 관장하는 담론 구성체 안에서 형성되며 관리된다. 그런데 정작 '말하는 소주체'는 자신이 담론 안에 갇혀 있다는 사실을 깨닫지 못한다. 이것이 바로 '언어를 통한 지배의 효과'이다. 이것은 '소주체'가 일정한 망각에 빠져 있기 때문에 발생하는 효과다. 부연하면, 말하는 '소주체'가 담론 구성체 외부로 탈출할 수 있다는 점을 망각하기 때문에 발생하며, 또 말하는 주체가 담론 구성체 안에서 특정한 의미, 형태만을 선택해 말하도록 강요받고 있음에도 불구하고 그러한 강제를 깨닫지 못하기 때문에 발생한다. 이것이 이른바 '언어를 통한 동일시 효과'이다. 그렇다면 북한 주민들이 북한 사회체제에서 저항하지 못하는 이유를 페쇠가 말한 언어의 동일시 효과로 설명해 볼 수도 있겠다. 여기서 한발 더 나아가 페쇠는 언어의 역동일시 효과에 대해서도 언급하는데, 이것을 통해 북한 주민들이 주체사상의 이념에 의심을 가지게 되고, 심지어는 반체제적 행동(예를 들어 일상에서의 반체제적 발언, 남한 드라마 시청하기 등)을 하게 되는 현상을 언어적으로 설명해 볼 수도 있을 것이다.

그런데 학문적으로 더 중요한 문제는 이러한 사회변동과 담론 구성체의 변동 사이에 어떤 상관관계가 있는가를 알아내는 것이다. 전미영(2011: 41~74)과 한승호(2011: 143~176)의 문제 제기가 북한 사회의 변동을 이해하는 데 매우 의미심장한 것이었음에도 불구하고 필자에게는 이론적으로 설득력이 떨어져 보였다. 그 이유는 그들이 담론 구성체의 변화가 주체화의 변화에 어떤 영향을 주고 있는가를 보다 집요하게 탐구하지 못했기 때문이다. 필자의 눈에는 북한 연구에서 담론이라는 단어를 쓰고 있지만 담론 연구의 구체적인 기법을 정확히 인지하지 못한 것으로 보인다. 지금까지 언어적 관점에서 북한을 연구하는 작업은 대부분 당의 강령, 교육 내용, 신문의 사설 등에 대한 이른바 내용분석 (content analysis) 수준을 넘어서지 못했다. 이러한 언어분석의 한계를 극복하기 위해 프랑스에서 진행되었던 담론분석의 다양한 기법이 적극적으로 도입될 필요가 있다. 프랑스에서는 '담론분석학파'(Guilhaumou et Malddier, 1979), '어휘특정접근법', '사회언어학적 담론분석 방법'(쇠틀러, 2002)등이 동원되어 역사 속에서 담론의 지배효과를 분석한 바 있다. 이러한 담론분석을 통해서 북한 주민들의 무의식을 지배하는 언어의 형태와 특성을 이해할 수 있을 것이며, 이를 계기로 남북한 주민의 문화통합의 기반을 연구할 수 있게 될 것이다.[4]

둘째, 푸코의 훈육론과 통치성의 개념이 북한 연구에 집중적으로 수용될 만하다. 알튀세르는 이데올로기를 관념이 아니라 관습과 실천의 형태라고 주장했고, 푸코는 이러한 철학적 테제를 역사 속에서 구체적으로 분석해 낸 바 있다. 『감시와 처벌』에서 푸코가 보여준 감시 체제와 주체화 과정은 북한 사회에서 정권의 변화와 주민의 통제방식과 등치하여 설명해 볼 수 있을 것이다. 이와 더불어 주민들이 북한 권력 당국에서 보이는 순종의 형태가 어떻게 달라져 왔는가를 살펴본다면 시대별 감시 효과의 특성을 알게 될 것이다. 특히 후기 푸코의 '통치성' 개념은 북한 연구에 매우 유용해 보인다. 푸코에 따르면 통치술 혹은 통치성(art de gouverner 혹은 gouvernmentalite)이란 마키아벨리적 국가권력을 넘어 시민사회에서 인구를 배치하고 관리하는 권력이다(푸코, 2003).[5] 즉, 제도적 권력과 마음을 다스리는 권력을 동시에 언급한 것이 바로 통치성이다. 이것을 알튀세르 설명에 기대어 바꿔보면 억압적 국가기구와 이데올로기적 국가기구를 통합한 개념이라고 할 수 있다. 그러나 필자는 이 개념을 차라리 국가-시민사회(일상)-개인이라는 세 가지 축을 통합하는 것이라고 설명하고 싶다. 푸코는 국가권력을 왕권으로 등치하는 것에 반대해 왔다. 그리고 『감시와 처벌』 혹은 『성의 역사』 1권에서는 이른바 시민사회(학

---

4) 이와 관련하여 한국에서 이병혁(1993)의 작업은 매우 선구적인 연구 성과에 해당한다.
5) 이문수(2009: 71~90)는 통치성을 영어로 'gouvern + mentality'로써 양분해 지배와 심성을 함께 설명하는 것이라고 묘사했는데, 통치성의 의미가 보다 생동감에 있게 전달된다.

교, 군대, 병원 등)에서 작동하는 권력의 물리적 기반을 추적해 왔다. 이렇게 본다면 후기 푸코가 제시한 통치성의 깊은 뜻은 이러한 물리적 기반이 개인에게 전달되어 개인의 심성을 지배하는 방식(이것을 '심성의 권력'이라고 이름 붙여 보자. 그리고 이것이 바로 주체화의 과정이다)에 주목한 것이라고 볼 수 있다.

이것을 북한 연구에 응용해 보자. 주민 통제의 다양한 수단이 일상(사적 영역)에 전달되는 방식을 설명하기 위해서는 푸코의 『감시와 처벌』을 참조해 볼 수 있을 것이고, 일상의 권력이 개인을 지배하는 방식을 설명할 때 통치성이라는 개념이 유용할 것이다. 여기서 중요한 사실은 국가권력/일상의 권력/심성의 권력이라는 3각 축이 서로 다른 논리로 움직인다는 점이다. 정일준(2010)이 한국 현대사의 흐름을 이러한 각도에서 설명해 준 바 있는데, 이러한 분석 틀을 북한 사회에도 적용할 수 있을 것이다. 그리고 북한의 지배권력이 움직이는 방식, 일상생활의 변화, 그리고 심성의 변화라는 것이 서로 다른 계기로 움직인다는 점에 착목하게 되면 강력한 국가권력에도 불구하고 사적 영역에서 일탈이 생기는 이유를 어느 정도 설명할 수 있게 된다. 북한 사회의 통제가 시대별로 일정한 특징을 띠고 있다고 서술하는 기존의 연구들은(정우곤, 2000; 안희창, 2013), 암묵적으로 그에 따라 북한 주민의 심성이 순응하는 것을 전제하는데, 이것은 비현실적인 발상이다. 이러한 전제를 고집하면 북한 권력이 강력했음에도 불구하고 북한 주민들의 체제 이탈이 점차 가속화되고 있다는 점을 설명하지 못하게 된다.

북한 연구는 향후 적극적으로 개선되어야 할 부분이 많다. 예를 들어 북한에서의 공적 담론의 위기 상황을 당, 경제, 사회, 국제적 차원으로 구분하고, 그에 대한 내용을 확인하는 방식도 권력이 주민의 심성을 효과적으로 통제하지 못하는 상황을 정확히 분석하지 못한다(이우영, 2008). 한편 북한 주민의 욕망이라는 매우 용기 있는 문제 제기가 있었음에도 그것을 소설 속에 나타난 인물의 특성으로 설명하는 방식도(노귀남, 2008) 주민의 심성을 지배하는 권력을 포착하지 못한다. 또 육체의 문제를 직설적으로 거론해 푸코를 응용하려는 시도가 있었으나(김영희, 2013; 홍민, 2013), 이 역시 식량문제와 인구라는 이분법으로 연구의 시각을 축소하고 있어 통치성의 본질적인 의미가 퇴색되고 말았다. 푸코가 제안하는 통치술의 의미를 정확히 응용하기 위해서는 북한 당국의 권력이 시민사회를 거쳐 개인의 심성에 파고드는 과정을 각 수준에서 정확히 기술해야 하며, 여기에서 더 나아가 각각의 수준이 서로 다른 권력의 논리로 움직이고 있다는 점을 깨달아야 한다. 그리고 마지막으로 이러한 수준의 차이가 궁극적으로 주체화의 과정에서 어떤 결과를 만드는가를 찾아야 한다. 이러한 작업은 매우 세련된 이론적 훈련과 정교한 자료정리 능력을 요구한다.

셋째는 대중의 집단 정체성과 관련하여 정신분석학의 흐름을 검토해 보도록 하자. 일상 연구의 한 부분으로 파시즘에 주목하는 연구가 있어 필자의 눈에 매우 신선해 보였다(김보현, 2010). 그런데 이 자리에서 필자는 기존의 연구가 가볍게 스쳐지나간 주제를 크게 부각시키고 싶다. "왜 일반 대중이 독재자에게 충성하는가?" 아마도 이러한 문제의식이 북한 연구에 큰 시사점을 줄 것이다. 나치즘의 성공은 강력한 국가권력의 존재보다는 대중들의 자발적인 복종에서 그 원인을 찾는다. 이것이 이른바 대중독재론(임지현·김용우, 2004)의 기본 전제다. 이 같은 문제의식을 북한 연구에 적용해 본다면, 북한 정권이 3대 세습을 성공시키고 독재 권력을 유지시킬 수 있는 것은 강압적 통치 구조라기보다, 차라리 북한 주민들의 자발적 복종이 존재하기 때문이라고 유추할 수 있다. 그렇다면 자발적 복종은 어떻게 발생하는가? 그 과정을 설명할 수 있을까? 동일한 맥락에서 북한 대중의 집단 정체성을 이론적으로 탐구하는 것이 매우 시급하다.

대중독재론에서는 대중의 자발적 복종을 설명하기 위해서 일상에 퍼져 있는 권력의 수단을 강조하며 대중매체의 영향, 정치가들의 선동 연설, 주민들의 소비 패턴 등에 주목했다. 이 문제를 이론적으로 설명하자면 정신분석학의 흐름을 먼저 알아야 한다. 우선 프로이트를 보자. 그는 『집단심리와 자아분석』에서 대중들의 복종이 일종의 자아 이상에 대한 '동일시 현상'이라고 설명한다. 예를 들어 사회의 위기 상황에서 개인의 리비도적 에너지는 불안을 극복하기 위해 강력한 지도자에게 자신을 위탁하게 된다. 이러한 동일시 현상의 대표적 사례로 프로이트는 군대와 교회를 꼽는다. 전쟁 시기 군인이 상관에게 복종하는 것과 심리적으로 불안한 상황에서 신도들이 종교 지도자에게 복종하는 것이 동일한 심리적 메커니즘이라는 것이다. 한편 에리히 프롬은 이러한 프로이트의 직관을 정치 과정에 응용한 바 있다. 즉 동일시의 과정 중 개인의 합리적 판단은 사라지고 자유에 대한 책임감도 상실하는 이른바 '자유로부터의 도피' 현상이 발생한다는 것이다. 이것이 고전적인 정신분석학이 집단 심리를 설명하는 방식이다. 그런데 시대적 상황이 동일함에도 불구하고 자발적 복종이 발생하지 않는 이유는 무엇일까? 또 복종 대신 저항이 나타나는 이유는 무엇일까?

바로 이러한 의문점을 해결하는 데 라캉의 정신분석학이 도움을 준다. 우선 라캉은 프로이트를 언어학적으로 재해석한다. 따라서 개인의 정체성 형성도 언어적 단계에 따라 달라진다. 즉, 개인은 상상 단계, 상징적 단계, 실재적 단계로 자신의 정체성을 형성한다는 것이다. 우선 상상 단계란 생후 8개월에 해당하는 어린아이가 자신의 자아(moi)를 발견하는 단계로, 소위 거울단계라 불린다. 이 시점에 개인은 자신이 어머니와 독립된 존재라는 사실을 깨닫는다. 그 이후에 상징적 단계로 진행되는데 여기에서는 사회적 질서에 대해서 습득한다. 예를 들어 남자 어린아이일 경우 남자답게 행동하는 방식을 배우게 되고, 사회적 관습과 규칙을 내면화한다(Lacan, 1970). 여기가 정치권력이 개인을 호명하는 지점이다. 정치권력은 개인들에게 상징적 구성물을(영웅서사, 노래, 담론, 영웅 동상, TV영상물, 영화 등) 통해 그 사회가 요구하는 바람직한 인간형을 홍보하고, 여기에 개인들은 호명되며 사회적 주체로 탄생한다. 그런데 라캉에 따르면 상상 단계, 상징적 단계는 모두 심각한 결여가 존재한다. 전자의 경우 거울이라는 매개체가 없으면 자신의 존재를 바라볼 수 없다는 것이고, 후자의 경우는 언제나 언어적 관계(기표-기의)를 통해서만 자신의 욕망을 인지할 수 있다는 치명적 결함이다. 그렇기 때문에 주체는 언제나 '구멍난 존재(sujet trou)'일 수밖에 없다. 이러한 결여로부터 실재계에 대한 동경이 발생한다. 라캉에게 실재계란 언어적 요구로 충족될 수 없는 이른바 잉여의 욕망이다(Lacan, 1970). 이것이 개인의 정체성에 균열과 혼란을 만드는 것이다.

이와 같은 라캉의 이론을 북한 주민들의 정체성 혼란에 적용해 보자. 일단 북한 주민들은 북한의 권력이 생산해 낸 상징적 구성물을 통해서 북한식 사회주의 인간형으로 주조될 것이다. 이것이 북한 사회에서는 사회적 규범이며 따라서 여기에 순응하지 않는다면 개인은 제재를 받게 될 것이다. 그러나 인간으로서 본능적 **욕구(need)**와 북한 당국이 허용하는 언어적 표현[이것을 라캉은 **요구(demand)**라고 이름 붙인다] 사이에는 언제나 괴리가 존재하며, 이것이 바로 **잉여욕망(desire)**이 되는 것이다. 이러한 과정을 통해 북한 권력에 저항하는 사적 욕망이 발생하며, 아마도 이 지점에서 남한의 영상물이 큰 자극을 줄 수 있을 것이다.

그러나 북한 주민들이 남한 영상물을 보는 계기 자체가 그들의 정체성을 바꾸는 것이라고 해석하는 것은 이론적으로 매우 투박하다(강동안·박정란, 2011). 북한 사회에서 상징적 질서가 혼란을 겪게 되는 이유는 개인의 본능적 욕구와 북한 사회에서 허용되는 요구 사이의 차이에서 발생하는 것이며, 이와 같은 차이(잉여욕망)는 남한의 영상물뿐만 아니라 다른 나라의 상징적 구성물에도 똑같이 반응할 수 있기 때문이다. 여기서 더욱 중요한 사실은 북한 주민의 잉여욕망(이것을 라캉은 '지시대상 쁘띠 a'라고 부른다)이 어떤 형태를 띠는 가에 따라서 표출의 방식이 다르다는 점이다. 라캉에 따르면 주체화의 과정에서 언어적 표상은 은유와 환유의 방식으로 개인을 지배하는데, 여기에서 개인이 사회적 질서에 복종하는 방식이 달라진다. 이 말은 곧 잉여욕망이 발생하는 지점이 은유와 환유의 형태에 따라 다르며, 각 시대에서 강조하는 이른바 지배적 기표(master signifier)의 형태가 무엇인가에 따라서도 달라진다는 것이다. 이를 두고 슬라보예 지젝(Slavoj Zizek)은 '이데올로기적 징환'(지젝, 1995)이라고 부른다.

상술하면, 북한 주민들이 남한 영상물을 보고 북한의 사회질서에 대한 의혹·혼란·저항이 생겨나는 방식은 내용의 형식과 주제 그리고 기표의 형태에 따라 다르게 된다. 예를 들면 어떤 이는 남한의 사랑을 주제로 한 드라마에서 북한에 대한 의혹이 생긴다면, 다른 이는 남한의 경제성장을 보여주는 다큐에서 북한 사회에 대한 정체성 혼란이 생기고, 또 다른 이는 건재한 임수경 의원의 모습에서 북한 사회에 대한 저항 의식을 가지게 될 수 있다. 따라서 남한의 시청물을 본 북한 주민들이 모두가 동일한 하위문화를 형성한다거나 동질적 저항 아비투스를 만든다고 생각하는 것은 매우 순진한 판단이다(강동안·박정란, 2011). 어쨌든 지젝의 통찰력을 염두에 둔다면 남한 문화의 유입이 북한 주민들에게 새로운 정체성을 만드는 계기라고 간주할 만하다. 이때 어떤 내용물(기표들)이 지배 기표가 되는가를 확인하는 작업이 향후 북한 연구에 있어서 중요한 과제가 될 것이다. 결국 정치란 의미의 구성을 바꾸어 가는 것이라고 말할 수 있는데(스타브라카키스, 2006), 북한 사회를 지탱하는 상징질서를 이해하고 여기에 저항할 수 있는 새로운 문화를 전파하는 것이 북한을 개혁과 개방으로 이끌어가는 계기가 될 것이다.

4. 주체화와 계급: 실증 연구를 위하여

지금까지 검토한 논의들은 북한 사회를 새로운 방식(문화적 접근법)으로 연구하는 데 중요한 기초가 될 것이다. 그러나 이론 틀이 지나치게 추상적이어서 그대로 현실에 적용하는 데 무리가 있지 않을까 우려스럽다. 따라서 위에서 거론한 문제의식을 그대로 유지하면서도 실증 연구를 진행한 경우를 검토해 보자. 그렇게 하는 동안 북한에 대한 응용 가능성을 따져볼 수 있을 것 같다. 이러한 과업에 중요한 거점이 될 수 있는 학자가 바로 피에르 부르디외다.[6] 특히 그의 대표적인 저작 『구별짓기(La Distinction)』는 일상에서 이루어지는 개인적 취향의 문제를 상징적 권력 효과와 연관짓고 있어, 북한 주민의 행태를 연구하는 데 그대로 적용해 볼 만하다. 이러한 부르디외의 분석 틀을 '문화정치학' 혹은 '취향의 정치학'(홍성민, 2009; 2012; 2013: 125~152; 홍성민 외, 2010)이라는 이름으로 남한 사회에 적용해 본 사례가 있다. 이러한 실증 연구 경험을 북한 주민의 주체화 연구에 응용하는 방식을 고민해 볼 필요가 있다.

필자는 부르디외가 북한 연구에 주는 함의를 크게 두 가지로 요약해 보고자 한다. 첫째는 계급에 대한 관점이고 둘째는 주체화의 양면성에 대한 시각이다.

첫째, 계급 문제를 보자. 권력의 효과를 실증적으로 검증하기 위해서는 주체화라는 주제가 사회적 단위로 객관화될 필요가 있는데, 이때 계급이라는 단위가 중요하다. 물론 계급은 자본주의사회에서 시작된 개념이기는 하지만, 북한 사회에도 신분이나 당의 서열 등과 같이 사회적 계층이 존재하며, 최근에는 시장 논리가 북한 사회에도 일부 인정되면서 초기 자본주의사회에서 발생하는 맹아적 계급이 존재한다고 볼 수 있다. 따라서 권력이 개인에게 전달되는 방식은 각 계급이나 신분에 따라서 다르다는 점을 인정하고 이것을 사회적 좌표로 나타내는 것이 필요해 보인다. 사회과학의 역사에서 계급과 계층은 오랫동안 대립되어 왔던 개념들인데, 부르디외는 경제적 자본을 강조하는 계급과 문화적 자본을 강조하는 계층을 동시에 포착할 수 있는 이론적 단초를 마련한 바 있다. 그것이 바로 아비투스의 개념이다. 더구나 그는 이것을 사회적 지표로 활용할 수 있는 실증적인 방법도 제시했다. 부르디외는 경제와 문화를 기반으로 하는 두 축을 설정하고 각각을 지배적 지배자/피지배자적 지배자/저항적 피지배자/피지배자적 피지배자로 4분했는데, 우리는 북한 주민들을 신분과 계급에 따라 각 좌표에 배치하고 그들이 권력 효과에 대응하는 방식의 차이를 통계수치로 나타낼 수 있다(〈그림 10-3〉). 예를 들어 경제적 자

---

6) 부르디외와 알튀세르, 라캉, 푸코와의 관련성에 대해서는 홍성민(2000), Hong(2013) 참조.

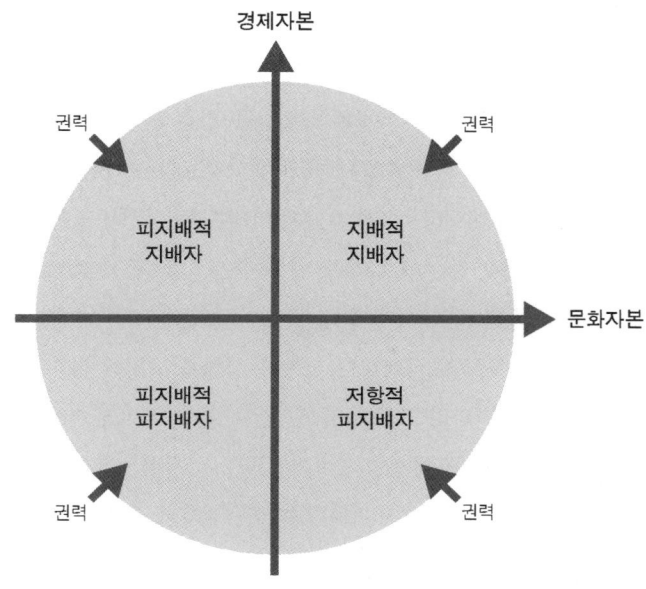

그림 10-3 **주체화와 계급**

경제자본

권력   권력

피지배적
지배자

지배적
지배자

문화자본

피지배적
피지배자

저항적
피지배자

권력   권력

본의 축으로 수입, 주택의 소유 여부, 소유한 가구, 소유한 의류 등등을 지표로 정하고 이에 대한 자료를 만들어볼 수 있다. 또 문화적 자본의 축으로 학력의 수준, 당에서의 위치, 외국 문물 접촉 빈도 등을 지표로 정하고 이것을 자료로 만들 수 있을 것이다. 이렇게 되면 탈북자들을 인터뷰할 때 사회적 위치를 세분해 그들 행동 방식의 일정한 패턴을 찾아낼 수 있을 것이며, 이를 토대로 기존의 조사 결과(강동안·박정란, 2011; 2012)와는 다른 방식의 결론과 활용 방도를 찾아낼 수도 있을 것이다.

강동안과 박정란(2011: 75~108)은 탈북자를 심층 면접하면서 연령, 직업, 학력을 구분했으나, 이러한 분류가 남한 영상매체 접촉과 의식 변화 사이에 어떤 관련을 맺고 있는지는 고려하지 않았다. 또 계급적 분류를 시도했으나 면접자의 응답에만 의존해 분류의 기준이 모호하다(강동안·박정란, 2012). 이렇게 될 경우 남한과 북한 사회에서 계급 분류에 혼란이 생길 수 있으며, 나아가 실증 연구가 궁극적인 목표로 하는 문화통합에 정책적 혼선을 초래할 수 있다. 이러한 혼선은 결국 실증 연구 방법에 대한 학문적인 훈련이 부족한 탓에서 기인한다. 이 같은 문제를 해결하기 위해서는 우선 설문조사를 기본으로 하는 통계처리 방법론을 도입하고, 그것에 조응하는 심층 면접조사가 이루어져야 한다. 강동완과 박정란의 연구 조사는 사실 에피소드를 모아놓은 것으로 학문적 가치를 인정하기가 어렵다. 그리고 통계 처리를 하는 경우에도 독립/종속 변수를 설정하고, 두 변수 사이의 관계를 빈도 측정, 인과관계 등으로 분석하는 것이 필요하며, 채택된 분석 시각에 대해 보다 정밀한 이론이 제시되어야만 한다. 그리고 계급적 분류 방식에서도 정치와 경제를 구분해 사회적 위치를 설정하고 있는데, 이를 지양하고 북한 사회의 권력과 개인이 받아들이는 효과라는 기준으로 사회적 위치를 설정할 필요가 있다. 여기서 부르디외 계급 개념이 매우 유용하다. 〈그림 10-3〉에서 보이듯이, 권력 행사에 대한 개인들의 반응은 크게 지배적 지배자/피지배적 지배자/저항적 피지배자/피지배적 피지배자로 나눌 수 있다. 이러한 분류는 경제자본과 문화자본을 기준으로 한 것이다. 이처럼 네 개의 유형으로 분류함으로써 권력-주체화라는 본래의 문제의식이 희석되지 않은 채 남한 영상매체에 노출하는 빈도와 의식 변화의 상관관계를 보다 정밀하게 살펴볼 수 있게 된다. 더구나 이 같은 분류 기준은 남한 사회의 계급 분류와 일정 부분 맥을 같이하는 것이기 때문에 남북에 공통으로 해당 계급에 필요한 맞춤형 문화통합정책을 수립하는 데 도움을 줄 수 있을 것으로 기대된다.

둘째는 주체화를 내면화와 외면화의 과정으로 양분해 이론적 논의를 계량화할 방법을 찾는 것이다. 예를 들어 담론, 훈육, 상징이라는 세 가지 문제의식을 언어에 대한 반응(신문, 당의 교시, 소설 등에 노출되는 빈도), 육체에 대한 반응(식량 배급의 수준, 외국 의류 구입 정도), 상징에 대한 반응(남한의 영상물이나 음악을 시청한 빈도, 외국 문물을 접한 빈도)으로 지표를 만들어볼 수 있는데, 이것을 통틀어 필자는 '취향의 지표'라고 이름 붙이고자 한다. 그리고 이에 대한 인과관계를 설정해 북한 사회에 대한 저항의 표시를 복종, 순응, 저항, 탈

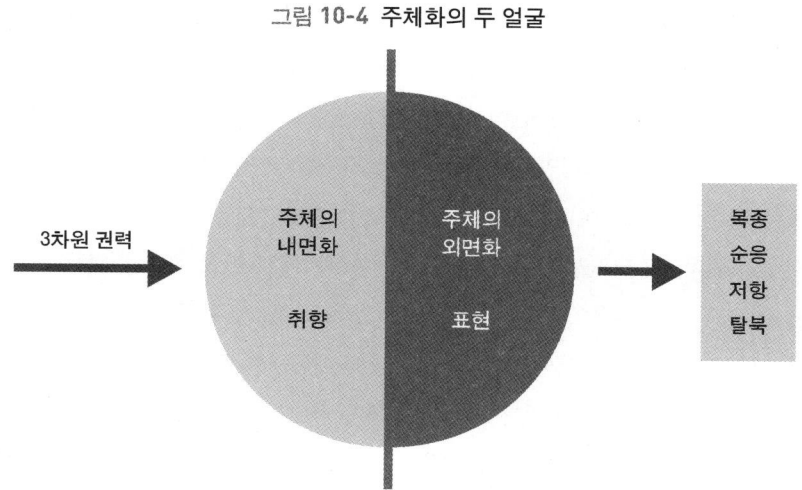

그림 10-4 주체화의 두 얼굴

3차원 권력 →

주체의
내면화

취향

주체의
외면화

표현

→ 복종
순응
저항
탈북

북 등과 같이 강도에 따른 지표로 만들어볼 수 있는데, 이것을 '표현의 지표'라고 이름 붙이고 싶다. 내면화의 단계와 외면화의 단계를 인과관계로 보던, 상관관계로 보던, 종속 관계로 보던 그것은 실증 조사의 수준과 표본에 따라 달라질 것이다. 그러나 이러한 객관화 지표를 만들어본다면 계급과 계층에 따라서, 시간에 따라서, 지역에 따라서 변화하는 북한 주민들의 주체화의 특성을 찾아낼 수 있다. 또 이러한 객관화된 지표가 있어야만 향후 남한과 북한의 취향의 차이를 비교하고, 이를 통합할 수 있는 문화정책이 수립될 수 있을 것이다. 따라서 앞으로 북한의 문화 연구는 설문조사를 면밀하게 결정해야 한다. 이를 위해 북한 취향 연구 분과가 마련되고 여기에서 구체적인 실증 조사 연구 방향이 설정되어야 할 것이다.

5. 몇 가지 제언

남북한의 분단을 군사적 대결이나 경제구조 차이로서 설명하는 것이 기존

북한 연구의 흐름이었다면, 최근 들어 북한 연구에 문화적 접근법이 수용되면서 분단의 문제를 새로운 각도에서 바라보게 되었다. 예를 들어 삶을 영위하는 방식이 달라진 것을 분단이라고 보는 입장은(박영균, 2010: 369~411) 사실 매우 상식적인 주장이지만, 이제 우리가 진지하게 고민해 보아야 할 문제의식이다. 월러스틴이 소련의 붕괴를 지켜보면서 지난 세기 지배 담론이었던 사회주의와 자본주의의 대립은 사실상 허구일 뿐이었으며 실제로 존재했던 것은 기술적 근대성과 세계 체제의 시장이었다고 회고했듯이(월러스틴, 1996), 남북의 대립을 자유주의/사회주의, 시장경제/배급경제 등의 차원으로 비교해 왔던 한국의 학계도 인식의 전환을 준비해야 한다. 이것은 비단 새로운 학문의 조류가 수입되었기 때문이라기보다는 남북관계의 현 정세가 그만큼 새로운 국면을 맞이하고 있다는 판단에 근거한 것이다. 북한 정권의 변화가 학자들의 예상보다 급속하게 발생할 수도 있으며, 어쩌면 가까운 장래 북한과의 통합을 현실로 받아들여야 할 순간이 찾아올지도 모른다. 매년 2000명의 탈북자가 남한으로 유입되는 현재가 이미 주민 통합을 정책적으로 준비해야만 하는 시기일 수도 있다. 물론 하나원과 같은 국가기관이 있지만, 실제로 북한 주민을 통합하기 위한 이론적 자원과 프로그램이 있는지가 의문스럽다. 이 같은 상황에서 필자는 이 논문으로 북한 문화 연구라는 새로운 패러다임을 제시했고, 그것에 대한 이론적 자원과 실증 연구의 가능성을 서술해 보았다.

이러한 인식의 전환은 사실 남남갈등을 치유하는 수준에서도 매우 시급하다. 적어도 북한 주민을 포용하고 남한과 북한이 통합을 이루어야 한다는 발상을 두고는 한국의 좌우파가 공감하고 있다. 이러한 상황에서 북한 주민들에 대한 주체화 과정(문화 정치학, 혹은 취향의 정치학)을 연구하는 시도는 남북의 문화적 통합을 만들어 가는 중요한 계기가 될 것이다. 이를 위해 몇 가지 시급히 해결할 과제가 있어서 제언하고자 한다.

첫째, 문화 이론에 대한 깊이 있는 연구가 선행되어야 한다. 기존의 북한 연구는, 적어도 일상 연구에 국한시켜 보면 기초적인 개념에 대한 이해가 부족한 채 실증 연구를 진행해 온 것으로 보인다. 그러다 보니 이론의 문제의식과 북한에 대한 조사 결과가 제대로 일치하지 않는 경우가 많다. 북한 자료에 익숙한 연구자들과 이론에 익숙한 연구자들이 확연히 분리되어, 이론과 실제가 융합되지 못하고 있다. 더구나 북한 연구자들의 학문적 훈련과 배경에 큰 편차가 있어서 이론적 토론을 진행하는 것도 쉬워 보이지 않는다. 이를 극복하기 위해서는 차분히 이론 공부를 하는 모임이 생겨나야 한다. 적어도 북한 연구가 학문으로 인정받고 지속되기 위해서는 이론에 대한 강조가 필요하다.

둘째는 실증 조사를 진행하는 방식이 연구자마다 크게 차이가 나고 있어서 결과를 공유하는 것이 어려워 보인다. 적어도 실증 연구에 필요한 설문조사 문항을 어떻게 작성할지에 대한 기본 합의가 있어야 한다. 그래야 기초적인 연구가 중복되지 않고 새로운 연구로 확장될 수 있을 것이다. 특히 현재 북한 탈북자를 중심으로 한 실증 조사 연구가 과연 북한 주민 전체를 이해하는 데 충분한 데이터인가를 두고 심층적인 논의가 필요하다. 이를 위한 연구 모임도 새롭게 만들어볼 필요가 있다.

셋째는 프로젝트형 연구를 지양하고 장기적인 안목으로 북한의 문화 연구가 진행되어야 한다. 북한 연구가 정책학과 깊숙이 연계되다 보니, 당장 정책 결정자에게 도움을 줄 수 있는 연구를 진행하는 것이 불가피해 보인다. 그러나 시간 제약 아래서 진행되는 프로젝트형 연구는 결국 이론적 깊이가 없고, 과거와 현재의 연구에 연결성이 흐려지기 마련이다. 그런데 북한 주민에 대한 연구는 장시간에 걸친 시계열 비교·분석을 필요로 한다. 예를 들어 1990년대와 2000년대에 진행된 실증 조사를 2013년과 비교하는 것이 필요할 것이며, 현재 진행된 실증 조사 결과를 10년 후에도 후속 작업에서 비교하는 것이 반드시 필요하다. 그래야만 취향의 변화가 정치에 미치는 영향을 구체적으로 포착할 수 있다. 이를 위해서 차라리 북한의 취향을 집중적으로 연구하는 연구소를 만들어보는 것도 좋은 대안이라고 생각한다.

넷째는 이러한 취향의 연구가 남한 주민의 취향 연구와 비교될 수 있어야 한다. 취향 연구의 궁극적 목표는 이질적으로 양극화되어 가는 남북한 주민들의 삶을 하나로 통합하자는 것이다. 따라서 남북한 취향의 비교를 주도해 갈 수 있는 장기적인 연구팀이 나타나기를 기대한다. 여기서 한발 더 나아가 통일을 이룬 베트남 주민들의 취향을 남북한 주민들과 비교하거나, 중국 내 거주하는 한인 동포들의 취향을 남북한 주민들의 취향과 비교하는 작업도 흥미로울 것으로 보인다. 이른바 취향의 국제정치학이라 불러볼 만한 이 작업은 대한민국의 미래 통합을 위해서 매우 필요한 학문적·정책적 과제가 될 것이다.

참고문헌

강내희. 1999. 『문화론의 문제설정』. 문화과학사.

강동완·박정란. 2011. 「북한주민의 남한영상물 시청: 하위문화의 형성과 함의」. ≪북한학보≫, 제36집 1호.

_____. 2012. 『한류 통일의 바람』. 명인문화사.

강명구·박상훈. 1997. 「정치적 상징과 담론의 정치」. ≪한국사회학≫, 제31집.

강미라. 1996. 『몸, 주체, 권력』. 이학사.

강수택. 1998. 『일상생활의 패러다임』. 민음사.

김보현. 2010. 「일상사 연구와 파시즘」. 홍민·박순성 엮음. 『북한의 일상생활세계』. 한울엠플러스.

김영희. 2013. 『푸코와 북한 사회: 신체왜소의 정치경제학』. 인간사랑.

노귀남. 2008. 「북한주민의 사적 욕망」. 이우영 엮음. 『북한 도시 주민의 사적영역 연구』. 한울엠플러스.

뒤비, 조르주·필리프 아리에스(Georges Duby and Philippe Ariès). 2006. 『사생활의 역사(Histoire de la Vie Prive)』. 주명철 외 옮김. 새물결.

란코프, 안드레이(Andrei Lankov). 2013. 『리얼 노스 코리아(The Real North Korean)』. 김수빈 옮김. 개마고원.

룩스, 스티븐(Steven Lukes). 1992. 『3차원적 권력(Power: A radical view)』. 서규환 옮김. 나남출판사.

뤼트케, 알프(Alf Ludtke). 2002. 『일상사란 무엇인가(Alltagsgeschichte)』. 이동기 옮김. 청년사.

르페브르, 앙리(Henri Lefebvre). 1990. 『현대세계의 일상성(La vie Quotidienne Dans le Monde Moderne)』. 박정자 옮김. 주류.

마페졸리, 미셸(Michel Maffesoli). 1994. 「일상생활의 사회학: 인식론적 요소들(The Sociology of Everyday Life: Epistemological Elements)」. 『일상생활의 사회학』. 박재환 엮음. 한울엠플러스.

박영균. 2010. 「분단의 아비투스에 관한 철학적 성찰」. ≪시대와 철학≫, 제21권 3호.

박찬부. 2006. 『라깡: 재현과 그 불만』. 문학과지성사.

쇠틀러, 페터(Peter Schöttler). 2002. 「심성, 이데올로기, 담론(Mentalités, idéologies, discours)」. 뤼트케, 알프(Alf Lüdtke) 외. 『일상사란 무엇인가(Alltagsgeschichte)』. 나종석 외 옮김. 청년사.

시카이 다카시(酒井隆史). 2011. 『통치성과 자유(自由論: 現在性の系譜)』. 오하나 옮김. 그린비.

사토 요시유키(佐藤嘉幸). 2012. 『권력과 저항: 푸코, 들뢰즈, 데리다, 알튀세르(Pouvoir et Resistance: Foucault, Deleuze, Derrida, Althusser)』. 김상운 옮김. 난장.

스타브라카키스, 야니(Yannis Stavrakakis). 2006. 『라깡과 정치(Lacan and the Political)』. 이병주 옮김. 은행나무.

알튀세르, 루이(Louis Althusser). 1991. 『아미앵에서의 주장(Idéologie et Appareils Idéologiques d'État)』. 김동수 옮김. 솔.

_____. 1997. 『맑스를 위하여(Pour Marx)』. 이종영 옮김. 백의.

_____. 2007. 『재생산에 대하여(Sur La reproduction)』. 김웅권 옮김. 동문선.

안희창. 『고난의 행군 이후 북한의 사회통제에 관한 연구: 1995년~2011년』 동국대학교 박사학위논문. 2013.

월러스틴, 이매뉴얼(Immanuel Wallerstein). 1996. 『자유주의 이후(After Liberalism)』. 강문구 옮김. 당대.

이문수. 2009. 「통치, 통치성, 거버넌스, 그리고 개인의 자유」. ≪한국거버넌스학회보≫, 제16권 3호.

이병혁. 1993. 「언어를 통해 본 남북분단」. 『한국사회와 언어사회학』. 나남출판사.

이우영. 2008. 「북한 체제 내 사적 담론의 형성 가능성」. 이우영 외. 『북한도시 주민의 사적 영역연구』. 한울엠플러스.

이우영·함택영·최완규·최봉대·구갑우·노귀남. 2008. 『북한도시 주민의 사적영역 연구』. 한울엠플러스.

임지현·김용우. 2004. 『대중독재』. 책세상.

전미영. 2011. 「북한의 사회문화적 환경변화와 사상교양정책」. ≪북한학보≫, 제36집 1호.

전영선. 2005. 『북한 민족문화 정책의 이론과 현장』. 도서출판 역락.

_____. 2007. 『북한의 대중문화』. 글누림.

_____. 2009. 『문화로 읽는 북한』. 유니스토리.

정우곤. 2000. 『체제의 사회통제와 주민의식 변화연구』. 통일부.

정일준. 2010. 「통치성을 통해 본 한국 현대사: 87년 체제론 비판과 한국의 사회구성체」. ≪민주사
　　회와 정책연구≫ 제17호.

지젝, 슬라보예(Slavoj Zizek). 1995. 『삐딱하게 보기(Looking Awry: An introduction to Jacque
　　Lacan through popular culture)』. 김소연 옮김. 시각과언어.

최완규. 2003. 「북한 연구방법론 논쟁에 대한 성찰적 접근」. 경남대학교 북한대학원. 『북한연구 방
　　법론』. 한울엠플러스.

푸코, 미셸(Michel Foucault). 1994. 「통치성이란 무엇인가?(La Gouvernementalité)」. 『미셸 푸코
　　의 권력이론(Dits et Ecrits)』. 정일준 엮음·옮김. 새물결.

＿＿＿. 2003. 『감시와 처벌(Surveiller et Punir)』. 오생근 옮김. 나남출판사.

한승호. 2011. 「북한 지배계급의 헤게모니 유지전략: 담론(discourse)을 중심으로」. ≪북한학보≫,
　　제36집 1호.

홍민. 2013. 「북한의 인구정치와 식량체제: 인구학적 변화 속의 주민일상」. 홍민·박순성. 『북한의
　　권력과 일상생활』. 한울엠플러스.

홍민·박순성. 2010. 『북한의 일상생활세계』. 한울엠플러스.

＿＿＿. 2013. 『북한의 권력과 일상생활』. 한울엠플러스.

홍성민. 2000. 『문화와 아비투스』. 나남출판사.

＿＿＿. 2009. 『문화정치학 서설: 한국 진보정치학의 새로운 모색』. 나남출판사.

＿＿＿. 2012. 『취향의 정치학』. 현암사.

＿＿＿. 2013. 「생활양식과 한국정치: 문화정치학의 소론」. ≪한국정치연구≫, 제22집 2호.

홍성민·나금실·정수남. 2010. 『부산 시민의 문화적 취향에 관한 지형도 연구』. 부산발전연구원.

Guilhaumou, Jacques and Denise Malddie. 1979. "Courte Critique pour une longue histoire:
　　L'analyse du discours ou les mal leurres de l'analogie." *Dialectique*. Vol. 26.

Henry, Paul. 1977. *Le mauvais outil: Langue, sujet et discours*. Paris, FR: Éditions Klincksieck.

Hong, Seong-min. 2013. *Culture and Politics: Bourdieu in korean cases*. Seoul, KR: SNU Press.

Lacan, Jacque. 1970. *Ecrits I*. Paris, FR: Édition du Seuil.

Pecheux, Michel. 1975. *Language, Semantics and Ideology*. Paris, FR: François Maspero.

＿＿＿. 1990. *Linquietude du Discours*. Paris, FR: Éditions des Cendres.

상생의 정치를 위하여

이 책은 중도정치의 역사와 철학을 검토하고, 이것을 토대로 한국 사회에서 중도정치가 뿌리내릴 수 있는 정책들을 모색하고자 한다. 이를 위해서 특히 프랑스의 사례에 주목했으며, 이것을 한국 사회에 적용할 수 있는 가능성을 탐색해 보았다.

1절 "들어가며"에서는 한국 사회에서 중도정치가 필요한 이유, 중도정치의 존립 가능성에 대해서 문제 제기를 했다. 현재 한국 사회에서 언론과 국민들은 중도정치를 정체성이 모호한 기회주의적 정치집단으로 매도하는 경우가 있으나, 한국 정치의 미래를 위해서 중도정치는 반드시 필요하다.

2절에서는 서양에서 나타난 중도정치의 역사를 검토했다. 중도정치가 5회 등장했으며, 그에 대한 정치적 배경을 집중적으로 연구했다. 첫 번째는, 아테네 사회에서 중도정치는 귀족과 하층계급의 갈등을 해결하는 방식으로 등장했으며, 그 해법은 공화정이었다. 두 번째는 미국 독립 전쟁 시기 지역정부와 연합정부의 사이의 갈등을 중재하기 위한 방법으로 중도정치가 등장했으며, 그 해법은 연방정부였다. 세 번째는 프랑스의 1890년대 시장 운영을 두고 자유주의와 마르크스주의가 대립했고, 이를 해결하기 위해 중도정치가 등장했으며, 그 해법은 복지국가였다. 넷째는 프랑스에서 1968년에 부르주아-노동자라는 경제적 주체가 대립했고, 이를 해소하기 위해서 중도정치가 등장했으며, 그 해법은 여성, 환경, 학교 등의 문제를 강조하는 생활 정치였다. 다섯 번째는 1990년대 독일, 영국, 프랑스에서 전통적인 복지국가와 신자유주의가 대립했고, 이를 해결하기 위해서 제3의 길이 등장했으며, 그 해법은 생산적 복지국가였다.

3절에서는 프랑스의 중도정치라고 할 수 있는 1890년대의 복지국가와 68 혁명 생활 정치의 사상적 기반을 중심으로 연구해 보았다. 연대주의 철학적 계보는 프루동-부르주아-뒤르켐이다. 이들은 경제민주화를 달성하기 위한 방

---

* 결론은 홍성민, 2015, 「국민의당 연구용역보고서」를 기초로 보완·발전시킨 글이다.

법으로 사회적 타협의 가능성을 철학적으로 설명했다. 이들의 사상은 한국의 정치-경제문제를 해결하는 데 대단히 유용하다. 한편 68사상의 철학적 계보는 알튀세르-푸코-부르디외다. 이들은 문화적 민주주의 개념을 설명한 학자들로서 한국 사회에서 생활 정치(교육 문제)의 문제를 해결하는 데 큰 도움을 준다.

4절에서는 서양 중도정치의 역사와 철학을 배경으로 한국 정치에서 가장 중요한 네 가지 쟁점을 선택하고, 보수와 진보의 정책적 한계를 지적한 후, 이를 극복할 수 있는 중도정책의 방향을 제시해 보았다. 첫째, 국제관계에서 한국의 진보와 보수의 대립은 정치 현실주의와 정치 이상주의의 대결로 나타난다. 이를 극복할 수 있는 중도정책은 연방주의다. 둘째, 정부 구성에 관해 대통령제와 의원제, 양당제와 다당제가 대립하고 있는데, 이것을 극복할 수 있는 중도정책은 분권형 대통령제와 연합정부다. 셋째, 시장 운영에 관해서는 고용의 안정과 고용의 유연화라는 쟁점이 대립되고 있는데, 이를 극복하기 위한 중도정책안은 연대임금제도다. 넷째, 교육정책에 관해서는 평등성과 다양성이 대립하고 있는데, 이를 극복하기 위한 중도정책은 연대 의식에 기반한 교육이다.

5절에서는 한국 정치가 위기에 처해 있음을 설명했다. 이것은 보수와 진보 모두가 마주한 위기다. 이러한 위기를 극복하는 가장 유력한 방법은 중도정치를 인정하고 뿌리내리게 하는 것이다. 그리고 중도정치가 자리를 잡기 위해서는 타깃 계급(target class)을 설정하고 이들에게 호소할 수 있는 정책을 펼쳐야 한다. 그런데 중도가 목표로 하는 계급은 신중간계급이며, 이들의 특성은 매우 가변적이기 때문에, 정책에 있어서도 유연성을 부여한다. 따라서 중도정치가 필요한 새로운 리더십은 공감의 리더십이다.

1. 들어가며

어떤 입장이 중도정치일까? 언론에서는 "안보는 보수이고 경제는 진보이다"라고 중도정치를 평가한다. 혹자는 "중도는 기회주의자들의 모임이며, 정체성이 불분명하다"고 혹평한다. 또 어떤 정치평론가는 한국 사회에서 유권자들의 표심을 얻을 수 없기 때문에 중도정치는 존재할 수 없다고 예단한다. 정말 그럴까?

결론에서는 가치판단이나 정치 전략의 수준을 벗어나서 중도정치의 역사와 철학을 다루고자 한다. 왜냐하면 현실을 이해하는 가장 좋은 방법이 역사와 철학에 근거하는 길이며, 이것이 미궁에 빠진 한국 정치에 건전한 비전을 불어넣을 수 있는 가장 최선의 방법이기 때문이다.

2016년 촛불혁명으로 한국 정치는 새로운 국면으로 진입했다. 이제 보수는 물론이고 진보라고 자처하던 진영도 자신의 입장과 의견을 근본부터 재고해야만 할 때가 되었다. 그야말로 구태 정치는 가고 새 정치가 도래할 시점이 된 것이다. 바로 이러한 시점에 한국에서 중도정치의 위상에 대해서 심각하게 고민해야 한다. 중도정치의 존재가 진보와 보수의 극단을 지양하고 한국 정치의 다양성을 확보할 것이며, 이를 통해서 한국 사회가 한 단계가 도약할 것이기 때문이다.

중도정치를 논하는 방법은 여러 가지다. 어느 평론가는 중도의 기원을 불교나 유학에서 찾기도 한다(이철규, 2011). 예컨대 불교와 유학의 고전으로 알려진 『중론(中論)』이나 『중용(中庸)』에서 중도정치의 철학을 발견할 수 있다고 한다. 물론 그럴 수 있을 것이다. 그러나 한국의 보수는 서유럽에서 시발된 자유민주주의에 기반하고 있고, 한국의 진보는 1890년대 시작된 서유럽의 사회민주주의에 근거하고 있다. 다시 말해 한국 정치의 현실이 유럽의 정치 제도에서 유래하는 만큼 중도정치의 철학적 배경도 유럽의 전통에서 찾는 것이 유용하다고 필자는 판단한다.

그리고 철학적 배경만으로 중도정치의 방향을 모색하는 것은 지나치게 추상적이다. 반드시 역사적 배경과 사례가 있어야 한다. 그래야 한국에서 서양의 정치 이념이 뿌리를 내리고 우리 현실에 맞는 정책들을 생산해 낼 수 있는 것이다.

그래서 이 장에서는 중도정치의 역사와 철학이라는 제목 아래 프랑스와 한국의 비교 연구에 집중하고자 한다. 우선 역사를 강조하는 이유는 중도정치가 서유럽 민주주의 발전에 매우 중요한 계기였기 때문이다. 즉 중도정치가 바로 유럽 민주주의 핵심이었다. 이 논리를 한국 정치에 그대로 적용해 보면 중도정치가 존재하고 뿌리를 확실히 내려야 한국 정치가 발전할 수 있다. 필자가 보기에 서양에서는 다섯 차례 중도정치의 역사가 있었다. 아테네, 미국, 1890년대 프랑스와 1968년의 프랑스, 그리고 1990년대 세계적인 흐름이었던 제3의 길이다. 이 다섯 번의 사례를 면밀하게 주목하다 보면 비록 다른 나라의 사정이었지만 한국 정치의 문제점과 그에 대한 해법이 떠오를 수 있을 것이다.

한편 역사의 해석은 철학적 개념을 기반으로 해야 한다. 그렇게 해야만 객관적으로 역사를 이해할 수 있고, 그래야만 한국 상황에서 응용이 된다. 이 글이 프랑스와 한국을 비교하는 데 초점을 둔 만큼, 여기서는 프랑스에서 발생한 두 번의 역사적 사례에 조응하는 사상을 연구할 것이다. 그것이 바로 연대주의와 68사상이다. 전자는 주로 자유주의와 사회주의의 양 극단을 중도에서 조화하려는 사상적 시도였으며, 후자는 국가와 경제를 중심으로 정치를 사고했던 근대적 사유(Modernity)를 넘어서려는 포스트모더니티 정치의 배경이다. 68사상 덕분에 현대 정치는 그 영역이 생활세계와 인간의 욕망을 포함하게 되었다.

이렇게 중도정치의 역사와 철학을 살펴본 후에는 한국 정치의 네 가지 문제를 선정하여 그에 대한 정책들을 제시해 보았다. 첫째, **국제관계에 대하여**, 둘째, **정부 구성에 대하여**, 셋째, **시장의 운영에 대하여**, 넷째, **교육개혁에 대하여**, 이 네 가지 과제는 한국의 대통령 선거나 총선에서 가장 핵심적으로 다루어진 쟁점들이다. 따라서 이 네 가지 쟁점에 대한 중도적 입장을 분명히 한다면 국민들도 중도정치가 왜 필요한지 쉽게 수긍할 것이다.

결론적으로 중도정치는 2차원의 평행선에 있는 진보와 보수에게 제3차원의 꼭지점이 있다는 사실을 알려주는 것이다. 즉 2017년 한국 정치의 지형을 두고 말할 때, 여당과 야당 중심으로 양분된 정치 지형에 삼각형의 꼭지점(triangulation)을 만드는 것이다(김태일, 2017: 11). 그런데 그 꼭지점은 한국 정치가 지금까지 경험하지 못한 새로운 역사의 차원에 존재하며, 그 내용도 사뭇 다른 것이기에 국민들에게 새로운 언어로 설명해야만 한다. 왜냐하면 중도정치는 국민의 공감을 얻어서 새로운 미래로 함께 가려는 정치적 사상이며, 운동이며, 정당정치이기 때문이다.

2. 중도정치의 역사

1) 아테네의 중도정치

그리스 시대의 정치적 갈등은 빈부격차와 신분제에서 비롯되었다(최자영, 2002). 이러한 갈등에 대한 해법은 귀족과 하층민의 권력 이동으로 나타났다. 즉 귀족이 권력을 독점하는 방법과 하층민이 권력을 차지하는 방법이 번갈아 나타났는데, 그 어느 쪽도 성공적이지 못했다.

예를 들어 귀족을 중심으로 권력이 행사되는 경우 하층민을 중심으로 한 군대의 전력이 현저히 떨어져서 전쟁에서 패배하는 경우가 많았다. 그러나 하층민을 중심으로 권력이 행사되는 경우에도 반드시 효율적인 것은 아니었다. 아테네에서 일용직 하층 노동자들로 해군이 충원되었을 때 이들이 정치적으로 발언권이 강해지는 경우 자신들의 이해관계에 부합하도록 호전적인 정책을 선택하는 경우가 많았다. 이렇게 해서 무분별한 전쟁을 벌이게 되면 국가의 재정이 파탄 나고, 궁극적으로는 패망하는 경우가 있었다. 대표적인 사례가 바로 아테네가 스파르타와 벌인 펠로폰네소스 전쟁이다(김경희, 2013: 266).

이 전쟁에서 아테네가 패배한 사례를 두고 역사가들은 데모스(민중)가 자신들의 사익을 추구하는 정치를 펼치게 되면 오히려 국가가 패망할 수 있다는 교훈을 강조하고 있다. 이를 두고 우중정치라 한다.

이러한 시대적 과제를 해결한 사람이 바로 아리스토텔레스이다. 그는 『정치학』이라는 저서에서 정치권력의 상층부를 일인통치로 하는가, 소수의 귀족들로 구성하는가, 민중전체로 하는가에 따라서 각각 군주정, 귀족정, 민주정이라고 불렀다.

그러나 이러한 세 가지 형태의 서로 다른 권력구조는 장단점이 있다. 위에서 살펴본 것처럼 민중전체가 정치에 참여하는 것이 항상 좋은 것은 아니다. 왜냐하면 민중의 의사가 항상 정직하고 올바른 것은 아니기 때문이다. 즉 민주정치-우중정치는 언제나 동전의 양면처럼 존재한다.

그리고 이러한 장단점은 왕의 통치나 귀족의 통치에서도 동일하게 나타날 수 있다. 군주정-참주정, 귀족정-과두정, 민주정-우중정치의 장단점을 모두 고려해 제시한 아리스토텔레스의 대안이 바로 공화정이다. 이것이 아테네의 중도정치라고 할 수 있다. 아래의 그림에서 공화정의 사상적 맥락을 정리해보았다.

아리스토텔레스가 강조하는 공화정은 결국 중산층의 지배를 가리킨다. 즉 왕이나 귀족 중심의 권력은 상류계급의 재산권을 옹호하게 되어 계급 갈등이 유발되며, 하층계급의 권력은 재산의 평등을 요구함으로 경제발전을 저해할 수 있기 때문이다. 이러한 맥락에서 중산층의 정치는 권력과 재산을 중도에서 절충한 형태의 정치체제라고 할 수 있다.

아리스토텔레스는 재산권에 관해 세 가지 관점을 가지고 있었다(유원기, 2011: 102). 첫째, 토지를 개인이 소유하지만 생산물은 공동으로 소유하는 형태, 둘째, 토지를 공동으로 소유하고 경작하지만 생산물은 개인이 소유하는 형태, 셋째 토지와 생산물을 공동으로 소유하는 형태다.

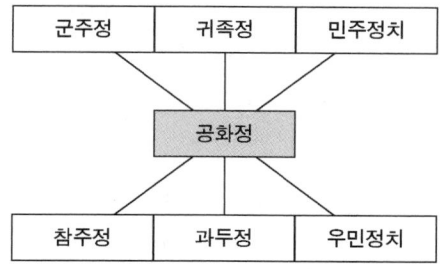

그림 1 아리스토텔레스의 중도정치

군주정	귀족정	민주정치

공화정

참주정	과두정	우민정치

　그런데 이러한 세 가지 소유권에 대한 사유체계는 공화정의 세 가지 운영 방식과 조응한다고 해석해 볼 수 있다.

　첫째, 귀족과 민중의 혼합 형태다. 여기서는 부유한 사람에게는 벌금을 부과하지만 가난한 사람에게는 부과하지 않는다. 이것은 부유한 사람의 벌금을 통해서 가난한 사람에게 보수를 주겠다는 의도다.

　둘째, 귀족에게는 정치에 참여하기 위해 돈을 받지만, 하층계급에게는 돈을 요구하지 않는 방식이 있다. 다시 말해 금전적 상황을 재분배함으로써 정치참여의 조건을 평등하게 만드는 방식이다.

　셋째, 귀족들은 선거를 통해서 통치자를 선출하고, 민중들은 통치의 자격 조건을 요구하지 않는 방식으로 정치를 운영하는 방법이다.

　이와 같은 세 가지 운영 방식은 권력자의 수와 재산권의 형태를 연계한 것이다. 이러한 아리스토텔레스의 지혜를 현대적으로 적용한다면, 중도정치란 정부 구성과 시장의 운영을 동시에 평등하게 만드는 것이라고 하겠다.

2) 미국의 중도정치

　미국 중도정치의 시작은 연방정부와 지방정부의 관계 설정에서 시작되었다. 즉 독립선언 이후 미국은 13개의 지방정부와 각 지방정부에서 선출된 대류연합회의라는 이중 구조로 각기 내치와 외치를 담당했다. 그런데 이러한 이중 구조는 독립 전쟁을 효과적으로 수행할 수 없었으며, 내적으로도 개별 정부의 이해관계가 충돌해 공적인 목표를 수행하기 어려운 상황이 발생했다.

이러한 문제를 두고 이른바 연방주의자들과 반연방주의자들 간의 이론적 대립이 있었다.

우선 지역정부의 역할을 강조하던 반연방주의자들의 주장을 정리해 보자 (손병권, 2004: 2장).

첫째, 서유럽에서 실시되어 온 순수한 공화제는 소규모 영토에서 가능한 정치체제다.

둘째, 연방정부가 권력을 행사하면 지방의 인민 의사를 정확히 파악하지 못한다. 이것은 자연스럽게 귀족정치로 타락할 위험이 있다.

셋째, 인민들의 동질성이 전제된 것이 순수한 공화제적 민주주의다. 그런데 미국과 같은 광대한 영토에서 각 지방의 인민들은 동질적이지 않다. 공화제를 유지하기 위해서는 인민의 습속과 정서가 비슷해야만 하는데, 미국의 광대한 영토에 사는 인민들에게는 이러한 동질성을 찾기가 어렵다.

넷째, 연방정부의 실권이 강화되면 지방정부의 고유한 권한을 침해함으로써 소수가 다수를 침해하는 결과를 초래할 것이다.

다섯째, 연방정부의 구성 자체가 분권의 문제를 제대로 해결하지 못할 것이다.

이러한 반연방주의자들의 주장에 대해 제임스 메디슨(James Madison)은 일일이 반박하면서 연방과 지방의 균형을 잡을 수 있는 새로운 연방정부를 제시한다. 이것은 국민정부와 연합정부의 성격을 동시에 지니는 것이다. 바로 미국정치에서 나타난 중도정치라고 하겠다.

그런데 미국에서 중도정치가 나타난 배경에는 두 가지 중요한 역사적 사건이 있다.

첫 번째는 대외관계와 관련해서 연합체 전체의 이익을 지방정부가 반대한 사례이며, 두 번째는 지방에서 자신의 이해관계를 통제하지 못한 사례다(정경희, 2001: 2장).

먼저 '제이(Jay)의 위기'라고 불린 사건이다. 1785년 스페인의 협상 대표로 온 디에고 드가르도키(Diego de Gardoqui)는 미국이 미시시피 항행권을 포기할 것을 제안한 바 있다. 1786년 존 제이(John Jay)는 스페인과의 보다 자유로운 교역을 위해서 미국이 25년간 미시시피 항행권을 포기해 달라고 연합 의회에 요청했다. 이것은 미국 전체의 교역량을 늘리고 경제 활성화를 촉발시킬 수 있는 정책이었다. 연합의회는 제이의 요청을 수락하려 했다. 그런데 남부의 지방정부들이 이에 대해서 강력하게 반발했다. 이로 인해 남부 지역들만의 연합정부를 별도로 구성하자는 움직임이 있기도 했다.

두 번째는 '셰이스(Shays)의 위기'로 불린 사건이다. 1786년 서부 매사추세츠에서 부채 농민들이 공사채의 말소와 새로운 재산 분배를 요구했다. 이것은 일종의 농민반란이었는데 이를 통해서 공화주의 전통 자체가 위협받게 되었다. 매사추세츠의 농민반란은 전국으로 퍼져 버지니아의 법원 건물이 파손되기도 했다. 지역정부의 질서를 유지할 수 있는 방법에 대해서 심각한 문제를 제기한 사건이었다.

이러한 상황에서 메디슨은 대외적으로는 과세와 통상에 대한 권한이 필요하며, 대내적으로는 지역의 질서를 유지할 수 있는 중앙정부가 필요하다는 점을 강조하면서 중앙과 지역의 양자를 아우를 수 있는 연합정부를 제안하게 된다. 그리고 이러한 연합정부를 헌법 정신으로 채택하면서 반연방주의자들의 반대 주장을 다음과 같은 논리로 제압했다(손병권, 2004: 3장).

첫째, 소규모 공화국에서는 오히려 다수의 폭정을 방지할 수 없다. 따라서 진정한 공화주의는 지역의 경계를 넘어서는 연방정부를 통해 실현될 수 있다.

둘째, 특수한 이해관계만을 주장하는 지역정부의 한계를 넘어서는 것이 필요하다. 이른바 분파주의를 넘어서야 한다. 이러한 목표를 달성하기 위해서는 시민들의 덕성에만 의존할 수 없으며, 분파적 이익이 출연할 수 있는 조건을 최소한으로 줄이어야만 가능하다. 따라서 연방정부가 필요하다.

셋째, 광대한 영토를 기반으로 한 연방정부가 폭정으로 타락할 가능성이 있다는 비판은 잘못된 것이다. 연방정부 구성에 있어서 다양한 분파와 이익이 공존해 영토 전체에 걸쳐서 다수가 합의할 수 있도록 하며, 따라서 인민의 권리가 침해될 가능성은 줄어든다. 즉 상호 견제와 균형에 의해서 폭정이 방지될 수 있는 구조를 만들 수 있다.

넷째, 대규모 단위에서 형성되는 연방정부가 공공선이나 진정한 국가이익을 실현하는 데 보다 효과적이다. 왜냐하면 광대한 영토에서 선출하는 정치 대표가 상대적으로 인민들의 선택 폭을 넓혀주고 전국적인 관심 속에서 투표가 진행될 가능성도 높기에, 국지적 이해관계에서 벗어난 공적인 인물이 정치를 하게 될 기회를 만들어준다.

메디슨은 인민대표들이 인민의 직접적이며 정제되지 않는 영향력으로부터 벗어나 공적인 임무를 맡게 하는 방법으로서 연방정부 선택한 것이다. 그리고 이것이 지역과 국가이익이라는 상호 충돌하는 정치적 목표를 동시에 달성하는 유일한 길이라고 생각했다. 이러한 미국의 중도정치는 한국의 지역주의 문제를 해결하는 데 많은 시사점을 준다.

3) 프랑스의 중도정치

프랑스의 정치 기준으로 보수와 진보 그리고 중도정치의 흐름을 시기별로 구분하면 다음과 같다. 즉, 1789년 프랑스 대혁명은 자유주의 정치가 시작된 기점이며, 이때 정치의 주체는 신흥 부르주아들이었다. 이들의 경제적 자유를 보장하기 위해서 시작된 것이 바로 고전적 자유주의이며, 이것이 보수 정치의 기원이다. 한편 1848년 6월 봉기는 노동자들이 자신의 권리를 주장하면서 발생한 혁명인데, 이 시기를 기점으로 노동자가 정치의 전면에 부상한다. 이때부터 노동자들을 위한 정치가 시작되어 부르주아의 정치와 대결하게 된

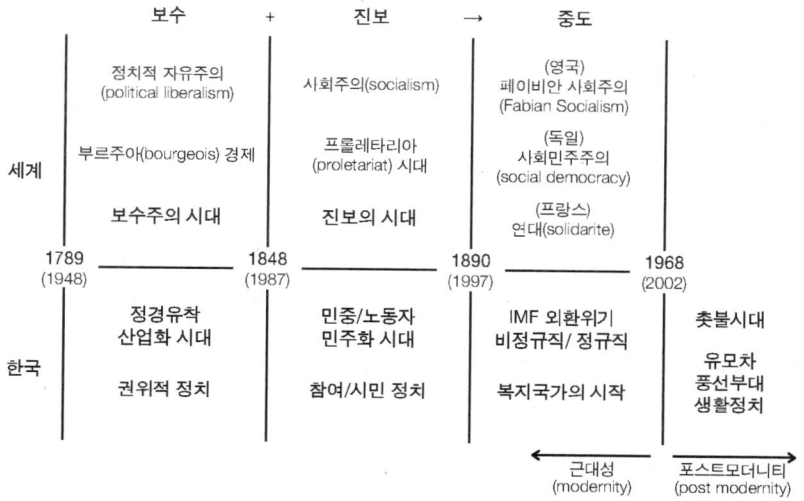

그림 2 정치사상사의 흐름: 한국과의 비교

	보수	+	진보	→	중도
세계	정치적 자유주의 (political liberalism) 부르주아(bourgeois) 경제 보수주의 시대		사회주의(socialism) 프롤레타리아 (proletariat) 시대 진보의 시대		(영국) 페이비안 사회주의 (Fabian Socialism) (독일) 사회민주주의 (social democracy) (프랑스) 연대(solidarite)
	1789 (1948)		1848 (1987)		1890 (1997)　　　　1968 (2002)
한국	정경유착 산업화 시대 권위적 정치		민중/노동자 민주화 시대 참여/시민 정치		IMF 외환위기　　촛불시대 비정규직/ 정규직 　　　　　　유모차 　　　　　　풍선부대 복지국가의 시작　생활정치

근대성 ←———→ 포스트모더니티
(modernity)　　　(post modernity)

다. 이것이 바로 사회주의 정치이며, 진보 정치의 기원이다. 〈그림 2〉에서 간략하게 정치사의 흐름을 정리해 보았다.

그런데 자유주의와 사회주의의 대립은 1890년대에 이르면 타협을 모색하게 된다. 이러한 타협의 모티브와 형태는 유럽의 각국(영국, 독일, 프랑스)에서 서로 달랐다.

예를 들어 영국에서는 지식인 중심으로 자유주의의 창의성과 사회주의의 평등성을 조화하려는 시도가 생겼다. 이들은 부유한 귀족계급이었지만 영국 사회의 지속적인 발전을 위해서 노동자계급의 빈곤을 해결해야 한다고 생각했고, 이를 실천하기 위해 자신의 재산을 헌납하고 공동체 생활을 시작하는 사람들도 있었다. 이들은 급진적인 노동 혁명보다는 점진적인 사회개혁을 통해 영국 사회가 자유와 평등을 동시에 이룩할 수 있다고 믿었다. 그래서 이러한 지식인들의 모임을 페이비언 사회주의자(Febian socialist)라고 부른다. 페이비언이라는 용어는 로마 시절 파비우스(Fabius) 장군의 이름에서 유래한다. 파비우스 장군은 외적의 침입에 저항하는 방법으로 진지전을 구사해 로

마를 지켜낸 명장이었다. 진지전을 페이비언이라는 형용사로 만들어 점진적인 개혁이라는 명칭을 만든 것이 바로 페이비언 사회주의인 것이다. 이것이 영국 중도정치의 기원이다. 한편 페이비언 사회주의자에 속하는 인물로는 웹 부부(The Webbs)라 불리는 비어트리스 웹(Beatrice Webb)과 시드니 웹(Sidney Webb), 그리고 조지 버나드 쇼(George Bernard Shaw) 등이 있다. 이들이 1920년 대 『베버리지 보고서(Beveridge Report)』를 작성한 핵심 인물이며, 영국 노동 당의 사상적 기초를 이룬 사람들이다. 이들은 중도 사상과 현실을 접목하기 위해서 대학을 설립하는데 이 대학이 바로 런던경제대학교(London school of Economics, LSE)이며, 여기에 앤서니 기든스가 학장을 지낸 바 있다. 그는 1990년대 초 제3의 길을 제시한 저명한 사회학자다.

　한편 독일에서는 노동자 정당에서 치열한 논쟁이 촉발하면서 타협의 길이 모색되었다. 당대에 독일에서는 보수당 정권이 들어섰는데, 이 정부에서 독일노동자당에 노동부 장관으로 입각할 것을 권유한다. 이른바 연정을 제안한 것이다. 이를 두고 당 내에서 치열한 찬반양론이 벌어진다. 찬성 쪽은 영국 유학을 통해 페이비언 사회주의 영향을 받은 젊은 이론가 에두아르트 베른슈타인(Eduard Bernstein)이었다. 그는 독일 노동자들의 삶이 궁핍화될 것이라는 마르크스의 예견이 빗나갔다고 설명하면서, 독일 노동자들의 노동권을 위해서라도 정부와 연합하고, 의회정치에 진입할 것을 주장했다. 반면 반대론자였던 로자 룩셈부르크(Rosa Luxemburg)는 자본가 정부와 협력하는 것은 노동자들의 착취 관계를 은폐하려는 부르주아 정치의 전형적 수법이며, 이것은 결국 노동자 해방을 늦추는 역효과를 가져오게 될 것이라고 주장했다. 당 내에서 논쟁 끝에 투표로 연정에 대한 결정을 했을 때 50대 50으로 동수가 나왔지만, 당수였던 카를 카우츠키(Karl Kautsky)가 반대함으로 연정은 무산되었다. 그러나 이러한 논쟁(이것을 수정주의 논쟁이라고 한다)을 통해서 독일의 정치는 자유주의 정치와 사회주의 정치가 통합되는 방향으로 진전하게 된다. 이것이 독일 중도정치이며, 복지국가의 기원이다.

그럼 프랑스는 어떤가?

1848년 2월 혁명과 6월 봉기를 거치면서 자유주의와 사회주의에 대한 적극적인 반성을 하면서 대공황을 맞이했던 프랑스는, 2월 혁명을 계기로 귀족정치를 끝내고 본격적인 공화주의 정치를 시작하게 된다. 그러면서 당시 실업자 구제를 위한 공장노동자 제도를 시행한다. 이 제도는 국가가 세금을 가지고 국영사업을 수행하고 여기에 실직한 노동자들을 고용하는, 이른바 유효수요관리 정책이었다. 그런데 이를 위해서 도시 중산층이나 농촌의 농민들이 부담하는 세금의 비율이 높았다. 따라서 중산층과 농민이 한편이 되어 노동자들과 대립하게 된다. 이념적으로는 소유권과 노동권 중 어느 쪽을 선택해야 하는가라는 문제였다. 이 문제를 해결하기 위해서는 국가가 스스로 기업이 되는 방법과 국가가 임금을 통제하는 방법이라는 두 가지 해결책뿐이었다(동즐로, 2005: 39).

첫 번째 길은 국가가 모든 것을 소유하는 극단적인 집산주의로 타락할 우려가 있다. 두 번째 길은 시장의 존재를 부정하지는 않지만 여전히 산업 운영에 큰 타격을 줄 우려가 있다. 바로 이러한 시점에서 개발된 개념이 연대주의다. 이 개념은 페이비언 사회주의나 사회민주주의와는 완전히 다른 프랑스식 사유체계다.

여기서 중요한 것은 국가와 개인, 권리와 의무 사이를 조화시켰다는 점이다. 즉 루소의 꿈과 마르크스의 꿈을 종합한 것이다. 전자가 개인들의 합의로 시작된 사회계약의 창시자라고 한다면, 후자는 노동계급의 자율성을 바탕으로 집단적 생산체제를 제시한 공산주의사회의 창시자다. 이를 두고 **민주적사회주의**라고 부를 수도 있겠다(동즐로, 2005: 48). 연대주의 사상에 대해서는 뒤에서 보다 깊이 다룰 것이다.

한편 현실 정치에서 연대성을 바탕으로 한 중도정치가 정착하게 된 계기는 프랑스의 중도우파 사회주의자들과 급진파(이들이 바로 연대성을 주장하는 정치인들이다)들이 연합한 시점이다. 자유주의와 사회주의 양자를 모두 폐기하고 새로운 중도 이념으로서 연대주의를 제창한 레옹 부르주아 같은 정치인들은 점차 과격해지던 사회주의 세력에서 이탈한 온건 사회주의자들[르네 고블레 (René Goblet), 카미유 펠레탕(Camille Pelletan)]과 연합해 1901년 급진당(Radicals) 이라는 중도정당을 창당한다(민유기, 2010: 111).

이때 온건 사회주의자들이 중도 급진파와 연합한 이유는 다음과 같다. 첫째는 보수주의자들을 제거하는 것이 사회혁명에 도움이 된다고 판단했고, 둘째는 사회입법이 궁극적으로 사회주의 혁명으로 귀결될 것이라고 판단했다. 이러한 연합으로 실제 정책에서 복지정책이 실현되었다. 1905년 에밀 콩브(Émile Combes) 내각에서 8시간 법이 제정되었고, 조르주 클레망소 내각에서는 노동 및 사회보장부라는 정부 조직이 신설되었다(민유기, 2010: 112~113).

중도정치의 구체적인 내용을 알아보기 위해서 1907년에 발표된 급진당의 강령을 살펴보자.

전체 강령의 대전제는 자유주의와 사회주의를 결합해 연대의 의무를 실현하고, 국가는 사회적 보호를 통해서 시민들에게 빚을 갚는 것이었다. 이를 통해서 프랑스식 복지국가(Etat-Providence)를 실현하는 것이 목표였다.

구체적인 내용은 다음과 같다.

① 누진세 도입, 상속세 및 증여세를 강화한다.

② 교사들에 대한 국가지원, 통합적 국민교육체계를 마련한다.

③ 퇴직연금을 신설한다.

④ 여성들에 대한 출산휴가 6주를 실시한다.

⑤ 산업체의 위생을 강화한다.

⑥ 무상의료 서비스를 실시한다.

⑦ 노인, 장애인, 불치병 환자에 대한 공공구호를 실시한다.

⑧ 빈곤층에 대한 사회적 부채를 탕감한다.

이와 같이 급진당의 구호는 노동자를 넘어서 여성, 아동, 노인, 장애인 등을 포괄하고 있으며, 이들의 복지를 구현하는 방법도 국가권력을 통한 방법과 개인의 자발적인 참여라는 두 가지 방법을 모두 극복하고 있다. 이것이 프랑스 중도정치의 진정한 의미다.

여기서 잠시 프랑스 정치 시계를 한국사의 변동과 맞추어 보자. 〈그림 2〉에서 보이듯이 1789년은 한국 정치에서 1948년에 해당하며, 1848년 한국 정치의 1987년에 해당한다고 필자는 생각한다. 한편 1890년의 프랑스 정치 시계는 1997년 한국의 외환위기와 유사하다. 왜냐하면 1997년 이후로 자본의 세계화라는 신자유주의 논리와 노동의 권리를 보호해야 한다는 시민사회의 요구가 첨예하게 대립하고 있기 때문이다. 이를 해결하는 방법이 복지국가에 있다는 모든 국민이 인정하고 있다. 그러나 영국, 독일, 프랑스의 복지국가의 내용과 역사가 달랐듯이, 이제 한국 정치도 한국 현실에 맞는 중도정치의 철학과 내용을 마련해 한국적 복지국가를 완성해야 할 것이다.

4) 1968년 중도정치

1968년 5월 프랑스 파리에서 발생한, 오늘날 68혁명이라 불리는 학생혁명은 소르본대학교의 총장실을 점거한 몇 명의 학생을 구속함에 따라서 시작되었다. 당시 학생들은 소르본대학교의 권위적인 학사 행정과 불합리한 시험제도, 암기식 교육제도, 학벌 체제 등을 비판했다. 또 대외적으로는 드골 정권의 권위적인 성격을 비판했고, 국제정치 질서에서는 베트남전쟁에서 나타난 미국의 패권적 질서에 대해 저항했다.

대학총장실을 점거한 학생을 구속시킨 대학 당국의 결정은 저항에 미온적이었던 일반 학생들을 분노하게 했고, 대학 전체로 저항을 퍼져가게 했다. 급기야 대학에 진압 경찰이 진입했고, 무자비하게 학생들에게 폭행을 가했다. 그런데 이러한 장면이 TV로 생중계되면서 많은 시민들의 공분을 샀다. 이렇게 학생혁명은 프랑스 전체의 시민혁명으로 비화된 것이다.

1968년의 당시 프랑스의 경제 사정은 호황이었다. 이른바 역사가들은 당시를 '아름다운 시절(bell epoque)'이라고 불렀을 만큼 프랑스 현대사에서 가장 윤

표 1 세계적·역사적 사회운동의 발전

	상승하는 혁명적 계급	조직 형태	전망/열망	전술
1776~1789	부르주아지	대의제적 회의	형식적 민주주의: 자유, 평등, 박애	혁명전쟁
1848	도시 프롤레타리아	혁명적 의회와 정치 정당	경제적 민주주의: 노동조합, 민주적 헌법	인민 봉기
1905	농촌 프롤레타리아	소비에트 및 평의회	보통 선거권: 제국으로부터의 해방, 노동조합	총파업
1917	도시와 농촌의 노동자 계급	전위당	프롤레타리아 독재 로서의 사회주의: 토지, 빵, 평화	조직적 권력 장악
1968	새로운 노동자 계급	행동위원회 및 집단체	자주관리: 상상력, "민중에게 권력을!"	공공 영역 및 일상생활에 대한 도전

* 카치아피카스, 1999.

택한 경제생활을 누리던 시절이었다. 과거 혁명의 원인을 연구하는 혁명사의 논리에 따르면, 이 시기에 학생혁명이 시작되었다는 점은 매우 이례적이다.

예를 들어 1789년 프랑스 대혁명은 루이 16세기의 경제적 파탄에 대하여 저항한 민중봉기였고, 1848년 6월 봉기는 대공황을 맞이하여 궁핍으로부터 탈출하기 위한 노동자 저항이었다. 1905년 러시아의 혁명은 피폐화된 삶을 벗어나기 위한 농민 저항이었고, 1917년 소비에트 혁명은 제정러시아의 무능을 타도하기 위한 공산주의자들의 저항이었다. 이렇게 놓고 보면 근대사의 중요한 혁명들은 대부분 정치적 무능력과 경제적 파탄이 중요한 원인이었다. 그런데 68혁명의 성격은 과거의 혁명과는 달랐다.

혁명의 내용이 정치적 자유나 경제적 풍요가 아니었다. 68혁명은 문화적 색채가 강했다. 예를 들어 68의 구호는 "일상의 욕망의 자유를 달라"였다. 과거의 구호와 비교해 보면 이러한 주장이 얼마나 이례적이었는가를 쉽게 알 수 있다. 예컨대 1789년의 구호는 "나에게 신체적 자유가 아니면 죽음을 달라"였고, 1848년과 1905년 그리고 1917년 구호는 모두 "나에게 빵이 아니면 죽음을 달라"였는데, 1968년은 "내 욕망의 자유를 달라"였다. 〈표 1〉을 통해서 근대사의 중요 혁명의 구호와 내용을 정리해 보았다.

이것은 무엇을 의미하는가?

이제 지배와 착취를 넘어서 새로운 억압의 논리를 깨닫게 된 것이다.

1789년의 저항은 육체적이고 가시적인 권력이 '우리'를 억압하고 있다는 것을 알게 되었기에 이를 바로 잡으려 했던 것이다. 그러한 저항의 결과가 바로 자유민주주의 체제의 성립이었다. 근대정치의 시작은 바로 절대왕정의 육체적 억압으로부터 시민권을 수호하고자 했던 것이다. 여기에 사상적 기반을 제시한 사람들이 바로 로크, 루소, 칸트다. 한국 정치에서 주로 보수주의의 사상적 자양분이 여기서 공급되고 있다.

1848년의 저항은 경제적 착취가 '우리'를 억압한다는 사실을 깨닫게 되었고, 이를 바로 잡으려 했던 것이다. 그 저항의 결과가 사회주의 건설로 나타났다. 이것이 노동자 정치의 시작이며, 근대적인 의미에서 진보 정치의 출발이었다. 여기에 사상적 기반을 제시한 사람이 영국에서는 조지 오웰(George Orwell), 독일에서는 마르크스, 프랑스에서는 피에르조제프 프루동(Pierre-Joseph Proudhon)을 꼽을 수 있다. 한국 정치에서 진보주의의 사상적 자양분이 여기서 공급된다.

이러한 보수와 진보의 통합이 이루어진 시기가 1890년대다. 위에서 살펴본 바와 같이 이것이 근대정치에서 나타난 첫 번째 중도정치다. 그리고 그 정치적 실현태가 바로 복지국가였다. 물론 각국마다 사상적 기반은 달랐다.

그렇다면 1968년은 어떤 의미에서 두 번째 중도정치의 시작일까?

1890년대의 보수와 진보의 통합은 기본적으로 경제적 자유에 대한 열망에서 시작된 것이다. 보수의 사상이 자유주의라고 하고, 진보의 사상이 사회주의라고 할 때 이 두 가지 이념이 모두 경제적 자유와 복지를 지향하고 있던 것이다. 그런데 68사상은 경제적 사유체계를 떠나 새로운 인식의 지평에서 유토피아를 꿈꾸게 만들었다. 소위 문화적 지평에서 생활세계의 해방을 모색하는 것이다.

이러한 맥락에서 보면 1789년이 정치적 해방, 1848년과 1890년이 경제적 해방, 1968년이 문화적 해방(일상의 해방)을 꿈꾸는 기점이라고 분류할 수 있다. 그런데 문화적 해방 혹은 일상의 해방이라는 개념은 정치와 경제를 포괄하는 새로운 통합의 정치를 요구한다. 즉 정치를 보수의 축으로 보고, 경제를 진보의 축으로 본다면 이 둘의 변증법 통합이 바로 문화혁명(일상의 해방)이라고 간주할 수 있다. 그래서 68혁명이 바로 두 번째의 중도정치라고 할 수 있는 것이다.

68혁명이 설정한 중도정치의 모습은 새로운 주체의 탄생과 관련된다. 1789년이 국가권력의 민주화를 요구한 것이고, 1848년과 1890년이 시장과 시민사회의 민주화를 요구한 것이라고 한다면, 1968년은 생활세계의 민주화를 요구한 것이다. 따라서 **국가권력 + 시민사회 = 변증법적 지향 = 생활세계**라는 형식을 갖추게 된다.

생활세계의 혁명이라는 점을 좀 더 구체적으로 살펴보자.

첫째, 프랑스의 노동자들은 당대 노동운동을 이끌었던 프랑스 공산당(PCF)이나 노동총연맹(CGT)이 관료화되고 권위적이었다는 점에 저항했다(홍태영, 2008: 130). 이미 좌파의 조직들이 과거의 이상과 달리 노동자를 억압하는 상황이 나타난 것이다. 그리고 노동 파업의 이유가 단순히 돈을 더 받기 위한 것이 아니라, 노동의 질과 일상의 자유와 관련되었다. 다시 말해 기계적으로 반복되는 노동 과정 속에서 노동자가 더 이상 순종적인 노예가 아니라는 점을 역설했다. 이때부터 프랑스에서는 자주관리운동이 새로운 노동운동으로 자리 잡는다. 이것은 전통적인 노조 관리 방식을 벗어나서 노동자들 간의 자율적인 노동운동의 형식이다.

둘째, 학교에서 일어난 저항도 과거와 비교하면 매우 이례적인 상황이었다. 왜냐하면 학교가 억압의 도구라고 인식되지 않았기 때문이다. 전통적인 마르크스주의에서 지배와 착취를 주도하는 대상을 억압적 국가기구(Apparatus repressif d'Etat)라고 명명했고, 여기에는 주로 군대나 경찰 조직이 속하는 것으로 한정되었다. 그러나 이 시기부터 소위 '이데올로기 국가기구(Apparatus ideologique d'Etat)'라는 이름 아래 학교 제도가 일상을 지배하는 국가권력이라고 인식하게 되었다. 경제적 착취에서 문화적 지배로 억압의 기제가 변화한 것이다. 프랑스는 전통적으로 학벌의 영향력이 강한 사회였다. 소위 명문 고등학교와 명문 대학에 대한 선호가 강했고, 이들이 새로운 귀족층을 형성하고 있었다. 다시 말해 신분제 사회의 차별이 현대사회에서는 학교를 통해서 재생산되고 있다는 문제의식이 생겨난 것이다. 또 학교에서 배우는 지식들이 현실과 동떨어진 것이며, 오히려 지식이 지배의 수단으로 작동하고 있다는 사실을 깨달은 것이다.

셋째, 일상 속의 지배와 억압이 화두로 등장했다. 내가 욕망하는 것이 내가 진정으로 원하는 것이 아니라, 국가 이데올로기와 남성적 문화가 만든 환상에 불과하다는 문제의식을 갖게 되었다. 예를 들어 성적 취향과 결혼 제도가 생활세계의 대표적인 환상으로 비판을 받게 된다. 남성/여성의 구분과 전통적인 혼인 제도가 가부장적·권위적 지배체제이며, 이것이 여성을 억압하는 제도라는 인식이 생겼다. 여기가 바로 여성주의(Feminism)의 정치가 시작된 지점이다. 이제 정치의 주체로서 노동자나 빈민에 더해서 여성이 큰 의미를 차지하게 되었다.

넷째, 소비생활의 문제도 심각하게 지적되었다. 대량소비 사회로 진입한 1960년대부터 유럽에서는 인간이 아니라 상품이 우선성을 갖게 된다. 즉 상품이 사람에게 맞추어지는 것이 아니라, 사람이 상품에 맞추어지는 것이다(카치아피카스, 1999: 233). 상품에 대한 즉물적 욕망은 인간관계를 파편화하고, 개인은 전통적인 친밀성의 관계에서 벗어나 원자화된 개인으로 타락했다. 즉, 삶의 의미를 잃게 되었다. 이것이 현대사회의 소외 문제다. 더구나 상품의 페티시즘이 강화되면서 정치의 공공성은 사라지고, 계급의식마저 희석되는 양상을 보였다. 대중소비사회에서는 노동자들이 보수화되는 경향이 강하다. 이러한 문제의식에서 소비 패턴이 지배의 새로운 형태라는 문제의식을 갖게 된 것이다.

68혁명과 그에 기반한 사상들은 1970년대 이후 프랑스 정치와 사회를 크게 변화시켜 놓았다.

예를 들어 전통적인 보수와 진보의 대결이 무너지고, 중도 진보와 중도 보수 정당이 정치 무대에서 주도권을 행사하게 된다. 그리고 1980년대가 되면 중도 보수와 중도 진보가 동시에 정권을 구성하는 이른바 동거정부(Cohabitation)의 형태가 자주 등장했다. 예를 들어 프랑수아 미테랑(François Mitterrand) 정권 당시 중도 보수정당의 당수였던 자크 시라크(Jacques Chirac)를 수상에 임명했던 일이 있고, 반대로 시라크가 대통령이 된 뒤에는 중도 진보정당이었던 사회당의 당수 리오넬 조스팽(Lionel Jospin)을 수상으로 임명했던 사례가 있다. 68 이후 프랑스의 정치에서 이념과 경제의 대결은 사라지고 새로운 중도정치가 자리를 잡게 되었다.

또한 1848년 이후로 100여 년간을 유지해 왔던 경제적 착취라는 관념을 대신해 문화적 지배라는 이슈가 사회 전반을 지배하게 되었다. 특히 학교 제도를 변혁하는 계기가 되었다. 예를 들어 학벌사회를 대표했던 소르본대학교를 없애고, 대학의 이름을 모두 국립대학 1, 2, 3…… 등으로 통일했다. 그리고 엘리트 학교의 대표적인 에콜 노르말(Ecole normale)을 파리에서 스트라스부르(Strassbourg)로 이전함으로써 파리 중심의 중앙집권을 지방 중심의 국가로 전환하게 된다.

생활세계를 지배하는 관습과 상식도 바뀌게 된다. 여성과 남성을 구분하는 기준에 대해서 사람들의 의식이 바뀌었다. 대표적인 경우가 바로 동성애에 대한 사회의 입장이 과거와는 판이하게 달라진 것이다. 그리고 결혼 제도도 급격히 변화되어, 법적인 제도보다는 사실혼 관계를 선호하는 젊은 층이 생겨났다.

소비생활에서도 미국식 소비 자본주의에 대한 비판이 거세지고, 계급의식을 압도하는 일상생활에 대해서 성찰적인 자세를 취하게 되었다. 그리하여 하층계급과 노동계급의 보수화 경향을 역전시키기 위해 새로운 신좌파의 운동을 전개하게 되었다.

5) 제3의 길 논쟁

1930년대 유럽에서는 대부분의 국가가 복지국가 체제를 정비한다. 그리고 1960년대가 되면 유럽은 최상의 복지 혜택을 누리게 된다. 그러다가 1980년대부터 생산성이 감소하면서 복지예산의 파탄을 겪게 된다. 이때부터 새로운 정치의 길을 모색하는 움직임이 생겨나는데, 이것이 소위 제3의 길 논쟁이다. 영국의 토니 블레어(Tony Blair) 정부, 독일의 게르하르트 슈뢰더(Gerhard Schröder) 정부, 그리고 프랑스에서는 조스팽에서부터 에마뉘엘 마크롱(Emmanuel Macron)에 이르는 중도좌파 정부가 바로 이러한 제3의 길 논쟁에 서 있는 정부들이다. 〈그림 3〉에서 제3의 길 논쟁의 지형을 간략히 정리해 보았다.

그림 3 제3의 길 논쟁

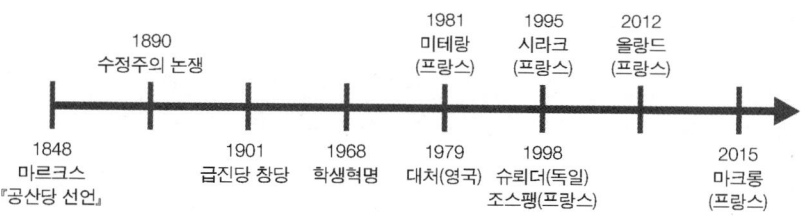

(1) 영국

우선 영국부터 살펴보자. 여기에 대표적인 학자가 바로 앤서니 기든스다. 그는 토니 블레어가 수상이 되었을 때 그에게 새로운 정치 이념과 철학을 제공한 학자다. 그는 구식 사회주의와 신자유주의 양쪽을 모두 비판하면서 제3의 길을 제시한다. 예를 들어 구식 사회민주주의는 경제의 수요관리정책이며,

국가개입주의로 정의하고 있다. 신자유주의는 이러한 국가개입주의에 대한 반대 이념이다. 그런데 이러한 두 가지 이념이 모두 중대한 위기에 처해 있다고 진단하며, 그것을 넘어서는 새로운 길이 바로 제3의 길이라고 말한다.

기든스는 제3의 길이 필요한 이유를 다음과 같은 다섯 가지 정치 변화가 있기 때문이라고 설명한다. 첫째로 범세계화, 둘째로 개인주의, 셋째로 좌파와 우파의 구분 상실, 넷째로 정치 행위체의 변화, 다섯째로 생태적 쟁점들이다. 이러한 상황 변화를 고려해서 복지체제를 변화시켜야 하는데, 그 핵심이 바로 **생산적 복지**의 개념이다. 즉 복지가 개인들에게 베푸는 시혜적인 성격을 벗어나서 산업생산성을 높일 수 있는 방향으로 개선되어야 한다는 것이다.

(2) 독일

독일의 경우를 살펴보자. 독일은 사회민주주의의 변형을 가장 심각하게 거쳐온 나라다. 따라서 제3의 길 논쟁도 바로 사회민주주의에 대한 반성에서부터 시작했다. 이론적인 수준에서 보면 과연 지난 세기 사회민주주의 제도가 남긴 것이 무엇인가 묻는다. 그리고 국유화와 시장에 대해 근본적인 질문을 던진다. 일단 국유화를 통해서는 대량 실업문제나 새로운 투자를 개척할 수 없는 약점이 있다는 점을 인정한다. 즉, 사민주의 모델에는 새로운 사업 모델이 없다. 한편 신자유주의가 주장하듯이 시장에게 모든 것을 맡겨둘 수는 없다. 따라서 시장은 자유와 조정이라는 두 가지 균형을 통해서 혼합경제를 만든다. 결국 경제민주화란 노동자와 소비자가 자신의 일에 대해서 스스로 영향력을 행사할 수 있는 수준을 의미하는 것이다. 독일은 사회민주주의 과제로 국제협력의 문제, 환경의 문제, 교육의 문제를 들고 있다(카를손·린드그렌, 2009).

한편 독일의 사회민주주의 대한 반성과 변형은 1990년대의 제3의 논쟁에만 국한되지 않는다. 1890년대 이후로 끊임없이 당의 강령과 노선을 변경하면서 현실 정치에 적용해 왔다. 그와 같은 독일 사민당의 변화를 요약하면 〈표 2〉와 같다.

표 2 독일 사민당의 변화

	강령	시대	당명	사람	이념적 우위
제1기	노동자 강령	1863	독일노동자 총연합	페르디난트 라살	라살주의
	아이제나흐 강령	1858	사회민주 노동당	아우구스트 베벨·카를 리프크네히트	마르크스주의
	고타 강령	1875	사회주의 노동당	-	라살주의
	사회주의자 탄압법	1878~1890	사회민주당	오토 비스마르크	-
	에르푸르트 강령	1891		-	마르크스주의
제2기	수정주의	1890~1919	사회민주당	에두아르트 베른슈타인	마르크스주의
	하이델베르크 강령	1925		아우구스트 베벨	마르크스주의
제3기	바이마르 공화국 집권당	1930	사회민주당	-	개혁지향적 정당
	사회주의 인터내셔널 강령	1951		-	민주사회주의
	고데스베르크 강령	1959		-	라살주의·수정주의
	베를린 신강령	1989		한스 포겔	민주사회주의
	파리 공동선언	1999		게르하르트 슈뢰더·토니 블레어	제3의 길

(3) 프랑스

한편 프랑스 경우 제3의 길의 논쟁은 현실 정치에서 시작되었다. 1968년 혁명이 있은 후 프랑스 정권은 주로 사회당이 주도하는 중도좌파 정치가 주류였다. 이러한 현상은 1981년 사회당의 당수였던 미테랑이 대통령에 당선됨으로써 절정에 달했다. 미테랑 정부는 12개 주요산업을 국유화하고 정년의 하향조정, 유급휴가의 인정, 최저임금제도를 실시함으로써 사회적 재분배를 강화하고 이를 통해서 경제를 활성화하는 전략을 추진했다.

그러나 이러한 좌파 정부의 시도는 좌절된다. 가장 큰 이유는 사회개혁 정책이 수입을 늘리는 효과를 가져왔고 이를 통해서 경상수지 적자가 심화되었기 때문이다. 1986년 선거에서 우파 연합에 패배한 후, 시라크를 총리에 임명함으로써 첫 번째 동거정부가 탄생한다. 이때부터 국가 주도의 경제 전략을 포기하고 신자유주의식 정책을 추진하게 된다.

1988년 대선에서 재선에 성공한 미테랑은 다시 사회개혁을 추진한다. 대표적인 예가 최저소득제다. 실업자가 급증하는 상황에서 노동과 관계없이 최저소득을 모든 시민에게 제공한다는 발상은 사회적 불평등을 개선하자는 사회주의 전통을 이어받은 것이다. 그러나 이러한 좌파 정책은 국가재정의 악화로 인해 오래 지속되지 못했다. 1995년 이후부터는 중도우파가 권력을 잡게 된다. 이때부터 국가 주도의 사회개혁은 현저하게 후퇴한다. 물론 시라크 정권에서 조스팽을 중심으로 한 좌파 연합이 동거정부를 구성하고 경제를 운영한 경험이 없지는 않으나, 전통적인 사회주의적 정책들은 많이 퇴조하게 된다.

이러한 상황에서 2016년 마크롱 정부가 탄생한 것이다. 그는 사회당의 당수였던 프랑수아 올랑드(François Hollande)의 경제자문관을 맡았던 인물이다. 그러나 사회당 내에서 권력을 재창출할 수 없다고 판단하고 탈당해 중도정당 '라 레퓌블리크 앙 마르슈(La République En Marche)'를 창당한 후, 대통령에 당선된다. 30대 후반의 젊은 정치인에게 권력을 맡긴 프랑스 시민들의 마음속에는 소위 데가지즘(Dégagisme)이 있었다. 즉, 프랑스 정치를 이끌어온 양대 정당 구조(공화당과 사회당)에 대한 혐오감이 크게 작동했던 것이다(이종수, 2017: 3).

결국 마크롱은 좌파와 우파를 통합한 이른바 새로운 제3의 길(중도정책)을 제시함으로써 대통령에 당선될 수 있었다. 구체적인 공약을 제시하면 다음과 같다(이종수, 2017: 5~8).

① **노동 활성화 및 새로운 노동보호정책 수립**: 모든 노동자의 구매력 강화[월

수입(세후) 2200유로 이하의 모든 급여 노동자에게 사회보장 분담금 연 500유로 경감], 최저임금 노동자의 구매력 강화(월 100유로 지원), 추가근무수당에 대한 사회보장 분담금 면제, 실직 노동자에 대한 실업보험법 신설(합리적 재취업 제안을 거부할 경우에는 실업급여 박탈), 국가 차원의 대대적인 직업교육 실시(취업 능력이 부족한 젊은 층과 취업 지원자 200만 명 대상), 농민 자립경제 확보(농업 현대화 계획에 50억 유로 투자, 친환경농업 지원, 동물권 보호, 농민 소득 정상화를 위한 노력), 직업교육 활성화(직업 고교 및 직업 대학 학사 과정에서 직업 활동과 수업 병행 등 직장과 직업교육 간의 긴밀한 연계).

② 노동과 기업 정신의 해방: 개인기업 활동의 단순화[비효율적인 현 자유업 사회보장제도(RSI) 폐지, 자영업자들이 마이크로기업 세제 혜택을 누릴 수 있는 제도적 조치 강구], 기업주의 사회보장 분담금 감소로 고용효과 창출, 비정규직 남용 기업에 대한 실업 수당 할증 제도, **법적 테두리 안에서 기업주와 노동자 간 대화·타협에 의한 노동조건 규정, 자유업 종사자 포함 모든 노동자에 대한 실업수당 지급 실시, 중소기업인을 위한 개별적 법률 자문 인터넷 서비스 개설.**

③ 새 성장 모델 창출: 대 투자계획에 500억 유로 투자(친환경사업 개발, 디지털혁명, 공공업무 현대화, 도시개발 혁신 등을 포함한 5개년 계획), 민간기업 투자 장려[법인세 감소(33.3% → 25%), 기업경쟁력 및 고용에 대한 세금면제(CICE) 중 영구 부담금 경감, 현 재산세를 부동산 재산세로 수정], 미래 산업을 위한 자금 조성(100억 유로), 화학물질 및 살충제에 대한 전면 투쟁, 주택 단열 보수(2022년까지 100만 주택), 친환경 연구 분야의 최강국으로 발돋움(외국 전문가 환대), 유기농 급식 확산(2022년까지 학교급식의 50%), 연간 대기오염 일수 50% 감소(오염이 적은 신형 자동차 구입 보조금 1000유로로 지급), 기업 및 시장 변동의 데이터베이스 뱅크를 설치해 스타트업 기업 활동 조력.

④ 모두에게 적용되는 규칙 규정: 퇴직연금의 공정성(통일된 보편 연금 체계를 확립해 납입액을 근거로 모두에게 동일한 권리 부여), 법적 퇴직 나이와 연금 수준 고수, 남녀 임금격차 시행 기업 고발, 탈세 엄벌, 사회보장제도 남용

엄벌, 대형 인터넷기업의 프랑스 내 매출액에 대한 과세, 공영주택 관리의 투명성 확보, 파견 업무직의 남용 근절.

⑤ 국민안전수호: 경찰관 및 헌병 증원(1만 명), 국민생활 안전경찰 창설, 경찰과 헌병 권위 증강, 일상적 무례에 대해 벌금형 등 관용제로써 선고된 형량 집행, 교도소 수용 인원 확대(1만 5000명), 국가 안전을 위한 사이버 방어의 중요성 제고, 국방비 증액에 국내총생산 2% 투자, 치안·국가정보·테러 방지 등의 임무를 띤 대통령 직속기관 상설참모부 개설, 유럽연합 국경수비대 병력 개설.

⑥ 모든 어린이들에게 균등한 기회 부여: 초등교육의 중요성 강조, 초중등 교내 휴대폰 사용금지, 교사와 전문 교육 인원에게 많은 독자성 부여, 우선교육지구 초등학교 1, 2학년 학급 정원 12명 확립, 중등 2개 국어 교육반 재개, 모든 학생에게 방과후 자율학습 제안, 대학 입시 고사 개정(대입 고사는 네 과목, 기타 과목은 내신으로), 대학의 자율성 강화(교수의 학사과정 결정권 강화 및 직업전문과정 개설), 직업고등학교 및 대학의 직업과정 결과 공개, 학생 주택 8만 가구 건설, 도서관 야간 개장 및 주말 개장, 18세가 되는 모든 국민에게 '문화 패스(Pass culture)' 지급(영화, 연극, 도서 구입 등 문화소비를 위한 액수).

⑦ 프랑스인으로서의 자부심 제고: 세속성 수호(공화국과 프랑스어의 가치 및 세속성 교육 실시, 대학 내 베일 착용 허가, 공화국을 공격하는 종교 단체 해체), **국적**의 기반(프랑스 국적 취득 최우선 기준: 프랑스어 구사, 망명 신청 6개월 내 처리), 국민 통합(취약 지구 젊은이들을 위한 일자리 창출, 사회적 차별 말소에 주력).

⑧ 방위 유럽, 기대에 부응하는 유럽: 고용 창출 및 경제발전을 가져오는 유럽 건설, 특정 국가와 다국적기업 간 조세 타협 금지, 유럽 내에서 제품을 생산하는 기업 우대, 유럽 내 교환학생 프로그램 확대, 유럽 방위를 위한 유럽 연합군 창설 제안, 외국자본으로부터 유럽의 전략산업 보호, 브렉시트 협상

시 통합된 하나의 유럽 시장 고수, 유럽 통합 디지털 산업 시장 및 유럽 통합 에너지 시장 확충, 유럽인들에게 발언권 부여(2017년 말 전 유럽에 시민협의서를 제안해 유럽인 의견을 수렴한 사업안 실시).

⑨ **취약층을 위한 복지 확대**: 노년 및 빈곤층 보호정책(노인 최소생활비 월 100유로 인상, 매월 같은 날 다양한 국가보조금 지급, 유익한 사회단체 활동을 전국적으로 활성화하기 위한 기구 창설), 의료 정책(2022년까지 안경, 보청기, 의치 전액 환불, 50억 유로를 투자한 의료 투자 사업을 실시해 개업의 및 병원시설 개선, 학교 및 기업 대상으로 보건서비스 실시, 과거의 질병에 대한 잊힐 권리 확장, 의료시설이 부족한 지역을 위한 의료 센터 수 배가), 장애인 복지 정책 실시(장애 아동의 정상적인 학교생활을 위한 보조인 제공, 성인 장애인 보조금 월 100유로로 인상).

⑩ 국민생활 편리: 오류를 범할 권리 보장(처벌보다는 지도 편달을 중시하는 행정으로 변환), 행정 처리의 디지털화 가속(신분증과 여권 등 공식 서류의 온라인 갱신), 국가행정 서비스를 각 지방 실정에 맞도록 조직·적용하는 재량을 도지사에게 부여, 농업·수산업·어업 분야에서 유럽 규범만을 적용, 모든 공공서비스 기관은 대기 시간과 만족도 등 서비스 실적 공개, 각 도에 일심 법원 설치, 4000유로 이하 분쟁에 대한 판결 기간 축소(출두 없이 온라인으로 처리).

⑪ **민주주의 개혁**: 정치권 윤리 개혁을 위한 법안 발의(국회의원 임기 기간 중 원외 자문 활동 금지, 의원 및 장관의 가족 고용 금지, 동일한 공직을 연속 3회 이상 역임 금지, 범죄 기록 보유자의 피선거인 자격 박탈, 국회의원의 현행 퇴직연금제도 폐지 및 보편연금제도 귀속, 연 1회 대통령은 상하원 합동회의에서 국내 및 유럽 임무 수행 결산 보고), 정치권 쇄신 및 다원성 제고(상원·하원 의석 3분의 1 축소, 균등한 남녀 비율 준수, 의회 활동의 신속성을 위해 응급 절차를 궐석 절차로 처리, 국회의 입법 활동 기간을 축소하고 정부 활동에 대한 감사와 평가를 위한 시간 확대 등 의회 기능 개혁), 국민 참여 확대(국회

의원의 활동을 국민이 평가할 수 있는 새로운 방식 고안, 공공비 사용에 주민 의견 반영 권장).

⑫ 국토개발: 2020년까지 중산층과 저소득층 등 국민 80%에 대해 주거세 면제, 국토 전체에 광대역 설치, 행정구역 통합[도(道, departement) 25% 폐지], 부동산 가격 안정이 필요한 지역에 주택 건설, 교통정책의 전면적인 재고(신규 교통망 건설이 아닌 기존 교통망의 효율적인 활용과 새로운 서비스 개설), 해외 영토 지원 사업(본토와의 긴밀한 관계를 위해 항공권 20만 매를 저렴한 가격으로 지원, 생물다양성보호청 설치, 각 영토의 특수성에 따라 프랑스 보통법 적용의 수정 허용).

⑬ 진정성과 책임감 제고: 국가부채의 중대성에 직면해 재정적자 감축(각 부처의 지출을 줄여 600억 유로 확보), 교육·공공서비스 활성화(교육, 의료 등), 미래를 위한 투자(디지털혁명 및 환경의 중요성과 경쟁력 격변으로 대변되는 현시대에 미래의 지출 감소를 위한 투자 필요성 부각, 경기 회복을 기다리는 대신 실업자 직업교육 실시, 에너지소비 절약을 위한 단열 보수, 국가보조금을 지출하기보다 농업 구조를 혁신하는 등).

이러한 정책으로 유권자의 마음을 사로잡을 수 있었던 이유는 무엇일까? 아마도 운이 좋았다고 말할 수도 있을 것이다. 불과 몇 년 전만 해도 마크롱의 존재는 사회당 내에서도 미미했으며, 국민들에게는 더더욱 무명의 정치인이었기 때문이다. 그러나 실제로 그가 했던 선거운동을 살펴보면 그의 정치적 성공이 반드시 우연이라고 단정할 수는 없다. 그는 미국 대통령 버락 오바마(Barack Obama)가 실시했던 이른바 풀뿌리 운동을 벤치마킹해 '위대한 행진(Grand Marché)'이라는 캠페인을 시작했다. 그리고 자원봉사 2만 5000명을 조직해 유권자들을 직접 만나게 하여 15분 동안 심층 인터뷰를 했던 것이다. 이렇게 방대한 정책 데이터 베이스가 만들어졌고, 이를 근거로 유권자가 공감할 수 있는 정책을 제시할 수 있었던 것이다.

또 마크롱은 제 2의 올랑드라는 이미지를 잘 피해 가면서도 장마리 르펜 (Jean-Marie Le Pen)이 폐쇄적인 사람이라고 공격함으로써 자신의 개혁성과 실천성을 국민들에게 전달하는 전략을 구사했다. 프랑스의 한 언론보도에 의하면 그는 국민들에게 무엇을 할지를 설명하기보다는 사람들이 어떤 기회를 가지게 될지를 설명했다고 한다. 마크롱의 성공은 한국의 중도정당과 정치인들이 되새겨 볼 만한 교훈이다.

한국 정치에서도 2000년대 이후 강력한 중도정당이 필요하다는 현실을 인정하고 있다. 정치개혁을 이루기 위해서는 합리적 중도 진보세력과 개혁적 중도 보수세력까지 모든 중도정치 세력이 정파를 초월해 중도 대통합을 이루어야 한다고 선언한 바도 있다. 그러나 좌우의 극단 세력은 애당초 통합의 대상이 아니다. 중도 통합이 야합으로 실추하지 않기 위해서 화합하되 휩쓸리지 않는 원칙을 지켜야 한다고 주장한 바 있다(황태연, 2007: 165). 한국 현실 정치를 두고 볼 때 중도 통합이 매우 중요하며 이를 실현할 수 있는 정치력이 그 어느 때보다 절실하다.

3. 프랑스 중도정치의 사상적 배경

1) 연대주의

연대주의는 로마법에서 기원한 개념이다. 공동체에 속한 개인이 가족이나 다른 개인들에게 무한 책임을 진다는 이른바 '오블리게이션 인 솔리둠 (obligation in solidum)'이라는 개념에서 시작된 것이다.

그러다가 18세기에 오면 개인과 사회의 상호책임성이라는 뜻으로 확장되는데, 이때부터 연대주의는 일종의 도덕적 기준이 된다. 이 시기에 연대주의는 사실성과 규범성이라는 두 가지 기준을 포함하게 되었다. 전자의 의미는 개인과 개인 또는 개인과 사회 사이에서 객관적으로 인정할 수 있는 공통의 기반이 있을 때 상호 간의 연대책임이 발생한다는 것이다. 후자는 연대의 발생에 상호 간의 감정적 유대가 존재해야 실질적인 상호책임이 실현될 수 있다는 뜻이다. 이러한 점에서 연대주의는 의미 자체가 매우 모호하거나 상호 모순적인 성격을 가진다.

한편 19세기 이르면 연대주의는 형제애(Fraternity)의 의미를 가지게 되었고, 이로부터 정치적 용어로 자리 잡게 된다. 특히 프랑스 대혁명을 거치면서 연대주의와 형제애는 동일한 의미를 띠게 되었다. 따라서 이 시기에 연대주의란 공동체 정신, 상호 존중, 사회적 협력, 자선 등과 유사한 용어로 사용된다.

20세기가 되면 마르크스주의의 전통에서 노동자 연대를 주장할 때 연대주의라는 단어가 자주 사용되었다. 그러나 소련 사회주의가 독일과의 전쟁을 수행하면서 노동자 연대보다는 자국의 민족주의를 강조하게 됨에 따라 국제적 연대주의는 큰 의미를 갖지 못했다(Kurts, 2000: 3; 강수돌, 2012: 2~4장).

이처럼 연대주의라는 단어는 시기에 따라 의미가 달라졌고, 적용되는 범위도 편차가 컸다. 따라서 정치학의 연구 대상으로 자리 잡지 못했다. 정치철학에서 요구하는 기본적인 요건을 가지지 못했기 때문이다.

다시 말해 연대주의가 정의, 자유, 평등과 같은 개념과 달리 정치학의 보편적인 개념으로 자리 잡지 못한 이유는 크게 두 가지이다. 첫째는 정치학의 큰 흐름이 개인의 자유를 보장하는 것에 초점을 맞춘 사회계약론이 득세했기 때문에, 이러한 목표에서 벗어난 연대주의는 연구의 대상이 되지 못했다. 둘째는 개인과 사회를 통합한다는 연대주의 기초는 기본적으로 하나의 공동체 속하고 있는 동일체 감정인데, 이것은 상황에 따라서, 개인에 따라서, 달라지기 마련이어서 보편적인 토대가 처음부터 부족했다.

그러나 현대 정치는 과거와 같은 사회계약론이나 보편적인 정의론만으로는 정치 통합의 원칙을 마련하기 어려운 상황에 이르렀다. 따라서 새로운 정치 통합의 윤리를 모색하는 과정에서 연대주의 개념이 매우 유용한 자원이라고 판단하며, 이를 발전시켜 새로운 정치 통합(중도정치)의 원칙을 갈구하는 한국 정치에게 좋은 길잡이 역할을 할 것이다.

연구자는 지금까지 상대적으로 소홀하게 다루어진 연대주의 개념을 현대적으로 발전시키기 위해서 두 가지 원칙을 제시하고자 한다. 첫째는 프랑스에서 연대주의를 주창한 사상가의 원본 텍스트를 살펴보자는 것이며, 둘째는 이것이 한국 정치에 유용하게 활용될 수 있는 방안을 모색해 보자는 것이다.

이러한 연구기준에 충족한 사람은 피에르조제프 프루동, 부르주아, 뒤르켐이다. 따라서 아래서 이 학자들의 사상을 검토하고, 한국 정치에로의 적용가능성을 탐색해 보기로 하자.

(1) 프루동

전통적인 정치 이론에서 정치 통합의 사상적 기반은 사회계약이다. 이것을 근거로 근대정치에서 정치와 사회의 질서가 유지되는 것이다. 그런데 사회계약을 다루는 영미 전통에서는 개인과 개인 혹은 개인과 국가 간의 합의가 이루어지는 근저에 개인의 이해관계를 판단하는 도구적 이성이 있다고 본다. 대표적인 학자가 홉스와 로크다. 반면 독일의 전통에서 사회계약을 통한 합의는 개인의 이성적 자율성에 이루어지는 것으로 본다. 대표적인 학자가 칸트다.

그런데 프루동은 이러한 사회계약론의 전통에 정면으로 반기를 든다. 우선 프루동이 제기하는 문제점은 다음과 같다.

첫째, 사회계약론은 개인과 국가 간에 이루어지는 일회적인 성격으로 규정될 수 없다. 다시 말해 사안에 따라서, 개인의 성격에 따라서, 여러 번의 토론과 협의를 통해서 이루어진 협약으로 간주되어야 한다. 즉, 개인과 국가의 협약은 상황과 조건에 따라 수정되거나 변화될 수 있다. 이러한 점에서 프루동은 자신의 계약을 상호주의적 계약(연방주의적 계약)이라고 명명했다.

둘째, 전통적인 사회계약론에서는 개인의 자유는 국가와의 관계에서 계약이 성립되는 순간 발생되지만, 프루동은 개인의 자유를 완성시키는 타자의 자유를 내가 인정하는 순간이라고 말한다. 다시 말해 나의 자유는 타자의 자유를 인정하는 것을 의미한다. 이러한 맥락에서 자유는 개인의 권리라는 수준을 넘어서 사회통합의 구성원리가 된다. 또 국가권력의 정당성은 사회 구성원들이 자발적으로 지지를 보낼 때 성립된다. 즉 구성원들의 다원성과 이해관계의 복잡성을 해결하고 통합할 때 자연발생적으로 생겨나는 것이다. 이것은 영미 전통에서 국가권력의 정당성을 실정법의 근거에서 찾는 방식과 크게 대조된다.

프루동의 이러한 상호주의 철학이 바로 연대주의의 기초라고 할 수 있다. 그리고 이러한 사상이 잘 반영되어 나타난 것이 소유권이나 임금의 문제다.

프루동에게 사유재산이란 타인과의 관계에서 협약을 통해서 실현된다. 다시 말해 자신의 노동 산물의 권리를 인정하지만, 사유재산을 기초로 타인과의 관계가 성립한다는 점에서 사회적 의미를 동시에 가진다. 이것이 전통적인 사회계약론자와 다른 점이다. 따라서 분업, 교류, 부가가치의 재산권에 대한 권리가 조정되어야 한다(김영일, 2000: 12). 그렇다고 개인의 사유재산권을 전면으로 부정한 마르크스주의의 전통과도 궤를 달리 한다. 이렇게 두고 보면 그는 마르크스주의의 집단주의와 로크식의 개인주의를 넘어서는 중도정치의 길을 분명하게 보여준다.

이러한 그의 사상이 더욱 선명하게 드러나는 사안이 바로 임금의 결정 방식이다. 『소유란 무엇인가?(Qu'est-ce que la Propriete?)』 3장 6절에서 프루동은 사회적 임금의 결정 방식으로 당시에 논의되던 세 가지 척도, 즉 첫째로 능력에 따라, 둘째로 성취물에 따라, 셋째로 자본의 투자량에 따라 정해진다고 하는 기준을 비판한 후 자신의 의견을 개진했다. (프루동, 2000: 185~186).

우선 자본의 투자량에 따라서 임금이 결정될 수 있는가? 프루동은 단호하게 아니라고 말한다. 왜냐하면 상품의 부가가치는 노동 투입에 의해 결정되는 것이기 때문이다. 노동가치설을 신봉하고 있던 프루동에게 이것은 너무도 당연한 결론이다.

그럼 성취물에 따라서 임금이 결정되는가? 이것은 현재 자본주의를 살아가고 있는 우리들에게 당연한 기준이 아닌가? 그러나 프루동은 이에 대해서도 반대한다. 왜 그럴까? 그는 숙련도에 따라서, 다시 말해 성취도에 따라서 임금이 배분되는 경우 노동의 사이에 불평등이 발생한다고 보았다.

그의 말을 인용해 보자. "6시간만에 자기 일을 끝마칠 수 있는 노동자는 자기의 힘과 활동이 더 크다는 구실로, 자기보다 덜 숙달된 노동자의 일감을 빼앗고, 그리하여 그의 노동과 빵을 강탈할 권리가 있는가? 누가 감히 이런 주장을 고집할 수 있겠는가? 다른 사람보다 먼저 일을 마친 이는 원한다면 휴식을 취할 수 있으리라. 힘을 재충전하고 영혼의 양식을 얻고 삶을 쾌적하게 가꾸기 위해 운동이나 유익한 일에 몰두하는 것도 좋으리라"(프루동, 2000: 191).

결국 성취도(숙련도)라는 것이 자본의 이익을 증대시키는 이데올로기가 될 수 있음을 경고한 것이다. 현대자본주의가 성과급이라는 것을 책정하고 노동자에게 주어진 노동시간 안에 더 많은 성과를 요구하는 것은 결국 노동자의 더 많은 노동력을 갈취하고, 나아가 노동자 간의 과도한 경쟁을 부추기는 결과를 초래할 것이라고 경고한 것이다. 한국 경제 상황을 두고 볼 때 심각하게 음미해 볼 필요가 있는 대목이다.

마지막으로 능력에 따라 임금이 결정될 수 있는가? 예를 들어 보자. 단순 노동자와 의사의 임금은 달라야 하는가? 현대적인 시각에서 볼 때 의사의 임금은 현실적으로 단순 노동자의 임금보다 매우 높으며, 그런 차이가 당연하다고 생각할 것이다. 그러나 프루동은 여기서도 아니라고 단호히 말한다.

이 대목에서 프루동이 제시한 상호주의적 계약이라는 사상이 잘 나타난다. 도대체 능력이란 무엇인가? 의사의 능력이 단순한 노동자의 능력보다 뛰어난 것인가? 사람의 병을 고치는 능력은 변기를 수리하는 노동자의 능력보다 우월한 것으로 인정받아야만 하는가? 만일 그렇다면 어떤 근거에서?

여기서 프루동은 사회적 노동이 기능과 관계라는 두 측면을 포함하고 있음을 강조한다. 먼저 기능이란 사회적 필요에 의해서 생겨난 노동의 성격이다. 그리고 이것은 인간의 욕구에서 생겨난 것이다. 간략히 말해 노동의 기능은 서로 간의 우월을 평가할 수 없다는 것이 프루동의 결론이다. 한편 노동의 관계는 성격은 노동의 역사성과 관련된다. 예를 들어 의사라는 직업은 중세 시대에는 존재하지 않았다. 당시는 이발소에서 간단한 치료 기능을 수행하고 있었다. 그러던 것이 근대 사회로 진입하면서 의사라는 직업이 생겼고, 의사의 노동에 전문성을 부여하게 된 것이다. 따라서 이러한 역사성에 근거해 보면 노동의 전문성과 그에 상응하는 임금은, 사실 특정 사회가 부여한 것이다. 이렇게 두 가지 논리에 따르면 노동의 임금은 직종에 관계없이 사회 내에서 동일하게 지불되어야 한다. 이것이 프루동의 주장이다.

여기서 노동의 관계라는 측면을 좀 더 자세히 살펴볼 필요가 있다. 이 문제는 신자유주의 시대에 비정규직 문제가 심각한 사회문제로 대두된 한국 경제에서 그 해결책이 무엇인지를 고민하는 데 좋은 길잡이 역할을 해줄 것이다. 프루동에 따르면 의사라는 직업이 고도의 전문성을 인정받고 높은 임금을 받을 수 있는 이유는 자신의 재능을 인정해 준 타자들(= 사회)이 존재하기 때문이다. 따라서 의사의 전문성은 타자의 인정에 빚을 지고 있는 셈이며, 그런 의미에서 의사의 전문성은 사회 전체가 함께 소유한 공통의 자산이다. 따라서 의사는 자신이 받은 높은 임금의 일부를 사회에 돌려주어야 한다. 왜냐하면 그는 사회에 빚이 있기 때문이다.

이러한 논리를 뒷받침하기 위해서 프루동은 당대의 최고의 여가수였던 라셀(Rachel)의 출연료를 어떻게 결정할지 다시 한번 설명한다(프루동, 2000: 219). 러시아에서 2만 루블을 요구했던 그녀를 프랑스에 초청하기 위해서는 얼마의 돈을 지불해야 할까? 프랑스는 러시아보다 강국이니 더 많은 돈을 주어야 할까? 의사의 능력이 역사적으로 사회 구성원의 합의에 의해서 결정된 것처럼, 여가수의 능력에 대한 인정도 사회 전체의 국민들이 결정하는 것이다. 적어도 여가수가 프랑스에 제공하는 효용성에 대한 판단은 오로지 국민들만이 할 수 있는 것이다.

이렇게 두고 보면 한국 사회에서 프로 운동선수의 연봉에 세금을 부과해야 할지, 강원랜드에서 하룻밤에 벌어들인 도박 이익에 세금을 부여할지, 정규직과 비정규직 노동자에게 어떤 임금을 지불할지는 모두 사회적 평가와 합의에 의해서 결정된다. 그러나 이러한 합의가 국민들이 동의하면 노동임금의 편차를 자의적으로 결정할 수 있음을 의미하는 것은 아니다. 오히려 고소득자나 불로소득자들에게 생긴 임금소득이 사회와 타인이 존재하기 때문에 생겨난 부채라는 점을 인식시키고, 전체 국민이 함께 나눌 수 있는 기준이 마련되어야 함을 강조하는 것이다.

(2) 부르주아

레옹 부르주아는 프루동의 사상을 이어받은 대표적인 학자이며, 나아가 연대주의라는 개념을 만든 사람이다. 이 개념은 프랑스 중도정치의 사상적 기반이 되었다고 볼 수 있다. 당대의 여러 정치인과 학자들이 연대라는 개념을 활용했고 책을 출판했지만, 레옹 부르주아만이 유일하게 연대주의 창시자라는 호칭을 부여받고 있다. 더구나 그는 현실 정치인으로서도 성공을 거둔 사람이다. 그는 대통령에 당선되어 후일 연대주의라는 깃발 아래 최초로 프랑스의 복지국가를 완성했다.

그가 제기한 연대주의는 기본적으로 **사회적 준계약**, 혹은 **사회적 부채**라는 개념에 바탕을 둔다. 전통적인 자유주의자들은 자연 상태에서 개인과 개인 간에 계약관계가 성립하며 이것을 바탕으로 국가가 탄생하는 것으로 생각했다. 그러나 부르주아는 자연 상태라는 전제 조건을 부정하고, 개인과 개인 혹은 개인과 국가 간의 계약에는 사회적 부채가 선행한다고 설명한다.

예를 들어 개인이 소유한 지식과 기술 그리고 사적 재산은 모두 타인의 지식과 기술 그리고 재산과 어울려 그 가치를 인정받을 수 있다. 더구나 현재의 기능과 재산은 모두 과거로부터 물려받은 유산이다. 따라서 이것은 모든 개인들의 계약에 선행한다. 개인이 정치적-경제적 계약관계를 설정할 때 이러한 사회적 부채(Le devoir-social)를 청산해야만 한다. 이것이 바로 사회적 준계약(Quasi-contrat association)이다.

다시 말해 자유주의 전통에서 계약이란 두 당사자 간 이익의 균형이라는 점에서 합의가 발생하지만, 연대주의 전통에서 계약은 현재와 과거의 타인에게 내가 일정한 부채를 안고 있으며, 이것을 청산하는 것이 계약관계에 포함되어야 한다. 왜냐하면 인간은 사회적 존재이기 때문이다.

여기서 두 가지 결론이 도출된다. 첫째로 인간의 능력과 행동은 모든 것이 타인과 연결되어 있다는 점, 둘째로 계약은 이해관계의 균형뿐만 아니라 사람과 사람 간 부채 관계의 청산이 실현되어야 한다는 점이다(Bourgois, 1912: 49).

따라서 로크나 홉스와 같은 개인주의 철학을 기반으로 하는 자유주의 전통과 연대주의의 바탕은 다르다. 일단 인간이란 경제적 이해관계를 넘어서 도덕적이고 심리적인 목표를 추구한다고 생각하기 때문이다. 그렇다고 마르크스주의와 같은 집산주의 철학을 바탕으로 하는 진보주의적 전통과도 입장이 같지도 않다. 왜냐하면 집산주의는 개인의 능력이나 창조력보다는 집단적 계급성에 강조점을 두기 때문이다.

이렇게 보면 정의로운 사회가 무엇인지 결정하는 기준에서 연대주의는 기존 두 가지 주류의 흐름과 차별된다. 그리고 이러한 차별성이 현대 한국 사회에도 많은 정치적 함의를 준다. 우선 자유주의 전통에서 정의로운 사회란 개인의 이해관계를 최대한 보장하는 것이다(최대 다수의 최대 행복). 결국 이것이 한국 사회에서는 발전주의적 사고로 나타났고 현재에도 엄청난 영향력을 발휘하고 있다. 둘째, 진보주의 전통에서 정의로운 사회란 개인의 이해관계에서 형평성을 강조하고, 국민전체의 평등이 보장되는 사회다. 결국 이것이 한국 사회에서 노동자 문제나 갑의 횡포를 청산하겠다는 정책으로 반영되고 있다.

그런데 연대주의적 관점에서 보면 이러한 두 가지 흐름이 모두 이해관계(interest)를 기준으로 작동하는 정치 원리에 불과하다. 즉 경제적 이성의 논리가 정의로운 사회를 실현하고자 하는 정치 영역에 그대로 반영된다. 그런데 연대주의는 경제적 이해관계뿐만 아니라 심리적·도덕적 요인에 의해서 정의로운 사회를 평가한다. 바로 이것이 프랑스가 복지국가를 완성시킨 기본 원리이며, 이는 독일이나 영국의 복지국가의 형성 과정과 기본 토대에서부터 완전히 다른 면모를 보인다. 한국 사회에서 프랑스의 연대주의에 관심을 기울여야 하는 이유가 여기에 있다.

예를 들어 국민들 전체를 상대로 하는 복지체제를 구축해야 하는 이유가 무엇인가? 우선 독일의 경우는 노동자들의 혁명 의식을 잠재우고 자본가들의 이해관계를 유지하기 위해서 복지국가가 시작되었다. 이것이 바로 비스마르크가 시작한 복지국가의 탄생이다. 비스마르크는 한손에 사회주의 탄압법이라는 채찍을, 다른 한손에는 복지국가라는 당근을 들고 당대의 노동자의 불만을 잠재우려고 했던 것이다.

반면에 영국은 지식인이 민중에 베풀어주는 시혜의 성격이 복지국가로 확대되었다. 이른바 페이비언 사회주의(Febian Socialism)가 영국 복지국가의 사상적 토대인데, 여기서 강조하는 것은 전문적인 지식인들이 사회 각 영역(교육, 육아, 경제, 산업)에서 자본과 노동의 갈등을 최소화하고 가능한 최대의 발전을 이루는 것이며, 이러한 방안 중 하나로 복지국가 노선을 선택한 것이다.

그런데 프랑스에서 복지국가의 탄생은 자본과 노동의 갈등을 치유하고 봉합하려는 목표에서 출발하지 않았다. 프랑스 복지는 인간의 고유한 성격이 사회적이라는 점과 인간의 실존이 언제나 타인과 연계되어 있다는 연대주의 사상에서 출발한 것이다.

예를 들어 보자. 19세기 중반 신생아에게 첫 호흡을 불어 넣는 일은 산파가 했다. 즉 신생아가 첫 호흡을 원활히 하도록 도움을 주는 것이다. 그런데 이러한 역할을 하는 산파가 잠재적 폐렴균을 가진 보균자였다면 어떻게 될까? 잠재적 보균자가 주입한 수많은 호흡이 신생아를 감염시키고, 나아가 전체 사회를 감염시키게 될 것이다. 그런데 우리는 누가 보균자이고 누가 정상인지를 알지 못한다(Gide, 1893: 4). 따라서 국민 전체를 대상으로 하는 일반적 복지가 시행되어야 한다. 이것이 프랑스 연대주의 사상의 골자다.

물론 복지의 시행 단계는 몇 가지로 구분될 수 있다. 예컨대 자연재해를 당한 사람에 대한 국가의 원조나 군역 혹은 납세의 의무를 개인에게 부과하는 수준이 원초적인 복지라면, 교육과 같이 보다 복잡한 단계의 복지가 있을 수 있다. 그러나 이러한 모든 단계에서 공통적으로 작동하는 원리는 나의 생존과 번영이 언제나 타인의 생존과 번영과 밀접하게 연결되고 있다는 점을 인정하는 것이다.

(3) 뒤르켐

뒤르켐은 프루동과 부르주아의 연대주의 사상을 유기적 연대라는 개념으로 계승·발전시킨 학자다. 특히 그는 과거의 기계적 연대가 유기적 연대로 이행하는 과정에서 발생하는 도덕적 아노미 현상에 주목하며 개인들에게 새롭게 필요한 도덕교육의 중요성을 강조한 바 있다.

일단 뒤르켐이 생존했던 프랑스 제3공화정 시대의 사회적 상황을 잠시 살펴보자. 당대의 보수 진영은 가톨릭과 군대 그리고 관료집단이 장악하고 있었다. 이들은 권위적이고 반의회적인 엘리트주의자였으며, 과거의 왕정을 복귀시킴으로써 사회적 혼란을 해결하고자 했다. 반면 진보 진영은 노동자계급을 중심으로 하는 사회주의 혁명을 지향하는 그룹이었다. 이들 역시 부르주아 의회정치를 무시하고 새로운 노동자 사회를 건설하고자 했다. 이러한 보수와 진보의 양극단의 중간 지점에 뒤르켐의 연대주의 사상이 자리 잡고 있었다. 뒤르켐과 그를 추종하는 그룹들은 소위 공화주의파로 불리기도 했는데, 이들은 왕정복고와 사회주의 혁명을 모두 거부하고 새로운 정치개혁을 통해서 프랑스 혁명의 가치를 실현할 수 있다고 믿었기 때문이다.

제3공화정의 이러한 정치 지형은 현대 한국 정치와 유사한 점이 많다. 예를 들어 한국의 보수세력은 여전히 이승만과 박정희 시절의 유산을 강조하면서 과거 회고적 성격을 강하게 나타내며, 한국의 진보세력은 노동자 중심의 사회개혁과 적폐 청산을 외치고 있기 때문이다. 이 같은 구도에서 중도정치는 정치 개혁의 과제를 완수해야 할 시점이다. 바로 이러한 한국 정치의 시대적 과제에 뒤르켐 사상이 많은 시사점을 제공한다.

뒤르켐의 사상은 보수와 진보에게 두 가지 점에서 비판을 던진다. 우선 보수 사상은 개인적 이해관계만을 추구하는 자유방임적 태도라고 비판했다. 이것은 영미식 발전 모델에 대한 비판이기도 했다. 두 번째로 진보 사상에 대해서는 노동자의 집산주의를 통해서 사회를 운영하는 방식이 권위적인 독재로 흘러갈 위험이 있다고 비판했다. 또 진보 사상은 개인의 창의성을 무시하는 경향을 가진다. 따라서 뒤르켐이 제3의 길로 제시한 중도정치의 방향은 개인의 창의성을 존중하면서도 사회 전체의 이해관계를 실현시킬 수 있는 발전 모델이었다. 이것이 바로 유기적 연대의 개념이다.

우선 기계적 연대와 유기적 연대의 차이를 살펴보자. 전자는 동류성에 기반한 연대 의식이다. 즉 혈족이나 지역성에 기반한 전통사회(농경사회)의 연대 의식이라고 할 수 있다. 그런데 산업사회로 발전함에 따라 이러한 기계적 연대는 새로운 형태의 연대로 변화해 가는 것이 일반적이다. 이때 나타나는 것이 바로 유기적 연대다. 이것은 사회가 분업화로 인해 다양한 직업군으로 분류됨에 따라서 혈족이나 지역성을 넘어서는 사회적 결속의 한 형태다.

그렇다면 이러한 유기적 연대가 가능해지는 이유는 무엇일까? 『사회분업론(De La Division du Travail Social)』에서 뒤르켐은 다음과 같이 말한다.

사실 인간이 상호의 권리를 인정하고 보장하기 위해서는, 먼저 서로 사랑해야 하며, 어떤 이유로건 서로 의존해야 하며, 또한 그들이 참여하는 동일한 사회에 의존해야 한다. 정의는 동정으로 가득 찬 것이며, 우리들의 표현을 따른다면, 소극적 연대는 적극적 성격의 다른 연대로부터 방사되어 나오는 것에 불과하다. 그것은 다른 근원에서 나오는 사회적 감정이 물질적 권리의 영역에 반향된 것에 불과하다. 소극적 연대는 특별한 것은 아니지만, 모든 형태의 연대에 필요한 부수물이다. 그리고 그것은 인간이 공동생활을 하는 곳에서는 어디서나 강제로 이루어지는 것이며, 분업 또는 동류간의 친화성에 근거를 두는 것이다(뒤르켐, 1994: 456).

위의 인용문을 분석해 보자. 소극적 연대란 산업사회에서 계약이나 법률로부터 시작되는 최소한의 사회적 합의라고 볼 수 있다. 그런데 이러한 계약이나 법체계가 작동하도록 만드는 더욱 중요한 기초는 바로 분업사회에서 형성되는 상호 간의 인정, 애정, 존중이라는 감정들이다. 겉으로는 산업사회가 물질적인 사회이며, 익명성의 사회로 보인다. 그러나 엄격한 형식성(계약과 법)으로 무장한 것으로 보이는 현대사회(1893년의 시점에서)도 그 사회 운영의 효율성과 정당성이 확보되는 기초는 인간의 감정 상태다. 즉 현대사회가 제대로 작동하기 위해서는 인간의 상호이해와 존중이 바탕이 되어야 한다는 점을 설명하는 것이다. 또한 뒤르켐은 다음과 같이 스스로 자문한다.

전부터 지속되어 온 유대가 없는 많은 사람들이 어떻게 그런 상호의 희생을 감수할 수 있을까? 평화롭게 살려는 욕구 때문일까? 그러나 평화 그 자체는 전쟁보다 더 바람직한 것이라고 할 수도 없다. 전쟁은 전쟁대로의 이익과 이점이 있다. 전쟁에 열정을 느끼는 사람들은 언제나 있어 오지 않았는가? …… 맹목적인 휴전은 일시적인 권태만큼도 오래가지 못한다. 힘의 승리만에 의존해서 내린 결론의 경우는 더욱 그러하다. 인간은 이미 사회적인 어떤 유대에 의해서 결합되어져 있을 때에만 평화의 욕구를 갖게 된다. 그 경우에 그들을 서로 끌어당기는 감정은 자연스럽게 이기주의적 충동을 약화시킨다. 그리고 다른 관점에서 보면 매 순간마다 그 갈등으로 들끓는 조건에서는 생존할 수 없으므로, 개인들이 필요한 양보를 하도록 강요하고 의무화한다(뒤르켐, 1994: 455).

이렇게 두고 보면 현대사회에서 정치적·경제적 갈등을 해결하고 사회통합을 이루기 위해서는 상호 존중과 애정과 같은 감정적 유인이 중요하다. 따라서 개인들의 태도와 사회적 관습이 바뀌어만 하는 것이다. 즉 전통사회에서는 동류의식에 기반해 사회통합이 가능했다면, 현대사회에 와서는 유기적 연대 의식(익명성의 연대 의식)이 있어야 사회통합이 가능하다. 그런데 사회 변화 속에서 개인들의 도덕의식은 따라가지 못하는 경우가 많다. 이럴 때 발생하는 것이 바로 가치관의 혼란, 즉 아노미(Anomie) 현상이다.

가치관 혼란의 극단적인 형태가 바로 자살이다. 뒤르켐 이전에는 자살이란 지극히 개인적인 일탈 행위로 간주했으나, 뒤르켐은 자살이란 사회적 현상이라고 강조한다. 즉 사회적 변화에 적응하지 못한 개인이 아노미 상태에서 저지르는 극단적 행동이 자살이며, 이것은 일정한 유형이 있다는 것이다. 따라서 뒤르켐은 이처럼 혼란에 빠진 개인의 가치관을 교육을 통해서 보정해야 한다고 주장한다.

뒤르켐은 교육 기회를 평등하게 함으로써 사회적 평등을 이룰 수 있다는 신념을 가지고 있었다. 그리고 초등학교 교육을 의무교육으로 함과 동시에 무상교육으로 만들자는 당시로서는 파격적인 정책을 도입했다.

그는 프랑스 아동들에게 교육 기회를 평등하게 제공함으로써 사회적 변화에 적응하고, 새로운 가치관을 형성해, 사회통합과 개인의 창의성을 동시에 달성하고자 한 것이다.

뒤르켐은 교육의 과제를 세 가지로 분류했다(민문홍, 2012: 87).

첫째, 자신의 육체적 욕망을 절제하고 사회적 규율과 권위를 스스로 원해서 받아들이게 하는 훈련이다. 둘째, 아동들에게 사회집단에 애착심을 갖게 함으로써 집단에의 소속감과 정체성을 심어주는 것이다. 셋째, 아동들에게 그들이 국가와 소속집단이 내세우는 이상에 헌신해야 하는 이유를 분명히 가르쳐 주는 것이다.

이러한 교육의 기능과 과제는 도덕적 개인주의를 완성하는 것을 목표로 한다. 즉 현대사회가 요구하는 새로운 가치관을 정립하는 데 있어서 과거와 같이 권위적인 방식을 벗어나고, 동시에 개인의 창의성을 무시하지 않는 방식을 채택해 국민 스스로가 자신의 이익과 국가 공동체의 이익이 밀접하게 연결되어 있음을 깨닫도록 하는 것이다. 이것이 바로 연대 의식을 갖춘 새로운 시민 의식이라고 할 수 있다.

한편 뒤르켐은 현대사회에 적응하는 국가권력에 대해서 새롭게 정의를 내리고 있다. 민주적 국가권력이란 형식적 체제가 민주적 절차에 의하여 운영되는가에 따라 결정되지 않는다. 민주 국가란 해당 사회의 여론을 얼마나 빨리 정확하게 파악하여, 그것을 국정의 어젠다로 반영해 정부차원에서 해결책을 논의하는가에 따라 결정되는 것이다(민문홍, 2012: 94).

이러한 국가관은 영미식의 자유주의 국가관과 큰 차이가 난다. 영미식 국가관은 기본적으로 법률적 절차와 계약관계로 이루어진 것이며, 여기에서 중요한 국정 목표는 개인의 경제적 이해관계를 보장하는 최소국가론이다. 뒤르켐은 제3공화정 시기가 정치적으로 매우 혼란스러웠던 가장 큰 이유가 자유방임적 국가관에 의거하여 정치를 수행했기 때문이라고 생각했다. 따라서 정치개혁의 우선적 과제는 바로 국가관을 새롭게 정리하는 것이었고, 그것의 핵심은 민심을 반영하는 국가의 기능이었다. 이것을 오늘날의 용어로 정리하자면 소통하는 정부론이라고 불러볼 수 있겠다.

물론 이러한 소통적 국가관은 유기적 연대감으로 무장한 개인의 도덕의식과 함께 공존한다. 이처럼 국가-개인의 관계를 지배 종속의 관계로 본 것이 아니라, 상호 협력의 관계로 파악했다는 점에서 뒤르켐의 철학은 바로 당대의 보수와 진보 양 진영을 넘어 중도정치의 기반을 제공했다고 평가할 만하다.

특히 국가-개인의 관계를 매개하는 중요한 고리로서 직업집단을 강조한다. 그래서 국가는 개인에게 법률 준수를 강요하는 권위적인 조직이 아니라, 직업을 가진 시민들에게 서비스를 제공하는 시혜적 공권력이 된다. 또 의회에 직업집단의 대표를 파견하도록 함으로써 시민사회의 다양한 이해관계를 법제화하도록 유도한다. 이것이 바로 직능대표제의 기원이라고 할 수 있겠다.

2) 68사상

68혁명의 기본 정신은 새로운 주체의 탄생과 관련된다. 즉 1968년 이전까지의 정치적 주체가 육체노동자 또는 도시의 빈민이었다면, 68혁명을 계기로 새로운 정치 주체가 탄생하게 되는데, 그것이 바로 신중산층, 화이트칼라 계급, 정신노동자 들이었다. 또 1968년 이전의 정치적 문제가 착취 및 지배와 관련되었다면, 그 이후에는 소외와 일상의 억압이 중요해진다. 그래서 그동안 정치에서 배제되었던 쟁점들, 예컨대 학교 문제, 환경 문제, 여성 문제, 성소수자 문제, 소비생활의 문제들이 쟁점이 되었다.

필자가 판단하기에 한국 사회의 현실과 관련한 68사상의 핵심 쟁점은 학교, 일상, 소비의 세 가지로 축약된다. 왜냐하면 이 세 가지 쟁점이 1998년 신자유주의 이후 한국 사회에서 많은 사회적 문제를 야기하는 저항의 거점이기 때문이다. 또 이 세 가지 문제에 대해서 프랑스의 68사상가들의 뚜렷한 입장이 드러나고 있어 68사상의 배경으로 고찰하기에도 수월하다.

여기서는 68사상의 대표적인 학자로서 세 명을 다루기로 한다. 첫째는 학교 문제를 다룬 알튀세르, 둘째는 일상의 지배를 다룬 푸코, 셋째는 소비와 계급의 문제를 다룬 부르디외다. 이들은 68혁명의 사회적 특성을 분석한 프랑스의 대표적인 사상가들이며, 특히 포스트모더니즘이라는 사조를 만든 이론가들이다. 오늘날 한국 사회의 현실 문제를 파악하고 처방을 제시하는 데 포스트모더니즘이 큰 영향력을 발휘하고 있는 만큼 이들 세 명의 사상가의 이론을 살펴보는 것은 큰 의미가 있을 것이다.

(1) 알튀세르

알튀세르는 68사상의 철학적 배경을 제공한 프랑스의 대표적인 철학자다. 그는 푸코, 부르디외, 라캉을 배출한 걸출한 철학 교수이기도 했다. 또한 그는 1950년대 후반 공산당의 일원으로서 관료화되는 당의 조직을 비판하면서 새로운 좌파 이론을 제시하고자 했다. 그 대표적인 논문이 바로 「이데올로기와 이데올로기 국가장치(Idéologie et appareils idéologiques d'État)」이다. 이 글은 마르크스주의의 재생산 이론의 한계를 지적하고 현대 프랑스 사회에서 학교가 이데올로기 재생산의 중요한 기제임을 밝힌 논문이다.

우선 마르크스에게서 재생산이란 육체의 재생산이었다. 『자본론(Das Kapital)』 2권에서 전개되는 임금과 노동시간에 대한 마르크스의 논의는 결국 육체노동을 가능하게 하는 노동시간의 한계는 무엇이고, 노쇠한 노동 인력을 대체할 수 있도록 가족관계를 재생산하는 임금의 적정선은 무엇인지 설명한다. 산업자본주의 초기 단계에서는 육체노동이 산업인력의 주된 근원이었고, 가능한 최대한의 잉여가치를 착취하려는 자본가는 육체노동이 가진 시간과 임금의 한계를 계산하려 했던 것이다. 이것이 재생산 이론의 기반이었다.

그런데 1960년대로 접어든 후기 산업사회에서 재생산의 문제는 그 양상이 다르다. 이제 더 이상 육체노동이 산업생산이 기반이 아니기 때문이다. 블루칼라보다는 화이트칼라가 새로운 노동자계급으로 등장했다. 그리고 절대적인 노동시간을 연장시키는 방법이 아니라 노동시간의 강도를 높이는 방법으로 자본이 노동착취를 감행하게 되었다. 이때 중요한 것은 노동자들이 자본의 논리에 순응하고 자본의 착취 메커니즘에 저항하지 않도록 길들이는 방법이 재생산의 과제가 된다는 것이다. 다시 말해 육체의 재생산이 아니라, 정신의 재생산이 새로운 시대의 목표가 되었다.

알튀세르는 이러한 정신의 재생산 문제가 마르크스에게는 결여되었음을 지적하고, 지금까지 좌파 이론에서 부족했던 이데올로기 국가장치라는 개념을 제시한다. 즉 전통적인 좌파에게 있어서 부르주아 착취를 보호하는 장치는 억압적 국가장치라고 생각했던 반면, 알튀세르는 현대 자본주의사회에서 착취와 노동자 지배를 지속시키는 메커니즘은 보이지 않은 억압, 즉 정신에 대한 이데올로기 효과라고 본 것이다.

이러한 정신의 이데올로기화를 수행하는 대표적인 기관이 바로 학교다. 물론 현대 이전에도 정신을 교화하는 장치가 없었던 것은 아니다. 대표적인 장치가 교회와 가족이다. 그런데 현대사회에서는 교회의 기능을 학교가 이어받는다. 그래서 교회-가족의 축이 학교-가족의 축으로 변형되어 노동자의 정신을 지배하고, 사회적 규범과 관습에 순응하도록 만든다.

그런데 학교가 이데올로기 장치라는 사실을 제대로 인식하지 못하는 이유는 학교제도에 모든 시민들이 자발적으로 원해 자신의 자녀들을 입학시켰고, 이곳은 각자의 능력과 재능에 따라서 자신의 학업을 이어간다는 교육 이데올로기가 작동하기 때문이다.

학교가 개인의 창의력을 개발시킨다는 이데올로기는 보수 진영의 자유주의 사상이 유포시킨 전형적인 이데올로기이다. 적어도 알튀세르가 보기에 학교는 개인의 능력과 창의성보다는 개인의 신분과 계급에 따라서 노동력의 위치를 결정해 주는 장치이다. 그리고 이를 통해서 부르주아 계급은 지속적으로 자신의 우월적인 지위를 인정받는다. 이렇게 보면 학교는 신분 질서를 유지시켜 주는 전형적인 재생산 메카니즘이다.

이러한 재생산의 논리는 결코 억압적이거나 강제적이지 않아서 수백 년을 지속해 왔다. 예를 들어 기술적인 수준에서는 수학이나 기술을 배우는 과목에서 자본주의 우수성을 무의식적으로 주입받고, 윤리나 도덕 과목을 통해서는 국가의 충성 이데올로기를 주입받는다. 또 교사와 학생 간의 위계질서를 통해서 복종, 순종, 겸손함, 성실함의 습관을 주입받는다.

이렇게 놓고 보면 이데올로기는 관념이 아니라 지식이며 관습이다. 그리고 이것은 행동의 체계로 굳어진다. 정상적인 행동과 비정상적인 행동으로 학생들을 분류하는 학교의 관행은 학생들의 일거수일투족을 훈육하는 일종의 감시 체제인 것이다.

(2) 푸코
바로 이와 같은 감시 체제의 기능을 본격적으로 연구한 학자가 바로 푸코다. 그는 알튀세르의 제자로서 좌파의 영향을 받은 학자이지만, 전통적인 마르크스주의에 대해 비판적인 역사철학자다. 오히려 그는 니체나 스피노자의 영향 아래서 서유럽 문명이 믿어온 이성의 역사에 대해 회의를 품고 근대성의 역사에 대해서 비판적인 관점을 유지해 온 사상가였다. 그의 초기 작품이었던 『광기의 역사』로부터 후기의 작품인 『성의 역사』에 이르기까지 푸코가 관심을 두었던 초점은 일상생활의 구석구석에 지배의 논리가 스며 있다는 점을 폭로하는 것이었다.

예를 들어 『광기의 역사』에서는 칸트의 이성 중심 철학을 기반으로 완성된 계몽주의 문명이 사실은 광기라는 비이성적 요인을 강압적으로 배제한 채 이루어진 억압 체제였다고 밝힌다. 18세기 이전의 광기는 그저 문둥병 환자였고, 이들은 신의 계시를 받은 사람이라고 믿었다. 그러니까 이성의 문화에서 해석하지 못하는 언어와 행동을 보이는 것은 오히려 정상인보다 뛰어난 신적 능력이 있는 것으로 간주했다. 그래서 그들을 치유하는 방식도 강물 위로 나룻배를 띄워서 물 위에서 씻김을 받는 방식으로 광인들만의 공동 삶을 인정했다.

그런데 계몽주의가 시작된 이후에 광인은 노동하지 않는 부랑자를 의미하는 것으로 바뀐다. 이것은 자본주의 시작과 함께 광인에 대한 인식이 바뀌었음을 의미한다. 이제 부랑자들은 사회적으로 단죄의 대상이 되었으며, 그래서 17세기 말에 처음으로 그들을 감옥에 감금하는 일이 발생한다. 이러한 대감금의 역사가 바로 이성/비이성이 분리되고, 정상/비정상이 분리되는 시발점이다. 현대의 유럽 문명은 바로 이러한 분리와 배제에 기반하고 있다는 것이 푸코의 진단이다.

배제의 역사는 『감시와 처벌』에서 더 적나라하게 드러난다. 18세기 이전까지 처벌이란 국왕을 모욕한 경우에만 실시되는 반역죄만이 있었다. 그리고 감옥이란 처형을 집행하기 직전에 잠시 머물고 가는 공간일 뿐이었다.

그런데 18세기가 되면 처벌과 감옥의 기능이 달라진다. 이러한 변화는 마치 광인에 대한 인식이 달라졌던 시대적 전환점과 정확히 일치한다. 우선 형법에 관련된 법체계가 완성되어 자의적인 법집행이 사라진다. 그러나 과거에는 존재하지 않았던 사회적 행위들이 처벌의 대상이 된다. 예를 들어 절도죄가 사회적으로 중요한 범죄가 된 것이다. 더구나 절도에 대한 처벌의 유형도 다양화되어, 범죄 유형과 심각성에 따라서 처벌의 수위도 달라진다. 즉 빵을 한 개 훔친 사람은 손가락을 자르는 형벌을 받아야 하지만, 보석을 훔친 사람은 팔뚝을 잘라내는 형벌을 받는 식으로 처벌의 유형이 범죄의 중요성에 비례하게 된다.

이러한 처벌 강도는 겉으로 보기엔 매우 이성적인 법체계의 결과로 보일 수 있다. 자의적인 처벌을 강요했던 왕조시대와 비교하면 그렇게 보일지도 모른다. 그러나 푸코의 견해는 다르다. 이성의 진보라고 보일 수 있는 법체계의 양상은 사회의 일상에까지 법의 지배가 침투하도록 했으며, 이러한 방식으로 일상의 구석구석이 권력의 효과에 노출되기 시작했다고 설명한다.

일상을 지배하는 권력이 효과를 가장 크게 발휘하는 기관이 감옥이다. 『감시와 처벌』 3부에는 당대의 천재 건축가 제러미 벤담(Jeremy Bentham)이 설계한 파놉티콘(Panopticon)이라는 감옥의 구조가 소개된다. 이 감옥의 구조는 중앙에 높은 감시탑이 서 있고, 그 주변을 타원형으로 개인 감방이 들어서 있다. 이러한 건축물의 구조는 감시탑에 있는 감시자가 주변의 개인 감방에 들어서 있는 수감자의 행동을 미세하게 살필 수 있는 반면, 수감자는 자신이 감시당하고 있다는 인상을 받게 되어 실제로 감시탑에 사람이 없는 경우에도 감옥이 요구하는 행동을 하게 된다.

즉 이 시대의 감옥은 인간의 행동을 감시하고, 스스로 반복하게 만드는 훈육 체계였던 것이다. 그리고 이러한 감옥의 감시 체제가 사회 전체로 확산되어 가는데, 그 대표적인 기관이 바로 학교다. 학교에서 행해지는 여러 가지 관행들이 학생들을 자본주의가 요구하는 일정한 유형의 인간으로 길들인다.

예를 들어 줄을 지어 앉은 책상들, 똑바로 앉아 있기를 훈련받은 자세들, 연필을 잡는 법, 체육 시간에는 줄을 지어 걷는 방법을 배우는 학교야말로 인간의 에너지를 국가와 자본이 요구하는 방법대로 사용하기 위해 인간을 길들이는 훈육 체계라는 것이다.

18세기 후반에 완성된 훈육 체계는 19세기 이후에는 성의 장치와 결합한다. 인간의 행위에서 가장 은밀한 일상이 바로 성행위다. 그런데 19세기부터 유럽에서는 네 가지 형태로 자유로운 성행위를 국가가 관리하기 시작한다. 첫째는 어린아이의 성을 관리한다. 이때부터 조숙증, 아동 음란 행위들이 사회적 문제가 되었다. 둘째로 여자의 히스테리를 사회적 병으로 간주하게 되었다. 셋째로 인구의 관리를 하게 되었다. 인구의 숫자와 비율이 대단히 중요한 정치적 쟁점이 되었다. 넷째로 혈통을 관리하게 되었다. 상층계급들은 자신의 가족과 혈통의 우월성을 유지하기 위해서 의학의 도움을 받아 몸을 관리하고 결혼과 성생활을 절제하게 된다.

이것은 생명의 정치가 탄생했음을 의미한다. 육체를 관리하던 훈육의 질서는 학교나 감옥을 통해서 자본주의가 요구하는 인간형을 만들었다면, 성생활을 관리하는 생명정치는 사회적 혈통과 인구와 질병을 관리하게 된다. 이로 인해서 현대사회는 개인의 사생활의 가장 은밀한 부분까지 권력의 통제 아래 놓게 한 것이다.

(3) 부르디외

부르디외는 매우 특이한 학자다. 일반적으로 사회학자로서 분류되지만, 청년 시절의 글은 대체로 인류학적 연구였다. 20대 초반에 알제리 대학에서 강의를 한 경험을 바탕으로 당대의 현지 조사를 실시한 글들이 많고, 이것이 전체적인 사상에 큰 영향을 준 것으로 보인다. 대표적인 책이 『알제리 60(Algérie 60)』이라는 책이다. 이 책에서 부르디외는 알제리 사회에 강제로 도입된 자본주의 체제에 적응하지 못하는 현지들의 생활 습관과 새로운 문명의 대립과 갈등 문제를 다룬다. 이 책이 1960년대 초반에 출판되었고, 부르디외의 대표작이라고 할 수 있는 『구별짓기』가 1979년에 출간되었다. 두 책 사이에 20년의 시간이 흘렀지만 공통적으로 던지는 질문은 한 가지다. 한 사회에서 보통 사람들의 행동을 결정하는 것은 경제적 위치와 더불어 문화자본의 소유 정도의 차이라는 것이다.

여기서 경제적 위치라는 용어는 전통적인 마르크스주의에서 말하는 계급을 뜻한다. 즉 생산수단의 소유 여부에 따라 구별되는 경제적 차별을 말한다. 이른바 자본가와 노동자의 차이가 바로 경제적 위치이다.

그런데 문화자본이란 무엇인가? 부르디외는 이 개념을 베버에게서 빌려왔다. 예를 들어 베버는 생산수단의 소유 여부가 계급을 결정한다는 마르크스의 주장에 반대하며, 시장에서 무형의 자산들(위신, 명성 등)이 계층을 결정한다고 말한 바 있다. 부르디외는 베버가 말한 무형의 자산들을 문화자본이라는 개념으로 차용한 후, 주로 학벌, 집안의 내력, 친구 관계 등을 구체적인 예로 제시한다.

결국 부르디외는 사회에서 개인의 행동과 취향은 경제적 위치 + 문화자본의 소유라는 두 가지 요인에 의해서 결정된다고 설명한다. 여기서 행동이란 정치적 행동을 의미한다.

그런데 취향이란 무엇인가? 대체로 취향이란 미학적 성향을 의미한다. 칸트는 『판단력 비판(Kritik der Urteilskraft)』에서 취향의 문제를 설명하며 인간에게는 공통감각이 존재해 일반적으로 아름다움을 느끼는 것은 누구에게나 공통적이라고 말한 바 있다. 그런데 부르디외는 『구별짓기』에서 이러한 칸트의 공통감각을 비판한다. 한마디로 취향이라는 것은 계급에 따라 달라진다는 것이다.

예를 들어 부르주아들은 고급 취향으로 자신의 성향을 표현하는 반면, 민중계급들은 필요 취향에 따라 자신의 성향을 표현한다는 것이다. 따라서 부르주아들이 좋아하는 음식, 운동, 영화, 음악은 민중들이 좋아하는 것들과 판이하게 다르다. 또 중간계급들은 문화자본에 영향을 많이 받는다. 자신의 집안 내력이 과거에 민중계급이었다가 중간계급으로 상승 이동한 사람과 과거에 부르주아 계급이었다가 중간계급으로 하락한 계급 사이에는 동일한 경제적 위치에 있음에도 불구하고 문화적 취향에 차이가 난다는 것이다.

더구나 취향은 이데올로기 역할을 한다고 설명한다. 문화 자체가 지배 이데올로기를 전달하는 매개체이기 때문이다. 이때 이데올로기란 불평등을 은폐하거나 위장한다. 또 계급적 차별을 재생산하도록 만든다. 왜냐하면 문화에 대한 취향의 차이는 문화자본의 차이에서 유래하는데, 출신 가정과 학교가 중요한 역할을 하기 때문이다.

요약하자면 상품 소비가 소비자들의 무의식을 지배하고 있다. 지배계급의 고급 취향이 정통 취향으로 인정받을 수 있는 이유는 지배계급이 장악하고 있는 물질적 토대에 기반하고 있으며, 이것이 바로 이데올로기의 근거다. 그럼에도 불구하고 이러한 사실이 지속적으로 은폐되며, 취향은 본성적이고 자연스럽게 획득되는 것으로 간주된다.

그렇다면 도대체 이러한 소비 취향과 정치적 행동 사이에는 어떤 관계가 있는가? 놀랍게도 부르디외는 이러한 소비 취향의 차이가 정치적 가치관에도 영향을 주고 있다고 주장한다. 전통적인 학문 분류에 따르면 취향을 다루는 학문은 인문학이고 정치적 행동을 다루는 학문은 사회과학이었다. 그리고 이러한 학문 분류가 가능했던 이유는 취향과 정치 행동 사이에는 아무런 관련이 없다고 생각했기 때문이다. 그런데 부르디외는 인문학과 사회과학의 경계를 허물고 소비와 정치의 상관관계를 설명한다.

예를 들어 필요 취향에 매몰되어 있는 민중계급에게 노동자의 파업 권리에 대해서 찬반 여부를 설문조사하면 놀랍게도 여기에 반대하는 경우가 부르주아 계급보다 오히려 높다(부르디외, 2005: 8장). 중간계급의 경우에는 상승 지향적인 계층과 하락 중인 계층이 차이가 나지만, 대체로 자신의 소견이 있기보다는 주변의 여론을 추종하는 성향이 강하다.

이러한 부르디외의 주장은 현실 정치에도 대단히 큰 함의를 준다. 첫째는 민중계급이 박탈된 계급이며, 따라서 저항 정신이 높을 것이라는 전통적인 좌파의 기대에 상반된 현실을 보여준다. 1960년대가 되면 프랑스에서 노동자들이 보수화되는 현상이 나타나는데, 이것은 노동자들의 일상을 지배하는 소비 취향과 시민사회에서 부르주아들이 지배하는 언론이 노동자들의 가치관을 크게 지배하고 있다는 점을 알려준다. 둘째, 더 이상 정치가 국가와 정당 그리고 경제문제에 한정된 것이 아니라 생활세계에 침투되어 있다는 사실을 지적한다. 이러한 의미에서 부르디외의 문화정치는 이른바 모더니티의 정치를 벗어난 새로운 형태의 정치를 지향하고 있다. 왜냐하면 지금까지 정치는 제도나 법을 통해서 실현되는 것이라고 생각했는데, 이제 정치권력은 소비 취향이나 언어적 취향을 통해서 일상을 지배하고 있으며, 이것이 노동자계급이나 중간계급의 무의식에까지 영향을 주기 때문이다.

부르디외 문화 취향 분석은 한국 정치에도 큰 함의를 준다. 2000년대 이후 한국은 대량소비 사회로 진입했으며, 노동자들이나 대학생들이 보수화되고 있는 현상이 곳곳에서 나타나고 있기 때문이다. 한국 정치의 새로운 단면을 분석하기 위해서 부르디외의 분석 틀이 유용해 보인다.

4. 중도정책의 사례들

1) 국제관계에 대하여: 연방주의와 포용정책

대한민국이 마주한 국가 간의 문제는 크게 두 가지 문제가 가장 중요하다. 남북문제를 어떻게 볼 것인가? 한반도 4강 외교 중에서 한미관계와 한중관계의 충돌을 어떻게 볼 것인가? 여기에서부터 햇볕정책의 유용성, 전작권의 수용 시기 등의 하부 쟁점 등이 등장하는 것이다.

그런데 이러한 남북관계와 4강 외교를 바라보는 기존의 입장은 민족국가체제를 전제로 형성된 것이다. 즉 대한민국의 자주성, 독립성, 민족성이 외교

무대의 정체성에서 가장 중요한 구성 요소라는 것이다. 이것을 이론적인 수준에서 분류해 보자.

우선 보수 진영은 국익 우선의 실용주의 노선을 원칙으로 하며, 사상적으로는 국제정치 현실주의에 기반하고 있다. 그리고 냉철한 현실 인식과 강렬한 국방력이 대한민국의 안보를 지켜줄 것이라고 믿고 있으며, 미국과의 국제 공조가 남북관계를 해결하는 데 대단히 중요한 요인이라는 점을 강조한다.

반면 진보 진영은 국익과 함께 평화공존을 외교의 가장 중요한 원칙으로 삼으며, 사상적으로는 자유이상주의를 기반으로 한다. 국익이 중요한 외교 원칙이기는 하나 이것이 지역의 이익이나 세계의 이익과 상충하는 것은 아니다. 즉, 국익과 지역 이익의 공조가 가능하다고 믿고 외교정책을 전개한다. 따라서 배타적 민족주의, 중상주의, 패권주의는 반대한다(한국개발원, 2010: 216~217).

그런데 여기에는 보수나 진보가 동일하게 전제하는 사유체계가 있다. 바로 민족국가 체제다. 이러한 사고방식은 18세기를 전후로 완성된 근대 민족국가 체제(베스트팔렌 제체)에서 형성되었다. 이 당시의 국제정치 질서는 서로 균등한 군사력과 경제력을 배경으로 자국의 이해관계를 관철시키기 위해서 전쟁이라는 수단을 사용하는 것이 정당화되었던 시기였다. 이것은 매우 한정된 시기에 인정되었던 독특한 국제정치 질서다.

왜냐하면 두 번에 걸친 세계대전을 통해서 근대 민족국가 체제가 국제정치에서 평화를 유지하는 데 매우 위험스러운 체제라는 사실에 유럽의 정치인과 지식인들이 동의를 했고, 이후 유럽은 새로운 국제정치 질서를 구상하기에 이른다. 그것이 바로 연방주의이며, 그것의 구체적인 현실태가 바로 유럽 통합이다.

이렇게 놓고 보면 한국의 외교정책과 남북 관계는 대단히 낡은 사유 체제를 기반으로 운영되어 왔다고 해도 과언이 아니다. 이것은 보수와 진보 모두에게 던질 수 있는 비판이다. 따라서 중도정책은 외교 분야에서 새로운 사유 틀을 제시하며, 그에 따른 구체적인 정책 대안을 만들어볼 필요가 있다.

진보와 보수를 넘어서는 정책 대안으로서 필자는 연방주의를 제시하고자 한다. 연방주의는 다양한 사상적 흐름이 있으나, 일단 여기서는 프루동의 연방주의 사상을 살펴보고, 빌리 브란트(Willy Brandt)의 연방주의적 구상과 독일 통일에의 응용 사례를 살펴볼 것이며, 마지막으로 이것이 한국 외교와 남북관계에 어떤 함의가 있는지를 파악해 보고자 한다.

프루동에 따르면 연방의 어원은 계약 혹은 협약을 의미한다. 이것은 여러 가지 개별적인 집단들, 지역 공동체, 국가들이 다양한 공동생활의 문제들과 관련해 스스로 문제들을 해결하고 규율하기 위해서 서로 간에 맺는 약속을 의미한다. 여기서 중요한 사실은 개별 계약 당사자 간의 권리와 의무만이 아니라 공동생활의 질서를 형성하기 위한 정치적·경제적·문화적 공동체를 목표로 한다는 점이다(김영일, 2001: 20).

따라서 연방주의란 국내에서 지역 간의 연합체, 기술적인 연합체를 의미하며, 국가 간의 연합체를 의미하기도 한다. 여기에는 경제적이고 기술적인 연대 의식뿐만 아니라, 계약 당사자가 하나의 공동운명이라는 문화공동체의 정체성이 전제되어 있다. 이처럼 문화공동체나 경제적 이해관계가 형성된 이후에 제도적인 연방을 형성하는 정치적 연합체가 완성되는 것이다.

프루동의 사유체계를 유럽 질서에 대입해 보면 개별 국가 간의 군사력, 경제력, 인구의 크기와 같은 외형적인 권력이 다르더라도, 개별 민족이나 국가가 상대의 이해관계를 인정하고 다양성 속에서 경제적·군사적 이해관계의 균형점을 찾을 수 있다면 연합체의 형성은 가능하다. 그러나 여기서도 가장 중요한 것이 "우리는 하나라는 문화적 공동체 의식이다". 현재의 유럽연합이 이와 같은 단계를 통해서 이루어진 국가 간 연합체인 것이다.

이러한 프루동의 사상이 독일 통일에 적용된 계기에는 빌리 브란트라는 정치인이 있었다. 그는 1930년대 독일의 배타적 민족주의가 유태인 학살과 두 번에 걸친 세계대전을 촉발시켰던 가장 큰 원인이라고 지목하고, 민족주의가 잉태한 민족국가 체제를 넘어서는 것이 유럽에 평화를 가져올 것이라고 확신했다. 그리고 그가 내세운 개념이 공동안보 개념이다.

공동안보의 개념은 이미 군사적 용어로 현대에도 사용되고 있지만, 빌리 브란트가 제시한 공동안보의 개념은 오늘날의 의미와 다르다. 브란트에 따르면 진정한 평화를 정착시키기 위해서는 나와 너라는 이분법적 적대 개념을 넘어서 우리라는 관계개념으로 적대 관계를 변증법적으로 조화시켜야 진정한 공동안보라는 개념을 정착시킬 수 있다고 말한다(노명한, 2015: 330).

브란트의 논리에 따르면, 피상적으로 적으로 보인다 해도 그것은 나와의 관계에서 변증접적으로 새로운 차원의 '우리'라는 대상으로 승화시킬 수 있다. 다시 말해 안보의 개념은 상대에 대한 정체성을 어떻게 규정하느냐에 따라 이해관계가 달라지듯이 안보와 평화의 개념도 달라진다는 것이다. 그는 견고한 안보는 모든 국가들의 생존권과 생활의 이해관계를 존중할 때 얻어질 수 있다고 주장한다.

브란트는 오랜 세월 적대 관계를 촉발시켰던 독일과 폴란드의 회랑 문제를 역사적 예로 제시한다(노명환, 2015: 336). 폴란드는 바다로 진입하기 위해서 회랑이 필요했고, 독일은 회랑을 빼앗길 경우 동프로이센이 본토로부터 고립될 상황이었다. 이 문제를 해결하기 위해서는 독일과 폴란드가 하나의 연합체로 통합되어 공통체의 정체성을 인정해야만 했다. 이것이 바로 유럽 통합으로 나아가는 길이었다.

독일 통일에 대한 논리도 여기서 출발한다. 서독이 동독을 적이라고 생각하는 한 동·서독의 화합은 불가능했다. 반면 우리라는 정체성을 통해서 함께 유럽연합에 가입하는 방식으로 동·서독의 긴장이 완화되고, 경제적·정치적 통합이 가능했던 것이다. 어떻게 우리라는 정체성을 만들어낼 것인가? 이것이 핵심 과제다.

한국 외교사에서 이러한 연방제 논의가 없었던 것은 아니다. 예를 들어 북한에서 먼저 '고려민주연방공화국'이라는 형태의 연방제를 제안한 바 있고, 남한에서도 노태우 대통령 시절에 한민족 공동체 헌장을 채택함으로써 연방제를 통한 민족통합에 일정 수준 합의한 바 있다.

그러나 북한은 선결 조건으로 남한의 민주화와 미국의 내정간섭 중지를 지속적으로 요구해 왔고, 대한민국에서도 북한의 인권 문제 개선과 핵개발 중단을 선결 조건으로 제시하면서 실질적인 논의가 중단된 상태다.

여기서 필자는 새로운 형태의 연방 제안을 제시하고자 한다. 즉 지금까지 남북한 사이에서 제시된 연방 제안은 여전히 민족국가 단위를 전제로 한 것이었으며, 한민족끼리의 연방 제안이었다. 그러나 새롭게 제시되는 연방제는 미국, 중국, 일본, 러시아와 더불어 남북한 공동체로 구성되는 방식을 선택하자는 것이다.

일단 남북한 간의 공동체 형성에 한반도 주변 4강이 동시에 합의하지 않는다면 남북한 간의 실제적인 평화 정착과 제도적 안정은 불가능하다. 따라서 연방체의 형성에 6자 회담의 당사자들이 함께 참여하도록 하자는 것이다. 현재까지 유지되어 온 6자 회담은 북핵과 관련해 군사적 의제만을 다루었으나 새롭게 신설된 연방제 논의에는 경제나 문화를 포괄하는 공동체 의식을 목표로 이루어져야 한다.

예를 들어 현재 남북한 간에 실시되었던 개성공단에 중국, 일본, 러시아, 미국 등이 참여하도록 하여 경제공동체의 연합체를 만들어볼 수 있을 것이다. 또 중국과 북한 사이에 왕래가 가능한 문화적·인적 교류를 남한이나 일본, 미국, 러시아로 확대하여 남북한을 국제적 중립지대로 설정하는 방법도 생각해 볼 수 있겠다.

노무현 정권 시절 이른바 동북아 균형자론을 제시한 바 있으나, 이것은 여전히 민족국가 체제에서 동북아의 평화 체제를 구축하는 중심 역할을 하려는 의도였기 때문에 강대국의 힘의 논리에 대응할 수가 없었다. 따라서 새로운 정책 구상이 필요하다. 보수와 진보를 넘어서는 중도정책의 전제는 다음과 같다.

첫째, 민족국가 체제에 주권국가가 동일한 힘을 가지고 있지 않다. 즉 군사력이나 경제력이 동일하지 않는 상황에서 대한민국이 외교나 동맹관계를 통

그림 4 국제관계와 연대주의

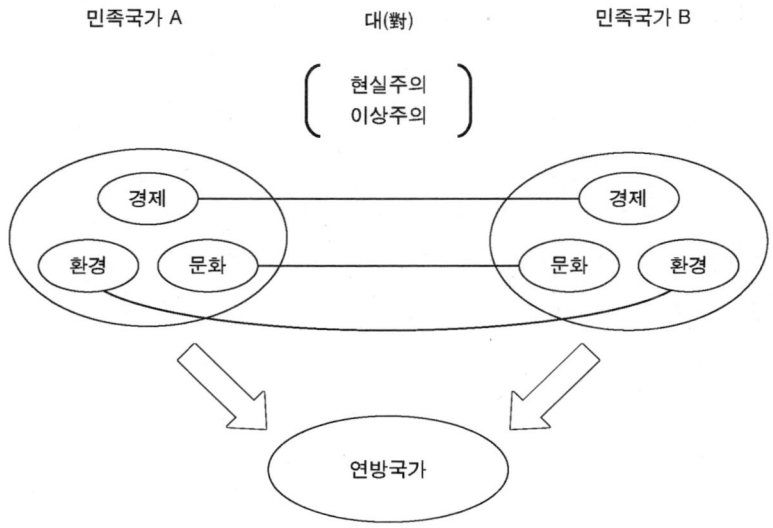

해 남북문제를 해소하거나 대미관계, 대중관계를 원활히 운영할 수 없다.

둘째, 남북문제를 남북의 당사자만의 문제로 보는 시각 역시 협소한 민족주의 시각이다. 현실적으로 4강들의 이해관계가 한반도의 문제에 존재하는 만큼 그들의 이해관계를 인정해야 한다.

셋째, 통일이나 통합이 70년 전으로 돌아가는 것이라는 생각을 버리고 새로운 형태의 연합체를 구상해야 한다. 하나의 민족, 하나의 핏줄과 같은 혈연적 민족주의를 버리고, 하나의 경제공동체, 다양한 지역공동체라는 새로운 정체성을 발굴하고 함양해야 한다.

넷째, 동북아에서 군사적으로 미국과 중국이 대결하고 그 하위 단위에서 남북한 긴장이 고조되는 이중 구조를 인정하고, 이것을 하나의 통합된 안보 개념으로 바꾸어야 한다. '고래 싸움에 새우 등 터진다'는 말처럼 남북한의 군사적 긴장은 필요 이상으로 고조되고 있다. 이것은 물론 미국과 중국 그리고 일본의 역할 관계에서 비롯된 것이다. 따라서 남북한 관계에서도, 그리고 4강

외교에서도 공동안보라는 개념을 제시하고, 서로 간의 이해관계를 인정하는 것이 서로 간의 안보를 보장하는 최선의 길임을 설득해야 한다. 즉 공동안보를 인정하는 인식의 공동체(community of recognition)를 만들어야 한다.

이를 위해서 대한민국의 외교와 남북관계가 문화외교의 노선을 강조해야 한다. 첫째, 대한민국의 보수는 군사를 통한 현실주의를 강조했고, 둘째, 대한민국의 진보는 경제를 통한 이상주의를 강조했다면, 셋째, 대한민국의 중도는 문화를 통한 구성주의를 강조할 시점이 되었다. 넷째, 그 구체적인 정치목표는 바로 연방체의 구성이다.

지금까지의 논의를 그림으로 표현하면 〈그림 4〉와 같다.

2) 정부의 구성에 관하여: 대통령제와 의원내각제를 넘어서

한국 정치사에서 제왕적 대통령제에 대한 우려가 제기된 것은 오래전 일이다. 그러나 그 폐해를 넘어설 수 있는 구체적인 대안이 정치권에서 제시되고 이것을 법적으로 공론화할 수 있는 계기가 없었다. 그러다가 지난 박근혜 정부의 국정농단 사태를 기점으로 대통령제의 문제점이 다시 한번 드러나게 되었고, 학계를 비롯한 정치권에서도 정부 구성에 관한 새로운 대안을 찾는 데 관심을 갖게 되었다.

일단 제왕적 대통령제의 단점을 다시 한번 지적해 보자. 결국 이것은 과반수 혹은 그보다 저조한 지지율로 대통령에 당선된 정당과 인물이 국정의 거의 모든 권력을 독점하면서 5년간 정부를 운영해 간다는 것이었다. 이때 대통령은 국무총리를 비롯한 내각의 장관은 물론 대법원장을 비롯한 사법부와 언론계의 모든 요직을 임명하거나 임명 제청할 수 있는 권한을 갖게 된다.

이러한 제왕적 대통령제는 사실 제3공화국과 제4공화국을 거치면서 성립된 이른바 박정희 패러다임의 정치적 표현이었다. 박정희 정권은 대통령에 집중된 막강한 권력을 독점하면서도 당시 국민들에게 지지를 받을 수 있는 이유는 정부의 독점적 권력이 경제를 발전시키는 원동력이 된다고 홍보했기 때문이다. 소위 **발전국가**(developping state)의 패러다임이 바로 이것이다.

그러나 오늘날 한국의 경제와 시민사회는 박정희 시대의 발전국가 패러다임을 수용할 수 없을 만큼 팽창했고 다양화되었다. 우선 재벌 중심의 경제발전이 한계에 도달하였으며, 이제는 창의적인 중소기업을 육성해야 한다는 목소리가 힘을 얻는다. 또 시민사회에서도 다양한 NGO활동이 활성화되고 있어, 이들의 이해관계를 수용하지 못하는 정부란 더 이상 효율적인 국정 운영을 할 수 없는 상태에 와 있었다.

따라서 이제는 본격적으로 정부의 구성에 관한 새로운 패러다임을 만들고 국민들에게 제시해야 할 때가 왔다. 우선 이와 관련해 보수와 진보의 이념적 지형을 간략히 살펴보자.

우선 보수가 내세우는 정부 구성의 패러다임은 전형적인 자유주의에 기초한다. 이때 자유주의란 개인의 기본권과 재산권을 우선적으로 보호하는 경제 시스템을 의미하고 정부는 이러한 경제적 권리를 법적 근거에 의해서 보호하는 형태를 선호한다. 제왕적 대통령제가 과도한 독재 권력으로 타락하는 상황을 제외한다면, 미국식 대통령제가 보수 진영에서 제시하는 정부 구성의 형태라고 하겠다. 한마디로 요약자면 자유주의적 대통령제가 보수 진영의 대안이다(한국개발원, 2010: 101~113).

반면 진보 진영에서는 정부 구성에 대한 뚜렷한 대안이 없다. 이것은 경제 체제에 분명한 대안(예를 들어 유럽식 사회민주주의, 또는 스웨덴식의 복지국가)이 있는 것에 비하면 매우 이례적인 상황이다. 그러나 대체로 시민사회의 다양성과, 시장경제의 불평등을 해소하고, 민주적인 절차가 준수될 수 있는 정부 형태가 진보 진영이 제시하는 대안이라고할 수 있다. 한마디로 요약하면 민주적 다원주의가 진보 진영의 대안이다(한국개발원, 2010: 114~151).

따라서 이제 중도정치는 이러한 보수와 진보의 제안을 동시에 뛰어넘어 한국 정치의 바람직한 지형을 내다보면서 정부 구성의 대안을 제시해야 할 때가

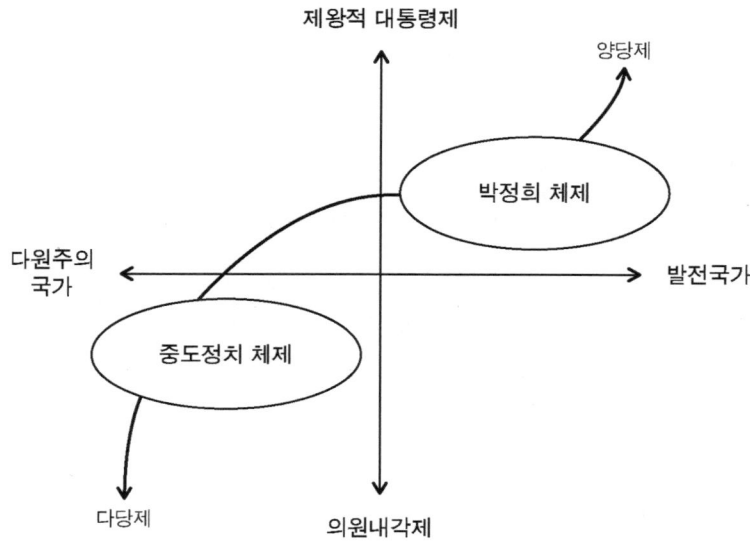

그림 5 중도의 정부 구성 조건들

제왕적 대통령제

양당제

박정희 체제

다원주의
국가

발전국가

중도정치 체제

다당제

의원내각제

되었다. 이러한 맥락에서 필자는 기존의 논의를 다음과 같이 세 개의 축으로
정리해 보고, 각각 내용과 한계를 지적한 후 그에 대한 중도정책의 해법을 제
시하고자 한다.

정치의 축에는 제왕적 대통령제와 이념형으로서의 의원내각제가 있다. 한
편 **경제의 축**에는 경험적 모델로 발전국가와 이념형의 모델로 다원주의 국가
가 있다. 셋째는 **정당 구조의 축**에는 양당제와 다당제가 있다(〈그림 5〉). 필자
가 판단하기에 바람직한 정부 구성은 이와 같이 세 가지 축이 동시에 고려되어
야만 한다.

지금까지 정부 구성에 관한 정치권에서의 논의가 설득력을 얻지 못했던 이
유는 정부 구성의 문제를 단순히 헌법 개헌의 논리로만 생각했기 때문이다.
예를 들어 제왕적 대통령제의 단점을 보완하기 위해서는 임기를 단임제로 할
것인가 중임제로 할 것인가, 대통령의 권한을 어떻게 견제할 것인가, 책임총

리제를 두어 정부의 권한을 분산시킬 것인가 등등의 논의가 초점이 되었지만, 이것은 문제의 일면만을 본 것이다.

적어도 정부 구성의 문제는 헌법적 발상(정치의 축)뿐만 아니라, 정부와 시민사회의 관계(경제의 축) 그리고 국회의원의 선거 방법이나 시기(정당 구조의 축) 등이 동시에 고려되어야만 하는 것이다.

아래에서 이러한 세 가지 문제를 각각 살펴본 후, 최종적으로 세 가지 논의를 종합해 하나의 대안적 형태를 제시하고자 한다. 필자의 이러한 시각은 아리스토텔레스가 군주제·과두제·민주제라는 세 가지 정치 형태의 장단점을 종합적인 시각에서 살펴본 후, 최종적으로 공화제라고 하는 대안을 제시했던 과거의 지적 유산으로부터 큰 영향을 받았다.

(1) 정치의 축

먼저 정치의 축에서 정부 구성의 논리를 생각해 보자.

제왕적 대통령제와 이념형으로서의 의원내각제를 넘어설 수 있는 중도정치의 대안은 '분권형 대통령제'라고 생각한다. 따라서 이에 대해서 살펴보자. 한국 학계에서는 이것을 이원정부제라고도 부른다. 이 개념을 처음으로 제시한 프랑스의 정치학자 모리스 뒤베르제(Maurice Duverger)에 의하면 분권형 대통령제란 첫째, 보통선거에 의해서 대통령을 선출한다. 둘째, 대통령이 실권을 보유한다. 셋째, 의회의 신임에 따라 진퇴가 결정되고, 대통령의 맞설 수 있는 총리와 장관 그리고 그들이 소유한 행정권이 존재한다(황태연·박명호, 2003: 32).

그러나 대통령이 보통선거에 의해서 선출된다는 조건은 각국의 사정에 따라 달라짐으로 결국 대통령과 총리의 실권이 서로 대립되면서도 하나의 정부에 공존한다는 조건이 가장 중요하다.

그렇다면 가장 먼저 대통령과 총리가 어떤 실권을 나눌 수 있는가에 논의를 집중시켜야 한다. 지금까지 통설은 대통령이 국민 전체의 이익과 관련한

국가 업무, 예를 들어 초당적 국민 통합(집행명령권, 정파 간 중재, 국민투표 회부권), 대외적 국가대표권(외교, 국방)을 갖는 것으로 이해되고, 총리는 지역, 계급, 인종의 대표로서 정파적인 이익을 대변하게 된다.

다음으로 집중해야 할 사항은 대통령과 총리의 임명이다. 대통령은 보통선거 혹은 간접선거에 의해서 선출되는 것이 일반적 관례이므로, 역시 총리의 선출 방식이 관건이다. 총리는 대통령이 의회 다수당의 유력한 인물을 임명하는 것이 관행이며 이때 의회의 불신임을 받지 않을 조건에서만 대통령의 총리 임명이 가능해진다. 한편 총리에 대한 의회의 불신임도 일정한 제한이 있다. 즉 새롭게 대체할 총리를 미리 선정한 후에 총리에 대한 불신임안을 결정할 수 있는 것이다.

(2) 경제의 축

경제의 축은 정부와 시장(시민사회) 관계를 어떻게 설정할 것인가의 문제로 요약된다. 박정희 패러다임은 강력한 국가권력이 재벌이라는 경제주체를 선별적으로 지원함으로써 경제발전을 추진했던 매우 독특한 체제이다. 이것은 정치와 경제의 왜곡된 유착 관계를 기본으로 했던 것이다. 이에 대한 비판은 지난 30여 년 동안 줄기차게 제기되어 왔고, 특히 박근혜-최순실 게이트를 통해서 다시 한번 드러났다.

그럼 어떻게 이 문제를 해결할 것인가? 이론적인 수준에서 보면 민주적 절차에 따라서 정부를 구성하자는 요구는 시민사회에서 다양한 경제주체들의 이해관계를 조정하는 평등한 구조를 이루어야 한다는 요구와 밀접하게 연결되어 있다. 전자가 정치적 민주화(혹은 형식적 민주화)라고 한다면 후자는 경제민주화(혹은 실질적 민주화)라고 하겠다.

한국 사회는 1987년의 혁명적 정치 변화를 통해서 형식적 민주화를 달성했지만, 그 이후로 30여 년이 지난 지금까지 실질적 민주화를 이루어는 방식에 대해서 합의에 도달하지 못했다. 박근혜-최순실 사태로 입증된 사실은 형식적 절차에 의해서 구성된 민주 정부라도 결국 실질적인 내용은 소수의 이해관계를 실현하는 소위 귀족적 정치제도라는 점이다. 이것이 한국 민주주의 현주소다. 이 점이야말로 그동안 보수와 진보가 해결하지 못한 과제이며, 중도정치가 나서야 할 지점이다.

방법은 두 가지가 있다. ① **시민사회의 요구를 어떻게 조화할 것인가?** ② **개인들의 정치에 대한 직접참여를 어느 정도 제도에 반영할 것인가?**

① **시민사회의 요구를 어떻게 조화할 것인가**의 문제부터 살펴보자.

한국 민주주의는 50%에 도달하지 못한 지지율로 대통령이 선출되고, 그렇게 형성된 대통령의 권한으로 자신의 측근이나 이념적 동지들을 통해서 정부를 구성한다. 이것이 한국 민주주의가 달성한 형식 민주주의의 적나라한 모습이다. 이렇게 되다 보니, 늘 야당과 반대자들의 여론에 밀려 정부 구성에 대한 불신임과 반대가 일상화되곤 했다. 인사 청문에서 보여준 수많은 인신공격과 반대 논리가 이러한 한계를 적나라하게 보여준다. 따라서 새롭게 출범한 정권은 정권 초기 정부 구성의 시작부터 국정을 효율적으로 수행할 수 없게 된다.

이 문제를 해결할 수 있는 방법은 결국 시민사회의 다양한 이해관계를 반영하는 방법뿐이다. 이를 위해서는 우선 **다당제도**가 완성되어야 한다. 결국 자유민주주의는 대의제민주주의 제도를 골간으로 운영되는 체제다. 정당의 다양성과 정당 내부의 민주화가 가장 중요한 과제다. 이러한 기준에서 보면 한국의 정당민주주의는 실로 한심한 수준에 머물러 있음을 시인하지 않을 수 없다.

대체로 정당은 이념, 계급, 지역성을 반영하여 창당되는 것이 보통이다. 그런데 한국에서는 이념이나 계급성보다는 늘 지역성이 정당의 정체성을 확보하는 기반이 되어왔다. 그러다 보니 시민사회의 이해관계를 정당하게 반영하기보다는 일종의 지역이기주의나 기득권 싸움, 나아가 감정정치로 타락하는 경우가 비일비재했다.

여기서 중도정당의 존재가 그 어느 때보다 중요하다. 한국에서 제3의 정당은 지역성으로 대립하고 있는 보수와 진보의 이분법을 벗어나는 유일한 탈출구이며, 다양한 이해관계를 반영할 수 있는 다당체제를 만드는 분수령이 될 것이다. 따라서 중도정치는 지역성이 아니라 새로운 중도 이념과 신중간계급을 타깃 계급(target class)으로 하는 정당을 만들어야 한다. 이것이 정당 민주화의 첫 번째 단계다.

정당 민주화의 두 번째 단계는 **연정**이다. 교차 투표의 결과 정부의 소속정당이 의회에서 소수파가 되는 경우가 많은 한국 정당정치 현실에서 당과 당의 연합을 통한 정부 구성이야말로 정치 민주화와 경제민주화를 동시에 이끌어 갈 수 있는 유일한 대안이다.

프랑스에서도 1980년대 이래 미테랑의 사회당 정권에서 중도우파인 시라크와의 동거정부(Cohabitation) 있었고, 반대로 시라크가 대통령에 당선되었을 때도 사회당의 조스팽을 수상으로 임명하는 동거정부(혹은 연합정권)이 등장한 바 있다.

이것은 비단 프랑스만이 아니라 독일의 경우에도 마찬가지이다. 메르켈 독일의 총리는 네 번에 걸쳐 연합정권을 구성했고, 이로 인해서 수상직을 4회 연임할 수 있었다. 4회의 연정 중에는 세 번이 중도우파와 이루어져 동일한 이념 선상에서 이루어진 연합정권이었다면, 2005년의 연합정권은 사회당과 이루어진 것이었다. 즉 메르켈이 중도 보수 우파였던 점을 감안한다면 이념적으로 반대파의 당과 손을 잡은 것이다.

메르켈의 연합정권 형성에는 한국 정치가 주목해야 할 점이 몇 가지 있다. 그중에서 가장 주요한 것은 장관직 배분이다. 이것은 주로 연정에 참여한 정당의 의석 비율에 따라 이루어졌다. 그렇지만 이것은 단순한 양적인 배분이외에 각 정당들이 중시하는 정책 영역이 있을 경우 장관직은 그 정당에 배분되었다. 다시 말해 선거에서 강조했던 정책 이슈가 장관직 배분에서 중요하게 작용한다는 것이다. 예를 들어 2005년 독일의 연정에서 가족의 가치를 중요시 하는 기독교민주연합(중도우파)은 여성가족부 장관을 가졌고, 계급정당을 표방해 온 사회민주당은 노동복지부 장관을 가져갔다(고상두, 2015: 138).

또 하나 주목할 만한 사항은 **연정합의서**와 **정무차관제**이다. 연정합의서란 정당들이 연립정부를 구성하는 협상 과정에서 도출된 선호의 타협을 문서화한다는 것이다. 이러한 공동 합의문은 장관의 독점적 정책 결정에 대해 견제 역할을 하게 된다. 한편 정무차관제는 다른 정당 소속의 장관을 견제하는 역할을 한다.

이처럼 정당은 매우 구체적인 정책 이슈를 제시하고 국민들의 투표율에 따라서 정당의 순위가 결정된다. 이것이야말로 시민사회의 경제-사회적 이해관계를 최대한 반영하고 국민들이 자신의 선호하는 정당에 투표하게 만드는 요인이다. 한편 이러한 투표 결과로서 최상위를 점령한 정당은 과반수를 넘기지 못하는 경우 자신의 연정 파트너를 결정하게 된다. 이때 장관직에 대한 배분을 연정협약서를 통해서 사전에 교환함으로써 정책에 대한 혼란을 최대한 방지하는 것이다.

따라서 한국 정치에서도 이제는 연정과 동거정부의 형태에 대해서 심각하게 고려해 볼 때가 되었다. 이것은 단순히 선거철마다 반복되던 합종연횡이나 야합이라는 부정적인 이미지를 벗어나 시민사회의 이해관계를 좀 더 적극적으로 반영하고, 나아가 과반수의 국민 지지를 바탕으로 정부를 구성하겠다는 주권재민 정신을 구현하는 차원으로 받아들여야 한다. 이러한 맥락에서 중도정당은 거대 정당들이 제대로 포착하지 못한 정책들을 개발하고 이를 근거로 중도와 보수, 중도와 진보라는 연합정권을 수립할 계획을 구체화해 국민들 앞에 제시하는 것이 시급하다고 하겠다.

② **개인들의 정치에 대한 직접참여를 어느 정도 제도에 반영할 것인가의 문제**, 즉 국민의 직접참여 건에 대해서 고민해 보자.

2008년 촛불시위에 이어 2016년의 촛불혁명은 한국의 대의제민주주의가 심각한 문제가 있음을 노정시킨 정치사의 커다란 사건이 되었다. 그동안 대의제 정치가 민의를 제대로 반영하지 못하고 있다는 점은 꾸준히 지적되었으나, 2016년 촛불은 기본의 제도만으로 민주주의가 제대로 작동할 수 없는 점을 분명히 했다.

그렇다면 국민들의 직접적인 정치 표현을 그대로 정치권에서 수용해야 하는가? 이 점에 대해서는 찬반양론이 첨예하게 대립한다. 예컨대 박근혜 대통령의 탄핵을 지지하는 세력과 반대하는 세력이 광화문 광장에서 동시에 충돌했을 경우 이들의 의견을 어떻게 평가하고 가늠하여 정치제도 안으로 수렴할 수 있을 것인가? 더구나 민중의 의견이 언제나 올바른 공적 의견이라고 단정할 수도 없다. 따라서 직접민주주의에 대한 열망은 대단히 높은 것이 사실이나 이러한 현상을 그대로 정치제도로 정착시킬 수는 없을 것이다.

다만 정치적 의사표시를 정치에 대한 정당한 관심과 참여로 인정하고, 공적 의식을 갖춘 수준으로 고양시킬 수 있는 장치를 마련하는 것이 필요한 것으로 본다. 적어도 공공정책의 입안과 수행에 있어서 국민들의 의사를 수시로 묻고 이를 정부 정책에 반영하는 방도를 찾아야 한다. 왜냐하면 대통령이나 장관의 권한이라는 것이 통치자의 절대적 권력이 아니며, 언제나 피치자의 동의와 감시 아래 놓여 있어야 하기 때문이다. 지난 박근혜-최순실 사태나 국정원의 댓글 공작에서 보듯이 선거 이후 형식적 절차로 선출된 대통령과 국가기관의 권력이 국민들을 감시하고 사찰하는 상황이 벌어진 것은 실질적 민주주의가 철저하게 유린된 상태라고 보아야 한다.

그리스 민주정치의 모태를 살펴보면 민주주의의 골간은 시민들이 광장에서 동등하게 발언할 수 있는 기회를 갖는 것이다. 아테네 시민의 4계급 중 하층계급들은 정치적 참여와 발언의 기회가 없었는데, 솔론(Sólōn)이 등장해 정치를 개혁함으로써 하층계급들에게도 발언권을 부여했고, 이를 계기로 아테네의 민주주의가 급격하게 성장하게 된다.

이처럼 한국 민주주의 실질적 발전을 모색하는 차원에서 정부 구성과 운영에 국민들의 목소리, 소외된 계층의 발언을 수용할 수 있는 방법을 찾아야 할 것이다. 그 예로 장관의 선정이나 정책의 결정에 국민들의 의견을 청취하는 방법을 모색해 필요가 있다. 정책 신문고 제도를 적극 활용하는 방식을 생각해 볼 수 있겠다.

예를 들어 복수의 장관 후보자를 공표하고 이들 중에서 가장 적격한 사람이 누구인가를 국민의 의견 수렴을 통해서 결정하는 방식이다. 또 정책 결정과 수행에 앞서 쟁점이 되는 사안을 설명하고, 국민의 의견을 인터넷으로 수렴해 서로 대립되는 정책 중 하나를 결정하는 방식도 도입해 볼 만하겠다. 물론 인터넷을 통한 의견 수렴에 많은 제약 요건이 있는 것도 사실이다. 그러나 국민들의 의견 수렴을 일회성으로 끝내는 것이 아니라, 하나의 사안에서도 여러 번 실시해 누적 집계를 내는 방식으로 운영한다면 지역성과 계급 편파성을 벗어나 국민들의 공적 의견과 그 흐름을 파악하는 데 분명 도움이 될 수 있을 것이다.

(3) 정당 구조의 축

정당 구조와 정부 구성의 관계를 살펴보자.

이 문제는 대통령제의 성공 여부를 결정짓는 사회구조와 선거제도와 밀접한 관련이 있다. 예를 들어 의원내각제의 성공 여부가 정치적 충돌을 중재할 수 있는 제3의 인물이 존재해 교착 상태를 해결할 수 있는가에 달려 있다고 한다. 그래서 내각제 정부를 선택한 대부분의 나라들은(영국, 일본 등) 대부분 입헌군주제를 채택하고 있다. 그렇다면 분권형 대통령제의 성공 여부는 무엇일까? 이 질문의 전제에는 분권형 대통령제가 결국은 대통령제의 변형이라는 생각이 존재한다.

우선 대통령의 선출 방식이 대단히 중요하다. 대통령으로 선출된 자가 정통성과 효율성을 담보하지 못하는 경우 대통령의 권위는 실추될 것이며, 이로부터 모든 정치권력의 행사가 정당성을 확보하지 못할 것이기 때문이다. 여기서 정부와 의회의 정치적 교착이라는 문제(executive-legislative deadlock)가 가장 심각하다. 이것은 대통령을 배출한 정당이 의회에서는 소수당이 되는 경우를 말한다. 사실 이러한 경우는 한국 정치에 매우 빈번하게 일어나 바 있으며, 이것이 현대 한국 정치가 해결해야 할 가장 큰 과제이기도 하다.

이를 위해서 제안할 수 있는 해법은 대통령 선거를 단순 다수제로 하되 결선투표제를 도입하는 방식이다. 한국에서는 특히 결선투표제의 도입이 매우 시급하다. 지금까지 역대 대통령의 득표율을 살펴보면 과반수를 겨우 넘거나, 과반수에 현저히 못 미치는 경우가 많아서 정권의 정당성 자체가 늘 시빗거리가 되었기 때문이다.

다음으로 국회의원과 대통령의 선거 시기를 결정해야 한다. 두 선거를 동시에 치르게 하면 정부 구성이 용이해지고 최소한 4년 정도는 정권이 안정성을 유지할 수 있게 될 것이다. 그러나 이럴 경우 정부의 권력 독점이 과도해지고 민주적 절차에 손상이 갈 여지가 있다. 반면 선거 시기에 차이를 두게 되면, 정부 구성 후에 최대한 2년 후에는 대통령의 소속 정당이 의회에서 소수당으로 전락하게 되어 국정 운영의 효율성이 떨어질 수 있다. 물론 이때 민주적 절차는 보다 고양될 수 있는 장점을 지닐 것이다.

마지막으로 국회의원 선거와 관련된다. 이것은 결국 의회 구성을 뒷받침하는 정당 구조가 다당제로 진행되어야 한다는 사실을 강조하는 것이다. 다원화된 사회에서 민의를 효율적으로 대변할 수 있는 구조는 역시 다당제이며, 이를 위해서는 선거구를 소선거구에서 중대선거로 전환해야 할 것이다.

3) 시장의 운영에 관하여: 자본과 노동의 대립을 넘어서

한국에서 가장 시급한 경제문제는 결국 **일자리의 창출**과 **고용기회의 평등**으로 요약될 수 있다(안식, 2017). 일자리를 창출과 관련해 지금까지 사용된 정부 정책들은 크게 두 가지 요약될 수 있다.

첫째는 이명박·박근혜 정권에서 채용된 정책들은 기업의 투자 의욕을 촉진시키기 위해서 법인세를 낮추거나 기업의 개발사업에 정부가 지원을 제공하는 방식이었다. 이것은 소위 '낙수효과'에 근거해 시행된 정책들이다. 낙수효과란 기업의 경쟁력이 성장하고 생산성이 높아지면 그 성과를 노동자에게 나눠줄 수 있을 것이라는 기대감에서 출발한 이론이다. 즉 기업이 성장하면 고용이 확대될 것이라는 가정이다. 이것이 보수 진영의 입장이다. 이론적으로 보면 로크의 사적 재산권 이론이나 프리드리히 하이에크(Friedrich Hayek)의 시장자유주의가 사상적 기반을 이룬다.

둘째는 국가 주도의 사업 정책들이다. 여기서는 주로 경제 부진을 해소하기 위해서 국가가 재정정책을 통해 선도하고, 이것으로써 기업의 경쟁력을 활성화시킨다는 전략이다. 특히 기업이 성장했음에도 불구하고 고용이 확대되지 못하는 이유는 기업들이 노동시간을 연장시키는 방법으로 기업을 운영함으로써 신규 인력을 채용하지 못하기 때문이라는 진단한다. 따라서 국가가 나서서 적극적으로 신규 인력을 채용하겠다는 전략이다. 문재인 정부가 내세우는 공무원 일자리의 확대 정책이 대표적인 사례이다. 이것이 진보의 기본적인 입장이다.

또 이러한 국가 주도 성장론의 배경에는 개별 소비 주체들(노동자)들의 임금이 상승해야 위축된 소비가 살아나고, 이를 바탕으로 기업의 성장이 촉진된다는 전제가 있다. 여기에는 1930년대 미국의 대공황이 유효수요의 부족과 경제에 대한 기대감 상실에 기인했으며, 이를 극복하기 위해서 국가가 재정정책과 금융정책을 사용해 민간의 유효수요를 증가시켜야 한다는 케인즈의 이론이 근간에 존재한다. 문재인 정부의 소득주도성장론은 바로 케인즈의 유효수요정책의 현대적 적용이라고 볼 수 있다.

그리고 이러한 유효수요의 관리정책은 부익부 빈익빈이라는 한국 경제의 심각한 문제를 해결하는 방식으로도 작동한다. 즉 금융을 통한 불로소득과 육체노동자들의 임금격차를 줄이고, 전체적으로 국민 임금의 평균을 일정하게 유지하기 위한 해법에 해당한다. 여기에는 존 롤스의 사회정의론이 사상적 기반을 이루고 있다.

요약하자면 시장의 운영에 있어서 보수 진영이 기업의 역할을 강조한다면, 진보 진영은 국가의 역할을 강조한다. 또 전자가 효율성을 강조하고 있다면, 후자는 평등을 강조한다. 전자가 개인의 이익을 주장한다면, 후자는 사회의 공익을 주장하는 것이다.

한편, 고용기회의 평등이라는 문제도 기업 주도인가 국가 주도인가라는 이분법과 관련되어 있다. 예를 들어 고용의 안정성 확보 vs 고용의 유연성 인정, 중소기업의 임금 vs 대기업의 임금수준 등의 대립 관계는 시장의 효율성 vs 시장의 평등성과 관련된 난제들이다. 결국 개별 기업의 이익이 우선인가? 사회적 공익이 우선인가의 문제를 해결하는 것이 한국 경제의 최대의 과제인데, 그렇다면 과연 중도정치의 해법은 무엇일까?

우선 실무정책을 바로 다루기 전에 철학적 배경에 대해서 검토해 보자. 전통적으로 시민사회(시장)운영의 원리는 크게 보아 두 가지로 분류된다(백종현, 2004: 122).

첫째는 개인의 이해관계를 최대한 보장하고, 이러한 이익의 합을 최대 다수의 최대 행복으로 간주하는 방식이다. 영국의 벤담이나 제임스 밀(James Mills)이 제공하는 공리주의의 철학이 이러한 개인주의적 시장 운영의 전형이다. 밀은 타인의 권리와 이익을 침해하지 않는 범위 내에서 개인의 독자성과 자유가 최대한 보장되어야 한다고 말한 바 있다. 이때 과연 타인의 권리와 이익을 침해 하지 않는다는 말을 어떻게 해석해야 할까?

둘째는 사회의 공익을 강조하는 소위 집단주의자가 있다. 독일의 철학자 헤겔에 따르면 개인이 타인의 권리를 침해하지 않는 범위란 공익을 기준으로 결정되는 문제이다. 또 이러한 범위에서 최대 다수의 최대 행복은 용납되지 않는다. 왜냐하면 공동체가 요구하면 개인의 이익은 언제든지 축소될 수 있기 때문이다.

근대사상에서 제안된 개인주의와 집단주의의 철학은 우리 사회를 운영하는 양극단을 보여준다. 결국 이러한 극단의 어느 지점에서 균형점을 찾을 것인가는 국민의 합의에 따라 결정되는 것이다. 필자가 보기에 보수 진영이 내세운 낙수효과(기업의 이해관계)를 지지하는 것은 개인주의적 철학의 극단을 그대로 수용하자는 것으로 보인다. 양극화의 문제가 심각한 한국 현실에서 받아들이기 어려운 입장이다.

한편, 문재인 정부가 내세우는 소득주도성장은 롤스의 정의론에 기반하고 있는데, 이러한 철학적 배경에도 문제가 있다. 예를 들어 롤스의 정의론은 자유와 평등을 조화시키기 위해서 "공정으로서의 정의"라는 개념을 제시하는데, 이것은 가장 합리적인 절차에서 의해서 공동체의 운영 방식을 결정하자는 것이다. 그런데 여기에는 중요한 전제가 있다. 즉 자신의 이해관계를 손해보더라도 최소 수혜자에게 혜택을 제공하는 일이 자신뿐만 아니라 공동체 전체에 이익이 될 수 있다는 합의를 이끌어낼 수 있다는 것이다. 과연 그럴까? 정말 한국의 상류층들이 흔쾌히 세금을 더 지불하는 정책에 동의해 줄 수 있을까? 적어도 이러한 정의론이 가능하기 위해서는 시민들이 높은 수준의 도덕성과 연대 의식을 갖추고 있어야 한다.

필자는 롤스의 정의론이 현실사회에서 기능하기 위해서는 시민의 연대 의식이 먼저 존재해야 한다는 점을 지적하고 싶다. 이것은 롤스가 제대로 설명하지 않은 부분이다. 왜냐하면 시민의 도덕성이란 대단히 합리적이고 이성적인 요소인 반면 연대 의식은 감정적인 동지의식과 관련된 것이기 때문이다. 이것이 중도정치가 지향해야 할 목표이다. 지금까지 정치권에서 이러한 쟁점으로 시장의 문제를 해결하려 했던 세력이 없었다. 적어도 문재인 정부가 기대하고 있는 소득주도성장이 국민들의 합리성과 도덕성에 기대고 있다면, 실패할 가능성이 높다. 왜냐하면 한국의 상류층을 설득할 명분이 부족하며, 또 지역정서와 감정정치에 큰 영향을 받고 있는 한국 정치에서는 야당의 반대 공세 있을 경우 국민들의 합의를 이끌어내는 것이 매우 어렵기 때문이다.

따라서 중도정치는 이성적 합리성과 더불어 연대의 감정에 호소해야 한다. 그래야 진보와 보수가 해결하지 못한 시장 운영의 조화를 이루어낼 수 있다.

이제 연대의 감정을 바탕으로 고용안정화와 고용유연화의 대립 관계를 해결할 수 있는 구체적인 정책을 모색해 보자.

우선 한국 경제가 맞이한 상황을 정확히 직시해야 한다. 즉 현재 세계경제는 4차 산업시대에 이미 들어와 있고, 한국 경제도 이러한 새로운 경제 흐름에 무관하지 않다는 것이다. 그런데 4차 산업의 경제는 기술력의 빠른 발전과 함께 고용의 유연성을 요구한다. 다시 말해 3차 산업까지의 경제가 건실한 육체노동을 요구했다면, 4차 산업은 유연하고 창의적인 비물질적 노동(정신노동)을 요구한다.

이러한 맥락을 이해하면 일단 효율성의 차원에서 요구되는 정책들이란 대체로 고용의 유연성을 인정하고(쉬운 해고를 인정하라는 뜻이다), 기업 간의 공정한 경쟁을 유도하면서, 도태되는 기업들은 시장에서 신속히 퇴출시키는 것이 현명한 정책이 된다. 예를 들어 1980년대까지 한국 경제의 주축을 이루었던 조선산업이 이제는 세계조선시장의 경쟁에서 밀려나고 있는 것이 현실이다. 그런데 국가의 공적자금으로 대우나 한진과 같은 조선산업의 도산을 지연시키는 것은 매우 어리석은 정책이라고 할 수 있다.

현재 한국 경제에는 이처럼 새로운 경제구조의 변화에 적응하지 못하는 수많은 기업들이 존재하며, 이들 기업에게 국가가 일방적으로 세제 혜택이나 공적자금을 투자하는 방식으로 과거의 유산을 유지시키는 방법은 장기적으로 보면 한국 경제의 건강성을 오히려 해치는 결과를 초래하게 될 것이다.

그렇다면 기술경쟁력의 위기를 맞은 한계기업들의 노동자들을 일방적으로 해고할 것인가? 효율성의 논리만으로 보면 그렇게 말할 수도 있을 것이다. 이명박·박근혜 정권의 정책 기조는 바로 효율성의 논리에 근거해 있었다고 평가할 수 있을 것이다. 한편 이러한 한계기업의 노동자들이 해고되는 것이 평등의 논리에 비추어 보면 부당하며, 사회 정의론의 차원에 비추어 보더라도 국가가 지원금을 주는 것이 마땅하니 국가가 지속적으로 공적 자금을 투여해 기업의 도산을 막고, 노동자들의 임금을 상승시키는 것이 올바른 정책인가?

지금까지 한국 경제의 해법은 진보와 보수의 양쪽을 이리저리 헤매다 길을 잃고 말았다. 그렇기에 이제 한국 사회는 바로 중도정책이 필요한 시점이 된 것이다.

그럼 과연 이러한 딜레마에 중도정치의 묘수는 무엇일까?

일단 중도정치는 효율성의 논리에 귀를 기울여야 한다. 세계경제가 맞이하고 있는 4차 산업 경제에 체질을 적응시켜야 한다. 그런 의미에서 기술경쟁력에서 뒤처지고, 경영의 효율성에서 낙후된 한계기업은 시장에서 퇴출시키는 것이 옳다. 물론 여기에는 한 가지 중요한 전제가 있다. 시장의 공정한 경쟁 조건이 바로 그것이다. 예를 들어 기술력이 우수하며 창의적인 중소기업이라도 대기업의 횡포로 인해 도산하거나 시장에서 퇴출되는 경우가 한국 경제에는 매우 흔한 일이다. 이러한 불공정 관계를 과감하게 시정해야 한다. 대기업과 중소기업의 갑-을 관계 횡포를 반드시 청산해야 한다.

그렇다면 시장에서 퇴출된 기업의 노동자들은 어떻게 처리해야 할까? 지금까지의 관행은 이른바 정리해고의 절차에 따라서 강제 퇴출되는 경우가 일반적이었다. 그러나 이제부터 정리해고자에게 회생의 기회를 주어야 한다. 여기가 바로 연대주의 철학이 발휘되는 지점이다.

연대임금제도를 만들어보자는 것이다(송호근, 2012: 157). 예를 들어 모든 기업이 급여의 몇 퍼센트 정도와 노동자들의 임금 일정 퍼센트를 적립하는 방식으로 실업 기금을 만들어야 한다. 이러한 기금은 국민연금이나 건강연금과는 달리 기업과 노동자들의 자발적인 기금 운영 방식으로 운영되는 것이 바람직하다. 왜냐하면 이것을 강제하게 되면 대기업과 중소기업 간의 연금 액수나 운영 방식을 두고 갈등이 벌어질 가능성이 있으며, 한계기업에 있는 노동자들은 실업이 자주 발생함에 따라서 연금의 혜택을 받게 되는 경우의 수가 더 많아질 것이다. 이것은 노동자들 간에 또 다른 심리적 갈등을 유발하게 된다.

연대임금의 기본 취지는 한계기업의 노동자들을 해고의 위협으로부터 자유롭게 하고, 새로운 취업의 기회를 주자는 것이다. 물론 새로운 직업교육의 과정은 국가가 수립하고 자금 지원을 하는 것이 더 유용해 보인다. 그러나 중요한 사실은 일단 노사 간의 합의를 유도해 연대임금의 취지에 공감하고 경제 자산을 함께 운영하다 보면, 이른바 노동계가 요구하는 임금인상이나 자본가가 요구하는 생산성 향상이라는 문제도 함께 타협될 가능성이 높다.

더구나 이것은 국가가 직접 나서는 기존의 노사정 3자 협의체와 달리 노사의 직접적인 합의가 전제된 것이라는 점에서 시장 운영의 자율성을 최대한 확보한 것이라고 할 수 있다. 이러한 맥락에서 이것은 경제적 민주화와 정치적 민주화가 동시에 달성된 것이라고 할 수 있다.

그리고 이러한 노사 간의 연대임금제도는 다른 분야로 확대될 수 있을 것이다. 비정규직을 정규직으로 전환하는 것이 현실적으로 어려운 상황에서, 차라리 비정규직과 사측 사이에 연대임금 규정을 두도록 하여, 비정규직이 재계약에 실패할 경우 새로운 직장을 찾는 기간 동안 일정한 임금을 받을 수 있도록 임금계약 제도를 만들어볼 수 있을 것이다.

한편 청년 실업의 경우에도 단순히 보조금을 주는 수준에 머물 것이 아니라, 국가와 취업준비생 간에 일정한 연대임금 제도를 만들어볼 수 있을 것이다. 이러한 경우 국가는 청년들이 미래의 취업생이라고 가정하고 일정한 임금을 지불하고, 현재의 취업준비생은 미래 소득의 일부를 현재에서 지급받을 수 있다. 이것은 미래와 현재의 임금계약이 될 것이다.

필자가 보기에 이러한 연대임금의 개념이 한국 사회에 정착되기 위해서는 4단계가 필요하다.

1단계는 개인 수준에서 연대의 의미를 이해하고 이러한 연대임금의 도입이 장기적으로 개인에게 유용하다는 가치관을 심어주어야 한다.

2단계는 이러한 연대가 사회적 직업군에서 실용적인 의미를 가져야 한다. 사실 대기업, 중소기업, 창업 준비 기업 등은 각각 경제 상황이 다르기 때문에 일방적인 연대임금의 계약을 강요할 수가 없다. 바로 이러한 의미에서 국가가 주도하는 유효수요관리정책이나 일자리 확대 정책이 위험하다는 것이다.

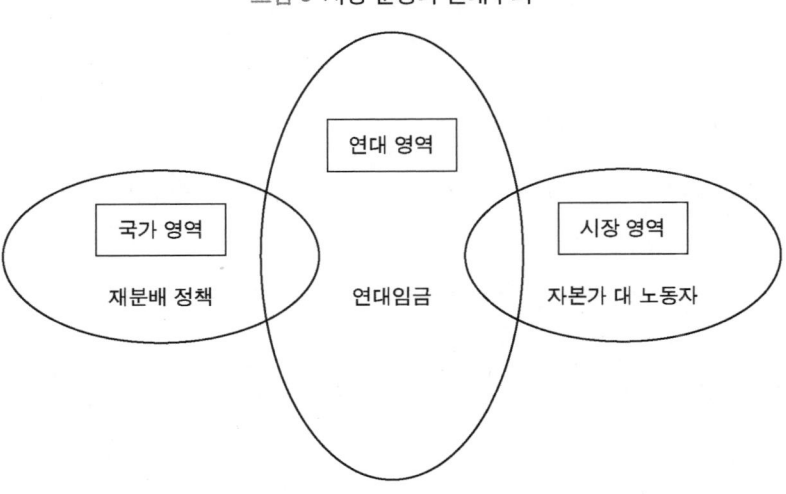

그림 6 시장 운영과 연대주의

연대 영역

국가 영역

시장 영역

재분배 정책

연대임금

자본가 대 노동자

시장의 논리에 힘을 실어주어야 한다.

3단계로 합의된 내용을 제도화할 수 있는 국가의 역할이 필요하다. 이러한 제도화의 가장 현실적인 형태는 물론 법제화다. 이러한 법제화 단계 이전에 노사 간의 합의가 실천될 수 있는 사회적 분위기를 조성하는 것이 매우 중요하다.

4단계로 제도적·법적으로 합의된 내용을 위반한 노사 양측은 엄격한 제재를 받아야 한다. 여기에 국가가 직접 나서야 한다. 합의를 위반한 당사자는 어느 쪽이든 위반으로부터 얻은 이익보다 제재를 통해서 받는 불이익이 더 크다는 사실을 인지하도록 만들어, 다시는 위반하지 못하도록 만들어야 한다.

이러한 맥락에서 보면 경제적 수준에서 연대는 사회적 연대와 정치적 연대와 밀접하게 연결되어 있는 것이다. 지금까지의 논의를 그림으로 표현하면 〈그림 6〉과 같다.

참고로서 프랑스에서 진행된 노동 개혁과 청년 고용정책을 정리해 볼 것이다. 우선 노동개혁정책부터 살펴보자(김시경, 2008).

프랑스는 전통적으로 노동의 권한이 강한 나라였다. 다시 말해 일단 고용된 노동자는 좀처럼 해고되지 않았으며, 노동조합의 영향력이 막강해 임금협상에서도 우위를 차지해 왔다. 또 동일노동 동일임금이 법에 명시될 정도로 노동 권리가 막강한 나라였다. 그러다가 2007년 니콜라 사르코지(Nicolas Sarkozy)가 대통령으로 당선된 이후부터 이른바 신자유주의 정책이 시행되기 시작한다.

2007년 3월에 35시간 근로제가 사실상 폐지되었다. 이것은 근로시간을 제한해 일자리를 나누겠다는 평등주의 정책이 폐기된 것을 의미한다. 연장 근무시간도 180시간에서 220시간으로 늘어났다. 더 많이 일하고 더 많이 벌자는 보수 진영의 구호가 정책으로 반영된 것이다. 평등보다는 효율성이 득세한 것이다.

이후에는 최초고용계약(CPE)제도를 도입하였다. 이것은 26세 미만의 근로자는 취업 후 2년 이내에 자유롭게 해고할 수 있다는 법을 의미한다. 이것은 미국식 고용제도가 프랑스에 도입되었음을 의미한다. 또 신고용계약(contrat nouvelle embauches)을 도입했다. 이것은 상시근로자 20인 이하 중소기업에 대해서 근속연수 2년 이내의 근로자를 언제든지 해고할 수 있다는 법체계다.

이처럼 고용의 유연성을 강조한 이유는 오랜 세월 유지되어 온 노동시장의 경직성, 다시 말해 한번 고용되면 철밥통이라는 관행이 프랑스 경제성장의 발목을 잡은 것으로 해석되었고, 이에 대한 개혁이 필요하다는 정치적 판단이 있었기 때문이다. 해고를 어렵게 만들어놓은 것이 오히려 신규 고용을 어렵게 한다는 분석과 이를 시정해야 한다는 사회적 합의가 있었던 것이다.

그러나 한국의 노동시장이 곧바로 프랑스와 비교할 수는 없다. 사실 한국의 경우에는 노동시장의 유연성이 높아 문제가 된 부분도 많기 때문이다. 또 노조의 구성과 영향력도 프랑스와 비교될 수 없다. 그러나 프랑스의 사례를 통해서 한국 경제는 노동의 유연성과 노동의 보호가 경제사정에 따라서 적절하게 균형을 잡아야 한다는 사실을 배울 만하다.

이제 청년 고용정책을 살펴보자(오민애, 2016).

프랑스는 15세에서 29세 인구의 53.8%가 경제활동인구이며 그중 44%가 고용 상태이고, 9.8% 실업 상태인 것으로 파악된다. 경제활동인구 전체 중 6.4%가 불완전 고용 상태인 것을 감안하면, 청년층의 고용 불안정은 프랑스에서 매우 심각한 상태이다. 이를 위해서 다음과 같은 정책이 발표되었다.

① 청년보장제도(La garantie Jeunes)는 고용 상태, 직업훈련 과정 및 학교교육 과정에 모두 속해 있지 않으며 사회적으로 취약한 상황(소득이 월 524유로를 초과하지 않아야 한다)에 있는 18세 이상 26세 미만의 청년 인구를 대상으로 한다. 대상 청년들을 고용 혹은 직업훈련 과정으로 이끌기 위해, 개인 면담, 직업과 관련된 단체 아틀리에, 일자리나 실습 및 수련 제안에 대한 의무 이행을 조건으로 1년 동안 관리 및 지원하는 내용을 담은 계약을 맺는 형태다.

② 첫 고용에 대한 지원(L'aide a la Premiere embauche) 정책은 어떠한 기업의 그룹에도 속하지 않는 현재 1인 기업의 고용활성화를 위해서 2015년 6월부터 2016년 6월까지 연령 조건 없이 첫 근로자 고용(1년 이상 계약직 혹은 정규직) 시 보조금으로 최대 4000유로를 지급하는 내용을 담고 있다.

③ 미래고용(L'emploi d'avenir) 정책은 고등학교를 졸업한 16세 이상 25세 이하로 현재 어떠한 곳에도 고용된 상태가 아니며 최근 12개월 중 6개월 이상 구직활동 중이고 노동시장 진입에 어려움이 있는 청년을 대상으로, 공기업 또는 사기업 및 비영리단체 등에서 주당 최소 17시간 30분, 최대 35시간의 1~3년의 기간제 또는 정규직 근로계약을 맺는 것이다. 이때 고용주는 최대 3년간 최저임금의 35%, 최대 75%를 정부로부터 지원받는 대신 고용된 청년에게 튜터를 정해 직업훈련과 상담, 근로주의 어려움에 개입 및 중재를 하며, 근로 상황들과 관련해 지역 기관에 정기적으로 알리고 계속적으로 관리를 받는다.

이와 같은 청년 고용정책도 한국 상황에 그대로 적용하기는 어렵다. 그러나 프랑스의 사례에서 한국 청년 고용정책의 실마리를 찾을 수는 있겠다.

4) 교육개혁에 관하여: 욕망과 생활 정치를 향하여

한국 사회에서 교육의 문제는 교육학의 범위를 넘어서 정치적이고 심리학적인 문제로 확장되었다. 국민 모두가 교육의 피해자이며, 국민 모두가 교육문제의 전문가가 되었다. 따라서 성급한 진단과 대안은 불필요한 논쟁과 시행착오를 낳을 뿐이다. 예를 들어 입시제도에 대한 개혁이나, 학교제도에 대한 미시적인 개혁 정책이 언제나 찬반양론으로 평가가 분열되며, 이를 통해서 불필요한 부작용이 발생한다는 사실을 우리 국민들이 절실하게 경험해 왔다.

따라서 이 글에서는 한국 사회의 변화 속에서 교육의 목표가 무엇인지 생각하는 방식을 제안하고자 한다. 또 구체적인 정책을 제시하기보다는 중도사상에 기반에 근거해 한국 교육 문제를 해결할 수 있는 큰 분석 틀을 제안해 보고자 한다. 왜냐하면 교육정책이란 단순히 교육의 효율성과 평등성에 국한되기보다는 정치적 입장과 경제적 이해관계가 맞물린 계급 대립의 양상으로 나타나기 때문이다.

한국에서 교육에 대한 보수와 진보의 입장을 가장 잘 대변하는 것이 '**학교선택권**' 문제다. 이 문제에 대한 각 진영의 입장을 간략히 비교하면서 중도정치의 대안을 모색해 보도록 하자.

진보 진영에서는 한국 교육의 가장 큰 병폐가 학벌의 문제이며, 이것은 서열적인 입시체제가 만든 기형적인 결과로 본다. 따라서 이 문제를 해결하는 최선의 방법은 서열 체제를 없애고 모든 교육체제를 공교육을 기반으로 평등화하는 것이다. 따라서 학교의 선택권은 국가에게 있다. 예를 들어 중고등학교를 무상교육으로 확장시키고, 급식도 국가가 부담하며, 대학도 공교육 네트워크를 통해서 하나의 체계로 통합하자는 해법을 제시한다(정진상, 2004).

반면 보수 진영은 한국 교육의 문제가 획일적인 교육체계에서 기인한다고 평가한다. 특히 국민들 대다수가 한국의 공교육에 불만을 갖고 있는데, 가장 큰 이유는 개인들의 적성과 특성에 맞는 교육을 공교육 체계가 제대로 제공하지 못하고 있기 때문이다. 그래서 사교육 시장이 늘어가는 것이라고 진단한다. 따라서 이 문제에 대한 해답은 개인의 교육적 요구를 충족시킬 수 있도록 학교의 행정과 교과목에 자율성을 부여하고, 교육 소비자들에게도 자신이 원하는 학교를 선택할 수 있는 권한을 주자는 것이다(이주호, 2006).

이러한 진보와 보수의 극단을 어떻게 조화시킬 수 있을까? 이것이 결국 중도정치의 길이다. 중도의 교육정책을 개발하기 위해서 우선 한국 현대사에서 국가가 내건 교육의 내용과 과정을 살펴보자(한국개발원, 2010: 337). 역사의 흐름을 이해할 때 효과적인 교육정책이 만들어질 것이다.

1948년 이후 1970년대까지를 산업화 시대라고 한다. 이때 교육의 기능은 국가가 주도하는 대중 교육이었다. 농경사회에서 산업사회로 이행하는 데 필요한 건전한 노동 인력과 국가에 충성하는 시민을 만드는 것이 교육의 목표였다.

1980년대에서 1990년대까지는 군부 독재의 시기를 거친다. 이때는 교육의 전문성이 교육의 목표가 되었다. 직업교육이 강조된 시기이며, 역시 국가 주도의 교육이었다. 그런데 이 시기에 국가가 주도한 교육이 반드시 평등 교육은 아니었다. 1948년부터 1990년대까지 국가가 교육의 주체로서 강조된 시기였지만, 교육 기회가 평등해지고, 사교육이 줄어들지 않았다. 그 이유는 교육 내용이 획일화되어 다양한 개인의 교육욕구를 충족시켜 줄 수 없었기 때문이다.

이러한 교육의 획일성이 문제가 된 것이 바로 2000년대 이후 신자유주의 흐름이 득세하던 때이다. 교육에서는 자율화의 시대라고 부를 수 있는 시기다. 이때부터 자율형 사립학교나 특목고 등이 생겨나면서 생활세계에서 억압된 개인의 교육 욕망이 폭발하게 되었다. 그러한 교육 욕망의 형태가 바로 해외의 조기유학이었다.

이러한 3단계의 특성을 면밀히 살펴보면 한국 교육의 문제점은 세 가지 요인에서 유래하는 것으로 진단할 수 있다. ① 과도한 국가 주도와 공교육의 실패, ② 교육 내용의 획일성, ③ 교육 욕망의 폭발이다. 따라서 해결책은 다음과 같다.

① 국가 주도를 지양하고 시민사회에서 공교육을 활성화하는 방안을 모색해야 한다. 사실 한국의 교육은 양극화 구조가 심화되고 있어서 학교는 신분과 계급을 재생산해 내는 억압의 기제가 되고 말았다. 더 이상 학교를 통해 신분 상승을 이루는 것이 불가능해졌다. 한편 시민사회나 시장을 통해서 교육의 평등을 지향하는 방법은 결국 취업과 임금의 문제. 좋은 학교를 나오지 않아도 취직과 임금에서 차별을 받지 않는다면 학교를 둘러싼 사교육 경쟁은 줄어들 것이다. 그리고 이것이 자연스럽게 교육 내용의 다양성을 가져올 것이라고 예상한다. 필자는 이것을 **자율적 평등**의 정책이라고 이름 붙이고자 한다.

② 교과 내용과 학교 운영 그리고 학교선택권을 시장의 논리에 맡겨둘 수는 없다. 만일 그렇게 되면 교육의 부익부 빈익빈 현실은 더욱 심각해져 갈 것이다. 그렇다고 국가가 시민사회의 다양성 요구를 일방적으로 억압하는 것도 좋은 방법은 아니다. 오히려 이러한 억압이 교육의 파행을 가져온다. 따라서 방법은 역시 경제나 정치적 대안을 보조적으로 채택하는 것이다. 예를 들어 명문 고등학교와 명문 대학을 강제로 통합하거나 없애는 방식으로 교육체제가 유지된다면 건전한 의미의 엘리트 양성은 불가능해질 것이다. 이것은 분명 국가경쟁력 약화로 귀결된다. 따라서 교육에서 차이는 인정해야 한다. 다만 학교가 학벌이 되는 경우만 제어하면 된다.

예를 들어 한국에서는 명문 학교를 졸업한 엘리트가 돈과 명예와 권력을 모두 차지하게 되는 승자독식의 사회구조가 일반화되었다. 이것을 완화시키는 것이 해법이다. 의사나 법관이라는 직업이 대표적인 예가 될 수 있겠다. 의사의 양성을 공공교육이 전담해 학비를 없애고 더 많은 의사를 양산하면서, 사회적인 신분은 공무원으로 임명하는 제도를 생각해 보자. 의사가 되어도 큰돈을 버는 것이 아니라면 지금처럼 많은 학생들이 무조건 의대 입학을 지원할까? 오히려 의사를 지망하는 학생들은 봉사 정신이 있어야 한다는 사회적 관습과 인식이 생길 것이다. 그렇다면 불필요한 경쟁과 사교육도 사라지지 않을까? 또 하층계급 학생도 충분히 희망을 가지게 될 것이다. 왜냐하면 의대의 학비와 병원의 취직이 모두 공공지원으로 이루어질 것이기 때문이다. 이 것은 법관의 경우도 마찬가지이다.

한국 교육의 문제는 공공성과 평등성을 주장하면서도 교육체계와 임금구조 가 전혀 공적인 기능으로 작동하지 않기 때문에 발생하는 것이다. 그러므로 임금구조와 권력구조를 교육체계와 연계시켜 균형을 잡을 수 있는 교육정책 을 마련해야 한다. 그러면 교육의 자율성과 평등성은 동시에 실현될 것이다.

③ 교육의 공적 기능과 다양성의 요구는 개인의 욕망과 맞물려 있다. 따라 서 한국 교육을 개선하기 위해서는 오랜 시간에 걸쳐서 왜곡된 욕망의 구조를 개선해야 한다. 이것이 가장 중요하다. 특히 한국의 하층계급과 중간계급에 연관된 성공 이데올로기와 성취 이데올로기를 해소하지 않고서는 어떠한 교 육정책도 성공하기 어렵다. 미국식 교육을 받은 교육학자들이 간과하고 있는 점이 바로 이것이다. 한국의 교육 소비자는 결코 합리적 주체가 아니다. 이들 은 대단히 감정적이며 무의식적이다. 그들이 표현하는 교육정책에 대한 찬반 은 대부분 왜곡된 욕망 구조와 관련된 것들이다. 이것이 프랑스의 68사상이 우리에게 주는 교훈이다.

예를 들어 공교육이 강화되고 형평성이 실현되어야 하층계급이나 중간계급 에 유리한 학교 환경이 마련되겠지만, 실제로 하층이나 중간계급이 이러한 공 교육 강화 정책에 찬성하지 않는 경우가 많다. 왜 그럴까? 이들의 내면을 지배 하는 일종의 상징적 지배효과 때문이다. 68사상(특히 알튀세르나 부르디외가 이 분야의 대표적인 이론가들이다)이 잘 설명하고 있듯이 오늘날의 지배 이데올로 기는 학교나 소비와 같은 일상의 영역에서 인간의 욕망을 지배한다. 따라서 본 인이 하층계급임에도 불구하고 그들은 상류층처럼 일류 대학에 진입해 지배엘 리트가 되고 싶다는 욕망으로 교육정책을 평가하고 의사표시를 하는 것이 보 통이다. 이처럼 왜곡된 욕망 구조는 오랜 세월에 걸쳐서 관습처럼 굳어진 것이 기 때문에 일회적인 정책으로 개선되지 않는다. 또 이것은 단순히 교육에만 한 정된 문제가 아니다. 따라서 장기간의 걸친 홍보와 시민사회운동이 필요하다.

그림 7 교육체계와 연대주의

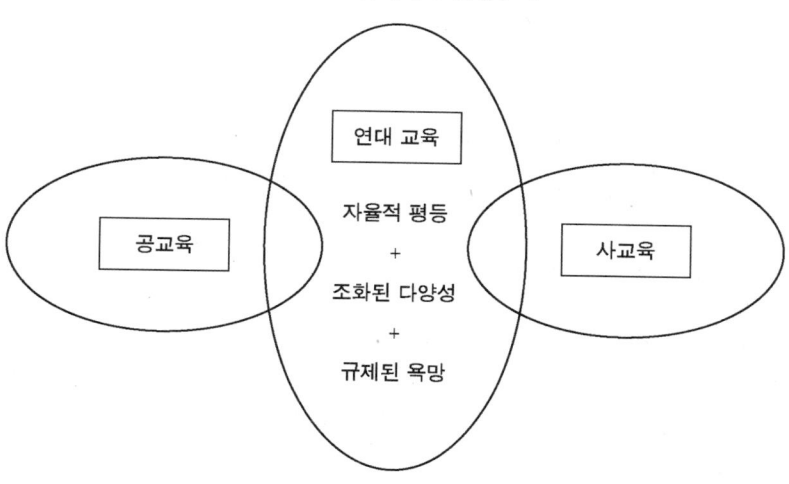

프랑스에서는 명문 대학을 졸업하고도 꽃가게를 운영하는 것으로 충분히 만족하며, 일본에서도 명문 대학을 졸업한 후 가업을 이어 호떡 장사를 하는 경우를 자주 본다. 이에 반해 우리 사회에는 금전적 성공을 인생의 성공으로 오해하는 잘못된 관습이 자리 잡고 있는데, 이것은 분명 농경사회에서 산업사회로 진입하는 과정에 생긴 배금주의에서 기인하는 것이다. 즉 정당한 방법이 아니라도 권력과 돈을 쟁취한 사람에게 머리를 숙이는 사회적 관습이 있었기에 이처럼 왜곡된 가치관이 독버섯처럼 우리 사회에 퍼진 것이다. 이를 타계하기 위해서 국가와 시민사회 그리고 의식 있는 선각자들의 사회 교화 운동이 전개되어야 한다.

필자가 보기에 한국 교육의 진보와 보수는 국가와 학교(개인)로 양분된 채 진영싸움을 해왔다. 그런데 이제 이러한 양 진영의 중간에 연대 영역을 상정하고, 여기서 **자율적 평등**(대 강요된 평등), **조화된 다양성**(대 극단적 자율성), **규제된 욕망**(대 금전적 성공)을 실현해 간다면 중도정치가 표방하는 교육정책을 성공적으로 수행할 수 있을 것이다. 그 내용을 그림으로 표현하면 〈그림 7〉과 같다.

5. 나가며: 공감적 리더십을 향하여

지금 한국 정치는 위기를 맞이했다. 이것은 보수는 물론이고 진보에서도 마찬가지다. 이러한 보수와 진보의 위기를 극복하는 방안의 하나가 중도정치를 탄생시키고 뿌리내리게 하는 길이 될 것이다.

첫째, 보수 진영의 상황을 보자.

일단 박근혜-최순실 사태로 몰락한 보수정당은 자신의 정체성을 새롭게 정립해야 할 상황에 이르렀다. 이를 위해서는 한국 현대사에서 보수의 태생 자체가 왜곡되어 있었음을 인정해야 한다. 예를 들어 서유럽의 경우 보수란 민족주의와 전통주의에 기반을 둔 개념이다. 에드먼드 버크(Edmund Burke)가 『프랑스 혁명에 관한 성찰(Reflections on the Revolution in France)』에서 잘 설명하고 있듯이, 프랑스 대혁명의 급진 개혁에 반대해 과거로부터 전승되어 온 전통적인 지혜와 관습 그리고 민족의 연대를 강조하는 것이 보수의 특징이었다.

그런데 한국의 보수는 반공이라는 이념 아래 뭉친 반민족주의 집단이 되어 버렸다. 이것은 이승만·박정희 정권이 정치적 명분을 내세우기 위해서 반공을 국시로 삼아 정치적 프로파간다로 이용한 것에서 유래한다. 그리고 정치적 정당성을 확보하기 위해서 경제발전이라는 목표를 내걸고 국민 통합을 강요했다. 이승만과 박정희로 이어지는 한국 보수의 흐름은 결국 권위주의적 카리스마 또는 군사적 리더십으로 요약될 수 있다. 이렇게 되다 보니 보수 정치가 지켜야 가치들이 많이 무너지고 말았다. 예를 들어 북한 민족과의 대화, 전통에 대한 성찰, 절차를 지키는 민주주의, 반외세적인 민족주의 등의 가치들이 사라지고, 오로지 효율적인 경제발전과 지도자에 대한 충성만이 강조되는 기형적인 현상이 나타나게 된 것이다.

이러한 보수 정권의 통치 방식은 이승만, 박정희, 전두환 시대를 거치는 동안 경제발전과 반공이라는 두 가지 이념에 근거하고 있었다. 그러나 1990년대 이후 시민사회가 확장하고 개인들의 이해관계가 다양해졌다. 더구나 세계화의 영향 아래서 국내정치와 국제정치가 완전히 분리되지 않는 새로운 정치 환경을 마주하게 되었다. 이러한 상황에서는 경제발전과 반공을 강조하는 카라스마적 리더십은 적절한 통치 스타일이 될 수 없다. 이러한 맥락에서 이명박·박근혜 정권은 변화된 세계와 시민사회의 영향력을 정확히 포착하지 못한 시대착오적 보수 정권이었다고 평가할 수밖에 없다.

둘째, 이제 진보의 위기 상황을 살펴보자.

한국의 진보 정치는 주로 권위적인 보수 정권에 대한 저항 세력으로 탄생했다. 이승만과 박정희 정권의 억압에 맞서 민주화 투쟁을 해온 세력이 바로 한국의 진보였다. 물론 이승만 시기에 서구의 사회주의 정당을 모델을 지향하면서 진지하게 진보당을 추진했던 세력이 없었던 것은 아니다. 그중 조봉암이 진보세력을 대표했던 정치인이었다. 그러나 안타깝게도 이승만의 정적으로 낙인 찍혀 대통령 선거 직후 형장의 이슬로 사라졌다. 이것은 한국에서 제대로 모양을 갖춘 진보정당이 나타나지 못하게 만든 역사의 아픔이다.

1990대에 접어들어 민주노동당이 어렵게 창당되었지만, 국민의 지지도가 점차 추락하고 있는 형편이다. 예를 들어 1997년 권영길 후보가 30만 6000표로 1.2%, 2002년은 3.9%, 2007년은 3%였고, 2017년 대선에서 심상정 후보는 6.1%인 200만 표를 얻었다. 그러나 후보 다섯 명 중에서 최하위였다. 당시 정당 지지도는 5% 미만이다. 이와 같은 진보정당의 수준을 감안할 때 과연 진보정당의 미래를 낙관할 수 있을지 의문이다.

물론 대한민국 제19대 대통령 선거에서 문재인 후보가 대통령에 당선되었다. 그러나 더불어민주당이 진보정당인지를 두고 의문을 제기할 수 있다. 서유럽 기준에서 보면 더불어민주당은 중도우파에 해당한다. 그럼에도 불구하고 한국에서는 더불어민주당을 진보 진영으로 생각하는 경향이 일반적이다.

이념의 구도나 정책으로 보면 보수와 진보가 아님에도 불구하고 한국에서는 더불어민주당이 진보정당이고, 자유한국당과 바른정당이 보수정당으로 여겨진다. 이 말은 각 정당의 정체성 자체가 반대편 정당의 존재를 전제로 만들어지고 있음을 가리킨다. 이것이 바로 진영 논리다. 상대가 독점한 정책이나 이념은 그것이 옳고 그름을 떠나서 반대편 진영에서 무조건 반대한다. 이것이 한국 정치의 관례이며 폐해다. 이러한 진영 논리에 근거한 정치가 지난 50년간 이어져 내려와 패권정치와 계보정치를 만든 것이다.

그런데 이러한 진영 논리와 패권정치로 인해서 국민들의 다양한 요구가 정치권으로 진입하지 못한다는 것이 문제다. 국민들의 요구는 점차 세련되고 다양해지는데 정치권은 옛날 그대로 변화하지 않고 있다. 더구나 새로운 유권자들이 등장했다. 이른바 무당파 유권자, 세련된 유권자(sophisticated voter), 상충적 유권자(ambivalent voter) 등이다(진채원, 2016: 88). 이들은 소위 중간층을 형성하는데 그 숫자가 점점 늘어간다. 대체로 900만 명 정도로 예상된다. 신중간층이라고 부를 수 있는 있는 이들은 우선 계급적으로 300만 원에서 500만 원 정도의 임금수준을 가지고 있으며, 학력은 대학 졸업 이상이고, 업무의 성격상 화이트칼라들이 많다.

이들의 소비성향은 매우 기회주의적이며 상층부로 상승하려는 경향이 강하다(홍성민, 2012). 한국 사회에서 중산층을 결정하는 요인으로 소비성향이 등장한 것은 2000년대 이후의 일인데, 이로 인해 우리 사회에서도 하층계급과 중산계급의 보수화가 진행되었다. 왜냐하면 상층계급에 대한 선망이 하층계급으로 하여금 소비에 있어서 고급 취향의 흉내 내기(짝퉁 시장의 성장이 이것을 증명한다)를 부추기며, 중산층은 자신의 상승 지향 욕구를 상층계급에 두고 있기 때문에 중산층 자신의 정체성을 유지하기가 매우 어렵다.

이러한 중산층의 정치 성향은 어떨까? 중산층은 과거에도 존재했다. 그런데 1980년대 중산층은 민주화에 찬성하며 개혁 지향적이었다면, 오늘날의 중산층은 이슈와 쟁점에 따라서 표심이 다양하다. 예를 들어 정치 민주화에 찬성하지만 특목고와 같이 학교선택권의 자율을 원하며, 북한에 대한 태도가 매우 우호적이지만 미국과의 FTA를 찬성하기도 한다. 이러한 성향은 중산층 안

표 3 한국 정치 변동사(1980~2008)

국제정치	브레튼 우즈 체제		신자유주의	워싱턴 합의	따뜻한 자본주의
국가	민족적 권위주의: 카리스마 리더십	병영적 권위주의: 군사적 리더십	개혁적 권위주의: 군사적 리더십	2차 권위주의	정당성 + 협치정부
시민사회	X	X	O	X	효율성 + 평등성
생활세계	X	X	X	X	
인물	이승만	박정희 전두환 노태우	김영삼 김대중 노무현	이명박 박근혜	?

에서 다양한 분파가 존재한다는 사실을 말해 준다(한국사회학회, 2006: 94).

결국 이러한 신중간계급의 존재가 바로 중도정당과 중도정치가 필요함을 웅변하는 것이다. 왜냐하면 전통적인 양당 구조 안에서는 이들의 정치적 요구를 수용하기 어렵기 때문이다. 따라서 한국 사회에서는 바로 이러한 신중간계급의 마음속 흐름을 읽고, 이들의 정치적 요구를 표심으로 끌어낼 수 있는 전략과 전술이 필요하다.

신중간계급의 존재와 그들을 향한 중도정치의 필요성은 한국 정치사의 흐름 속에서도 증명된다. 〈표 3〉에서 잘 나타나듯이 이승만·박정희 시대에는 국가권력이 가장 중요한 정치의 무대였다면, 김영삼·김대중·노무현 시대에는 국가-시민사회로 정치 무대가 확대되었다. 1980년대에서 2000년대 사이를 가히 시민사회의 시대라고 불러도 무방할 것이다. 그러다가 2000년대를 지나면서 국제정치-국가-시민사회-생활세계로 정치의 무대가 다시 한번 확대되었다. 우선 국제정치의 무대는 이른바 세계화의 영향으로 국민국가 단위의 정치가 무너지고 국제와 국가의 경계선이 모호해졌다. 이른바 NGO 활동이 국제 수준에서 활발해지고 이것이 국내정치에도 큰 영향을 미치게 된 것이다. 환경, 여성, 식량과 같은 주제들이 새롭게 정치권의 쟁점으로 진입했다. 두 번째로 생활세계는 인간의 욕구와 소비가 중요해진 영역이다. 이제는 임금수준이나 노동의 성격으로 계급 정체성을 설명하기 어렵게 되었다. 오히려 무의식적 욕구, 소비 행태, 교육제도 등이 분파적으로 계급과 계층을 나누고 정치적 쟁점에 따라서 의견이 달라지는 현상을 경험하게 되었다.

이렇게 변화된 상황에서는 국가 수준의 리더십(정당성과 협치)과 시민사회의 리더십(효율성과 평등성) 그리고 생활세계의 리더십(공감 능력)이 동시에 요구된다. 이것이 앞으로 중도정당과 정치인이 해결해야 할 과제인 것이다.

참고문헌

강수돌. 2012. 『연대주의』. 한길사.
고상두. 2015. 「연립정부의 내적 정책갈등 관리메커니즘: 독일의 사례분석」. ≪유럽연구≫, 제33권 4호.
김경희. 2013. 「갈등해결의 정치학: 아리스토텔레스, 마키아벨리, 그리고 빈부갈등」. ≪한국정치연구≫, 제22집 1호.
김시경. 2008. 「프랑스 정부의 노동개혁정책과 발전방향에 관한 연구」. ≪경영사학≫, 제23집 3호.
김영일. 2000. 「계약사상의 두 흐름과 새로운 공동생활 질서의 모색」. ≪21세기정치학회보≫, 제10집 1호.
_____. 2001. 「프루동의 연방주의와 민주주의 이해: 연방주의적 유럽 질서의 모색」. ≪국제정치논총≫. 제41집 1호.
김태일. 2017. 「국민의 당 혁신방향과 과제」. 따뜻한 정책 온 2호. 국민정책연구원.
노명환. 2015. 「빌라 브란트의 망명시기 유럽연방주의 사상과 구성주의 시각」. ≪역사문화연구≫, 제53집.
동즐로, 자크(Jacques Donzelot). 2005. 『사회보장의 발명(L'invention social)』. 주형일 옮김. 동문선.
뒤르켐, 에밀(Emile Durkheim). 1994. 『사회분업론(De la Division Du Travail Social: Etude sur l'organisation des societes superieures)』. 임희섭 옮김. 삼성출판사.
민문홍. 2012. 「프랑스 제3공화정 당시의 이념갈등과 사회통합」. ≪담론≫, 제15권 4호.
민유기. 2010. 「20세기 전환기 프랑스의 급진공화파와 중도정치」. ≪프랑스사연구≫, 제22집.
백종현. 2004. 『사회운영의 원리』. 서울대학교 출판부.

부르디외, 피에르(Pierre, Bourdieu). 2005. 『구별짓기(La Distinction)』. 최종철 옮김. 새물결.

손병권. 2004. 「연방주의자 논고에 나타난 매디슨의 새로운 미국 국가」. ≪국제 지역연구≫, 제13권 4호.

송호근. 2012. 『이분법 사회를 넘어서』. 다산 북스.

오민애. 「프랑스 청년실업고 고용정책」. ≪국제노동브리프≫. 제14집 2호.

유원기. 2011. 『아리스토텔레스의 정치학, 행복의 조건을 묻다』. 사계절.

이종수. 2017. 「마크롱 현상과 한국정치발전의 시사점」. 국민의 당 경제민주화 포럼토론회 자료.

이주호. 2006. 『평준화를 넘어 다양화로』. 학지사.

이철규. 2011. 『중도: 정치와 삶의 기술』. 도서출판 인.

정경희. 2001. 『중도의 정치: 미국 헌법 제정사』. 서울대학교 출판부.

정진상. 2004. 『국립대 통합네트워크:입시지옥과 학벌사회를 넘어』. 책세상.

채진원. 2016. 『무엇이 우리 정치를 위협하는가?』. 인물과사상사.

최자영 엮음·옮김. 2002. 『고대 그리스 정치사 사료: 아테네 스파르타, 테바이 정치제도』. 신서원.

최장집·서복경·박찬표·박상훈. 2017. 『양손잡이 민주주의』. 후마니타스.

카를손, 잉그바·안네마리 린드그렌(Carlson, Ingvar and Anne-Marie Lindgren), 2009. 『사회민주주의란 무엇인가?(What is Social Democracy)』. 윤도현 옮김. 논형.

카치아피카스, 조지(George Katsiaficas). 1999. 『신좌파의 상상력(The Imagination of the New Left)』. 이재원·이종태 옮김. 이후.

프루동, 피에르조제프(Pierre-Joseph Proudhon). 2000. 『소유란 무엇인가?(Qu'est ce Que la Propriete?)』. 이용재 옮김. 대우고전총서.

한국개발연구원. 2010. 『21세기 국가전략과 사회통합』. 사회통합위원회.

한국사회학회. 2006. 『기로에 선 중산층』. 인간사랑.

홍성민. 2012. 『취향의 정치학』. 현암사.

홍태영. 2008. 「프랑스 68혁명의 계기와 한국의 2008」. ≪경제와 사회≫. 제12호.

황태연. 2007. 『중도개혁주의: 철학·정책·비전』. 재단법인 민주당국가전략연구소.

황태연·박명호. 2003. 『분권형 대통령제 연구』. 동국대학교 출판부.

Bourgois, Leon. 1912. *La Solidarite*. Québec, CA: Éditions du Septentrion.

Gide, Charles. 1893. *L'idee de Solidarite en Tant Que Programme economique*. Paris, FR: Giard and Brière.

Kurtz, Bayertz. 2000. "Four uses of Solidarity." Kurtz Bayers eds. *Solidarity*. Dordrecht, NL: Kluwer Academic.

지은이 ┃ **홍성민**

동아대학교 정치외교학과 교수로 재직 중이다. 서울대학교 외교학과에서 학사와 석사를 마치고, 파
리 제10대학에서 정치철학 박사를 취득했다. 일찍이 미국식 국제정치학의 한계를 인식하고, 미국
의 지식 지배로부터 탈출해 진정한 한국의 (국제)정치학을 구축하고자 노력했다. 그리하여 철학, 사
회학, 인문학, 문화 이론 등 다방면의 이론을 넘나드는 저술 활동을 해왔다.
그동안 부르디외를 중심으로 프랑스 포스트모던의 흐름을 한국적 상황에 맞게 수용하려 노력했고,
문화 이론을 바탕으로 한국에서 전개되는 다양한 사회적 현상을 '취향의 정치학' 혹은 '감성의 정치
학'이라는 주제로 글들을 발표해 왔다. 최근에는 정치사상의 대중화를 위해 인터넷 방송에서도 적
극적인 활동을 했다. 네이버 오디오 클립에서 〈홍성민 교수의 열린생각〉을 55회 연속 강연했고,
또 유튜브에서 〈홍성민 교수의 알기 쉬운 정치철학 이야기〉를 강연하고 있다.
저서로는 『포스트 모던의 국제정치학』(1992), 『문화와 아비투스』(2000), 『지식과 국제정치』(2008),
『문화정치학 서설』(2009), *Culture and Politics*(2012, SNU Press) 등이 있으며, 역서로는 『근대
성과 육체의 정치학』(2003)이 있다

한울아카데미 2351

감정구조와 한국 사회
상생과 통합의 정치를 찾아서

ⓒ 홍성민, 2022

지은이 홍성민
펴낸이 김종수 ┃ **펴낸곳** 한울엠플러스(주) ┃ **편집책임** 최진희 ┃ **편집** 이동규
초판 1쇄 인쇄 2022년 3월 16일 ┃ **초판 1쇄 발행** 2022년 3월 30일
주소 10881 경기도 파주시 광인사길 153 한울시소빌딩 3층
전화 031-955-0655 ┃ **팩스** 031-955-0656 ┃ **홈페이지** www.hanulmplus.kr
등록번호 제406-2015-000143호

Printed in Korea.
ISBN 978-89-460-7351-7 93340 (양장)
      978-89-460-8153-6 93340 (무선)

* 책값은 겉표지에 표시되어 있습니다.
* 무선 제본 책을 교재로 사용하시려면 본사로 연락해 주시기 바랍니다.